JN410679

譯註 思政殿訓義 資治通鑑綱目 17

晉 恭帝 元熙 2년~宋 孝武帝 孝建 2년

編著 朱熹

책임번역 李忠九

공동번역 金奎璇 金裕鳳
黃鳳德 李承容

전통문화연구회

國譯委員

責任飜譯 李忠九
共同飜譯 金奎璇 金裕鳳 黃鳳德 李承容
諮問委員 吳圭根
潤　　文 李孝宰 田炳秀
校　　訂 田炳秀 郭成龍 兪在衡
出　　版 郭成龍 金主賢
管　　理 咸明淑
普　　及 徐源英

東洋古典飜譯編輯委員會

任　員

思政殿訓義 資治通鑑綱目을 발간하며

본회가 東洋古典의 飜譯과 教育, 情報化 등 古典現代化 사업을 시작한 지 어느덧 25년이 지났다. 그간 많은 어려움이 있었으나 1988년 본회가 발족한 뒤 동양고전 번역사업에 착수하여 四書三經을 註까지 懸吐完譯함으로써 東洋學과 韓國學 전공자들의 필독서가 되어 教育界와 文化界까지 많은 영향을 주었다.

본회에서는 四書三經, 十三經 등 儒家의 핵심 경전을 번역하는 동시에 동양고전의 한 축인 歷史 고전에도 눈을 돌려 《通鑑節要》, 《國語》, 《戰國策》뿐만 아니라, 동양 역사 철학의 진수가 담긴 《春秋左氏傳》을 완역함으로써 東洋學과 韓國學 연구에 礎石과 架橋를 마련하였다. 이러한 성과를 바탕으로 經史一體의 모범인 《資治通鑑綱目》 완역을 기획하여 번역에 착수하였다.

'經史一體'란 經典과 歷史가 하나라는 동양의 독특한 관념인데, 이는 기록을 통해 인물과 사건을 도덕적으로 평가하는 풍토를 낳았다. 이러한 기록문화의 중시는 다른 문화권에서는 엄두도 못 낼 막대한 역사 기록을 남기게 하는 배경이 되었다. 굳이 중국 역사서를 언급할 것 없이 《朝鮮王朝實錄》, 《承政院日記》, 《日省錄》 같은 방대한 우리의 역사문헌은 이를 잘 보여준다. 이러한 우리 선조들의 역사 서술에 큰 영향을 미친 책이 바로 朱熹의 《資治通鑑綱目》이다.

《資治通鑑綱目》은 조선시대 經筵에서 가장 많이 읽은 역사서이자 우리나라 역사 서술에 가장 큰 영향을 미쳤다는 점에서 현재 韓國學 硏究에 필수적인 동양 역사 고전이라 할 수 있다. 비록 중국의 역사서이지만, 우리 先學들이 중국의 性理學을 독자적으로 계승 발전시킨 것처럼 《資治通鑑綱目》 역시 우리의 입장에서 보다 정밀하고 종합적으로 읽고자 하였다. 그 결실이 바로 世宗朝 때 간행된 思政殿訓義本 《資治通鑑綱目》이다.

동양의 대표적 역사서는 紀傳體의 《史記》, 編年體의 《資治通鑑》, 綱目體의 《資治通鑑綱目》으로 대변된다. 北宋 때의 司馬光은 帝王이 여가에 친람하여 정치에 도움이 되게 할 목적으로 《資治通鑑》을 편찬하였고, 朱熹는 《資治通鑑》을 바탕으로 이를 압축적으로 정리하여 보다 읽기 쉽게 하면서 유교적 褒貶을 엄정히 내렸다는 점에서, 이 책들은 제왕의 정치교과서 역할을 하였다. 이런 ≪資治通鑑≫과 ≪資治通鑑綱目≫에 대해 조선조 문화군주였던 세종의 주도하에 연구가 진행되었으며, 그 결과물이 바로 思政殿訓義本 ≪資治通鑑≫과 ≪資治通鑑綱目≫이다.

思政殿은 景福宮의 便殿으로, 세종이 이곳에서 당대 뛰어난 문신들을 참여시켜 ≪資治通鑑≫과 ≪資治通鑑綱目≫에 대한 訓義의 편찬을 주도하였다. 訓義는 의미를 해석한다는 뜻으로, 思政殿訓義는 기존 중국에서 이루어진 ≪資治通鑑≫과 ≪資治通鑑綱目≫의 주석을 集大成하고 군주와 신하들이 읽기 쉽도록 우리만의 주석서를 만든 것이다. 중국 이외 나라에서 ≪資治通鑑≫과 ≪資治通鑑綱目≫ 전체에 주석을 단 것은 조선이 처음일 것이다.

현재까지도 ≪資治通鑑≫과 ≪資治通鑑綱目≫을 원전으로 읽기 위해서는 중국의 연구 성과에 의지하여야 했다. 비록 ≪資治通鑑≫은 중국, 일본, 한국에서 번역되었으나 주석까지 완역되지 못하였고, ≪資治通鑑綱目≫도 중국에서 본문만 번역된 상황이다. 이번 우리나라의 독자적인 주석서인 思政殿訓義本 ≪資治通鑑綱目≫의 완역을 통해 기존에 잊혔던 세종 시기의 ≪資治通鑑綱目≫에 대한 연구 성과를 알리는 동시에, 이를 동양학과 한국학 연구에 활용할 수 있는 기반을 마련하고자 한다. 아울러 이를 통해 古典現代化의 水準을 높이고 融合的이고 自生的인 학문연구가 이루어질 수 있기를 바라는 바이다.

끝으로 이번 思政殿訓義本 ≪資治通鑑綱目≫의 번역에 참여하여 헌신하시는 모든 분들께 무한한 감사를 드린다. 또한 고전현대화에 대한 政府의 지대한 關心과 支援에 감사를 드리며, 그간 직간접으로 지도편달하여 주신 학계와 교육계 및 문화계 인사 여러분께 심심한 謝意를 표하며, 앞으로도 따뜻한 관심과 엄정한 叱正을 부탁드리며 내내 평강과 행복을 기원한다.

社團法人 傳統文化硏究會 會長 李啓晃

凡 例

1. 본서는 南宋 때 朱熹가 編著하고, 朝鮮 世宗 때 思政殿에서 訓義한 ≪資治通鑑綱目≫을 번역한 것으로 ≪譯註 思政殿訓義 資治通鑑綱目≫ 제17책이다.
2. 본서의 底本은 서울대학교 규장각 소장본(奎7500, 藍書 口訣)이며, 규장각(奎7512, 朱書 口訣)과 국립중앙도서관(한古朝50-5, 墨書 口訣) 소장본을 참조하였다. 이들은 모두 木版本으로, 大字(綱)는 晉陽大君(世祖)이 써서 鑄造한 丙辰字, 中小字(目, 訓義 등)는 甲寅字로 되어 있다.

   이 밖에도 嚴文儒와 顧宏義가 校點한 ≪資治通鑑綱目≫(≪朱子全書≫ 8~11, 上海古籍出版社・安徽教育出版社, 2002), 文淵閣四庫全書 ≪御批資治通鑑綱目≫, 朝鮮 世宗 때 간행된 思政殿訓義 ≪資治通鑑≫(국립중앙도서관 일산古221-43), 標點資治通鑑小組에서 標點한 ≪資治通鑑≫(中華書局, 1992(제5판)) 등을 참고하였다.
3. 綱과 目의 원문에는 규장각(奎7500, 奎7512)과 국립중앙도서관(한古朝50-5)의 口訣本을 참조하여 懸吐하였고, 訓義는 한국에서 재래로 사용해오던 표점방식을 보완하여 文理의 이해를 돕는 수준에서 간략히 標點하였다.
4. '綱'과 '目'을 구분하기 위해 각각 번역문 앞에 【綱】과 【目】을 표기하였다. 目은 내용이 길 경우 의미 단락별로 分節하였다. 訓義는 저본의 해당 위치에 ①, ②, ③ 등으로 표기하고 綱이나 目 아래에 번역문과 원문을 배치하였다.

예 【綱】 5월에 宋主 劉裕가 殂하니 — 綱

五月에 宋主裕殂①하니

① 향년이 67세였다. — 訓義

壽, 六十七.

【目】 7월에 高祖를 初寧陵에 장사 지냈다. — 目

七月에 葬初寧陵①하다

① 初寧陵은 丹陽 建康縣 蔣山에 있다. — 訓義

陵在丹陽建康縣蔣山.

5. 번역문은 한글과 한자를 혼용하였으며, 맞춤법과 띄어쓰기는 한글 맞춤법과 표준어 규정을 따랐다.
6. 원문이나 번역문의 한자 중에 僻字나 讀音이 특수한 글자는 한글로 音을 달아주었다.
7. 譯註는 校勘, 人物, 制度, 官職, 역사적 사건, 인용문의 出典, 異說, 故事, 전문용어, 難解語 등에 관한 사항을 밝혔다.
8. 校勘은 원문의 誤字, 脫字, 衍文, 倒文 등을 대상으로 하였다.
9. 附錄에 실린 年表는 綱을 중심으로 ① 君王의 즉위와 사망, 年號, 改元 ② 정치, 경제, 사회, 문화의 주요 사건 ③ 주요 인물의 행적과 사망 등을 서술하되, 東洋史 학술 연표들을 참고하였다(參考書目 年表 관련 자료 참조).
10. 본서의 校勘에 사용된 符號는 다음과 같다.
   (　)〔　〕: (저본의 誤字)〔교감한 正字〕
   〔　〕: 저본의 脫字 보충
   (　) : 저본의 衍字 표시
11. 본서에 사용한 주요 부호는 다음과 같다.
   “　” : 인용
   ‘　’ : “　” 안의 재인용
   「　」: ‘　’ 안의 재인용
   『　』: 「　」 안의 재인용
   (　) : 원문의 讀音 및 번역문의 間註
   〔　〕: 번역문에서 뜻은 같으나 音이 다른 漢字, 원문의 漢字나 句節 표기
   　譯註에서 인용한 원문표기
   ≪ ≫ : 書名
   〈 〉: 篇章名, 作品名, 補充譯
   【 】: 綱과 目의 표시
   ◑, ○ : 저본에 사용된 부호 適用
12. 본서 訓義에 사용한 標點은 다음과 같다.
   . : 문장의 종결
   , : 한 문장 안에서 句나 節의 구분이 필요한 곳
   · : 대등한 명사나 구절의 병렬
   “　” : 인용
   ‘　’ : “　” 안의 재인용
   「　」: ‘　’ 안의 재인용

參考書目

◇ 底本

- ≪資治通鑑綱目≫, 朱熹(宋) 撰, 思政殿 訓義, 규장각 소장본.(奎7500)

◇ 底本 관련자료

- ≪資治通鑑綱目≫, 朱熹(宋) 撰, 思政殿 訓義, 규장각 소장본.(奎7512)
- ≪資治通鑑綱目≫, 朱熹(宋) 撰, 思政殿 訓義, 국립중앙도서관 소장본.(한古朝50-5)
- ≪資治通鑑綱目≫(≪朱子全書≫ 8~11), 朱熹(宋) 撰, 嚴文儒・顧宏義 校點, 上海古籍出版社・安徽教育出版社, 2002.
- ≪御批資治通鑑綱目≫, 朱熹(宋) 撰, 聖祖(淸) 批, 文淵閣四庫全書 제689~692책 史部 447~450, 臺灣商務印書館, 1983~1986.
- ≪資治通鑑≫, 司馬光(北宋) 撰, 思政殿 訓義, 국립중앙도서관 소장본.(일산古221-43)
- ≪資治通鑑≫, 司馬光(北宋) 撰, 胡三省(元) 音註, 中華書局, 1992.(제5판)

◇ 經部

- ≪論語集註大全≫, 朱熹(宋) 集註, 胡廣(明) 等 編, 朝鮮 內閣本, 影印本, 學民文化社.
- ≪大學章句大全≫, 朱熹(宋) 集註, 胡廣(明) 等 編, 朝鮮 內閣本, 影印本, 學民文化社.
- ≪孟子集註大全≫, 朱熹(宋) 集註, 胡廣(明) 等 編, 朝鮮 內閣本, 影印本, 學民文化社.
- ≪書傳大全≫, 蔡沈(宋) 集傳, 胡廣(明) 等 編, 朝鮮 內閣本, 影印本, 學民文化社.
- ≪說文繫傳≫, 徐鍇(南唐) 撰, 文淵閣四庫全書 제223책 經部217, 臺灣商務印書館, 1983~1986.
- ≪說文解字≫, 許愼(後漢) 撰, 文淵閣四庫全書 제223책 經部217, 臺灣商務印書館, 1983~1986.
- ≪詩傳大全≫, 朱熹(宋) 集傳, 胡廣(明) 等 編, 朝鮮 內閣本, 影印本, 學民文化社.

- ≪禮記集說大全≫, 陳澔(元) 集說, 胡廣(明) 等 編, 朝鮮 內閣本, 影印本, 學民文化社.
- ≪律呂成書≫, 劉瑾(元) 撰, 文淵閣四庫全書 제212책 經部206, 臺灣商務印書館, 1983~1986.
- ≪周禮注疏≫, 鄭玄(漢) 注, 賈公彦(唐) 疏, 北京大學出版社, 2000.
- ≪周易傳義大全≫, 程頤(宋) 傳, 朱熹(宋) 本義, 胡廣(明) 等 編, 朝鮮 內閣本, 影印本, 學民文化社.
- ≪春秋經傳集解≫, 左丘明(周) 傳, 杜預(晉) 註, 林堯叟(宋)・朱申(宋・元) 附註, 朝鮮 金屬活字本(戊申字), 影印本, 保景文化社.
- ≪春秋公羊傳注疏≫, 何休(後漢) 註, 徐彦(唐) 疏, 北京大學出版社, 2000.

◇ 史部

- ≪綱目訂誤≫, 陳景雲(淸) 撰, 文淵閣四庫全書 제323책 史部81, 臺灣商務印書館, 1983~1986.
- ≪景定建康志≫, 周應合(宋) 撰, 文淵閣四庫全書 제488책 史部246, 臺灣商務印書館, 1983~1986.
- ≪舊唐書≫, 劉昫(後晉) 等撰, 中華書局, 1996.
- ≪國語≫, 左丘明(周) 撰, 文淵閣四庫全書 제406책 史部164, 臺灣商務印書館, 1983~1986.
- ≪南史≫, 李延壽(唐) 撰, 中華書局, 1975.
- ≪北史≫, 李延壽(唐) 撰, 中華書局, 1996.
- ≪史記≫, 司馬遷(漢) 撰, 中華書局, 1974.
- ≪史記索隱≫, 司馬貞(唐) 編, 文淵閣四庫全書 제246책 史部4, 臺灣商務印書館, 1983~1986.
- ≪史記正義≫, 張守節(唐) 編, 文淵閣四庫全書 제247~248책 史部5~6, 臺灣商務印書館, 1983~1986.
- ≪史記集解≫, 裴駰(南朝 宋) 編, 文淵閣四庫全書 제245~246책 史部3~4, 臺灣商務印書館, 1983~1986.
- ≪三國志≫, 陳壽(晉) 撰, 裴松之(南朝 宋) 注, 中華書局, 1959.
- ≪宋書≫, 沈約(南朝 梁) 撰, 中華書局, 1997.
- ≪水經注≫, 酈道元(北魏) 撰, 文淵閣四庫全書 제573책 史部331, 臺灣商務印書館, 1983~1986.
- ≪新唐書≫, 歐陽脩(北宋)・宋祁(北宋) 等 撰, 中華書局, 1975.

- ≪吳越春秋≫, 趙煜(後漢) 撰, 文淵閣四庫全書 제463책 史部1221, 臺灣商務印書館, 1983~1986.
- ≪魏書≫, 魏收(北齊) 撰, 中華書局, 1974.
- ≪資治通鑑釋文≫, 史炤(宋) 撰, 臺灣商務印書館, 1980.
- ≪戰國策≫, 劉向(漢) 撰, 高誘(後漢) 注, 文淵閣四庫全書 제406책 史部164, 臺灣商務印書館, 1983~1986.
- ≪晉書≫, 房玄齡(唐) 等 撰, 中華書局, 1997.
- ≪通鑑釋文辯誤≫, 胡三省(元) 撰, 文淵閣四庫全書 제312책 史部70, 臺灣商務印書館, 1983~1986.
- ≪通鑑五十卷詳節要解≫, 九淵禪師(朝鮮) 著, 국립중앙도서관 소장본.(한古朝50-61-55)
- ≪通鑑地理通釋≫, 王應麟(宋) 撰, 文淵閣四庫全書 제312책 史部70, 臺灣商務印書館, 1983~1986.
- ≪通典≫, 杜佑(唐) 撰, 文淵閣四庫全書 제603~605책 史部361~363, 臺灣商務印書館, 1983~1986.
- ≪漢書≫, 班固(後漢) 撰, 中華書局, 2002.
- ≪漢書補註≫, 王先謙(淸) 補注, 王雲五 主編, 臺灣商務印書館, 1968.
- ≪後漢書≫, 范曄(南朝 宋) 撰, 中華書局, 1996.
- ≪後漢書集解≫, 王先謙(淸) 集解, 臺灣商務印書館, 1968.

◇ 子部

- ≪孔叢子≫, 孔鮒(漢) 撰, 文淵閣四庫全書 제695책 子部1, 臺灣商務印書館, 1983~1986.
- ≪老子道德經≫, 河上公(漢) 撰, 文淵閣四庫全書 제1055책 子部361, 臺灣商務印書館, 1983~1986.
- ≪辨惑編≫, 謝應芳(元) 撰, 文淵閣四庫全書 제709책 子部15, 臺灣商務印書館, 1983~1986.
- ≪世說新語≫, 劉義慶(南朝 宋) 撰, 文淵閣四庫全書 제1035책 子部341, 臺灣商務印書館, 1983~1986.
- ≪孫子≫, 孫武(周) 撰, 文淵閣四庫全書 제726책 子部32, 臺灣商務印書館, 1983~1986.
- ≪神仙傳≫, 葛洪(晉) 撰, 文淵閣四庫全書 제1059책 子部365, 臺灣商務印書館, 1983~1986.
- ≪顔氏家訓≫, 顔之推(北齊) 撰, 文淵閣四庫全書 제848책 子部154, 臺灣商務印書館,

1983~1986.
• ≪莊子≫, 莊周(周) 撰, 文淵閣四庫全書 제1058책 子部362, 臺灣商務印書館, 1983~1986.
• ≪太平御覽≫, 李昉(宋) 等 撰, 文淵閣四庫全書 제893~901책 子部199~207, 臺灣商務印書館, 1983~1986.

◇ 硏究論著 및 飜譯書

• 加藤繁・公田連太, ≪國譯 資治通鑑≫, 景仁文化社, 1996.
• 權重達, ≪資治通鑑≫ 1~32, 삼화, 2007~2010.
• 宮崎市定, ≪九品官人法の硏究≫, 岩波書店, 1956.
• 김유철・하원수, ≪魏書 外國傳 譯註≫, 동북아역사재단, 2009.
• 馬建石 主編, ≪文白對照 資治通鑑輯覽≫ 1~36, 國際文化出版公司, 2002.
• 柏楊 編譯, ≪柏楊白話版 資治通鑑≫, 北岳文藝出版社, 2006.
• 成百曉 譯註, ≪譯註 通鑑節要≫ 1~9, 傳統文化硏究會, 2005~2011.
• 孫通海・李巨泰 主編, ≪文白對照 資治通鑑綱目≫ 1~5, 長征出版社, 1996.
• 李國祥 等, ≪資治通鑑全譯≫, 貴州人民出版社, 1994.
• 李宗侗・夏德儀 等 校註, ≪資治通鑑今註≫ 1~15, 臺灣商務印書館, 1985.
• 資治通鑑新注編纂委員會 編, ≪資治通鑑新注≫ 1~10, 陝西人民出版社, 1998.
• 張宏儒・沈志華 主編, ≪文白對照全譯 資治通鑑≫ 1~3, 改革出版社, 1991.
• 池松旭, ≪詳密註釋 通鑑諺解≫, 學民文化社, 1992.
• 許嘉璐 主編, ≪晉書全譯≫(二十四史全譯) 1~4, 漢語大詞典出版社, 2004.
• ————, ≪宋書全譯≫(二十四史全譯) 1~3, 漢語大詞典出版社, 2004.
• ————, ≪魏書全譯≫(二十四史全譯) 1~4, 漢語大詞典出版社, 2004.
• 黃惠賢, ≪中國政治制度通史4 魏晉南北朝≫, 人民出版社, 1996.

◇ 사전 및 공구서

• 戴逸 主編, ≪二十六史大辭典≫, 吉林人民出版社, 1993.
• 山腰敏寬, ≪中國歷史公文書讀解辭典≫, 汲古書院, 2004.
• 施丁・沈志華 共譯, ≪資治通鑑大辭典≫ 上・下, 吉林人民出版社, 1994.
• 呂宗力 主編, ≪中國歷代官制大辭典≫, 北京出版社, 1994.
• 日中民族科學硏究所 編, ≪中國歷代職官辭典≫, 國書刊行會, 1980.

- 中國大百科全書總編輯委員會 編, ≪中國大百科全書≫, 中國大百科全書出版社, 2009.
- 中國歷史大辭典編纂委員會 編, ≪中國歷史大辭典≫, 上海辭書出版社, 2000.
- 陳振江, ≪二十六史典故辭典≫ 上・下, 天津人民出版社, 1994.
- 倉修良 主編, ≪史記辭典≫, 山東教育出版社, 1991.
- ――――――, ≪漢書辭典≫, 山東教育出版社, 1996.
- 貝塚茂樹 等 編, ≪アジア歷史事典≫, 平凡社, 1952~1962.

◇ 데이터베이스(DB) 자료

- 한국고전종합DB(http://db.itkc.or.kr)
- 동양고전종합DB(http://db.cyberseodang.or.kr)
- 상우천고(http://www.s-sangwoo.kr)
- 電子版 文淵閣四庫全書, 上海古籍出版社.

◇ 年表 관련 자료

- 柏楊, ≪中國歷史年表 上・下≫, 南海出版社, 2006.
- 松丸道雄 等 編, ≪中國史 2≫, 山川出版社, 1996.
- 沈起煒, ≪中國歷史大事年表≫, 上海辭書出版社, 2001.
- 川本芳昭, ≪中國の歷史 中華の崩壞と擴大(魏晉南北朝)≫, 講談社, 2005.

目次

思政殿訓義 資治通鑑綱目 제24권 하

-晉 恭帝 元熙 2년(420)~宋 文帝 元嘉 4년(427)-

庚申年(420)

【綱】 晉나라 恭皇帝 元熙 2년이다.

二年이라

【目】 宋나라 高祖 武帝 劉裕 永初 원년이고, 北魏 太宗 明元帝 拓跋嗣 泰常 5년이다. 西秦 文昭王 乞伏熾磐 建弘 원년이고, 夏나라 世祖 赫連勃勃 眞興 2년이며, 北燕 太祖 馮跋 太平 11년이고, 北涼 武宣王 沮渠蒙遜 玄始 8년이며, 西涼公 李恂 永建 원년이다. 이해에 晉나라가 망하고 宋나라가 대신하니, 모두 일곱 나라이다.

宋高祖武帝劉裕永初元年이요 魏太宗明元帝拓跋嗣泰常五年이라 ◑ 西秦文昭王乞伏熾磐建弘元年이요 夏世祖赫連勃勃眞興二年이요 燕太祖馮跋太平十一年이요 北涼武宣王沮渠蒙遜玄始八年이요 西涼公李恂永建元年이라 ◑ 是歲에 晉亡宋代하니 凡七國이라

【綱】 여름 4월에 長星(彗星)이 나와 양쪽 하늘에 닿았다. 6월에 宋王 劉裕가 建康으로 돌아와 皇帝라 칭하고, 廢主(恭帝)를 零陵王으로 삼아 병사들에게 지키도록 하였다.

夏四月에 **長星出竟天**이러니 **六月**에 **宋王裕還建康稱皇帝**하고 **廢帝爲零陵王**하여 **以兵守之**[1]하다

---

1) 長星出竟天……以兵守之 : "'長星'을 기록한 것이 많으나 '竟天'이라고 기록한 것은 아직 없었으니, 長星이 양쪽 하늘에 닿은 것은 큰 변고이다. ≪資治通鑑綱目≫이 끝날 때까지 '長星'을 기록한 것이 여섯 번인데(漢나라 文帝 8년(B.C. 172)에 자세하다.) '竟天'을 기록한 것은 한 번뿐이다.〔書長星多矣 未有書竟天者 長星竟天 大變也 終綱目 書長星六(詳漢文帝八年) 而竟天者一而已矣〕" ≪書法≫

書法은 '筆法'이란 말과 같다. 朱子는 ≪자치통감강목≫을 편찬할 적에 孔子의 ≪春秋≫ 筆法을 따라 綱과 目으로 나누었는바, 綱은 ≪春秋≫의 經文을, 目은 ≪春秋左氏傳≫의 傳文을 따랐다. ≪資治通鑑綱目≫의 筆法을 밝힌 것으로는 劉友益(宋)의 ≪綱目書法≫, 尹起莘(宋)의 ≪綱目發明≫이 그 대

【目】宋王 劉裕가 禪讓을 받으려고 하였으나, 말을 꺼내기가 어려워 마침내 조정의 신하를 모아 잔치를 열고 술을 마시며 조용히 말하기를 "桓玄이 왕위를 찬탈하였을 때[2] 국가의 운명은 이미 옮겨졌다. 나는 大義를 주창하여 황실을 부흥시키고 四海를 평정하여 공로가 이루어지고 업적이 드러나 마침내 九錫을 받았다. 지금 나이가 들어 쇠약해지려는 때에 이처럼 매우 높아졌으니, 만물은 꽉 차는 것을 꺼리기 때문에 오래도록 태평할 수가 없는 것이다. 지금 작위를 도로 돌려주고 서울로

宋 武帝

표작이라 할 수 있는데, 이 두 책은 현재 淸나라 聖祖(康熙帝)가 엮은 《御批資治通鑑綱目》에 모두 수록되어 있다. 이 필법은 綱에 주안점이 맞춰져 있는데, 우리나라 학자들이 특별히 이 《자치통감강목》을 愛讀한 이유는 바로 이 필법에 있다. 《어비자치통감강목》에는 이외에도 汪克寬(元)의 《綱目凡例考異》 등 많은 내용이 수록되어 있으나, 본서에서 다 소개하지 못하고 《강목서법》과 《강목발명》의 중요한 것만을 발췌하여 수록하였다. 또한 陳濟(明)의 《資治通鑑綱目集覽正誤》를 인용하여 오류를 바로잡기도 하였다. 본고에서는 각각 《書法》, 《發明》, 《正誤》로 요약하여 표기하였다.

"'병사들에게 지키도록 하였다.'고 기록한 것은 어째서인가. 宋나라를 심하게 여긴 것이다. 흥망의 즈음에 晉나라 이전에는 오히려 〈前朝의 황제에게〉 후덕하게 대하여 魏나라의 山陽公(後漢 獻帝)과 晉나라의 陳留王(魏 元帝)은 모두 잘 살다가 죽었고, 비록 王莽 때 定安公(漢 孺子 劉嬰)의 경우에도 감히 죽이지 못했다. 그런데 宋나라는 병사들에게 지키도록 하고 끝내 시해를 하기에 이르렀다. 이 이후로는 廢主 중에 시해되지 않는 이가 없었으니, 宋나라가 그 길을 열어준 것이다. 뒷날 齊나라가 汝陰王(宋 順帝)을 시해하고 또 그 족속을 멸하였으니, 다시 무엇을 괴이하게 여길 것인가. 《자치통감강목》이 끝날 때까지 廢主와 廢帝를 기록한 것이 34번인데, 晉나라 이전에 '廢'를 기록한 것이 11번이고, 弑殺을 당한 것이 2번이며, 自殺한 것이 1번이요, 宋나라 이후로 '廢'를 기록한 것이 23번이고, 弑殺을 당한 것이 18번이니, 風俗의 각박함은 유래가 있는 것이다.〔○以兵守之何 甚宋也 廢興之際 自晉以前 猶厚也 魏之山陽 晉之陳留 皆以善終 雖莽於定安不敢殺也 宋則以兵守之 卒至行弑 自是以後 廢主無不弑者 宋啓之也 他日齊弑汝陰 且滅其族 復何怪哉 終綱目 書廢主廢帝者三十四 晉以前書廢十一 而遇弑殺者二 自殺者一 宋以後書廢二十三 而遇弑殺者十有八 風俗之薄 有自來矣〕" 《書法》

"曹操와 曹丕가 漢나라를 찬탈하고 司馬懿 父子가 이어서 〈魏나라를〉 찬탈을 한 뒤로 劉裕에 이르러서는 더욱 극심해졌다. 그러므로 山陽公과 陳留王은 비록 폐위되어 쫓겨난 이후에도 여전히 여유롭게 천수를 누릴 수 있었으나, 零陵王의 경우에는 유유가 너무 급박하게 하였다. '병사들에게 지키도록 하였다.'고 특별히 冊에 기록하였으니 世道가 더욱 실추된 것이다. 아! 두려워할 만하구나.〔自操丕簒漢 司馬懿父子踵而行之 至劉裕 又益甚焉 故山陽陳留 雖已廢放 猶得以優游卒歲 而零陵則裕之爲已蹙矣 以兵守之 特書于冊 世道愈降 吁 可畏也哉〕" 《發明》

2) 桓玄이……때 : 桓玄은 桓溫의 아들이다. 東晉 말기에 정권을 장악하여 元興 2년(403)에 安帝를 폐위시키고 스스로 천자를 칭하며 국호를 楚라고 하였으나, 劉裕에게 죽임을 당했다.(《晉書》 권99 〈桓玄列傳〉)

돌아가서 노년을 보내려고 한다."라고 하였다.

여러 신하들은 그 뜻을 깨닫지 못하였다. 날이 저물어 자리가 파하자 中書令 傅亮이 마침내 깨닫고는 문을 두드리며 뵙기를 청하여 말하기를 "臣이 잠시 도읍으로 돌아가야 겠습니다."라고 하니, 유유는 그 뜻을 알아차리고 더 이상 다른 말이 없었다. 부량이 나와서 長星의 길이가 양쪽 하늘에 닿은 것을 보고 허벅지를 치고 한탄하며 말하기를 "나는 늘 천문을 믿지 않았는데, 이제야 비로소 징험하였다."라고 하였다.

宋王裕欲受禪而難於發言하여 乃集朝臣宴飲①하고 從容言曰 桓玄簒位에 鼎命已移어늘 我唱義興復하고 平定四海하여 功成業著라 遂荷九錫이러니 今年將衰暮에 崇極如此하니 物忌盛滿이라 非可久安이니 今欲奉還爵位하고 歸老京師하노라 群臣莫喩其意러니 日晩坐散에 中書令傅亮이 乃悟하고 叩扉請見曰 臣暫宜還都로다 裕解其意하고 無復他言이러니 亮出見長星竟天하고 拊髀歎曰 我常不信天文이러니 今始驗矣②로라

① 여기의 朝臣은 宋나라 조정의 신하이다.
此宋朝之臣也.

② 〈"我常不信天文 今始驗矣"는〉 長星은 옛것을 제거하고 새것을 펼친다고 생각하기 때문에 그렇게 말한 것이다.
長星所以除舊布新, 故云然.

【目】傅亮이 建康에 도착하였다. 4월에 〈晉 恭帝가〉 劉裕를 불러 조정에 들어와 보필하게 하였다. 유유가 아들 劉義康을 남겨 壽陽에 진수하게 하고 參軍 劉湛을 長史로 삼아 그 府의 일[3]을 결정하게 하였다. 유담은 어려서부터 정사하는 데 뜻을 두어서 항상 자신을 管仲·諸葛亮에 견주었고, 널리 典籍을 섭렵하였으나 문장을 짓지 않고 談論을 좋아하지 않았는데 유유가 그를 매우 중시하였다.

亮至建康하여 四月에 徵裕入輔하니 裕留子義康鎭壽陽하고 以參軍劉湛爲長史하여 決府事하다 湛自幼年으로 卽有宰物之志하여 常自比管葛하고 博涉書史호되 不爲文章하고 不喜談議하니 裕甚重之러라

【目】6월에 劉裕가 建康에 도착하였다. 傅亮이 詔書의 초안을 갖추어 황제에게 쓰도록

3) 參軍……일 : 劉裕는 建康에 돌아갈 적에 劉義康을 都督豫司雍幷四州諸軍事 및 豫州刺史에 임명하였는데, 여기서 '府의 일'이란 都督府와 豫州刺史의 일을 말한다. ≪資治通鑑≫에는 參軍이 相國參軍으로 되어 있다. 參相國軍事라고도 하였으며, 後漢 말 曹操가 丞相으로 있었을 때에 軍政을 총람하게 하였다. 晉나라 이후 公 이상의 都督은 參軍을 막료로 두었다.

하였다. 황제가 기쁘게 붓을 잡고 측근들에게 말하기를 "桓玄이 있을 때에 晉나라는 이미 천하를 소유하지 못하였는데 거듭 劉公에게 연장을 받아 거의 20년이 되었으니, 오늘의 일은 본래 마음에 달갑게 여기던 일이다."라고 하고, 마침내 붉은 종이에 써서 조서를 작성하였다. 그리고 琅邪(낭야)에 있는 저택으로 물러나니, 모든 관리가 절하고 인사를 할 때에 秘書監 徐廣이 눈물을 흘리며 애통해하였다.

六月에 裕至建康하니 亮具詔草하여 使帝書之하니 帝欣然操筆하고 謂左右曰 桓玄之時에 晉氏已無天下러니 重爲劉公所延하여 將二十載니 今日之事는 本所甘心①이라하고 遂書赤紙爲詔하고 遜于琅邪第하니 百官拜辭할새 秘書監徐廣流涕哀慟②이러라

① 重(거듭)은 直龍의 切[4]이다.
重, 直龍切.
② 徐廣은 徐邈[5]의 아우이다.
廣, 邈之弟也.

【目】劉裕가 南郊에 壇을 만들고 황제에 즉위하자 徐廣이 또 슬픔에 눈물을 흘리니 侍中謝晦가 그에게 말하기를 "徐公께서 조금 지나치지 않습니까?"라고 하니, 서광이 말하기를 "그대는 宋나라의 開國功臣이고, 이 몸은 晉나라의 遺老이니, 슬퍼하고 기뻐하는 일이 진실로 같을 수 없다."라고 하였다.

宋主(劉裕)가 太極殿에 나아가 크게 사면령을 내리고 연호를 고쳤다. 鄕論과 淸議를 저촉한 사람도 한결같이 모두 罪名을 씻어주어 새롭게 시작하도록 하였다. 그리고 晉나라 恭帝를 받들어 零陵王으로 삼아 옛 秣陵縣의 궁궐로 나아가게 하고 장군 劉遵考를 시켜서 군사를 거느리고 지키도록 하였다.

裕爲壇於南郊하고 卽位에 廣又悲感流涕하니 侍中謝晦謂之曰 徐公得無小過아 廣曰 君爲宋朝佐命이요 身是晉室遺老니 悲歡之事 固不可同이니라 宋主臨太極殿하여 大赦改元하다 其犯鄕論淸議를 一皆蕩滌하여 與之更始①하다 奉晉恭帝爲零陵王하여 卽宮于故秣陵縣하고 使將軍劉遵考將兵防衛하다

4) 切 : 反切音을 표시한 것이다. '反(번)'은 뒤집는다(되치다)는 뜻으로 번역을 의미하고, '切'은 자른다는 의미이다. 앞 글자의 初聲을 따고 뒷글자의 中聲과 終聲을 따서 읽는다.

5) 徐邈 : 343~397. 東晉의 학자로 휘장을 드리우고 글을 읽으면서 城邑에 들어가지 않다가, 謝安이 천거하여 中書舍人이 되었다. 저술에 ≪正五經音訓≫, ≪穀梁傳注≫, ≪五經同異評≫ 등이 있다. (≪晉書≫ 〈徐邈傳〉)

① "犯鄕論淸議"는 名敎(儒敎)에 죄를 지은 것이다.
犯鄕論淸議, 蓋得罪於名敎者.

【目】裵子野가 말하였다.

"옛날에 重華(舜)가 堯임금의 제위를 이어받고 네 명의 흉악한 무리를 귀양 보냈으며, 周 武王은 殷나라를 이기고 완악한 백성을 洛邑으로 이주시켰다.[6] 천하에 악한 자는 모두 마찬가지인데, 鄕論과 淸議를 저촉한 죄를 없애준 것은 지나치다."

裵子野曰① 昔重華受終에 四凶流放하고 武王克殷에 頑民遷洛하니 天下之惡一也어늘 鄕論淸議를 除之過矣로다

① 裵子野는 南朝 齊 武帝 때 사람이다. 宋나라 元嘉 연간에 曾祖 裵松이 조서를 받고 ≪宋史≫를 찬수하다가 완성하지 못하고 卒하였다. 南齊 永明 말에 배자야가 ≪宋略≫ 20권을 찬수하였다.
子野, 齊武帝時人. 宋元嘉中, 曾祖松之受詔, 修宋史未成而卒. 齊永明末, 子野撰宋略二十卷.

【綱】宋나라가 王太后를 높여 皇太后로 삼았다.

宋尊王太后爲皇太后하다

【目】평소 宋主가 蕭太后를 섬길 적에 〈행실을〉 삼갔는데, 즉위하였을 때에 자신의 나이가 이미 많았지만 매일 아침 太后를 문안할 적에 시각을 어긴 적이 없었다.

宋主事蕭太后素謹이러니 及卽位에 春秋已高로되 每旦入朝에 未嘗失時刻이러라

【綱】宋나라가 晉나라의 封爵을 고치고, 功臣들과 〈황제의〉 子弟들에게 차등에 따라 封爵을 내렸다.

宋改晉封爵하고 封拜功臣子弟有差하다

6) 重華(舜)가……이주시켰다 : 四凶은 堯임금 때 네 사람의 흉인으로, 共工·驩兜·三苗·鯀을 말한다. 舜임금이 공공을 幽州에 귀양 보내고, 환도를 崇山에 내치고, 삼묘를 三危로 쫓아내고, 곤을 羽山에서 죽이자 천하가 모두 복종하였다.(≪書經≫ 〈虞書 舜典〉)
周 武王이 殷나라를 이기고서 九鼎(아홉 개의 솥으로 국가를 상징하는 보물)을 洛邑으로 옮겼는데, 周公과 成王이 武王의 遺志를 받들어 낙읍에 都邑(제2 수도)을 새로 만들기 위해 召公을 시켜 그곳을 조사하게 하였고, 낙읍에 도읍을 정하고 주공이 머물러 거처하면서 殷나라 백성들을 낙읍으로 옮겨 살게 하였다.(≪書經≫ 〈周書 召誥·洛誥〉)

【目】 宋나라가 晉나라의 封爵을 국운에 따라 고쳐야 한다고 하고, 오직 始興公・廬陵公・始安公・長沙公・康樂公만을 남겨두고, 王道・謝安・溫嶠・陶侃・謝玄의 제사를 받들게 하였다.[7] 劉道憐을 太尉로 삼아 長沙王에 봉하고, 徐羨之 등은 각기 차등에 따라 지위를 더하고 작위를 올려주었다.

宋以晉氏封爵으로 當隨運改라하고 獨置始興廬陵始安長沙康樂五公하고 奉王道謝安溫嶠陶侃謝玄之祀①하다 以道憐爲太尉하여 封長沙王하고 徐羨(선)之等은 增位進爵에 各有差하다

① 始興・廬陵・始安・長沙는 모두 郡公이고 오직 康樂은 縣公이다. ≪南史≫에 의거하면 始興郡公을 강등시켜 華容縣公으로 삼고, 廬陵公을 강등시켜 柴桑縣公으로 삼았으며, 始安公을 강등시켜 荔浦縣侯로 삼고, 長沙公을 강등시켜 醴陵縣侯로 삼았다.
始興・廬陵・始安・長沙皆郡公, 獨康樂, 縣公耳. 據南史, 降始興郡公爲華容縣公, 廬陵公爲柴桑縣公, 始安公爲荔浦縣侯, 長沙公爲醴陵縣侯.

【綱】 가을에 宋나라 交州刺史 杜慧度가 林邑을 공격하여 크게 격파하고 항복시켰다.

秋에 宋交州刺史杜慧度擊林邑하여 大破降之①하다

① 林邑이 자주 침입하였기 때문에 杜慧度가 공격한 것이다.
林邑屢爲寇, 故慧度擊之.

【目】 杜慧度가 정사를 하는 데 치밀하여 집안을 다스리는 것과 같이 하니 관리와 백성들이 두려워하면서 아꼈다. 밤에도 城門을 열어두었고 길에서는 백성들이 떨어진 물건을 줍지 않았다.

慧度爲政纖密하여 一如治家하니 吏民畏而愛之라 城門夜開하고 道不拾遺러라

---

7) 始興公……하였다 : 始興郡公은 王道, 廬陵郡公은 謝安, 始安郡公은 溫嶠, 長沙郡公은 陶侃, 康樂縣公은 謝玄이니 모두 封爵이나 追封이다. 王道는 王導로 琅邪 王氏의 중심인물이다. 晉 元帝가 琅邪王으로 있을 때 천하가 어지러울 것을 미리 알고 인재들을 모을 것을 권유하였으며, 東晉을 세우는 데 큰 공을 세웠다. 元帝, 明帝, 成帝 3대에 걸쳐 재상으로 있으면서 국정을 운영하였다. 왕도는 書法에도 능하였는데, 王羲之가 바로 그 조카이다. 謝安 역시 명문 陳郡 謝氏의 일족으로 오랫동안 會稽에서 은둔하면서 왕희지 등과 교류하였다. 40세가 넘어 관직에 올라 桓溫의 찬탈을 저지하고 재상이 되어 강남으로 침입해온 前秦 苻堅의 대군을 격파하였다. 溫嶠는 東晉의 재상이자 名將으로 明帝 때 王敦의 반란을 진압하였다. 陶侃은 東晉 때 명장으로 王敦과 蘇峻의 난을 진압하는 등 많은 전공을 세웠다. 謝玄은 謝安의 조카로 淝水에서 前秦 부견의 100만 대군을 격파하였다.

【綱】北涼王 沮渠蒙遜이 西涼公 李歆을 유인하여 싸워서 그를 죽이고 마침내 西涼을 멸망시켰다.

北涼王蒙遜이 **誘西涼公歆與戰殺之**하고 **遂滅西涼**하다

【目】北涼王 沮渠蒙遜이 西涼을 정벌하려 할 적에 먼저 군사를 거느리고 西秦의 浩亹(고문)을 공격하려 하였는데, 고문에 도착하고 나서는 몰래 군사를 되돌려 川巖으로 돌아와 주둔하였다. 西涼公 李歆이 빈틈을 타고 張掖을 습격하려고 하니, 宋繇·張體順이 간절히 간언하였으나 따르지 않았다.

그러자 太后 尹氏가 말하기를 "새로 건국된 그대의 나라는 땅이 좁고 백성이 드물어서 스스로 지키기에 오히려 충분하지 못할까 두려운데, 어느 겨를에 남을 공격하겠는가. 선왕(李暠)께서 임종할 때 간절하게 그대에게 훈계하기를 '군대를 출동하는 일을 매우 삼가라.'라고 하였다. 저거몽손은 그대가 맞설 상대가 아니다. 그대의 나라는 비록 작지만 충분히 선한 정치를 시행할 만하니, 덕을 닦고 백성을 양성하여 조용히 기다려야 한다. 그리하여 그가 만약 어리석고 사나우면 백성들은 그대에게 귀의할 것이고, 만약 그가 훌륭하고 밝게 한다면 그대는 장차 그를 섬기면 될 것이니, 어찌 경솔히 거동을 하여 바라지 않아야 할 것을 요행으로 바라는 것인가. 내가 보건대, 군사를 잃을 뿐만 아니라 거의 나라를 망치게 될 것이다."라고 하니, 역시 따르지 않았다.

송요가 말하기를 "큰일이 틀어져버렸구나."라고 하였다.

北涼王蒙遜이 **欲伐西涼**할새 **先引兵攻秦浩亹**(고문)이라가 **旣至**에 **潛師還屯川巖**이러니 **涼公歆**이 **欲乘虛襲張掖**하니 **宋繇張體順切諫不聽**이어늘 **太后尹氏謂曰 汝新造之國**이 **地狹民希**하여 **自守猶懼不足**이어든 **何暇伐人**이리오 **先王臨終**에 **殷勤戒汝**하여 **深愼用兵**하라하니 **蒙遜非汝之敵**이라 **汝國雖小**나 **足爲善政**하니 **修德養民**하여 **靜以待之**니 **彼若昏暴**면 **民將歸汝**요 **若其休明**이면 **汝將事之**니 **豈得輕爲擧動**하여 **僥冀非望**①이리오 **以吾觀之**컨대 **非但喪師**라 **殆將亡國**일까하노라 **亦不聽**하니 **繇歎曰 大事去矣**로다

① "休明"은 아름다워서 어두운 덕이 없음을 말한다. 僥는 요행이라는 뜻이다. 冀는 바란다는 뜻이다.
休明, 謂有休美無昏德也. 僥, 幸也. 冀, 望也.

【目】李歆이 보병과 기병 3만 명을 거느리고 동쪽으로 나갔다. 沮渠蒙遜이 그 소식을 듣

고 말하기를 "이흠이 이미 나의 계략 안으로 들어왔구나. 그러나 내가 군대를 돌렸다는 소문을 들으면 반드시 감히 앞으로 나오지 않을 것이다."라고 하고, 마침내 서쪽 변경 지역에서 露布로 이르기를 "이미 浩亹(고문)에서 승리하였고, 장차 黃谷으로 진격할 것이다."라고 하였다.

이흠은 이 소식을 듣고 기뻐하여 都瀆澗으로 진입하였다. 저거몽손이 군사를 거느리고서 그를 공격하여 懷城에서 싸웠는데, 이흠이 대패하였다. 어떤 사람이 이흠에게 돌아가서 酒泉을 지키도록 권하였는데, 이흠이 말하기를 "나는 老母의 말씀을 어겨서 패배를 당하였으니, 이 오랑캐를 죽이지 않으면 무슨 면목으로 다시 우리 어머니를 뵙겠는가."라고 하고, 드디어 군사를 정비하여 蓼泉에서 싸우다가 저거몽손에게 죽임을 당하였다. 이흠의 동생 酒泉太守 李翻과 敦煌太守 李恂은 北山으로 달아났다.

歆將步騎三萬東出하니 蒙遜聞之曰 歆已入吾術中이로다 然聞吾旋師면 必不敢前이리라 乃露布西境하여 云호되 已克浩亹하고 將進攻黃谷①이라하니 歆聞之喜하여 進入都瀆澗이러니 蒙遜引兵擊之하여 戰於懷城한대 歆大敗하다 或勸歆還保酒泉한대 歆曰 吾違老母之言하여 以取敗하니 不殺此胡면 何面目復見我母리오 遂勒兵戰於蓼泉이라가 爲蒙遜所殺②하다 歆弟酒泉太守翻敦煌太守恂이 奔北山이러라

① 여기의 露布는 반드시 〈그 내용을 帛書에 써서〉 옻칠한 장대 위에 건 것이 아니라, 魏나라와 晉나라에서 捷報를 문서로 알리는 제도처럼 다만 격문을 드러내어 그 일을 널리 알린 것일 뿐이다.
此露布非必建之漆竿, 如魏・晉告捷之制, 但露檄布言其事耳.

② 蓼泉은 地名이다. ≪新唐書≫ 〈地理志〉에 "甘州 張掖郡 서북쪽 190리에 祁連山이 있고, 산의 북쪽에 建康軍이 있고, 建康軍 서쪽 120리에 蓼泉 守捉의 城[8]이 있다."라고 하였다.
蓼泉, 地名. 新唐書地理志"甘州張掖郡西北百九十里, 有祁連山, 山北有建康軍, 軍西百二十里, 有蓼泉守捉城."

【目】 沮渠蒙遜이 酒泉에 들어가서 노략질을 금지시키니, 병사와 백성들이 편안해 하였다. 宋繇를 吏部郎中으로 삼아 그에게 인물의 선발을 맡기고, 西涼의 옛 신하 중에 재주와 명망이 있는 사람을 모두 예우하여 채용하였다. 자신의 아들 沮渠牧犍을 酒泉太守로 삼고, 索元緒(삭원서)에게 敦煌太守를 대행하도록 하였다.

저거몽손이 姑臧으로 돌아가서 尹氏를 보고 위로하자, 윤씨가 말하기를 "나는 늙은

8) 守捉의 城 : 把守하는 城이다.

부녀자라 나라가 망하고 가정은 파괴되었으니, 어찌 다시 남은 삶을 아까워하여 남의 신첩이 될 수 있겠는가. 오직 빨리 죽는 것을 다행으로 여길 뿐이다."라고 하였다. 저거몽손이 가상히 여겨 그녀를 풀어주고, 그녀의 딸을 맞이하여 저거목건의 아내로 삼도록 하였다.

蒙遜入酒泉하여 禁侵掠하니 士民安堵러라 以宋繇爲吏部郎中하여 委之選擧하고 涼舊臣有才望者를 咸禮而用之하고 以其子牧犍爲酒泉太守하고 索(삭)元緖行敦煌太守①하다 蒙遜還姑臧하여 見尹氏而勞之하니 尹氏曰 吾老婦人이라 國亡家破하니 豈復惜生하여 爲人臣妾이리오 惟速死爲幸耳라하다 蒙遜嘉而赦之하고 娶其女爲牧犍婦하다

① 索元緖는 索嗣의 아들이다.
元緖, 嗣之子也.

【綱】 8월에 宋나라가 아들 劉義符를 세워 皇太子로 삼았다.

八月에 宋立子義符하여 爲皇太子[9]하다

【綱】 宋나라가 晉나라의 여러 陵墓를 위해서 守衛를 두었다.

◑ 宋爲晉諸陵하여 置守衛[10]하다

【綱】 겨울에 西涼의 李恂이 敦煌에 들어가서 刺史라 칭하였다.

◑ 冬에 涼李恂入敦煌하여 稱刺史하다

---

9) 宋立子義符 爲皇太子 : "宋나라 太子에게는 '皇'을 기록하지 않다가 여기에서 기록한 것은 어째서인가. 처음을 기록한 것이니, 이 뒤로 '皇'을 삭제하였다.〔宋太子不書皇 此其書 何 志始也 後削之矣〕" ≪書法≫

10) 宋爲晉諸陵 置守衛 : "'置守衛'라고 기록한 것은 어째서인가. 나무란 것이다. '置守衛'가 어찌하여 나무라는 것인가. 나라가 흥망하는 때가 많았는데, 이에 앞서 滅國의 주군은 '卒'로 기록하지 않은 적이 없었으나, 宋나라에 와서 零陵王은 '弑'로 기록하였다. 죽은 임금에게 禮를 더하면서 廢主에게 無禮하였으니 欺瞞일 뿐이다. ≪資治通鑑綱目≫이 끝날 때까지 이전 시대 陵墓의 예우를 기록한 것이 세 번인데(이해(420)에 宋나라가 晉나라를 위해서 했고, 乙亥年(495)에 南朝 齊나라가 晉나라를 위해서 했고, 丙子年(496)에 元魏(北魏)가 漢·魏·晉나라를 위해 하였다.) 오직 宋나라의 경우만 나무라는 말이 된다.〔書置守衛 何 譏也 置守衛則何譏 廢興之際 多矣 先是滅國之主 未有不書卒者 至宋 零陵王則以弑書 加禮於死君 而無禮於廢主 則爲欺而已矣 終綱目 書禮先代陵墓者三(是年宋爲晉 乙亥年齊爲晉 丙子年元魏爲漢魏晉)惟宋爲譏辭也〕" ≪書法≫

【目】李恂이 敦煌太守로 있을 때에 은혜로운 정사를 펼쳤는데, 索元緒는 포학하고 음험하며 사람 죽이기를 좋아하여 크게 인심을 잃었다. 敦煌郡 사람 宋承·張弘이 은밀하게 편지를 보내 이순을 불렀다. 이순이 기병 수십 명을 거느리고 돈황군에 들어가자 삭원서가 동쪽을 향해 涼興으로 도망하였는데, 송승 등이 이순을 추대하여 刺史로 삼았다. 沮渠蒙遜이 世子 沮渠政德을 보내 돈황군을 공격하였다.

恂在敦煌에 有惠政이러니 索元緒麤險好殺하여 大失人和라 郡人宋承張弘密信招恂하니 恂帥數十騎入敦煌한대 元緒東奔涼興①이어늘 承等推恂爲刺史하니 蒙遜遣世子政德攻之하다

① 涼興郡은 唐나라 때 瓜州 常樂縣의 경계에 있다.
涼興郡, 在唐瓜州常樂縣界.

辛酉年(421)

宋나라 高祖 武帝 劉裕 永初 2년이고, 北魏 太宗 明元帝 拓跋嗣 泰常 6년이다.[11] 이 해에 西涼이 망하였으니, 모두 여섯 나라이다.

宋永初二年이요 魏泰常六年[12]이라 ◑ 是歲西涼亡하니 凡六國이라

11) 宋나라……6년이다 : 421년에서 588년까지는 無統이다. 朱子의 〈資治通鑑綱目凡例〉를 보면 正統인 경우 歲年(干支) 다음에 國號, 謚號, 姓名, 年號, 年度 등을 大字로 쓰는 데 반해, 無統일 경우 위처럼 小字로 쓴다. 隋나라 文帝가 천하를 통일한 589년 이후로는 隋나라를 정통으로 삼아서 大字로 표시하였다.

12) 宋永初二年 魏泰常六年 : "宋나라가 庚申年(420) 4월에 즉위하고 연호를 바꾼 뒤로부터 ≪資治通鑑綱目≫에서 大字로 晉나라 曆年의 뒤를 기록하지 않았다. 지금은 大字로 歲年을 기록할 만한데 어째서 分注(小字雙行)로 기록하여 北魏 이하의 나라들과 나란히 列國으로 기록하였는가. 이것이 ≪자치통감강목≫의 큰 절도이다. 晉나라가 〈천도하여〉 江左의 한 구석에서 안주하여 영토가 분열되었어도 ≪자치통감강목≫에서 여전히 大字로 歲年을 기록한 것은 西晉의 正統을 계승했기 때문이다. 宋나라가 晉나라를 찬탈하여 옛 강토를 이어받았으나 통일되었던 지역을 회복하지 못하였으니 북쪽에 있는 北魏와 비교하여 같을 뿐이다. 北魏의 시조 拓跋猗盧도 애초에 晉나라에서 봉작을 받아 이때에 이르러 황제를 칭하고, 2代 동안 점차 변하여 中華의 기풍을 계승한 것은 더욱 기술할 만한 것이다. 〈그러므로 宋과 北魏를〉 ≪자치통감강목≫에서 나란히 기록하였으니, 어찌 지나친 것이겠는가. 이로부터 齊·梁·陳나라를 거쳐 隋 文帝 9년(589)에 이르러 江南을 평정하고 나서 천하가 통일되자, 그 뒤에 開皇(隋 文帝의 연호)을 大字로 기록하였다. 그러므로 〈朱子의 〈資治通鑑綱目凡例〉에〉 '國統이 아래에서 바르게 되어 人道가 안정되었다.'고 한 것이다. 그렇다면 〈北魏 등 다른 나라들보다〉 宋나라를 먼저 기록한 것은 어째서인가. 中華를 중시한 것이다.〔宋自庚申四月卽位改元 綱目不以大書者 紀晉歷之餘也 今則可以大書紀年矣 曷爲於分注書之 而與魏以下竝爲列國 曰 此綱目之大節也 晉自江左偏安 土宇分裂 綱目猶大書其紀年者 以承西晉之正統也 宋氏簒晉 承其舊疆 非能恢復混一 其視魏之在北等耳 而魏祖猗盧 初亦受封於晉 至是稱帝 再世漸變 華風繼者 益可稱述 綱目竝而書之 夫豈過哉 自是曆齊梁陳至隋文九年 旣平江南 天下爲一 而後以開皇大書 故曰 統正於下而人道定矣 然則其先宋 何 內諸夏也〕" ≪書法≫

【綱】 봄 2월에 宋나라가 南郊에서 제사를 지내고, 크게 사면령을 내렸다.

春二月에 **宋祀南郊**하고 **大赦**하다

【目】 裴子野가 다음과 같이 평하였다.

"천지에 郊祀를 지내는 것은 연중행사로 하는 것인데, 저들의 죄를 사면해준 것은 무슨 까닭인가."

裴子野曰 郊祀天地는 修歲事也어니와 赦彼有罪는 夫何爲哉오

【綱】 宋나라가 廬陵王 劉義眞을 司徒로 삼고 徐羨之를 尙書令으로 삼고 揚州刺史 傅亮을 僕射(복야)로 삼았다.

宋以廬陵王義眞爲司徒하고 **徐羨之爲尙書令**하고 **揚州刺史傅亮爲僕射**하다

【綱】 北魏가 後苑을 조성하였다.

◑ **魏築苑**하다

【目】 魏主가 代都에서 6천 명을 동원하여 後苑을 조성하였는데, 후원이 동쪽으로 白登을 포괄하니, 둘레가 30여 리였다.

魏主發代都六千人하여 築苑하고 東包白登하니 周三十餘里[①]러라

① 晉나라가 천하를 소유하였을 때는 ≪資治通鑑≫에서 魏主에 대해 〈쓰면서〉 대부분 이름을 아울러 기록하였으나, 宋나라가 선양을 받고서는 바로 '魏主'라고 기록하고 이름을 기록하지 않았다. 남조와 북조는 대등한 관계여서 〈한쪽을〉 경시하거나 중시할 것이 없는 것이다. 아래도 이와 같다.
晉有天下, 通鑑於魏主率兼書名, 宋受禪, 卽書魏主而不名, 南北敵體, 無所輕重也. 後倣此.

【綱】 北涼이 敦煌을 도륙하고 李恂을 죽였다.

北涼屠敦煌하고 **殺李恂**하다

【目】 이때에 서역의 여러 나라들이 모두 沮渠蒙遜에게 나아가 稱臣하고 조공을 바쳤다.

於是西域諸國이 皆詣蒙遜하여 稱臣朝貢하다

【綱】 여름 4월에 宋나라가 淫祠를 허물었다.

夏四月에 宋毁淫祠하다

【目】 宋나라가 조서를 내리기를 "각처의 不正한 祠廟(淫祠)는 蔣子文 이하를 모두 없애고, 先賢으로 공훈과 덕행이 있는 사묘는 이러한 규례에 해당되지 않는다."라고 하였다.

宋詔호되 所在淫祠는 自蔣子文以下皆除之하고 其先賢以勳德祠者는 不在此例①하다

① 蔣子文은 廣陵 사람이다. 漢나라 말기에 秣陵尉가 되었는데, 적을 쫓다가 鍾山에 이르러 이마를 다쳐서 마침내 죽었다. 吳나라 先主(孫權) 초기에 〈장자문의〉 옛날 부하 관리가 길에서 장자문을 만나 모시기를 평소와 같이 하였는데, 〈그가 죽었다는 것을〉 알고서 놀라 도주하자, 장자문이 쫓아와서 말하기를 "내가 이곳에 土地神이 되어야 백성들에게 복이 있을 것이니, 너는 백성들에게 宣告하여 나를 위해 사당을 세우게 하라."라고 하고, 또 다시 무당에게 내려와서 말하기를 "내가 장차 孫氏의 官運을 크게 열어줄 것이니, 마땅히 나를 위해 祠廟를 세우라."라고 하였다. 吳主가 마침내 그를 위하여 祠廟를 세우고 中都侯로 봉하였다.

子文廣陵人, 漢末爲秣陵尉, 逐賊至鍾山, 傷額遂死. 吳先主初, 其故吏遇子文於道, 侍從如生平. 見而驚走, 子文追之曰 "我當爲此土地神, 以福下民, 汝可宣告百姓, 爲我立祠." 又下巫祝 "吾將大啓孫氏官, 宜爲立祠." 吳主乃爲立廟封中都侯.

【綱】 가을 9월에 宋主 劉裕가 秣陵에서 零陵王(晉 恭帝)을 시해하였다.

秋九月에 宋主劉裕弑零陵王於秣陵①[13]하다

13) 宋主劉裕弑零陵王於秣陵 : "'宋主'라고 기록하고 '弑'라고 기록한 것은 어째서인가. 임금과 신하의 분수 때문이다. 東堂에서 劉裕가 安帝를 시해하였을 때 〈보통 이름만 쓰는데〉 유유를 지척해서 '劉裕'라고 기록하였고, 이윽고 恭帝를 폐위하였을 때 〈성을 생략하고〉 '裕'라고만 기록하였는데, 여기에서 다시 '劉裕'라고 기록한 것은 어째서인가. 황제를 시해한 죄를 무겁게 여긴 것이다. 나라가 흥망하는 때가 많았는데, 滅國의 군주가 죽은 것을 '弑'라고 기록한 것은 유유로부터 시작되었으니, 다시 배척하여 '劉裕'라고 기록한 것은 유유를 무겁게 죄준 것이다. 蕭道成(齊 高帝)이 汝陰王을 시해한 데에는 〈'道成'이라고만 쓰고〉 '蕭'를 기록하지 않았으니, 시작이 아니기 때문에 생략한 것이다. '道成'으로 성씨를 생략하여 기록한 것은 처음 시작한 사람을 무겁게 죄준 것이다.〔書宋主矣 其書弑 何 君臣之分也 東堂之弑 裕斥書劉 既而廢帝 書裕而已 此其再書劉 何 重弑也 廢興之際 多矣 滅國之主書弑 自裕始 再斥書劉 所以重罪裕也 至道成弑汝陰 則不書蕭矣 非創也 故略之 略道成 所以重罪創者也〕" ≪書法≫ '東堂之弑'의 기사는 同書 제24권 상 晉 安帝 義熙 14년(418)에 "宋公劉裕 弑帝于東堂"이라고 기록되어 있

① 향년이 37세였다.
壽, 三十七.

【目】 예전에 宋主 劉裕가 독주 한 단지를 이전 琅邪의 郎中令 張偉에게 주어서 零陵王을 독살하게 하니, 장위가 탄식하며 말하기를 "군주를 독살하고, 살기를 구하는 것은 죽는 것만 못하다."라고 하고, 마침내 스스로 독주를 마시고 죽었다.

太常 褚秀之와 侍中 褚淡之는 모두 영릉왕 妃의 오빠이다. 영릉왕이 아들을 낳을 때마다 유유는 저수지 형제를 시켜서 죽이게 하였다. 영릉왕은 화가 미칠까 매우 걱정하여 褚妃와 함께 한 방에 거처하면서 스스로 침상 앞에서 음식을 끓여 먹었다. 음식 재료가 모두 褚妃에게서 나왔기 때문에 宋나라 사람은 틈을 엿볼 수가 없었다.

이때에 이르러 유유가 저담지와 형인 褚叔度를 시켜서 저비를 가서 만나보도록 하니 저비가 나와서 별실로 가서 서로 만나보았다. 그 사이에 군사들이 담을 넘어 들어가서 영릉왕에게 독약을 올렸다. 영릉왕이 마시려고 하지 않으면서 말하기를 "불교에서 자살하는 사람은 다시 인간의 몸을 얻지 못한다고 한다."라고 하니, 군사들이 이불로 덮어씌워 죽였다. 유유가 백관을 인솔하고서 朝堂에 3일간 참석하였다.

初에 宋主劉裕以毒酒一甖(앵)으로 授前琅邪郎中令張偉하여 使酖零陵王①하니 偉歎曰 酖君以求生이 不如死라하고 乃自飮而卒하다 太常褚秀之侍中褚淡之는 皆王妃兄也라 王每生男에 裕輒令秀之兄弟殺之하니 王深慮禍及하여 與褚妃共處一室하여 自煮食於牀前하니 飮食所資皆出褚妃라 故宋人莫得伺其隙이러니 至是裕令淡之與兄叔度往視妃하니 妃出別室相見이어늘 兵人踰垣

다. '至道成弑汝陰'의 기사는 同書 제27권 하 宋 順帝 昇明 3년(479)에 "齊王道成 弑汝陰王 滅其族"이라고 하여 성씨인 '蕭'를 쓰지 않았다.

"劉裕는 이미 帝를 칭하였는데 여기에서 다시 그 성명을 기록한 것은 임금(靈陵王) 앞에 신하(劉裕)의 이름을 써서 弑逆의 죄를 바로잡은 것이다. 유유는 평민으로 晉나라 국운을 바꾸고 이미 국가를 얻었는데도 여전히 다시 亡國의 한 사내인 영릉왕에게 속을 태워 반드시 영릉왕을 모두 死地에 둔 뒤에야 그만두려고 하였으니, 스스로 생각하기를 '한 사람의 마음에 後患을 끊어놓아야 자손들이 길이 보존되어 근심이 없다.'고 한 것이다. 그러나 자신이 죽은 지 얼마 뒤에 두 아들이 온당하게 죽지 못했고, 帝位를 전한 지 8世 동안 여섯 군주가 수명대로 살지 못하였으니, 진실로 司馬氏가 해친 것이 아니다. 또 자기가 이미 시해를 저지르고서 또다시 百官을 인솔하여 朝堂에 임석하였으니 과연 무슨 의리인가. 장차 하늘을 속이려 한 것이라면 하늘은 진실로 속일 수가 없고 장차 사람을 속이려 한 것이라면 사람은 더욱 쉽게 속이지 못하니, 다만 자신의 분잡한 짓만 보인 것일 뿐이다. 속이는 짓을 하여 마음이 고단하고 날마다 졸렬하게 되는 것은 유유를 두고 이른 말인 듯하니, 애석하다.〔劉裕已稱帝矣 而此復書其姓名者 君前臣名 正其弑逆之罪也 裕以布衣 而移晉祚 旣已得鼎 猶復介介然於亡國之一夫 必欲置之死地而後已 自謂一人心絶後患 子孫可以長保無虞 然而身沒未幾 二子不得其死 傳之八葉 六主不以壽終 固非司馬氏害之也 且已旣弑之 又復帥百官臨之 果何義邪 將以欺天 則天固不可欺 將以欺人 則人尤未易欺 徒見其自爲紛紛而已 作僞心勞日拙 其劉裕之謂乎 噫〕" ≪發明≫

而入하여 進藥於王하니 王不肯飮하고 曰 佛敎에 自殺者는 不復得人身이라하니 兵人以被掩殺之하니 裕帥百官하여 臨于朝堂三日하다

① 罌(단지)은 於耕의 切이니 옹기그릇이다. 張偉는 張卲[14]의 형이다.
罌, 於耕切, 瓦器也. 偉, 卲之兄也.

【綱】 겨울 11월에 晉나라 恭帝를 沖平陵에서 장사 지냈다.

冬十一月에 葬晉恭帝于沖平陵[15]하다

【綱】 北涼의 晉昌太守 唐契가 반란을 일으켰다.

◑ 涼晉昌守唐契叛①하다

① 唐契는 唐瑤의 아들이다.
契, 瑤之子也.

【綱】 宋나라 豫章太守 謝瞻이 卒하였다.

◑ 宋豫章太守謝瞻卒[16]하다

---

14) 張卲 : ?~440. 字는 茂宗이다. 宋 武帝 劉裕의 謀士이자 開國功臣으로, 벼슬은 臨沮伯·左衛將軍·湘州刺史·吳興太守 등을 역임하였다.

15) 葬晉恭帝于沖平陵 : "〈≪資治通鑑綱目≫에서〉 晉나라 惠帝의 篇에 위에는 '陳留王 曹奐이 卒하였다.'라고 기록하고, 아래에는 '晉나라 사람들이 장사 지냈다.'라고 하였으니, 비록 晉나라 篇이라도 다시 거듭 '晉'이라고 기록한 것은 晉나라의 후대함을 허여한 것이다. 여기는 宋나라 篇이 아닌데 宋나라가 晉나라 황제를 장사 지냈음에도 '宋'이라고 기록하지 않은 것은 어째서인가. 삭제한 것이다. 어째서 삭제한 것인가. 자신이 직접 시해하고 예우하여 장사를 지내 기만하였으니, 晉나라 사람들과는 똑같이 말할 수 없기 때문이다. 그러므로 魏나라가 漢나라 孝獻皇帝를 장사 지낼 적에 '魏'라고 기록하였고, 晉나라가 陳留王을 장사를 지낼 적에 '晉'이라고 기록하였고, 陳나라가 梁나라 孝元帝를 장사 지낼 적에 '陳'이라고 기록하였고, 石晉이 예전의 唐主를 장사 지낼 적에 '晉'이라고 기록하였으나, 오직 宋나라가 晉나라 恭帝를 장사 지낼 적에는 '宋'이라고 기록하지 않았으니 ≪資治通鑑綱目≫의 뜻이 은미하다.〔晉惠之篇 上書陳留王曹奐卒 下書晉人葬之 雖晉篇也 復再書晉 予晉厚也 於是非宋篇也 宋葬晉帝 其不書宋 何 削之也 曷爲削之 身親弑焉 而禮葬之 以爲欺 與晉人不可同日語矣 是故魏葬漢孝獻 書魏 晉葬陳留王 書晉 陳葬梁孝元 書陳 石晉葬故唐主 書晉 惟宋葬晉恭帝 不書宋 綱目之意 微矣〕" ≪書法≫ '晉惠之篇'은 ≪자치통감강목≫ 제17권 하 晉 惠帝 太安 元年(302)을 말하는데, 그 기사는 "陳留王曹奐卒 晉人葬之 諡曰魏元皇帝"라고 되어 있다.

16) 宋豫章太守謝瞻卒 : "太守는 '卒'을 기록하지 않는데 謝瞻을 '卒'이라고 한 것은 현명함을 기록한 것이다. ≪資治通鑑綱目≫에서 宋·北魏로부터 陳나라까지 여러 신하들이 卒하였을 적에 관직을 기록하지 않음이 없었으니, 현명하지 않으면 기록하지 않았기 때문이다. 官爵을 갖추어 '卒'이라고 기록한 사람은 19명이다.〔太守不卒 卒瞻 錄賢也 綱目自宋魏至陳 諸臣卒 無不書官者 非賢不錄也 具官爵卒者十

【目】 예전에 宋臺[17]가 처음으로 건립되었을 때 謝瞻을 中書侍郎으로 삼고, 그의 동생인 謝晦를 右衛將軍으로 삼았는데, 이때 사회는 권세와 恩愚가 이미 막중하였다. 彭城에서 도읍으로 돌아와서 가족을 영접할 적에 빈객이 몰려들었다. 사첨이 놀라서 사회에게 말하기를 "너는 명성과 관직이 아직 높지 않은데 사람들이 쏠리는 것이 이와 같구나. 우리 집안은 명리를 추구하지 않고 겸양하는 것을 가풍으로 삼아서 정사에 간여하는 것을 원하지 않았고, 교류하는 이가 친한 벗에 불과했다. 그러나 결국 너의 위세가 朝野를 기울이게 하니, 이것이 어찌 가문의 복이겠는가."라고 하고, 이에 울타리로 문과 뜰을 막으며 말하기를 "나는 차마 이것을 보지 못하겠다."라고 하였다.

사첨이 팽성으로 돌아올 때에 宋公(劉裕)에게 말하기를 "신은 본래 布衣의 선비[18]입니다. 아버지와 할아버지의 지위는 二千石에 불과했습니다. 그런데 동생의 나이가 막 서른이고, 도량과 식견이 범용하고 천근한데도 영화가 臺府(宋臺와 宋公府)에서 으뜸입니다. 복이 지나가면 재앙이 생겨나 그 응답이 멀지 않으니 다만 바라건대 貶職시켜 쇠미한 가문을 보전해주소서."라고 하였다.

初에 宋臺始建에 瞻爲中書侍郎하고 其弟晦爲右衛將軍이러니 時晦權遇已重이라 自彭城還都迎家할새 賓客輻湊하니 瞻驚駭하여 謂晦曰 汝名位未多어늘 而人歸趣乃爾로다 吾家素以恬退爲業하여 不願干預時事하고 交遊不過親朋하다 而汝遂勢傾朝野하니 此豈門戶之福邪아하고 乃以籬隔門庭曰 吾不忍見此하노라 及還彭城에 言於宋公曰 臣本素士라 父祖位不過二千石이어늘 弟年始三十이요 志用凡近이어늘 榮冠臺府하니 福過災生하여 其應無遠이라 特乞降黜하여 以保衰門①하노이다

① 冠(으뜸)은 古玩의 切이다.
冠, 古玩切.

【目】 謝晦가 혹 조정의 은밀한 일을 謝瞻에게 말하면 사첨은 일부러 친척이나 친구와 이야기하면서 우스갯소리를 하여 그 말을 끊었다. 宋主가 즉위하게 되자, 사회가 創業을 도운 功으로 지위와 임무가 더욱 무거워졌으므로 사첨이 더욱 걱정을 하고 두려워하였

九人]"≪書法≫

17) 宋臺 : 東晉 시기에 劉裕가 宋公이 되었을 때 彭城에 宋臺(宋公의 정치기구)를 세웠다. 臺는 後漢 때에는 尙書臺나 御史臺의 약칭으로 쓰였으나, 晉나라와 南朝 시대에는 朝廷이나 禁省, 중추가 되는 정치기구의 대칭으로 쓰였다. 그리하여 禁城을 臺城, 禁軍을 臺軍이라 하였다.

18) 布衣의 선비 : 원문 '素士'를 번역한 것으로 布衣는 베로 만든 의복으로 벼슬을 하지 않는 사람을 가리킨다. 보통 평민을 지칭하나 여기서는 문벌귀족이 아닌 한미한 가문 출신을 가리킨 것이다. 본서 28쪽에 나오는 布衣도 같다.(≪資治通鑑新註≫, 陝西人民出版社, 1998)

다. 이때에 이르러 병이 들어 낫지 않으니, 임종할 때 사회에게 편지를 남겨서 다음과 같이 말하였다.

"내가 이불을 걷어봄에 사지가 다행히 온전하니, 또한 무엇을 한스러워하겠는가. 아우는 스스로 노력하여 나라를 위하고 가정을 위할 것을 생각하라."라고 하였다.

晦或以朝廷密事語瞻하면 瞻故向親舊陳說하여 用爲戲笑하여 以絶其言이러니 及宋主卽位에 晦以佐命功으로 位任益重이라 瞻愈憂懼러니 至是遇病不療하니 臨終遺晦書曰 吾得啓體幸全하니 亦何所恨①이리오 弟思自勉勵하여 爲國爲家②하라

① 曾子가 병이 위중하자, 제자들을 불러 말하기를 "이불을 걷고서 내 발을 살펴보고 내 손을 살펴보아라. 이제야 〈부모님이 주신 몸을 상하지 않게 하는 것에서〉 근심을 면하게 되었음을 알겠다. 제자들아."라고 하였다. 孔子가 말하기를 "부모가 온전히 낳아주셨으니 자식이 온전하게 돌아가야만 孝라고 할 수 있다."라고 하였다.
曾子有疾, 召門弟子曰 "啓予足, 啓予手. 而今而後, 吾知免夫, 小子." 孔子曰 "父母全而生之, 子全而歸之. 可謂孝矣."

② 爲(위하다)는 去聲이다.
爲, 去聲.

壬戌年(422)

宋나라 高祖 武帝 劉裕 永初 3년이고, 北魏 太宗 明元帝 拓跋嗣 泰常 7년이다.

宋永初三年이요 魏泰常七年이라

【綱】 봄에 宋나라가 徐羨之를 司空 錄尙書事로 삼았다.

春에 宋以徐羨之로 爲司空錄尙書事하다

【目】 徐羨之는 布衣의 신분이어서 술수와 학문이 없었으나 다만 뜻과 능력, 재간과 도량으로 하루아침에 조정 중신의 자리에 오르니, 朝野의 사람들이 추대하며 감복하여 모두 재상의 명망이 있다고 말하였다. 침착하고 꼼꼼하며 말이 적어서 근심과 기쁨을 기색에 드러내지 않았고, 바둑을 꽤 잘 두었으나 바둑판을 구경할 적엔 항상 바둑을 둘 줄 모르는 것처럼 하였다. 傅亮과 蔡廓이 평소 말하기를 "徐公은 만사에 밝아서 의견이 다른

사람을 잘 어루만졌다."라고 하였다.

일찍이 부량과 謝晦와 함께 연회에서 모였는데, 부량과 사회는 말재주가 좋고 박학하였으나 서선지는 풍채와 태도가 자상하고 장중하여 때가 된 뒤에야 말을 하였다. 鄭鮮之가 감탄하여 말하기를 "서선지와 부량의 언론을 보니, 다시는 학문을 가지고 훌륭한 점으로 삼지 못하겠다."라고 하였다.

羡之 起自布衣하여 無術學하되 直以志力局度로 一旦居廊廟하니 朝野推服하여 咸謂有宰臣之望①이러라 沈密寡言하여 不以憂喜見色하고 頗工奕碁호되 觀戲에 常若未解②러라 傅亮蔡廓常言호되 徐公曉萬事하여 安異同③이라하더라 嘗與傅亮謝晦宴聚할새 亮晦才學辯博하되 羡之風度詳整하여 時然後言하니 鄭鮮之歎曰 觀徐傅言論하니 不復以學問爲長이로다

① "局度"는 器局과 度量이다.
局度, 器局·度量也.
② 見(드러남)은 賢遍의 切이다.
見, 賢遍切.
③ 王彪之가 會稽王 司馬昱에게 〈武陵王의 반란을 告變하려는 것을〉 그만두도록 권하기를 "〈무릉왕의 뜻은 전적으로 달리며 사냥을 하는 데 있을 뿐입니다.〉[19] 매우 바라건대 침착하게 대응하여 의견이 다른 논의를 안정시키소서."라고 하였다. ≪舊唐書≫ 〈張仲方傳〉에 "〈褒貶과 是非의 마땅함을 정하여〉[20] 분분히 다른 의론을 없애야 합니다."라고 하였다.
王彪之勸止會稽王昱曰 "深願靜之, 以安異同之論." 唐張仲方傳云 "泯同異紛綸之論."

【綱】 宋나라가 廬陵王 劉義眞을 都督豫州雍州等州軍事로 삼았다.

宋以廬陵王義眞으로 都督豫雍等州軍事하다

檀道濟

【目】 宋主가 병이 들자 長沙王 劉道憐과 徐羡之·傅亮·謝晦·檀道濟가 나란히 들어와서 약 시중을 들었다. 여러 신하들이 天神과 地祇에 기도하기를 청하였으나 허락하지 않고, 오직 侍中 謝方明을 시켜서 병을 종묘에 고하도록 했을 뿐

19) 무릉왕의……뿐입니다 : ≪資治通鑑≫에는 "深願靜之" 앞에 "武陵王之志 盡於馳騁畋獵而已耳"라 하였다.
20) 褒貶과……정하여 : ≪舊唐書≫ 〈張仲方傳〉에는 "泯同異紛綸之論" 앞에 "定褒貶是非之宜"라 하였다.

이다. 檀道濟가 廣陵으로 나아가 군사들을 진무하고 淮南의 여러 군대를 감독하였다.

宋主有疾에 長沙王道憐徐羨之傅亮謝晦檀道濟竝入侍醫藥이러니 群臣請祈禱神祇한대 不許하고 唯使侍中謝方明으로 以疾告宗廟而已①러라 道濟出鎭廣陵하고 監淮南諸軍하다

① 謝方明은 劉裕의 從祖弟(6촌 아우)이다.
方明, 裕之從祖弟也.

【目】 태자가 여러 소인배들을 가까이하는 일이 많았는데, 謝晦가 宋主에게 말하기를 "폐하께서는 춘추가 이미 높으시니 의당 만세를 보존할 것을 생각해야 합니다. 보위는 지극히 중요하니 재주가 없는 사람에게 담당하도록 해서는 안 됩니다."라고 하였다.

上이 말하기를 "廬陵王(劉義眞)은 어떤가?"라고 하니, 사회가 말하기를 "신이 살펴보겠습니다."라고 하고, 나가서 유의진에게 가자 유의진이 한껏 그와 함께 대화하려고 하였으나 사회는 그다지 응답하지 않았다.

사회가 돌아와서는 말하기를 "덕이 재능보다 가벼우니 군주의 재질이 아닙니다."라고 하였다. 유의진을 내보내어 都督六州諸軍 南豫州刺史로 삼고 歷陽에 鎭守하도록 하였다. 이 이후로 큰 州의 직함에는 대부분 都督을 더하였다. 〈都督하는 州가〉 많을 때는 혹은 50州에 이르렀으므로, 다시 자세하게 기록하지 않았다.

太子多狎群小러니 謝晦言於宋主曰 陛下春秋旣高하니 宜思存萬世라 神器至重하니 不可使負荷非才니이다 上曰 廬陵何如오 晦曰 臣請觀焉호리이다 出造義眞하니 義眞盛欲與談이어늘 晦不甚答하고 還曰 德輕於才하니 非人主也러이다 出義眞爲都督六州諸軍南豫州刺史하고 鎭歷陽①하다 是後大州率加都督하니 多者或至五十州라 不可復詳載矣②러라

① "六州"는 南豫州·豫州·雍州·司州·秦州·幷州이다.
六州, 南豫·豫·雍·司·秦·幷也.

② 宋나라 말에 이르러 국경 안에는 오직 22州만 있었다. 梁 武帝 때에 이르러 沿邊을 나누어 여러 주를 설치하여 비로소 50주가 있었다.
迄宋之季, 境內惟二十二州. 至梁武帝時, 沿邊分置諸州, 始有五十州.

【綱】 秦州·雍州의 流民이 梁州로 들어가니 宋나라가 사신을 보내어 그들을 진휼하였다.

秦雍流民이 入梁州하니 宋遣使賑之하다

【綱】 여름 4월에 宋나라가 楊盛[21)]을 봉하여 武都王으로 삼았다.

◑ **夏四月**에 **宋封楊盛**하여 **爲武都王**하다

【綱】 5월에 宋主 劉裕가 殂하니 太子 劉義符가 즉위하였다.

◑ **五月**에 **宋主裕殂**[①22)]하니 **太子義符立**[23)]하다

① 향년이 67세였다.
壽, 六十七.

【目】 宋나라 高祖가 병이 심해지자 太子 劉義符를 불러 훈계하기를 "檀道濟는 비록 재간과 책략이 있으나 심원한 뜻이 없으니 부리기 어려운 기질이 아니다. 徐羨之와 傅亮은 당연히 반역을 도모함이 없을 것이다. 謝晦가 자주 정벌에 따라다녀 임기응변의 책략을 제법 알고 있으니, 만약 이변이 있게 된다면 반드시 이 사람이 일으킬 것이다."라고 하고, 또 손수 조서를 써서 말하기를 "후세에 만약 어린 군주가 있게 된다면 조정의 일은 한결같이 재상에게 맡기고, 황태후(母后)가 번거롭게 臨朝(攝政)하지 말라."라고 하였다. 서선지·부량·사회·단도제가 함께 顧命을 받았다. 송 고조가 마침내 殂하였다.

---

21) 楊盛 : 仇池의 군주이다. 仇池는 氐族의 酋長 楊茂搜가 수립한 地方政權이다. 西晉時代에 자립하였다. 지금의 甘肅省 成縣에 위치한다. 前趙 때 武都王에 봉해졌다. 이후 楊盛 때 後秦에게 복속하여 무도왕에 봉해졌으나 이후 후진을 배반하고 東晉에게 복속하였다가, 다시 宋나라에게 복속하여 무도왕에 봉해졌다.

22) 殂 : 〈資治通鑑綱目凡例〉에 천하를 통일한 황제의 죽음을 '崩'이라 하고, 황제를 칭하였으나 천하를 통일하지 못해 정통으로 인정하지 않는 경우에는 '殂'라고 하였다. 이 경우 '殂'라고 쓴 것은 宋나라가 천하를 통일하지 못하였기 때문이다.

23) 宋主裕殂 太子義符立 : "宋나라 高祖가 아직 晉나라를 대신하지 않았을 적에 《資治通鑑綱目》에는 누차 그 공로를 기록하였으니, 孫恩을 공격한 것이 모두 네 번 기록되고, 盧循을 공격한 것이 모두 일곱 번 기록되고, 桓玄을 토벌한 것이 두 번 기록되고, 南燕을 정벌한 것이 두 번 기록되고, 後秦을 정벌한 것이 네 번 기록되었다. 晉나라를 대신한 이후에는 두 번 그 선행을 기록하였는데, 부정한 祠廟를 부순 것을 기록하고, 유랑민을 구휼한 것을 기록하였으니 모두 허여한 것이다. 그러나 그 임금과 신하의 즈음에는 끝내 조금도 용서하지 않았다. 그러므로 일곱 번 스스로 관직에 오른 것을 기록하고, 두 번 殊禮를 참람하게 행한 것을 기록하고, 세 번 죄 없는 사람을 죽임을 기록하고, 두 번 임금을 시해함을 기록하고, 한 번 名分과 義理를 폐기함을 기록하였으니 〈그 의리가〉 엄숙하다. 滅國의 군주를 '弑'라고 기록한 것은 宋나라로부터 시작되었으니, 君子가 더욱 크게 죄를 준 것이다.〔宋祖之未代晉也 綱目屢書其功 擊孫恩凡四書 擊盧循凡七書 討玄再書 伐燕再書 伐秦四書 代晉以後 再書其善 書毁淫祠 書賑流民 皆予之也 然於其君臣之際 終不少貸 是故七書自官 再書僭殊禮 三書殺無罪 再書弑 一書廢名義 蓋凜凜矣 至滅國之主書弑 自宋始 君子尤深罪之〕" 《書法》 '自官'은 劉裕가 스스로 太尉 등이 된 것이고, '殊禮'는 검을 차고 殿에 오르고 贊拜에 이름을 부르지 않은 것 등이다.

송 고조는 청렴하고 검약하며 욕심이 적었고, 엄정하여 법도가 있어서 옷을 입고 거처하는 것이 평민보다 검소하였고, 유람하거나 잔치를 여는 일이 아주 드물었으며, 妃嬪과 궁녀가 매우 적었다. 일찍이 後秦 高祖의 조카딸을 얻어 매우 총애하여 그로 인해 정무가 폐기되었는데, 謝晦가 은밀히 간언하자 그녀를 즉시 내보냈다. 재화와 비단은 모두 外府(國庫)에 있고 안에는 사사로이 저장해둔 것이 없었다. 嶺南에서 일찍이 대나무 통에 넣은 가는 베를 바치니, 반필에 8丈이었는데,[24] 베가 정밀하고 화려하여 백성을 수고롭게 하는 것을 싫어하여 즉시 有司에게 회부하여 太守를 탄핵하게 하였으며, 베를 돌려보내고 아울러 영남에 명을 내려 이런 베를 만드는 것을 금지하도록 하였다. 공주가 시집을 가는 데 보내는 혼수가 20만을 넘지 않았고, 비단에 수놓은 물품이 없었다. 안팎에서는 금령을 받들어 감히 사치하고 낭비하는 자가 없었다.

성격이 기괴한 것을 믿지 않아서, 미천했을 때에 상서로운 징조가 많았는데 귀하게 되자 史官이 들은 것을 살피려 하여도 거절하고 대답하지 않았다.

유의부가 즉위하니 나이가 17세였다. 太子妃 司馬氏를 세워서 황후로 하였다. 황후는 晉 恭帝의 딸 海鹽公主이다. 7월에 고조를 初寧陵에 장사 지냈다.

宋高祖疾甚에 召太子義符誡之曰 檀道濟雖有幹略하나 而無遠志하니 非難御之氣也요 徐羨之傅亮은 當無異圖요 謝晦數(삭)從征伐하여 頗識機變하니 若有同異면 必此人也라 又爲手詔曰 後世若有幼主어든 朝事一委宰相하고 母后不煩臨朝라하다 羨之亮晦道濟同被顧命하다 遂殂하다 高祖淸簡寡欲하고 嚴整有法度하여 被服居處 儉於布素하고 遊宴甚稀하고 嬪御至少러라 嘗得後秦高祖從女하여 有盛寵하여 頗以廢事어늘 謝晦微諫하니 卽時遣出①하다 財帛皆在外府하여 內無私藏②이러니 嶺南嘗獻入筒細布 一端八丈이어늘 惡(오)其精麗勞人③하여 卽付有司彈太守하며 以布還之하고 竝制嶺南하여 禁作此布하다 公主出適에 遣送不過二十萬이요 無錦繡之物하니 內外奉禁하여 莫敢爲侈靡러라 性不信奇怪하여 微時多符瑞러니 及貴에 史官審以所聞이라도 拒而不答이러라 義符卽位하니 年十七이라 立妃司馬氏爲皇后하니 后는 晉恭帝女海鹽公主也라 七月에 葬初寧陵④하다

① 後秦의 왕 姚興은 廟號가 高祖이다.
(從)〔後〕[25]秦王(與)〔興〕,[26] 廟號高祖.

---

24) 반필에 8丈이었는데 : '一端'은 半匹로 '二端'이 한 匹이다. 보통 반필의 길이는 4丈인데 이는 매우 가늘어 길이가 8丈인 것이다.(≪資治通鑑新註≫, 陝西人民出版社, 1998)

25) (從)〔後〕: 저본에는 '從'으로 되어 있으나, ≪晉書≫ 권117 〈載記 姚興 上〉에 의거하여 '後'로 바로잡았다.

② 藏(저장물)은 祖浪의 切이다.
藏, 祖浪切.

③ 揚雄의 〈蜀都賦〉에 "베는 거미가 실을 짠 것과 같아 바람에 일렁임을 볼 수 없네. 통 속의 黃潤(고운 베 이름)은 1端에 몇 金이로다."라고 하였으니, 베의 가는 정도를 말한 것이다.
揚雄蜀都賦曰 "布則蜘蛛作絲, 不可見風, 筩中黃潤, 一端數金." 言其細也.

④ 初寧陵은 丹陽 建康縣 蔣山에 있다.
陵在丹陽建康縣蔣山.

【綱】北魏가 아들 拓跋燾를 세워 太子로 삼아 監國(國事를 대신 다스림)하게 하였다.

魏立子燾爲太子하여 **監國**하다

【目】魏主가 寒食散[27]을 복용하였는데, 몇 년을 이어서 독성이 발작하였고 災異가 여러 차례 나타나니, 환관을 파견하여 崔浩에게 몰래 묻기를 "근래 일식이 趙와 代의 분야[28]에 있었고, 짐의 병이 일 년이 넘도록 낫지 않으니 갑자기 죽게 될까 걱정이 된다. 여러 아들이 모두 어리니 장차 어떻게 해야 하겠는가?"라고 하였다.

최호가 말하기를 "폐하께서는 춘추가 한창이시니, 장차 회복하실 것입니다. 부득이 말을 해야 한다면 어리석은 말을 아뢰도록 하겠습니다. 聖代의 聖君(道武帝)께서 황제를 칭하셨을 때에 황태자를 높이지 않았으니, 이 때문에 永興의 초기에 사직이 위태로울 뻔하였습니다. 지금 마땅히 東宮을 속히 세우셔서 현명한 公卿을 뽑아서 師傅로 삼고, 측근의 신뢰할 신하를 빈객과 벗으로 삼으셔서, 안으로는 萬機를 총괄하고 밖으로는 군사업무를 다스리게 하여야 합니다. 이와 같이 한다면 폐하께서는 느긋하게 지내면서 정사를 다스리지 않고 정신을 수양하며 수명을 보양할 수 있습니다. 성상께서 돌아가신 뒤에 나라에 성숙한 군주가 있어 백성들이 돌아갈 곳이 있게 되면 간악한 사람은

26) (與)[興] : 저본에는 '與'로 되어 있으나, 《晉書》 권117 〈載記 姚興 上〉에 의거하여 '興'으로 바로잡았다.

27) 寒食散 : 古代의 약명으로 복용한 뒤에 응당 찬 음식을 먹어야 한다고 해서 '寒食散'이라 하였다. 紫石英·白石英·赤石脂·鍾乳石·硫磺 등 다섯 광석이 주요 성분으로 배합되어 있기 때문에 '五石散'이라고도 불렸다. 漢代에 시작되어 魏晉南北朝 시기 名士들이 이 약을 애용하였는데, 종종 불구가 되거나 죽기도 하였다.

28) 趙와……분야 : 28宿(수)가 하늘에 펼쳐 있을 때 각각 운행하는 度數가 있다. 이에 周天을 12방위로 나누어 그 지역에 해당하는 곳을 分野라 한다. 《晉書》 〈天文志〉에 "胃宿 7度부터 畢宿 11도까지가 大梁이 되니 12방위의 西方에 있고 趙나라 分野이다." 하였다.

야망을 멈추고, 재앙이 저절로 생겨날 길이 없을 것입니다. 皇子 拓跋燾는 나이가 장차 周星(12세)이 되려 하는데 사리에 밝고 온화하니, 장자를 세우는 것은 예의 큰 법도입니다."라고 하였다.

魏主가 다시 장손숭에게 묻자 그가 대답하기를 "장자를 세우는 것은 순리이고 현명한 사람을 두면 사람이 복종하는데 탁발도는 장자이고 또 현명하니, 하늘이 명한 사람입니다."라고 하였다.

그 말을 따라 탁발도를 세워 태자로 삼아서 그에게 正殿에 머물면서 조정을 다스리게 하여, 나라의 副主(太子)로 삼았다. 장손숭과 奚斤·安同을 左輔로 삼고 東廂(廟堂의 동쪽 행당)에 앉아서 서쪽을 향하게 하고, 최호와 穆觀·丘堆를 右弼로 삼고 西廂에 앉아서 동쪽을 향하게 하고, 백관이 모두 자신들의 직책을 총괄하여 보고하도록 하였다.

長孫嵩

魏主가 자리를 피하여 西宮에 머물면서 때때로 숨어서 엿보았는데, 그가 결단하는 것을 듣고 크게 기뻐하며 侍臣에게 말하기를 "장손숭은 덕망을 쌓은 원로대신이니 4代에 걸쳐 섬겨서 공로가 사직을 보존하고, 해근은 말을 잘하고 지모가 있어서 명성이 원근에 났고, 안동은 세속의 사정을 잘 알아 일에 밝고 익숙하며, 목관은 정무의 요점에 통달하여 나의 뜻을 알고, 최호는 견문이 넓고 잘 기억하여 하늘과 사람을 정밀하게 살피고, 구퇴는 비록 큰 쓰임새는 없으나 공적인 일에서 專心으로 신중하게 한다. 이 여섯 명으로 태자를 보좌하게 하고, 내가 너희들과 함께 사방의 지역을 순행하여 반역자를 정벌하고 복종하는 자를 편안하게 대하면 천하에서 뜻을 얻기에 충분하다."라고 하였다.

魏主服寒食散이어늘 頻年藥發하고 災異屢見하니 遣中使密問崔浩曰 屬(촉)者에 日食趙代之分하고 朕疾彌年不愈하니 恐一旦不諱하노니 諸子竝少하니 將若之何오 浩曰 陛下春秋富盛하니 行就平愈어니와 必不得已인댄 請陳瞽言호리라 聖代龍興에 不崇儲貳하니 是以永興之始에 社稷幾危①하니 今宜早建東宮하여 選賢公卿以爲師傅하고 左右信臣以爲賓友하여 入摠萬機하고 出撫戎政이니 如此면 則陛下可以優遊無爲하여 頤神養壽②요 萬世之後에 國有成主하여 民有所歸면 姦宄息望하고 禍無自生矣리이다 皇子燾年將周星에 明叡溫和하니 立子以長은 禮之大經也③니이다 魏主

復(부)以問長孫嵩한대 對曰 立長則順하고 置賢則人服이요 燾長且賢하니 天所命也니이다 從之하여 立燾爲太子하여 使居正殿臨朝하여 爲國副主하다 以嵩及奚斤安同爲左輔하고 坐東廂하여 西面하고 崔浩與穆觀丘堆爲右弼하고 坐西廂하여 東面하고 百官總己以聽하다 魏主避居西宮하여 時隱而窺之[④]하거늘 聽其決斷하고 大悅하여 謂侍臣曰 嵩宿德舊臣이라 歷事四世하여 功存社稷[⑤]하고 斤辯捷智謀하여 名聞遐邇하고 同曉解俗情하여 明練於事하고 觀達於政要하여 識吾旨趣하고 浩博聞强識하여 精察天人하고 堆雖無大用이나 然在公專謹하니 以此六人輔相太子하고 吾與汝曹로 巡行四境하여 伐叛柔服이면 足以得志於天下矣[⑥]로다

① 永興은 魏主가 처음 즉위했을 때의 연호이다. 당시 道武帝(拓跋珪)가 시해를 당하고, 拓跋嗣가 아직 태자가 되지 못했기 때문에 그렇게 말한 것이다.
永興, 魏主嗣初立年號. 時道武帝遇弑, 嗣未爲太子, 故云然.

② 頤는 또한 기른다는 뜻이다.
頤, 亦養也.

③ 周星은 木星이 12년에 한 번 하늘을 도는 것이다.
周星, 歲星十二年一周天.

④ 〈"隱而窺之"는〉 스스로 몸을 은폐하고 엿보는 것이다.
自隱蔽其身而窺之也.

⑤ 長孫嵩은 昭成帝와 道武帝, 明元帝와 太子 拓跋燾를 섬겼으니, 4대가 된다.
嵩, 事昭成帝及道武帝・明元帝及太子燾爲四世.

⑥ 柔는 편안하다는 뜻이다.
柔, 安也.

【目】 長孫嵩은 본성이 拔拔이고, 奚斤은 성이 達奚이며, 穆觀은 성이 丘穆陵이고, 丘堆는 성이 丘敦이다. 당시에 北魏의 신하들 중 代의 북쪽 출신자들은 複姓이 많았는데, 高祖가 洛陽으로 천도해오자 비로소 모두 〈單姓으로〉 고쳤다. 舊史에도 번잡하여 알기 어렵다고 근심하였으므로, 모두 뒤에 고친 單姓을 따라서 簡易하게 하였으니, 지금에 그것을 따른다. 魏主는 또 劉絜・古弼・盧魯元이 충성스럽고 근신하며 공손하고 근면하다고 여겨 기밀과 관련된 업무를 나누어 맡게 하여 辭令을 출납하게 하였다. 태자는 총명하고 큰 도량을 가졌는데도, 여러 신하들이 때때로 의심스러운 것을 황제에게 아뢰면 황제가 말하기를 "이것은 내가 알 바가 아니다. 너희 國主인 太子가 이것을 결정하도록 해야 할 것이다."라고 하였다.

嵩實姓拔拔이요 斤姓達奚요 觀姓丘穆陵이요 堆姓丘敦이니 時魏臣出代北者는 姓多重複이러니

及高祖遷洛에 始皆改之①하니 舊史患其煩雜難知라 故皆從後姓하여 以就簡易(이)하니 今從之라 魏主又以劉絜古弼盧魯元이 忠謹恭勤이라하여 分典機要하여 宣納辭令②하다 太子聰明大度어늘 群臣時奏所疑면 帝曰 此非我所知라 當決之汝曹國主也하라하다

① 高祖는 北魏 孝文帝이다.
高祖, 魏孝文帝也.

② 〈古弼의〉 古는 姓이다.
古, 姓也.

【綱】 6월에 宋나라가 傅亮을 中書監 尙書令으로 삼고, 謝晦를 中書令으로 삼고, 謝方明을 丹陽尹으로 삼았다.

六月에 宋以傅亮爲中書監尙書令하고 謝晦爲中書令하고 謝方明爲丹陽尹하다

【目】 謝方明이 郡을 잘 다스려서 부임하는 곳마다 잘 다스린다는 평판이 있었다. 그는 전임자의 일을 이어서 교대하여 그 정사를 바꾸지 않고, 반드시 고쳐야 할 일은 점차 바꾸어서 〈정사를 바꾼〉 자취를 찾을 수가 없게 하였다.

方明善治郡하여 所至有能名하니 承代前人하여 不易其政하고 必宜改者는 則以漸移變하여 使無迹可尋이러라

【綱】 겨울에 北魏가 司空 奚斤을 보내 여러 장군들을 감독하여 宋나라를 공격하여 靑州·兗州의 여러 郡을 점령하였다. 宋나라가 南兗州刺史 檀道濟를 보내서 구원하였다.

冬에 魏遣司空奚斤하여 督諸將擊宋하여 取靑兗諸郡하니 宋遣南兗州刺史檀道濟救之하다

【目】 예전에 魏主가 宋나라 高祖가 長安에서 승리하였다는 소식을 듣고서 크게 두려워하여 사신을 파견하여 화해를 청하였는데, 이로부터 해마다 交聘이 끊이지 않았다. 고조가 殂하자, 沈範 등이 使命을 받들고 北魏에 있다가 돌아올 적에 황하에 이르렀는데, 魏主가 사람을 보내어 쫓아가서 그들을 체포하고, 군사를 일으켜 洛陽·虎牢·滑臺를 점령할 것을 논의하였다.

崔浩가 간언하기를 "폐하께서는 劉裕가 갑자기 흥기하였다고 생각하지 않으셔서 그의 사신과 공물을 받아들였으며, 유유 역시 폐하를 공경히 섬겼습니다. 지금 喪事를 틈타서 정벌하면 비록 성공한다 해도 아름다운 일이 되기에는 부족합니다. 또 우리나라도 지금 일거에 江南을 탈취할 수 없고, 다만 상중에 공격하였다는 惡名만 갖게 될 것이니 삼가 폐하를 위하여 옳게 여기지 않습니다. 신의 생각으로는 마땅히 사람을 파견하여 조문하며 제사 지내고 어린 상주를 위로하고 흉악한 재해를 구휼하여 의롭다는 명성을 천하에 퍼지게 하면 江南은 공격하지 않아도 스스로 복종할 것입니다. 게다가 유유가 막 죽었고 그 당여들이 아직 흩어지지 않았으니, 〈군사를 내는 것을〉 천천히 하여 그 강한 신하들이 권력을 다투어 반드시 변란이 일어나기를 기다린 뒤에 장수에게 명하여 군대를 출동하게 하는 것만 못하니, 이렇게 하면 병사들이 피로하지 않고도 앉아서 淮水 이북을 차지할 수 있습니다."라고 하였다.

魏主가 말하기를 "유유는 姚興의 죽음을 틈타서 〈後秦을〉 멸망시켰으니,[29] 지금 우리가 유유가 죽은 틈을 타서 정벌하면 어찌 안 될 것이 있겠는가?"라고 하자, 최호가 말하기를 "그렇지 않습니다. 요흥이 죽자 아들들이 서로 다투었기 때문에 유유가 그 틈을 타서 정벌하였습니다. 지금 강남은 틈이 없으니 비교할 수 없습니다."라고 하였다.

魏主가 따르지 않고, 司空 奚斤에게 符節을 주고[30] 장군 周幾와 公孫表를 감독하게 하여 宋나라를 정벌하게 하였다.

初에 魏主聞宋高祖克長安하고 大懼하여 遣使請和한대 自是歲聘不絶이러니 及高祖殂에 沈範等奉使在魏라가 還에 及河러니 魏主遣人追執之하고 議發兵取洛陽虎牢滑臺하다 崔浩諫曰 陛下不以劉裕欻起하여 納其使貢하고 裕亦敬事陛下①러니 今乘喪伐之면 雖得之라도 不足爲美요 且國家今日에 亦未能一擧取江南也요 而徒有伐喪之名이니 竊爲陛下不取커늘 臣謂宜遣人吊祭하고 存其孤弱하고 恤其凶災하여 使義聲布於天下하면 則江南不攻自服矣요 況裕新死하고 黨與未離하니 不如緩之하여 待其彊臣爭權하여 變難必起然後에 命將出師면 可以兵不疲勞하고 坐收淮北也니이다 魏主曰 劉裕乘姚興之死而滅之하니 今我乘裕喪而伐之하면 何爲不可리오하니 浩曰 不然하니이다

29) 유유는……멸망시켰으니 : 姚興(366~416)은 5胡16國 시대 後秦의 임금으로, 儒學을 중시하고 佛教를 提創했다. 요흥이 죽자 그의 맏아들 姚泓은 비밀에 부쳐 發喪하지 않고 南陽公 姚愔, 呂隆, 大將軍 尹元 등을 살해한 다음에 스스로 皇帝에 즉위하였다. 東晉에서는 太尉 劉裕를 中外大都督으로 삼고, 後秦을 정벌하게 하여 멸망시켰다.

30) 符節을 주고 : 皇帝 使命의 권력을 행사하는 부절을 주는 것을 말한다. 魏晉 시기에는 地方 軍政 관원에게 3가지 칭호를 부여하였는데, '使持節'은 中級 이하 관리를 주살할 수 있었고, '持節'은 관직이 없는 사람을 주살할 수 있었고, '假節'은 軍令을 어긴 자를 주살할 수 있었다.

姚興死에 諸子交爭이라 故裕乘釁伐之어니와 今江南無釁하니 不可比也니이다 魏主不從하고 假司空奚斤節하여 使督將軍周幾公孫表伐宋하다

① 欻(갑자기)은 許勿의 切이다. "欻起"는 갑자기 일어난다는 뜻이다.
欻, 許勿切. 欻起, 暴起也.

【目】 10월에 출발하려 할 때에 공경들이 성을 공격하는 것과 땅을 빼앗는 것 중에서 무엇을 먼저 할지를 의논하였다. 奚斤이 먼저 성을 공격하려고 하자 崔浩가 다음과 같이 말하였다.

"남방 사람은 성을 지키는 것에 長技가 있습니다. 옛날에 苻氏가 襄陽을 공격하였는데, 1년이 지나도 함락하지 못하였습니다.[31] 지금 많은 군사를 가지고 눌러앉아 작은 성을 공격하는데 만약 제때에 이기지 못하면 군대의 기세가 꺾이고 손상될 것입니다. 적이 서서히 전열을 정비하고 쳐들어오면 우리는 해이하고 저들은 날랠 것이니, 이것은 위태로운 방법입니다.

군대를 나누어 땅을 경략하고 淮水까지 한계를 삼아 수령을 차례로 배치하여 조세를 거둬들이는 것만 못합니다. 그렇게 하면 洛陽·滑臺·虎牢가 또한 우리 군대의 북쪽에 있게 되어 남쪽의 구원이 있을 것이라는 희망이 끊겨 반드시 황하를 따라 동쪽으로 달아날 것이고, 그렇지 않으면 우리 안에 갇힌 물건이 될 것이니, 어찌 그것을 잡지 못할까 두려워하겠습니까."

공손표가 굳이 성을 공격하겠다고 요청하자, 魏主가 이를 따랐다. 해근 등이 보병과 기병 3만 명을 인솔하여 황하를 건너가서 활대의 동쪽에 군영을 설치하였다. 宋나라는 司州刺史 毛德祖가 翟廣 등을 보내어 보병과 기병 3천 명을 거느리고 가서 구원하게 하였다.

十月에 將發에 公卿議以攻城略地何先하니 奚斤欲先攻城한대 崔浩曰 南人長於守城하니 昔苻氏攻襄陽에 經年不拔하니 今以大兵坐攻小城하니 若不時克이면 挫傷軍勢니 敵得徐嚴而來면 我怠彼銳니 此危道也니라 不如分軍略地하고 至淮爲限하여 列置守宰하고 收斂租穀이니 則洛陽滑臺

31) 옛날에……못하였습니다 : 晉 孝武帝 太元 3, 4년(378~379)의 일이다. 《資治通鑑》 권144에 보인다. 太元 3년 2월에 秦王 苻堅은 장군들에게 7만 명을 지휘하여 襄陽을 침략하게 하였으나 쉽게 함락되지 않았다. 12월에 경비만 소비하고 戰果를 못 올린 苻丕를 탄핵하는 상주문이 올라오자, 부견은 부비에게 사신을 보내 꾸짖게 하고 칼을 주면서 내년 봄까지 승리하지 못하면 목숨을 끊으라고 하였다. 太元 4년 2월에 부비가 마침내 양양에서 승리하고, 포로를 잡아 부견이 있는 長安으로 호송하였다.

虎牢更在軍北이라 絶望南救하여 必沿河東走요 不則爲囿中之物이니 何憂其不獲也오하니 公孫表固請攻城한대 魏主從之하다 斤等帥步騎三萬하여 濟河營於滑臺之東하니 宋司州刺史毛德祖遣翟廣等將步騎三千救之하다

【目】이보다 앞서 〈東晉의 황족〉 司馬楚之가 陳留의 경내에서 무리를 모으고 있다가 北魏의 군대가 황하를 건넜다는 소식을 듣고서 사신을 보내어 영접하고 항복하였다. 北魏는 그를 荊州刺史로 삼아 宋나라 북쪽 경계를 침범하여 어지럽히게 하였다. 毛德祖는 장수를 파견하여 邵陵과 雍丘를 지키면서 그들을 대비하게 하였다. 北魏의 尙書 滑稽가 병사를 인솔하고서 倉垣을 습격하니, 병사와 관리는 모두 성을 넘어 달아났고 陳留太守 嚴稜이 奚斤에게 가서 항복하였다. 해근 등이 滑臺를 공격하였으나 빼앗지 못하고 군사를 보태주기를 요청하자, 魏主가 노하여 그를 질책하고는 諸國의 군사 5만여 명을 직접 거느리고 남쪽으로 天關을 나가 해근 등을 聲援하였다.

先是에 司馬楚之聚衆陳留之境이러니 聞魏兵濟河하고 遣使迎降하니 魏以爲荊州刺史하여 使侵擾宋北境하니 德祖遣將戍邵陵雍丘以備之①하다 魏尙書滑稽引兵襲倉垣하니 兵吏悉踰城走②하고 陳留太守嚴稜詣斤降하다 斤等攻滑臺로되 不拔하고 求益兵하니 魏主怒責之하고 自將諸國兵五萬餘人하여 南出天關하여 爲斤等聲援하다

① 邵陵縣은 漢나라 때 汝南郡에 속하였고, 晉나라 이후에는 潁川郡에 속하였다.
邵陵縣, 漢屬汝南郡, 晉以後屬潁川郡.
② 滑은 戶八의 切이니, 姓이다.
滑, 戶八切, 姓也.

【目】11월에 太子 拓跋燾가 군대를 거느리고 나아가 邊塞에 주둔하였다.

奚斤 등이 급하게 滑臺를 공격하여 빼앗으니, 東郡太守 王景度가 빠져나와 달아났고, 司馬 陽瓚은 北魏에게 사로잡히자 항복하지 않고 죽었다. 해근이 승리를 틈타 나가 虎牢를 압박하였는데, 毛德祖가 싸워서 여러 차례 격파하였다. 魏主가 장군 于栗磾(우율제)를 따로 보내 河陽에 주둔하게 하고 金墉을 점령할 것을 도모하니, 모덕조가 竇晃 등을 보내서 막았다.

12월에 魏主가 冀州에 이르러서 叔孫建을 파견하여 병사를 거느리고 靑州·兗州를 경략하게 하였는데, 宋나라 豫州刺史 劉粹가 기병을 보내서 項城을 지키고 徐州刺史 王仲德이 병사를 거느리고 湖陸에 주둔하였다. 우율제가 황하를 건너서 해근과 함께 병력

을 연합하여 두황 등을 공격하여 격파하였다.

十一月에 太子燾將兵出屯塞上①하다 斤等急攻滑臺하여 拔之하니 東郡太守王景度出走하고 司馬陽瓚爲魏所執하여 不降而死하다 乘勝進逼虎牢어늘 毛德祖戰하여 屢破之하니 魏主別遣將軍于栗磾(제)하여 屯河陽하고 謀取金墉이러니 德祖遣竇晃等拒之하니 十二月에 魏主至冀州하여 遣叔孫建하여 將兵徇青兗이어늘 宋豫州刺史劉粹 遣騎據項城하고 徐州刺史王仲德이 將兵屯湖陸②하니 于栗磾濟河하고 與斤幷力하여 攻晃等破之하다

① 魏主가 남쪽으로 河南을 공격하는 병사들을 지원하였기 때문에, 太子가 邊塞에 주둔하여 柔然[32]에 대비하였다.
魏主南援攻河南之兵, 故太子屯塞上以備柔然.

② 劉粹는 劉毅의 族弟이다.
粹, 毅之族弟也.

【目】魏主는 領軍 娥清과 閭大肥를 파견하여 병사를 거느리고서 周幾와 회동하게 하고 叔孫建은 남쪽으로 황하를 건너가서 碻磝에 주둔하게 하니, 宋나라 兗州刺史 徐琰이 남쪽으로 달아났다. 이에 泰山郡·高平郡·金鄕郡 등이 모두 北魏로 합병되었다. 숙손건 등이 青州로 들어갔는데, 宋나라는 南兗州刺史 檀道濟를 보내 監征討諸軍事[33]로 삼아 王仲德과 함께 구원하게 하였다.

魏主遣領軍娥清閭大肥하여 將兵會周幾①하고 叔孫建은 南渡河하여 軍於碻磝하니 宋兗州刺史徐琰南走라 於是泰山高平金鄕等郡이 皆沒於魏②하다 叔孫建等入青州어늘 宋遣南兗州刺史檀道濟監征討諸軍事하여 與王仲德共救之하다

① 娥는 姓이다. 大肥는 柔然 사람이다. 柔然은 姓이 郁久閭氏인데, 지금은 閭라고 하니, 생략하여 간편하게 한 것을 따른 것이다.
娥, 姓也. 大肥, 柔然人也. 柔然姓郁久閭氏, 今曰閭, 從省便也.

② 金鄕縣은 漢나라 때에 山陽郡에 속하였고, 晉나라 때는 高平郡에 속하였다. 晉나라 말기에

---

32) 柔然 : 5, 6세기 경 몽골 초원에 건설된 유목 제국을 일컫는다. 鮮卑系 유목 민족으로 처음에는 拓跋鮮卑에게 복속되었으나 차츰 몽골 고원에서 다른 유목민을 정복하여 국가를 세웠다. 匈奴의 單于를 대신하는 可汗의 명칭을 사용하였다. 北魏와 대립하였다.(≪魏書 外國傳 譯註≫, 동북아역사재단, 2009)

33) 監征討諸軍事 : ≪晉書≫에는 都督某州征討諸軍事, 또는 監某州征討諸軍事로 나온다. 都督某州諸軍事는 三國時代 都督의 직책이 등장하면서 나왔으며, 晉나라 때에는 정벌하는 지역에 都督某州征討諸軍事가 나온 것으로 보이는데, 都督征討諸軍事로 쓰이는 경우도 다수 보인다. 이것이 監征討諸軍事와 혼용해서 쓰인 것으로 보인다.

郡을 나누어 두었다.

金鄕縣, 漢屬山陽, 晉屬高平, 蓋晉末分置郡也.

癸亥年(423)

宋主 劉義符 景平 원년이고, 北魏 太宗 明元帝 拓跋嗣 泰常 8년이다.

宋主義符景平元年이요 魏泰常八年이라

【綱】 봄 정월에 北魏가 宋나라 金墉을 점령하였다.

春正月에 魏取宋金墉하다

【目】 北魏의 于栗磾가 金墉을 공격하니 河南太守가 성을 버리고 도망갔는데, 魏主가 우율제를 豫州刺史로 삼아서 洛陽에 鎭守하게 하였다.

魏于栗磾攻金墉하니 河南太守棄城走어늘 魏主以栗磾爲豫州刺史하여 鎭洛陽하다

【綱】 宋나라가 蔡廓을 吏部尙書로 삼으니 〈채확이〉 받지 않았다.

宋以蔡廓爲吏部尙書하니 不受[34)]하다

【目】 宋나라가 蔡廓을 吏部尙書로 삼았는데, 채확이 傅亮에게 말하기를 "관리를 선발하는 일이 만약 전부 나에게 맡겨진다면 다시 논의할 것이 없지만 그렇지 않으면 임명을 받을 수 없다."라고 하였다.

부량이 이것을 徐羡之에게 말하자 서선지가 말하기를 "黃門侍郞·散騎常侍·散騎侍郞 이하는 다 채확에게 전담시키더라도 그 이상의 관원은 같고 다른 점에 대해 공동으로 논의해야 한다."라고 하니, 채확이 말하기를 "나는 徐干木을 위하여 임명하는 서류 끝에

34) 宋以蔡廓爲吏部尙書 不受 : "'不受'라고 기록한 것은 어째서인가. 蔡廓을 가상히 여긴 것이다. 宋나라 시대가 끝날 때까지 '以爲吏部尙書'로 기록한 것이 여섯 번이고(蔡廓, 江湛, 謝莊 등과 袁粲 등과 蔡興宗, 褚淵), '免'이라고 기록한 것이 한 번이고(庾炳之), '殺'이라고 기록한 것이 한 번이다(王僧綽). 庾炳之 이외에는 모두 名士이니, 宋나라 시대에 인재를 선발할 때 적당한 사람을 얻는 경우가 많았다.〔書不受何 嘉廓也 終宋之世 書以爲吏部尙書六(蔡廓·江湛·謝莊等 袁粲等 蔡興宗·褚淵) 書免者一(庾炳之) 書殺者一(王僧綽) 自庾炳之外 皆名士也 宋世典選 多得其人〕" ≪書法≫

서명할 수 없다."라고 하여 마침내 임명되지 않았다. 干木은 서선지의 아명이다. 관리를 임명하는 문안이 쓰인 黃紙에 錄尙書와 吏部尙書가 공동으로 署名을 하였으므로 채확이 그렇게 말한 것이다.

宋以廓爲吏部尙書하니 廓謂傳亮曰 選事若悉以見付하면 不論①이어니와 不然이면 不能拜也②리라 亮以語徐羨之한대 羨之曰 黃散以下는 悉以委蔡어니와 以上은 故宜共參同異③니라 廓曰 我不能爲徐干木署紙尾라하고 遂不拜하니 干木은 羨之小字也④라 選案黃紙에 錄尙書與吏部尙書連名이라 故廓云然⑤하니라

① 여기서 句를 뗀다.
句.
② "不論"은 벼슬을 사양하고 받는 때에 다시 의논을 두지 않는 것이다.
不論者, 不復置議論於辭受之際也.
③ "黃・散"은 黃門侍郎과 散騎常侍・散騎侍郎을 말한다.
黃・散, 謂黃門侍郎及散騎常侍・侍郎也.
④ 爲(위하다)는 去聲이다.
爲, 去聲.
⑤ "選按"은 選曹(吏部)의 공문서이다.
選按, 選曹文按也.

【目】沈約이 다음과 같이 평하였다.

"蔡廓이 굳게 銓衡하는 일을 사양한 것은 뜻을 굽히는 것을 부끄러워한 것이니, 어찌 吏部尙書와 錄尙書가 일체가 되어 원칙상 편파적인 결정을 하면 안 된다는 것을 몰랐겠는가. 참으로 군주가 어리석고 시대가 어려웠기 때문에 인재를 소통시키고 막히게 하는 선발 임무에 있고 싶지 않았던 것이니, 원대하구나."

沈約曰① 廓固辭銓衡은 恥爲志屈이니 豈不知選錄同體하여 義無偏斷乎②리오 良以主闇時難으로 不欲居通塞之任하니 遠矣哉③라

① 沈約은 吳興 武康 사람이다. 벼슬이 梁나라 尙書令에 이르렀고 齊나라 永明 연간에 칙서를 받아 ≪宋書≫를 편찬하였다.
約, 吳興武康人. 仕至梁尙書令, 齊永明中, 披勑撰宋書.
② 吏部는 인재의 선발을 관장하고, 錄尙書는 錄諸曹尙書事를 겸한다.[35)]

35) 錄尙書는……겸한다 : 錄尙書는 錄尙書事의 줄임말이니, 국가의 機務를 총괄하는 관직이며, 일반적으로 겸직을 한다. 錄諸曹尙書事는 '諸曹(각종 部署)의 일을 모두 다스린다'는 뜻이다. 漢나라 武帝

吏部典選, 錄尙書兼錄諸曹尙書事.

③ 인재를 선발하는 임무에서 적당한 사람을 얻으면 현인이 벼슬할 길이 통하게 되고, 적당한 사람을 얻지 못하면 현인이 벼슬할 길이 막히게 된다.
銓衡之任, 得其人則賢路通, 不得其人則賢路塞.

【綱】 北魏가 刁雍(조옹)을 靑州刺史로 삼았다.

魏以刁雍爲靑州刺史하다

【目】 宋나라 檀道濟가 彭城에 주둔하였다. 北魏의 叔孫建이 臨淄에 들어갔는데 향하는 곳마다 宋나라 군사들이 무너졌다. 宋나라 靑州刺史 竺夔가 백성을 모아서 東陽城을 지키고, 성에 들어가지 않은 사람은 각각 험준한 산에 의지하면서 벼를 베게 하니, 북위의 군대가 도착하였을 때에 먹을 것을 얻을 수 없었다.

刁雍이 魏主를 鄴城에서 알현하였는데, 魏主가 말하기를 "숙손건 등이 靑州에 쳐들어갔을 적에 백성은 모두 숨고 피하고, 성을 공격하였으나 함락시키지 못하였다. 저들은 평소 경의 위엄과 신망에 승복하고 있으니, 지금 경을 파견하여 그를 돕게 하겠다."라고 하였다. 이에 조옹을 靑州刺史로 삼아 기병을 주고 행군하면서 군사를 모집하여 靑州를 점령하도록 하였다. 황하를 건너서 靑州로 향하는 北魏의 병사가 모두 6만 기병이었다. 조옹이 군사를 모아 5천 명을 얻고 士民을 안무하고 위로하니, 모두 租糧을 보내와서 군대에 공급하였다.

宋檀道濟軍于彭城이러니 魏叔孫建入臨淄에 所向奔潰어늘 宋靑州刺史竺夔聚民하여 保東陽城하고 不入城者는 使各依據山險하여 芟夷禾稼하니 魏軍至에 無所得食이라 刁雍見魏主於鄴한대 魏主曰 叔孫建等入靑州에 民皆藏避하고 攻城不下하니 彼素服卿威信이라 今遣卿助之①하노라 乃以爲刺史하여 給騎하고 使行募兵하여 以取靑州하니 魏兵濟河하여 向靑州者凡六萬騎라 雍募兵得五千人하고 撫慰士民하니 皆送租供軍이러라

① 刁雍이 먼저 黃河와 濟水 사이에서 병사를 모았다.
雍先聚兵河濟之間.

때 左右曹의 諸史들이 尙書의 일을 分掌하고 樞要를 담당한 이가 尙書의 일을 겸직하여 領尙書事라고 불렀고, 東漢 章帝 初에 錄尙書事로 바뀌었다. 錄은 總領한다는 뜻이다. 他官으로 겸직하다가 南齊 때에 비로소 단독으로 임명하였고, 北齊 때는 錄尙書라고 일컬었는데 지위가 尙書令의 위에 있었다. 隋나라 때 폐관되었다.

【綱】 2월에 北魏가 長城을 쌓았다.

二月에 魏築長城[36)]하다

【目】 柔然이 北魏의 변경을 침략하였는데, 北魏가 長城을 쌓아서 赤城에서 五原에 이르기까지 2천여 리에 수비 군사를 두어 대비하였다.

柔然寇魏邊이어늘 魏築長城하여 自赤城으로 至五原히 二千餘里에 置戍以備之하다

【綱】 北涼과 吐谷渾(토욕혼)이 宋나라에 조공을 바쳤다.

涼吐谷渾이 入貢于宋하다

【綱】 北魏가 宋나라의 虎牢를 공격하여 이기지 못하니, 그 장군 公孫表를 죽였다.

◑魏攻宋虎牢하여 不克하니 殺其將公孫表하다

【目】 北魏의 奚斤·公孫表 등이 함께 虎牢를 공격할 적에 魏主가 鄴城으로부터 군사를 파견하여 그들을 도왔다. 毛德祖는 성안에서 땅속으로 굴을 뚫고 7丈을 들어가서 나누어 여섯 개의 길을 만들어 北魏의 포위망 밖으로 나갔다. 결사대 4백 명을 모집하여 굴을 통하여 나와서 北魏 군사들의 배후를 습격하였다. 北魏의 군대가 놀라 동요하니 참수한 것이 수백 급이고, 그들의 功城 무기를 불사르고 돌아왔다. 北魏의 병사들이 물러나 흩어졌다가 다시 결합하자 공격을 더욱 급하게 하였다.

해근이 다른 길로 가서 許昌에서 潁川太守 李元德을 공격하여 패배시키니, 모덕조가 군사를 내보내어 공손표와 크게 싸워서 아침부터 晡時(오후 3~5시)에 이르도록 北魏의 군사 수백 명을 죽였다. 마침 해근이 허창에서 돌아와서 연합하여 모덕조를 공격하여 크게 격파하였다.

---

36) 魏築長城 : "秦나라에서 처음으로 '築長城'이라고 기록한 이후로 지금까지 627년인데, 지금에 와서 다시 보인다. 이 이후로 東魏에서 이어 쌓았고(梁나라 癸亥年(543)), 北齊가 세 번 쌓았고(梁나라 壬申年(552), 乙亥年(555), 丙子年(556)), 隋나라는 네 번 쌓았으니(辛丑年(581), 乙巳年(585), 大業 2년(606)과 4년(608)), 백성의 힘이 고단함을 견딜 수 있겠는가.〔自秦始書築長城 至此六百二十七年 於是再見 自是而後 東魏繼築(梁癸亥年) 齊三築(梁壬申年乙亥年丙子年) 隋四築(辛丑年乙巳年大業二年四年) 民力可勝困哉〕" ≪書法≫

魏奚斤公孫表等이 共攻虎牢할새 魏主自鄴遣兵助之러니 毛德祖於城內穴地入七丈하고 分爲六道하여 出魏圍外하고 募敢死士四百하여 從穴中出하여 襲其後하다 魏兵驚擾하니 斬首數百하고 焚其攻具而還이러니 魏兵退散復合한대 攻之益急하다 斤別攻潁川太守李元德於許昌하여 敗之하니 德祖出兵하여 與表大戰하여 從朝至晡하여 殺魏兵數百이러니 會斤自許昌還하여 合擊德祖하여 大破之하다

【目】 처음에 毛德祖가 북방에 있을 때 公孫表와 친분이 있었다. 공손표는 권모술수가 있었는데, 모덕조가 그것을 걱정하여 마침내 그와 함께 서로 편지를 왕래하면서 몰래 사람을 보내어 해근을 설득하기를 "공손표가 모덕조와 함께 연합하여 음모를 꾸민다."라고 하였다. 모덕조가 공손표에게 편지로 답할 때마다 번번이 고친 곳이 많았다. 공손표가 편지를 해근에게 보였는데, 해근이 〈고친 흔적이 많은 것을〉 의심하고서 魏主에게 보고하였다. 魏主가 사람을 보내 밤에 그의 장막 안에서 목을 졸라 죽였다.

初에 德祖在北에 與表有舊①러니 表有權略하니 德祖患之하여 乃與交通音問하고 密遣人說奚斤하여 云호되 表與之連謀하고 每答表書에 輒多所治定하니 表以書示斤한대 斤疑之以告魏主하니 魏主使人夜就帳中縊殺之하다

① 毛德祖는 본래 滎陽 사람이다. 宋 武帝가 關中·洛陽을 취하기 전에[37] 모덕조가 북방에서 歸附하였다.
德祖本滎陽人. 武帝未取關洛, 德祖自北來歸.

【綱】 北魏가 宋나라 東陽城을 공격하였는데, 宋나라 檀道濟가 군사를 거느리고 와서 구원하였다.

魏攻宋東陽城이어늘 宋檀道濟帥師救之하다

【目】 魏主가 東郡·陳留로 갔고, 北魏의 叔孫建이 3만 기병을 거느리고 東陽城을 압박하니, 성안에 있는 문무관원이 겨우 1,500명이었다. 竺夔와 濟南太守 垣苗가 힘을 다하여 굳게 지켰고, 때로 奇兵을 내보내어 北魏를 공격하여 격파하였다.

북위의 보병과 기병이 성을 둘러싸고 10여 리만큼 진을 펼치고서 攻城 도구를 크게 정비하였는데, 축기가 네 겹의 해자를 만들어 방어하였다. 북위의 군사들이 그중 세 겹

37) 宋……전에 : 宋 武帝가 後秦을 멸망시킨 것을 이른다. 後秦은 洛陽과 長安 일대를 장악하고 있었다.

을 메우고, 撞車(성을 공격하는 수레)를 만들어서 성을 공격하였는데, 축기가 사람들을 보내어 지하도 속에서 나와서 굵은 삼밧줄로 撞車를 당겨서 무너뜨리도록 하였다.

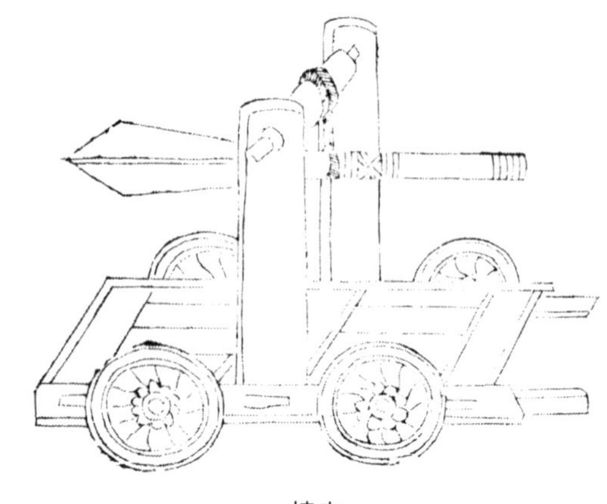
撞車

北魏의 군사들이 다시 성을 에워싸는 긴 축대를 만들어서 더욱 급히 공격하니, 시간이 한참 지나 성이 무너져서 戰士는 대부분 죽거나 다쳤다. 檀道濟가 彭城에 도착하였지만, 司州와 青州 두 주가 모두 급박하였고 통솔하는 병사가 적어 군대를 나누어 가기에는 부족하였다. 青州는 길이 가깝고 축기의 병사가 약하였기 때문에 마침내 王仲德과 함께 행군 속도를 배가하여 먼저 東陽城을 구원하였다.

魏主如東郡陳留하고 叔孫建將三萬騎하여 逼東陽城하니 城中文武纔一千五百人이라 竺夔及濟南太守垣苗悉力固守하고 時出奇兵擊魏하여 破之러니 魏步騎繞城列陳十餘里하여 大治攻具①어늘 夔作四重塹하니 魏人塡其三重하고 爲撞車以攻城이어늘 夔遣人從地道中出하여 以大麻絙挽之令折하다 魏人復(부)作長圍하여 進攻逾急하니 歷久城壞하여 戰士多死러니 檀道濟至彭城이나 以司青二州竝急하고 而所領兵少하니 不足分赴라 青州道近하고 竺夔兵弱일새 乃與王仲德兼行先救之하다

① 陳(진을 치다)은 陣으로 읽는다.
陳, 讀曰陣.

【綱】 여름 4월에 魏主가 虎牢를 공격하였지만 승리하지 못하였다.

夏四月에 魏主攻虎牢로되 不克[38]하다

【目】 魏主가 幷州刺史 伊樓拔을 파견하여 奚斤을 도와 虎牢를 공격하도록 하였는데, 毛德祖가 정세에 따라 항거하며 북위의 병사를 꽤 많이 죽였으나 자신의 장병들도 점차 손실을 입었다. 4월에 魏主가 成皐에 가서 虎牢城에서 황하의 물을 긷는 길을 차단하였

38) 魏主攻虎牢 不克 : "魏主와 여러 나라의 군주는 여기서부터 이름을 쓰지 않았으니, 正統이 없기 때문이다(晉나라가 망하기 이전에 모두 이름을 기록한 것에 의거한 것이다.).〔魏主及諸國主 自是不名 無正統也(據晉未亡以前皆名)〕" ≪書法≫

다. 3일간 머물면서 직접 군대를 독려하여 성을 공격하였으나 끝내 항복시키지 못하고, 마침내 洛陽으로 가서 石經[39)]을 관람하고서 사신을 파견하여 嵩高山에 제사를 지냈다.

魏主遣幷州刺史伊樓拔하여 **助奚斤攻虎牢**①어늘 **毛德祖隨方抗拒**하여 **頗殺魏兵**이나 **而將士稍零落**이러라 **四月**에 **魏主如成皐**하여 **絶虎牢汲河之路**②하고 **停三日**에 **自督衆攻城**이나 **竟不能下**하고 **遂如洛陽**하여 **觀石經**하고 **遣使祀嵩高**③하다

① 樓는 婁와 같다. 伊樓는 오랑캐의 複姓이다.
樓, 與婁同. 伊樓, 虜複姓.
② ≪北史≫에 "虎牢城에 물이 모자라자 성안에서 두레박줄을 매달아 河水를 길었다. 魏主가 함선을 연이어 놓게 하고 위에 轒轀을 설치하여 그 물 긷는 길을 단절하였다."라고 하였다. 轒轀은 城을 공격하는 수레이다.
北史 "虎牢乏水, 城內懸綆汲河. 魏主令連艦, 上施轒轀, 絶其汲路." 轒轀, 攻城之車.
③ 石經은 後漢 때 蔡邕이 쓴 것이다. 嵩高는 中嶽이다.
石經, 後漢蔡邕所書者. 嵩高, 中嶽也.

【綱】 北魏가 東陽城을 공격하였으나 승리하지 못하여 퇴각하고, 刁雍을 남겨서 尹卯를 지키게 하였다.

魏攻東陽城이나 **不克而退**하고 **留刁雍戍尹卯**하다

【目】 北魏의 叔孫建이 東陽城을 공격하여 그 성의 북쪽을 30여 步 가량 무너뜨렸는데, 刁雍이 속히 진입하게 해달라고 청하였으나 숙손건이 허락하지 않으니, 마침내 승리하지 못하였다. 檀道濟 등이 곧 도착한다는 소식을 듣고는 조옹이 또 숙손건에게 말하기를 "적들은 官軍의 돌격 기병대를 두려워하니 쇠사슬로 연결한 수레를 가지고 函陣(方陣)을 만드십시오. 大峴 이남은 곳곳마다 좁고 험하여 수레가 나란히 갈 수 없습니다. 저 조옹은 청하오니, 모집한 군사 5천 명을 거느려서 험준한 곳을 점거하였다가 그들을 요격하면 반드시 격파할 것입니다."라고 하였다.

이때 날씨가 더워 北魏의 군사들 중에는 전염병에 걸린 자들이 많았다. 숙손건이 말하기를 "군사 중에 전염병 환자가 절반을 넘는데, 만약 서로 버티면서 쉬지 않으면 병사는 저절로 죽어 없어질 것이니, 하필 다시 싸우겠는가. 지금 군대를 온전하게 보존하

39) 石經 : 儒家의 經典을 돌에 새긴 것으로 後漢 靈帝 熹平 4년(175)에 蔡邕이 六卿의 定本을 확정하여 隷書로 돌에 새겼는데, 이를 '熹平石經'이라 한다.

여 돌아가는 것이 최상의 계책이다."라고 하였다.

단도제가 臨朐에 주둔하자 숙손건 등은 병영과 공성 무기를 불태우고 도망치니, 단도제는 양식이 고갈되어 쫓을 수가 없었다. 竺夔는 東陽城이 무너져 수비할 수 없게 되었기 때문에 不其城으로 鎭을 옮겼다. 北魏는 조옹을 남겨서 尹卯를 진수하게 하니, 백성 5천여 가구를 불러 모아 27개 군영을 설치하고서 그들을 관장하였다.

叔孫建攻東陽하여 墮(휴)其北城三十許步①하니 刁雍請速入호되 建不許하니 遂不克이러니 及聞檀道濟等將至하고 雍又謂建曰 賊畏官軍突騎하니 以鎖連車爲函陳하소서 大峴已南이 處處狹隘하여 車不得方軌②니 雍請將所募兵五千하여 據險以邀之면 破之必矣리라 時天暑하니 魏軍多疫이라 建曰 兵人疫病過半한대 若相持不休면 兵自死盡이니 何須復(부)戰이리오 今全軍而返이 計之上也라 道濟軍於臨朐어늘 建等燒營及器械而遁하니 道濟以糧盡으로 不能追하다 竺夔以東陽城壞하여 不可守로 移鎭不其城③하다 魏留刁雍鎭尹卯하니 招集民五千餘家하여 置二十七營以領之④하다

① 墮(무너뜨리다)는 隳로 읽는다.
墮, 讀曰隳.

② 陳(진치다)은 陣으로 읽는다. 函陳은 方陣(정방형으로 만든 진)이다.
陳, 讀曰陣. 函陳, 方陳也.

③ 其는 음이 基이다. 不其縣은 前漢 때에는 琅邪郡에 속하였고, 後漢 때에는 東萊郡에 속하였으며, 晉나라 때에는 長廣郡에 속하였다.
其, 音基. 不其縣, 前漢屬琅邪郡, 後漢屬東萊郡, 晉屬長廣郡.

④ ≪水經注≫에 "濟水는 須昌縣에서 서북쪽으로 흘러 漁山의 동쪽을 경유하고, 또 다시 북쪽으로 흘러 穀城縣 서쪽을 통과한다."라고 하고, 그 註에 이르기를 "濟水 측면 연안에 尹卯壘가 있으니 남쪽으로 漁山과의 거리가 40여 리이다. 이곳은 穀城縣 경계이니, 옛날 春秋時代에 小穀城이 있던 곳이다."라고 하였다.
水經 "濟水自須昌縣西北逕漁山東, 又北過穀城縣西." 註云 "濟水側岸有尹卯壘, 南去漁山四十餘里. 是穀城縣界, 故春秋之小穀城也."

【綱】 여러 蠻族들이 北魏에 조공을 바쳤다.

諸蠻入貢於魏하다

【目】 처음에 여러 蠻族들이 長江·淮河 사이에서 거주하였는데 그 후에 종족의 부락이 점점 늘어나서 동쪽으로 壽春에 이어졌고 서쪽으로 巴·蜀을 통하였고 북쪽으로 汝

水·潁水와 접하게 되었다. 曹魏 때에는 그다지 근심거리가 되지 않았는데, 晉나라에 미쳐서는 더욱 번창하여 점점 침략하고 약탈하는 것이 심해졌다. 劉淵·石勒이 中原을 어지럽히자 여러 蠻族들이 점점 다시 북으로 옮겨와서 伊闕의 이남 지역에는 산과 계곡에 가득히 살았다.

初에 諸蠻居江淮間이러니 其後種落滋蔓하여 東連壽春하고 西通巴蜀하고 北接汝潁이라 在魏世不甚爲患이러니 及晉에 稍益繁昌하여 漸爲寇暴러니 及劉石亂中原에 諸蠻漸復北徙하여 伊闕以南에 滿於山谷矣①러라

① ≪史記≫에 따르면 여기의 여러 만족들은 盤瓠[40]의 후손이다.
據史, 此諸蠻乃盤瓠之後也.

【綱】 北涼이 晉昌을 공격하여 승리하였다.

涼攻晉昌하여 克之하다

【目】 唐契와 생질 李寶가 伊吾로 도망하여 遺民을 불러 모았다. 귀의한 자가 2천 여 家戶나 되었는데, 柔然에 臣屬하였다. 李寶는 李恂의 조카이다.

唐契及甥李寶奔伊吾하여 招集遺民하다 歸附者二千餘家어늘 臣於柔然하다 寶는 恂弟子也라

【綱】 西秦이 사신을 파견하여 北魏에 조공을 바쳤다.

秦遣使入貢於魏하다

【目】 西秦王 乞伏熾磐이 여러 신하들에게 말하기를 "지금 宋나라가 비록 江南을 소유하고 있고 夏나라 사람들이 關中에 웅거하고 있지만 모두 함께하기에 부족하다. 오직 魏主가 대물려 영명하며 용감한데다 賢能한 사람을 등용하니, 내가 장차 나라를 들어서 北魏를 섬길 것이다."라고 하였다.

마침내 사신을 파견하여 北魏에 入朝하여 황금 200근을 바치고, 아울러 夏나라를 공

40) 盤瓠 : 전설 속 名犬의 이름이다. 옛날 高辛氏가 오색 빛의 털을 가진 반호라는 개를 길렀는데 매우 영리하였다. 고신씨가 재위할 적에 犬戎의 吳將軍이라는 자가 자주 반란하여 침입하자, 고신씨는 오장군의 머리를 베어오는 자에게 막내딸을 시집보내겠다고 하였다. 뒤에 이 개가 오장군의 머리를 가져오자 고신씨는 자신의 딸을 주어 아내로 삼게 하니, 그 자손들이 남방에서 번성하여 南蠻이 되었다고 한다.(≪後漢書≫ 〈南蠻傳〉)

격할 계책을 올렸다.

秦王熾磐謂群臣曰 今宋雖奄有江南하고 夏人雄據關中이나 皆不足與也라 獨魏主奕世英武하고 賢能爲用하니 吾將擧國而事之하리라 乃遣使入見於魏하여 貢黃金二百斤하고 幷陳伐夏方略하다

【綱】 윤4월에 北魏가 虎牢를 함락시키고, 宋나라 司州刺史 毛德祖를 사로잡고 마침내 司州·豫州의 여러 군을 차지하였다.

閏月에 魏拔虎牢하고 執宋司州刺史毛德祖[41]하고 遂取司豫諸郡하다

【目】 叔孫建이 奚斤에게 가서 함께 虎牢를 공격하였다. 虎牢는 포위된 지 200일 동안 하루도 싸우지 않은 날이 없어서 강한 군사는 거의 다 없어지고 北魏에서는 병사를 증강시켜 더욱 많아졌다. 北魏가 그 외성을 무너뜨리자 毛德祖가 성안에 다시 세 겹의 성벽을 쌓아서 그들을 막으니, 〈北魏의 병사들이〉 또 그 가운데 두 겹을 무너뜨렸다. 모덕조가 한 개의 성벽만 보전하여 밤낮으로 막았는데, 장수와 병사의 눈에 모두 상처가 생겼으나 모덕조가 그들을 은정으로 위무하니 끝내 이반하는 마음이 없었다.

檀道濟와 劉粹 등이 모두 北魏 군사의 강성함을 두려워하여 감히 전진하지 못하였다. 北魏의 병사들이 지하도를 만들어서 성안에 있는 우물이 새어나가도록 하자, 성안에 있는 사람과 말은 목이 마르고 상처를 입은 사람은 다시 피가 나오지 않았으며, 거듭 기근과 전염병이 발생하였다. 北魏는 이를 이용하여 급하게 공격하여 성이 마침내 함락되었다.

장수와 병사가 모덕조를 부축하며 성을 빠져나가려고 하였으나 모덕조가 말하기를 "나는 이 성과 함께 죽기로 맹세하였으니, 의리상 城을 잃고 내 몸만 보존하지 않게 하겠다."라고 하였다. 魏主가 장수와 병사에게 명령하기를 "모덕조를 잡게 되면 반드시 산 채로 데리고 오라."라고 하였다. 장군 豆代田이 모덕조를 잡아서 바쳤고, 장수와 보좌관이 모두 北魏의 포로가 되었다. 오직 參軍 范道基가 2백 명을 거느려서 포위를 뚫고 남쪽으로 돌아왔다. 北魏의 사졸 가운데 전염병으로 죽은 사람이 또한 열 명 가운데 두세 명이었다.

해근 등이 司州·兗州·豫州에 있는 여러 郡縣을 다 평정하니, 수령을 두어 그곳을

41) 魏拔虎牢 執宋司州刺史毛德祖 : "'執'은 훌륭하다는 말이니, 힘이 다하여 잡힌 것이다.〔執 善辭也 力屈而被執也〕" ≪書法≫

위무하였다. 魏主가 周幾에게 河南을 진수하도록 명하니, 河南 사람들은 그것을 편안하게 생각하였다. 徐羨之·傅亮·謝晦는 영토를 잃은 것으로 표문을 올려서 스스로를 탄핵하였으나 〈宋主가〉 조서를 내려 죄를 묻지 말라고 하였다.

叔孫建就奚斤하여 共攻虎牢하니 虎牢被圍二百日에 無日不戰이라 勁兵殆盡하고 而魏增兵轉多하여 毁其外城하니 德祖於內更(갱)築三重城以拒之러니 又毁其二重하니 德祖唯保一城하여 晝夜相拒하니 將士眼皆生創호되 德祖撫之以恩하니 終無離心[①]이러라 檀道濟劉粹等이 皆畏魏兵彊하여 不敢進이라 魏人作地道하여 以洩城中井하니 城中人馬渴乏하여 被創者不復出血하고 重以飢疫[②]이러니 魏仍急攻之하여 城遂陷하다 將士欲扶德祖出走한대 德祖曰 我誓與此城俱斃하니 義不使城亡而身存也리라 魏主命將士호되 得德祖者어든 必生致之하라 將軍豆代田執以獻[③]하고 將佐皆爲所虜한대 唯參軍范道基將二百人하여 突圍南還하고 魏士卒疫死者亦什二三이러라 奚斤等이 悉定司兗豫諸郡縣하니 置守宰以撫之[④]하다 魏主命周幾鎭河南하니 河南人安之러라 徐羨之傅亮謝晦以亡失境土로 上表自劾이나 詔勿問하다

① 사람이 밤에 잠을 자지 못하면 눈이 흐려지고 건조해져서 손으로 눈을 비비면 상처가 생긴다.
人夜不得睡, 則眼眊燥, 以手揩之則生創.

② 重(거듭)은 直用의 切이다.
重, 直用切.

③ 豆는 姓이다.
豆, 姓也.

④ 이때에 司州 지역이 다 北魏에 편입되었다. 兗州의 땅은 湖陸 이남부터, 豫州의 땅은 項城 이남부터를 모두 宋나라가 지켜서 北魏가 아직 여러 군현을 다 평정하지 못하였다.
是時司州之地, 盡入於魏. 兗州之地, 自湖陸以南, 豫州之地, 自項城以南, 皆爲宋守, 魏未能悉定諸郡縣也.

【綱】 가을 7월에 柔然이 北涼을 공격하여 그 世子 沮渠政德을 죽였다.

秋七月에 柔然攻北涼하여 殺其世子政德하다

【綱】 겨울 10월에 北魏가 西宮을 넓혔다.

◑ 冬十月에 魏廣西宮[①]하다

① 平城의 西宮이니, 魏主 拓跋珪 天賜 원년(404)에 쌓은 것이다.

平城西宮也. 魏主珪天賜元年所築.

【目】〈西宮〉 밖의 담장 둘레가 20리였다.

外垣周二十里러라

【綱】 11월에 北魏가 宋나라의 許昌과 汝陽을 점령하였다.

十一月에 **魏取宋許昌汝陽**하다

【綱】 魏主 拓跋嗣가 殂하니, 太子 拓跋燾가 즉위하였다.

◑ **魏主嗣**殂^①42)^하니 **太子燾立**하다

① 향년이 32세였다.
壽, 三十二.

【目】 北魏의 太宗이 殂하고 世祖가 즉위하니, 司徒 長孫嵩 이하 관원들에게 두루 爵位를 더하였다. 盧魯元을 中書監[43]으로 삼고, 劉絜을 尙書令으로 삼았으며, 尉眷(울권)・劉庫仁 등 8명에게 四部[44]를 나누어 담당하도록 하였다. 羅結을 侍中 外都大官으로 삼고 36曹[45]의 일을 총괄하도록 하였다.

---

42) 魏主嗣殂 : "北魏는 여기에서 비로소 〈군주가 죽었을 때〉 '殂'라고 기록하였으니 東晉이 망했기 때문이다.〔北魏於是始書殂 晉亡也〕" ≪書法≫

43) 中書監 : 中書省의 장관 중 하나이다. 中書省은 三國時代 魏나라 黃初 원년(220)에 두었다. 章奏 등 문서의 출납과 詔令을 짓는 일을 담당하였다. 東晉 때 이러한 권한이 散騎常侍 등에 옮겨져 한직이 되었으나 南朝 때 다시 중서성으로 돌아갔다. 北朝에서는 그 권한을 유지하였다. 北魏의 경우 中書監은 從一品中, 中書令은 從二品中이었다.

44) 四部 : 北魏는 明元帝 泰常 2년(417)에 전 국토를 天・地・東・南・西・北 6部로 나누었는데, 이중 東・南・西・北 4部를 말한 것이다.

45) 侍中……36曹 : 侍中은 秦나라 때 설치되었고, 前漢 때는 加官으로 이 직책을 겸하면 궁중에 입시할 수 있었다. 後漢 때 정식 관직이 되어 殿內 門下의 일을 관리하고 황제의 顧問에 응하고 간쟁과 규찰을 담당하였다. 魏晉時代에 門下省이 설치되면서 그 장관이 되었다. 이후 中書省이 문서의 출납과 조칙 짓는 일을 나누어 가지면서 그 권한이 증대되었다. 外都大官은 外都坐大官의 준말로 北魏만의 독특한 제도이다. 中都坐大官・內都坐大官과 함께 三都大官이라 한다. 刑獄과 백성의 소송을 다스렸다. 속관을 두며 종실의 諸王, 外戚, 重臣들이 임명되었는데 그 권한이 커서 弔祭 시에 그 지위가 三公과 尙書令 위에 있었다. 36曹는 北魏 尙書省 각부에 소속된 기구의 총칭이다. 後漢 때 尙書에 尙書郎 36인을 두었고 三國時代 魏나라에 25曹를 두었고 西晉 때 36曹가 되었다. 北魏 明元帝 神瑞 원년(414)에 尙書의 제도를 폐지하고 8大人官을 두어 국정을 총괄하게 하였다. 太武帝 초기에 侍中

나결은 이때 나이가 107세였지만 정신이 맑고 쇠하지 않았다. 魏主 拓跋燾는 그가 충성스럽고 성실하다고 여겨 그를 가까이하고 신임하였다. 長秋卿을 겸직하게 하여 후궁을 감독하고 관장하며 침실에 출입하도록 하였다. 나이가 110세가 되어서야 고향으로 은퇴하는 것을 허락하였고, 조정에 큰일이 있을 때마다 騎士를 보내어 찾아가 묻게 하였다. 또 10년이 지나서 마침내 卒하였다.

魏太宗殂하고 **世祖卽位**하니 **自司徒長孫嵩以下普增爵位**하고 **以盧魯元爲中書監**하고 **劉絜爲尙書令**하고 **尉眷劉庫仁等八人分典四部**①하다 **以羅結爲侍中外都大官**하고 **總三十六曹事**하니 **結時年一百七**이로되 **精爽不衰**하니 **燾以其忠慤**으로 **親任之**하여 **使兼長秋卿**하여 **監典後宮**하고 **出入臥內**러니 **年一百一十**에 **乃聽歸老**하고 **朝廷每有大事**에 **遣騎訪焉**이러니 **又十年乃卒**하다

① 이는 또 한 명의 劉庫仁으로, 拓跋什翼犍이 채용한 劉庫仁이 아니다. 四部는 동서남북의 네 部이다.
此又一劉庫仁, 非什翼犍所用之劉庫仁也. 四部, 東西南北四部也.

【綱】 北魏가 天師道場[46]을 세웠다.

◑ **魏立天師道場**[47]하다

外都坐大官에게 36曹를 관장하게 하였다. 36曹는 北魏 때 각 시기별로 바뀌었으며 각 曹의 명칭도 史書에 다 전해지지 않는다. 36曹는 孝文帝 때 완비된다. 北魏는 尙書令의 직책을 항상 두지 않았으며 상서령이 36曹를 관할하지 못하였다. 상서령이 실제 권한을 갖는 것은 孝文帝 이후의 일이다.

46) 天師道場 : 天師를 위한 道場이다. 天師는 道敎에서 道術이 있는 사람을 가리키는 尊稱이고, 道場은 道敎에서 經典을 읽거나 神을 제사하는 장소이다.

47) 魏立天師道場 : "道敎의 번성은 이로부터 시작되었으므로 삼가 기록한 것이다. 拓跋珪가 처음 황제가 되었을 때 '置五經博士(오경박사를 두었다.)'를 기록하였고, 拓跋燾가 처음 황제가 되었을 때 '立天師道場'을 기록하였으니, 두 황제의 차이를 또한 볼 수 있다. '天師'를 기록함은 여기서 시작하였다. ≪資治通鑑綱目≫이 끝날 때까지 '天師'를 기록한 것은 두 번이다(이해(423), 五代 乙未年(935)에 〈閩國의 天師〉 陳守元).〔道敎之盛自此始 故謹書之 珪之始帝也 書置五經博士 燾之始立也 書立天師道場 二祖之異 尙可見矣 書天師始此 終綱目 書天師二(是年 五代乙未年 閩陳守元)〕" ≪書法≫
"晉 孝武帝는 精舍를 세웠고 拓跋燾는 道場을 세웠는데, 효무제는 張貴人의 재앙을 벗어나지 못하였고 탁발도 역시 宗愛의 손에 죽었으니 인과응보를 쓴 것이 어찌 이리도 분명한가. 直筆로 기록하였으니, 의리가 자연히 드러난다.〔晉孝武立精舍 拓跋燾立道場 孝武不免張貴人之禍 而燾亦殞於宗愛之手 報應之說 何其爽歟 直筆書之 義自見矣〕" ≪發明≫
"丘濬이 말하였다. '道家의 法이 여기서 비로소 번성했다. 아! 道家者流는 그 근원이 老子에게서 나와서 漢나라 초기에 그 法은 37家가 있었는데 큰 취지는 健羨(탐욕)을 버리고 沖虛(겸손)에 처할 뿐이다. 無上天官·符籙 등의 일은 東漢 말기에 張道陵이 그 법을 처음으로 창시하였다. 그러나 오직 사사로이 民間에서 서로 주고받고 하였지 아직 천하에 모두 퍼진 것은 아니었다. 이에 이르러 嵩山의 寇謙之가 張魯의 法을 수련하고 스스로 말하기를 「일찍이 노자를 만났는데 명을 내려 장도릉을 이어서 天師가 되라 하고 ≪雲中音誦科誡≫라는 책을 하사하였다.」라고 하였으니, 이것이 後世에

【目】北魏의 光祿大夫 崔浩가 經術을 깊이 연구하고 制度를 능숙하게 익히니, 무릇 조정의 의례와 軍國의 詔書를 관장하지 않은 것이 없었다. 최호는 老莊의 글을 좋아하지 않아서 말하기를 "이는 속이는 말이라, 人情에 가깝지 않다. 老聃(老子)이 예를 익힌 것은 仲尼(孔子)가 스승으로 여길 정도였으니, 어찌 예법을 무너뜨리는 글을 써서 先王의 治道를 어지럽혔겠는가."라고 하였고, 더욱이 佛法을 믿지 않아서 말하기를 "어찌하여 이

도사를 불러 제를 올리는 科條가 일어나게 된 이유이다. 玉女·服氣·導引의 法을 전수하였으니, 이것이 後世에 곡식을 안 먹는 修養이 일어나게 된 이유이다. 또 말하기를 「노자의 玄孫 李譜文이 ≪圖籙眞經≫을 주고, 주술을 외워 百神을 불렀다.」라고 하였으니, 이것이 후세에 符籙과 귀신을 부르는 주술이 일어나게 된 이유이다. 銷鍊·金丹·雲英·八石·玉漿이 있으니, 이것이 後世에 丹藥을 삶아 단련하는 기술이 일어나게 된 이유이다.

寇謙之는 스스로 말하기를 「직접 李君(노자)이 쓴 글을 얻었는데, 〈이보문이〉 이 책을 주면서 받들어 가지고 가서 北方의 太平眞君(北魏 拓跋燾)을 보좌하도록 하였으며, 天宮靜輪의 술법을 내어주었다.」 하였다. 구겸지가 그 책을 北魏에 바치자 사람들이 대부분 그것을 믿지 않았으나 崔浩는 홀로 글을 올려 그 일을 신성시하였다. 魏主는 사신을 보내어 그 弟子들을 嵩嶽에서 맞이하고 代都에 제단을 세워서 崇奉하여 드날리게 하고, 친히 法駕를 준비시켜서 符籙을 받았다. 이 이후로 陶弘景·趙歸眞·杜光庭의 무리들이 또 따라서 推演하며 張大하게 하여 그 가르침이 마침내 세상에 크게 시행되어 유교·불교와 함께 나란히 서서 셋이 되었다.

그중에 더욱 어긋나는 것은 道士를 일컬어 天師라고 한 것인데 후세에 이로 인해 마침내 漢나라 張道陵을 칭송하게 되었다. 아! 하늘보다 큰 것이 없고 임금보다 높은 것이 없어서 萬乘의 帝王도 겨우 「하늘의 아들〔天子〕」이라고 하거늘 일개 方士를 마침내 「하늘의 선생〔天師〕」이라고 한다. 저 장도릉·구겸지의 무리들은 자신이 태어날 때 모두 부모에게서 胎를 받고 천지에게서 기운을 받아 피와 살로 된 몸을 갖추며 妻子의 가속을 두니, 비록 道德이 있다고 할지라도 또한 하늘이 낳은 것일 뿐인데, 어찌 하늘의 선생이 될 수 있겠는가. 하늘에 선생이 있다면 이는 昊天上帝가 도리어 〈신하 위치로〉 北面을 하고서 그 가르침을 받는 것이니 어찌 이런 이치가 있겠는가. 그러나 이 이후로 장도릉을 대물려 계승한 자들은 대대로 모두 「天師」로 일컬었다. 우리나라(宋나라)에 와서 비로소 그 참람하고 망측한 칭호를 바꾸어 바로 이른바 「眞人」으로 일컬었다. 아! 太武帝(拓跋燾)가 최호의 말을 믿어서 구겸지를 숭봉하면서부터 그 법이 마침내 천하 후세에 만연하여 유전되어 혹세무민하는 무당의 하찮은 술수가 되니, 다시 ≪道德經≫ 5천 자의 남은 뜻이 없어졌다. 그 뒤 장도릉과 구겸지는 모두 온당하게 죽지 못했으니 어쩌면 하늘을 속여서 하늘 역시 그들을 미워한 것이 아니겠는가.'〔○ 丘濬曰 道家之法 始盛於此 嗚呼 道家者流 其原出於老子 漢初 其法有三十七家 大旨去健羨處沖虛而已 無上天官符籙等事 東漢之末張道陵 始創其法 然惟私相授受於民間 未盡傳布天下也 至是嵩山寇謙之 修張魯之法 自言嘗遇老子 降命繼道陵爲天師 賜以雲中音誦科誡之書 此後世齋醮科儀所由起也 授以玉女服氣導引之法 此後世辟穀修養所由起也 又言老子玄孫李譜文 授以圖籙眞經 劾召百神 此後世符籙攝召之術所由起也 銷鍊金丹雲英八石玉漿 此後世烹鍊丹藥之技所由起也 謙之自言親得李君手筆 付以奉持 輔佐北方太平眞君 出天宮靜輪之法 謙之獻其書于魏 人多不信 崔浩獨上書 神其事 魏主遣使 迎其弟子於嵩嶽 起壇宇於代都 而崇奉顯揚之 親備法駕 而受符籙焉 自是以來 有陶弘景趙歸眞杜光庭之徒 又從而推演張大之 而其教遂大行於世 與儒釋竝立而爲三 其尤悖者 謂道士爲天師 後世因之 遂以稱漢張道陵 嗚呼 莫大於天 莫尊於君 萬乘帝王 僅得以爲天之子 而一介方士 乃得以爲天之師 彼道陵謙之之徒 其生也 皆受胎於父母 稟氣於天地 具血肉之軀 有妻子之屬 縱有道德 亦天生者耳 安能爲天之師哉 天而有師 則是昊天上帝 反北面而受其教也 豈有此理哉 然自是以後 嗣道陵之世者 世皆以天師稱之 至我朝 始革其僭妄之號 而卽其所謂眞人者稱之 嗚呼 自夫太武信崔浩之言 而崇奉謙之 其法遂蔓延於天下後世 流而爲淫巫小術 無復五千言道德之餘意矣 厥後二人 皆不得其死 豈矯誣上天 天亦惡之歟〕" ≪發明≫

오랑캐의 神을 섬기는가.”라고 하였다. 측근들이 대부분 그를 헐뜯으니, 魏主가 어쩔 수 없이 최호에게 명령하여 公爵의 지위만을 가지고 집으로 돌아가도록 하였으나, 평소 그가 현명하다는 것을 알았으므로 의심되는 논의가 있을 때마다 번번이 그를 불러서 물었다. 최호는 섬세하고 아름다우며 희고 깨끗함이 아름다운 여인 같았으니, 항상 스스로 생각하기를 재주는 張良에 비견하고 옛것을 상고하는 것은 그보다 낫다고 여겼다. 집으로 돌아가고 나서는 服食과 養性의 술법을 수련하였다.

魏光祿大夫崔浩研精經術하고 **練習制度**하니 **凡朝廷禮儀**와 **軍國書詔**를 **無不關掌**①이러라 **不好老莊書**하여 **曰 此矯誣之說**이라 **不近人情**②하니 **老聃習禮**는 **仲尼所師**니 **豈肯爲敗法之書**하여 **以亂先王之治乎**③아 **尤不信佛法**하며 **曰 何爲事此胡神**이리오 **左右多毁之**하니 **魏主不得已**하여 **命浩以公歸第**나 **然素知其賢**이라 (海)〔每〕[48] **有疑議**에 **輒召問之**러라 **浩纖妍潔白**이 **如美婦人**하니 **常自謂才比張良而稽古過之**러니 **旣歸第**에 **因修服食養性之術**하다

① “研精”은 정신과 기력을 끝까지 기울이는 것이다.
研精者, 窮其精力.

② 聖賢에 의탁하여 그 설을 펴는 것을 矯라고 하고, 聖賢에게 이런 일이 없었는데 말을 가탁하여 비난을 더하는 것을 誣라고 한다.
託聖賢以伸其說, 謂之矯, 聖賢無是事, 寓言而加詆, 謂之誣.

③ 孔子가 老聃을 스승으로 섬겼다는 설은 ≪莊子≫에서 시작되었다. 장자가 老子를 스승으로 섬겼기 때문에 그 저서에 유독 노자를 추대하고 심지어 공자의 말을 가설하여 노자를 칭찬하였다. 漢나라 유학자가 ≪禮記≫를 纂輯하면서 그 말을 받아 말하기를 “노담에게서 들었다.”라고 하였고, 司馬遷의 ≪史記≫ 〈老子列傳〉에서는 다시 노자가 공자를 가르친 말을 많이 더하였고, 孔鮒가 ≪孔子家語≫를 지을 적에 공자의 事跡을 기록하였는데 이(공자가 노자에게 배웠다는 말)에 의거하여 증명하였다. 이로 말미암아 후학들의 믿음이 견고해져서 ≪莊子≫ 한 책에 터무니없는 寓言이 많은 것을 알지 못하게 되었다. 당시는 공자와의 거리가 멀지 않아 천하가 그의 학문을 존숭할 줄 알았다. 그러므로 당시 가장 중시된 자(공자)에 의탁하여 자신들의 스승을 높여서 노담의 道가 더욱 융성하기를 바랐으니, 이는 장자가 공자를 물리치고 노자를 높인 흔적이다.

후대의 유학자들은 ≪예기≫·≪공자가어≫·≪사기≫가 ≪장자≫ 이후에 나온 것을 알지 못하였고, ‘공자가 노담에게 예를 물었다.’는 한마디 말이 또다시 여러 글에 자세히 보이니, 이 때문에 그 말들이 ≪장자≫로부터 비롯된 것임을 자세히 알지 못하게 되었다. 〈게다가〉 노자의 가르침이 禮學을 꺼려 업신여겨 말하기를 “禮는 忠信이 야박해진 것이고 어

48) (海)〔每〕: 저본에는 ‘海’로 되어 있으나, ≪資治通鑑≫ 권119 〈營陽王 景平元年〉에 의거하여 ‘每’로 바로잡았다.

지러움을 일으키는 시초이다."라고 하며, 장자가 그 학문을 전함에, 그를 따라서 말〔斗〕을 부수어버리고 저울대를 꺾고, 仁義를 몽둥이로 쳐버리고, 부절을 태우며 옥새를 깨버리고, 聖明함을 단절하며 지혜를 버려야 한다는 등의 논의를 한 것을 알지 못하였으니, 그렇다면 노담에게 또다시 어찌 물을 만한 예가 있겠는가. 太史公(司馬遷)이 道家는 虛無를 體로 삼고 因循을 用으로 삼으며, 법이 있으나 법이 없다고 여기고 度가 있으나 度가 없다고 여긴다고 말하였다. 그러므로 후대에 노자와 장자를 종주로 하는 자들은 禮法을 쓸어버리고 쑥대머리와 때 묻은 얼굴을 하고 喪中에 고기와 술을 마셨으니 晉나라 시기에 증명할 수 있다. 어찌 예로 공자를 가르치고서 그 무리들을 힘쓰게 하는 것이 이처럼 다름이 있는가. 공자는 남에게 善이 있는 것에 대해 예컨대 管仲의 어짊과 子産의 은혜를 모두 자주 칭찬하기에 겨를이 없었는데, 어찌 노담을 스승으로 삼고서 일부러 칭찬을 매몰시켰겠는가. 이것이 ≪장자≫의 寓言임은 의심의 여지가 없다.

공자가 노담을 스승으로 섬겼다는 일을 말하자면 ≪장자≫ 〈外篇〉에 노담이 周나라 藏史가 되었다고 하였는데, '藏'은 도서를 보관하는 곳이니, 혹자는 노담이 관장하는 책이 많아 孔子가 그 때문에 가서 노담에게 예를 물었다고 하였으니, 어찌 이러한 이치가 있겠는가. 그렇지 않다. 〈만약 사실이라면〉 ≪魯論≫[49]에 어찌 한 마디 말도 노담을 언급한 것이 없으며, 노담의 예가 그 무리들에게 모두 전해져서 그들이 명예와 예법을 버리며 禮敎를 쓸어버린 죄인이 되는 것을 기꺼워하지 않았겠는가.

孔子師老聃之說, 肇於莊子. 莊子師老子, 故其著書, 獨推老子, 甚至假設孔子言語譽之. 漢儒輯禮記承其言曰 "聞諸老聃." 司馬遷史記老子傳, 復增許多老子訓誨孔子言語. 孔鮒作家語, 著孔子事實, 因據以爲證. 由是堅後學之信, 不知莊子一書多駕空寓言. 時去孔子未遠, 知天下崇信其學, 故託時所最重者尊其師, 庶幾聃之道益隆, 此莊子抑孔子尊老子之迹也. 後儒不察禮記家語史記出莊子後, 而問禮老聃一語, 又備見諸書, 莫詳始自莊子. 不知老子之教厭薄禮學曰 "禮者, 忠信之薄〔而〕[50]亂之首也." 莊子傳其所學, 從而有剖斗折衡,[51] 椎提仁義, 焚符破璽, 絶聖棄知[52]等論, 則聃又何有禮之可問耶. 太史公謂道家以虛無爲本, 因循爲用, 有法無法, 有度無度,[53] 故後之宗老莊者, 蕩棄禮法, 蓬首垢面, 喪酒弔肉, 晉代可證已. 豈有以禮訓孔子, 而勖其徒則異是耶. 孔子於人之有善, 若管仲之仁・子産之惠, 皆亟稱不暇, 豈有聃其師而故沒之耶. 此爲莊子寓言無疑. 若孔子師聃之事, 莊子外篇著聃爲周藏史.[54] 藏,

49) 魯論 : ≪論語≫는 漢나라 이후 孔子의 故宅에서 나온 ≪古論≫, 魯나라에 전해진 ≪魯論≫, 齊나라에 전해진 ≪齊論≫이 있었는데, 지금 전해지는 ≪논어≫가 바로 ≪魯論≫이다.

50) 〔而〕 : 저본에는 '而'가 없으나, ≪老子道德經≫ 〈德論〉에 의거하여 보충하였다.

51) 剖斗折衡 : ≪莊子≫ 〈胠篋〉에 "말을 부숴버리고 저울대를 꺾어 버려야 한다.〔剖斗折衡 而民不爭〕"고 한 데서 온 말인데, 이는 곧 聖人의 禮法을 비난하는 뜻에서 한 말이다.

52) 椎提仁義……絶聖棄知 : "椎提仁義"는 ≪莊子≫ 〈胠篋〉에 '攘棄仁義(仁義를 물리쳐 버린다.)'를 변형한 것으로 보이며 '焚符破璽'와 '絶聖棄知'는 〈거협〉에 그대로 보인다.

53) 道家以虛無爲本……有度無度 : ≪史記≫ 권130 〈太史公自序〉에서 초록한 것이다.

54) 聃爲周藏史 : ≪莊子≫ 〈天道〉에 "제(子路)가 들으니 周나라의 徵藏史 중에 老聃이라는 사람이 있었

(度)〔庋〕[55]書之所. 或者, 聃所掌多書, 孔子因往問聃焉, 容有此理. 不然. 魯論, 何無一言及聃, 而聃之禮, 何不盡傳其徒, 而甘爲棄名檢蕩禮敎之罪人耶.

【目】 예전에 嵩山의 도사 寇謙之가 張道陵[56]의 술법을 수련하고, 스스로 말하기를 "일찍이 老子가 강림했을 때를 만났는데, 노자가 나에게 장도릉을 이어서 天師가 되라고 명하고, 辟穀하고 몸을 가볍게 하는 술법[57]을 전수해주어서 나에게 道敎를 깨끗이 정비하도록 하였다. 또 神人 李譜文을 만났는데 그가 노자의 현손이라고 하였다. 나에게 ≪圖籙眞經≫을 전수해주고서 北方의 太平眞君(北魏 拓跋燾)을 보좌하도록 하고 天宮靜輪의 술법을 내어주었다."라고 하였다.

張道陵

구겸지는 그 책을 받들어 魏主에게 바쳤는데, 조정과 재야에서는 대부분 그것을 믿지 않았으나 崔浩는 홀로 그 술법을 스승으로 삼아 전수받고, 또 上書하기를 "聖王께서 천명을 받을 적에는 반드시 하늘의 감응이 있었으니, ≪河圖≫와 ≪洛書≫가 모두 벌레와 짐승의 무늬에 기탁하여 말한 것입니다. 그러나 이는 지금에 인간과 신이 대면하여 직접 쓴 필적이 빛나며 말의 뜻이 깊고 오묘한 것만 못하니, 예로부터 비견할 만한 것이 없습니다. 어찌 세속 사람의 범상한 생각으로 천상의 신령스런 명령을 소홀히 할 수 있

는데 지금은 그만두고 鄕里에 돌아가 살고 있다고 합니다. 夫子(孔子)께서 著書를 收藏케 하고자 하신다면 그에게 가서 소개를 부탁하시지요.〔由聞周之徵藏史 有老聃者 免而歸居 夫子欲藏書 則試往因焉〕"라고 한 내용이 보인다.

55) (度)〔庋〕: 저본에는 '度'로 되어 있으나, ≪辨惑編≫ 〈異端〉에 의거하여 '庋'로 바로잡았다.

56) 張道陵 : 後漢 때 사람으로 원래 이름은 陵이다. 벼슬을 버리고 龍虎山에 은거하여 煉丹과 符呪의 도술을 익혀 道敎의 創始者가 되었다. 본래 太學生으로 儒學에 통달했으나, 나중에 유학을 버리고 도교를 공부하였다. 그의 제자가 되려는 사람은 쌀 다섯 되를 냈기 때문에 그의 술법을 五斗米道라고 하였다.(≪神仙傳≫ 〈張道陵〉)

57) 辟穀하고……술법 : 辟穀은 곡식을 먹지 않는 도교의 수련법으로 솔잎이나 대추 등을 먹으면서 道引을 수련한다. 道引은 좌선과 호흡 등으로 신체의 관절과 혈기를 조절해서 몸을 가볍게 하여 신선이 되는 수련법이다. ≪史記≫ 〈留侯世家〉에 "辟穀을 배우고 道引을 하여 몸을 가볍게 하였다.〔乃學辟穀 道引輕身〕"라고 하였다.

겠습니까."라고 하였다.

황제가 기뻐하며 謁者를 시켜서 옥·비단·희생을 받들어 嵩嶽에 제사를 지내고, 구겸지의 제자를 맞아들여서 天師를 받들게 하고 새로운 술법을 드러내었다. 天師道場을 平城의 동남 지역에 세웠는데, 단을 5층으로 층층이 쌓았다. 매달 주방을 개설하여 수천 명을 모아 연회를 열었다.

初에 嵩山道士寇謙之 修張道陵之術①하고 自言嘗遇老子降하여 命繼道陵爲天師하고 授以辟穀輕身之術하여 使之淸整道敎②케하고 又遇神人李譜文이어늘 云호되 老子之玄孫也라 授以圖籙眞經하여 使之輔佐北方太平眞君하고 出天宮靜輪之法③하니 謙之奉其書하여 獻於魏主하니 朝野多未之信호되 浩獨師受其術하고 且上書曰 聖王受命에 必有天應하니 河圖洛書皆寄言於蟲獸之文이라 未若今日人神接對하여 手筆粲然하며 辭旨深妙하니 自古無比라 豈可以世俗常慮而忽上靈之命哉아 帝欣然使謁者로 奉玉帛牲牢하여 祭嵩嶽하고 迎致謙之弟子하여 以崇奉天師하고 顯揚新法하다 起天師道場於平城東南하니 重壇五層이라 月設廚會數千人④이러라

① 寇謙之는 寇讚의 동생이다. 張道陵은 後漢 사람으로, 五斗米道를 수련하였는데 세속에서 말하는 天師이다.
謙之, 讚之弟也. 道陵, 後漢人, 修五斗米道, 俗所謂天師也.

② 辟은 제거한다는 뜻이다. "輕身之術"은 바로 일어나 멀리까지 단숨에 가고 가볍게 허공을 뛰어오를 수 있는 술법이다.
辟, 除也. 輕身之術, 卽遙興輕擧之(甫)〔術〕.[58]

③ ≪圖籙眞經≫은 道家에서 신선의 명부를 적은 책이다.
圖籙眞經, 道家仙籍之書也.

④ ≪水經注≫에 "㶟水는 남쪽으로 흘러 平城의 동쪽을 지나가며, 물의 왼쪽에 大道壇이 있는데 寇謙之가 세운 것이다. 㶟水는 곧 漯水이다."라고 하였다.
水經注 "㶟水南逕平城之東, 水左有大道壇, 寇謙之所建也. 㶟水卽漯水."

【目】 司馬溫公(司馬光)이 다음과 같이 평하였다.

"≪老子≫와 ≪莊子≫는 生死를 동일시하여 세상의 거취(부귀영화)를 가볍게 여기려 하였는데, 신선이 된 사람은 단약을 복용하고 鍊氣術을 수련하여 허공에 가볍게 올라가기를 바라고, 풀과 돌을 정련하여 금과 은을 만드니, 그 술법은 바로 서로 어긋나는 것이다. 이 때문에 劉歆의 ≪七略≫에서 道家를 〈諸子略〉으로 神仙을 〈方技略〉으로 서술하였다. 그 후 다시 符水와 禁呪의 술법[59]을 갖게 되었는데, 寇謙之에 이르러 마침내

58) (甫)〔術〕: 저본에는 '甫'로 되어 있으나, ≪資治通鑑綱目集覽≫에 의거하여 '術'로 바로잡았다.

합하여 하나로 만들어졌으며 지금까지 그것을 따르니, 그 잘못이 심하다. 崔浩가 부처와 노자를 좋아하지 않으면서 구겸지의 말을 믿은 것은 어째서인가."

司馬公曰 老莊欲同死生하여 輕去就하니 而爲神仙者는 服餌修鍊하여 以求輕擧하고 鍊草石爲金銀하니 其爲術正相戾矣①라 是以劉歆七略敍道家爲諸子하고 神仙爲方技②하고 其後復有符水禁呪之術③이러니 至謙之하여 遂合而爲一하여 至今循之하니 其訛甚矣라 浩不喜佛老而信謙之之言은 何哉오

① 谷永이 漢나라 成帝를 설득하기를 "세상에 신선이 있어서 불사약을 복용하여 일어나 멀리까지 단숨에 가고 가볍게 허공에 뛰어오르고, 멀리 해와 달보다 높은 곳에 올라가서 그림자가 거꾸로 나타나고, 〈곤륜산의〉 縣圃(仙境)를 구경하고, 蓬萊山을 떠돌아 노닐고, 丹砂를 황금으로 변화시킨다고 말하는 여러 가지 것들은 모두 간사한 사람이 대중을 현혹시키는 것이며 異端을 끼고서 속일 마음을 품어 세상의 군주를 속인 것입니다."라고 하였다. "服餌修鍊 以求輕擧"는 바로 곡영이 말한 불사약을 복용하여 일어나 멀리까지 단숨에 가고 가볍게 허공에 뛰어오르는 것이다. "鍊草石 以爲金銀"은 바로 곡영이 말한 丹砂를 황금으로 변화시킨다고 하는 것이다.
谷永說漢成帝曰 "諸言世有仙人, 服食不終之藥, 遙興輕擧, 登遐倒景(영), 覽觀縣圃, 浮遊蓬萊, 黃冶變化, 皆姦人惑衆, 挾左道, 懷詐僞, 以欺罔世主." 服餌修鍊以求輕擧, 卽谷永所謂服食不終之藥遙興輕擧者也. 鍊草石以爲金銀, 卽谷永所謂黃冶變化者也.

② 그 술법이 서로 어그러졌기 때문에 〈劉歆이〉 ≪七略≫에서 합하여 하나로 만들지 못했다.
以其相戾, 故七略不得合爲一.

③ 符水와 禁呪는 곧 장도릉의 술법이다.
符水·禁呪, 卽張道陵之術.

甲子年(424)

宋主 劉義符 景平 2년이고, 太祖 文帝 劉義隆 元嘉 원년이고, 北魏 世祖 太武帝 拓跋燾 始光 원년이다.

宋景平二이요 太祖文帝義隆元嘉元年이요 魏世祖太武帝(壽)〔燾〕[60]始光元年이라

---

59) 符水와……술법 : 巫師나 道士들이 물에다 符籙을 태워서 띄우거나 또는 직접 물에다 부적을 그리고 주문을 외워서 이를 통해 邪氣를 쫓고 병을 고치는 행위이다.

60) (壽)〔燾〕: 저본에는 '壽'로 되어 있으나, ≪資治通鑑≫에 의거하여 '燾'로 바로잡았다.

【綱】봄 정월에 宋나라가 廬陵王 劉義眞을 폐하여 庶人으로 삼았다.

春正月에 宋廢其廬陵王義眞爲庶人하다

【目】宋主 劉義符는 居喪 중에 무례하여, 측근들과 격의 없이 가까이하기를 좋아하였으며, 노니는 데에 절도가 없이 하였다. 特進[61]으로 치시한 范泰가 上書를 하여 간언하였으나 따르지 않았다. 범태는 范寗의 아들이다.

謝靈運

廬陵王 劉義眞은 민첩하고 총명하며 문장을 좋아하였으나 성격이 경솔하였고, 謝靈運・顔延之・慧琳 스님과 우정이 두터웠고 친밀하였다. 일찍이 말하기를 "뜻을 이루는 날에는 사영운・안연지를 재상으로 삼고, 혜림 스님을 西豫州都督으로 삼겠다."라고 하였다. 사영운은 謝玄의 손자이니, 성격이 편벽되고 오만하여 법도를 준수하지 않았고 스스로 생각하기를 자기 재능이 마땅히 주요 권력에 참여해야 한다고 하여 항상 울분을 품었다. 顔延之는 顔含의 曾孫이니, 술을 좋아하고 방종하였다.

宋主義符居喪無禮하여 好與左右狎暱하고 遊戲無度어늘 特進致仕范泰上書諫之호되 不聽하니 泰는 寗之子也라 廬陵王義眞警悟好文하되 而性輕易(이)하고 與謝靈運顔延之慧琳道人으로 情好款密①이라 嘗云호되 得志之日에 以靈運延之爲宰相하고 慧琳爲西豫州都督②하니 靈運은 玄之孫也라 性褊傲하여 不遵法度하고 自謂才能宜參權要라하여 常懷憤悒(읍)하다 延之는 含之曾孫也라 嗜酒放縱하다

① 道人은 스님이다.
道人, 僧也.

② 西豫州는 바로 豫州이다. 宋나라 南豫州는 歷陽에 治所를 두고, 豫州는 壽陽에 治所를 두었다. 壽陽은 歷陽의 서쪽에 있었으므로 또한 豫州를 일러 西豫州라고 한 것이다.
西豫州卽豫州也. 宋南豫州治歷陽, 豫州治壽陽. 壽陽在歷陽西, 故亦謂豫州爲西豫州.

---

61) 特進 : 前漢 말에 설치된 관직으로 列侯 중에 특수한 지위에 있는 자에게 주었다. 魏晉南北朝時代에는 정식 加官이 되어 한직에 있거나 사직한 대신에게 주었다. 지위는 삼공의 아래다.

【目】 徐羨之 등은 劉義眞이 두 사람과 교유하는 것을 싫어하였다. 유의진의 옛 부하 관리인 范晏이 조용히 그에게 경계하였는데, 유의진이 말하기를 "謝靈運은 허황되고 경솔하며 안연지는 속이 좁으며 식견이 얕으니, 이것은 魏 文帝(曹丕)가 말했던 '고금의 문인들은 대부분 작은 절도를 지키지 않는다.'라는 것이다. 다만 〈그들이〉 마음에 터득한 문장을 보면 감동하여 칭찬하는 말을 잊지 못할 뿐이다."라고 하였다.

이때에 서선지 등이 사영운과 안연지는 시비를 선동하여 집정자를 비난한다고 하여 모두 太守로 내보냈다.

徐羨之等은 **惡**(오)**義眞與兩人遊**러라 **義眞故吏范晏**이 **從容戒之**한대 **義眞曰 靈運空疎**하고 **延之隘薄**하니 **魏文帝所謂古今文人**이 **類不護細行者也**로다 **但性情所得**을 **未能忘言於悟賞耳**①로라 **於是羨之等**이 **以爲靈運延之構扇異同**하여 **非毁執政**이라하여 **皆出爲郡守**하다

① 李希白이 말하기를 "내가 翰林承旨 王文炳의 말을 들은 적이 있는데 그가 이르기를 '이는 고금 문인들이 마음에 터득한 문장이 〈있으니〉 내가 그것을 보면 감동하여 칭찬하지 않을 수 없다고 말한 것이다.'라고 하였다." 하였다.
李希白曰 "予嘗聞諸翰林承旨王文炳說云 '言古今文人性情所得之文章, 我見則不能不喜悟稱賞耳.'"

【目】 처음에 劉義眞이 歷陽에 도착했을 때에 요구하는 것이 많았는데, 집정자가 매번 양을 줄이고 다 주지 않자 유의진이 이를 원망하였다. 표문을 올려서 서울로 돌아가게 해달라고 요청하자, 參軍 何尙之가 여러 차례 간언하였으나 따르지 않았다. 이때 徐羨之 등이 이미 몰래 宋主(劉義符)를 폐위시킬 것을 모의하였는데, 차례에 따라 즉위할 사람이 응당 유의진이었다. 마침내 유의진과 宋主 사이에 틈이 있는 것을 이용하여 우선 상주문을 올려서 유의진의 죄악을 열거하여 폐위하고 庶人으로 삼아서 新安郡으로 귀양 보냈다.

前 吉陽縣令 張約之가 상소하기를 "廬陵王(유의진)이 어려서는 先皇의 자상한 대우를 받았고, 성장해서는 폐하의 우애로운 은혜를 받았습니다. 그러므로 마음에 두었던 것을 반드시 말하여 혹은 신하의 도리를 범하는 것이 있었으나, 마땅히 포용하고 양육하여 그의 장점을 기억하고 허물을 가려주며 올바른 방도를 다하여 가르쳐서 그를 나아오고 물러나게 하는 것을 천천히 하소서. 지금 갑자기 삭탈하는 모욕을 주고 먼 군으로 유배 보내니, 위로는 폐하의 돈독한 우애를 해치고 아래로는 원근의 사람들에게 두려워서 어쩔 줄을 모르게 합니다.

臣이 생각하건대 위대한 宋나라가 기틀을 연 지 얼마 안 되어 뿌리와 가지가 아직 번창하지 않았으니, 마땅히 제후왕을 널리 양성하여 도리에 맞게 돈독하고 화목하게 지내야 합니다. 사람이 누가 허물이 없겠습니까마는 능히 스스로 고치는 것을 귀하게 여기니, 武皇帝의 사랑하는 아들이고 폐하의 아름다운 동생을 어찌 하나의 허물이 있다고 해서 오랫동안 내버릴 수 있겠습니까."라고 하였다. 글이 상주되자 〈장약지는〉 죽임을 당하였다.

始에 義眞至歷陽에 多所求索이어늘 執政每裁量不盡與①하니 義眞怨之하다 表求還都이어늘 參軍何尙之屢諫이나 不聽이러니 時羨之等이 已密謀廢宋主러니 而次立者應在義眞이라 乃因義眞與宋主有隙하여 先奏列其罪惡하여 廢爲庶人하여 徙新安郡하니 前吉陽令張約之上疏曰② 廬陵王少蒙先皇優慈之遇하고 長受陛下睦愛之恩이라 故在心必言③하여 容犯臣子之道④나 宜在容養하여 錄善掩瑕하고 訓盡義方하여 進退以漸이니 今猥加剝辱하여 幽徙遠郡하니 上傷陛下常棣之篤이요 下令遠近恇然失圖⑤이니 臣伏思大宋開基造次에 根條未繁하니 宜廣樹藩戚하여 敦睦以道⑥니이다 人誰無過리오 貴能自新이니 以武皇之愛子이며 陛下之懿弟⑦로 豈可以其一眚으로 長致淪棄哉아 書奏見殺하다

① 裁는 줄인다는 뜻이다. 量은 헤아려 잰다는 뜻이다.
裁, 剸節也. 量, 槩度也.
② 吉陽縣은 廬陵郡에 속하였다. 吳나라가 縣을 吉水의 북쪽에 세웠고 그것으로 인하여 이름하였다.
吉陽縣屬廬陵郡. 蓋吳立縣於吉水之陽, 因以爲名也.
③ 여기서 句를 뗀다.
句.
④ 〈"容犯臣子之道"는〉 혹은 신하 도리를 저촉하는 일이 있음을 말한다.
言容有犯臣道之事,
⑤ "剝辱"은 작위를 박탈하여 庶人으로 만드는 것을 말한다.
剝辱, 謂褫爵爲庶人.
⑥ "藩戚"은 울타리가 되는 친척(제후왕)을 말한다.
藩戚, 謂藩屛親戚也.
⑦ 懿는 아름답다는 뜻이다.
懿, 美也.

【綱】 여름 5월에 宋나라 徐羨之·傅亮·謝晦가 그 군주 劉義符를 폐하여 營陽

王으로 삼아서 吳郡으로 옮겼다. 6월에 영양왕을 시해하고 宜都王 劉義隆을 江陵에서 맞이하였으며, 前 廬陵王 劉義眞을 죽이고 사회로 都督荊湘等州軍事를 겸직하게 하였다.

夏五月에 **宋徐羨之傅亮謝晦 廢其主義符爲營陽王**하여 **遷於吳**러니 **六月**에 **弑之**①하고 **迎宜都王義隆于江陵**하고 **殺前廬陵王義眞**하고 **以謝晦行都督荊湘等州軍事**하다

① 향년이 19세였다.
壽, 十九.

宋 文帝

【目】 徐羨之 등이 장차 劉義符를 폐하려고 할 적에 檀道濟가 이전 조정의 옛 장수로서 위세가 殿省(조정)을 승복시킨다고 하여 마침내 단도제와 江州刺史 王弘을 불러서 入朝하게 하여 廢立의 모의를 그들에게 고하였다. 謝晦가 장수와 병사를 관부 안에 모이게 하여 中書舍人 邢安泰와 潘盛에게 안에서 호응하게 하였다. 밤에 단도제를 맞이하여 함께 자는데 사회는 두려워서 잠을 잘 수 없었으나 단도제는 침석에 들어 잠이 곧 깊어졌다.

이때 劉義符가 華林園에 나가서 점포를 늘어놓고 친히 물건을 팔았고, 측근들과 함께 龍舟에 가서 잠을 잤다. 단도제가 군사를 이끌고 雲龍門으로 들어갔는데, 형안태 등이 앞서 宿衛를 타일렀기 때문에 막는 사람이 없었다. 군사들이 들어가서 두 명의 侍從을 죽이고 유의부를 부축하여 나와서, 옥새와 인끈을 거두었는데, 여러 신하들이 하직인사를 하고 유의부를 옛 태자궁으로 호송하였다.

羨之等將廢義符할새 **以檀道濟先朝舊將**으로 **威服殿省**이라하여 **乃召道濟及江州刺史王弘入朝**하여 **以謀告之**하고 **謝晦聚將士於府內**하여 **使中書舍人邢安泰潘盛**으로 **爲內應**하고 **夜**에 **邀道濟同宿**이러니 **晦悚動不得眠**호되 **道濟就寢便熟**이러라 **時義符出於華林園**하여 **爲列肆**하고 **親自沽賣**하고 **與左右卽龍舟而寢**①이러니 **道濟引兵**하여 **入雲龍門**하니 **安泰等先誡宿衛**라 **莫有禦者**러니 **軍士進殺二侍者**하고 **扶義符出**하여 **收璽綬**한대 **群臣拜辭**하고 **衛送故太子宮**하다

① 魏氏가 華林園을 洛陽 안에 만들었는데, 晉氏가 남쪽으로 건너와 그 제도를 모방하여 建康에 이를 만들었다. 화림원은 宮城의 북쪽 모퉁이에 있다.
魏氏作華林園於洛中, 晉氏南渡, 放其制, 作之於建康. 華林園在宮城北隅.

【目】 侍中 程道惠가 徐羨之 등에게 권하여 南豫州刺史 劉義恭을 황제로 세우자고 하였다. 서선지 등은 宜都王 劉義隆이 평소 명망이 있다 하여 마침내 皇太后의 명령이라고 칭하고서 劉義符의 죄악을 일일이 꾸짖고는 그를 폐하여 營陽王으로 삼고, 劉義隆으로 大統을 잇도록 하고 유의부를 吳郡으로 귀양 보냈다. 邢安泰를 시켜 가서 시해하게 하였는데, 유의부는 힘이 세었으므로 돌진하여 달아나 昌門을 나가자 쫓는 사람이 문빗장으로 그를 넘어뜨리고 〈붙잡아〉 시해하였다.

侍中程道惠勸羨之等하여 立南豫州刺史義恭한대 羨之等이 以宜都王義隆素有令望이라하여 乃稱皇太后令하여 數義符過惡하고 廢爲營陽王하고 以義隆纂承大統하고 遷義符於吳러니 使邢安泰就弑之하니 義符多力이라 突走出昌門이어늘 追者以門關踣而弑之①하다

① 閶門(창문)은 吳郡의 서쪽 외곽문으로 夫差가 만들었다. 天門으로 閶闔을 통하게[62] 하였으므로 이렇게 이름 지었다. 후에 春申君이 昌門으로 개칭하였다. 踣은 蒲北의 切이니, 엎어짐이고 넘어짐이다.
閶門, 吳西郭門, 夫差作, 以天門通閶闔, 故名之. 後春申君改爲昌門. 踣, 蒲北切, 倒也, 斃也.

【目】 裵子野가 다음과 같이 평하였다.
"옛날에 임금이 아들을 양육할 때 말을 할 수 있으면 師가 그에게 말을 가르쳤고, 걸을 수 있으면 傅가 그에게 禮를 익히도록 도왔다. 宋나라의 교육은 평소에 이와 달라 禁中에 있을 때는 노복과 비첩에게 맡겼고, 밖에 있을 때는 심부름하는 사람이 쫓아다녔다. 황자의 무관과 시종의 직책에 종사하는 사람이 모두 노복인데, 皇子의 행동거지

62) 天門으로……통하게 : 天門과 閶闔은 모두 후대 궁궐의 대문을 뜻하는 말로 쓰였다. 이 글은 ≪資治通鑑≫ 註의 ≪孫權記注≫를 인용한 것인데, 이 책이 정확히 어떤 책인지는 알 수 없다. 이는 ≪吳越春秋≫ 〈闔閭內傳〉의 고사와 관련된 것으로 여기에는 "閶門을 세우는 것은 天門을 형상하여 閶闔風을 통하게 한 것이다.〔立閶門者 以象天門 通閶闔風也〕" 하였다. 즉 天門은 하늘의 문이고 閶闔風은 ≪오월춘추≫의 註에 "≪史記≫ 〈律書〉에 '閶闔風은 서쪽에 자리 잡고 있다. 閶은 인도한다는 뜻이고, 闔은 감춘다는 뜻이다.' 하였다."라고 하였다. ≪說文解字≫에서는 八風(8방위의 바람) 중에 하나로 閶闔風을 들고 있다. 즉 閶闔風은 서풍을 말한다. 또한 ≪오월춘추≫에서는 창문을 闔閭가 지은 것으로 보았다.

를 통제하고 법도를 가르치며, 선악을 인도하는 것이 그들을 말미암지 않은 것이 없었다. 그러므로 말은 禮義에 미치지 못하며 식견은 고금에 통하지 못하고, 삼가며 조심하는 사람은 황자에게 인색함을 권하며, 경망하며 우매한 사람은 간혹 그를 흉악함으로 유도하기도 한다. 비록 師傅가 있으나 대부분 연로한 大夫를 임명하며, 友와 文學[63]을 대부분 귀족 출신의 연소한 자를 임명하니, 자리만 갖추고 있을 뿐이고 역시 함께 교류하지 못한다. 어린 王이 州를 다스리면 長史가 일을 행하고, 敎命을 전하는 데에 또 典籤[64]이 있는데, 이따금 이들이 전횡하여 권위를 훔쳐 농단하였다. 이 때문에 황실의 뿌리와 가지(皇孫)는 비록 무성하지만 정직하고 선량한 황자가 매우 적다. 宋나라 太宗 劉彧의 시대에 내려와서는 온 천하가 이를 버렸으니, 역시 친근한 소인배가 조성한 것이다. 아! 국가를 가진 자는 이를 거울삼아야 할 것이다."

裴子野曰 古者人君養子에 能言而師授之辭하고 能行而傅相之禮①러니 宋之教誨는 雅異於斯하여 居中則任僕妾하고 處外則近趨走하고 帥侍二職이 皆臺皁也②라 制其行止하며 授其法則하고 導達臧否 罔弗由之하여 言不及於禮義하며 識不達於今古하고 謹敕者能勸之以吝嗇하며 狂愚者或誘之以凶慝하고 雖有師傅나 多以耆艾大夫爲之하며 友及文學을 多以膏粱年少爲之하니 具位而已요 亦弗與遊③하다 幼王臨州에 長史行事하고 宣傳教命 又有典籤하니 往往專恣하여 竊弄威權④이라 是以本枝雖茂로되 而端良甚寡라 降及太宗에 擧天下而棄之하니 亦昵比之爲也⑤라 嗚呼라 有國有家는 其鑑之矣로다

① 相(돕다)은 去聲이다.
相, 去聲.

② "趨走"는 부림을 받는 사람이다. 帥(무관)는 所類의 切이다. 太子・皇子는 帥(무관)가 있고 侍(시중)가 있다. "臺皁"는 僕隸의 부류이니, ≪春秋左氏傳≫ 昭公 7년에 "士는 皁를 신하로 삼고, 僕은 臺를 신하로 삼는다.[65]"라고 하였다.
趨走, 執役者也. 帥, 所類切. 太子皇子, 有帥有侍. 臺皁, 僕隸之屬, 左傳 "士臣皁, 僕臣臺."

③ 50을 艾라고 하고, 60을 耆라고 하는데, 艾는 기력이 이미 쇠약하고 머리가 하얗게 세어 쑥과 같다는 것이다. 耆는 이르는 것이니, 늙음의 지경에 이른 것이다. 友・文學은 모두 官名

---

63) 友와 文學 : 太子友와 太子文學 등을 가리킨 것이다.

64) 典籤 : 지방을 통치하는 제후왕의 주변에서 문서를 처리하는 관원으로 宋나라 때에는 황제가 신임하는 자를 파견하여 제후왕들을 감시하게 하였다.

65) 士는……삼는다 : ≪春秋左氏傳≫ 朱申의 附註에 "臣은 그를 신하로 삼는 것이다.……士는 각종 事務를 처리할 수 있는 자를 이르고, 皁는 일을 조성하는 자를 이르고,……僕은 僕竪(僕人)로 창고에 저장한 재물을 주관하는 자이고, 臺는 臺下(官府)에서 給使 노릇 하는 微官의 명칭이니, 이상이 바로 사람의 열 가지 等級이다." 하였다.

이다. ≪春秋左氏傳≫에 "기름진 음식을 먹고 산 사람의 성품은 바로잡기 어렵다."라고 하였는데, 賈逵가 말하기를 "膏는 기름진 고기이고, 粱은 정갈한 쌀이다. 기름진 고기와 맛있는 음식을 먹으며 부유하게 지내면 대체로 성품이 교만 방종해짐을 말한 것이다."라고 하고, 또 柳芳이 논하기를 "무릇 3代를 이어 三公에 있는 자를 膏粱이라고 한다."라고 하였다.

五十曰艾, 六十曰耆, 艾者, 氣力已衰, 髮蒼白如艾也. 耆, 至也, 至老之境也. 友·文學, 皆官名. 左傳 "膏粱之性難(止)〔正〕[66]也." 賈逵曰 "膏, 肉之肥者. 粱, 米之精者. 言食肥美, 而性率驕放也." 又柳芳論曰 "凡三世有三公者曰膏粱."

④ "行事"는 府와 州의 업무를 행하는 것이다. 籤(公文)은 七廉의 切이다. ≪南史≫ 〈呂文顯列傳〉에 "옛일에 府州의 部內에서 논의한 일은 모두 籤의 앞면에 직접 논의한 일을 기록하고 뒷면에 '謹籤'이라고 쓰며, 날짜의 아래에 또 '某官某籤'이라고 썼으므로 府州에 典籤을 두어서 관장하게 하였다. 본래 5品의 관리였는데, 宋나라 초기에 고쳐서 7品 관리로 하였다. 宋나라 말기에는 대부분 어리고 젊은 황자로 藩鎭(지방관)을 삼았는데 당시에 황제가 좌우에 친근한 사람을 典籤으로 임명하여 그 권한과 책임이 마침내 무거워졌다."라고 하였다.

行事, 行府州事也. 籤, 七廉切. 南史曰 "故事, 府州部內論事, 皆籤前直敍所論之事, 後云'謹籤.' 日月下又云'某官某籤.' 故府州置典籤以領之. 本五品吏, 宋初改爲(士)〔七〕[67]職. 宋末, 多以幼少皇子爲藩鎭, 時主以左右親近領典籤, 其權任遂重."

⑤ 太宗은 明帝이다. "昵比"는 친근한 소인배를 말한다.

太宗, 明帝也. 昵比, 言親近小人也.

【目】 傅亮이 行臺[68]의 백관을 인솔하여 法駕를 갖추고서 劉義隆을 江陵에서 영접하였다. 尙書 蔡廓이 말하기를 "營陽王 劉義符가 吳郡에 계신데 마땅히 奉養하는 일을 후하게 해야 할 것입니다. 갑자기 불행한 일이 생기면 卿과 여러 사람들은 군주를 시해했다는 오명을 가지게 되니, 〈그렇게 되면〉 세상에 서고자 하나 어찌 가능하겠습니까."라고 하였다.

이때 부량이 이미 徐羨之와 함께 유의부를 해칠 것을 모의하였는데, 마침내 편지를 급히 전하여 중지시키려 하였으나 제시간에 도달하지 못하였다. 서선지가 크게 노하여 말하기를 "남과 함께 계책을 의논하고서 어떻게 등을 돌려 바로 오명을 남에게 轉嫁시

---

66) (止)〔正〕: 저본에는 '止'로 되어 있으나, '正'으로 바로잡았다.

67) (士)〔七〕: 저본에는 '士'로 되어 있으나, ≪南史≫ 〈呂文顯列傳〉에 의거하여 '七'로 바로잡았다.

68) 行臺 : 지방에 있는 臺省을 이르는 말로 魏·晉나라 때에 처음 설치하였다. 처음에는 出征하였을 때 주둔한 곳에 설치한 중앙을 대표하는 정무 기구였는데, 北朝 후기에 이르러서 尙書大行臺로 호칭하고, 중앙과 다름없이 관속을 설치하여 자체적인 행정 계통을 형성하였다. 唐나라 貞觀 이후로 점점 폐지되었다가 金·元나라 때에 이르러 관할 지역이 광대하였으므로, 다시 중앙의 제도에 따라 각 지역에 설치하였다.

키는가."라고 하였다.

서선지 등이 사자를 파견하여 劉義眞을 죽이고, 荊州의 땅이 중요하므로 劉義隆이 도착하면 혹시 따로 사람을 채용할까 두려워하여 마침내 재빨리 錄命으로 謝晦를 都督·刺史[69]로 임명하여 밖에 있으면서 후원하게 하니, 정예 병사와 옛 장수들이 모두 그에게 배속되었다.

◑ 傅亮帥行臺百官하여 奉法駕하여 迎義隆于江陵하니 尙書蔡廓謂曰 營陽在吳에 宜厚加供奉이니 一旦不幸이면 卿諸人有弑主之名이니 欲立於世나 將可得邪아하니 時亮已與羨之로 議害義符러니 乃馳信止之하되 不及하니 羨之大怒曰 與人共計議하고 如何旋背卽賣惡於人邪①아 羨之等이 遣使殺義眞하고 以荊州地重으로 恐義隆至면 或別用人하여 乃亟以錄命除謝晦都督刺史하여 欲令居外爲援하니 精兵舊將이 悉以配之②러라

① 背(등)는 본음대로 읽는다. "旋背"는 轉背(등을 돌린다)라는 말과 같고, 일설에 背는 음이 佩이니 버린다는 뜻이다.
背, 如字.[70] 旋背, 猶言轉背也. 一說, 背音佩, 棄也.
② 錄命은 錄尙書가 스스로 명령을 내리는 것이다.
錄命, 錄尙書自出命也.

【目】 7월에 行臺의 관원들이 江陵에 도착하여 성의 남쪽에 行門(임시 궁전 정문)을 세우고, 쓰기를 '大司馬門'[71]이라고 하였다. 부량이 백관을 인솔하고서 문에 가서 표문을 올리고 옥새와 인끈을 바쳤다.

劉義隆은 이때 나이가 18세였는데, 교서를 내려 말하기를 "외람되게도 부덕한 사람에게 大命이 잘못 내려지니, 스스로를 돌아봄에 두렵다. 어떻게 감당할 수 있겠는가. 그러나 잠시 조정으로 돌아가서 능침에 정성스럽게 애도하고 현명한 선비들과 함께 생각한 바를 토로하겠다. 바라건대 그 마음을 헤아려서 많은 말을 하게 하지 말라."라고 하였다.

府州의 보좌관과 長史가 臣을 칭하고 여러 문의 명패를 걸기를 궁전과 같이하기를 청하자 유의륭이 허락하지 않았다. 綱紀에게 교서를 내려 현재 형벌을 받은 사람들을 사면하고 조세를 못 갚은 사람을 용서하도록 하였다.

69) 都督刺史 : ≪資治通鑑≫에는 行都督荊湘等七州諸軍事 荊州刺史로 되어 있다.
70) 如字 : 한 글자에 여러 독음이 있는 경우 본음대로 읽으라는 것이다.
71) 大司馬門 : 司馬門은 황궁의 外門을 이른다. 궁궐 담장 안의 衛兵이 있는 곳으로 궁궐의 사면에 모두 司馬가 있었다. 이에 외문을 사마문이라 한 것이다.

七月에 行臺至江陵하여 立行門於城南하고 題曰 大司馬門이라하다 傅亮帥百僚하여 詣門上表하고 進璽綬한대 義隆時年十八이라 下教曰① 猥以不德으로 謬降大命하니 顧己兢悸라 何以克堪이리오 當暫歸朝廷하여 展哀陵寢하고 并與賢彦申寫所懷니 望體其心하여 勿爲辭費하라 府州佐史竝稱臣하고 請牓諸門을 一依宮省②한대 義隆不許하고 教綱紀하여 宥見(현)刑하고 原逋責(채)③하다

① 왕의 명령을 敎라고 한다.
王之命令曰教.
② 府는 都督府이고, 州는 荊州이다.
府, 都督府. 州, 荊州也.
③ 教는 下教(교서를 내림)이다. 綱紀는 王府의 官屬이다. 宥는 赦免이다. "見刑"은 현재의 형벌이다. 逋는 모자람이며 저버린 것이다. 責(빚)는 債와 통한다. 이는 官物을 축내고 망실하여 반환하지 않는 것을 용서하고 면제하는 것을 말한다.
教, 下教也. 綱紀者, 王府官屬也. 宥, 赦也. 見刑, 見在之刑. 逋, 欠也, 負也. 責, 與債通. 言欠負官物, 逋亡而不還者, 原免之.

【目】 여러 장군들과 보좌관들이 두 왕(營陽王과 廬陵王)이 죽었다는 소문을 듣고서 모두 의심하여 〈劉義隆에게〉 동쪽으로 내려가서는 안 된다고 하였다.

司馬 王華가 말하기를 "先帝께서는 천하에 큰 공적을 이룩하시어 四海가 복종하였으니, 비록 계승한 군주(劉義符)가 기강을 잃었지만 本朝에 대한 인망은 아직 바뀌지 않았습니다. 徐羨之는 중간 등급의 재주를 가진 빈한한 士人이고, 傅亮은 평민 출신의 일반 선비로서 先帝의 유지를 받아 높은 중책에 있으니, 대번에 은덕을 감히 배반할 리가 없습니다. 여릉왕이 엄격하고 단호하여 장래에 반드시 자신들을 받아들이지 않을까 두려워하여, 너그럽고 인자하신 전하로서 저들이 형제 순서를 뛰어넘어 받들어 영접하여 은덕을 받기를 바라는 것이니, 저 부질없는 논의(동쪽으로 가지 말라는 논의)는 반드시 옳지 않을 것입니다.

또 이 다섯 명은 공로가 같고 지위가 나란하니 누가 서로 양보하려 하겠습니까. 가령 반역의 생각을 품었어도 형세상 반드시 실행하지 못할 것입니다. 廢主 劉義符가 만약 살아 있다면 그들이 장차 화를 입을까 걱정하여 〈영양왕과 여릉왕을〉 죽이는 지경에 이른 것이니, 대개 살기를 바라는 마음이 매우 지나친 것에 말미암은 것이고, 권력을 장악하여 자신의 지위를 공고히 하여 어린 군주에게 자신들을 우대하게 하려는 것에 불과합니다."라고 하였다.

그러자 유의륭이 말하기를 "경은 다시 宋昌이 되고 싶은가."[72]라고 하였다.

長史 王曇首와 南蠻校尉 到彦之가 모두 가기를 권하니, 마침내 명하여 왕화에게 荊州에 남아서 鎭守하도록 하고, 도언지에게 군사를 거느리고 선봉에 세우려고 하였다.

도언지가 말하기를 "저들이 모반하지 않을 것이 명백하다면 응당 관복을 입고 하류로 따라갈 것이고, 만약 우려가 있다면 이 군사로는 충분히 믿을 만하지 못합니다. 그리고 다시 혐의하는 단서를 만들게 될 것이니, 원근의 소망에 부응하는 것이 아닙니다."라고 하였다. 마침 雍州刺史 褚叔度가 卒하자 마침내 도언지를 파견하여 임시로 襄陽에 鎭守하도록 하였다.

諸將佐聞二王死하고 皆疑하여 不可東下러니 司馬王華曰 先帝有大功於天下하여 四海所服이니 雖嗣主不綱이나 人望未改①하고 羨之中才寒士요 亮布衣諸生으로 受寄崇重하니 未容遽敢背德이요 畏廬陵嚴斷하여 將來必不自容하여 以殿下寬慈로 越次奉迎[73]하여 冀以見德이니 悠悠之論은 殆必不然②이라 又此五人은 同功竝位하니 孰肯相讓이리오 就懷不軌나 勢必不行③이요 廢主若存이면 慮其將來受禍하여 致此殺害니 蓋由貪生過深이요 不過欲握權自固하여 以少主仰待耳라하니 義隆曰 卿復欲爲宋昌邪④아하다 長史王曇首南蠻校尉到彦之皆勸行하니 乃命華留鎭荊州하고 欲使彦之將兵前驅러니 彦之曰 了彼不反이면 便應朝服順流⑤라 若使有虞면 此不足恃요 更開嫌隙之端이니 非所以副遠邇之望也라 會雍州刺史褚叔度卒이어늘 乃遣彦之權鎭襄陽하다

① "嗣主"는 劉義府를 말한다. "不綱"은 紀綱을 잃은 것을 말한다.
嗣主, 謂義府也. 不綱, 謂失綱維也.

② "冀以見德"은 〈劉義隆이〉 定策의 공을 〈자신들의〉 은덕으로 여기길 바람을 말한 것이다.
冀以見德, 謂冀以定策爲德也.

③ "五人"은 徐羨之·傅亮·謝晦·檀道濟·王弘을 말한다.
五人, 謂徐羨之·傅亮·謝晦·檀道濟·王弘也.

④ 宋昌의 일이 漢나라 高后(呂太后) 8년(B.C. 180)에 보인다.
宋昌事, 見漢高后八年.

⑤ 了는 명백히 아는 것이다.
了, 決知也.

72) 宋昌이……싶은가 : 宋昌은 漢나라 文帝의 謀臣이다. 周勃 등이 여러 呂氏들을 멸망시키고 당시 代王으로 있던 문제를 迎立하러 왔을 때, 漢室의 舊臣들을 믿을 수 없다는 대왕의 신하들의 논의를 뒤엎고 대왕을 皇帝로 즉위시키는 데에 앞장섰다. 문제가 代邸로부터 궁중에 들어온 뒤 군졸의 向背가 염려되어 밤에 송창으로 衛將軍을 삼아 군졸을 통솔하게 하였다.

73) 越次 : 형을 제치고 아우를 세우는 일을 말한다. 劉義眞(廬陵王)은 劉義隆(宜都王)의 형이다.

【目】劉義隆이 마침내 江陵을 출발하여 傅亮을 引見할 때에 소리 내어 우니, 주위 사람들을 감동시켰다. 이윽고 劉義眞과 少帝(劉義符)가 죽고 폐위된 경과를 묻고 슬피 곡하고 오열하니, 곁에서 시중드는 사람들이 쳐다보지 못하였다. 부량이 땀을 흘리며 대답하지 못했는데 마침내 到彦之・王華 등에게 심중의 뜻을 알려서 스스로 깊게 결속하였다. 유의륭은 府州의 문무 관원으로 자신을 호위하게 하고, 行臺 관원의 여러 하인들은 유의륭의 隊伍에 접근하지 못하도록 하였다. 參軍 朱容子가 칼을 쥐고 왕이 탄 배의 문밖에 있으면서 혁대를 풀지 않은 지가 수십 일이었다.

義隆遂發江陵하여 引見傅亮에 號泣하니 哀動左右러라 既而問義眞及少帝薨廢本末하고 悲哭嗚咽하니 侍側者莫能仰視①라 亮流汗하고 不能對러니 乃布腹心於到彦之王華等하여 深自結納이러라 義隆以府州文武自衛하고 臺官衆力은 不得近部伍②하니 參軍朱容子抱刀處舟戶外하여 不解帶者累旬③이러라

① 咽(목이 메이다)은 烏結의 切이다. "嗚咽"은 처량하게 목메어 우는 것이다.
咽, 烏結切. 嗚咽, 嗚唈哽咽也.
② 力은 하인을 말한다. "臺官衆力"은 建康의 臺省에서 보내온 백관의 여러 인력을 말한다.
力, 謂僕從. 臺官衆力, 臺省遣來之, 百官衆力也.
③ 〈"不解帶"는〉 비상사태를 방비한 것이다. 舟는 왕이 탄 배이다.
防非常也. 舟, 王所乘舟也.

【綱】가을에 西秦이 北涼을 공격하여 패배시켰다.

秋에 秦攻涼하여 敗之하다

【綱】8월에 宋主 劉義隆이 즉위하였다.

◑八月에 宋主義隆立하다

【目】宜都王 劉義隆이 建康에 이르니, 여러 신하들이 新亭에서 영접하고 배례하였다. 이때 徐羨之가 傅亮에게 묻기를 "의도왕은 누구와 비교할 수 있는가."라고 하니, 부량이 말하기를 "晉나라 文帝와 景帝 이상의 분이다."라고 하였다. 서선지가 말하기를 "반드시 나의 忠心을 밝힐 수 있을 것이다."라고 하자, 부량이 말하기를 "그렇지 못할 것이다."라고 하였다.

유의륭은 初寧陵(劉裕의 능)을 배알하고 돌아와서 中堂에 머물렀다. 백관이 옥새와 인수를 바치자 유의륭이 네 차례 사양하고서 마침내 받고는 드디어 황제에 즉위하였다. 크게 사면령을 내리고 太廟를 배알하였으며, 廬陵王의 이전 봉호를 회복시키고, 여릉왕의 靈柩를 맞이하여 건강으로 돌아오도록 하였다.

宜都王義隆至建康하니 **群臣迎拜於新亭**할새 **徐羨之問傅亮曰 王可方誰**오 **亮曰 晉文景以上人**[①]이라 **羨之曰 必能明我赤心**이리라 **亮曰 不然**[②]하다 **義隆謁初寧陵**하고 **還**하여 **止中堂**[③]이어늘 **百官奉璽綬**한대 **義隆辭讓數四**하고 **乃受之**하고 **遂卽位**하다 **大赦**하고 **謁太廟**하며 **復廬陵王先封**하고 **迎其柩還建康**하다

① 文帝와 景帝는 司馬昭와 司馬師를 말한다.
文・景, 謂昭・師也.
② 傅亮은 진실로 그가 화를 면할 수 없음을 알고 있었다.
亮固知其不得免矣.
③ 東晉 孝武帝(司馬曜)는 太學이 秦淮 남쪽에 있어 臺城과의 거리가 멀리 떨어져 있다고 하여 임시로 中堂을 太學으로 삼아 先聖에게 친히 釋奠을 하였다. 中堂은 또한 秦淮의 북쪽에 있으니, 다만 臺城의 밖에 있을 뿐이다.
晉孝武以太學在秦淮南, 去臺城懸遠, 權以中堂爲太學, 親釋奠於先聖, 則中堂亦在秦淮北, 但在臺城之外耳.

【目】行荊州刺史 謝晦의 지위를 정식으로 삼았다. 사회가 형주로 출발할 적에 蔡廓에게 묻기를 "나는 화를 모면하겠는가."라고 하니, 채확이 말하기를 "경은 先帝의 고명을 받았고 사직을 맡았으며 혼미한 군주를 폐위하고 현명한 군주를 세웠으니 대의에서는 옳지 않은 것이 없습니다. 다만 남의 두 형을 죽이고서 北面을 하여, 군주를 흔드는 위세를 지니고 上流의 重鎭을 점거하고 있으니 옛날의 일을 가지고 지금의 일을 헤아려보면 스스로 화를 모면하기 어렵습니다."라고 하였다.

사회는 처음에는 두려워 떠날 수 없었는데, 출발하고 나서는 기뻐하여 말하기를 "이제 여기를 벗어나게 되었구나."라고 하였다.

徐羨之 등의 작위를 올렸는데 차등을 두었다. 有司가 아뢰기를 "황상께서는 전례에 따라서 華林園에 가서 소송을 다스려야 합니다."라고 하니, 조서를 내리기를 "정치와 형벌은 아직 다 알지 못하는 것이 많으니 이전과 같이 두 公이 신문하도록 하라."라고 하였다.

마침내 王曇首와 王華를 侍中으로 삼고, 竟陵王 劉義宣을 石頭에서 鎭守하게 하였다. 서선지 등이 到彦之를 雍州刺史에 임명하려고 하였으나 허락하지 않고, 불러서 中領軍으로 삼아서 군사 업무를 맡겼다. 도언지가 襄陽에서 남쪽으로 내려올 적에 사회는 도언지가 자기를 방문하지 않을까 염려하였다. 도언지가 楊口에 이르러 걸어서 江陵에 가서 깊이 성의를 보이자, 사회도 역시 후한 마음으로 친교를 맺었다. 이로 말미암아 사회가 크게 안심하였다.

以行荊州刺史謝晦爲眞하니 晦將行에 問蔡廓曰 吾其免乎아 廓曰 卿受先帝顧命하고 任以社稷하며 廢昏立明하니 義無不可로되 但殺人二兄而以之北面하여 挾震主之威하며 據上流之重하니 以古推今에 自免爲難이로다 晦始懼不得去러니 旣發에 喜曰 今得脫矣와라 徐羨之等이 進位有差하고 有司奏호되 車駕依故事하여 臨華林園聽訟이라한대 詔曰 政刑多所未悉하니 可如先者하여 二公推訊①하라 乃以王曇首王華爲侍中하고 竟陵王義宣鎭石頭②하다 羨之等이 欲遂以到彦之로 爲雍州어늘 不許하고 徵爲中領軍하여 委以戎政하니 彦之自襄陽南下할새 謝晦慮彦之不過己③러니 彦之至楊口하여 步往江陵하여 深布誠款하니 晦亦厚自結納하여 由此大安이러라

① 두 공은 徐羨之와 王弘을 말한다.
二公, 謂徐羨之・王(城)〔弘〕.[74]
② 劉義宣은 宋 高祖(劉裕)의 아들이다.
義宣, 宋高祖子.
③ 過(들르다)는 古禾의 切이다.
過, 古禾切.

【綱】柔然이 北魏를 침략하였다.

柔然寇魏[75]하다

【目】柔然의 紇升蓋可汗은 北魏의 太宗(拓跋嗣)이 殂하였다는 소식을 듣고 6만 기병을 거느리고 雲中에 침입하여 盛樂宮을 공격하여 함락시켰다. 魏主가 직접 경무장한 기병을 거느리고 유연을 토벌하여 삼일 낮 이틀 밤 만에 운중에 도착하니, 흘승개가한이 기

74) (城)〔弘〕: 저본에는 '城'으로 되어 있으나, ≪資治通鑑≫ 註에 의거하여 '弘'으로 바로잡았다.

75) 柔然寇魏 : "柔然이 北魏에 대하여는 '侵'이라고 기록한 것이 보통인데(晉 安帝 義熙 10년(414)에 근거한 것이다.), 여기서 '寇魏'라고 기록한 것은 어째서인가. 晉나라가 멸망하여 〈정통이 사라졌기 때문에〉 宋나라와 대등한 지위에 북위를 나아가게 한 것이다.〔柔然於魏書侵 恒也(據晉安帝義熙十年) 此其書寇魏 何 晉滅而進魏於宋也〕" ≪書法≫

병을 이끌고서 魏主를 포위한 것이 50여 겹이었고, 기병이 앞뒤의 말의 머리를 바짝 붙여서 담장처럼 나열하니, 北魏의 장병들이 크게 두려워하였다. 그러나 魏主의 안색이 태연자약하니 장병들의 마음이 이내 안정되었다. 흘승개가한의 조카 於陟斤이 大將이 되었는데 北魏 사람이 활을 쏘아 맞추어 죽이니, 흘승개가한이 두려워하여 도망갔다.

柔然紇升蓋可汗이 聞魏太宗殂하고 將六萬騎入雲中하여 攻拔盛樂宮①이어늘 魏主自將輕騎討之하여 三日二夜에 至雲中하니 紇升蓋引騎圍之五十餘重이요 騎逼馬首[76]하여 相次如堵하니 將士大懼러니 魏主顔色自若하니 衆情乃安이러라 紇升蓋弟子於陟斤爲大將이러니 魏人射殺之하니 紇升蓋懼遁去하다

① 紇升蓋는 柔然王의 호칭인데 중국말에 '싸워 이긴다.'라는 말과 같으며, 그 왕의 이름은 大檀이다. 北魏의 선조 拓跋什翼犍이 처음에 雲中의 盛樂宮에 거처하였다. 〈그 다음해에〉 盛樂城을 옛 성에 남쪽 8리 되는 곳에 쌓았다.
紇升蓋, 柔然王之號, 猶華言制勝也, 其王名大檀. 魏之先什翼犍始居雲中之盛樂宮, 築盛樂城於故城南八里.

【綱】 겨울 11월에 吐谷渾王 慕容阿柴가 卒하자, 동생 慕容慕璝가 즉위하였다.

冬十一月에 吐谷渾王阿柴卒이어늘 弟慕璝立[77]하다

【目】 慕容阿柴는 20명의 아들을 두었다. 병이 위독해지자 아들들과 동생들을 불러서 말하기를 "先公 車騎將軍(慕容樹洛干)께서는 〈王位를〉 자기의 아들 慕容拾虔에게 주지 않고 나에게 주었는데, 내가 감히 내 아들 慕容緯代를 사사롭게 대하여 선군의 뜻을 잊겠는가. 내가 죽으면 너희들은 마땅히 慕容慕璝를 받들어서 주군으로 삼아야 한다."라고 하였다. 모용위대는 모용아시의 맏아들이고, 모용모괴는 모용아시의 同母弟로 숙부 慕容烏紇提의 아들이다.

76) 騎逼馬首 : ≪資治通鑑新註≫(陝西人民出版社, 1998)에서는 柔然의 기병이 魏主의 말 앞까지 다가간 것으로 보았다. 그러나 포위가 50겹으로 두껍고 담처럼 촘촘하다고 보아서 이처럼 번역하였다.

77) 吐谷渾王阿柴卒 弟慕璝立 : "吐谷渾 慕容樹洛干은 '死'라고 기록하였는데(晉나라 安帝 義熙 13년(417)에 자세하다.) 여기서는 어찌하여 '卒'이라고 기록하였는가. 晉나라가 망했기 때문이다. 이때에 晉나라가 망해서 中國에 正統이 없고 吐谷渾은 순수한 夷狄이 아니기 때문에 〈그 지위에 맞게〉 나아가게 한 것이다. 隋나라 開皇 11년(591)에 이르러 中國에 주인이 있게 된 뒤에는 다시 慕容夸呂를 '死'로 기록하였다.〔樹洛干書死矣(詳晉安帝義熙十三年) 此則曷爲書卒 晉亡也 於是晉亡 中國無正統 吐谷渾非純夷也 故進之 至隋開皇十一年 中國有主 然後夸呂復書死〕" ≪書法≫ 朱熹의 〈資治通鑑綱目凡例〉에서 崩葬을 쓰는 書例를 설명하면서 秦漢 이후 王이 죽으면 모두 卒이라 하고, 王公을 칭한 자에게 卒이라 쓰며, 蠻夷의 君長에게 '死'를 쓴다 하였다.

모용아시가 또 여러 아들들에게 명령하여 각각 화살 하나씩 바치라고 하고, 하나의 화살을 잡아서 자기의 동생 慕容慕利延에게 주고 그것을 꺾게 하자, 모용모리연이 그것을 꺾었다. 또 〈나머지〉 19개의 화살을 잡아서 꺾게 하자 모용모리연은 꺾지 못하였다. 모용아시는 마침내 그들에게 타이르기를 "너희들은 이를 알겠느냐. 하나면 꺾기가 쉬우나 많으면 꺾기 어렵다. 너희들은 마땅히 함께 힘을 쓰고 마음을 하나로 합친 뒤에야 나라를 지키고 집안을 편안하게 할 수 있다."라고 하였다. 말을 끝내고는 죽었다.

모용모괴 역시 재간과 책략을 갖고 있었다. 秦州·涼州의 生業을 잃은 백성과 氐族·羌族의 여러 종족 5, 6백 부락까지 어루만져 받아들이니, 부족의 무리가 더욱 많아졌다.

阿柴有子二十人이러니 疾病에 召諸子弟謂之曰 先公車騎捨其子拾虔而授孤하니 孤敢私於緯代而忘先君之志乎①아 我死어든 汝曹當奉慕璝爲主하라 緯代者는 阿柴之長子요 慕璝者는 阿柴之母弟니 叔父烏紇提之子也②라 阿柴又命諸子하여 各獻一箭하고 取一箭하여 授其弟慕利延하고 使折之하니 慕利延折之어늘 又取十九箭하여 使折之하니 不能折이라 阿柴乃諭之曰 汝曹知之乎아 孤則易(이)折하고 衆則難摧니 汝曹當戮力一心然後에 可以保國寧家니라 言終而卒하니 慕璝亦有才略이라 撫納秦涼失業之民及氐羌雜種至五六百落하니 部衆轉盛이러라

① 先公은 慕容樹洛干을 말한다. 모용수락간은 車騎將軍이라 스스로 칭하였다.
先公, 謂樹洛干也. 樹洛干自號車騎將軍.

② 慕容烏紇提가 즉위하여 慕容樹洛干의 모친을 아내로 맞아들여서 두 아들을 낳으니 慕容慕璝와 慕容慕利延이다.
烏紇提之立也, 妻樹洛干母, 生二子, 慕璝慕利延.

【綱】 12월에 北魏가 柔然을 정벌하여 크게 사로잡았다.

十二月에 魏伐柔然하여 大獲하다

【綱】 宕昌이 北魏에게 조공을 받쳤다.

◑宕昌朝貢于魏하다

【目】 宕昌은 羌族의 혈족이다. 羌族의 땅은 동쪽으로는 中國과 접해 있고, 서쪽으로는 西域과 통해 있어서 길이가 수천 리이다. 각각 酋帥가 있고 部落은 땅을 나누어 살고

서로 관할하지 않았는데, 탕창이 가장 강하여 2만 여개의 부락의 백성을 소유하고 있으니, 여러 종족들이 탕창을 두려워하였다.

宕昌羌之別種也①라 羌地東接中國하고 西通西域하여 長數千里라 各有酋帥하고 部落分地하고 不相統攝한대 而宕昌最彊하여 有民二萬餘落하니 諸種畏之러라

① 宕(방탕하다)은 徒浪의 切이다. 宕昌은 三苗의 후손이다.
宕, 徒浪切. 宕昌, 蓋三苗之裔.

【綱】 夏나라 世子 赫連璝가 동생 赫連倫을 죽이니, 혁련륜의 형 赫連昌이 혁련괴를 토벌하여 죽였다.

夏世子璝殺其弟倫하니 **倫兄昌討璝殺之**[78]하다

【目】 夏主(赫連勃勃)가 장차 太子 赫連璝를 폐하고 少子 赫連倫을 세우려고 하였다. 혁련괴가 병사를 거느리고 혁련륜을 토벌하자 혁련륜이 대적하다가 패하여 죽거늘, 赫連倫의 형 赫連昌이 혁련괴를 습격하여 죽이고 그 군대를 합병하여 統萬으로 돌아왔다. 夏主는 크게 기뻐하여 혁련창을 세워서 太子로 삼았다.

夏主는 스스로 자랑하기를 좋아하여 도성에 있는 4개의 문에 이름을 붙였는데, 東門은 招魏(北魏를 부름)라 하고, 南門은 朝宋(宋나라를 조회시킴)이라 하고, 西門은 服涼(涼을 복종시킴)이라 하고, 北門은 平朔(북방을 평정함)이라 하였다.

夏主將廢太子璝하고 而立少子倫이러니 璝將兵伐倫하니 倫拒之敗死어늘 倫兄昌襲璝하여 殺之하고 并其衆하여 歸于統萬하니 夏主大悅하여 立昌爲太子하다 夏主好自矜大하여 名其四門이어늘 東曰招魏요 南曰朝宋이요 西曰服涼이요 北曰平朔이러라

---

78) 夏世子璝殺其弟倫 倫兄昌討璝殺之 : "赫連璝가 赫連倫을 죽인 것과 그의 형 赫連昌이 혁련괴를 죽인 것은 똑같은데, '討璝'라고 기록한 것은 어째서인가. 자기의 아버지를 아버지로 여기지 않았기 때문이다. 아버지가 작은아들을 세우려고 하였는데 혁련괴가 혁련륜을 토벌하였으니 자기 아버지를 아버지로 여기지 않은 것이 극심하다. 이와 같은 경우는 사람이라면 누구나 토벌할 수 있는 것인데, 혁련괴에게 '討'라고 기록하지 않으면 世子의 지위를 〈혁련창이〉 힘으로 빼앗은 것이 된다. 그렇다면 '世子'라고 기록한 것은 어째서인가. '世子'라고 기록한 것은 아버지가 생존해 있음을 드러낸 것이다. 그러므로 진실로 아버지가 생존해 있는데도 後趙의 太子 石宣이 자기 아우를 살해하여 죽였기 때문에 '伏誅'라고 기록하고, 夏나라 세자 혁련괴가 동생을 죽였기 때문에 '討'라고 기록한 것이다(晉나라 穆帝 永和 4년(348)에 자세하다.).〔璝殺倫 昌殺璝 等耳 書討璝 何 不父其父也 父欲立少 而璝伐之 不父其父 甚矣 若是者 人得而討之 璝不書討 則世子之位 可以力取矣 然則書世子 何 書世子 見其有父在也 是故苟父在 趙太子宣以殺弟書伏誅 夏世子璝以殺弟書討(詳晉穆帝永和四年)〕" ≪書法≫

乙丑年(425)

宋나라 太祖 文帝 劉義隆 元嘉 2년이고, 北魏 世祖 太武帝 拓跋燾 始光 2년이다. 夏主 赫連昌 承光 원년이다.

宋元嘉二年이요 魏始光二年이라 ○ 夏主赫連昌承光元年이라

【綱】 봄 정월에 宋主가 비로소 정사를 친히 다스렸다.

春正月에 宋主始親聽政[79)]이라

【目】 徐羨之와 傅亮이 表文을 올려서 정권을 되돌려주었는데, 表文을 올리기를 세 차례 만에 허락하였다. 그러자 서선지가 이어서 지위를 사퇴하고 집으로 돌아왔다. 徐佩之 등이 모두 마땅하지 않다고 말하여 〈서선지의 복귀를〉 강력하게 권하니, 마침내 다시 조서를 받들어 정사를 보았다.

徐羨之傅亮이 上表歸政하니 三上에 許之어늘 羨之 仍遜位還第하니 徐佩之等이 竝謂非宜라하여 敦勸甚苦하니 乃復(부)奉詔視事①하다

① 徐佩之는 徐羨之의 조카이다.
佩之, 羨之之兄子也.

【綱】 2월에 北燕에서 여자가 변하여 남자가 되었다.

二月에 燕有女子化爲男[80)]하다

---

79) 宋主始親聽政 : "'始親政'이라고 기록한 것은 어째서인가. 〈그동안의 정무를〉 徐羨之 · 傅亮이 전담했기 때문이다. ≪資治通鑑綱目≫이 끝날 때까지 '始親政'이라고 기록한 것은 6번이니(漢 後主 延熙 20년(257)의 吳主 孫亮, 이해(425)의 宋主 劉義隆, 丁未年(467)의 魏主 拓跋弘, 辛未年(491)의 魏主 拓跋宏, 己卯年(559)의 周主 宇文毓, 壬辰年(572)의 周主 宇文邕), 모두 〈신하들이〉 전담했던 것이다.〔書始親政 何 徐傅專也 終綱目 書始親政六(漢後主延熙二十年吳主亮 是年宋主 丁未年魏主弘 辛未年魏主宏 己卯年周主毓 壬辰年周主邕) 皆或專之也〕" ≪書法≫

80) 燕有女子化爲男 : "漢나라 靈帝 篇에 '암탉이 변하여 수탉이 되었다.'라고 기록하였는데 이것은 그래도 동물이다. 이때에 여자가 변하여 남자가 되었으니, 이변이 무엇이 이보다 크겠는가. 北燕이 一紀(12년)를 가지 못한 것이 마땅하다.〔漢靈之篇 書雌雞化爲雄矣 猶物也 於是而女化爲男 異孰大焉 燕之不能一紀 宜矣〕" ≪書法≫ 北燕이 이해(425)부터 망한 해(436)까지 年數로 12년이어서 一紀(12년)를 채우지 못한 것을 말한 것이다.

【目】 北燕에서 여자가 변하여 남자가 되었다. 燕主가 이것을 신하들에게 묻자 傅權이 대답하기를 "西漢 말에 암탉이 변하여 수탉이 되었을 때에도 王莽의 재앙이 있었거늘 하물며 지금 여자가 변하여 남자가 되었으니, 신하가 장차 임금이 될 징조입니다."라고 하였다.

燕有女子化爲男하니 燕主以問群臣한대 傅權對曰 西漢之末에 雌雞化雄에 猶有王莽之禍어든 況今女化爲男하니 臣將爲君之兆也①니이다

① ≪漢書≫ 〈五行志〉에 "宣帝 黃龍 원년(B.C. 49)에 未央殿의 輅軨(마구간) 안에서 암탉이 변하여 수탉이 되었는데, 깃털이 변하였지만 울지 않고 닭들을 거느리지 않고 며느리발톱이 없었다. 元帝 初元 연간(B.C. 48~B.C. 44)에 丞相府史의 집안에 암탉이 알을 품었는데 점점 변하여 수탉이 되었고, 볏이 생기고 울면서 닭들을 거느렸다. 그 후에 王后의 여러 동생들이 대대로 권력을 장악하였고 王莽에 이르러 마침내 천하를 찬탈하였다."라고 하였다. 漢書五行志 "宣帝黃龍元年, 未央殿輅軨中, 雌雞化爲雄, 毛衣變化而不鳴, 不將, 無距. 元帝初元中, 丞相府史家雌雞伏子, 漸化爲雄, 冠距鳴將. 其後, 王后群弟世權, 以至於莽, 遂簒天下."

【綱】 3월에 魏主가 保母 竇氏을 높여서 保太后로 삼았다.

三月에 魏主尊保母竇氏하여 爲保太后[81]하다

【目】 魏主의 어머니 密太后 杜氏가 殂하자 太宗(拓跋嗣)은 竇氏가 마음이 선량하고 지조와 덕행이 있다고 하여 두씨에게 拓拔燾를 보호하고 양육하게 하였다. 竇氏가 〈탁발도를〉 양육한 은정이 있고 훈도한 예의가 있으니, 世祖(탁발도)가 은덕으로 여겼기 때문에 존호를 더하여 生母와 다름없이 봉양하였다.

魏主母密太后杜氏之殂也①에 太宗以竇氏慈良하고 有操行이라하여 使保養之하니 竇氏撫視有恩하고 訓導有禮하니 世祖德之라 故加以尊號하여 奉養不異所生하다

81) 魏主尊保母竇氏 爲保太后 : "漢 宣帝 초기에 阿保에게는 물건을 하사할 뿐이었는데, 漢 安帝 때 王聖(延光 2년(123))과 漢 順帝 때 宋娥(陽嘉 2년(133))에 이르러서는 君에 봉하였고, 漢 桓帝 때에 또 乳母의 아들을 列侯로 봉하였다(永興 2년(154)). 이때에 지극히 높혀 太后로 삼았으니, 〈유모인〉 保太后에게는 지나치게 한 것이고, 〈생모인〉 皇太后에게는 더욱 심하게 한 것이다. 그러므로 지척하여 '魏主'라고 기록한 것이다. ≪資治通鑑綱目≫이 끝날 때까지 保母를 높여서 太后로 삼은 것이 두 번이니(이해(425)의 竇氏, 壬辰年(452)의 常氏), 모두 北魏의 경우이다.〔漢宣之初 阿保賜物而已 至漢安王聖(延光二年) 漢順宋娥則封君(陽嘉二年) 及漢桓又封其子(永興二年) 於是至尊爲太后 保太后 過矣 皇太后 甚哉 故斥書魏主 終綱目 保母尊爲太后者二(是年竇氏 癸巳年常氏) 皆魏也〕" ≪書法≫ 원문에는 '癸巳年'으로 되어 있으나, ≪資治通鑑綱目≫ 제26권 상에 의거하여 '壬辰年'으로 바로잡았다.

① 密은 시호이다.
密, 諡也.

【綱】 **北魏**가 **長孫嵩**을 **太尉**로 삼고, **長孫翰**을 **司徒**로 삼고, **奚斤**을 **司空**으로 삼았다.

魏以長孫嵩爲太尉하고 **長孫翰爲司徒**①하고 **奚斤爲司空**하다

① 長孫翰은 長孫肥의 아들이다.
翰, 肥之子也.

【綱】 여름 4월에 **西秦**이 **臨松**에서 **北涼**의 군대를 습격하여 패배시켰다.

◑ **夏四月**에 **秦襲**涼**于臨松**하여 **敗之**①하다

① 張天錫이 臨松郡을 설치하였다.
張天錫置臨松郡.

【綱】 **北魏**가 사신을 파견하여 **宋**나라로 보냈다.

◑ **魏遣使如宋**하다

【目】 비로소 다시 통교하였다.

始復通也하다

【綱】 6월에 **武都王 楊盛**이 **卒**하자, 아들 **楊玄**이 즉위하였다.

六月에 **武都王楊盛卒**하니 **子玄立**하다

【目】 예전에 楊盛은 東晉이 망했다는 소식을 듣고 〈東晉의〉 義熙 年號를 고치지 않고 世子 楊玄에게 말하기를 "내가 늙었다. 끝까지 東晉의 신하가 될 것이니, 너는 宋나라 황제를 잘 섬기도록 하라."라고 하였다. 양성이 卒하자 양현이 스스로 武都王이라고 칭하였다. 사신을 파견하여 宋나라에 喪事를 고하고 비로소 〈宋나라의〉 元嘉 年號를 사용하니, 宋나라가 이에 그를 봉해주었다.

初에 盛聞晉亡하고 不改義熙年號하고 謂世子玄曰 吾老矣라 當終爲晉臣이니 汝善事宋帝하라 及卒에 自稱武都王하다 遣使告喪于宋하고 始用元嘉年號하니 宋因而封之하다

【綱】 가을에 西秦이 黑水羌을 공격하여 격파하였다.

秋에 秦擊黑水羌하여 破之①하다

① 黑水羌은 鄧至 西北에 있다. ≪水經注≫에 "白水가 臨洮縣 서남쪽 西傾山에서 발원하여 동남쪽으로 흘러 黑水와 합한다. 黑水가 羌中에서 발원하여 서남쪽으로 가서 黑水城 서쪽을 지나 또 서남쪽으로 가서 白水로 들어간다."라고 하였다.
黑水羌在鄧至西北. 水經注曰 "白水出臨洮縣西南西(便)〔傾〕[82]山, 東南流, 與黑水合. 黑水出羌中, 西南逕黑水城西, 又西南入于白水."

【綱】 8월에 夏主 赫連勃勃이 殂하니, 世子 赫連昌이 즉위하였다.

◑ 八月에 夏主勃勃殂하니 世子昌立하다

【綱】 겨울 10월에 魏主가 柔然을 토벌하여 패주시켰다.

◑ 冬十月에 魏主伐柔然하여 走之하다

【目】 北魏가 대대적으로 군대를 일으켜 柔然을 정벌할 때에 다섯 개의 길로 동시에 진격하여 군대가 漠南에 이르자 輜重을 버리고 경무장한 기병으로 양식 15일 치를 가지고서 고비 사막을 통과하여 공격하니, 유연이 크게 놀라서 종적을 끊고 북쪽으로 달아났다.

魏大擧伐柔然할새 五道竝進하여 軍至漠南에 舍輜重하고 輕騎로 齎十五日糧하여 度漠擊之하니 柔然大驚하여 絶跡北走하다

丙寅年(426)

宋나라 太祖 文帝 劉義隆 元嘉 3년이고, 北魏 世祖 太武帝 拓跋燾 始光 3년이다.

---

82) (便)〔傾〕: 저본에는 '便'으로 되어 있으나, ≪資治通鑑≫에 의거하여 '傾'으로 바로잡았다.

宋元嘉三年이요 魏始光三年이라

【綱】봄 정월에 宋나라가 徐羨之와 傅亮을 토벌하여 죽이고, 王弘을 司徒 揚州刺史 錄尙書事로 삼고, 彭城王 劉義康을 都督荊湘等州軍事로 삼으니, 謝晦가 군사를 일으켜 江陵에서 반란하였다.

春正月에 宋討徐羨之傅亮하여 殺之하고 以王弘爲司徒揚州刺史錄尙書事하고 彭城王義康都督荊湘等州軍事하니 謝晦擧兵反江陵하다

【目】예전에 宋主가 江陵에 있을 때, 孔甯子가 參軍이었는데 즉위하게 되자 공녕자를 步兵校尉로 삼았다. 그는 侍中 王華와 더불어 나란히 부귀해지려는 소망을 지니고 있었기 때문에 徐羨之·傅亮이 권력을 독점하는 것을 미워하여 宋主에게 그들을 모함하였다. 황제가 두 사람을 죽이고 아울러 군사를 일으켜 謝晦를 토벌하고자 하여 마침내 선언하기를 北魏를 정벌하여 河南을 탈취해야 한다고 하고, 또 말하기를 京陵을 배알할 것이라 하였는데 행장을 준비하고 함선을 정비할 적에 처리하는 것이 평소와 달라서 그 모의가 많이 누설되었다. 사회의 동생 謝皭이 시급히 사람을 보내어 사회에게 알렸는데, 사회는 여전히 그렇지 않을 것이라고 생각하였다.

江夏內史 程道惠가 尋陽 사람의 편지를 받았는데 편지에 이르기를 "조정에서 장차 큰 조치가 있을 것인데, 그 일이 이미 분명하다."라고 하고, 이것을 봉하여 사회에게 보였다. 사회가 參軍 何承天에게 묻자, 하승천이 대답하기를 "제왕의 위엄으로 천하의 병력을 동원하여 한 州를 공격하니 규모의 대소가 이미 다르고 의리의 역순도 다릅니다. 장군께서는 국경의 밖으로 나가셔서 안전을 추구하는 것이 상책입니다. 그 다음은 심복에게 義陽에 주둔하도록 하고 장군께서 군대를 인솔하고 夏口에서 싸우는 것인데, 만약 패배하면 곧 의양으로 달려가서 북쪽 경계로 나가는 것이 차선책입니다."라고 하였다.

한참 있다가 사회가 말하기를 "荊州는 용병에 알맞은 땅이고 군사와 양식을 공급하기 쉬우니, 우선 결전을 벌이고 나서 도망가더라도 어찌 늦겠는가."라고 하였다. 마침내 하승천에게 표문과 격문을 만들도록 하고, 또 參軍 顔邵와 함께 군사를 일으킬 것을 모의하였는데, 안소는 독약을 마시고 죽었다.

初에 宋主在江陵에 孔甯子爲參軍이러니 及卽位에 以爲步兵校尉하니 與侍中王華竝有富貴之願이라 疾徐羨之傅亮專權하여 構之於宋主하니 帝欲誅二人하여 幷發兵討謝晦하여 乃聲言호되

當伐魏하여 取河南하고 又言拜京陵호되 治行裝艦에 處分異常이라 其謀頗泄[①]하니 晦弟皭馳使告晦한대 晦猶謂不然[②]이러니 江夏內史程道惠得尋陽人書하니 言호되 朝廷將有大處分하니 其事已審이라하여 封以示晦하다 晦以問參軍何承天한대 承天對曰 以王者之重으로 擧天下以攻一州하니 大小旣殊하고 逆順又異라 境外求全이 上計也요 以腹心屯義陽하고 將軍帥衆戰於夏口호되 若敗어든 卽趨義陽以出北境이 其次也니라 晦良久曰 荊州用武之地요 兵糧易(이)給이니 聊且決戰하여 走復何晩이리오 乃使承天造立表檄하고 又與參軍顔邵謀擧兵하니 邵飮藥而死하다

① 京陵은 蕭太后의 능으로 바로 興寧陵이니, 晉陵 丹從縣 諫壁里 雩山에 있다.
京陵, 蕭太后陵, 卽興寧陵也. 在晉陵丹徒縣諫壁里雩山.

② 皭은 子肖의 切이다.
皭, 子肖切.

【目】謝晦가 깃발을 세우고 경계를 엄중히 하며 司馬 庾登之에게 말하기를 "이제 내가 내려갈 것이니 경에게 성을 지키는 것을 맡긴다."라고 하니, 유등지가 말하기를 "늙은 부모는 서울에 계시고 또 평소 부리던 부하들이 없기에 정황을 두세 번 헤아려보니, 감히 이 뜻을 받을 수 없습니다."라고 하였다.

사회가 인하여 여러 부하 장수와 보좌관들에게 묻기를 "군사 3천이면 성을 지키기에 충분하지 않은가."라고 하니, 周超가 답하기를 "단지 성을 수비할 뿐만 아니라 만약 밖에서 침략이 있으면 공적을 세울 수도 있습니다."라고 하였다. 이에 유등지가 司馬의 직책을 해면하여 그에게 주기를 청하니, 사회가 즉시 주초를 사마로 임명하고 유등지를 옮겨 長史로 삼았다.

晦立幡戒嚴하며 謂司馬庾登之曰 今當自下니 屈卿守城[①]하노라 登之曰 親老在都하고 素無部衆이라 情計二三이니 不敢受旨하노라 晦仍問諸將佐호되 戰士三千이면 足守城否아 周超對曰 非徒守城而已라 若有外寇면 可以立功이니라 登之因請解司馬以授之하니 晦卽命超爲司馬하고 而轉登之爲長史하다

① 幡은 깃발이다. "立幡"은 建牙(牙旗를 세우다)의 뜻과 같다. 옛날에는 군대가 행군하면 군문에 아기를 세운다. 牙는 또한 깃발 이름이다. 庾登之는 庾蘊의 손자이다.
幡, 幟也. 立幡, 猶建牙之義. 古者軍行, 則建立牙于軍門, 蓋牙亦旗幟名. 登之, 蘊之孫也.

【目】宋主는 애초에 王弘과 檀道濟가 盧陵王(劉義眞)을 폐위하고 시해하는 음모에 관여하지 않았고, 또 왕홍의 동생 王曇首는 친애하고 신임하는 사람이므로 몰래 사람을 보

내 왕홍에게 알리고, 또 단도제를 불러서 謝晦를 토벌하려고 하였다. 王華 등이 모두 안 된다고 말하자, 宋主가 말하기를 "단도제는 위협을 받아 따른 것에 불과하니, 원래 모의를 주도한 것은 아니고 살해하는 일에도 관여하지 않았으니, 내가 그를 다독여 부리면 반드시 염려할 것이 없을 것이다."라고 하였다.

단도제가 이르자 조서를 내려서 徐羨之·傅亮·謝晦가 營陽王과 廬陵王을 살해한 죄를 공표하고, 中領軍 到彦之와 征北將軍 단도제에게 명하여 適時에 체포하여 참수하도록 하고, 또 雍州刺史 劉粹 등에게 명하여 그들이 도주하여 숨는 길을 차단하도록 하였다.

宋主以王弘檀道濟始不預廢弑之謀하고 弘弟曇首又所親委라 密使報弘하고 且召道濟하여 欲使討晦하니 王華等이 皆以爲不可어늘 宋主曰 道濟止於脅從이니 本非創謀요 殺害之事도 又所不關이니 吾撫而使之면 必將無慮리라 道濟至에 乃下詔暴羨之亮晦殺二王之罪하고 命中領軍到彦之征北將軍檀道濟하여 以時收翦하고 又命雍州刺史劉粹等하여 斷其走伏①하다

① 走는 달아난다는 뜻이다. 伏은 숨는다는 뜻이니, 〈"斷其走伏"은〉 도망하여 숨는 길을 끊는 것을 말한다.
走, 逃也. 伏, 匿也. 謂斷其逃匿之路也.

【目】이날 조서를 내려서 徐羨之·傅亮을 부르자, 謝皭은 사람을 보내어 서선지 등에게 이를 알렸는데, 서선지는 달아나 新林에 이르러 스스로 목을 매어 죽었고, 부량은 달아났으나 체포되었다. 宋主가 사람을 보내어 조서를 부량에게 보이게 하자, 부량이 말하기를 "저는 先帝에게 평민의 신분으로 있을 때에 은혜를 입어서 마침내 顧命의 부탁을 받았습니다. 혼미한 군주를 내치고 명철한 군주를 세운 것은 사직을 위한 계책입니다. 신에게 죄를 씌우고자 하신다면 어찌 트집 잡을 말이 없겠습니까."라고 하였다. 이에 부량을 죽였다.

是日에 詔召羨之亮하니 謝皭遣人報之한대 羨之走至新林하여 自經死①하고 亮出走被執하니 宋主使以詔書示之한대 亮曰 亮受先帝布衣之眷하여 遂蒙顧託하니 黜昏立明이 社稷之計也라 欲加之罪면 其無辭乎[83]아 於是伏誅하다

① 新林浦는 建康城과 거리가 20리이다.
新林浦, 去建康城二十里.

83) 欲加之罪 其無辭乎 : ≪春秋左氏傳≫ 僖公 10년에 보인다.

【目】 宋主가 檀道濟에게 謝晦를 토벌할 계책을 묻자, 대답하기를 "신이 옛날에 사회와 함께 北征에 종사하였는데, 關中에 들어가는 열 가지 책략 중 사회가 그 아홉 가지를 내었으니, 재간과 책략에 밝고 노련하여 거의 대적할 사람이 적습니다. 그러나 일찍이 고립무원의 군대를 가지고 승리한 적이 없으니 전투는 아마도 그의 장점이 아닌 것 같습니다. 臣은 사회의 지혜를 다 알고 사회는 신의 용기를 다 압니다. 지금 王命을 받들어 그를 토벌하면 진을 치기도 전에 사로잡을 수 있습니다."라고 하였다.

王弘을 불러서 侍中 司徒 錄尙書事 揚州刺史로 삼고, 彭城王 劉義康을 荊湘都督 荊州刺史로 삼았다.

宋主問討晦之策於檀道濟한대 對曰 臣昔與晦同從北征①하니 入關十策에 晦有其九라 才略明練이 殆爲少敵이나 然未嘗孤軍決勝하니 戎事恐非其長이라 臣悉晦智하고 晦悉臣勇하니 今奉王命以討之면 可未陳而擒也②리이다 徵王弘爲侍中司徒錄尙書事揚州刺史하고 彭城王義康爲荊湘都督荊州刺史하다

① 從(따르다)은 才用의 切이다. 〈"從北征"은〉 先帝(劉裕)를 따라간 것이다.[84]
從, 才用切. 從先帝也.
② 陳(진을 치다)은 陣이라고 읽는다.
陳, 讀曰陣.

【目】 謝晦는 徐羨之·傅亮 등이 이미 주살되었음을 듣고서 직접 활쏘기 훈련장에 나가서 군사를 정비하였다. 며칠 만에 사방 먼 곳에서 투신해 모여 와서 정예 군사 3만 명을 얻었고, 표문을 받들어 칭하기를 "충정한 서선지와 부량 등이 억울한 죽음을 당하였으니, 모두 왕홍·왕담수·왕화가 음흉하며 조급하고 시기하여 참소하고 모함하여 화를 조성한 것이다. 지금 군사를 일으켜 군주 곁에 있는 악한 사람을 제거해야 한다."라고 하였다.

晦聞徐傅等已誅하고 自出射堂勒兵하니 數日間에 四遠投集하여 得精兵三萬하다 奉表稱羨之亮等忠貞이 橫被冤酷①하니 皆王弘王曇首王華險躁猜忌하여 讒構成禍라 今當擧兵하여 以除君側之惡하리이다

① 橫(그릇되다)은 戶孟의 切이다.
橫, 戶孟切.

84) 從北征은……것이다 : 東晉 말 桓玄의 난을 평정하고 난 뒤에, 410년 북쪽을 정벌하여 北燕을 멸망시키고, 417년 後秦을 멸망시켰다.

【綱】 윤정월에 宋나라 皇子 劉劭가 태어났다.

閏月에 **宋子劭生**[85)]하다

【目】 예전에 袁皇后가 皇子 劉劭를 낳으니, 황후가 직접 자세하게 살펴보고 사람을 시켜 황제(劉義隆)에게 급히 고하기를 "이 아이의 용모가 보통 사람과 다릅니다. 반드시 나라를 무너뜨리고 집안을 망하게 할 것이니, 길러서는 안 됩니다."라고 하고, 곧바로 황자를 죽이려고 하였다. 황제가 허둥지둥 황후 궁전의 문 밖에 이르러 금지하자 마침내 그쳤다. 아직 아버지 상중에 있었기 때문에 황자 출생을 비밀로 하였는데, 이때에 이르러 비로소 유소를 낳았다고 말하였다.

初에 **袁皇后生皇子劭**①하니 **后自詳視**하고 **使馳白帝曰 此兒形貌異常**하니 **必破國亡家**러니 **不可擧**라 **卽欲殺之**②하다 **帝狼狽至后殿戶外**하여 **禁之**에 **乃止**하다 **以尙在諒闇**이라 **故秘之**러니 **至是始言劭生**하다

① 袁皇后는 袁耽의 曾孫女이다.
后耽之曾孫也.

② 擧는 기른다는 뜻이다.
擧, 養也.

【綱】 宋主가 직접 군사를 거느리고 謝晦을 토벌하여 2월에 죽였다.

宋主自將討謝晦하여 **二月**에 **殺之**하다

---

85) 閏月 宋子劭生 : "황자를 낳는 것은 기록하지 않는데 劉劭를 기록한 것은 어지러움의 시작을 기록한 것이다. 그러므로 漢나라 황자 劉據가 출생했을 때 기록했고, 황자 劉弗陵이 출생했을 때 기록했고, 宋나라 황자 劉劭가 출생했을 때 기록했고, 北魏 황자 拓跋恂이 출생했을 때 기록했고, 魏主 宣武帝의 황자 拓跋詡가 출생했을 때 기록하였으니 모두 어지러움의 시작이다. ≪資治通鑑綱目≫이 끝날 때까지 황자가 출생한 것을 기록한 것은 5번이고, 皇孫이 출생한 것을 기록한 것은 1번이다(漢나라 宣帝 甘露 3년(B.C. 51) 皇孫 劉驁).〔子生不書 書劭 志亂始也 是故漢皇子據生書 皇子弗陵生書 宋子劭生書 魏子恂生書 魏主之子詡生書 皆亂始也 終綱目 書子生五 書孫生一(漢宣帝甘露三年皇孫驁)〕" ≪書法≫ "〈황자의 출생은 기록하지 않는 법인데〉 劉劭의 출생을 특별히 기록한 것은 어째서인가. 元凶의 시작을 기록한 것이다. 宋나라 군주가 아들을 상중에 낳고 끝내 商臣의 재앙이 있었으니, 은미하게 하여도 드러나니 가릴 수 없다는 것이 이와 같다. 그러므로 유소는 실제로 이때에 태어나지 않았으나 이때에 태어난 것으로 기록하였으니 그 속임을 드러내기 위한 것이다.〔劭生何以特書 記元凶之始也 宋主育子於諒闇 卒有商臣之禍 微之顯 其不可掩也如此 故劭實非生於此時 而書此時生 所以著其僞也〕" ≪發明≫ '商臣'은 春秋時代 楚나라 世子로, 아버지 楚 成王을 시해하고 즉위한 楚 穆王이다.

【目】宋主는 조서를 내려서 경계를 엄중히 하고 여러 군대에게 길을 전진하여 謝晦를 토벌하게 하였다. 사회는 무리 3만 명을 인솔하고서 江陵을 출발할 적에 江津에서 破冢에 이르기까지 함선을 정렬시키니 군대의 깃발이 태양을 가렸다. 사회가 탄식하기를 "한스럽게도 이것을 勤王의 군대로 삼을 수 없구나."라고 하였다.

사회가 군사를 파견하여 湘州刺史 張卲를 습격하려 하니, 何承天은 장소의 형 張茂度가 사회와 잘 지내기 때문에 말하기를 "장소의 의향은 아직 알 수 없으니, 바로 그를 공격하는 것은 마땅하지 않습니다."라고 하였다. 사회가 편지로 장소를 불렀으나 장소가 따르지 않았다. 宋主가 建康을 출발하였다.

宋主下詔戒嚴하고 諸軍進路以討謝晦하니 晦帥衆三萬하여 發江陵할새 列舟艦自江津至於破冢하니 旌旗蔽日이라 歎曰 恨不得以此爲勤王之師라 晦欲遣兵하여 襲湘州刺史張卲하니 何承天以卲兄茂度與晦善이라 曰 卲意趣未可知니 不宜遽擊之니라 晦以書招卲니 不從하다 宋主發建康하다

【目】謝晦가 내려가 江口에 이르자 到彥之가 이미 彭城洲에 도착해 있었다. 庾登之가 巴陵을 점거하였지만 두려워서 감히 전진하지 못하였는데, 마침 장맛비가 연일 계속되자 參軍 劉和之가 말하기를 "피차 함께 비를 만난 것일 뿐입니다. 동방의 官軍은 바야흐로 강성해질 것이니, 의당 빨리 싸워야 합니다."라고 하였다.

유등지가 큰 주머니를 만들어 띠풀을 채워 돛대에 매달게 하고 말하기를 "이것으로 함선을 태울 수 있으니, 날이 개이기를 기다려야 하기 때문에 전투할 시기를 늦춘다."라고 하니, 사회도 그렇다고 여기고 군대의 진군을 15일간 정지시켰다.

마침내 孔延秀를 시켜 팽성주 및 洲口의 목책을 공격하여 이를 함락시키자, 여러 장군들이 夏口로 돌아가려 하였는데, 도언지가 안 된다고 하고는 마침내 隱圻를 지켰다.

謝晦下至江口①러니 到彥之已至彭城洲라 庾登之據巴陵하되 畏懦不敢進②이러니 會霖雨連日이라 參軍劉和之曰 彼此有雨耳라 東軍方彊하니 唯宜速戰이니라 登之作大囊하여 貯茅懸於帆檣하고 云호되 可焚艦이니 宜須晴하여 以緩戰期③라하니 晦然之하여 停軍十五日에 乃使孔延秀로 攻彭城洲及洲口柵하여 陷之하니 諸將欲還夏口어늘 到彥之不可하고 乃保隱圻④하다

① 江口는 곧 西江口이다.
江口, 卽西江口.

② ≪水經注≫에 "江水는 長沙 下雋縣 북쪽을 지나고, 또 동쪽으로 가서 彭城口를 지나는데 물

의 동쪽에 彭城磯가 있다."라고 하였다.
水經注 "江水過長沙下雋縣北, 又東逕彭城口, 水東有彭城磯."

③ 帆은 音이 凡이니 배 위의 돛으로, 바람을 돛에 받아 배를 나아가게 하는 것이다. 檣은 音이 墻이니 돛대이다.
帆, 音凡, 船上幔, 所以(汎)〔帆〕[86]風而進船者. 檣, 音墻, 帆柱也.

④ ≪水經注≫에 "江水는 彭城磯에서 동쪽으로 가서 如山 북쪽을 지나는데 산 북쪽에 隱磯를 마주한다."라고 하였다.
水經注 "江水自彭城磯東逕如山北, 山北對隱磯."

【目】 예전에 謝晦가 徐羨之·傅亮과 함께 자신들의 신변을 보전하는 계책을 세우기를 "사회는 上流를 점거하고 檀道濟는 廣陵에 주둔하여 각각 강한 군사를 소유하고, 서선지·부량이 중앙에서 권력을 쥐고 있으니 오랫동안 지탱할 수 있을 것이다."라 하였다. 이에 이르러 단도제가 〈군사를 거느리고〉 온다는 소식을 듣고 두려워서 계책을 세울 수 없었다.

단도제가 도착하고 나서는 到彦之의 군대와 합하였는데, 사회는 처음에 함선의 수가 많지 않은 것을 보고 바로 출정하지 않았다. 저녁에 이르러 바람에 따라서 돛을 올려서 앞뒤로 배가 이어져서 강을 메우니 서쪽 군사들이 흩어지고 기가 꺾여서 다시 싸울 마음이 없었으므로 일시에 모두 무너졌다. 사회가 밤에 江陵으로 돌아왔다.

初에 晦與徐傅爲自全之計하여 以爲晦據上流하고 而道濟鎭廣陵하여 各有彊兵하고 羨之亮居中秉權하니 可得持久라가 至是聞道濟來하고 惶懼無計러니 道濟旣至에 與彦之軍合하니 晦始見艦數不多하고 不卽出戰이러니 至晩에 因風帆上하여 前後連咽하니 西人離沮하여 無復鬪心이라 一時皆潰하니 晦夜還江陵①하다

① 連은 강가에 戰艦이 끊임없이 연접해 있음을 말한다. 咽은 一結의 切이니 메운다는 뜻으로, 전함이 강을 메워서 앞뒤로 빽빽한 것을 말한 것이다.
連, 謂沿江戰艦連接不斷. 咽, 一結切, 塞也, 謂戰艦塞江, 前後塡咽.

【目】 이보다 먼저 宋主는 劉粹를 파견하여 육로로 보병과 기병을 인솔하여 江陵을 습격하도록 하였는데, 周超가 맞이하여 싸워서 그들을 대파하였다. 謝晦는 오랫동안 유수와 잘 지냈고 또 유수의 아들 劉曠之를 참군으로 삼았으므로, 宋主가 그것을 의심하자 王弘이 말하기를 "유수는 사사로움이 없는 사람이니 근심할 필요는 없습니다."라고 하였

86) (汎)〔帆〕: 저본에 '汎'으로 되어 있으나, ≪資治通鑑綱目集覽≫에 의거하여 '帆'으로 바로잡았다.

다. 마침내 남방을 토벌하라는 명령을 받자 한 번도 돌아보는 일이 없었고, 사회 역시 유광지를 죽이지 않고 유수가 있는 곳으로 돌려보냈다.

先是에 宋主遣劉粹하여 自陸道帥步騎하여 襲江陵이러니 周超逆戰하여 破之하다 晦舊與粹善하고 又其子曠之爲參軍이라 宋主疑之러니 王弘曰 粹無私하니 必無憂也라하다 及受命南討에 一無所顧하고 晦亦不殺曠之하고 遣還粹所러라

【目】 잠시 후에 謝晦가 패배한 소식이 전해지자, 周超가 到彦之에게 가서 항복하였다. 사회는 무리들이 흩어지고 계책도 다하자 마침내 자기의 동생인 謝遯 등을 이끌고서 북쪽으로 달아나다가 사람에게 잡히니, 檻車에 실려 建康에 송치되었다.

何承天은 스스로 도언지에게 귀부하였는데, 도언지는 이어서 監荊州府事로 삼았다. 이에 謝晦·謝皭 및 그의 같은 패거리인 孔延秀·周超 등을 주살하였다. 사회의 딸인 彭城王妃가 머리를 풀어 헤치고 맨발로 나와서 사회와 영결하여 말하기를 "대장부가 마땅히 전장에서 시신을 뉘어야 하는데, 어찌 저잣거리를 어지럽히십니까."라고 하였다.

사회가 달아날 때 측근들은 모두 그를 버렸으나 오직 延陵蓋만은 추종하여 떠나지 않았는데, 宋主가 연릉개를 鎭軍功曹 督護로 삼았다.

俄而晦敗問至하니 超詣彦之降이라 晦衆散略盡하여 乃攜其弟遯等北走라가 爲人所執하니 檻送建康하다 何承天自歸於彦之어늘 彦之因監荊州府事하다 於是誅晦皭及其同黨孔延秀周超等하다 晦女彭城王妃被髮徒跣하여 與晦訣曰 大丈夫當橫尸戰場이어늘 奈何狼藉都市오 晦之走也에 左右皆棄之호되 唯延陵蓋追隨不捨어늘 宋主以蓋爲鎭軍功曹督護①하다

① 延陵은 복성이고, 蓋는 이름이니, 〈"宋主以蓋爲鎭軍功曹督護"는〉 鎭軍府 功曹로 삼고, 또 督護의 관직을 겸하게 한 것이다.
延陵, 複姓. 蓋, 其名. 爲鎭軍府功曹, 又兼督護之官也.

【綱】 3월에 宋나라가 謝靈運을 秘書監으로 삼고, 顔延之를 中書侍郞으로 삼았다.

三月에 宋以謝靈運爲秘書監하고 顔延之爲中書侍郞하다

【目】 宋主는 建康으로 돌아와 謝靈運·顔延之를 불러서 등용하였고, 또 慧琳이 담론을 잘한다고 하여 그것으로 인하여 그와 함께 조정의 큰일을 의논하고 드디어 권력의 요직

에 참여하게 하였다. 그러자 빈객이 폭주하고 사방에서 오는 예물이 서로 이어졌다. 혜림은 높은 나막신을 신고 담비 가죽으로 만든 갖옷을 입었으며 通呈과 書佐를 두었다. 會稽 사람 孔覬가 말하기를 "마침내 검은 옷을 입은 재상이 생겼으니, 관원의 관과 신발이 제자리를 잃었다고 말할 만하다."라고 하였다.

宋主還建康에 既徵靈運延之用之하고 又以慧琳善談論이라하여 因與議朝廷大事하고 遂參權要하니 賓客輻湊하고 四方贈賂相係라 琳著高屐(극)하고 披貂裘하고 置通呈書佐①하니 會稽孔顗曰 遂有黑衣宰相하니 可謂冠屨失所矣②로다

① 通呈은 빈객 접대를 담당하는 직책이고, 書佐는 문서를 담당한다.
通呈, 典謁之職. 書佐, 掌書翰.
② 慧琳은 승려이므로 검은 옷을 입은 것이다.
慧琳, 僧也, 故着黑衣.

【綱】 여름 5월에 宋나라가 檀道濟를 江州刺史로 삼고, 到彦之를 南豫州刺史로 삼았다.

夏五月에 宋以檀道濟爲江州刺史하고 到彦之爲南豫州刺史하다

【綱】 宋나라가 사신을 파견하여 郡縣을 순행하게 하였다.

◑ 宋遣使巡行郡縣하다

【目】 散騎常侍 袁渝 등 16명을 파견하여 여러 州의 군·현을 나누어 순행하여 관리의 정사를 관찰하고 백성의 고통을 살피게 하였고, 또 군·현에게 각각 정사의 득실을 말하도록 하였다.

遣散騎常侍袁渝等十六人하여 分行諸州郡縣하여 觀察吏政하고 訪求民隱하고 又使郡縣各言損益①하다

① 隱은 고통이라는 뜻이다.
隱, 病也.

【綱】 宋主가 직접 참석하여 송사를 다스렸다.

宋主親臨聽訟[87]하다

【目】 상이 延賢堂에 나아가서 송사를 다스렸으며, 이로부터 매년 세 번 신문〔三訊〕하게 하였다.

上臨延賢堂聽訟하고 自是每歲三訊①하다

① 延賢堂은 建康 華林園에 있다. ≪周禮≫ 〈秋官 小司寇〉에 "세 번 신문하는 것으로 백성의 정당한 옥사를 결정하였는데, 첫째는 여러 신하들에게 묻는 것이고, 둘째는 여러 관리들에게 묻는 것이고, 셋째는 만민에게 묻는 것이다."라고 하고, 注에 "刺는 죽인다는 뜻이다. 訊은 〈물어서〉 말하게 한다는 뜻이다. 中은 죄가 바르게 정해진 것을 말한다. 세 번 신문하여 죄가 정해지면 죽이는 것이다."라고 하였다.
延賢堂, 在建康華林園. 周禮秋官小司寇"以三刺斷庶民獄訟之中, 一曰訊群臣, 二曰訊群吏, 三曰訊萬民." 注"刺, 殺也, 訊, 言也. 中謂罪正所定. 三訊罪定則殺之."

【目】 左僕射 王敬弘은 성격이 편안하고 담박하였으며 명망이 있었는데, 서류에 서명할 때에 처음부터 살펴 읽지 않았다. 일찍이 소송을 판결하는 자리에 참여하였는데 상이 疑獄을 가지고 묻자 왕경홍이 대답하지 못하였다. 상이 안색이 변하여 좌우의 사람들에게 묻기를 "무슨 이유로 訊問에 관련된 서류를 僕射에게 보내지 않았는가."라고 하니, 왕경홍이 말하기를 "신은 신문한 서류를 받아서 읽었으나 지금까지도 이해하지 못하였습니다."라고 하니, 상이 매우 기뻐하지 않았다. 비록 예의와 공경을 더하였으나, 다시는 당시의 중요한 업무를 그에게 말하지 않았다.

左僕射王敬弘性恬淡하며 有重名①한대 關署文案에 初不省讀이러니 嘗預聽訟할새 上問以疑獄한대 敬弘不對하니 上變色이어늘 問左右호되 何故不以訊牒副僕射②오 敬弘曰 臣乃得訊牒讀之호되 正自不解니이다하니 上甚不悅이러니 雖加禮敬이나 不復以時務及之러라

① 王敬弘은 王廙의 曾孫으로, 이름이 裕之인데, 宋 武帝의 이름과 같으므로 字로 통용되었다.
敬弘, 廙之曾孫也, 名裕之, 與宋武帝諱同, 故以字行.

87) 宋主親臨聽訟 : "송사를 다스린 것은 반드시 기록하였으니, 백성의 생명을 중시하기 때문이다. 그러므로 漢나라 太后가 〈安帝 永初 2년(108)에〉 친히 囚徒를 처리한 것을 기록하고, 宋나라 군주가 친히 임석하여 송사를 다스린 것을 기록하였으며, 北魏의 군주가 친히 疑獄을 판결한 것을 기록하고, 北魏의 군주가 친히 囚徒를 처리한 것을 기록하였으며, 北魏의 군주가 華林에서 송사를 다스린 것을 기록하고, 北周의 군주가 內苑에서 친히 죄수를 처리한 것을 기록하였다(漢나라 安帝 永初 2년에 자세하다.).〔聽訟必書 重民命也 故漢太后親錄囚徒則書 宋主親臨聽訟則書 魏主親決疑獄則書 魏主親錄囚徒則書 魏主聽訟于華林則書 周主親錄囚於內苑則書(詳漢安帝永初二年)〕" ≪書法≫

② 신문한 서류의 부본을 王敬弘에게 들여보내지 않았음을 말한다.
謂不以訊牒副本納呈敬弘也.

【綱】 6월에 宋나라가 王華・王曇首・殷景仁・劉湛을 侍中으로 삼고, 謝弘微를 黃門侍郎으로 삼았다.

六月에 **宋以王華王曇首殷景仁劉湛爲侍中**하고 **謝弘微爲黃門侍郎**하다

【目】 王華는 王弘이 정사를 보좌하고 있고 王曇首가 상에게 친애와 신임을 받고 있어서 자기와 서로 동등하기 때문에, 스스로 힘을 다 쓸 수 없다고 생각하여 매번 탄식하기를 "재상이 갑작스럽게 여러 명이 생겼으니 천하가 어떻게 다스려지겠는가."라고 하였다.

이때 재상은 정해진 관원이 없어서 오직 군주가 함께 정사를 의논하여 기밀을 맡긴 사람이 모두 재상이었다. 侍中을 맡으면서 재상이 되지 않은 사람도 역시 있었으나, 尙書令・僕射・中書監・中書令・侍中・侍郎・給事中이 모두 당시 주요 관직이었다.

王華以王弘輔政하고 王曇首爲上所親任하여 與己相埒(랄)[①]하니 自謂力用不盡이라하여 每歎息曰 宰相頓有數人하니 天下何由得治리오 是時宰相無常官하여 惟人主所與議論政事하여 委以機密者 皆宰相也라 亦有任侍中而不爲宰相者나 然尙書令僕射中書監令侍中侍郎給事中이 皆當時要官也[②]라

① 埒은 동등함이다.
埒, 等也.
② 監과 令은 中書監과 中書令이다.
監・令, 中書監・中書令.

【目】 王華는 劉湛・王曇首・殷景仁과 함께 모두 侍中이 되었는데, 풍채와 능력, 도량과 재간이 한 시대의 으뜸이었다. 黃門侍郎 謝弘微와 왕화 등은 모두 宋主가 중시하는 사람들이니, 당시에 五臣이라고 불렀다.

사홍미는 정신이 바르며 세심하였고 때에 알맞은 연후에 말하였으며, 비첩이나 노복

殷景仁

의 앞에서는 경망하게 말하거나 웃지 않았다. 이로 말미암아 존귀한 사람이거나 비천한 사람이거나 나이가 많거나 적은 사람 모두 그를 神과 같이 공경하였다. 당숙 謝混이 특히 그를 중시하여 항상 말하기를 "微子(사홍미)는 의견을 달리 하더라도 남을 상하게 하지 않고 남과 같이 하여도 正道를 해치지 않으니, 나는 이의를 달지 못하겠다."라고 하였다.

華與劉湛王曇首殷景仁俱爲侍中하니 **風力局幹**이 **冠冕一時**라 **黃門侍郎謝弘微與華等**이 **皆宋主所重**이니 **當時號曰五臣**①이러라 **弘微精神端審**하고 **時然後言**하고 **婢僕之前**에 **不妄語笑**하니 **由是尊卑小大敬之若神**하니 **從叔混特重之**하여 **常曰 微子異不傷物**하고 **同不害正**하니 **吾無間然**②88)이라하더라

① 謝弘微는 謝琰의 從孫이니, 이름이 密이다. 從叔 謝峻에게 養子를 갔는데 이름이 양자 간 쪽의 어머니 이름과 상충되므로 字로 통용되었다.
弘微, 琰之從孫也, 名密. 繼從叔峻, 名犯所繼內諱, 故以字行.

② 〈微子의〉 子는 남자의 美稱이다. 謝混이 특히 존중하고 귀하게 여겨 호칭을 微子라 한 것이다.
子者, 男子之美稱. 混特所敬貴號曰微子.

【目】 예전에 謝混이 東晉의 晉陵公主와 혼인하였는데, 사혼이 죽자 〈東晉 安帝는 공주에게〉 조서를 내려 〈謝氏와의〉 혼인 관계를 끊게 하였다. 공주가 사혼 집안의 일을 모두 謝弘微에게 위임하였는데, 사혼은 대대로 宰輔를 지냈으므로 노복이 1천 명이었다. 단지 두 명의 딸이 있어 나이가 몇 살밖에 안 되었는데 사홍미는 그들을 위해 가업을 다스려 한 푼의 돈이나 한 자의 비단이라도 모두 장부에 기록하였다.

9년이 지나 東晉이 망하니, 공주는 호칭이 東鄕君으로 강등되어서 謝氏의 집안으로 돌아가는 것이 허락되었다. 문에 들어서자 가옥과 창고가 평소와 다르지 않았고 전답은 개간되어 예전보다 증가하였다. 동향군은 감탄하여 말하기를 "僕射(사혼)께서는 평소에 이 아이를 중시하였는데 사람을 알아보았다고 할 만하니, 복야께서는 아직 죽지 않으신 것이다."라고 하니, 이것을 본 친척과 옛 친구들이 그 때문에 눈물을 흘렸다.

동향군이 卒하자, 공사간에 모든 사람들이 재산은 의당 두 딸에게 주어야 하고, 전답, 가옥, 노복은 응당 사홍미에게 귀속시켜야 한다고 말하였다. 그러나 사홍미는 하나도 가진 것이 없었고, 자신의 사사로운 녹봉으로 동향군을 장사 지냈다.

---

88) 吾無間然 : ≪論語≫ 〈泰伯〉에 보인다.

初에 混尙晉晉陵公主[①]러니 混死에 詔絶婚이라 公主悉以家事委弘微하니 混仍世宰輔라 僮僕千人이라 唯有二女하여 年數歲러니 弘微爲之紀理生業하여 一錢尺帛이라도 皆有文簿러니 九年而晉亡하니 公主降號東鄕君하여 聽還謝氏하니 入門에 室宇倉廩이 不異平日하고 田疇墾闢이 有加於舊라 東鄕君歎曰 僕射平生重此子러니 可謂知人이로다 僕射爲不亡矣[②]라하고 親舊見者爲之流涕러라 及東鄕君卒에 公私咸謂貲財宜歸二女요 田宅僮役應屬弘微라호되 弘微一無所取하고 自以私祿葬東鄕君하다

① 공주는 東晉 孝武帝의 딸이다.
公主, 晉孝武之女.

② 謝混은 東晉에 벼슬하여 尙書左僕射가 되었다.
混仕晉爲尙書左僕射.

【目】 謝混의 사위 殷叡가 摴蒱(저포)[89]를 좋아하였는데 그 아내의 동생과 백모, 두 고모 몫의 유산까지 빼앗아 도박 빚을 갚았다. 집안사람들은 모두 사홍미가 재물을 사양하는 것에 감화되어 전혀 다투는 바가 없었다.

어떤 사람이 그를 비판하여 말하기를 "謝氏 집안의 여러 대에 걸친 재산이 殷君(殷叡)의 하루아침 오락 빚으로 충당되었는데도 경이 보고서 말을 하지 않으니, 비유하건대 재물을 강과 바다에 내버리고 청렴하다고 하는 것과 같을 뿐이다."라고 하니, 사홍미가 말하기를 "친척들이 재산을 가지고 다투는 것은 비천한 것 가운데 아주 심한 것이다. 지금 집안사람들도 오히려 말을 하는 이가 없는데, 어찌 그들을 유도해서 다투게 할 수 있겠는가. 많은 데서 나누어 적은 데에 제공하면 궁핍한 데에 이르지 않고, 몸이 죽은 이후에 어찌 다시 돈과 관련되겠는가."라고 하였다.

混女夫殷叡好摴(蒲)〔蒱〕[90]어늘 奪其妻妹及伯母兩姑之分하여 以還戲責(채)[①]하니 內人皆化弘微之讓하여 一無所爭하니 或譏之曰 謝氏累世財產을 充殷君一朝戲責어늘 卿視而不言하니 譬棄物江海以爲廉耳로다 弘微曰 親戚爭財는 爲鄙之甚이니 今內人尙能無言이어든 豈可導之使爭乎아 分多共少하면 不至有乏이요 身死之後에 豈復見關也리오하더라

① 分(뭇)은 扶問의 切이다. 戲는 摴蒱 놀이이다. 責(책무)은 본음대로 읽으며, 또 債라고 읽는다.

89) 摴蒱(저포) : 도박의 일종으로 주사위 모양의 패를 던져 승부를 겨루는 놀이이다.

90) (蒲)〔蒱〕: 저본에는 '蒲'로 되어 있으나, ≪資治通鑑≫에 의거하여 '蒱'로 바로잡았다. 아래 訓義도 이를 따랐다.

分, 扶問切. 戲, 搒(蒲)〔蒱〕戲也. 責, 如字, 又讀曰債.

【目】 宋主는 王曇首・王華 등에게 작위를 책봉하고자 하여 龍床을 어루만지며 말하기를 "이 자리는 경의 형제가 아니었다면 다시 오늘 같은 날이 없었을 것이다."라고 하고, 이어서 책봉하는 조서를 내어 그에게 보였다. 왕담수가 굳게 사양하며 말하기를 "근래의 일은 폐하의 영명함에 힘입어서 죄인을 잡은 것이니, 신 등이 어찌 나라의 재앙을 이용하여 자신의 행복으로 삼겠습니까."라고 하니, 宋主가 마침내 중지하였다.

宋主欲封王曇首王華等하여 拊御床曰 此坐非卿兄弟면 無復今日이리라 因出封詔示之①하니 曇首固辭曰 近日之事는 賴陛下英明하여 罪人斯得②이니 臣等豈可因國之災以爲身幸이리오 乃止하다

① 徐羨之와 傅亮을 주살한 것을 王曇首와 王華의 공으로 여긴 것이다.
以誅徐傅等爲曇首華之功.
② 죄인은 徐羨之 등을 가리킨다.
罪人指徐羨之等.

【綱】 宋나라가 사신을 파견하여 北魏에 보냈다.

宋遣使如魏하다

【綱】 가을에 西秦이 北涼을 공격하였는데 夏나라가 西秦의 苑川을 습격하니, 西秦의 군사들이 돌아갔다.

◑ 秋에 秦攻涼이러니 夏襲秦苑川하니 秦師還하다

【綱】 宋나라가 크게 가뭄이 들었고 蝗蟲의 재해가 있었다.

◑ 宋大旱하고 蝗하다

【綱】 겨울 10월에 魏主가 스스로 군사를 거느리고 夏나라를 공격하였다.

◑ 冬十月에 魏主自將攻夏하다

【目】 魏主가 公卿들에게 묻기를 "지금 군대를 사용할 때이니, 赫連과 蠕蠕(柔然)에서 두

나라 중에 어느 쪽을 우선해야 하는가?"라고 하니, 長孫嵩 등이 모두 말하기를 "혁련은 토착민이므로 아직 우환이 되지 못하니, 우선 〈유목민인〉 蠕蠕을 정벌하는 것이 낫습니다. 만약 추격하여 그들을 따라잡으면 크게 포획할 수 있고, 따라잡지 못하면 陰山에서 사냥하여 禽獸의 가죽과 뿔을 얻어서 군비를 채울 수 있습니다."라고 하였다.

太常 崔浩가 말하기를 "蠕蠕은 새처럼 모이고 짐승처럼 도망치니, 큰 병력을 거느리고 그들을 추격하면 따라잡을 수 없고, 경무장 병사로 그들을 추격해도 또한 적을 제압하기에 충분하지 않습니다. 赫連氏는 토지가 천 리를 넘지 않고 정치와 형벌이 잔학하니, 사람과 신이 포기한 곳입니다. 마땅히 그곳을 먼저 정벌하여야 합니다."라고 하였다.

魏主問公卿호되 今當用兵이니 赫連蠕蠕에 二國何先①고 長孫嵩等이 皆曰 赫連土著(착)이라 未能爲患이니 不如先伐蠕蠕라 若追而及之면 可以大獲이요 不及이면 則獵於陰山하여 取其禽獸皮角하여 以充軍實이니이다 太常崔浩曰 蠕蠕鳥集獸逃하니 擧大衆追之면 則不能及이요 輕兵追之라도 又不足以制敵②이니 赫連氏土地不過千里요 政刑殘虐하니 人神所棄라 宜先伐之니라

① 蠕은 人兗의 切이다. 蠕蠕은 柔然이다.
蠕, 人兗切. 蠕蠕, 卽柔然也.

② "鳥集獸逃"는 그들이 오는 것이 새가 모이는 것 같고, 도주하는 것이 짐승이 도망하는 것과 같음을 말한다.
鳥集獸逃, 言其來則如鳥之集, 走則如獸之逃也.

【目】魏主가 또한 夏나라의 世祖(赫連勃勃)가 殂하고 여러 아들들이 서로를 도모하여 그 나라의 사람들이 불안해한다는 소식을 듣고서 이를 정벌하려고 하였다. 長孫嵩 등이 말하기를 "저들이 만약 성을 수비하여 편안함으로 피곤한 우리를 기다리면, 郁久閭 大檀이 이 소식을 듣고서 빈틈을 타고 들어와서 노략질을 할 것이니, 이는 위태로운 방법입니다."라고 하였다.

崔浩가 말하기를 "지난 몇 년 이래로 熒惑星이 羽林星·鉤己星에 두 차례 접근하여 운행하는데 그 점은 後秦이 멸망할 징조였고,[91] 금년에 五星이 나란히 동쪽 방향에서 나타났으니 이는 서쪽 정벌에 이로운 것입니다. 하늘과 사람이 서로 감응하니 기회를 놓쳐서는 안 됩니다."라고 하였다. 이에 奚斤을 파견하여 蒲阪을 습격하고, 周幾를 파견하여 陜城을 습격하게 하고서 薛謹을 鄕導로 삼았다.

91) 後秦이……징조였고 : 이는 東晉 安帝 義熙 11년(415)에 나타난 사건이다.

魏主亦聞夏世祖殂하고 諸子相圖하여 國人不安이라하고 欲伐之①러니 嵩等曰 彼若城守하여 以逸待勞면 大檀聞之하고 乘虛入寇니 此危道也라 浩曰 往年以來로 熒惑再守羽林鉤己而行하니 其占秦亡②이요 今年五星竝出東方하니 利於西伐이라 天人相應하니 不可失也니라 於是遣奚斤襲蒲阪하고 周幾襲陝城하고 以薛謹爲鄕導③하다

① "諸子相圖"는 赫連倫·赫連璝·赫連昌이 서로 죽임을 말한다.
諸子相圖, 謂倫璝昌相殺也.
② ≪史記≫ 〈天官書〉에 虛星과 危星의 남쪽에 여러 별이 있는데 羽林星이라 한다.
天官書, 虛危南有衆星曰羽林也.
③ 薛謹은 薛彊의 손자이다.
謹, 彊之孫也.

【目】魏主가 李順에게 선봉 부대를 총괄하게 하려고 하였다. 崔浩가 말하기를 "이순은 진실로 책략을 갖고 있지만 그의 사람됨이 나서고 물러나는 데에 과감하니 단독으로 맡겨서는 안 됩니다."라고 하자, 마침내 중지하였다. 최호는 이순과 이로 인해 틈이 생겼다.

魏主欲以李順摠前驅之兵이러니 崔浩曰 順誠有籌略이나 然其爲人이 果於去就하니 不可專委니라 乃止하니 浩與順由是有隙하다

【綱】11월에 夏나라가 西秦을 공격하여 枹罕에 들어갔다.

十一月에 夏攻秦하여 入枹罕하다

【綱】魏主가 統萬에 들어가니 別將들이 蒲阪과 長安을 점령하였다.

○魏主入統萬하니 別將取蒲阪及長安하다

【目】魏主가 행군하여 君子津에 도착하였는데, 마침 날씨가 갑자기 매우 추워져서 강물이 얼어붙었으니, 경무장한 기병만 인솔하고서 황하를 건너 統萬을 습격하였다. 夏主(赫連昌)가 한창 신하들과 연회를 하는데, 北魏의 군대가 갑자기 도착하니, 상하가 놀라고 어지러웠다. 夏主는 출전하였으나 패하여 달아나 성으로 들어갔다. 성문이 아직 다 닫히지 않았는데 북위의 豆代田이 무리를 이끌고서 승세를 타고 西宮으로 들어와서 그

서쪽 문을 불태웠다. 궁성의 문이 닫히자 두대전은 궁의 담을 뛰어넘어 나왔다. 北魏는 군사를 나누어서 사방으로 약탈하였으며, 수만 명을 죽이고 포로로 잡았다. 魏主가 여러 장군들에게 말하기를 "통만을 아직 점령할 수 없으니 다음해에 경들과 함께 빼앗아야 하겠다."라고 하였다. 마침내 주민 1만여 家를 옮겨서 돌아왔다.

魏主行至君子津①하여는 會天暴寒하여 永合이어늘 帥輕騎濟河하여 襲統萬하니 夏主方燕群臣이러니 魏師奄至하니 上下驚擾라 夏主出戰而敗하여 退走入城하니 門未及閉에 魏豆代田帥衆乘勝入西宮하여 焚其西門이러니 宮門閉어늘 代田踰垣而出하니 魏分兵四掠하니 殺獲數萬이라 魏主謂諸將曰 統萬未可得也니 它年에 當與卿等取之하리라 乃徙其民萬餘家而還하다

① 酈道元이 말하기를 "옛날 漢나라 桓帝가 서쪽으로 楡中에 행차하고 동쪽으로 代地에 순행하였는데, 洛陽의 큰 장사꾼이 금과 돈을 가지고 환제의 뒤를 따라가다가 밤에 헷갈려 길을 잃게 되자 津長에게 찾아가서 투숙하고 말하기를 '子封(津長 이름)이여, 河水를 건너서 보내주시오.'라고 하였다. 그런데 장사꾼이 갑자기 죽자 津長이 그를 묻어 주었다. 장사꾼의 아들이 아버지의 시신을 찾아 무덤을 파서 시신을 꺼냈는데 돈과 재물이 하나도 줄어들지 않았다. 장사꾼의 아들이 황금을 다 그에게 주었는데, 津長이 받지 않았다. 이 일이 환제에게 보고되자 환제가 말하기를 '군자이다.'라고 하고, 즉시 그 나루 이름을 君子濟라고 하였는데, 雲中城에서 서남쪽으로 2백여 리에 있다."라고 하였다.
酈道元曰"昔漢桓帝, 西幸楡中, 東行代地, 洛陽大賈齎金貨隨帝後行, 夜迷失道, 往投津長曰'子封, 送之渡河.' 賈人卒死, 津長埋之. 其子尋求父喪, 發冢擧尸, 資貨一無所損, 其子悉以金與之, 津長不受. 事聞於帝曰'君子也.' 卽名其津爲君子濟, 在雲中城西南二百餘里."

【目】夏나라의 弘農太守는 싸우지 않고 달아났는데 北魏의 군대는 승승장구하여 마침내 三輔에 들어가니, 蒲阪의 수비 장수가 성을 버리고 長安으로 달아났다. 奚斤은 마침내 포판에서 승리하니, 夏主의 동생 赫連助興이 장안에서 安定으로 달아났다. 12월에 해근이 장안에 들어가니 秦州・雍州에 사는 氐族과 羌族이 모두 항복하였고, 河西王 沮渠蒙遜과 氐王 楊玄이 그 소식을 듣고 모두 사신을 보내서 北魏에 귀의하였다.

夏弘農太守不戰而走어늘 魏師乘勝長驅하여 遂入三輔하니 蒲阪守將이 棄城奔長安이라 奚斤遂克蒲阪하니 夏主之弟助興이 自長安奔安定하다 十二月에 斤入長安하니 秦雍氐羌皆降하고 河西王蒙遜及氐王楊玄聞之하고 皆遣使附魏러라

【綱】北魏가 호적에 누락된 가구의 비단 징수를 중지하고, 郡縣에 속하게 하였다.

魏罷漏戶繒하고 **以屬郡縣**하다

【目】北魏가 처음에 中原을 얻었을 때에 백성들이 대부분 도망쳐 숨었다. 天興(北魏 道武帝 연호) 연간에 조서를 내려 호적에 누락된 가구를 찾아내서 繒帛을 바치게 하고 郡縣에는 속하게 하지 않게 하였는데 부세와 요역이 균일하지 않았다. 이해에 비로소 조서를 내려 이를 중지하여 郡縣에 속하게 하였다.

魏初得中原에 **民多逃隱**하니 **天興中**에 **詔采諸漏戶**하여 **令輸繒帛**하고 **不隷郡縣**에 **賦役不均**①이러니 **是歲始詔罷之**하여 **以屬郡縣**하다

① 北魏 皇始 2년(397)에 中山에서 승리하여 비로소 中原을 얻었으니, 東晉 安帝의 隆安 원년(397)이다. 다음 해에 北魏가 天興으로 연호를 고쳤다.
魏皇始二年, 克中山, 始得中原, 晉安帝之隆安元年也. 明年, 改元天興.

丁卯年(427)

宋나라 太祖 文帝 劉義隆 元嘉 4년이고, 北魏 世祖 太武帝 拓跋燾 始光 4년이다.

宋元嘉四年이요 **魏始光四年**이라

【綱】봄 정월에 魏主가 平城으로 돌아왔다.

春正月에 **魏主還平城**하다

【目】魏主가 平城으로 돌아왔다. 統萬에서 백성을 평성으로 이주시키는데 길에서 많이 죽었고, 평성에 도착한 사람은 열에 겨우 예닐곱 명이었다. 夏나라의 平原公 赫連定이 무리를 인솔하고서 장안으로 향하였다. 魏主가 그것을 듣고 陰山에 나무를 베고 성을 공격하는 기구를 대규모로 만들어서 다시 夏나라를 칠 것을 도모하였다.

魏主還平城하니 **統萬徙民道多死**하고 **能至平城者什纔六七**이라 **夏平原公定**이 **帥衆向長安**①하니 **魏主聞之**하고 **伐木陰山**하고 **大造攻具**하여 **再謀伐夏**러라

① 赫連定은 赫連勃勃의 아들이다.
定, 勃勃之子也.

【綱】 宋主가 京陵[92]을 배알하였다.

宋主謁京陵하다

【目】 예전에 宋나라 高祖가 빈천할 때 썼던 농기구를 보관하여 자손들에게 보이라고 명령하였다. 宋 文帝가 옛날 궁정에 이르러 그것을 보고 부끄러워하는 얼굴색이 있었는데 측근 중에 어떤 사람이 나아가 말하기를 "舜임금이 몸소 歷山에서 농사를 지으셨고, 禹임금이 친히 물과 흙을 다스리는 일을 하였습니다. 陛下께서 遺物을 보지 않으시면 어찌 선제의 지극한 덕과 농사의 어려움을 알 수 있겠습니까."라고 하였다.

初에 高祖命藏微時耕具하여 以示子孫이러니 帝至故宮하여 見有慙色①이어늘 近侍或進曰 大舜躬耕歷山하시고 伯禹親事水土하시니 陛下不覩遺物이면 安知先帝之至德과 稼穡之艱難乎리오

① 晉나라가 동쪽으로 옮겨갈 적에 劉氏가 彭城에서 晉陵 丹徒의 京口里로 옮겨와 살았기 때문에 陵墓와 故宮이 여기에 있다.
晉之東遷也, 劉氏自彭城移居晉陵丹徒之京口里, 陵墓及故宮在焉.

【綱】 여름 4월에 北魏가 사신을 파견하여 宋나라로 보냈다.

夏四月에 魏遣使如宋하다

【綱】 宋나라 前 交州刺史 杜弘文이 卒하였다.

◑ 宋前交州刺史杜弘文卒[93]하다

【目】 杜弘文이 병이 있었는데 조정의 부름을 받아서 직접 수레에 타고 길을 가게 되었는데, 어떤 사람이 병이 쾌차하기를 기다렸다가 가기를 권유하였다. 두홍문이 말하기를 "내가 3代에 걸쳐 부절을 받아 交州를 진수하였는데 항상 조정에 몸을 바치고자 하였다. 더구나 부름을 받은 경우야 말할 것이 있겠는가."라고 하고, 마침내 가다가 廣州에서 卒하였다. 두홍문은 杜慧度의 아들이다.

---

92) 京陵 : 興寧陵으로 劉裕의 부친 劉翹의 능이다.

93) 宋前交州刺史杜弘文卒 : "전임 관원을 '卒'이라 한 것은 현명함을 기록한 것이다. ≪資治通鑑綱目≫이 끝날 때까지 전임 관원을 '卒'이라 한 것은 6번이니,(漢나라 獻帝 興平 원년(194)에 자세하다.) 이 이외에는 전임 관원을 '卒'이라 한 것이 없다.〔卒前官 錄賢也 終綱目 卒前官六(詳漢獻帝興平元年) 舍是無卒前官者矣〕" ≪書法≫

弘文有疾한대 被徵하여 自興就路하다 或勸之待病愈하니 弘文曰 吾杖節三世에 常欲投軀帝庭이러니 況被徵乎①아 遂行이라가 卒於廣州하니 弘文은 慧度之子也라

① 杜弘文의 아버지 杜慧度와 할아버지 杜瑗이 3대에 걸쳐 交州를 진수하였다.
弘文父慧度・祖瑗, 三世鎭交州.

【綱】5월에 魏主가 平城을 출발하였다.

五月에 魏主發平城하다

【目】北魏의 奚斤이 夏나라의 平原公 赫連定과 함께 장안에서 서로 대치하였다. 魏主가 빈틈을 타서 統萬을 치고자 하여, 5월에 魏主가 평성을 출발하고 장군 陸俟에게 명령을 내려서 여러 군대를 감독하게 하였으며 大磧에서 진수하면서 柔然을 대비하게 하였다. 魏主가 拔隣山에 도착하여 성을 쌓고서 輜重을 남겨두고 경무장한 기병 3만 명을 데리고서 두 배나 빠른 속도로 앞장서서 행군하였다.

여러 신하들이 모두 간언하기를 "통만성은 견고하니 아침저녁 사이에 빼앗을 수 있는 것이 아닙니다. 보병・공성 기구와 일시에 함께 가는 것만 못합니다."라고 하였다.

황제가 말하기를 "군사를 사용하는 술법 가운데 성을 공격하는 것이 가장 下策이니, 반드시 부득이하게 된 후에야 이 방법을 사용한다. 지금 보병과 공성 기구를 가지고 함께 나아간다면 저들은 반드시 두려워하고서 굳게 지킬 것이다. 만약 공격하여 적시에 탈취하지 못하여 식량이 다하고 병사는 피로해지며 외부에 약탈할 것이 없으면 나아가거나 물러날 곳이 없을 것이니, 경무장한 기병을 거느리고 곧장 그 성으로 가는 것만 못하다. 저들이 우리의 보병이 아직 도착하지 않은 것을 보고 마음이 반드시 느긋해지고 해이해질 것이니, 우리가 연약한 모습으로 그들을 유혹하면 저들이 혹시 나와 싸울 것이니, 그렇게 하면 사로잡을 수 있다. 우리 군사는 집과의 거리가 2천여 리이고 또 大河로 막혀 있으니 이른바 '死地에 놓은 뒤에야 살아난다.'는 것이다. 〈3만의 경무장 기병으로〉 성을 공격하면 부족하지만 죽음을 각오하고 싸우면 여유가 있다."라고 하고, 마침내 떠나갔다.

魏奚斤與夏平原公定으로 相持於長安이러니 魏主欲乘虛伐統萬하여 五月에 發平城하고 命將軍陸俟督諸軍鎭大磧(적)하여 以備柔然하다 魏主至拔隣山하여 築城하고 捨輜重하고 以輕騎三萬으로 倍道先行①하니 群臣咸諫曰 統萬城堅하니 非朝夕可拔이라 不若與步兵攻具一時俱往이니이다 帝

曰 用兵之術이 攻城最下니 必不得已然後에 用之라 今以步兵攻具皆進이면 彼必懼而堅守니 若攻不時拔하여 食盡兵疲하고 外無所掠이면 進退無地니 不如以輕騎直抵其城이라 彼見步兵未至하고 意必寬弛니 吾羸形以誘之하면 彼或出戰이니 則成擒矣리라 吾軍去家二千餘里하고 又隔大河하니 所謂置之死地而後生者也라 以攻城則不足하고 決戰則有餘矣니라 遂行하다

① 拔隣山은 黑水의 동북쪽에 있다. ≪北史≫ 〈魏本紀〉에 "捨는 舍(남겨두다)로 썼다."라고 하였는데, 마땅히 이것을 따라야 하니 본음대로 읽는 글이다.
拔隣山在黑水東北. 北史, 捨作舍, 當從之, 讀如字.

【綱】 宋나라 中護軍 王華가 卒하였다.

宋中護軍王華卒이라

【綱】 6월 초하루에 일식이 있었다.

◑六月朔에 日食이라

【綱】 夏主(赫連昌)가 魏主와 統萬에서 싸움을 하다가 패하여 上邽(상규)로 달아나니, 北魏가 통만을 점령하였다.

◑夏主及魏主戰于統萬이라가 敗走上邽하니 魏取統萬하다

【目】 魏主가 統萬에 도착하여 군사를 나누어 깊은 골짜기에 숨기고, 적은 군사를 가지고 성 아래로 갔다. 夏나라의 장군 狄子玉이 北魏에 항복하여 말하기를 "夏主는 北魏의 군대가 출동했다는 소식을 듣고서 平原公 赫連定을 불렀는데, 혁련정이 말하기를 '통만은 견고하고 험준하니 공격하여 탈취하는 것이 쉽지 않습니다. 제가 奚斤을 사로잡기를 기다린 후에 서서히 가서 안팎으로 그들을 공격하면 성공하지 못할 것이 없습니다.'라고 하였습니다. 그러므로 夏主는 견고하게 지키며 기다릴 것입니다."라고 하였다. 魏主는 그들이 출전하지 않을 것을 걱정하여, 마침내 군대를 퇴각시켜 약함을 보이고 娥清과 永昌王 拓跋健을 파견하여 서쪽으로 가서 주민을 약탈하도록 하였다.

魏主至統萬하여 分軍伏於深谷하고 以少衆至城下하니 夏將狄子玉降하여 言호되 夏主聞有魏師하고 召平原公定한대 定曰 統萬堅峻하니 未易(이)攻拔이라 待我擒奚斤然後에 徐往하여 內外

擊之면 **蔑不濟矣**리라 **故夏主堅守以待之**라하니 **魏主患之**①하여 **乃退軍以示弱**하고 **遣娥淸及永昌王健**하여 **西掠居民**②이러라

① 〈"魏主患之"는 夏主가 성에서〉 나와 싸우지 않을까 근심한 것이다.
患其不出戰也.
② 拓跋健은 北魏 太宗의 아들이다.
健, 魏太宗子.

【目】**北魏**의 군사 중에 **夏**나라로 도망한 사람이 있었는데, 그가 말하기를 "**北魏**의 군대는 식량이 다 떨어지고 **輜重**은 후방에 있으며 보병은 아직 도착하지 않았으니 속히 공격해야 합니다."라고 하였다. **夏主**는 그 말을 따라서 보병과 기병 3만 명을 거느리고 성을 나갔다. **北魏**의 **長孫翰** 등이 모두 말하기를 "**夏**나라 군대의 보병 진형은 무너뜨리기 어려우니, 그 예봉을 피해야 합니다."라고 하니, **魏主**가 말하기를 "멀리 와서 적을 찾는데 오직 성을 나오지 않을까 걱정하였다. 지금 이미 나왔는데도 마침내 피하고 공격하지 않으면 저들은 분발하게 되고 우리는 약해지게 되니 계책이 아니다."라고 하였다. 드디어 군대를 수습하여 거짓으로 달아나 적들을 끌어들여서 그들을 피로하게 하였다.

魏軍士有亡奔夏者어늘 **言**호되 **魏軍糧盡**하고 **輜重在後**하며 **步兵未至**하니 **宜急擊之**니라 **夏主從之**하여 **將步騎三萬出城**하니 **長孫翰等皆言**호되 **夏兵步陳難陷**하니 **宜避其鋒**①이니라 **魏主曰 遠來求賊**에 **唯恐不出**이러니 **今旣出矣**어늘 **乃避而不擊**이면 **彼奮我弱**이니 **非計也**라하고 **遂收衆僞遁**하여 **引而疲之**하다

① 陳(진을 친다)은 陣으로 읽는다.
陳, 讀曰陣.

【目】**夏**나라의 군대가 **兩翼**으로 **陣**을 나누어 북을 치고 함성을 지르며 쫓아왔는데, 5, 6리를 가자 마침 바람과 비가 동남쪽에서 와서 모래를 날려서 어두컴컴해졌다.

北魏의 환관 **趙倪**가 말하기를 "지금 바람과 비가 적진으로부터 오는데, 우리는 그것을 향하고 있고 저들은 그것을 등지고 있습니다. 하늘이 사람을 돕지 않는 것이니, 바라건대 폐하께서는 기병을 거두어 피하십시오."라고 하였다.

崔浩가 그를 질책하기를 "이 무슨 말인가. 우리는 천 리를 달려와서 **勝機**를 장악하였는데, 하루사이에 어찌 바꿀 수 있겠는가. 적들은 전진하는 것을 탐내어 멈추지 않고 후방의 군대는 이미 끊어졌으니, 마땅히 군대를 감추고 나누어 출동시켜 적이 예상치

못했을 때 습격해야 한다. 바람이 부는 방향도 사람이 쓰는 데에 달려 있지 어찌 일정함이 있겠는가."라고 하였다. 魏主가 말하기를 "훌륭하다."라고 하였다.

마침내 기병을 나누어서 좌우 부대로 만들어 적을 협격하게 하였다. 魏主가 탄 말이 넘어져 떨어져 거의 夏나라의 군사에게 잡힐 뻔했는데, 拓跋齊가 몸으로 막고 가렸다. 魏主가 말을 타고 일어나서 몸에 날아오는 화살을 맞았지만 분발하여 공격하기를 그치지 않으니, 夏나라의 무리가 크게 무너졌다.

夏兵爲兩翼하여 鼓譟追之러니 行五六里에 會有風雨從東南來하여 揚沙晦冥하니 宦者趙倪曰 今風雨從賊上來하니 我向彼背라 天不助人하니 願攝騎避之[①]하소서 崔浩叱之曰 是何言也오 吾千里制勝이어늘 一日之中에 豈得變易[②]이리오 賊貪進不止하여 後軍已絶하니 宜隱軍分出하여 奄擊不意니 風道在人이라 豈有常也[③]리오 魏主曰 善타 乃分騎爲左右隊以掎之러니 魏主馬蹶而墜하여 幾爲夏兵所獲이러니 拓跋齊以身捍蔽[④]하니 魏主騰馬得上하여 身中流矢한대 奮擊不輟하니 夏衆大潰하다

① 攝은 거둔다는 뜻이다.
攝, 收也.
② 미리 필승할 계책을 세웠으므로 천 리에 군사를 행군하였으니, 비바람이 몰아친다는 이유로 세워놓은 계책을 하루 사이에 바꿀 수 없음을 말한 것이다.
言先定必勝之計, 故千里行師, 不可以風雨之故, 變易成筭於一日之間.
③ 바람은 사람이 쓰는 데에 달려 있어서 군대를 나누어 그 뒤로 나가 순풍을 타고 그들을 치면 바람이 우리에게 쓰이게 되니 어찌 일정한 형세가 있겠는가라는 말이다.
言風在人用之, 分兵出其後, 順風擊之, 則風爲我用, 豈有常勢哉.
④ 拓跋齊는 拓跋翳槐의 현손이다.
齊, 翳槐之玄孫也.

【目】 北魏의 군사들이 승세를 틈타 夏主를 쫓아서 성의 북쪽에 이르니, 夏主는 〈성에 들어가지 못하여〉 마침내 上邽로 달아났다. 魏主가 변복 차림으로 달아나는 사람을 쫓아서 그 성에 들어가니, 夏나라 사람들이 그 사실을 알아차리고서 여러 성문을 모두 닫았다. 魏主는 拓跋齊 등과 함께 夏나라 궁전 안으로 들어가서 부인의 치마를 얻어서 그것을 창날 끝에 매고 그것을 타고서 성가퀴에 올라서 겨우 탈출해 나왔다.

다음 날 統萬城에 들어가서 夏나라 親王과 公·卿·校尉 및 부녀자들을 잡았는데 1만 명 정도였으며, 말이 30여만 필이고, 소와 양이 수천만 마리이고, 府庫에 있는 진귀한 보물·수레·깃발·기물은 이루 다 헤아릴 수가 없었다. 장수와 병사에게 차등을 두어

나누어주었다.

魏人乘勝逐夏主하여 至城北하니 夏主遂奔上邽어늘 魏主微服逐奔者하여 入其城하니 夏人覺之하고 諸門悉閉라 魏主與齊等入其宮中하여 得裙繫之槊上하여 乘之而上하여 僅乃得免하다 明日入城하여 獲夏王公卿校及婦女以萬數하고 馬三十餘萬匹이요 牛羊數千萬頭요 府庫珍寶車旗器物不可勝計라 頒賜將士有差하다

【目】 예전에 夏나라의 世祖 赫連勃勃은 성격이 호방하고 사치하여 통만성을 쌓을 적에 다음과 같이 하였다. 성벽의 높이가 10길〔仞〕이고 토대의 두께가 30步였으며 윗부분의 너비는 10보이고 궁궐의 담장은 높이가 다섯 길이고 그 견고함이 칼이나 도끼를 갈 만하였다. 樓臺가 장대하였고 모두 무늬와 그림을 새기고 비단을 입혔다. 魏主가 말하기를 "작은 나라가 백성을 부리는 것이 이와 같으니, 망하지 않으려고 한들 가능하겠는가."라고 하였다.

初에 夏世祖性豪侈하여 築統萬城이어늘 高十仞이요 基厚三十步며 上廣十步요 宮牆高五仞이요 其堅可以礪刀斧하다 臺榭壯大하고 皆雕鏤圖畫하고 被以綺繡하니 魏主曰 蕞爾國而用民如此하니 欲不亡이나 得乎아

【目】〈魏主가〉 夏나라 世祖의 세 딸을 받아들여 貴人으로 삼았다. 夏나라의 平原公 赫連定은 統萬이 격파되었다는 소식을 듣고서 上邽로 달아났다. 魏主는 조서를 내려서 奚斤 등에게 회군하게 하였는데, 해근이 말하기를 "赫連昌이 도망하여 상규를 지키고 남은 병사들을 모으니 지금 그들의 위태로움을 이용하면 그들을 멸망시키는 것이 쉽습니다. 청컨대 戰馬를 보태주어 혁련창을 평정하고 돌아가도록 해주십시오."라고 하였으나, 魏主가 이를 허락하지 않았다.

해근이 강경히 청하자 이를 허락하고, 해근에게 군사 1만 명과 말 3천 필을 주고, 아울러 娥清・丘堆를 남겨서 그와 함께 夏나라를 공격하도록 하였다. 魏主가 돌아와서 常山王 拓跋素를 征南大將軍으로 삼고 假節(符節을 줌)하여 통만에 진수하도록 하였다.

納夏世祖三女爲貴人하다 夏平原公定이 聞統萬破하고 奔上邽하니 魏主詔奚斤等班師한대 斤言호되 赫連昌亡保上邽하여 鳩合餘燼하니 今因其危하면 滅之爲易(이)①니 請益鎧馬하여 平昌而還이라한대 不許러니 固請에 許之하고 給兵萬人과 馬三千匹하고 幷留娥清丘堆하여 使共擊夏하다 魏主還할새 以常山王素爲征南大將軍假節하고 鎭統萬②하다

① 鳩는 모은다는 뜻이다. 燼은 불씨가 남은 것이니, 〈"鳩合餘燼"은〉 싸움에 이미 패하고 남은 병사들을 수합함을 비유한 것이다.
鳩, 聚也. 燼, 火餘也. 以喩收合已敗之遺兵也.
② 拓跋素는 拓跋遵의 아들이다.
素, 遵之子也.

【綱】 西秦이 사신을 보내 北魏에 조공을 받쳤다.

秦遣使入貢于魏하다

【綱】 가을 8월에 魏主가 平城으로 돌아왔다.

◑秋八月에 **魏主還平城**하다

【目】 魏主는 건장하고 용맹하여 적의 성에 다가가 공격하고 적진과 대치하여 교전할 때에 친히 적의 화살과 돌을 무릅쓰고 싸웠고, 좌우에 죽고 다치는 사람이 계속 생겨나도 정신과 기색이 태연자약하였으니, 이로 말미암아 장병들이 두려워하고 복종하여 모두 죽을힘을 다하였다. 성격이 검소하고 소박하여 의복과 음식은 꼭 필요한 만큼만 취할 뿐이었다.

여러 신하들이 京城의 성벽을 더 높이고 궁실을 수리하기를 청하여 말하기를 "이는 ≪周易≫에 이른바 '험난함을 설치하여 나라를 지킨다.'[94]는 것이고, 또 蕭何가 이른바 '천자는 四海를 집으로 삼으니 웅장하지 않고 화려하지 않으면 위엄 있게 하지 못한다.'[95]라는 것입니다."라고 하였다.

蕭何

그러자 魏主가 말하기를 "옛사람이 말하기를 '국가는 사람의 덕에 달려 있지, 산천의 험준함

94) 험난함을……지킨다 : ≪周易≫ 坎卦 〈彖傳〉에 "하늘의 험함은 오를 수 없고 땅의 험함은 산천과 구릉이니, 王公이 험함을 설치하여 나라를 지키니, 險의 때와 用이 크다.〔天險 不可升也 地險 山川丘陵也 王公 設險 以守其國 險之時用 大矣哉〕"라고 하였는데, 이를 줄인 말이다.
95) 천자는……못한다 : ≪史記≫ 권8 〈高祖本紀〉에 보인다.

에 있는 것이 아니다.'[96]라고 하였다. 赫連屈丏[97]가 흙을 쪄서 統萬城을 쌓았으나 짐이 그것을 없앴으니 〈나라의 존망이〉 어찌 성에 달려 있겠는가. 지금 천하는 아직 평정되지 않아서 한창 백성의 힘을 필요로 하니 토목공사는 짐이 행하지 않을 것이다. 소하의 대답은 올바른 말이 아니다."라고 하였다.

魏主는 늘 재물은 군대와 나라의 근본이니 가볍게 소비해서는 안 된다고 생각하였다. 상을 내리는 데에는 모두 죽음으로 섬기고 공훈을 쌓은 가문에게 주었으며, 친척과 귀족이나 총애하는 사람이라도 상을 함부로 준 적이 없었다. 장군에게 명령하여 군대를 출동시킬 적에 통제할 것을 지시해주었는데 그것을 어긴 사람은 대부분 패하였다. 사람을 알아보는 일에 밝았으니 혹 인사를 군졸 중에서 발탁하기도 하여 그 재간의 장점을 따르고 출생과 이력은 따지지 않았다. 듣고 살피는 것이 세밀하고 영민하니 아랫사람은 실정을 숨길 길이 없었고, 포상에는 천한 사람을 빠뜨리지 않았으며 처벌에는 귀한 사람을 피하지 않으니 비록 매우 애지중지하는 사람이라도 끝내 너그럽게 용서하는 일이 없었다. 항상 말하기를 "법은 짐이 천하 사람과 공유하는 것이니 어찌 감히 가볍게 할 수 있겠는가."라고 하였다. 그러나 성격이 잔인하여 살육에 과감하였으니, 이따금 이미 죽이고 나서 다시 후회하기도 하였다.

魏主壯健鷙勇하여 臨城對陳에 親犯矢石하고 左右死傷相繼호되 神色自若하니 由是將士畏服하여 咸盡死力①이러라 性儉率하여 服膳取給而已러라 群臣請峻京城修宮室하여 曰 此易所謂設險守國이요 蕭何所謂天子以四海爲家하니 不壯不麗면 無以重威者也라 魏主曰 古人有言在德不在險②이라하고 屈丏(개)蒸土築城而朕滅之하니 豈在城也리오 今天下未平에 方須民力하니 土工之事는 朕所未爲요 蕭何之對는 非雅言也③라 每以爲財者軍國之本이니 不可輕費니라 賞賜皆死事勳績之家요 親戚貴寵未嘗橫有所及④이러라 命將出師에 指授節度한대 違者多致負敗러라 明於知人하니 或拔士於卒伍之中하여 唯其才用所長이요 不論本末하고 聽察精敏하니 下無遁情하고 賞不遺賤하며 罰不避貴하니 雖所甚愛之人이라도 終無寬假하여 常曰 法者는 朕與天下共之니 何敢輕也리오 然性殘忍하여 果於殺戮이니 往往已殺而復悔之⑤러라

① 鷙(흉맹하다)는 脂利의 切이니, 무릇 새가 용감하고 날래며 짐승이 사납고 빠른 것을 모두 鷙라고 부른다.
鷙, 脂利切, 凡鳥之勇銳, 獸之猛悍者, 皆名鷙也.

---

96) 국가는……아니다 : ≪史記≫ 권65 〈吳起列傳〉에 보인다.

97) 赫連屈丏 : 赫連勃勃의 이칭으로 北魏 明元帝가 혁련발발을 경멸하여 이름을 屈丏로 바꿔 부른 것인데, 北方의 말로 굴개는 卑下의 뜻이다.(≪北史≫ 〈夏列傳〉)

② 〈"在德不在險"은〉 吳起의 말이다.
吳起之言.
③ 雅는 바르다는 뜻이다.
雅, 正也.
④ 横(그릇되다)은 戶孟의 切이다.
横, 戶孟切.
⑤ 〈"往往已殺而復悔之"는〉 예컨대 崔浩의 부류가 이것이다.
如崔浩之類, 是也.

【綱】 夏나라 安定城이 北魏에 항복하였다.

夏安定이 **降魏**하다

【綱】 겨울 11월에 北魏가 楊玄[98]을 봉하여 南秦王으로 삼았다.

◑**冬十一月**에 **魏封楊玄爲南秦王**하다

【目】 11월에 魏主가 公孫軌를 보내서 책서를 받들어 楊玄을 임명하여 南秦王을 삼으려고 하였다. 국경에 도달하였는데 양현이 나와 맞이하지 않자, 공손궤가 양현을 꾸짖고 책서를 받들고 돌아가려고 하였다. 양현이 두려워서 마침내 교외로 나와서 영접하였다.

十一月에 魏主遣公孫軌하여 奉策拜楊玄爲南秦王①이러니 及境에 玄不出迎이어늘 軌讓之하고 欲奉以還하니 玄懼하여 乃出郊迎하다

① 公孫軌는 公孫表의 아들이다. 楊玄을 봉하여 南秦王으로 삼고 乞伏熾磐과 다르게 예우하였다.
軌, 表之子也. 封玄爲南秦王, 以別乞伏熾磐.

【綱】 晉나라의 徵士[99] 陶潛이 卒하였다.

晉徵士陶潛卒①[100]하다

---

98) 楊玄 : 武道王 楊玄이 宋나라에 귀부하고 宋나라의 연호를 쓴 일이 본서 78쪽에 보인다.

99) 徵士 : 조정의 초빙에 응하지 않은 학문 높은 隱士를 가리킨다.

100) 晉徵士陶潛卒 : "陶潛이 宋나라에서 卒하였는데 晉나라라고 기록한 것은 어째서인가. 도잠은 처음부터 끝까지 晉나라 사람이기 때문이다. ≪資治通鑑綱目≫에서는 절개를 허여하였으므로 ≪資治通

① 徵은 부른다는 뜻이다.
徵, 召也.

陶靖節

【目】 陶潛은 字가 淵明이고 潯陽 사람이니 陶侃의 증손자이다. 도잠은 젊어서 고상한 志趣가 있어서 널리 학문하여 일반 무리와 어울리지 않았다. 부모가 늙고 집이 가난하였으므로 州의 祭酒(좨주)가 되었다가 며칠 안 되어 스스로 사직하고 돌아왔다. 州에서 主簿로 불렀으나 나아가지 않고 몸소 밭을 갈면서 생계를 마련하다가 마침내 고질병을 앓게 되었다.

뒤에 다시 彭澤令이 되어서 〈부임지에〉 가족을 데려가지 않고 하인 한 명을 보내어 그 아들에게

鑑≫에서 기록하지 않은 것을 여기에서 특별히 기록하였다. 그러므로 晉나라가 망했으나 도잠은 晉나라에 마음을 두었으니 卒하였을 때 '晉'이라고 기록하고, 唐나라가 망했으나 張承業이 唐나라에 마음을 두었으니 卒하였을 때 '唐'이라고 기록한 것이다. 徵士를 '卒'이라고 기록한 것은 ≪자치통감강목≫이 끝날 때까지 한 사람일 뿐이다.〔潛卒於宋 書晉 何 潛始終晉人也 綱目予節 故通鑑不書 於是特書之 是故晉亡矣 潛心乎晉 則卒書晉 唐亡矣 張承業心乎唐 則卒書唐 徵士書卒 終綱目 一人而已矣〕" ≪書法≫

"벼슬에 나아가고 물러나는 일이 심하구나. 君子가 매우 신중히 해야 할 것이다. 揚雄이 ≪太玄經≫을 지어서 ≪易經≫에 견주고, ≪法言≫을 지어서 ≪論語≫에 견주었으니, 스스로 보기에 ≪荀子≫나 ≪孟子≫ 이하는 말할 거리도 못 된다고 여겼다. 그러나 양웅은 역적 王莽에게 벼슬하여 절개를 잃었기 때문에 ≪자치통감강목≫에서 양웅이 죽었을 때 기록하기를 '莽大夫揚雄死(王莽의 大夫 揚雄이 卒하였다.)'라고 하였으니, 양웅이 비록 자신을 해명하려 해도 할 수 없는 것이다.

陶潛은 晉나라에 있을 때에 太尉 陶侃의 후손으로 초년부터 벼슬에 나아가고 물러나는 것이 대략 이미 볼만한 점이 있었다. 劉宋으로 나라가 바뀜에 이르러 다시 몸을 굽히는 것을 부끄러워하여 마침내 벼슬을 하지 않고 끝내 명예와 절개를 보전하였다. 그러므로 ≪자치통감강목≫에서 특별히 晉나라의 處士로 기록하였으니, 宋나라에 절개를 잃지 않아서 홀로 晉나라에 대한 절개를 보존한 사람이 될 수 있었음을 밝힌 것이다. 그러나 ≪資治通鑑≫에서는 이해에 도잠의 일을 기록하지 않았기에 ≪자치통감강목≫에서는 이전 역사에서 취하여 천년 미래의 청렴한 기풍을 격동시킨 것이다. 臣이 일찍이 이것에 말미암아 살펴보건대 ≪晉書≫ 〈隱逸傳〉에는 그 굽히지 않은 뜻을 드러내지 않았고, ≪南史≫에 비로소 그 내용을 기록하였으며, 또 檀道濟가 일찍이 진미를 보냈을 적에 물리쳐 되돌려 보낸 일을 수록하였으니, 도잠의 이 뜻이 환하여 명백하다. 지금 分注(目) 역시 이것에 근본을 두어 말하였으니, 세상의 교화에 관련되는 점이 크다. 이런 까닭으로 자세하게 논의하여 후일의 군자들에게 고한다.〔甚哉 出處之際 君子所當致謹也 揚雄草太玄以擬易 作法言以擬論語 其自視荀孟以下 若不足道 然失身於莽賊 故綱目於其沒也 書曰 莽大夫揚雄死 雄雖欲自解 不可得也 陶潛在晉 乃太尉侃之孫 自其初年 出處大致 已有可觀 至劉宋移國 恥復屈身 遂不出仕 卒能保全名節 故綱目特以晉處士書之 明其不失身於宋氏 獨得爲晉全人也 然通鑑是年 不載其事 綱目取諸前史 以激千載之淸風爾 臣嘗因是考之 晉隱逸傳 不見其不屈之意 至南史 始著其說 且載檀道濟嘗餽粱肉 麾而去之之事 則潛之此意 顯然明白 今分注亦本此爲說 其有關於世敎多矣 玆故詳而論之 以詔後之君子云〕" ≪發明≫

편지를 주면서 쓰기를 "이 사람도 사람의 아들이니, 잘 대우하라."라고 하였다. 관직에 있은 지 80여 일 만에 郡에서 督郵[101]를 보내어 彭澤縣에 이르니, 관리가 청하기를 "당연히 관복을 갖추어 입고서 뵈어야 합니다."라고 하였다. 도잠은 탄식하여 말하기를 "내가 어찌 쌀 5말 녹봉 때문에 허리를 굽혀 시골 어린아이에게 굽실거리겠는가."라고 하고, 그날에 직인과 인끈을 풀어놓고 떠났다. 〈歸去來辭〉를 읊고 〈五柳先生傳〉을 지어 자신의 뜻을 보였고, 著作郎으로 불렀으나 나아가지 않았다.

五柳歸庄圖

아내 翟氏 역시 뜻을 같이하며 고생을 편히 여겼다. 남편은 앞에서 밭을 갈고 아내는 뒤에서 김을 매었다.

도잠은 스스로 선대에 〈陶侃이〉 晉나라의 재상이었으므로 다시 후대에 몸을 굽히는 것을 부끄럽다 여겨서, 宋나라 고조의 왕업이 점차 융성해지자 다시 벼슬하려고 하지 않았다. 이해에 다시 부르려 하였는데 마침 卒하였다. 세상에서는 靖節先生이라고 불렀다.

潛은 字淵明이요 潯陽人이니 侃之曾孫也라 少有高趣하여 博學不群이러니 以親老家貧으로 爲州祭酒라가 少日에 自解歸하고 召主簿어늘 不就①하고 躬耕自資하여 遂抱羸疾이러라 後復爲彭澤令하여 不以家自隨하고 送一力하여 給其子②하고 書曰 此亦人子也니 可善遇之하라 在官八十餘日에 郡遣督郵至縣하니 吏請曰 應束帶見之라한대 潛歎曰 我豈能爲五斗米折腰하여 向鄉里小兒리오 卽日解印綬去하다 賦歸去來辭하고 著五柳先生傳以自見하고 徵著作郎이로되 不就③하다 妻翟氏亦與同志하여 能安勤苦하니 夫耕於前하고 妻鋤於後러라 潛自以先世爲晉輔로 恥復屈身後代하여 自宋高祖王業漸隆으로 不復肯仕하니 是歲將復徵之러니 會卒하니 世號靖節先生이러라

① 陶潛의 列傳에는 '召' 위에 '州'자가 있다.
潛本傳, 召上有州字.

---

101) 督郵 : 漢나라 때 설치한 官名으로 太守를 보좌하여 屬縣을 감찰하고 관리의 성적을 조사하는 일을 맡았다.

② 力은 하인이다.
力, 僕也.
③ 陶淵明은 문에 다섯 그루의 버드나무를 심고 그것으로 인하여 五柳로 號를 삼은 것이다.
淵明, 門栽五柳, 因以爲號焉.

思政殿訓義 資治通鑑綱目 제25권 상

-宋 文帝 元嘉 5년(428)~宋 文帝 元嘉 10년(433)-

≪資治通鑑綱目≫ 제25권은 戊辰年(428) 宋나라 文帝 元嘉 5년과 北魏 太武帝 神䴥(신가) 원년부터 시작하여 庚寅年(450) 宋나라 文帝 元嘉 27년과 北魏 太武帝 太平眞君 11년까지이니, 모두 23년이다.

起戊辰宋文帝元嘉五年과 魏太武帝神䴥元年하여 盡庚寅宋文帝元嘉二十七年과 魏太武帝太平眞君十一年이라 凡二十三年이라

戊辰年(428)

宋나라 太祖 文帝 劉義隆 元嘉 5년이고, 北魏 世祖 太武帝 拓跋燾 神䴥 원년이다. 西秦王 乞伏暮末 永弘 원년이고, 北涼 武宣王 沮渠蒙遜 承玄 원년이고, 夏主 赫連定 勝光 원년이다.

宋元嘉五年이요 魏神䴥元年①이라 ◑ 西秦王乞伏暮末永弘元年이요 北涼承玄元年이요 夏主赫連定勝光元年이라

① 䴥는 음이 加이니, 수사슴이다. 신기한 사슴을 잡았으므로 연호를 바꾸었다.
䴥, 音加, 牡鹿也. 以獲神鹿改元.

【綱】 봄 2월에 北魏 사람들이 夏나라와 上邽에서 전투를 하여 그 군주 赫連昌을 잡아서 돌아갔다. 夏나라 赫連定이 平涼에서 황제를 칭하였는데, 北魏 사람들이 추격하였으나 패배하였다. 夏나라가 다시 長安을 빼앗았다.

春二月에 魏人及夏戰于上邽하여 執其主昌以歸[1)]하니 夏赫連定稱帝於平涼이어늘 魏

1) 魏人及夏戰于上邽 執其主昌以歸 : "나라를 멸망하게 한 임금은 그 표현이 5가지인데, '死之(죽였다)'가 가장 심하고, '執虜(사로잡았다)'가 그 다음이고, '以歸(데리고 돌아갔다)'가 그 다음이고, '獲(잡았다)'

人追之敗績이라 **夏復取長安**하다

【目】 北魏의 將軍 尉眷(울권)이 上邽를 공격하니, 夏主가 물러나 平涼에 주둔하였다. 奚斤이 安定으로 진군하여 丘堆·娥清의 군대와 합류하였다. 해근은 말이 역병에 걸리고 군량이 부족한 것으로 인해서 보루를 높이 쌓아 스스로 견고히 지켰다. 구퇴를 파견하여 군량을 조달하는 것을 감독하게 할 적에, 병사들이 약탈하느라 경비를 세우지 않았는데 〈이를 틈타〉 夏主가 습격하니, 구퇴는 패하여 성으로 돌아갔다. 夏主가 승리의 기세를 타고서 날마다 〈성 아래에 와서〉 약탈을 하니, 北魏의 군대가 꼴을 베고 가축을 방목할 수 없자 여러 장군들이 이를 근심하였다.

監軍侍御史 安頡이 말하기를 "조서를 받들어 적을 섬멸해야 하는데 지금 도리어 적에게 곤궁함을 당하고 있으니, 만일 적에게 죽지 않더라도 마땅히 법에 의해 죽임을 당할 것입니다. 나아가든 물러나든 모두 살아날 방도가 없는데도 여러 왕공들께서는 편안하게 있으면서 어찌 계책을 세우지 않는 것입니까?"라고 하였다.

해근이 말하기를 "지금 보병으로 기병을 공격하면 필시 승리할 리가 없다. 마땅히 도성에서 구원해줄 기병이 올 때까지 기다렸다가 합세해서 그들을 공격해야 한다."라고 하였다. 안힐이 말하기를 "지금 맹렬한 적들이 밖에서 마음대로 날뛰고 있고, 우리 군사들은 지친데다 식량도 떨어졌으니 한 번 결전을 치르지 않으면 죽음이 조만간에 있을 것입니다. 언제까지 구원해줄 기병을 기다릴 수 있겠습니까. 어찌하든 똑같이 죽는다면 싸우다 죽는 것이 역시 옳지 않겠습니까."라고 하였다.

魏將軍尉眷이 **攻上邽**하니 **夏主退屯平涼**이어늘 **奚斤進軍安定**하여 **與丘堆娥清軍合**이러니 **斤以馬疫糧少**로 **深壘自固**하고 **遣堆行督租**할새 **士卒暴掠不設儆備**라 **夏主襲之**하니 **堆敗還城**이어늘 **夏主乘勝**하여 **日夜鈔掠**하니 **不得芻牧**이라 **諸將患之**러라 **監軍侍御史安頡曰**① **受詔滅賊**이어늘 **今更**(갱)**爲賊所困**하니 **若不爲賊殺**이면 **當坐法誅**라 **進退皆無生理**로되 **而諸王公晏然曾不爲計乎**②아 **斤曰 今以步擊騎**면 **必無勝理**라 **當須京師救騎至**라가 **合擊之**니라 **頡曰 今猛寇遊逸於外**하고 **吾兵疲食盡**하니 **不一決戰**하면 **則死在旦夕**이라 **救騎**를 **何可待乎**아 **等死**론 **死戰**이 **不亦可乎**아

① 安頡은 安同의 아들이다.
頡, 同之子也.

이 그 다음이고, '降(항복했다)'이 가장 약하다. 赫連昌은 뒤에 北魏를 배반했다가 죽임을 당하여서 北魏의 벼슬을 받은 것을 기록하지 않았으므로 여기에서도 생략한 것이다.〔亡國之君其辭五 死之上也 執虜次之 以歸次之 獲次之 降爲下 昌後叛魏見殺 不書受魏爵也 故略之〕" ≪書法≫

② 奚斤은 宜城王에 책봉되어 司空이 되었다.
奚斤封宜城王, 爲司空.

【目】奚斤이 또 말이 적다는 이유로 사양하자, 安詰이 말하기를 "지금 여러 장군들이 타고 있는 말을 모으면 200필이 됩니다. 저 안힐이 청하건대 결사대를 모집하여 그들을 공격하면 가령 적을 격파하지 못하더라도 또한 그 銳氣를 꺾을 수는 있을 것입니다. 또 赫連昌은 조급하며 꾀가 없고, 용맹을 좋아하며 경솔하여 늘 스스로 나와서 싸움을 거는 것을 많은 군사들이 모두 알고 있습니다. 만약 병사를 매복시켰다가 급습하면 혁련창을 사로잡을 수 있을 것입니다."라고 하였으나 해근은 여전히 그 일을 어렵게 여겼다.

안힐은 마침내 은밀히 尉眷 등과 모의하여 기병을 뽑아서 〈매복시키고〉 혁련창을 기다렸다. 이윽고 夏主가 와서 성을 공격하자, 안힐이 나가서 그에게 대응하였다. 夏主가 스스로 나와서 육박전을 하자 군사들이 다투어 그에게 달려들었다. 夏主가 패하여 달아나자, 안힐이 그를 추격하여 사로잡았다.

夏나라의 平原王 赫連定이 남은 무리를 수습하여 달아나 平涼으로 돌아가서 즉위하였다. 혁련창이 평성에 이르니 魏主가 누이동생을 그에게 아내로 삼게 하고 會稽公의 작위를 내려주었다. 안힐에게는 西平公의 작위를 내려주고, 울권은 漁陽公으로 작위를 높였다.

斤又以馬少爲辭어늘 頡曰 今斂諸將所乘이면 可二百匹이라 頡請募死士擊之하면 就不能破敵이라도 亦可以折其銳요 且赫連昌은 狷而無謀하고 好勇而輕[①]하여 每自出挑戰에 衆皆識之라 若伏兵掩擊이면 昌可擒也니라한대 斤猶難之러라 頡乃陰與尉眷等謀하여 選騎待之러니 旣而요 夏主來攻城이어늘 頡出應之하니 夏主自出搏戰이어늘 軍士爭赴之하니 夏主敗走어늘 頡追擒之하니 夏平原王定이 收其餘衆하여 奔還平涼하여 卽位하다 昌至平城하니 魏主以妹妻之하고 賜爵會稽公하고 頡賜爵西平公하고 眷進爵漁陽公하다

① 狷은 급하다는 뜻이다. 輕(경솔하다)은 去聲이다.
狷, 急也. 輕, 去聲.

【目】奚斤은 赫連昌이 偏裨(偏將)에게 사로잡힌 것을 매우 부끄럽게 여겼다. 마침내 輜重을 남겨두고 3일간의 군량을 가지고서 平涼으로 夏主를 추격하였다. 娥清이 물을 따라서 가자고 하였는데, 해근이 따르지 않고 북쪽 길을 따라 혁련정의 도주로를 차단하였다. 夏나라의 군사가 도주하려고 하였는데, 마침 北魏의 하급 장수가 죄를 지어 하나

라로 도망해 귀순하여 北魏의 군사가 군량도 적고 마실 물도 없다는 것을 알렸다. 夏主가 마침내 군사를 나누어 그를 협공하니, 北魏의 군사가 크게 무너졌다. 해근과 아청은 모두 사로잡히고, 죽은 병사들이 6, 7천 명이었다.

丘堆는 輜重을 버리고 長安으로 달아나서 高涼王 拓跋禮와 함께 蒲阪으로 달아나니, 夏나라 군사들이 다시 長安을 탈취하였다. 魏主가 크게 분노하여 安頡에게 구퇴의 목을 벨 것을 명하고, 대신 그 무리를 거느리고 蒲坂을 鎭守하여 그들을 막게 하였다. 혁련창은 이후 결국 반역을 도모한 일로 주살되었다.

奚斤以昌爲偏裨所擒으로 深恥之하여 乃捨輜重하고 齎三日糧하여 追夏主於平涼이어늘 娥淸欲循水而往[①]이어늘 斤不從하고 自北道邀其走路하니 夏軍將遁이러니 會魏小將이 有罪亡歸夏하여 告以魏軍食少無水라 夏主乃分兵夾擊之하니 魏兵大潰라 斤淸皆爲所擒하고 士卒死者 六七千人이라 丘堆棄輜重하고 奔長安하여 與高涼王禮로 偕奔蒲坂[②]하니 夏人復取長安이라 魏主大怒하여 命安頡斬丘堆하고 代將其衆하여 鎭蒲坂以拒之하다 昌後竟以謀叛見殺하니라

① 娥淸은 涇水를 따라 전진하려고 하였다.
淸蓋欲循涇水而進.

② 拓跋禮는 拓跋孤의 증손이다.
禮, 孤之曾孫也.

【綱】 여름 5월에 西秦王 乞伏熾磐이 卒하고, 世子 乞伏暮末이 즉위하였다.

夏五月에 **秦王乞伏熾磐卒**하고 **世子暮末立**하다

【綱】 6월에 宋나라가 王弘을 衛將軍 開府儀同三司로 삼았다.

◑ **六月**에 **宋以王弘爲衛將軍開府儀同三司**하다

【目】 光祿大夫 范泰가 王弘을 설득하기를 "天下의 일이 소중하고 권력의 요직에는 있기가 어렵다. 卿의 형제들은 성대함이 가득 찼으니 응당 겸손히 사양할 것을 생각하라."라고 하였다. 왕홍이 그 말을 받아들여 자리에서 물러나려고 하자 허락하지 않았는데, 굳이 간청하였으므로 이런 명령이 있게 되었다.

光祿大夫范泰說弘曰 天下事重하고 權要難居라 卿兄弟盛滿하니 當存降挹[①]이라 弘納其言하여 遜位어늘 不許하되 固請이라 故有是命하니라

① 〈"卿兄弟盛滿"은〉 王弘과 아우 王曇首가 모두 권력 요직에 있음을 말한다. 挹은 음이 邑이니, 줄임이다.
謂弘及弟曇首皆居權要也. 挹, 音邑, 損也.

【綱】 北涼이 西秦을 침략하였다. 가을에 西秦이 北涼과 화친을 맺었다.

涼侵秦하니 秋에 秦及涼平하다

【目】 예전에 西秦 文昭王(乞伏熾磐)이 병이 심해졌을 때 乞伏暮末에게 말하기를 "내가 죽은 뒤에 네가 영토를 보존할 수만 있다면 좋겠다. 沮渠成都는 沮渠蒙遜이 소중하게 여기는 사람이니 너는 마땅히 그를 돌려보내라."라고 하였다.

이때에 이르러 北涼에서 西秦에 초상이 난 틈을 이용하여 쳐들어와서 樂都를 공격하여 낙도의 外城에서 승리하였다. 걸복모말이 사절을 파견해 저거성도를 돌려보낼 것을 허락하면서 講和를 요구하였다. 저거몽손이 군사를 이끌고 돌아가고 사절을 파견해 서진에 들어가서 조문하게 하였다. 걸복모말은 노자를 후하게 주어 저거성도를 보내면서 장군 王伐을 파견해 그를 호송하게 하였다. 저거몽손은 의심하여 병사를 매복시켜서 왕벌을 사로잡아서 돌아갔다. 이윽고 왕벌을 되돌려 보내고 아울러 걸복모말에게 아주 많은 예물을 보냈다.

初에 西秦文昭王이 疾病에 謂暮末曰 吾死之後에 汝能保境則善矣라 沮渠成都는 蒙遜所重이니 汝宜歸之[①]니라 至是하여 北涼이 因秦喪而伐之하여 攻樂都하여 克其外城하니 暮末이 遣使許歸成都以求和한대 蒙遜引兵還하고 遣使入秦弔祭어늘 暮末厚資送成都하여 遣將軍王伐送之한대 蒙遜疑之하여 伏兵執伐以歸러니 旣而遣還하고 幷遺暮末甚厚러라

① 宋나라 武帝 永初 3년(422)에 河西王 沮渠蒙遜이 前將軍 沮渠成都를 파견하여 五澗에 주둔하게 하였다. 西秦王 乞伏熾磐이 北將軍 出連虔 등을 보내어 저거성도와 싸워서 그를 사로잡았다.
宋武帝永初三年에 河西王蒙遜이 遣前將軍沮渠成都하여 屯五澗하니 秦(正)〔王〕[2)]熾磐이 遣征北將軍出連虔等하여 與成都戰擒之하다

【綱】 겨울 11월 초하루에 일식이 있었다.

2) (正)〔王〕: 저본에는 '正'으로 되어 있으나, ≪資治通鑑≫ 註에 의거하여 '王'으로 바로잡았다.

冬十一月朔에 **日食**하다

【綱】北涼이 다시 西秦을 공격하였다.

◑涼이 **復攻秦**[3)]하다

己巳年(429)

宋나라 太祖 文帝 劉義隆 元嘉 6년이고, 北魏 世祖 太武帝 拓跋燾 神䴥 2년이다.

宋元嘉六年이요 魏神䴥二年이라

【綱】봄 정월에 宋나라가 彭城王 劉義康을 司徒 錄尙書事로 삼고, 江夏王 劉義恭을 都督荊湘等州軍事로 삼았다.

春正月에 **宋以彭城王義康爲司徒錄尙書事**하고 **江夏王義恭都督荊湘等州軍事**하다

【目】王弘이 揚州刺史 및 錄尙書事를 해직하고서 이를 劉義康에게 줄 것을 청하였으나 宋主는 허락하지 않고, 유의강을 司徒 錄尙書事를 삼고 南徐州刺史를 겸직하게 하여 왕홍과 함께 조정의 정사를 보필하게 하였다. 왕홍은 이미 병이 많았고 또 권력을 멀리하려고 하였다. 이로 말미암아 유의강이 안팎의 업무를 전적으로 총괄하고, 劉義恭을 荊州刺史 都督荊湘等八州軍事로 삼고, 劉湛을 南蠻校尉로 삼아 府·州의 업무를 대행하게 하였다.

王弘이 乞解州錄以授義康①이어늘 宋主不許하고 而以義康爲司徒錄尙書事領南徐州刺史하여 與弘共輔朝政②하니 弘既多疾이요 且欲遠權③이라 由是로 義康專總內外之務하고 以義恭爲荊州刺史督八州④하고 劉湛爲南蠻校尉行府州事하다

① 州·錄은 揚州刺史 및 錄尙書事이다.
州·錄, 揚州及錄尙書事也.

3) 涼 復攻秦 : "'復'라고 기록한 것은 어째서인가. 약속을 배반했기 때문이다. 이해에 西秦과 北涼이 화평을 맺었으므로 이를 기록하여 北涼을 죄준 것이다.〔書復 何 背約也 是年秦及涼平矣 故書罪之〕" ≪書法≫

② 宋 武帝 永初 2년(421)에 京口의 徐州를 더하여 '南徐'라고 하고, 淮北의 徐州는 다만 '徐'라고 하였다.
宋武帝永初二年, 加京口之徐州曰南徐, 淮北之徐州, 但曰徐.
③ 遠(멀리하다)은 去聲이다.
遠, 去聲.
④ 劉義恭은 武帝(劉裕)의 아들이다.
義恭, 武帝子.

【目】 宋主가 劉義恭에게 편지를 보내서 다음과 같이 타일렀다.

"천하에는 환란이 있고 국가는 일이 중요하니, 비록 守成이라 말하는 것도 실로 쉽지 않다. 흥성과 쇠퇴, 안정과 위기는 우리들에게 달려 있을 뿐이니, 어찌 왕업을 이룬 어려움을 생각하여 계승하는 것을 크게 염려하지 않을 수 있겠는가. 너의 성품은 편협하고 급하여 뜻이 막히게 되는 것은 그 욕심을 반드시 실행하고, 마음에 두지 않은 일은 남의 의견을 따라 바꾸니 이것이 매우 일을 망치는 것이다. 마땅히 생각하여 절제해야 한다. 衛青은 사대부를 예로 대우하고 소인에게는 은덕을 베풀었으며,[4] 西門豹와 董安于는 성격을 고쳐서 모두 아름답게 되었고, 關羽와 張飛는 편협한 성격대로 하다가 똑같이 폐해를 당했으니, 행실과 行事에 있어 깊이 이를 거울로 삼아야 할 것이다.

宋主與義恭書하여 誡之曰 天下艱難하고 家國事重하니 雖曰守成이나 實亦未易(이)라 隆替安危在吾曹耳니 豈可不感尋王業하여 大懼負荷①리오 汝性褊急하여 志之所滯는 其欲必行하고 意所不存은 從物回改하니 此最弊事라 宜念裁抑②이니라 衛青은 遇士大夫以禮하고 與小人有恩하며 西門安于는 矯性齊美③하고 關羽張飛는 任偏同弊④하니 行己擧事에 深宜鑑此니라

① "感尋王業"은 왕업을 이룬 어려움을 생각하여 다스리는 이치를 연구하는 것을 말한다.
感尋王業, 謂感念致王業之艱難而尋繹爲治之理也.
② 滯는 의심하며, 적체한다는 뜻이다.
滯, 疑也, 積也.
③ 西門豹는 성질이 사납고 급해서 늘 무두질한 가죽〔韋〕을 차고서 〈부드러운 가죽처럼〉 스스로 늦추었으며, 董安于는 성질이 너그럽고 느려서 늘 팽팽한 활시위를 차고 다니며 〈활시위처럼〉 스스로 급하게 하였으니, 모두 그 성질을 고쳐서 하나같이 아름답게 되었다.
西門豹性剛急, 常佩韋以自緩. 董安于性寬緩, 常佩弦以自急, 皆能矯正其性而齊美.
④ 關羽는 병졸을 잘 대우하였으나 士大夫에게 교만하였고, 張飛는 君子를 아끼며 예우하였으나 병사들을 돌보지 않았다. 두 사람은 타고난 성격대로 편협하게 하다가 모두 제명에 죽

4) 衛青은……베풀었으며 : ≪漢書≫ 〈伍被列傳〉에 보인다.

지 못했다.

羽善待卒伍而驕於士大夫, 飛愛禮君子而不恤軍人. 二人任性偏頗, 皆不善終.

【目】〈내가 죽고 난 뒤〉 만약 사태가 오늘과 달라져서 후사가 어려 몽매하고 司徒(劉義康)가 마땅히 周公의 일을 맡게 되면[5] 너는 공경하여 순종하는 도리를 다하지 않으면 안 된다. 그때 천하의 안정과 위태로움은 너희 두 사람(劉義康과 劉義恭)에게서 결정된다. 너는 한 달에 스스로 쓰는 돈이 30만 전을 넘어서는 안 되고, 府舍(荊州 관청)를 고쳐 지어서는 안 된다. 獄事를 다스릴 때에는 마음을 비우고 널리 자세히 살피고 신중히 하여 너의 기분에 따라 남을 대해서는 안 된다. 능히 선한 것을 선택하여 따르게 되면 아름다움은 저절로 자기에게 돌아올 것이니, 뜻을 독단하여 자신이 결정함으로써 홀로 결단하는 명석함을 자랑해서는 안 된다. 관직과 작위는 마땅히 깊이 삼가며 아껴야 하고, 작위를 하사할 때에는 더욱 헤아려서 판단해야 한다.

若事異今日하여 嗣子幼蒙하고 司徒當周公之事①면 汝不可不盡祗順之理니 爾時天下安危 決汝二人耳니라 汝一月自用錢이 不可過三十萬이요 府舍不須改作이요 訊獄虛懷博盡하고 愼無以喜怒加人하여 能擇善者而從之면 美自歸己니 不可專意自決하여 以矜獨斷之明也니라 名器深宜愼惜이요 爵賜尤應裁量이라

① "若事異今日"은 자기가 만일 죽고 난 뒤를 말한 것이다. 司徒는 劉義康을 말한다.
若事異今日, 言己若有不諱也. 司徒, 謂義康也.

【目】나는 좌우의 사람들에게 비록 은덕을 적게 내렸으나 외부에서 나를 논하는 것을 들어보면 그릇되었다고 생각하지 않는다. 귀함으로 남을 능멸하면 남이 복종하지 않고, 위엄으로 남을 압박하면 남이 복종하지 않는다.

음악의 유희를 지나치게 해서는 안 되고, 도박·음주·고기잡이·사냥은 일체 하지 말라. 자신을 받들기 위해 제공되는 용품들은 모두 절도가 있게 하고, 기이한 의복과 기물을 흥성하게 해서는 안 된다. 또 자주 佐史를 인견해야 하니, 서로 만나는 것을 자주 하지 않으면 그들과 내가 친해지지 않아서 人情을 다할 방법이 없으니 인정을 다하지 않으면 다시 어떻게 여러 일을 알 수 있겠는가."

吾於左右에 雖爲少恩이나 如聞外論에 不以爲非也라 以貴凌物하면 物不服이요 以威加人하면 人

5) 후사가……되면 : 司徒 劉義康이 周나라 周公처럼 어린 황제를 보필함을 말한다. 周公은 武王의 아우로서 武王이 죽자 武王의 어린 아들 成王을 보필하여 주나라 초기 정치를 안정시켰다.

不厭[①]이니라 聲樂嬉遊를 不宜令過요 蒱酒漁獵을 一切勿爲[②]요 供用奉身을 皆有節度하고 奇服異器를 不宜興長[③]이요 又宜數(삭)引見佐史니 相見不數則彼我不親하여 無因得盡人情이니 人情不盡이면 復何由知衆事也[④]리오

① 厭은 또한 복종한다는 뜻이다.
厭, 亦服也.
② 蒱는 樗蒱이다.
蒱, 樗蒱也.
③ 長(자라다)은 展兩의 切이다.
長, 展兩切.
④ 佐史는 당연히 佐吏로 써야 하니, 晉·宋의 무렵에 藩府(지방 관청)에서는 대개 參佐(僚屬)를 佐吏라고 하였다.
佐史, 當作佐吏, 晉宋之間, 藩府率謂參佐爲佐吏.

【目】劉義康은 揚州刺史를 얻고자 하여 언사에 이를 드러냈고, 王曇首가 禁中(僚屬)에 있으면서 宋主에게 친애와 신뢰를 받았기에 더욱 기쁘지 않아 사람들에게 말하기를 "王公(王弘)께서 오래도록 병이 들어 일어나지 못하니 神州(중국)를 어찌 누워서 다스리겠는가."라고 하였다. 왕담수가 왕홍에게 그 府中(錄尙書府)에 있는 문무관원의 절반을 줄여서 유의강에게 줄 것을 권하였는데 宋主가 2천 명을 분할해줄 것을 허락하니 유의강이 마침내 기뻐하였다.

義康欲得揚州하여 形於辭旨하고 以王曇首居中 爲宋主所親委하니 愈不悅하여 謂人曰 王公久病不起하니 神州詎宜臥治리오 曇首勸弘減府中文武之半하여 以授義康한대 宋主聽割二千人하니 義康乃悅이러라

【綱】丁零[6)]이 北魏에 항복하였다.

丁零이 降魏하다

【綱】3월 宋나라가 皇子 劉劭를 세워서 太子로 삼았다.

---

6) 丁零 : 丁令으로 표기하기도 한다. 투르크계 유목민으로 前漢 시대에는 바이칼호 이남에 살았다. 後漢 시대에 남쪽으로 이동하기 시작하였다. 勅勒, 鐵勒으로도 불렸다.(≪魏書 外國傳 譯註≫, 동북아역사재단, 2009)

◑ 三月에 宋立子劭하여 爲太子하다

【綱】 宋나라가 殷景仁을 中領軍으로 삼았다.

◑ 宋以殷景仁爲中領軍하다

【目】 宋主는 〈생모인〉 章太后가 일찍 죽은 것으로 해서 章太后를 낳은 蘇氏를 매우 공손히 모셨다. 蘇氏가 죽자 宋主는 臨哭하고 封爵을 추증하려고 신하들에게 의논하게 하였는데 殷景仁이 古典에 그런 일이 없다고 하자 마침내 중지하였다.

宋主以章太后早亡이라 奉太后所生蘇氏甚謹①이러니 蘇氏卒에 宋主臨哭하고 欲追加封爵하여 使群臣議之한대 景仁以爲古典無之라하니 乃止하다

① 章太后 胡氏는 宋主를 낳았는데 문제가 5살 때에 견책을 받아 賜死되었다. 宋主가 즉위하자 시호를 章이라고 하였다. 蘇氏는 장태후의 어머니이다.
章太后胡氏生宋主, 五年被譴賜死, 宋主卽位, 謚曰章. 蘇氏, 太后母也.

【綱】 西秦이 尙書 辛進을 죽였다.

秦殺其尙書辛進하다

【目】 辛進이 일찍이 文昭王을 따라서 凌霄觀에서 노닐 적에 나는 새를 탄환으로 쏘다가 잘못하여 秦王 乞伏暮末의 어머니를 맞추어 그 얼굴을 다치게 하였다. 이때에 와서 걸복모말이 신진과 그 五族 27명을 죽였다.

進嘗從文昭王하여 遊凌霄觀할새 彈飛鳥라가 誤中秦王暮末之母하여 傷其面이러니 至是하여 暮末殺進幷其五族二十七人①하다

① 五族은 五服[7] 이내의 친속이다.
五族, 五服內親也.

【綱】 여름 4월에 魏主가 柔然을 정벌하였다.

7) 五服 : 斬衰(참최), 齊衰(자최), 大功, 小功, 緦麻의 五服 안의 친족을 이른다. 斬衰는 3년으로 아버지나 남편에 대한 服制이고, 齊衰는 3년부터 3월까지인데, 자최 3년은 어머니에 대한 복제이며 나머지는 大功 9월, 小功 5월, 緦麻 3월인데 이를 五服의 친족이라 한다.

夏四月에 **魏主伐柔然**하다

【目】魏主가 柔然을 공격하려고 하니 여러 신하들은 모두 가려고 하지 않았으나 오직 崔浩만이 이를 권하였다. 尙書令 劉絜(유혈) 등이 함께 太史令 張淵·徐辯을 추천하여 다음과 같이 말을 올리게 하였다.

"올해 己巳年은 三陰이 되는 해로 歲星이 달을 침입하고 太白星이 서쪽에 있으니, 군사를 일으켜서는 안 됩니다. 북벌은 반드시 실패할 것이고 비록 승리하더라도 上에게 이롭지 않습니다."

최호가 말하였다.

"陽은 德이 되고 陰은 刑이 됩니다. 그러므로 일식에는 덕을 수양하고 월식에는 형벌을 정비하는 것입니다. 지금 병사를 출동하여 죄를 토벌하는 것은 형벌을 정비하는 것입니다. 近年 이래로 달의 운행이 昴星을 가리고 있으니, 그 占卜이 3년 안에 천자가 크게 旄頭星의 나라를 격파한다는 것입니다. 蠕蠕·高車(고차)[8]는 모두성의 무리이니 바라건대 폐하께서는 의심하지 마십시오."

魏主將擊柔然하니 **群臣皆不欲行**하되 **獨崔浩勸之**러니 **尙書令劉絜**(혈)**等**이 **共推太史令張淵徐辯**하여 **使言曰 今玆己巳三陰之歲**에 **歲星襲月**하고 **太白在西方**하니 **不可擧兵**이라 **北伐必敗**요 **雖克**이나 **不利於上**①이니라 **浩曰 陽爲德**하고 **陰爲刑**이라 **故日食修德**하고 **月食修刑**하나니 **今出兵討罪**는 **以修刑也**라 **比年以來**로 **月行掩昴**하니 **其占**이 **三年**에 **天子大破旄頭之國**②이라 **蠕蠕高車**는 **旄頭之衆也**니 **願陛下**는 **勿疑**하소서

① 天干은 甲·丙·戊·庚·壬으로 陽을 삼고, 乙·丁·己·辛·癸로 陰을 삼으며 地支는 子·寅·辰·午·申·戌로 陽을 삼고, 丑·卯·巳·未·酉·亥로 陰을 삼는다. 己·巳는 모두 陰인데다 천간과 지지가 己巳에 합해지니, 이것이 三陰의 해가 되는 것이다.
干以甲·丙·戊·庚·壬爲陽, 乙·丁·己·辛·癸爲陰, 支以子·寅·辰·午·申·戌爲陽, 丑·卯·巳·未·酉·亥爲陰. 己·巳皆陰, 而干支合於己巳, 是爲三陰之歲.

② ≪史記≫ 〈天官〉을 살펴보건대 "昴宿는 旄頭이니, 胡星이고 白衣會이다."[9]라고 하였다.

---

8) 高車(고차) : 丁零과 병칭되기도 한다. 漠北에 있던 투르크계 유목민에 대한 범칭으로 丁零, 勅勒, 鐵勒으로 불렸다.

9) 昴宿는……白衣會이다 : ≪史記正義≫에 "昴宿 7星이 머리를 풀어 헤친 모양이다. 胡星은 또한 獄事를 주관하니, 〈昴宿가〉 밝으면 천하의 옥사가 공평하고 어두우면 형벌이 범람한다. 〈7星 중〉 6星의 밝기가 大星의 밝기와 같으면 홍수가 장차 이르고 병란이 크게 일어나고, 별빛이 흔들리는 것이 도약하는 것 같으면 胡兵이 크게 일어나고, 한 星이 보이지 않으면 모두 병란의 우려가 있다.〔昴七星爲髦頭 胡星 亦爲獄事 明 天下獄訟平 暗 爲刑罰濫 六星明與大星等 大水且至 其兵大起 搖動若跳躍者 胡兵大

按史記天官云, "昴曰旄頭, 胡星也, 爲白衣會."

【目】 張淵과 徐辯이 말하였다.

"蠕蠕(柔然)은 〈교화가 미치지 않는〉 荒服 밖의 쓸모없는 것들입니다. 그 토지를 얻더라도 갈아 먹을 수가 없으며, 백성들을 얻더라도 신하로 삼아 부릴 수가 없으니, 어찌 분주하게 병사와 군마를 수고롭게 하여 저들을 정벌하고자 하십니까."

崔浩가 말하였다.

"장연과 서변이 天道를 말하는 것은 오히려 그들의 직분이지만 인사에 대해서는 그들이 알 바가 아닙니다. 이는 漢나라 시대의 일상적인 말이니, 오늘날에 이 말을 시행하는 것은 事宜에 매우 맞지 않습니다. 어째서 그렇겠습니까. 蠕蠕은 본래 우리나라의 변경을 지키는 신하로 도중에 반란을 일으켜 떠났습니다. 지금 그 원흉을 주살하고 그 良民을 수습하여 예전의 부역을 회복하도록 하는 것은 쓸모없는 것이 아닙니다."

그러자 魏主가 크게 기뻐하였다.

淵辯曰 蠕蠕은 荒外無用之物이라 得其地라도 不可耕而食이요 得其民이라도 不可臣而使니 有何汲汲而勞士馬以伐之리오 浩曰 淵辯言天道는 猶是其職이어니와 至於人事하여는 非其所知라 此乃漢世常談①[10)]이니 施之於今에 殊不合事宜라 何則고 蠕蠕은 本國家邊臣으로 中間叛去러니 今誅其元惡하고 收其良民하여 令復舊役이 非無用也니이다 魏主大悅하다

① 韓安國·主父偃(주보언)으로부터 嚴尤에 이르기까지 그 논의가 모두 이와 같았다.
自韓安國·主父偃至于嚴(光)〔尤〕,[11)] 其論皆如此.

【目】 논의를 마치고 난 뒤에 공경들 가운데 어떤 사람이 崔浩를 허물하여 말하기를 "남방의 적이 빈틈을 엿보고 있는데 이를 내버려두고 북벌을 하다가 만약 蠕蠕이 멀리 달아나버려서 앞에서는 얻을 바가 없고 뒤에서는 강대한 적을 갖게 되면 장차 어떻게 이를 상대하겠는가."라고 하였다.

起 一星不見 皆兵之憂也〕"라 하였다. 또한 白衣會는 위의 내용처럼 별빛이 흐릿하게 보이는 것을 이른 것으로 凶災의 조짐을 말한 것이다. 백의회를 喪事의 조짐으로 보는 견해도 있다. 髦頭, 胡星, 白衣會는 昴星의 별칭으로 쓰인다.

10) 漢世常談 : 漢 武帝가 匈奴를 정벌하려 하자 韓安國이 "그 땅을 얻어도 넓다고 할 것이 못되고 그 민중을 소유해도 강성할 것이 못됩니다.〔得其地不足以爲廣 有其衆不足以爲彊〕"라고 하고, 그 뒤에 主父偃·嚴尤도 이와 비슷한 말을 하였다.(≪資治通鑑新注≫)

11) (光)〔尤〕: 저본에는 '光'으로 되어 있으나, ≪資治通鑑≫ 註에 의거하여 '尤'로 바로잡았다.

최호가 말하기를 "그렇지 않다. 지금 우선 연연을 격파하지 않으면 남방의 적을 상대할 수가 없다. 남쪽 사람들은 우리나라가 統萬(夏나라 도성)에서 승리한 소식을 듣고 속으로 놀라 두려움을 품고 있다. 그러므로 공공연히 군대를 동원하여 淮北을 지킨다고 하니, 우리들이 연연을 격파하러 갔다 올 때까지는 남방의 적들이 반드시 움직이지 못할 것이다. 또한 저들은 步兵이고 우리들은 騎兵이므로 저들이 북쪽으로 침입해올 수 있으나 우리들은 또한 남쪽으로 내려갈 것이니, 이는 저들에게 매우 피곤한 일이지만 우리에게 수고로운 일이 아니다. 하물며 남과 북의 습속이 다르고 水戰과 陸戰의 편의가 다르니 河南을 저들에게 준다고 해도 저들은 또한 지킬 수 없을 것이다.

劉裕와 같은 영웅호걸이 關中을 병합하고 나서 그의 사랑하는 아들을 남기고 훌륭한 장수로 보좌하게 하여 정예 병사 수만을 거느리고서도 오히려 지키지 못하였는데, 하물며 劉義隆과 오늘날 그 군신들이 유유의 시대와 비할 바가 못 되고, 우리 主上께서 영명하며 용감하고 군사와 군마는 정치하며 강성하니 저들이 만약 침입해온다면 마치 망아지와 송아지로 호랑이와 이리에게 싸움을 걸어오는 것과 같은 것이니, 어찌 두려울 것이 있겠는가.

연연은 그들이 멀리 떨어져 있는 것을 믿고서 우리나라가 힘으로 능히 통제할 수 없을 것이라고 생각하여, 여름에는 무리를 분산시켜 가축을 방목하고 가을에 가축이 살찌면 마침내 모여서 추위를 피해 따뜻한 곳을 향해서 남쪽으로 와서 노략질을 한다. 지금 그들이 방비하지 않고 있는 것을 기습한다면 반드시 흙먼지가 일어나는 것을 멀리서 보고 놀라서 흩어질 것이다. 수말이 암말을 보호하고 어미 말이 새끼 망아지를 사랑하여 날뛰게 되어 통제하기 어려울 것이고, 물과 풀을 구하지 못하면 수일도 채 지나지 않아 반드시 모여들어 곤궁하고 피폐해질 것이니, 한 번 출동하여 멸망시킬 수 있다. 수고로움은 잠시이고 편안함은 영원하니 시기를 놓쳐서는 안 될 것이다."라고 하였다.

既罷에 公卿이 或尤浩曰 南寇伺隙이로되 而捨之北伐이라가 若蠕蠕遠遁하여 前無所獲이요 後有彊寇면 將何以待之오 浩曰 不然하다 今不先破蠕蠕하면 則無以待南寇라 南人聞國家克統萬하고 內懷恐懼라 故揚聲動衆以衛淮北하니 比吾破蠕蠕往還之間에 南寇必不敢動이요 且彼步我騎라 彼能北來나 我亦南往이니 在彼甚困이나 於我未勞요 況南北殊俗하고 水陸異宜하니 與之河南이라도 亦不能守라 以劉裕之雄傑로 呑倂關中하여 留其愛子하고 輔以良將하여 精兵數萬이로되 猶不能守어늘 況義隆今日君臣이 非裕時之比요 主上英武하고 士馬精彊하니 彼若果來면 如以駒犢鬪虎狼이라 何懼之有리오 蠕蠕恃其絶遠하여 謂國家力不能制라하여 夏則散衆放畜하고 秋肥乃聚하여 背寒向溫하여 南來寇抄하니 今掩其不備면 必望塵駭散하리니 牡馬護牝하고 牝馬戀駒하여 驅馳難

制요 不得水草면 不過數日에 必聚而困弊하리니 可一擧而滅也라 蹔勞永逸이니 時不可失이니라

【目】 寇謙之가 崔浩에게 말하기를 "蠕蠕을 과연 이길 수 있겠는가?"라고 하니, 최호가 말하기를 "반드시 이길 것이다. 다만 여러 장군들이 자질구레하여 앞과 뒤를 생각하다가 승세를 타고 깊숙이 들어가지 못하여 완전히 사로잡지 못할까 걱정일 뿐이다."라고 하였다.

이에 앞서 宋主가 北魏의 사신이 돌아가는 것을 이용하여 魏主에게 고하기를 "그대는 빨리 우리의 河南의 땅을 돌려달라. 그렇지 않으면 장차 우리 장수와 병사의 힘을 다하여 공격할 것이다."라고 하였다. 魏主가 이 소식을 듣고는 크게 웃으면서 공경들에게 말하기를 "거북이와 자라 같은 소인배 녀석들이 무엇을 할 수 있겠는가. 저들이 쳐들어오더라도 만일 우리가 유연을 먼저 멸망시키지 않으면 마침내 앉아서 적이 도착하기를 기다리는 것이니, 앞뒤에서 적을 맞이하게 되는 것은 좋은 계책이 아니다. 나는 가기로 결정하였다."라고 하고, 마침내 平城에서 출발하였다.

寇謙之謂浩曰 蠕蠕果可克乎아 浩曰 必克이어니와 但恐諸將瑣瑣하여 前後顧慮하여 不能乘勝深入하여 使不全擧耳①니라 先是에 宋主因魏使還告魏主曰 汝趣(촉)歸我河南地②하라 不然이면 將盡我將士之力하리라 魏主聞之하고 大笑謂公卿曰 龜鼈小豎 夫何能爲③리오 就使能來라도 若不先滅蠕蠕면 乃是坐待寇至니 腹背受敵이 非良策也라 吾行決矣라하고 遂發平城하다

① 瑣瑣는 작은 것이니, 뜻이 작아서 일거에 모두 빼앗을 수 없음을 말한다.
瑣瑣, 細小也, 言志趣細小, 不能一擧而全取之也.

② 趣(재촉한다)는 促으로 읽는다.
趣, 讀曰促.

③ 동남쪽은 못이 많이 있는 나라이므로 꾸짖어 말하기를 "거북이와 자라 같은 소인배 녀석들이다."라고 한 것이다.
東南, 澤國也, 故詆之曰"龜鼈小豎."

【綱】 5월 초하루에 일식이 있었다.

五月朔에 日食하다

【綱】 宋나라가 王敬弘을 光祿大夫로 삼았다.

◑ **宋以王敬弘爲光祿大夫**하다

【目】 예전에 宋主가 王敬弘을 尙書令으로 삼았는데 왕경홍이 굳이 사양하여 표문을 올려 동쪽으로 돌아가기를 청하였으므로 이런 명령이 있게 되었다.

初에 宋主以敬弘爲尙書令이러니 敬弘固讓하여 表求還東이라 故有是命①하니라

① 建康에서 會稽로 돌아가는 것이므로 "還東"이라고 한 것이다.
自建康歸會稽爲還東.

【綱】 北涼과 吐谷渾이 西秦을 침략하자 西秦이 그들을 패퇴시키고 北涼 世子 沮渠興國을 사로잡았다.

涼及吐谷渾이 侵秦이어늘 秦敗之하고 獲涼世子興國하다

【綱】 柔然의 紇升蓋可汗 郁久閭大檀이 도주하자 魏主가 추격하여 涿邪山(탁야산)에 이르렀다가 가을 7월에 군사를 이끌고 돌아왔다. 욱구려대단이 死하니, 그 아들 勅連可汗 郁久閭吳提가 즉위하였다.

◑ **柔然紇升蓋可汗大檀出走**어늘 **魏主追至涿邪山**하여 **秋七月**에 **引還**하다 **大檀死**하니 **子勅連可汗吳提立**하다

【目】 魏主가 漢南에 도달하여 輜重을 버리고 경무장한 기병과 副馬를 이끌고 柔然을 습격하여 栗水에 이르렀다. 유연의 紇升蓋可汗은 미리 방비를 하지 못하여 마침내 여막을 불태우고 흔적을 없애서 서쪽으로 달아났다. 부락이 사방으로 흩어졌는데, 魏主가 군사를 나누어 찾아 토벌하여 동서로 5천 리와 남북으로 3천 리에 걸쳐서 사로잡거나 목을 벤 사람이 매우 많았고, 高車(고차)의 여러 部落이 승세를 타고 유연을 약탈하니, 유연의 종족 가운데 전후로 北魏에 항복한 사람이 30여만 부락이고 포획한 군마가 100여만 필이었고, 가축과 수레와 장막이 무려 수백만이었다.

魏主至漢南하여 捨輜重하고 帥輕騎兼馬하여 襲擊柔然하여 至栗水①하니 柔然紇升蓋可汗이 先不設備라 遂燒廬舍하고 絶迹西走하니 部落四散이어늘 魏主分軍搜討하여 東西五千里와 南北三千里에 俘斬甚衆하고 高車諸部 乘勢抄掠하니 柔然種類前後降魏者 三十餘萬落이요 獲戎馬百餘萬

匹이요 畜産車廬 亡(무)慮數百萬[②]이러라

① "兼馬"는 騎馬 1마리마다 副馬가 겸하여 있는 것이다. 栗水는 漠北에 있으니 稽落山에 가까운데, 漢나라 將軍 竇憲의 옛 보루가 있다.
兼馬者, 每一騎兼有副馬也. 栗水, 在漠北, 近稽落山, 有漢將軍竇憲故壘在焉.

② 亡(없다)는 無字와 통용한다. "亡慮"의 뜻은 헤아려 생각하지 않는다는 말과 같으니, 큰 수량임을 알 수 있다.
亡, 無字通. 亡慮之義, 猶言不用計慮, 可知其大數也.

【目】魏主가 弱水를 따라 서쪽으로 가서 涿邪山에 이르렀는데 여러 장군들이 복병이 있을까 염려하자, 寇謙之가 崔浩의 말을 인용하여 아뢰었다. 그러나 魏主는 따르지 않고 군사를 이끌고서 돌아와 黑山에 이르러 포획한 것을 모두 장수와 병사들에게 나누어 주었다. 이윽고 투항한 사람들의 말을 들으니 "可汗은 병이 나서 수레에 자신을 싣고 南山으로 들어갔다. 그리고 백성과 가축이 궁색하여 모여들어 사방 60리에 통솔하는 사람이 없었다. 〈北魏의 군대와 可汗이 서로〉 180리 떨어져 있었는데 추격하는 병사가 오지 않으므로, 마침내 서서히 서쪽으로 도망갔다."라고 하였고, 胡人이 말하기를 "만약 다시 이틀을 더 전진하였다면 그들을 전부 멸망시킬 수 있었을 것이다."라고 하니, 魏主가 매우 후회하였다. 紇升蓋可汗이 분개하여 卒하니, 아들 郁久閭吳提가 즉위하고 勅連可汗이라고 불렀다.

魏主循弱水하여 西行至涿邪山[①]하여는 諸將慮有伏兵이어늘 寇謙之以崔浩之言告한대 魏主不從하고 引兵還하여 至黑山하여 盡以所獲班將士[②]하고 旣得降人言호되 可汗被病하여 以車自載하여 入南山하고 民畜窘聚하여 方六十里無人統領하니 相去百八十里에 追兵不至라 乃徐西遁이라하고 〔胡言호되〕[12] 若復(부)前行二日이면 則盡滅之矣라하니 魏主深悔之러라 紇升蓋可汗憤悒而卒커늘 子吳提立하고 號勅連可汗[③]이라

① 薛氏(薛肇明)가 말하기를 "弱水는 吐谷渾의 경계인 窮石山에서 발원하여 刪丹縣 서쪽으로부터 合黎山에 이르러 張掖縣에 있는 黃河와 합류한다."라고 하였다. 柳宗元이 말하기를 "西海의 산에 물이 있으니, 〈물살이〉 흩어져 힘이 없어서 지푸라기도 띄우지 못하여 지푸라기를 던지면 쓰러지고 가라앉아 밑바닥에 이른 뒤에 멈춘다. 그러므로 弱水라고 이름을 붙였다."라고 하였다. 邪는 耶로 읽는다.
薛氏曰 "弱水出吐谷渾界窮石山, 自刪丹西至合黎山, 與張掖縣河合." 柳宗元曰 "西海之山有水焉, 散渙無力, 不能負芥, 投之則委靡墊沒, 及底而止, 故名曰弱." 邪, 讀曰耶.

12) 〔胡言〕: 저본에는 '胡言'이 없으나, ≪資治通鑑≫에 의하여 보충하였다.

② 黑山은 大漠의 북쪽에 있는데, 산의 길이가 수십 리이다. 흙과 돌이 모두 검붉어서 磁石과 비슷한데 물이 그 아래에서 나오니 이른바 黑水이다.
黑山, 在大漠北, 山長數十里. 土石皆紫黑, 似磁石, 有水出其下, 所謂黑水也.
③ 勅連은 北魏의 말에 神聖함이다.
勅連, 猶(夏)〔魏〕13) 言神聖也.

【綱】武都王 楊玄이 卒하니, 그의 아우 楊難當이 양현의 아들 楊保宗을 폐하고 자신이 즉위하였다.

武都王楊玄卒하니 **弟難當**이 **廢其子保宗而自立**하다

【綱】8월에 北魏가 군대를 보내 高車를 공격하여 항복을 받았다.

○**八月**에 **魏遣兵擊高車**하여 **降之**하다

【目】魏主가 漠南에 이르러 高車의 東部가 巳尼陂에 주둔하고 있고 사람과 가축이 매우 많은데 北魏의 군대와 천여 리 떨어져 있다는 것을 듣고, 左僕射 安原을 파견하여 1만 기병을 거느리고 그를 공격하게 하였다. 그러자 고차의 여러 부락에서 영접하여 투항한 사람이 수십만 부락이어서 말·소·양 백여만 마리를 포획하였다.

10월에 魏主가 平城으로 돌아와서, 柔然·高車에서 항복한 백성을 漠南으로 이주시켜 동쪽으로는 濡源에 이르는 곳과 서쪽으로는 五原의 陰山에 이르기까지 3천 리 안에서 그들에게 농사와 방목을 하도록 하여 그 공물과 부세를 거두어들였다. 그리고 長孫翰·劉絜·安原과 侍中 古弼에게 명하여 함께 그들을 진무하게 하였다. 이로부터 北魏의 백성들 사이에 말·소·양 및 모피가 이 때문에 가격이 낮아졌다.

魏主至漠南하여 **聞高車東部 屯巳尼陂**하고 **人畜甚衆**한대 **去魏軍千餘里**①하고 **遣左僕射安原將萬騎擊之**하니 **高車諸部迎降者 數十萬落**이라 **獲馬牛羊百餘萬**하다 **十月**에 **魏主還平城**하여 **徙柔然高車降民於漠南**하여 **東至濡源**과 **西暨五原陰山**히 **三千里中**에 **使之耕牧而收其貢賦**②하고 **命長孫翰劉絜安原及侍中古弼同鎭撫之**하니 **自是**로 **魏之民間**에 **馬牛羊及氈皮 爲之價賤**③이러라

① ≪北史≫에 "烏洛侯國에서 서북쪽으로 20일을 가면 于巳尼大水가 있는데 이른바 北海이다."라고 하였다. 烏洛侯는 濡源의 서북쪽에 두었으니, 巳尼陂가 또 그 서북쪽에 있어야 한다.

13) (夏)〔魏〕: 저본에는 '夏'로 되어 있으나, ≪資治通鑑≫ 註에 의거하여 '魏'로 바로잡았다.

北史"烏洛侯國, 西北二十日行, 有于巳尼大水, 所謂北海也." 烏洛侯直(치)濡源西北, 巳尼陂又當在其西北也.

② 濡(물 이름)은 乃官의 切이다. ≪水經注≫에 "濡水는 塞外에서 와서 동남으로 가서 遼西 令支縣 북쪽을 지나고, 또 동남쪽으로 가서 海陽縣 서남쪽을 지나 바다로 들어간다."고 하였다.
濡, 乃官切. 水經"濡水從塞外來, 東南過遼西令支縣北, 又東南過海陽縣西南, 入于海."

③ 爲(때문에)는 去聲이다.
爲, 去聲.

【綱】겨울 10월에 北魏는 崔浩를 撫軍大將軍으로 삼았다.

冬十月에 魏以崔浩爲撫軍大將軍하다

【目】魏主가 崔浩에게 侍中 特進 撫軍大將軍을 더해주어 그 책략을 세운 공로를 포상하였다. 최호는 천문을 점치는 것을 잘하였는데, 항상 식초를 담는 그릇 속에 生銅(제련하지 않은 구리 덩이)을 넣어두었다가 밤에 보이는 것이 있을 때 곧바로 생동을 가지고 종이에다 문양을 베끼고 글씨를 써서 〈천문의 변이를〉 기록하였다. 魏主가 늘 최호의 집을 방문하여 災異에 대해 물었는데, 〈최호는〉 혹은 창졸간에 허리띠를 맬 틈도 없었고, 거친 음식을 진상해도 魏主가 반드시 그를 위해 젓가락을 들었고, 혹은 즉시 맛을 보고는 돌아갔다.

魏主加崔浩侍中特進撫軍大將軍하여 以賞其謀畫之功하다 浩善占天文하여 常置銅鋌酢器中이라가 夜有所見에 卽以鋌畫紙하여 作字記之①러라 魏主每如浩家하여 問以災異러니 或倉猝不及束帶하고 奉進疏食(사)어든 魏主必爲之擧筯하고 或立嘗而還②이러라

① 鋌(쇳덩이)은 徒鼎의 切이다. 銅은 鐵朴(제련하지 않은 쇳덩이)이다. 酢(식초)는 醋와 같으니, 倉故의 切이다. 畫(그리다)는 去聲이다.
鋌, 徒鼎切. 銅, 鐵朴也. 酢, 與醋同, 倉故切. 畫, 去聲.

② 爲(위하다)는 去聲이다. 嘗은 입으로 맛을 알아보는 것이다.
爲, 去聲. 嘗, 口識其味也.

【目】魏主가 일찍이 崔浩에게 말하기를 "卿의 재능과 지략은 깊고 넓으며 그 충성은 三代에 드러났다. 그러므로 짐은 경을 이끌어서 가까이에 둔 것이다. 경은 마땅히 충성을 다해 간언하여 감추는 일이 있어서는 안 된다. 짐이 비록 어떤 경우에 분노하여 경의 말을 따르지 않기도 하겠지만, 끝내 오래도록 경의 말을 깊이 생각할 것이다."라고 하

였다.

일찍이 최호를 가리키면서 高車의 우두머리 장수들에게 보이며 말하기를 "이 사람은 몸이 가냘프며 유약하여 활시위를 당기거나 창을 잡을 수는 없지만, 이 사람의 가슴속에 품고 있는 것은 무기나 갑옷보다 뛰어나다. 짐이 전후로 공을 세웠던 것은 모두 이 사람이 가르쳐준 것이다."라고 하였다. 또한 尙書에게 칙령을 내리기를 "국가와 군사에 관한 큰 계책 중에 그대들이 결정할 수 없는 것은 모두 마땅히 최호에게 자문을 구한 뒤에 시행하도록 하라."라고 하였다.

嘗謂浩曰 卿才智淵博하고 著忠三世라 故朕引以自近①하니 卿宜盡忠規諫하여 勿有所隱하라 朕雖或時忿恚하여 不從卿言이나 然終久深思卿言也로라 嘗指浩以示高車渠帥曰 此人이 尫纖懦弱하여 不能彎弓持矛②나 然其胸中所懷 乃過於兵甲하니 朕之前後有功이 皆此人所敎也니라 又勅尙書曰 軍國大計에 汝曹所不能決者는 皆當咨浩然後에 施行하라하다

① 道武帝(拓跋珪)와 明元帝(拓跋嗣)와 太武帝(拓跋燾)가 바로 三世이다.
道武·明元及太武爲三世.

② 尫(약하다)은 烏光의 切이니, 약하다는 뜻이다. 纖은 가늘다는 뜻이다.
尫, 烏光切, 弱也. 纖, 細也.

【綱】 11월 초하루에 일식이 일어나니 별이 낮에 보였다.

十一月朔에 日食하니 星晝見[14]하다

【綱】 西秦에 地震이 일어났다.

◑ 秦地震하다

【目】 일식이 다하지 않아서 갈고리 모양처럼 되었고, 별이 낮에 보여 晡時(오후 3~5시)까지 나타났으며, 河北 지역이 깜깜하였고 西秦에 지진이 일어나니, 들판의 풀들이 모두 거꾸로 뒤집혔다.

日食不盡如鉤하고 星晝見至晡하고 河北地闇하고 秦地震하니 野草皆自反하다

---

14) 日食 星晝見 : "日食이 일어나 별이 낮에 보이는 것은 큰 변고이다. ≪資治通鑑綱目≫이 끝날 때까지 일식이 일어나 별이 보이는 현상을 기록한 것이 두 번이다(이해(429)와 唐 肅宗 上元 2년(761)). 〔日食至星晝見 大變也 終綱目 書日食星見二(是年 唐肅宗上元二年)〕" ≪書法≫

庚午年(430)

宋나라 太祖 文帝 劉義隆 元嘉 7년이고, 北魏 世祖 太武帝 拓跋燾 神䴥 3년이다.

宋元嘉七年이요 魏神䴥三年이라

【綱】봄 3월에 宋나라는 將軍 到彦之 등을 보내어 北魏를 정벌하였다.

春三月에 宋遣將軍到彦之等하여 伐魏[15)]하다

【目】宋主는 河南의 땅을 회복하려는 의지를 갖고 있어서 조서를 내려 갑졸 5만 명을 선발하여 右將軍 到彦之에게 주고, 將軍 王仲德·竺靈秀의 水軍을 통솔하여 黃河로 들어가게 하고, 또 장군 段宏에게 정예 기병을 거느리고 곧장 虎牢로 향하도록 하고, 劉德武에게 군사를 거느리고 이어서 진군하도록 하고, 長沙王 劉義欣을 監征討諸軍事로 삼아서 출동하여 彭城을 鎭守하면서 여러 군대를 성원하도록 하였다.

먼저 장군 田奇를 北魏에 파견하여 魏主에게 고하기를 "河南은 옛날에 우리 宋나라의 영토였다. 중간에 저들의 침략을 받았으니 지금 마땅히 옛 국경선을 회복하고자 하는 것이지, 河北 지역에는 관심이 없다."라고 하니, 魏主가 크게 분노하여 말하기를 "내가 태어나 머리가 아직 마르지 않았을 때에도 이미 河南은 우리의 땅이라고 들었다. 만일 기필코 군사를 일으켜 진격해온다면 당장은 임시로 수비를 철수시켜 피하겠지만, 겨울 추위에 얼음이 얼어붙을 때에 직접 다시 그곳을 빼앗을 것이다."라고 하였다.

宋主有恢復河南之志하여 詔簡甲卒五萬하여 給右將軍到彦之하고 統將軍王仲德竺靈秀舟師入河하고 又使將軍段宏으로 將精騎直指虎牢하고 劉德武로 將兵繼進하고 長沙王義欣으로 監征討諸軍事하여 出鎭彭城하여 爲衆軍聲援①이러니 先遣將軍田奇하여 告魏主曰 河南舊是宋土라 中爲彼所侵하니 今當修復舊境이라 不關河北이니라 魏主大怒曰 我生髮未燥에 已聞河南이 是我地②니 必若進軍이면 當權斂戍相避라가 冬寒氷合에 自更(갱)取之리라

---

15) 宋遣將軍到彦之等 伐魏 : "北魏의 奚斤이 여러 장군들을 감독하여 宋나라를 공격할 적에 '擊'이라고 기록하였는데(壬戌年(422)) 여기에서 '伐'이라고 기록한 것은 어째서인가. 河南은 이전의 宋나라 땅이므로 曲直으로 표현한 것이다. 그러므로 北魏가 金墉·武牢·滑臺를 빼앗을 적에 모두 '宋'자를 달아놓았다.〔魏奚斤督諸將伐宋書擊(壬戌年) 此其書伐 何 河南故宋土 曲直之辭也 故魏取金墉武牢滑臺 皆繫之宋〕" ≪書法≫ 北魏가 金墉을 점령했을 때 "魏取宋金墉"이라 하였다. 武牢는 虎牢인데, 唐나라 때 高祖 李淵의 祖父 李虎의 이름인 '虎'를 피휘한 것이다.

① 劉義欣은 劉道憐의 아들이다.
義欣, 道憐之子也.
② 燥는 마르다는 뜻이다.
燥, 乾也.

【綱】 北魏의 勅勒이 반란을 일으키자 北魏가 이들을 공격하여 섬멸하였다.

魏勅勒叛이어늘 **擊滅之**하다

【目】 北魏에서 새로이 이주시킨 勅勒 1천여 家口가 장수와 관리들의 착취에 고통을 받아 원망하는 말을 하고 풀이 자랄 때에 漢北으로 도망가기를 기약하였다. 劉絜과 安原이 그들을 河西로 이주시키자고 청하였는데, 魏主가 말하기를 "이들의 습속은 방목하면서 흩어져 산 시일이 오래되었으니, 예컨대 우리 안에 있는 사슴을 핍박하면 광분하여 돌진하고, 느슨하게 하면 저절로 안정되는 것과 같다. 내가 처리하는 데에 나름 방도가 있으니, 번거롭게 이주시킬 것이 없다."라고 하였다.

유혈 등이 굳게 청하자 마침내 이주시키는 것을 허락하니, 칙륵이 모두 놀라서 말하기를 "우리들을 河西에 가두니, 우리들을 죽이려는 것이다."라고 하고 마침내 반란을 일으켜 달아나자 유혈이 그들을 추격하여 토벌하니, 모두 굶어 죽었다.

魏有新徙勅勒千餘家 苦將吏侵漁하여 **出怨言**하고 **期以草生**으로 **亡歸漢北**[①]이어늘 **劉絜安原**이 **請徙之河西**한대 **魏主曰 此曹習俗**이 **放散日久**하니 **如囿中之鹿**이 **急則奔突**하고 **緩之自定**이라 **吾區處自有道**하니 **不煩徙也**니라 **絜等固請**한대 **乃聽之**하니 **勅勒皆驚曰 圈我於河西**하니 **欲殺我也**로다 **遂叛走**[②]어늘 **絜追討之**하니 **皆餓而死**하다

① ≪新唐書≫ 〈回鶻列傳〉에 말하기를 "勅勒은 그 조상이 匈奴이다. 北魏 때에 高車部라고 부르다가 그 뒤에 와전되어 鐵勒이라고 하였으니 唐나라 때 鐵勒 15種이 그것이다."라고 하였다.
新唐書曰 "勅勒, 其先匈奴也. 元魏時號高車部, 其後訛爲鐵勒, 唐之鐵勒十五種是也."
② 圈(가두다)은 其卷과 其權의 두 가지 切이니, 우리에 가둠이다.
圈, 其卷・其權二切, 防閑也.

【綱】 여름 6월에 宋나라가 楊難當을 武都王으로 삼았다.

夏六月에 **宋以楊難當爲武都王**하다

【綱】 가을 7월에 北魏의 河南의 여러 군대가 후퇴하여 河北에 주둔하니 宋나라 到彦之 등이 河南을 빼앗았다.

○秋七月에 魏河南諸軍이 退屯河北하니 宋到彦之等이 取河南[16]하다

【目】 北魏의 남쪽 변경에 있는 여러 장군들이 표문을 올려서 말하기를 "宋나라 사람들이 침입해 들어오려고 하니, 군사 3만을 청하여 그들이 아직 출동하지 않았을 때 먼저 그들을 공격하여 그 銳氣를 꺾어버려야 합니다."라고 하고, 이어서 국경에 있는 河北의 유민들을 다 죽여서 그들이 송나라 군대를 鄕導하는 것을 단절시킬 것을 청하였는데, 魏主가 공경들에게 이를 논의하도록 하니 모두 마땅히 그렇게 해야 한다고 하였다.

崔浩가 말하기를 "안 됩니다. 남방은 땅이 낮고 습하여 여름에 접어들어 장맛비가 내리면 초목이 무성하며 빽빽하고 땅의 기운은 찌는 듯이 더워서 질병에 걸리기 쉬우니, 출병해서는 안 됩니다. 또한 저들은 이미 엄중히 방비하고 있으니, 성을 지키는 것도 반드시 견고할 것입니다. 머물러 주둔하며 오랫동안 공격하면 군량의 운송이 이어지지 못하고, 군사를 나누어 사방을 약탈하면 군사의 힘이 분산되어 약해질 것이니, 지금 그들을 공격하면 승리를 거두지 못할 것입니다.

저들이 만약 과감히 북쪽으로 침입해올 경우에 마땅히 저들이 피로하고 지치기를 기다려 가을이 되어 날이 서늘하고 말이 살찌면 이를 이용하여 적에게 식량을 탈취하여 서서히 가서 그들을 공격하면 되니, 이것이 萬全의 계책입니다. 서북을 지키는 장수들이 폐하를 따라서 정벌하여 많은 미녀와 진귀한 보물을 획득하여 소와 말도 무리를 이루었습니다. 남쪽 변경의 여러 장수들이 이를 듣고서 부러워하여 또한 남쪽을 공략하여 재물을 취하려 하는 것이니, 이는 모두 사사로운 계획을 써서 그 때문에 나라에 사건이 일어나게 하는 것입니다. 들어주어서는 안 됩니다."라고 하니, 魏主가 마침내 그만두었다.

魏南邊諸將이 表稱宋將入寇하니 請兵三萬하여 先其未發에 逆擊之하여 以挫其銳라하고 因請悉誅河北流民在境上者하여 以絶其鄕導한대 魏主使公卿議之하니 皆以爲然이어늘 崔浩曰 不可하다

16) 魏河南諸軍……取河南 : "위에서 '魏河南諸軍 退屯河北'이라고 기록하고, 아래에 '宋到彦之等 取河南'이라고 기록하였으니, 이는 到彦之 등이 北魏 군대가 스스로 후퇴한 것을 틈타서 차지한 것이지 싸움에 이겨서 얻은 것이 아니다. 그래서 書法은 이와 같은 것이니, 그 사실을 기록했을 뿐이다.〔上書魏河南諸軍 退屯河北 下書宋到彦之等 取河南 則是彦之等 因魏軍之自退而取之 非以戰勝而得之也 書法若此 紀其實爾〕" ≪發明≫

南方下濕하여 入夏水潦에 草木蒙密하고 地氣鬱蒸하니 易(이)生疾癘라 不可行師요 且彼旣嚴備하니 城守必固라 留屯久攻하면 則糧運不繼요 分軍四掠이면 則衆力單寡하니 以今擊之면 未見其利라 彼若果能北來인댄 宜待其勞倦하여 秋涼馬肥어든 因敵取食하여 徐往擊之면 此萬全之策也라 西北守將이 從陛下征伐하여 多獲美女珍寶하여 牛馬成群하니 南邊諸將이 聞而慕之하여 亦欲南鈔以取資財하니 皆營私計하여 爲國生事라 不可從也①니이다 魏主乃止하다

① 爲(때문에)는 去聲이다.
爲, 去聲.

【目】 여러 장군들이 다시 표문을 올려 幽州 이남의 강한 병사를 선발하여 자신들의 수비를 원조하고, 그리고 漳水에서 선박을 제조할 것을 청하였는데, 공경들은 모두 마땅히 요청한 대로 해야 한다고 하였고, 이어서 司馬楚之・魯軌・韓延之 등을 임명하여 장수로 삼아 남쪽 사람을 불러 끌어들이게 하였다.

崔浩가 말하기를 "사마초지 등은 모두 저들이 두려워하고 꺼리는 대상입니다. 지금 우리나라에서 정예 병사를 다 징발하고 대대적으로 선박을 제조한다는 소식을 들으면 〈宋나라는〉 우리나라가 司馬氏를 존립시키고 劉氏 종실을 주멸하려 한다고 하여, 반드시 온 나라가 놀라서 정예 병사를 모두 징발하여 죽기로 싸울 것입니다. 그렇게 되면 우리 남쪽 변경의 여러 장군들이 그들을 제어할 수 없을 것이니, 적을 물리치려고 하면서 도리어 그들을 부르는 격입니다. 허장성세를 펼치다가 실제 피해를 부른다는 것은 이를 말하는 것입니다.

또한 사마초지 등은 모두 작은 이익을 탐내는 소인배이므로, 단지 경박하고 무뢰한 사람들을 불러 모으는 데 그쳐서 큰 공을 세우지 못할 것이니, 한갓 우리나라에 전쟁이 이어지고 재앙이 얽히도록 할 뿐입니다."라고 하였으나, 魏主가 옳게 여기지 않았다.

諸將復表하여 乞簡幽州以南勁兵하여 助己戍守하고 及就漳水造船이어늘 公卿皆以爲宜如所請이라하고 仍署司馬楚之魯軌韓延之等爲將帥하여 使招誘南人하니 浩曰 楚之等이 皆彼所畏忌라 今聞國家悉發精兵하고 大造舟艦이면 謂國家欲存立司馬氏하고 誅除劉宗이라하여 必擧國震駭하여 悉發精銳하여 以死爭之하리니 則我南邊諸將이 無以禦之라 欲以却敵而反速之니 張虛聲而召實害 此之謂矣니라 且楚之等은 皆纖利小才라 止能招合輕薄無賴하여 而不能成大功하니 徒使國家兵連禍結而已니이다 魏主未以爲然이어늘

【目】崔浩가 마침내 다시 天時를 들어 남방에서 군사를 일으키는 것은 반드시 불리하다 하여 말하기를 "올해는 해로운 기운이 揚州에 있는 것이 첫 번째입니다. 庚과 午는 스스로를 刑殺하는 형상이므로 먼저 발동하는 사람이 상해를 당할 것이 두 번째입니다. 일식으로 대낮에도 어두웠는데 그 분야가 斗宿와 牛宿에 해당한 것이 세 번째입니다. 熒惑星(火星)이 翼宿와 軫宿에 있으면서 어지러움과 죽음을 주관하는 것이 네 번째입니다. 太白星(金星)이 아직 나오지 않아서 진군하는 자가 패하는 것이 다섯 번째입니다.

나라를 흥성하게 하는 군주는 먼저 人事를 정비하며 그 다음으로 지형의 이점을 다한 후에 天時를 살피므로, 만 가지를 거행하여 만 가지가 다 완전할 수 있는 것입니다. 지금 劉義隆의 막 건국한 나라는 人事가 흡족하지 않고, 災異가 자주 나타나니 天時가 돕지 않고, 배가 가려해도 물이 말랐으니 地利도 다하지 못합니다. 이 人事·天時·地利 세 가지 중에 하나도 가능한 것이 없는데도 유의륭이 이를 행하려 하니, 반드시 패배할 것은 의심할 여지가 없습니다."라고 하였다.

浩乃復陳天時하여 以爲南方擧兵必不利曰 今玆害氣在揚州 一也①요 庚午自刑하여 先發者傷이 二也②요 日食晝晦하고 宿(수)値斗牛 三也③요 熒惑伏於翼軫하여 主亂及喪이 四也④요 太白未出하여 進兵者敗 五也⑤요 夫興國之君은 先修人事하며 次盡地利하고 後觀天時라 故萬擧萬全하나니 今劉義隆新造之國이 人事未洽하고 災變屢見(현)하니 天時不協하고 舟行水涸하니 地利不盡이라 三者無一可로되 而義隆行之하니 必敗無疑리이다

① 揚州는 12방위의 丑方에 있고 이번 歲次(庚午年)가 午에 있다. 丑은 金庫(金 창고)가 되고 午는 火旺(火氣의 旺盛)이 되는데, 火는 金을 해치므로 해로운 기운이 양주에 있는 것이다.
揚州於辰在丑, 而是歲在午. 丑爲金庫, 午爲火旺, 以火害金, 故害氣在揚州.

② 歲次가 庚午에 있으니, 庚은 金이고 午는 火이다. 화는 금을 이기므로 스스로를 刑殺하는 형상이 된다.
歲在庚午. 庚, 金也. 午, 火也. 以火剋金, 故爲自刑.

③ 지난해 11월 초하루에 星紀(별자리 이름)의 分野에서 일식이 일어났는데 斗宿와 牛宿에 해당한다. 宿(별)는 음이 秀이다.
去年十一月朔, 日食於星紀之分, 宿値斗·牛. 宿, 音秀.

④ 熒惑은 罰星이니, 머무는 별자리〔宿〕에는 〈그 분야에 해당하는〉 나라가 재앙을 받아서 죽거나 난리가 난다. 翼宿와 軫宿는 楚의 분야이니, 荊州에 속한다.
熒惑, 罰星也, 所居之宿, 國受殃, 爲死喪寇亂. 翼·軫, 楚之分野, 屬荊州.

⑤ 太白은 군대의 상징이니, 태백이 아직 나오지 않아서 진군하는 것이 불리한 것이다.
太白, 兵象也. 太白未出, 不利進兵.

【目】魏主가 많은 사람들의 말을 저버릴 수가 없어서 마침내 조서를 내려 선박 3천 척을 건조하고, 幽州 이남의 수비병을 선발하여 黃河 가에 집결시켰다. 司馬楚之를 安南大將軍으로 삼고 琅邪王에 책봉하여, 潁川에 주둔하게 하였다.

到彦之가 淮水에서 泗水로 들어갈 적에, 사수가 말라 하루에 가는 길이 겨우 10리였다. 7월에 비로소 須昌에 도착하여 마침내 황하를 역류하여 서쪽으로 올라갔다. 그런데 魏主가 河南 4鎭의 군사가 적다고 하여 명을 내려 모든 군사에게 북쪽으로 건너가게 하였다. 도언지는 朱脩之를 남겨서 滑臺를 지키게 하고, 尹沖에게 虎牢를 지키게 하고, 杜驥에게 金鏞을 지키게 하고, 여러 군대가 靈昌津으로 나아가 주둔하여 남쪽 연안을 줄지어 지켜서 潼關까지 닿았다. 이에 司州와 兗州가 평정되고 나자 여러 군대가 모두 기뻐하였는데, 王仲德만은 홀로 걱정하는 기색을 하여 말하였다.

"그대들은 북방 사람들의 眞僞를 알지 못하니 반드시 그 계략에 빠질 것이다. 오랑캐는 비록 仁義는 부족하지만 흉악과 교활함이 넘치니 지금 수비하는 병사를 거두어 북쪽으로 돌아갔는데 반드시 힘을 합쳐 집결할 것이다. 만약 황하가 얼어붙고 나면 장차 다시 남쪽으로 올 것이니, 어찌 걱정하지 않을 수 있겠는가."

魏主不能違衆하여 乃詔造船三千艘(소)하고 簡幽州以南戍兵集河上하여 以司馬楚之爲安南大將軍하고 封琅邪王하여 屯潁川이러니 到彦之自淮入泗할새 泗水滲하여 日行纔十里①라 七月에 始至須昌하여 乃泝河西上②이어늘 魏主以河南四鎭兵少로 命悉衆北渡③하니 彦之留朱脩之守滑臺하고 尹沖守虎牢하고 杜驥守金墉④하고 諸軍進屯靈昌津하여 列守南岸하여 至于潼關하다 於是에 司兗既平이라 諸軍皆喜어늘 王仲德獨有憂色曰 諸賢不諳北土情僞하니 必墮其計로다 胡虜雖仁義不足이나 而凶狡有餘하니 今斂戍北歸에 必并力完聚니 若河氷既合이면 將復南來니 豈可不以爲憂乎아

① 滲(마르다)은 所禁의 切이니, 물이 마르는 것이 滲이다.
滲, 所禁切. 水下漉爲滲.

② 須昌縣은 前漢 때에 東部에 속했고, 後漢과 晉나라 때에 東平郡에 속했다.
須昌縣, 前漢屬東部, 後漢・晉屬東平郡.

③ "四鎭"은 金墉・虎牢・滑臺・碻磝이다.
四鎭, 金墉・虎牢・滑臺・碻磝.

④ 杜驥는 杜預의 현손이다.
驥, 預之玄孫也.

【綱】 8월에 北魏는 將軍 安頡을 보내어 宋나라 군사를 격파하였다.

八月에 **魏遣將軍安**頡하여 **擊宋師**하다

【目】 魏主가 安頡을 보내어 여러 군대를 감독하여 到彦之를 공격하게 하였다. 도언지가 姚聳夫를 보내어 황하를 건너 冶坂을 공격하게 하였는데 안힐과 싸워서 요용부의 군대가 패하니, 죽은 자가 매우 많았다.

魏主遣安頡**督護諸軍**하여 **擊到彦之**하니 **彦之遣姚聳夫渡河**하여 **攻**(治)〔冶〕[17] **坂**한대 **與**頡**戰**하여 **聳夫兵敗**하니 **死者甚衆**①이러라

① ≪魏土地記≫에 이르기를 "冶阪城은 옛 명칭이 漢祖渡이다. 성곽이 험준하고 견고하며, 남쪽으로 孟津에 임하는데, 洛陽에서 서북쪽으로 42리 떨어진 거리에 있다."라고 하였다.
魏土地記云 "(治)〔冶〕[18]阪城, 舊名漢祖渡. 城險固, 南臨孟津, 在洛陽西北四十二里."

【綱】 林邑이 貢物을 宋나라로 들여보냈다.

林邑이 **入貢于宋**하다

【綱】 9월에 北燕王 馮跋이 殂하니, 그의 아우 馮弘이 太子 馮翼을 죽이고 스스로 즉위하였다.

◑ **九月**에 **燕王 馮跋**殂하니 **弟弘殺其太子翼**하고 **自立**하다

【目】 北燕의 太祖 馮跋이 병이 위독해지자 수레를 타고 前殿에 나아가서 태자 馮翼에게 국사를 섭정하여 군대를 정비하고 정사를 다스려 비상사태에 대비할 것을 명하였다. 宋夫人이 자기의 아들 馮受居를 세우고자 하여 풍익에게 말하기를 "황상의 병이 곧 완쾌될 것인데, 어찌 급하게 아버지를 대신하려고 하는가."라고 하였다. 풍익의 성품이 어질고 연약하여 결국 東宮으로 돌아가 매일 세 차례씩 가서 병을 살폈다. 송부인이 조서를 위조해서 안팎을 단절시키고 환관을 시켜 태조의 문안을 전달할 뿐이어서 풍익과 대신들은 모두 알현할 수가 없었고, 오직 中給事 胡福만이 홀로 출입할 수가 있어서 禁衛

17) (治)〔冶〕: 저본에는 '治'로 되어 있으나, ≪資治通鑑≫에 의거하여 '冶'로 바로잡았다.
18) (治)〔冶〕: 저본에는 '治'로 되어 있으나, ≪水經注≫ 〈河水〉에 의거하여 '冶'로 바로잡았다.

를 독단하여 관장하였다.

燕太祖寢疾病하여 輦而臨軒하여 命太子翼攝國事하여 勒兵聽政하여 以備非常이러니 宋夫人欲立其子受居하여 謂翼曰 上疾將瘳라 奈何遽欲代父乎아 翼性仁弱이라 遂還東宮하여 日三往省疾이러니 宋夫人矯詔絶內外하고 遣閽寺傳問而已①라 翼及大臣이 竝不得見(현)이요 唯中給事胡福이 獨得出入하여 專掌禁衛러라

① 閽人은 아침과 저녁으로 문을 여닫는 일을 맡은 사람이다. 寺는 모신다는 뜻이다.
閽人, 司晨昏以啓閉者. 寺之言, 侍也.

【目】胡福은 宋夫人이 마침내 그 음모를 성공시킬 것이라고 생각하여 이에 中山公 馮弘에게 말하였는데, 풍홍이 장병 수십 명과 함께 갑옷을 입고 禁中으로 진입하니 宿衛들은 모두 싸우지 않고 흩어졌다. 송부인이 동쪽 閤門을 닫으라고 명하니, 풍홍의 하인이 합문을 넘어서 들어가 女御[19]를 활로 쏘아 죽였다. 太祖가 놀라고 두려워하다가 殂하니 풍홍이 마침내 天王에 즉위하였는데, 태자 풍익이 동궁의 병사를 거느리고 나가서 싸웠으나 패배하니 병사들이 모두 무너져 도망갔다. 풍홍이 마침내 풍익과 태조의 여러 아들 1백여 명을 죽였다.

福慮宋夫人遂成其謀하여 乃言於中山公弘한대 弘與壯士數十人이 被甲入禁中하니 宿衛皆不戰而散이어늘 夫人命閉東閤하니 弘家僮이 踰閤而入하여 射(석)殺女御한대 太祖驚懼而殂①하니 弘遂卽天王位어늘 太子翼이 帥東宮兵하여 出戰而敗하니 兵皆潰去라 弘遂殺翼及太祖諸子百餘人하다

① 女御는 御妻[20]이다. 御는 進(進獻)과 같으니 시중을 든다는 말이다.
女御, 所謂御妻. 御, 猶進也, 侍也.

【綱】魏主가 統萬으로 갔다.

魏主如統萬하다

【目】夏主(赫連定)가 사절을 보내 宋나라와 강화를 요청하고, 군사를 연합하여 北魏를 멸망시키고 멀리 河北을 나누어 恒山에서 동쪽은 宋나라에 소속시키고 서쪽은 夏나라

19) 女御 : 궁녀의 관명이다.
20) 御妻 : 궁녀의 관명이다.

에 소속시키기로 약정하였다. 魏主가 이 소식을 듣고 군사를 정비하여 장차 夏나라를 정벌하고자 하자, 여러 신하들이 모두 말하기를 "劉義隆의 군사가 아직도 황하 중류에 머물러 있는데 이를 버려두고 서쪽으로 간다면 앞에 있는 적을 반드시 이길 수는 없을 것이고, 劉義隆이 빈틈을 타고 황하를 건너게 되면 山東을 상실하게 됩니다."라고 하였다.

崔浩가 말하기를 "유의륭이 혁련정과 멀리서 서로 호응하여 虛張聲勢로 맞장구나 치고 있을 뿐이지, 감히 먼저 〈우리나라에〉 침입하지 않을 것입니다. 비유하면 한 쌍 닭을 얽어매어 함께 날지 못하게 하는 것과 같으므로 해가 될 수 없습니다.

신이 애초에 말하였듯이, 유의륭의 군대가 침입해올 적에는 마땅히 황하 중류에 주둔했다가 두 갈래 길로 북상하여 동쪽 길로는 冀州로 향하고, 서쪽 길로는 鄴城으로 돌진할 것이니, 이와 같다면 폐하께서는 마땅히 스스로 그들을 토벌하시되 천천히 가서는 안 될 것입니다.

지금은 그렇지 않아 동서로 늘어선 군사의 길이가 2천 리에 결쳐서, 한 곳을 지키는 군사가 수천 명에 지나지 않으므로 형세가 분산되고 세력이 약합니다. 이는 견고히 황하를 지키고자 하는 것에 불과하며 북쪽으로 건너오려는 의도가 없는 것입니다.

혁련정은 夏나라의 잔존한 무리로 꺾기 쉬우니 그를 치면 반드시 쓰러질 것입니다. 혁련정을 평정한 후에 동쪽으로 潼關으로 나가 멍석을 말 듯이 전진하면 위세가 남쪽 끝까지 진동하여 長江과 淮水 이북에는 풀 한 포기도 제대로 서 있지 못할 것입니다."라고 하니, 魏主는 이를 따라서 마침내 統萬에 가서 平涼을 습격할 것을 모의하였다.

夏主遣使求和於宋하고 約合兵滅魏하고 遙分河北하여 自恒山以東은 屬宋하고 以西는 屬夏러니 魏主聞之하고 治兵將伐夏한대 群臣咸曰 劉義隆兵이 猶在河中①이어늘 捨之西行하면 前寇未可必克하고 而義隆乘虛濟河면 則失山東矣②리라 崔浩曰 義隆이 與赫連定으로 遙相招引하여 以虛聲唱和언정 莫敢先入하니 譬如連雞하여 不得俱飛라 無能爲害리이다 臣始謂義隆軍來에 當屯止河中이라가 兩道北上하여 東道向冀하고 西道衝鄴하리니 如此면 則陛下當自討之하사대 不得徐行이니이다 今則不然하여 東西列兵이 徑二千里하여 一處不過數千이라 形分勢弱하니 此不過欲固河自守요 無北度意也니이다 赫連定은 殘根易(이)摧하니 擬之必仆이라 克定之後에 東出潼關하여 席卷而前하면 則威震南極하여 江淮以北이 無立草矣리이다 魏主從之하여 遂如統萬하여 謀襲平涼하다

① 〈"猶在河中"은〉 황하 중류에 있음을 말한다.
言在河之中流.

② 여기의 山東은 太行山·恒山의 동쪽으로, 바로 河北 지역을 말한다.

此山東, 謂太行・恒山以東, 卽河北之地.

【綱】 西秦이 정월부터 비가 내리지 않더니 이달까지 이어졌다.

西秦이 自正月不雨하여 至于是月[21]하다

四銖錢

【綱】 겨울 10月에 宋나라가 四銖錢을 주조하였다.

◑ 冬十月에 宋鑄四銖錢[22]하다

【綱】 宋나라 到彦之가 東平을 수호하였는데, 北魏가 宋나라 金墉과 虎牢를 공격하여 빼앗았다.

◑ 宋到彦之保東平이어늘 魏攻宋金墉虎牢하여 取之하다

【目】 宋나라의 到彦之와 王仲德이 黃河의 연안에 수비대를 설치하고 돌아가서 東平을 지켰다. 北魏의 安頡이 委粟津에서 황하를 건너 金墉城을 공격하였다. 〈宋나라의〉 杜驥가 성을 버리고 달아나고자 하였으나 죄를 받을까 두려워하였다.

애초에 宋 高祖(劉裕)가 後秦을 멸망시키고 그 종과 종틀을 江南으로 옮길 적에 大鐘

---

21) 西秦……至于是月 : "≪資治通鑑綱目≫에서 몇 월부터 비가 내리지 않더니 몇 월까지 이어졌다고 기록한 것이 6번이니(秦나라 초기 丙寅年(B.C. 235)에 자세하다.), 이때보다 오래된 것은 없었다. 지난해(429)에 地震이 있었는데 들판의 풀들이 모두 뒤집혔고, 이때에는 〈비가 내리지 않고〉 항상 볕이 나서 모두 9개월이 지났으니, 西秦의 亡兆이다.〔綱目書自某月不雨至于某月者六(詳秦初丙寅年) 未有久於此者也 去年地震 野草皆反 於是恒暘 凡九閱月 秦之亡兆也〕" ≪書法≫

22) 宋鑄四銖錢 : "宋나라는 이로부터 37년 동안 錢弊(화폐의 폐단)로 모두 7번의 바꾸었다(이해(430)에 四銖錢을 주조하고, 丁亥年(447)에 大錢을 주조하고, 戊子年(448)에 중지하고, 甲午年(454)에 孝建四銖를 주조하고, 乙巳年(465)에 二銖를 주조하고, 11月에 중지하고, 丙午年(466)에 新錢(새 돈)을 중단하여 오로지 古錢(옛 돈)을 사용하였다.). ≪資治通鑑綱目≫에 錢弊로 王莽 이외에 자주 화폐를 바꾼 것은 宋나라만 한 나라가 없었고, 나쁜 폐단의 극치도 역시 宋나라만 한 나라가 없었다.〔宋自是三十七年 錢弊凡七變(是年鑄四銖 丁亥年鑄大錢 戊子年罷 甲午年鑄孝建四銖 乙巳年鑄二銖 十一月罷 丙午年斷新錢 專用古錢) 綱目錢弊 自王莽外 更變之亟 無如宋者矣 而敝惡之極 亦無如宋者矣〕" ≪書法≫

四銖錢은 漢 文帝 5년(B.C. 175)에 주조했던 화폐 이름이다. 四銖半兩은 半兩 또는 漢半兩이라고도 일컫는데, 무게가 4銖이다. 24수가 1兩이므로, 4수로 반량(12수)의 가치, 즉 3배의 가치를 지니게 한 돈이다. 이 폐단으로 물가가 폭등하게 되었다.(≪漢書≫ 4권 〈文帝紀〉) 이때(430)에 와서 과거에 폐단이 있었던 '四銖錢'이라는 명칭의 돈을 또 주조했던 것이다. 孝建四銖는 전면에 '孝建'이라 쓰고 후면에 '四銖'라고 쓴 銅錢이다. '孝建'은 劉宋 孝武帝 劉駿의 연호이다.

을 洛水에 빠뜨렸는데, 宋 文帝가 姚聳夫에게 가서 그것을 가져오게 하였다. 두기가 요응부를 속여서 말하기를 "금용성은 이미 수리가 다 끝나고 양식도 풍족한데, 부족한 것은 사람뿐입니다. 지금 北魏의 기병이 남쪽으로 건너오니 마땅히 서로 힘을 합하여 그들을 막아야 합니다. 큰 공을 세우고 나거든 종을 끌어내도 늦지 않을 것입니다."라고 하니, 요용부가 이를 따랐다. 요응부는 도착하고 나서 성을 지킬 수 없음을 보고는 마침내 군사를 이끌고 떠나자 두기도 남쪽으로 달아나니, 안힐이 洛陽을 탈취하였다.

두기가 돌아와서 황제(劉義隆)에게 말하기를 "본래 죽음으로 견고히 지키고자 하였는데, 요용부가 성에 이르자마자 황급히 달아나 군인들의 사기가 꺾여서 다시 막을 수가 없었습니다."라고 하니, 上이 크게 노하여 요용부를 壽陽에서 주살하였다. 요용부는 용감하고 건장하여 여러 偏將들 중에 따라갈 자가 없었다. 안힐이 장군 陸俟와 진군하여 虎牢를 공격하여 함락하였다.

宋到彦之王仲德이 沿河置守하고 還保東平이어늘 魏安頡이 自委粟津濟河하여 攻金墉①하니 杜驥欲棄城走호되 恐獲罪러니 初에 高祖滅秦하고 遷其鐘簴(거)於江南할새 有大鐘이 沒於洛水라 帝使姚聳夫로 往取之하니 驥紿之曰 金墉修完하고 糧食亦足호되 所乏者는 人耳라 今虜騎南渡하니 相與幷力禦之하여 大功旣立이어든 牽鐘未晩하니이다하니 聳夫從之하다 旣至에 見城不可守하고 乃引去한대 驥南遁하니 安頡拔洛陽하다 驥歸言於帝曰 本欲以死固守러니 姚聳夫及城遽走하니 人情沮敗하여 不可復禁이러니이다 上大怒하여 誅聳夫於壽陽하다 聳夫勇健하니 諸偏裨莫及也러라 頡與將軍陸俟로 進攻虎牢하여 拔之하다

① 委粟津은 洛陽 북쪽에 있고, 또 〈같은 이름을 가진〉 委粟山이 洛陽 남쪽에 있다.
委粟津在洛陽北. 又有委粟山在洛陽南.

【綱】 西秦이 옮겨가서 南安을 수호하였다.

秦遷保南安하다

【目】 西秦王 乞伏暮末이 北涼에게 압박을 받아 北魏에다 항복을 받아줄 것을 요청하였는데, 北魏에서는 平涼·安定 지역을 서진왕에게 책봉해줄 것을 허락하였다. 걸복모말은 마침내 성읍을 불태우고 보물을 파괴하고 1만 5천 戶를 인솔하고서 동쪽으로 上邽로 갔다. 夏主(赫連定)는 군사를 동원하여 걸복모말을 막았다. 걸복모말이 南安에 남아서 지키자 西秦 옛 영토가 모두 吐谷渾으로 들어갔다.

秦王暮末이 爲北涼所逼하여 請迎於魏한대 魏許以平涼安定封之하니 暮末乃焚城邑하고 毁寶器하고 帥戶萬五千하여 東如上邽러니 夏主發兵拒之한대 暮末留保南安하니 其故地 皆入於吐谷渾[①]하다

① 苑川으로부터 西平과 抱罕까지는 모두 乞伏氏의 옛 땅이다. 晉 孝武帝 太元 8년(383)에 乞伏國仁이 隴西를 점거하였으니, 南安은 역시 그 땅이다.
自苑川至西平・抱罕, 皆乞伏氏故地. 晉孝武帝太元八年, 乞伏國仁據隴西, 南安亦其地也.

【綱】 11월에 魏主가 平涼을 습격하니 夏主가 太武帝와 싸웠으나 대패하였다.

十一月에 魏主襲平涼하니 夏主與戰敗績하다

【目】 魏主가 平涼에 이르러 장군 古弼 등에게 군사를 거느리고 安定으로 나아가도록 하였다. 夏主가 안정으로부터 북쪽으로 가서 평량을 구원하려고 할 적에 고필과 마주쳤다. 고필이 거짓으로 퇴각하며 유인하였는데, 夏主가 고필을 추격하였다. 魏主가 高車를 시켜서 말을 달려 夏나라 군사를 공격하도록 하였다. 夏나라의 군사가 대패하여 鶉觚原으로 도주하거늘 北魏의 군사가 夏나라 군사를 포위하였다.

魏主至平涼하여 使將軍古弼等으로 將兵趣安定하니 夏主自安定으로 北救平涼할새 與弼遇하니 弼僞退以誘之한대 夏主追之어늘 魏主使高車로 馳擊之하니 夏兵大敗하여 走鶉觚原이어늘 魏兵圍之[①]하다

① 鶉觚縣은 前漢 때에 北地郡에 속하였고, 後漢과 晉나라 때에 安定郡에 속하였는데, 鶉觚原이 있다.
鶉觚縣, 前漢屬北地, 後漢・晉屬安定, 有鶉觚原.

【綱】 宋나라가 將軍 檀道濟를 보내어 北魏를 토벌하니, 〈宋나라〉 到彦之가 군사를 버리고 도주하였다.

宋遣將軍檀道濟하여 伐魏하니 到彦之棄軍走[23)]하다

23) 宋遣將軍檀道濟……到彦之棄軍走 : "到彦之는 자신이 督將이니 실제 北伐의 책임을 지고 있다. 비록 河南을 취하기는 하였으나 다만 北魏의 군대가 스스로 물러났기 때문이지 전승한 공로가 없다. 지금 북쪽 군사들이 이미 모였으니 바로 힘써 싸워 물리쳐야 할 때인데 도리어 풍문만 듣고도 도주하였으니, 과연 무엇을 말할 것이 있는가. 그러므로 《資治通鑑綱目》에서는 여기에서 특별히 '棄軍走'라고 기록하여 죄준 것이다. 뒷날 하옥되어 관직이 파면되는 데에 이르러서는 삭제하고 기록하지

【目】 宋나라는 檀道濟에게 都督征討諸軍事를 보태주어 군사들을 거느리고 北魏를 정벌하게 하였다. 北魏의 叔孫建과 長孫道生이 황하를 건너서 남쪽으로 갔다. 到彦之는 洛陽과 虎牢를 지키지 못했다는 소식을 듣고는 군사를 이끌고 돌아가려고 하였다. 장군 垣護之가 편지로 도언지에게 간언하기를 "마땅히 竺靈秀에게 朱脩之를 도와 滑臺를 지키도록 하고, 〈장군께서는 직접〉 대군을 인솔하여 河北으로 진격하는 척해야 합니다."라고 하였다.

또 말하기를 "예전에 사람들이 여러 해 동안 공격하며 싸울 적에 무리를 잃고 식량이 부족하여도 오히려 대담하게 전진하여 경솔히 물러나려고 하지 않았습니다. 하물며 지금 青州는 풍년이 들고 濟水의 조운이 유통하여 군사와 군마는 배부르며 편안하고 위력이 손상됨이 없습니다. 만약 공연히 滑臺를 버리고서 앉아서 이룩한 업적을 잃으면 어찌 조정에서 임무를 준 뜻이겠습니까."라고 하였으나, 도언지는 따르지 않고 배를 불사르고 걸어서 달아나려고 하였다.

宋加檀道濟都督征討諸軍事하여 帥衆伐魏하니 魏叔孫建長孫道生이 濟河而南하다 到彦之聞洛陽虎牢不守하고 欲引兵還이어늘 將軍垣護之以書諫之①하여 以爲宜使竺靈秀로 助朱脩之하여 守滑臺하고 帥大軍進擬河北이라하고 且曰 昔人有連年攻戰에 失衆乏糧하여도 猶張膽爭前하여 莫肯輕退어늘 況今青州豐穰하고 濟漕流通하여 士馬飽逸하고 威力無損이어늘 若空棄滑臺하여 坐喪成業이면 豈朝廷(受)〔授〕24)任之旨邪②아하니 彦之不從하고 欲焚舟步走러라

① 垣護之는 垣苗의 아들이다.
護之, 苗之子也.

② 受는 마땅히 授(준다)로 써야 한다.
受, 當作授.

【目】 王仲德이 말하기를 "洛陽이 이미 함락되자 虎牢가 지켜지지 못하는 것은 자연스러운 형세입니다. 오랑캐들은 여전히 우리와 천 리나 떨어져 있고, 滑臺에는 아직도 강한 병사가 있는데, 만약 황급히 배를 버리고 남쪽으로 도망가면 사졸들은 반드시 흩어질 것입니다."라고 하였다.

않았으니, 또 이로써 宋나라 사람들이 군대를 궤멸시킨 주벌을 공정하게 처리하지 못한 것을 나무란 것이다.〔彦之身爲督將 實任北伐之責 雖取河南 特因魏軍自退 非有克捷之功也 今北兵旣集 正宜力戰以却之 乃望風逃遁 果何謂耶 故綱目於此 特書棄軍走以罪之 至他日下獄免官 則削而不書 又以譏宋人不能正僨軍之誅也〕" ≪發明≫

24) (受)〔授〕: 저본에는 '受'로 되어 있으나, 訓義에 의거하여 '授'로 바로잡았다.

到彦之는 마침내 군사를 이끌고 淸水에서 濟水로 들어갔고, 남쪽으로 가서 歷城에 이르러 배에 불을 지르고 갑옷을 버리고 걸어서 彭城으로 향하였다. 이때 靑州와 兗州가 크게 어지러웠다. 長沙王 劉義欣이 팽성에 있었는데 장수와 보좌관들은 모두 수비를 포기하고 도읍지로 돌아갈 것을 권하였으나 유의흔이 따르지 않았다.

北魏의 군사가 濟南을 공격하자, 濟南太守 蕭承之가 수백 명을 거느리고 이들을 막았다. 北魏의 무리가 대거 모여들자 소승지는 군사들을 숨기고 성문을 열게 하였는데, 무리들이 말하기를 "적들은 많고 우리들은 적은데 어찌 적들을 가볍게 여기십니까."라고 하니, 소승지가 말하기를 "지금 궁벽한 성을 〈원조 없이〉 외로이 지키면서 사태가 이미 위급한데, 만약 다시 연약함을 보인다면 반드시 도륙당할 것이니, 오직 강함을 보이면서 그들을 대처해야 할 뿐이다."라고 하였다. 北魏의 군사들은 복병이 있을까 의심하여 마침내 군사를 이끌고 퇴각하였다.

王仲德曰 洛陽旣陷에 虎牢不守는 自然之勢也라 虜去我猶千里요 滑臺尙有彊兵하니 若遽捨舟南走면 士卒必散하리이다 彦之乃引兵하여 自淸入濟[①]하고 南至歷城하여 焚舟棄甲하고 步趨彭城하니 時靑兗大擾라 長沙王義欣이 在彭城하니 將佐皆勸委鎭還都호되 義欣不從하다 魏攻濟南이어늘 太守蕭承之帥數百人拒之[②]러니 魏衆大集이어늘 承之使偃兵開門한대 衆曰 賊衆我寡하니 奈何輕之오 承之曰 今懸守窮城하여 事已危急하니 若復示弱이면 必爲所屠라 唯當見(현)彊以待之耳[③]라하니 魏人疑有伏兵하여 遂引去하다

① 郭緣生의 ≪述征記≫에 말하기를 "淸河가 먼저 洪水를 받아서 북쪽으로 가서 濟水로 흘러간다. 혹자는 淸河가 바로 濟水라고 한다."라고 하였다.
郭緣生述征記曰 "淸河首受洪水, 北流濟, 或謂淸卽濟也."
② 濟南郡은 歷城에 治所를 두었다.
濟南郡治歷城.
③ 見(보이다)은 賢遍의 切이다.
見, 賢遍切.

【綱】 夏主가 北魏 군사들과 싸우다가 패배하여 上邽로 달아나니, 북위에서 安定과 隴西를 차지하였다.

夏主及魏人戰이라가 敗走上邽하니 魏取安定隴西하다

【目】 北魏 군대가 夏主를 포위한 지 며칠 만에 물과 건초를 끊어버려서 사람과 말이 굶

주리고 목이 말랐다. 夏主가 무리를 거느리고 鶉觚原으로 내려가자 북위의 군대가 그를 공격하였는데, 夏나라 군대가 크게 무너져서 夏主가 중상을 입고서 말 한 필로 달아나 남은 무리들을 수습하여 서쪽으로 가서 上邽를 지키니, 北魏의 군사는 마침내 安定을 탈취하였다. 魏主가 돌아와 平涼으로 가서 해자를 파고 그곳을 포위하였다. 막 귀의한 사람들을 위안하고 秦州・雍州의 백성들을 용서하여 7년간의 부역 면제를 내리니, 夏나라의 隴西를 수비하는 장수들이 北魏에 항복하였다.

魏軍圍夏主數日에 斷其水草하여 人馬饑渴하니 夏主引衆下鶉觚原이어늘 魏軍擊之하니 夏衆大潰하여 夏主中重創하고 單騎走하여 收餘衆하여 西保上邽①하니 魏兵遂取安定하다 魏主還臨平涼하여 掘塹圍之하고 安慰初附하며 赦秦雍之民하여 賜復七年하니 夏隴西守將降魏하다

① 中(맞다)은 去聲이다. 重(중하다)은 直用의 切이니, "重創"은 심한 상처이다.
中, 去聲. 重, 直用切. 重創, 厚傷也.

【綱】北魏가 宋나라 滑臺를 공격하였다.

魏攻宋滑臺하다

【綱】北涼이 사신을 보내 北魏에 공물을 바쳤다.

◑ 涼遣使入貢于魏하다

【目】北涼王 沮渠蒙遜이 宗舒를 파견하여 北魏에 공물을 바쳤다. 魏主가 그에게 연회를 베풀어줄 적에 崔浩의 손을 잡고서 종서 등에게 보이며 말하기를 "그대들이 소문에 들어본 崔公이 바로 이 사람이다. 재주와 계략의 뛰어남은 현재에 견줄 사람이 없다. 짐이 움직일지 머무를지에 대해 그에게 자문하니, 미리 성공과 패배를 진술하는데 마치 부절이 합치되듯 맞았다."라고 하였다.

北涼王蒙遜이 遣宗舒入貢于魏한대 魏主與之宴할새 執崔浩之手하여 以示舒等曰 汝所聞崔公이 此則是也라 才略之美 於今無比하니 朕動止咨之하노니 預陳成敗에 若合符契니라

【綱】12월에 宋나라가 長沙王 劉義欣을 豫州刺史로 삼았다.

十二月에 宋以長沙王義欣으로 爲豫州刺史[25]하다

【目】 壽陽은 토지가 황폐하고 백성이 흩어졌으며 성곽은 무너져 파괴되어 도적들이 공공연히 돌아다녔다. 劉義欣이 마땅함에 따라서 다스리니, 경내에서는 생업에 안주하여 길거리에서 떨어진 것도 줍지 않고, 성곽이 완전하고 창고가 충실해져 마침내 강성한 藩鎭이 되었다. 芍陂(제방 이름)는 오랫동안 폐기되었는데, 유의흔이 제방을 수리하여 淠水의 물을 작피로 끌어들여 토지 1만여 頃을 관개하니, 다시는 가뭄의 재해가 없었다.

壽陽土荒民散하고 城郭頹敗하여 盜賊公行①이어늘 義欣隨宜經理하니 境內安業하여 道不拾遺하고 城府完實하여 遂爲盛藩이라 芍陂久廢어늘 義欣修治隄防하여 引淠水入陂하여 漑田萬餘頃하니 無復旱災②러라

① 豫州刺史는 壽陽에 진수한다.
豫州刺史, 鎭壽陽.

② 淠(물 이름)는 음이 卑이다. ≪地理志≫[26]에는 "汝南郡 戈陽國에 淠水가 발원한다."라고 하였다.
淠. 音卑. 地理志"汝南郡(戈)〔弋〕[27]陽國淠水出焉."

【綱】 北魏 사람들이 平涼에서 승리하고, 다시 長安을 차지하였다.

魏人克平涼하고 復取長安하다

【目】 북위가 平涼에서 승리하자 豆代田이 奚斤·娥清 등을 구출시켜 魏主에게 바쳤다. 關中 지역이 모두 北魏로 편입되자, 魏主가 장군 王斤에게 長安을 수비하도록 하고 〈자신은 동쪽으로〉 돌아가서 해근을 宰士로 삼아 술과 음식을 지고 따라다니게 하였다. 왕근이 교만하고 자랑하며 법을 지키지 않으니, 백성들이 명령을 견디지 못하고 남쪽으로 달아나 漢川으로 간 사람이 수천 家였다. 魏主는 왕근의 참수하여 조리돌렸다.

魏克平涼에 豆代田이 得奚斤娥清等以獻하니 關中悉入於魏어늘 魏主以將軍王斤鎭長安而還①하여 以奚斤爲宰士하여 使負酒食以從②하다 王斤驕矜不法하니 民不堪命하여 南奔漢川者數千

25) 宋以長沙王義欣 爲豫州刺史 : "刺史의 임무는 晉나라 이래로 한 지방을 전담하고 병권을 장악하는 것이니, 漢나라 시대의 檢察하는 직무를 회복시킨 것이 아니다. 宋나라 시대에 이를 맡은 자들은 대부분 군주의 子弟들이었으니, 晉나라와 또다시 크게 달랐다.〔刺史之任 自晉以來 專方面 本兵柄 非復漢世刺擧之職也 宋世所任 率多子弟 與晉世又大異矣〕" ≪書法≫

26) 地理志 : 정확한 출처는 미상이다.

27) (戈)〔弋〕 : 저본에는 '戈'로 되어 있으나, ≪資治通鑑綱目集覽≫에 의거하여 '弋'으로 바로잡았다.

家어늘 魏主斬斤以徇하다

① 王斤은 王建의 아들이다.
斤, 建之子也.

② 宰士는 음식과 음료를 담당하니. 奚斤이 군대를 패배시키고 자신을 그르쳤기 때문에 모욕을 준 것이다.
宰士掌膳飮. 以斤敗軍失身, 辱之也.

【綱】 宋나라가 垣護之를 高平太守로 삼았다.

宋以垣護之로 爲高平太守하다

【目】 到彦之와 王仲德이 모두 하옥되어 파면을 당했고, 上은 垣護之의 서신을 보고 훌륭하다고 여겨서 그를 北高平太守로 삼았다. 도언지가 북벌할 적에 甲兵과 군수물자가 매우 넘쳐났는데, 실패하고 돌아올 때에는 버리고 탕진하니 이에 창고와 무기고가 텅 비게 되었다.

到彦之王仲德이 下獄免官하고 上見垣護之書而善之하여 以爲北高平太守①하다 彦之之北伐也에 甲兵資實甚盛이러니 及敗還에 委棄盪盡하니 府藏武庫 爲之空虛러라

① 南高平郡은 僑置한 郡[28]이니, 南兗州에 속한다. 北高平郡은 옛 郡이니, 兗州에 속하고 湖陸에 治所를 두었다.
南高平郡, 僑郡也, 屬南兗州. 北高平郡, 古郡也, 屬兗州, 治湖陸.

辛未年(431)

宋나라 太祖 文帝 劉義隆 元嘉 8년이고, 北魏 世祖 太武帝 拓跋燾 神䴥 4년이다. 北燕王 馮弘 太興 원년이고, 北涼 武宣王 沮渠蒙遜 義和 元年이다. 이해에 西秦과 夏나라가 모두 망하니 모두 네 나라이다.

宋元嘉八年이요 魏神䴥四年이라 ◑燕王馮弘太興元年이요 北涼義和元年이라 ◑是歲에 秦夏皆亡하니 凡四國이라

28) 僑置한 郡 : 僑置란 地名을 다른 곳에 그대로 옮겨서 설치한 것이다. 東晉과 南朝 시대에 북방 민족들이 침범하자 중원의 백성들이 남방으로 전란을 피해왔는데, 남방의 지역을 택하여 郡縣을 설치하고 북쪽에서 부르던 지명을 그대로 쓰게 하여 그들을 안주시켰다.

【綱】 봄 정월에 宋나라 檀道濟가 滑臺를 구원하여 北魏의 군사를 壽張에서 패퇴시켰다.

春正月에 宋檀道濟救滑臺하여 敗魏師于壽張하다

【目】 檀道濟 등이 淸水로부터 滑臺를 구원하러 가서 壽張에 이르렀는데, 北魏의 安平公 乙旃眷과 조우하였다. 단도제가 王仲德과 段宏을 지휘하여 떨쳐 공격하여 크게 격파하고 이동하며 전투를 하여 高梁亭에 이르러서 北魏의 濟州刺史 悉煩庫結을 참수하였다.

道濟等이 自淸水로 救滑臺하여 至壽張한대 遇魏安平公乙旃眷①하여 道濟帥王仲德段宏奮擊하여 大破之하고 轉戰至高梁亭하여 斬魏濟州刺史悉煩庫結②하다

① 乙旃은 代北 지역의 複姓이고, 眷은 그 이름이다.
乙旃, 代北複姓. 眷, 其名.

② 살펴보건대, ≪史記≫ 〈齊世家〉에 "齊 桓公이 晉나라의 난리를 토벌하러 高梁에 갔다." 하였는데, 〈≪史記集解≫에〉 服虔이 말하기를 "〈高梁은〉 晉나라 땅이다."라고 하고, 杜預가 말하기를 "平陽縣 서남에 있다."라고 하였다. 〈≪史記索隱≫에〉 顔師古가 말하기를 "平陽은 東郡에 있다."라고 하였다. 그리고 〈≪資治通鑑≫ 註에〉 胡三省이 말하기를 "北魏 明元帝 泰常 8년(423)에 濟州를 설치하였는데, 碻磝城에 治所를 두었다."라고 하였다.
案齊世家"桓公討晉亂, 至高梁." 服虔曰"晉地也." 杜預曰"在平陽縣西南." 師古曰"平陽, 在東郡." 胡三省曰"魏明元帝泰常八年, 置濟州, 治碻磝城."

【綱】 夏나라가 西秦을 멸망시키고 秦王 乞伏暮末을 데리고 돌아가서 그를 죽였다.

夏滅秦하고 以秦王暮末歸하여 殺之하다

【目】 夏主(赫連定)가 西秦의 장수 姚獻을 공격하여 그를 패퇴시키고 드디어 그의 숙부인 赫連韋伐을 파견하여 南安을 공격하게 하였다. 성곽 안에는 크게 기근이 들어서 사람들이 서로 잡아먹었다. 西秦의 出連輔政 등이 夏나라로 달아나니, 西秦王 乞伏暮末이 궁색하여 관을 수레에 싣고 나와서 투항하자, 上邽로 호송하였다.

西晉의 太子司直 焦楷가 廣寧으로 달아나서 울며 그의 아버지 焦遺에게 말하기를 "아버지께서는 나라의 총애를 입어 藩鎭의 중요한 직임을 맡고 있습니다. 지금 本朝가 뒤엎어졌으니, 어찌 현재 남은 무리들을 인솔하여 大義를 창도하여 원수를 섬멸하지 않으

시는 것입니까."라고 하였다.

초유가 말하기를 "지금 主上께서 이미 적의 수중에 들어가 있으니, 내가 죽음을 아끼고 대의를 망각한 것이 아니다. 생각건대 많은 군사로 추격을 하면 이는 주상의 목숨을 재촉해 끊는 셈이 된다. 왕족 가운데 현명한 인사를 선택해서 받들어 주군으로 삼아 저들을 공격하는 것만 못하니, 〈이렇게 하면〉 그나마 성공할 수 있을 것이다."라고 하였다.

초해가 마침내 제단을 쌓고 무리들과 맹세하니, 20일 동안에 달려온 사람들이 1만여 명이었다. 마침 초유가 병으로 卒하자, 추해는 혼자서 거사를 하지 못하고 도망하여 河西로 달아났다. 夏主는 마침내 결복모말을 죽이고 그 종족을 멸하였다.

夏主擊秦將姚獻하여 **敗之**하고 **遂遣其叔父韋伐**하여 **攻南安**하니 **城中大飢人相食**이라 **秦出連輔政等**이 **奔夏**①하니 **秦王暮末窮蹙**하여 **輿櫬出降**하니 **送于上邽**하다 **秦太子司直焦楷奔廣寧**하여 **泣謂其父遺曰 大人荷國寵靈**하여 **居藩鎭重任**이러니 **今本朝顚覆**하니 **豈得不帥見**(현)**衆唱大義**하여 **以殄寇讐**②리오 **遺曰 今主上已陷賊庭**하니 **吾非愛死而忘義**라 **顧以大兵追之**면 **是趣**(촉)**絶其命也**③라 **不如擇王族之賢者**하여 **奉以爲主而伐之**하니 **庶有濟也**리라 **楷乃築壇誓衆**하니 **二旬之間**에 **赴者萬餘人**이러니 **會遺病卒**하니 **楷不能獨擧事**하고 **亡奔河西**하다 **夏主竟殺暮末**하고 **夷其族**하다

① 出連은 오랑캐의 복성이고, 輔政은 이름이다.
出連, 虜複姓. 輔政, 名也.

② 太子司直은 官僚의 糾彈과 率府[29]의 병사를 관장하는데, ≪晉書≫ 〈職官志〉에는 이 관직이 없으니 마땅히 前趙·後趙, 前燕·後燕, 前秦·後秦에 설치했을 것이다. 魏收의 〈地形志〉[30]에는 "廣寧郡은 隴西鄣縣에 治所를 두었다."라고 하였다. "見衆"은 見在의 대중이다.
太子司直, 掌糾劾官僚及率府兵. 晉志無是官, 當是二趙·燕·秦所置. 魏收地形志"廣寧郡治隴西彰縣."見衆, 見在之衆.

③ 趣(재촉하다)은 促으로 읽는다.
趣, 讀曰促.

【綱】 2월에 北魏가 滑臺에서 승리하였다.

---

29) 率府 : 秦나라 때 처음 설치되었으며 漢나라 때에도 인습하였다. 晉나라 때 다섯 率府를 두니, 左衛率, 右衛率, 前衛率, 後衛率, 中衛率이다. 남북조 시대에는 각 나라와 시기에 따라 바뀌었다. 唐나라 때 10率府로 정비되었다. 이는 太子의 속관으로 東宮 병장기, 衛兵, 궁궐 수비 등을 담당하였다.

30) 魏收의 地形志 : 魏收는 처음에는 北魏에서 벼슬하였으며 나중에 北齊에서 벼슬하여 尙書左僕射에 올랐다. 그의 저술에는 北魏의 역사를 기록한 ≪魏書≫가 있다. 〈地形志〉는 ≪魏書≫의 篇名이다.

二月에 **魏克滑臺**하다

【目】檀道濟 등이 濟水 가에 이르러 北魏와 20여 차례 싸웠는데, 단도제가 대부분 승리하였다. 歷城에 도착해서는 叔孫建 등이 경무장을 한 기병을 보내 단도제 군대의 앞뒤를 끊고서 풀과 양식을 태워버리자, 단도제의 군대는 식량이 부족하여 전진할 수 없었다. 이로 말미암아 安頡·司馬楚之 등이 전력으로 滑臺를 공격할 수 있었고, 魏主가 다시 장군 王慧龍을 보내 원조하게 하였다. 朱脩之가 역성을 견고하게 몇 개월 동안 지켰으나 양식이 다하여 병사들과 함께 쥐를 구워서 먹었다. 北魏는 마침내 활대에서 승리하여 주수지를 잡았는데, 그의 절개를 아름답게 여겨 侍中으로 삼았다.

檀道濟等이 至濟上하여 與魏로 二十餘戰에 道濟多捷이러니 至歷城하여는 叔孫建等이 縱輕騎하여 邀其前後하고 焚燒穀草하니 道濟軍이 乏食하여 不能進하다 由是로 安頡司馬楚之等이 得專力攻滑臺하고 魏主復使將軍王慧龍으로 助之[①]하니 朱脩之堅守數月에 糧盡하여 與士卒로 熏鼠食之하니 魏遂克滑臺하여 執脩之한대 嘉其守節하여 以爲侍中하다

① 王慧龍은 王愉의 손자이다.
慧龍, 愉之孫也.

【綱】**魏主가 平城으로 돌아가 境內에 1년 동안의 조세를 면제해주었다.**

魏主還平城하여 **復境內租一歲**하다

【目】魏主가 平城으로 돌아가 크게 향연을 열어 종묘에 고하고, 장수와 백관들은 모두 상을 받았으며, 전사들은 10년간 부역을 면제 받았다. 이때에 北魏의 남쪽 변경에 홍수가 나서 백성들이 많이 굶어 죽었다. 劉絜이 魏主에게 말하기를 "郡國의 백성들이 비록 토벌에 출정하지는 않았지만 농업과 잠업에 애써 노력하여 軍國에 공급하였으니, 실로 세상을 경륜하는 큰 근본이고 국고의 밑바탕입니다. 지금 太行山 동쪽으로부터 두루 수해를 당하였으니 마땅히 불쌍히 여겨서 널리 감싸서 길러주십시오."라고 하니, 魏主가 이를 따라서 경내에 1년 동안의 조세를 면제해주었다.

魏主還平城하여 大饗告廟하고 將帥及百官이 皆受賞하고 戰士賜復十年[①]하다 於是에 魏南鄙大水하여 民多餓死어늘 劉絜言於魏主曰 郡國之民이 雖不從征討而服勤農桑하여 以供軍國하니 實

經世之大本이요 **府庫之所資**라 **今自山以東**으로 **偏遭水害**하니 **應加哀矜**하여 **以弘覆育**이니이다 **魏主從之**하여 **復境內一歲租賦**하다

① 북쪽으로 柔然을 정벌하고, 서쪽으로 夏나라를 정벌하고, 남쪽으로 宋나라를 방어한 공로를 포상하였다.
賞北伐柔然, 西伐夏, 南禦宋之功也.

【綱】 宋나라 檀道濟가 군대를 이끌고 돌아가니 青州刺史 蕭思話가 성을 버리고 도주하였다.

宋檀道濟引兵還하니 **青州刺史蕭思話棄城走**하다

【目】 **檀道濟** 등은 식량이 다하여 歷城에서 군사를 이끌고 되돌아올 적에 宋나라 군사들 가운데 도망하여 北魏에 투항한 자가 이러한 사정을 모두 고하였다. 北魏 군사들이 이를 추격하니 〈宋나라〉 무리들은 무섭고 두려워서 무너질 지경이었다. 단도제는 밤에 큰 소리로 숫자를 세어가면서 곡식처럼 모래를 마질하고 얼마 안 되는 남은 쌀을 가지고 그 위를 덮었다. 아침이 되자 北魏의 군사들은 그것을 보고 단도제의 양식이 여유가 있다고 생각하였고, 투항한 자가 속이려 했다고 하여 그를 참수하였다.

唱籌量沙(큰 소리로 숫자를 세면서 모래를 헤아리다)

당시에 단도제는 병사가 적었고 北魏의 병사는 매우 많았다. 단도제는 병사들에게 명하여 모두 갑옷을 입으라고 하고 자신은 흰옷을 입고서 수레를 타고 병사를 이끌고 천천히 나아갔다. 北魏 군인들은 복병이 있을 것이라고 여겨서 감히 압박하지 못하고 조금씩 군사를 이끌고 물러나 후퇴하니, 단도제는 병사를 온전히 보존한 채 귀환하였다.

青州刺史 蕭思話는 東陽을 버리고 平昌으로 달아났고, 參軍 劉振之는 下邳를 수비하

다가 역시 성을 버리고 달아났다. 北魏의 군대는 끝내 도착하지 않았으나 東陽에 쌓아 모아놓은 곡식은 이미 백성들에게 불태워졌다. 소사화는 죄에 연루되어 소환을 당해 尙方[31]에서 노역형을 받았다.

道濟等이 食盡하여 自歷城還할새 士有亡走魏者 具告之한대 魏人追之하니 衆恟懼將潰어늘 道濟夜唱籌量沙하고 以所餘少米로 覆(부)其上이러니 及旦에 魏軍見之하고 謂資糧有餘라하여 以降者爲妄而斬之하다 時에 道濟兵少하고 魏兵甚盛이어늘 道濟命軍士하여 皆被甲하고 己白服乘輿하여 引兵徐出하니 魏人以爲有伏兵이라하여 不敢逼하고 稍稍引退하니 道濟全軍而返하다 青州刺史蕭思話棄東陽奔平昌①하고 參軍劉振之는 戍下邳라가 亦委城走하니 魏軍竟不至나 而東陽積聚는 已爲百姓所焚이라 思話坐徵繫尙方②하다

① 宋나라 靑州는 東陽城에 치소를 두었다. 平昌縣은 前漢에는 琅邪에 속하였고, 後漢에는 北海에 속하였고, ≪晉太康地志≫에는 城陽에 속하였는데 惠帝가 나누어 平昌郡을 설치하였다.
宋青州治東陽城. 平昌縣, 前漢屬琅邪, 後漢屬北海, 晉太康地志屬城陽, 惠帝分立平昌郡.

② 罪에 연루되어 소환을 받아 尙方에 구금되어 노역을 한 것을 말한다.
謂坐罪而徵召之, 繫於尙方徒作.

【綱】 北魏가 王慧龍을 滎陽太守로 삼았다.

魏以王慧龍으로 爲滎陽太守[32]하다

【目】 北魏의 司馬楚之가 말하기를 "여러 지역이 이미 평정되었으니 대규모로 宋나라를

31) 尙方 : 帝王의 기물을 만드는 관아이다. 상방의 노역이 심하였고, 죄인들에게 노역형을 시키기도 하였다.

32) 魏以王慧龍 爲滎陽太守 : "裴潛(漢 獻帝 建安 21년(216))과 張嶷(漢 後主 延熙 3년(240))를 기록한 것으로부터 太守를 기록한 것이 몇 명인지 알 수 없을 정도로 많지만 政事의 업적으로 기록된 것은 없었다. 이때에 이른 뒤에 北魏에는 王慧龍을 기록하고, 宋나라에서는 孔靈符를 기록하였다. 이로부터 隋나라가 郡을 고쳐 州를 만들기까지 〈현명한 태수의 기록이〉 알려진 적은 없다. 심하구나, 현명한 태수를 많이 보지 못함이여.〔自書裴潛(漢獻帝建安二十一年)張嶷(漢後主延熙三年) 書太守 不知其幾矣 未有以政績書者 至是然後 魏書王慧龍 宋書孔靈符 由是至隋改郡爲州 無聞焉 甚矣 賢守之不多見也〕" ≪書法≫ '宋書孔靈符'는 ≪資治通鑑綱目≫ 宋主 劉子業 景和 원년(465) 綱에 "宋主가 會稽太守 공령부를 죽였다.〔宋主殺其會稽太守孔靈符〕"라고 하고, 그 目에 "공령부가 부임하는 곳마다 정사의 업적이 있었으나 임금의 近臣들에게 거슬려 저촉하니, 근신들이 비방하였다. 宋主 유자업은 사신을 보내 공령부의 두 명 아들까지 아울러 채찍으로 때려 죽였다.〔靈符所至 有政績 以忤犯近臣 近臣譖之 子業遣使 鞭殺竝其二子〕"라고 하여, 공령부가 살해된 기사이지만 정사의 업적이 있음을 나타내고 있다. 또한 隋나라 때 郡을 州로 바꾸었다.

정벌해야 합니다."라고 하니, 魏主가 병사들이 오랫동안 고생했다고 여겨 허락하지 않았다. 사마초지를 불러서 散騎常侍로 삼고, 王慧龍을 滎陽太守로 삼았다. 왕혜룡은 滎陽郡에 10년 동안 있으면서 농업과 군사를 모두 정비하여 크게 명성과 업적이 드러나니 귀의한 자가 1만여 家였다.

宋主는 北魏에다 간첩을 놓아 이간하기를 "왕혜룡은 자신이 공로는 높으나 지위가 낮다고 하여 宋나라 사람을 끌어들여 침입하게 하고 이를 틈타 사마초지를 사로잡아 반란을 일으키려 한다."라고 하니, 魏主가 이를 듣고 왕혜룡에게 璽書를 내려 말하기를 "劉義隆이 장군을 호랑이처럼 두려워하여 중상모략하려고 하나 짐이 그것을 알고 있으니 마음에 둘 것이 못 된다."라고 하였다.

宋主가 다시 자객 呂玄伯을 보내어 왕혜룡을 살해하게 하였다. 여현백이 항복하는 사람으로 속여서 주위 사람들을 물러나게 하고 말할 것이 있다고 요청하자, 왕혜룡이 이를 의심하여 사람들에게 그의 품안을 뒤지게 하여 한 자나 되는 칼을 찾아냈다. 여현백이 머리를 조아리며 죽여주기를 청하니, 왕혜룡이 말하기를 "각기 자신의 주군을 위한 것뿐이다."라고 하고, 여현백을 풀어주었다.

측근들이 간언하기를 "여현백을 죽이지 않으면 장래에 벌어질 일을 제재할 수 없습니다."라고 하니, 왕혜룡이 말하기를 "죽고 사는 것은 천명에 달렸으니 저들이 또한 어찌 나를 해칠 수 있겠는가. 내가 인의를 가지고 울타리로 삼고 있으니 또한 무엇을 근심하겠는가."라고 하고, 마침내 여현백을 놓아주었다. 뒤에 왕혜룡이 卒하자 여현백은 그 묘소를 지켜 죽을 때까지 떠나지 않았다.

魏司馬楚之 以爲諸方已平하니 請大擧伐宋이라하거늘 魏主以兵久勞로 不許하고 徵楚之爲散騎常侍하고 以慧龍爲滎陽太守하다 慧龍在郡十年에 農戰竝修하여 大著聲績하니 歸附者萬餘家어늘 宋主縱反間於魏云 慧龍自以功高位下로 欲引宋人入寇하여 因執司馬楚之以叛①이라한대 魏主聞之하고 賜慧龍璽書曰 劉義隆이 畏將軍如虎하여 欲相中害나 朕自知之하니 不足介意②라 宋主復(부)遣刺客呂玄伯刺之하니 玄伯詐爲降人하여 求屛人語어늘 慧龍疑之하여 使探其懷하여 得尺刀하니 玄伯叩頭請死어늘 慧龍曰 各爲其主耳라하고 釋之한대 左右諫曰 不殺玄伯이면 無以制將來라하니 慧龍曰 死生有命하니 彼亦安能害我리오 我以仁義로 爲扞蔽하니 又何憂乎아하고 遂捨之러니 後慧龍卒에 玄伯守其墓하여 終身不去하다

① 司馬楚之는 이때 潁川에 주둔하고 있었다.
楚之, 時屯潁川.

② 中(맞다)은 去聲이다.

中, 去聲.

【綱】 여름 6월에 夏主(赫連定)가 北涼을 공격하였다. 吐谷渾이 夏나라 군사들을 습격하여 패퇴시키고 혁련정을 붙잡아 데리고 돌아갔다.

夏六月에 夏主定이 擊涼이러니 吐谷渾이 襲敗之하고 執定以歸하다

【目】 夏主는 北魏 군사들의 압박을 겁내어 西秦의 백성 10여만 명을 데리고 治城에서 황하를 건너 北涼王 沮渠蒙遜을 공격하여 그 땅을 빼앗으려 하였다. 吐谷渾의 왕 慕容慕璝가 기병 3만 명을 보내어 그들이 반쯤 물을 건넜을 때를 이용하여 맞아 쳐서 夏主를 붙잡아 데리고 돌아갔다.

夏主畏魏人之逼하여 擁秦民十餘萬口하고 自治城濟河하여 欲擊北涼王蒙遜而奪其地①러니 吐谷渾王慕璝 遣騎三萬하여 乘其半濟邀擊之하여 執夏主定以歸하다

① 秦民은 乞伏氏(西秦)에게서 잡은 백성이다.
秦民, 所得乞伏氏之民也.

【綱】 윤6월에 柔然이 北魏에 화평을 청하였다.

閏月에 柔然이 請平于魏하다

【目】 北魏의 변방 관리가 柔然의 순라병 20여 명을 포획하였는데, 魏主가 의복을 주어서 돌려보냈다. 유연이 감격해 기뻐하여 이에 〈유연의〉 勅連可汗이 사신을 보내 北魏에 이르자 魏主가 후하게 예우하였다.

魏之邊吏 獲柔然邏者二十餘人이어늘 魏主賜衣服而遣之하니 柔然感悅하여 於是에 勅連可汗이 遣使詣魏어늘 魏主厚禮之하다

【綱】 北魏에서 사신을 보내 宋나라에 가게 하여 혼인하기를 청하였다.

魏遣使如宋하여 求昏하다

【目】 魏主가 周紹를 보내어 宋나라에 聘問하게 하고 또 혼인을 청하자, 宋主가 모호하게

답변하였다.

魏主遣周紹하여 聘于宋하고 且求昏이어늘 宋主依違答之하다

【綱】 宋나라가 劉湛을 太子詹事 給事中으로 삼았다.

宋以劉湛으로 爲太子詹事給事中하다

〖目〗 荊州刺史 江夏王 劉義恭이 해마다 점점 자라서 정무를 독단하려 하였는데, 長史 劉湛이 늘 그것을 억제하자 마침내 유담과 사이가 벌어졌다. 황제는 유담을 중시하였으므로 사람을 보내어 유의공을 꾸짖고 또한 그와 화해하게 하였다. 이때 王華·王曇首는 모두 이미 卒하였고, 領軍將軍 殷景仁이 평소 유담과 사이가 좋았으므로, 황제에게 아뢰어 유담을 불러 太子詹事로 삼고 給事中을 더해주어 함께 정사에 참여하게 하고, 張邵로 유담을 대신하게 하였다.

얼마 후에 장소가 贓物罪에 연루되어 사형에 처해지게 되었다. 장군 謝述이 표문을 올려 진술하기를 "장소는 先祖 때의 오래된 공신이니 마땅히 관용을 받아야 합니다."라고 하였다. 황제는 손수 쓴 조서를 내려서 채납하고 장소의 관직을 면직시키고 작위와 봉토를 삭감하였다.

사술이 그의 아들 謝綜에게 말하기를 "주상께서 장소의 평소 충정을 긍휼히 여겨서 특별히 용서를 해주셨지만 내가 말씀드린 것이 마침 주상의 뜻에 맞았기 때문에 특별히 채납된 것이다. 만약 이러한 행적이 널리 알려지면 주상의 은덕을 침탈하는 것이 되니 이것은 크게 옳지 않은 일이다."라고 하고, 사종을 시켜 면전에서 그것을 불태우게 하였다.

荊州刺史江夏王義恭이 年浸長이라 欲專政事호되 長史劉湛이 每裁抑之하니 遂有隙①이어늘 帝心重湛이라 使人詰讓義恭하고 且和解之하다 是時에 王華王曇首皆已卒하고 領軍殷景仁이 素與湛善이라 白徵湛하여 爲太子詹事加給事中하여 共參政事而以張邵代湛하다 頃之에 邵坐贓當死어늘 將軍謝述이 上表陳호되 邵先朝舊勳이니 宜蒙優貸②니이다 帝手詔酬納하고 免邵官하고 削爵土어늘 述謂其子綜曰 主上矜邵夙誠하여 特加曲恕하시니 吾所言謬會라 故特見酬納耳③라 若此迹宣布면 則爲侵奪主恩이니 不可之大者也라 使綜對前焚之하더라

① 宋나라 제도에 어린 제후왕이 州에 부임하면 대개 長史가 府州의 일을 대행하여 일이 모두 行事[33]에게서 결정된다. 유의공이 〈장성하면서 정무를〉 독단적으로 하고자 하였는데, 유

담이 불가하다고 하자 마침내 사이가 벌어졌다.

宋制, 幼王臨州, 率以長史行府州事, 事皆決於行事. 義恭欲專之而湛不可, 遂有隙.

② 謝述은 謝裕의 아우이다. 宋 武帝가 東晉의 桓玄을 토벌할 때 張邵가 아버지 張敞에게 아뢰어 표문을 올려 충성을 바치게 하고, 또 劉毅에게 귀의하지 않았다.[34)]

述, 裕之弟也. 宋武帝討桓玄, 邵白父敞表獻忠款, 又不附劉毅.

③ "謬會"는 마침 그 뜻에 맞았다는 말과 같다.

謬會, 猶言適會其意.

【綱】 가을 8월에 北涼이 〈沮渠蒙遜의〉 아들을 보내어 北魏에 入侍하게 하였다.

秋八月에 涼**遣子**하여 **入侍于魏**하다

【綱】 吐谷渾이 北魏에 표문을 올렸다.

◑**吐谷渾**이 **奉表于魏**하다

【綱】 9월에 北魏가 崔浩를 司徒로 삼고, 長孫道生을 司空으로 삼았다.

◑**九月**에 **魏以崔浩**로 **爲司徒**하고 **長孫道生**으로 **爲司空**하다

【目】 長孫道生은 성품이 청렴하고 검소하여 곰 가죽으로 만든 말다래 하나를 수십 년 동안 바꾸지 않았다. 魏主가 樂工을 시켜서 여러 신하들을 두루 칭송하게 하였는데 "崔浩처럼 지혜로워야 하고, 장손도생처럼 청렴해야 한다."라고 하였다.

道生性清儉하여 **一熊皮鄣泥**를 **數十年不易**①하니 **魏主使歌工**으로 **歷頌群臣曰 智如崔浩**하고 **廉**

---

33) 行事 : 南北朝 시대에 行某州, 行某府事로 다른 관직을 대행하는 것을 말한다. 특히 長史, 司馬 등이 刺史나 將軍의 직무를 대행하였다. 이는 어린 皇子들을 州刺史나 장군으로 임명하였기 때문에 실제 정무를 장사나 사마가 대신하였던 것이다.

34) 宋……않았다 : 桓玄이 帝位를 찬탈했을 적에 張邵의 아버지 張敞은 尙書로 있다가 잘못에 연루되어 廷尉卿으로 강등되었다. 宋 武帝가 환현을 토벌할 때 장소가 장창에게 아뢰어 표문을 올려 충성을 바치게 하자 송 무제는 크게 기뻐하고 관청 門을 지키는 관리에게 "張廷尉의 집을 침범하는 자는 軍法으로 논죄하겠다."라고 하였다. 일이 평정된 뒤에 장창을 吳郡太守로 삼고, 王謐이 揚州를 鎭守하게 되어서는 장소를 불러 主簿에 보임하였다. 劉毅는 지위가 亞相이었는데 人士들을 좋아하고 인재들을 아껴서 당시 사람들이 그에게 몰려들지 않는 이가 없었으나 오직 장소만은 가서 친하지 않았으므로 친구가 괴이해 하여 묻자 장소는 "主公께서는 當世에 저명한 인걸이신데 어찌 번거롭게 여러 사람들에게 물을 것이오."라고 하였다. 劉穆之가 송 무제에게 이를 말하자 송 무제는 더욱 장소를 친애하였고, 太尉參軍으로 전보시켰다.(≪南史≫ 〈張邵列傳〉)

若道生이라하다

① 鄣(가리다)은 障과 통용한다. ≪類篇≫[35]에 "말의 진흙 가리개를 韂(말다래)이라 한다. 韂은 昌豔의 切이다."라고 하였다. ≪蜀註≫에 "진흙을 차단해 막는 것이다."라고 하였다.
鄣, 通作障. 類篇 "馬障泥曰韂. 韂, 昌豔切." 蜀註云 "遮擁泥濘也."

【綱】 北魏가 사신을 보내서 北涼王 沮渠蒙遜에게 官爵을 수여하였다.

魏遣使하여 **授涼王蒙遜官爵**하다

【目】 魏主가 사신을 뽑아 北涼에 가게 하려 할 적에 崔浩가 尙書 李順을 추천하자 마침내 이순을 太常으로 삼았다. 沮渠蒙遜에게 관작을 수여하여 涼王으로 삼아서 7郡을 다스리고 將相과 여러 卿과 百官을 두며 天子의 旌旗를 걸고 出入할 적에 警蹕(경필)[36]하는 것을 漢나라 초기의 諸侯王의 故事와 같이 하였다.

魏主欲選使者하여 **詣北涼**할새 **崔浩薦尙書李順**이어늘 **乃以順爲太常**하다 **拜蒙遜爲涼王**하여 **王七郡**①하고 **置將相群卿百官**하며 **建天子旌旗**하고 **出入警蹕**을 **如漢初諸侯王故事**[37]하다

① "七郡"은 武威·張掖·敦煌·酒泉·西海·金城·西平이다.
七郡, 武威·張掖·敦煌·酒泉·西海·金城·西平也.

【綱】 北魏가 世家의 자손 중에 隱士들을 徵召하였다.

魏徵世冑遺逸[38]하다

---

35) 類篇 : 宋나라 학자 王洙 등이 편찬을 시작하여 宋 神宗 熙寧 2년(1069)에 45권으로 완성한 韻書이다. ≪集韻≫에 수록된 글자를 기본으로 하면서, 빠진 것을 보충하고 중복된 글자를 제거하였다.

36) 警蹕(경필) : '出警入蹕'의 줄임말로 외출할 때에는 경계하고 들어올 때에는 사람들을 辟除함을 이른다. 一說에는 출경입필은 한 가지씩만을 든 것으로, 실제는 출입할 적에 모두 경계하고 벽제하는데, 互文을 사용하여 각각 한 가지씩 든 것이라 한다. 호문은 같은 내용이 중복될 경우 다 쓰지 않고 각각 한 가지만을 듦을 이른다.

37) 漢初諸侯王故事 : 前漢 초기에는 諸侯王의 政權機構가 중앙의 천자와 비슷함을 말한 것이다. 제후왕은 자신이 封國의 丞相과 都尉 그리고 기타 관리를 임명하는 권력을 가졌다.(≪資治通鑑新注≫, 陝西人民出版社, 1998)

38) 魏徵世冑遺逸 : "≪資治通鑑綱目≫에서 선비를 징소한 것을 기록한 것이 21번인데(漢 光武帝 建武 5년(29)에 자세하다.), 그 당사자를 기록하지 않은 경우가 없었다. 그런데 여기에서는 어째서 그 당사자를 기록하지 않았는가. 모두 기록할 수 없었기 때문이니, 이때에 盧玄 등 수백 명을 징소하였다.〔綱目書徵士二十有一(詳漢光武建武五年) 未有不書其人者 此則曷爲不書 不勝書也 於是 徵盧玄等凡數百人〕" ≪書法≫

【目】魏主가 조서를 내리기를 "지금 두 도적인 西秦의 乞伏氏와 夏나라 赫連氏가 멸망하였으니, 장차 무력을 쉬고 문화를 강구하여[39] 황폐해진 정무를 다스리며 隱逸한 백성을 등용하려 한다. 范陽 盧玄, 博陵 崔綽, 趙郡 李靈, 河間 邢穎, 渤海 高允, 廣平 游雅, 太原 張偉 등은 모두 현명하며 뛰어난 사람의 후예들이다. 州郡에서 제일 우수하니, 여기에 견줄 만한 사람들을 州郡에 모두 칙명을 내리노니 예우하여 출발해 보내도록 하라."라고 하였다.

드디어 노현 등 수백 명을 징소하여 등급에 따라서 차등을 두어 등용하였는데, 최작은 어머니가 연로한 것을 이유로 굳게 사양하였고, 노현 등은 모두 中書博士를 임명받았다. 아직 도착하지 않은 이들을 주군에서 대부분 핍박하여 보내자 魏主는 다시 수령들에게 조서를 내려서 禮儀로 거듭 유시하여 그 진퇴를 隱士들의 임의에 맡기게 하였다.

崔浩는 매번 노현과 함께 말을 할 적에 번번이 감탄하기를 "子眞(노현의 字)과 대화하면 내가 옛날을 그리워하는 마음을 더욱 깊어지게 한다."라고 하였다. 최호가 대대적으로 流品[40]을 정리하고 姓族을 명백히 구별하려고[41] 하였다. 노현이 이를 말려서 말하기를 "무릇 제도를 창립하고 사업을 세우는 데에는 각기 그때가 있으니, 이 일을 좋아할 사람이 몇 사람이나 있겠습니까. 마땅히 재삼 고려하셔야 합니다."라고 하였다. 최호가 따르지 않으니, 이로 말미암아 많은 사람들에게 미움을 얻었다.

魏主詔曰 今二寇摧殄하니 將偃武修文하여 理廢職하며 擧逸民하노니 范陽盧玄과 博陵崔綽과 趙郡李靈과 河間邢穎과 渤海高允과 廣平游雅와 太原張偉等은 皆賢儁之胄라 冠冕州邦①하니 如此

39) 무력을……강구하여 : 원문의 '偃武修文'는 ≪書經≫ 〈周書 武成〉에 나오는 말로 "武王이 商나라를 이기고 돌아와 豐에 이르러 武를 쉬고 文을 닦아서 華山의 남쪽에 軍馬를 돌려보내고 桃林의 들판에 짐수레를 끌던 소를 풀어놓아서 무력을 쓰지 않겠다는 뜻을 천하에 보였다.〔王來自商 至于豐 乃偃武修文 歸馬于華山之陽 放牛于桃林之野 示天下不服〕"라고 하였다.

40) 流品 : 각 지역의 문벌 등급으로 九品官人法에서는 이를 鄕品이라 한다. 九品官人法은 九品中正制라고도 불리는 관리 등용제도이다. 魏나라 때 漢나라의 秩石制에 의한 관직의 등급을 1品에서 9품까지의 官品으로 재편성하고서 郡國에 中正官을 설치하고 이들에게 현 관료들과 仕官 대상자들의 자질을 심사하게 하였다. 중정관이 관내 인물들을 1품에서 9품까지 등급을 매겼는데, 이를 鄕品이라고 한다. 초임관을 起家官이라 하는데, 기가관은 향품보다 4등급 낮추어 그에 해당하는 관품의 관직을 부여하였다. 이는 魏晉南北朝時代 귀족제 형성에 크나큰 영향을 끼쳤다.(宮崎市定, ≪九品官人法の硏究≫, 岩波書店)

41) 姓族을……구별하려고 : 姓族詳定, 姓族分定이라고 하는데, 北朝人과 漢人의 인물에 대한 귀족적 평가를 통해 문벌을 등급화하려고 한 것으로 이를 통해 관직, 혼인 등을 결정하게 한 것이다. 이는 北魏에 대한 漢化政策으로 崔浩 때에는 좌절되었으나 뒤의 孝文帝 때 이루어지게 된다.(宮崎市定, ≪九品官人法の硏究≫, 岩波書店)

比者를 盡勑州郡하니 以禮發遣하라 遂徵玄等數百人하여 差次敍用할새 崔綽以母老固辭하고 玄等皆拜中書博士하다 其未至者를 州郡多逼遣之어늘 魏主復詔守宰하여 以禮申喩하여 任其進退②하다 崔浩每與玄言에 輒歎曰 對子眞하면 使我懷古之情이 更深③이라하더라 浩欲大整流品하고 明辨姓族이어늘 玄止之曰 夫創制立事는 各有其時하니 樂爲此者 詎有幾人고 宜加三思④니라 浩不從하니 由是로 得罪於衆하다

① 盧玄은 盧諶의 증손이고, 李靈은 李順의 從父兄(사촌형)이다.
玄, 諶之曾孫. 靈, 順之從父兄也.
② 申은 거듭함이다.
申, 重也.
③ 崔浩는 盧玄의 외삼촌이다. 子眞은 노현의 자이다.
浩, 玄之舅也. 子眞, 玄字.
④ 詎는 알지 못한다는 말이다.
詎, 未知詞也.

【綱】겨울 10월에 北魏가 崔浩를 시켜서 律令을 정하게 하였다.

冬十月에 魏使崔浩로 定律令하다

【目】예전에 北魏의 昭成帝(拓跋什翼犍)가 처음으로 법령을 제정하면서 이르기를 "반역을 저지른 사람은 멸족하고, 그 나머지 사형에 처할 사람은 금전이나 말을 바쳐서 속죄하는 것을 허락하고, 사람을 죽인 사람은 죽은 사람의 집에 소와 말과 장례 도구를 주어서 화해하는 것을 허락하며, 관청의 물건을 훔쳤을 경우에는 5배로 배상하고 개인의 물건인 경우에는 10배로 배상한다."라고 하였다. 四部의 大人[42]이 함께 王庭에 앉아서 소송을 판결하고, 구금하고 신문을 받고 연루되어 체포되는 고통을 없애니 경내가 안정되었다. 太祖(拓跋珪)가 中原에 들어와서는 이전 시대의 律令[43]이 준엄하고 엄밀한 것을

42) 四部의 大人 : 北魏 초기에는 禮俗이 순박하고 刑禁이 간단하였다. 宣帝(拓跋推寅, ?~13)가 남쪽으로 천도한 이후 다시 四部의 大人을 두었는데, 王庭에 앉아 辭訟을 판결하고 말로 約束을 하고 부호를 새기는 방법으로 일을 기록하였으며 감옥과 심문하는 방식은 없었고 모든 犯罪者는 일체 그때에 임하여 판결하고 징벌해 보냈다.(≪魏書≫ 권111 〈刑罰志〉) 拓跋什翼犍(318~376)은 北魏가 아직 代國일 때이고 지금 말하는 내용은 代國 이전 북방 대흥안령 지역에서 수렵하다가 남쪽 大澤으로 내려와 유목 생활로 바꾼 것을 말한다.

43) 이전……律令 : 여기의 이전 시대는 北魏의 선대를 이야기하는 것이 아니라 중국의 이전 왕조의 율령을 가리킨 것이다.

걱정하여 三公郎 王德에게 명하여 刪定하게 하였는데 간결하고 편이함을 힘써 숭상하였다. 태조가 말년에 병이 들자, 형벌이 문란하고 가혹하게 되었다. 太宗(拓跋嗣)이 이를 계승하여 법조문이 또한 각박해졌다.

이때에 이르러 崔浩에게 명하여 다시 율령을 개정하게 하여 5년형과 4년형의 徒刑을 없애고 1년형을 늘리게 하였다. 巫蠱한 사람은 黑羊을 짊어지거나 개를 품에 안게 하고서 연못에 가라앉게 하였다.

처음으로 관품이 9품 이상인 사람에게는 관작을 내놓아서 형벌을 속죄하도록 하였다. 형벌에 처해야 할 부인이 임신한 경우는 출산 후 100일이 지난 후에 결행하게 하였다. 궁궐 문의 왼편에 登聞鼓를 매달아 억울한 사람들에게 뜻을 통하도록 하였다.

初에 魏昭成帝 始制法令①하여 反逆者는 族하고 其餘當死者는 聽入金馬贖罪하고 殺人者는 聽與死家馬牛葬具하여 以平之②하고 盜官物은 一備五하고 私物은 一備十③하고 四部大人이 共坐王庭하여 決辭訟하고 無繫訊連逮之苦하니 境內安之하더라 太祖入中原하여는 患前代律令峻密④하여 命三公郎王德刪定호되 務崇簡易(이)러니 季年에 被疾하여 刑罰濫酷하고 太宗承之하여 吏文亦深⑤하더라 至是하여 命崔浩更定律令호되 除五歲四歲刑하며 增一年刑하고 巫蠱者는 負羖羊抱犬하여 沈諸淵⑥하다 初令官階九品者로 得以官爵除刑⑦케하고 婦人當刑而孕이어든 產後百日에 乃決하고 闕左에 懸登聞鼓하여 以達冤人⑧하다

① 拓跋什翼犍은 시호가 昭成帝이다.
什翼犍謚昭成帝.
② 平은 화해한다는 뜻이다.
平, 和也.
③ 備는 배로 배상한다는 뜻이다.
備, 倍償也
④ 道武帝의 廟號가 太祖이다.
道武帝廟號太祖.
⑤ 明元帝의 묘호가 太宗이다.
明元帝廟號太宗.
⑥ 羖는 음이 古이다. 《說文解字》에 "夏羊(검은 양)의 수컷을 羖라고 한다."라고 하였다. 일설에 "羖는 羱羊(山羊)이다."라고 한다. 羱은 음이 歷이다.
羖, 音古. 說文 "夏羊牡曰羖." 一說 "羖, 羱羊也." 羱, 音歷.
⑦ 漢나라 관직은 秩石(녹봉의 양)으로 차등을 두었는데 魏·晉 시대에 비로소 品秩(官品)의 차등을 정하였다.
漢官以石秩爲差, 魏晉始定品秩之次.

⑧ 禹임금은 獄訟을 하는 사람에게 鞀(자루 달린 작은 북)를 흔들도록 하였다. ≪周禮≫ 〈秋官 大司寇〉에 "왼쪽 嘉石[44]에는 罷民(교화를 안 따르는 백성)을 앉혀 다스린다."라고 하였으니, 모두 억울한 사람들에게 뜻을 통하도록 하는 것이다. 登聞鼓는 억울함을 지닌 사람들이 궐문에 나아와 북을 쳐서 즉시 상달하는 것이다.

禹令有獄訟者搖鞀. 周禮 "左嘉石以平罷(피)民." 皆所以達幽枉也. 登聞鼓, 令負冤者得詣闕撾鼓, 登時上聞也.

壬申年(432)

宋나라 太祖 文帝 劉義隆 元嘉 9년이고, 北魏 世祖 太武帝 拓跋燾 延和 원년이다.

宋元嘉九年이요 魏延和元年이라

【綱】 봄 정월에 北魏는 保太后를 높여 皇太后로 삼고, 아들 拓跋晃을 세워 太子로 삼았다.

春正月에 魏尊保太后爲皇太后[45]하고 立子晃爲太子하다

【綱】 3월에 宋나라가 王弘으로 太保를 삼고, 檀道濟로 司空을 삼아서 尋陽으로 돌아가 鎭守하게 하였다.

◑ 三月에 宋以王弘爲太保하고 檀道濟爲司空하여 還鎭尋陽하다

【綱】 吐谷渾이 前 夏主 赫連定을 北魏로 보냈는데 北魏 사람이 혁련정을 죽였다.

◑ 吐谷渾이 送故夏主定于魏어늘 魏人殺之하다

---

44) 嘉石 : 가벼운 범죄를 저지른 사람을 앉혀 부끄러움을 주어 회개시키는 데 쓰이는 무늬가 있는 돌을 말한다.

45) 魏尊保太后爲皇太后 : "〈保太后는〉 保母 竇氏이니 太后라 한 것은 잘못된 것인데, 皇을 더한 것은 더욱 심한 것이다. 그렇다면 앞에서 '높여 保太后로 삼았다.'라고 한 데에서는 지척하여 魏主라고 기록하였는데 여기서는 어찌하여 기록하지 않았는가. 그 일의 시작에서 폄하한 것으로 충분하기 때문이다(癸巳年(453)에 魏主 拓跋濬이 常氏를 높여서 皇太后로 삼았을 때에도 魏主라고 기록하지 않은 것과 뜻이 같다.).〔保母竇氏也 太后非矣 加皇又甚焉 然則前尊爲保太后 則斥書主 此則曷爲不書 貶於其事端足矣(癸巳年 魏主濬尊常氏爲皇太后 不書主 義同)〕" ≪書法≫ '前尊爲保太后 則斥書主'는 본서 77쪽 참조.

【目】北魏에서 赫連定을 죽이고 나서 이어서 吐谷渾王 慕容慕璝의 官爵을 승진시키자 모용모괴가 표문을 올리기를 “신이 참람한 역적을 포로로 사로잡아 王府에 바쳤는데 작위와 질록은 비록 높아졌으나 영토는 불어나지 않았고 수레와 깃발은 이미 장식하였으나 재물은 충분히 보상받지 못하였으니, 바라건대 살펴주십시오.”라고 하였다.

魏主가 안건을 내려 함께 논의하게 하였다. 공경들이 말하기를 “모용모괴가 바친 것은 단지 혁련정이고, 변방 밖의 백성이 모두 자신의 소유인데도 탐욕스럽게 요구하여 만족함이 없으니 허락해서는 안 됩니다.”라고 하니, 이로부터 모용모괴의 貢使(공물을 진상하는 사신)가 北魏에 오는 것이 점차로 간략해졌다.

魏既殺赫連定에 因進吐谷渾王慕璝官爵이어늘 慕璝上表曰 臣俘擒僭逆하여 獻捷王府어늘 爵秩雖崇이나 而土不增廓하고 車旗既飾이나 而財不周賞하니 願垂鑑察하소서 魏主下共議한대 公卿以爲호되 慕璝所致는 唯定而已요 塞外之民이 皆爲己有로되 而貪求無厭하니 不可許也니이다 自是慕璝貢使至魏者稍簡하더라

【綱】北魏가 代郡을 改稱하여 萬年이라고 했다가 얼마 후에 옛 호칭을 복구하였다.

魏改代爲萬年이라가 尋復舊號하다

【目】北魏 方士 祁纖(기섬)이 代郡을 改稱하여 萬年으로 삼을 것을 아뢰니, 崔浩가 말하기를 “예전에 太祖(道武帝)께서 하늘에 순응하여 天命을 받으셔서 〈國號로〉 代와 魏를 함께 일컬은 것은 殷과 商을 본받은 것입니다. 國家(황제)가 德을 쌓으면 〈역사에 수록되어〉 응당 억만년을 누릴 것이니, 萬年의 명칭을 빌어서 수명을 더하는 것을 바랄 필요가 없습니다. 기섬이 아뢴 것은 모두 바른 도리가 아니니 마땅히 예전 호칭을 회복해야 합니다.”라고 하니, 魏主가 그것을 따랐다.

魏方士祁纖이 奏改代爲萬年이어늘 崔浩曰 昔太祖應天受命하사 兼稱代魏는 以法殷商[46]이니 國家積德이 當享年萬億[47]이요 不待假名以爲益也라 纖之所聞이 皆非正義니 宜復舊號니이다하니 魏主從之하다

46) 兼稱代魏 以法殷商 : 北魏를 代라고도 일컫고 魏라고도 일컫는 것은 이전의 商나라를 殷이라고 일컫고 商이라고도 일컬었던 것과 같음을 말한다.

47) 當享年萬億 : 《魏書》 〈崔浩傳〉에는 “著在圖史 當享萬億(史書에 기록되어 응당 억만년을 향유하다.)”이라 하였다.

【綱】 여름 5월에 宋나라 太保 王弘이 죽었다.

夏五月에 **宋太保王弘卒**하다

【目】 王弘은 明敏하면서 才思가 있었으나 경솔하며 편협하여 남을 꺾어 모욕하기를 좋아하였다. 비록 존귀하게 되었으나 財利를 꾀하지는 않았는데, 卒함에 집에 남은 재산이 없었다. 宋主가 이 소식을 듣고 특별히 돈 1백만 전과 쌀 1천 斛을 내려주었다.

弘明敏有思致[①]나 **而輕率褊隘**하여 **好折辱人**하다 **雖貴顯**이나 **不營財利**러니 **及卒**에 **家無餘業**이러라 **宋主聞之**하고 **特賜錢百萬**과 **米千斛**하다

① 思(생각하다)는 去聲이다.
思, 去聲.

【綱】 宋나라가 사신을 파견하여 北魏로 보냈다.

宋遣使如魏하다

【綱】 6월에 宋나라가 司徒 劉義康에게 揚州刺史를 겸직하게 하였다.

◑ **六月**에 **宋以司徒義康**으로 **領揚州刺史**하다

【綱】 가을 7월에 宋나라가 殷景仁을 尙書僕射로 삼고, 劉湛을 領軍將軍으로 삼았다.

◑ **秋七月**에 **宋以殷景仁**으로 **爲尙書僕射**하고 **劉湛**으로 **爲領軍將軍**하다

【綱】 吐谷渾이 戰勝을 宋나라에 고하였다.

◑ **吐谷渾**이 **告捷于宋**[①]하다

① 赫連定을 사로잡은 戰勝을 고한 것이다.
告擒赫連定之捷也.

【綱】 가을에 宋나라 益州 사람 趙廣이 난리를 일으켜서 成都를 포위하였다.

◑ 秋에 宋益州人趙廣이 作亂하여 圍成都하다

【目】 宋나라 益州刺史 劉道濟가 長史 費謙과 別駕 張熙를 신임하여 〈그들이〉 세금을 가혹하게 거두고 이권을 일으켜 정치에 해를 끼치고 백성을 해치니, 상인들이 생업을 잃어서 한탄하는 소리가 길거리에 가득하였다. 유랑민 許穆之가 성명을 바꾸어 司馬飛龍이라고 일컫고 스스로 晉나라 황실의 가까운 친족이라 말하고, 氐王 楊難當에게 가서 의지하였다. 양난당은 백성들의 원망을 이용하여 사마비룡에게 군대를 주어서 益州를 침범해 어지럽히게 하였다. 사마비룡은 蜀 지역 사람들을 불러 모아 1천여 명을 얻어서 巴興縣令을 공격해 죽이고 陰平太守를 축출하니, 유도제가 군대를 보내 사마비룡을 참수하였다.

유도제는 帛氐奴와 梁顯을 參軍督護[48]로 삼으려 하였는데 비겸이 고집을 하여 인정하지 않았다. 백저노 등이 마을 사람 趙廣과 함께 縣의 사람들을 선동하여 속여 말하기를 "사마비룡 殿下께서 여전히 陽泉山 안에 계신다."라고 하고, 무리를 모아 廣漢으로 향하였다. 〈유도제의〉 參軍 程展이 李抗之와 회합하여 〈백저노 등을〉 공격하다가 모두 패하여 죽으니, 조광 등이 涪城으로 진격하여 함락시켰다. 이에 涪陵·江陽·遂寧 등의 郡守가 모두 성을 버리고서 도주하고, 蜀 지역의 토착민과 僑民들이 모두 배반하였다.

宋益州刺史劉道濟 信任長史費謙과 別駕張熙하여 聚斂興利하여 傷政害民하니 商賈失業하여 吁嗟滿路①어늘 流民許穆之 變姓名하여 稱司馬飛龍하고 自云晉室近親하고 往依氐王楊難當하다 難當因民之怨하여 資飛龍以兵하여 使侵擾益州한대 飛龍招合蜀人하여 得千餘人하여 攻殺巴興令하고 逐陰平太守어늘 道濟遣軍斬之②러니 道濟欲以帛氐奴梁顯으로 爲參軍督護③한대 費謙固執不與하다 氐奴等이 與鄕人趙廣으로 構扇縣人하여 詐言호되 司馬殿下 猶在陽泉山中이라하고 聚衆向廣漢④이어늘 參軍程展이 會李抗之擊之라가 皆敗死⑤하니 廣等이 進攻涪城陷之하다 於是에 涪陵江陽遂寧諸郡守 皆棄城走하고 蜀土僑舊俱反⑥하다

① 劉道濟는 劉粹의 아우이다.
道濟, 粹之弟也.

② 晉나라 永和 11년(355)에 巴興縣을 설치하고, 西魏 때에 고쳐 長江縣이라 하고, 唐나라 때 遂州에 속하였다. 晉나라 泰始 연간에 陰平郡을 설치하고, 宋나라 武帝 永初 연간에 이르러 또 나누어 南陰平·北陰平으로 하였는데, 여기의 陰平은 南陰平이다. 隋나라는 南陰平을

48) 參軍督護 : 東晉 때 설치되었다. 營兵을 거느리고 部曲을 소유하였다. 南北朝 시대에도 三公府, 諸王府, 持節都督府, 將軍府 등에 설치되었으나 營兵을 거느리지 않았으며, 지위가 비교적 낮았다.

합병하여 雒縣으로 편입하였다.

晉永和十一年置巴興縣, 西魏改曰長江縣, 唐屬遂州. 晉秦始中, 置陰平郡, 至武帝永初間, 又分爲南陰平・北陰平, 此南陰平也. 隋併南陰平入雒縣.

③ 帛은 姓이다.

帛, 姓也.

④ 蜀漢에서는 緜竹을 분할하여 陽泉縣을 설립하고 廣漢郡에 소속시켰다.

蜀分緜竹立陽泉縣, 屬廣漢郡.

⑤ ≪資治通鑑≫에는 "參軍 程展이 治中 李抗之와 회합하였다."라고 하였다.

通鑑參軍程展會治中李抗之.[49)]

⑥ 江陽郡은 劉璋이 犍爲를 나누어 설립했다. 沈約이 말하기를 "遂寧郡은 ≪永初郡國志≫[50)]에 나오는데 아마 晉나라 말에 廣漢을 나누어 설립한 것인 듯하고, 唐나라 때에 遂州가 되었다."라고 하였다. 僑는 타향살이하는 백성이고, 舊는 토착하는 백성이다.

江陽郡, 劉璋分犍爲立. 沈約曰 "遂寧郡, 永初郡國志有之, 疑晉末分廣漢所立, 唐爲遂州." 僑, 寄居民. 舊, 土着民.

【目】 趙廣 등이 成都로 진격하니 劉道濟는 성곽을 둘러싸서 직접 수비하였다. 賊徒들은 결집한 지 여러 날이 되었으나 司馬飛龍을 보지 못하여 흩어져 떠나려 하였다. 조광은 두려워하여 3천 명과 의장대를 인솔하여 陽泉寺로 가서 道人 程道養에게 말하기를 "네가 다만 스스로 사마비룡이라고 말한다면 앉아서 부귀를 누릴 것이지만 그렇지 않으면 머리가 잘릴 것이다."라고 하니, 정도양은 두려워하면서 허락하였다.

조광은 마침내 정도양을 추대하여 蜀王으로 삼고, 그의 아우 程道助에게 涪城을 수비하게 하고 정도양을 받들어 成都로 돌아가니 무리가 10만여 명에 이르렀다. 사면에서 성도를 포위하고 사람을 보내 유도제에게 말하기를 "다만 費謙과 張熙를 보내오면 우리들은 스스로 해산하여 떠나겠습니다."라고 하였다. 유도제는 參軍 裴方明과 任浪之를 보내어 출전하게 하였으나 모두 패하여 돌아왔다.

廣等이 進攻成都하니 道濟嬰城自守러니 賊屯聚日久호되 不見司馬飛龍이라 欲散去어늘 廣懼하여 將三千人及羽儀하여 詣陽泉寺①하여 謂道人程道養曰 汝但自言是飛龍인댄 則坐享富貴어니와 不則斷頭하리라 道養惶怖許諾한대 廣乃推道養하여 爲蜀王하고 以其弟道助로 鎭涪城하고 奉道養하여 還成都하니 衆至十萬餘라 四面圍城하고 使人謂道濟曰 但送費謙張熙來면 我輩自解去하리라 道

49) 治中李抗之 : ≪資治通鑑≫에는 이 뒤에 "將五百人擊之(李抗之가 거느린 500명과 회합하여 그들을 공격하였다.)"라 하였다.

50) 永初郡國志 : 劉宋 때 만든 地理書로 永初는 宋 武帝의 연호이다.

濟遣參軍裴方明任浪之出戰이로되 皆敗還하다

① 깃으로 儀仗을 만들었으므로 羽儀라고 하였다.
以羽爲儀, 故曰羽儀.

【綱】魏主가 北燕을 공격하여 和龍을 포위하였다.

魏主攻燕하여 圍和龍하다

【目】魏主가 北燕을 정벌하자 石城太守 李崇 등 10개 郡이 北魏에 항복하였다. 魏主가 그 백성 3만 명을 동원하여 참호를 파서 성곽을 에워쌓고서 和龍을 빈틈없이 포위하였다.

8월에 燕王 馮弘이 수만 명을 보내서 출전시키자, 北魏에서 그들을 공격하여 격파하고, 羌胡固·帶方·建德·冀陽郡을 공격하여 모두 함락하였다.

9월에 魏主가 군사를 이끌고 서쪽으로 還國하여 營丘·成周·遼東·樂浪·帶方·玄菟 여섯 군의 백성 3만 가호를 幽州로 이주시켰다.

北燕의 尙書 郭淵이 北燕王에게 권하여 北魏에 귀순하여 딸을 바치고 附庸國이 되기를 청하라고 하였다. 北燕王이 말하기를 "이전에 죄를 지어서 원한을 맺은 것이 이미 깊으니, 항복하여 귀부해 죽음을 취하는 것은 뜻을 지키면서 다시 도모하는 것만 못하다."라고 하였다.

魏主가 화룡을 포위하였을 때 宿衛하는 병사들이 대부분 전선에 있으니 行宮에는 사람이 적었다. 雲中鎭將 朱脩之가 모의하여 남방 사람(宋나라)과 함께 魏主를 기습해서 살해하고, 그 기회에 화룡으로 들어가서 바다로 배를 타고 남쪽으로 돌아가려고 할 적에 이를 장군 毛脩之에게 고하였으나 모수지가 따르지 않아 마침내 중지하였다. 이윽고 사건이 누설되어 주수지가 北燕으로 달아났다. 北魏 군사들이 자주 북연을 정벌하니 北燕王은 주수지를 파견하여 남쪽으로 가서 〈宋나라에〉 구원을 청하게 하였다. 주수지는 바다를 건너가서 東萊에 이르러 마침내 建康으로 돌아오자 黃門侍郎에 임명되었다.

魏主伐燕하니 石城太守李崇等十郡이 降魏①어늘 魏主發其民三萬穿圍塹하여 以守[51]和龍이러니 八月에 燕王使數萬人出戰이어늘 魏擊破之하고 攻羌胡固帶方建德冀陽郡하여 皆拔②하다 九月에

51) 守 : ≪資治通鑑新註≫(陝西人文出版社, 1998)에 守는 圍困이라 하였는데, 이는 겹겹이 포위하는 것이다. 또한 본문 아래에서 "魏主之圍和龍也"라 하였다.

魏主引兵西還하여 **徙營丘成周遼東樂浪帶方玄菟六郡民三萬家於幽州**하다 **燕尙書郭淵**이 **勸燕王送款獻女於魏**하고 **乞爲附庸**한대 **燕王曰 負釁在前**하여 **結忿已深**하니 **降附取死**는 **不如守志更圖也**[③]라하다 **魏主之圍和龍也**에 **宿衛之士 多在戰陳**하니 **行宮人少**어늘 **雲中鎭將朱脩之 謀與南人**으로 **襲殺魏主**하고 **因入和龍**하여 **浮海南歸**할새 **以告將軍毛脩之**한대 **不從**하여 **乃止**[④]러니 **旣而**요 **事泄**하여 **朱脩之逃奔燕**하다 **魏人數**(삭)**伐燕**하니 **燕王遣脩之南歸求救**한대 **脩之汎海至東萊**하여 **遂還建康**이어늘 **拜黃門侍郞**하다

① 石城縣은 前漢 때에 右北平에 속하였는데, 北燕이 나누어 石城郡을 두었다. 北魏 太平眞君 8년(447)에 白狼에 建德郡을 설치하고, 石城을 縣으로 삼아 속하게 하였다. 李崇은 李績의 아들이다.
石城縣, 前漢屬右北平, 燕分置石城郡. 魏眞君八年, 置建德郡於白狼, 以石城爲縣屬焉. 崇, 績之子也.

② ≪資治通鑑≫에 이르기를 "北燕의 尙書 高紹가 1만여 가를 인솔하여 羌胡固를 보전하였다. 신사일에 魏主가 고소를 공격하여 참수하였다. 〈北魏의〉 平東將軍 賀多羅가 帶方을 공격하고, 撫軍大將軍 永昌王 拓跋健이 建德을 공격하고, 驃騎大將軍 樂平王 拓跋丕가 冀陽을 공격하여 모두 함락시켰다."라고 하였다.
通鑑 "燕尙書高紹帥萬餘家, 保羌胡固. 辛巳, 魏主攻紹, 斬之. 平東將軍賀多羅攻帶方, 撫軍大將軍永昌王健攻建德, 驃騎大將軍樂平王丕攻冀陽, 皆拔之."

③ 釁(죄)은 釁과 통하니, "負釁"은 죄를 짓는다는 말과 같다. 更(고치다)은 平聲이다.
釁, 與釁通. 負釁, 猶言負罪也. 更, 平聲.

④ ≪北史≫ 〈毛脩之傳〉에 "劉裕가 關中을 평정할 때 아들 劉義眞을 남겨두어 長安을 지키게 하고, 毛修之를 司馬로 삼았다. 유의진이 〈夏나라에〉 패하게 되어서는 모수지가 〈사로잡혀〉 統萬에 갇혔다. 太武帝(拓跋燾)가 赫連昌을 평정하였을 때 모수지를 사로잡았다. 魏主가 그에게 吳 지역 군대를 지휘하게 하였는데 공적으로 吳兵將軍에 임명되었다. 누차 승진하여 尙書가 되고, 南郡公 작위를 하사받았다. 和龍을 토벌하는 데에 따라갔는데, 前 宋나라 장군 朱修之가 雲中將軍이 되어서 吳 지역 군사를 인솔하여 반역을 하려고 하였다. 이에 모수지에게 고하였으나 허락하지 않으니 마침내 중지되었다."라고 하였다.
北史毛脩之傳 "劉裕之平關中, 留子義眞鎭長安, 以脩之爲司馬. 及義眞敗, 脩之沒統萬. 太武平赫連昌, 獲之. 使領吳兵, 以功拜吳兵將軍. 累遷尙書, 賜爵南郡公. 從討和龍, 宋故將朱脩之爲雲中將軍, 欲率吳兵爲逆, 以告脩之, 不聽, 乃止."

【綱】 겨울 12월에 北燕 長樂公 馮崇이 遼西를 가지고 반란을 일으켜 北魏에 항복하였다.

冬十二月에 **燕長樂公崇**이 **以遼西叛**하여 **降魏**하다

【目】 北燕王 馮弘의 嫡妃 王氏가 長樂公 馮崇을 낳았는데, 풍숭이 형제 중에서 가장 나이가 많았다. 풍홍이 즉위하게 되자, 慕容氏를 세워서 王后를 삼았다. 왕씨는 책립되지 못하였고 또 풍숭을 축출하여 肥如를 鎭守하게 하였다.

그러자 풍숭의 同母弟 馮朗과 馮邈이 서로 말하기를 “지금 국가가 망하려고 하는데 왕이 다시 참소를 받아들이니, 우리 형제의 죽을 날이 며칠 남지 않았다.”라고 하고, 마침내 서로 함께 요서로 도망쳐서 풍숭을 설득하여 북위에 항복하게 하였는데, 풍숭이 이를 따라 풍막을 시켜서 北魏에 가서 郡을 들어 항복을 청하게 하였다. 北燕王이 이 소식을 듣고 그의 부하 장군 封羽를 시켜서 遼西를 포위하도록 하였다.

燕王嫡妃王氏 生長樂公崇하니 於兄弟에 爲最長하다 及卽位에 立慕容氏하여 爲王后하니 王氏不得立하고 又黜崇하여 使鎭肥如①어늘 崇母弟朗邈相謂曰 今國家將亡에 王復受譖하니 吾兄弟死無日矣라하고 乃相與亡奔遼西하여 說(세)崇使降魏한대 崇從之하여 使邈如魏하여 請擧郡降이어늘 燕王聞之하고 使其將封羽로 圍遼西하다

① 北燕은 幽州刺史를 肥如에 鎭守시켰는데, 遼西 땅이다.
燕以幽州刺史鎭肥如, 遼西之地也.

【綱】 宋나라 益州參軍 裴方明이 趙廣을 토벌하여 격파하였다.

宋益州參軍裴方明이 **討趙廣**하여 **破之**하다

【目】 裴方明이 程道養의 군영을 공격하여 격파하였다. 賊徒 楊孟子가 城의 남쪽에 주둔하였는데 參軍 梁儁之가 설득하고 타일러 劉道濟를 만나보게 하니, 〈유도제가〉 그를 임명하여 主簿를 삼아 적도들을 토벌하기로 기약하였다. 趙廣이 그 모의를 알아차리자 양맹자는 두려워하여 거느린 사람들을 데리고 晉原으로 도주하니, 晉原太守 文仲興이 그와 함께 수비하였다. 조광이 帛氐奴를 보내어 晉原을 공격하여 격파하니 문중흥과 양맹자가 모두 죽었다. 배방명이 다시 나와 적도들을 공격하여 누차 싸워 격파하여 적도들이 마침내 크게 무너졌다. 정도양은 무리들을 거두어 廣漢으로 돌아가고 趙廣은 涪城으로 돌아갔다.

裴方明이 擊程道養營하여 破之하다 賊楊孟子屯城南한대 參軍梁儁之 說諭邀見道濟하니 板爲主簿하여 克期討賊하다 趙廣知其謀하니 孟子懼하여 將所領奔晉原하니 太守文仲興이 與之同守[①]어늘 趙廣遣帛氐奴攻晉原하여 破之하니 仲興孟子皆死하다 裴方明復出擊賊하여 屢戰破之하여 賊遂大潰하니 道養收衆하여 還廣漢하고 趙廣還涪城하다

① 李雄(成漢 武帝)이 蜀郡을 나누어 漢原郡을 설립하고, 晉 穆帝가 이름을 晉原郡으로 바꾸고 江原縣에 治所를 두었다.
李雄分蜀郡爲漢原郡, 晉穆帝更名晉原郡, 治江原縣.

【目】劉道濟는 비축 양식이 모두 고갈되었는데, 裴方明이 성을 나가 양식을 구하다가 적도에게 패배하여 필마로 혼자 돌아오니 적도들이 다시 크게 모여들었다. 배방명이 밤에 줄을 타고 성으로 올라갔는데 유도제가 그를 위해 음식을 차려주니 눈물을 흘리며 먹지 못하였다. 유도제가 말하기를 "卿은 大丈夫가 못 된다. 작은 패배를 어찌 괴로워하는가. 적도들의 기세가 이미 쇠퇴했고 臺兵(朝廷의 군대)이 거의 도착할 때가 되었는데 卿만 돌아온다면 어찌 적도들을 근심할 것이 있겠는가. 〈그런데 그대가 돌아왔다.〉"라고 하고, 즉시 자기 측근의 인원을 줄여서 배방명에게 배속시켰다.

적도들이 소리를 높여 배방명이 이미 죽었다고 하니 성안이 크게 두려워하였다. 유도제가 밤에 횃불을 나열하고 배방명을 내보내어 대중들에게 보이자 대중들이 마침내 안정되었다. 유도제는 재물을 모두 내놓아서 배방명에게 군사들을 모집하게 하였다. 이때 소문에 유도제가 이미 죽었다고 전해져서 응모하는 자가 없었다. 梁儁之가 유도제를 설득하여 측근에 있는 給使 30여 명을 밖으로 내보내게 하고 또 고하게 하기를 "내 병이 조금 나았으니, 너희들은 귀가하여 휴식하도록 하라."라고 하였다. 給使들이 나가고 나자 성안이 마침내 안정되고 모집에 응하는 자가 날마다 1천여 명이나 되었다.

道濟糧儲俱盡이라 方明出城求食이라가 爲賊所敗하여 單馬獨還하니 賊衆復大集이어늘 方明夜縋而上[①]한대 道濟爲設食하니 涕泣不能食[②]이어늘 道濟曰 卿非大丈夫로다 小敗何苦리오 賊勢旣衰하고 臺兵垂至하니 但令卿還이면 何憂於賊이리오 卽減左右以配之하다 賊揚言方明已死하니 城中大恐이라 道濟夜列炬火하고 出方明以示衆하니 衆乃安하다 道濟悉出財物하여 令方明募人하니 時傳道濟已死라 莫有應者라 梁儁之說道濟하여 遣左右給使三十餘人出外하고 且告之曰 吾病小損하니 聽歸休息이라하니 給使旣出에 城中乃安하고 應募者日有千餘人이러라

① 縋는 馳僞의 切이니, 줄을 내리는 것이다. 上(올라가다)은 時掌의 切이다.

縋, 馳僞切, 垂繩也. 上, 時掌切.

② 爲(위하다)는 去聲이다.

爲, 去聲.

【綱】北魏가 太常 李順을 파견하여 北涼에 보냈다.

魏遣太常李順如涼하다

【目】北魏의 李順이 다시 使命을 받들어 北涼에 도착하였다. 涼王 沮渠蒙遜이 뜰 안으로 맞아들이고는 다리를 뻗고 앉아 안석에 기대고서 움직여 일어날 모습이 없자, 이순이 정색을 하고 큰소리로 말하기를 "뜻밖에 이 늙은이의 무례함이 마침내 이 지경까지 갔구나. 지금 멸망을 우려하지 않고 감히 天地를 능멸하니 혼백이 떠나간 사람을 어찌 만날 필요가 있으랴."라고 하고 부절을 잡고는 나오려고 하였다.

저거몽손이 사람을 시켜 이순을 쫓아가 만류하기를 "전해 들으니 朝廷에서 절하지 말라는 조서가 있었다고 합니다.[52] 그러므로 감히 편안히 있었을 뿐입니다."라고 하였다.

이순이 말하기를 "齊 桓公이 諸侯들을 규합하고 천하를 한 번 바로잡았는데, 周나라 天子가 제사 고기를 하사하였을 때 명하여 堂에서 내려가 절하지 말라고 하였으나 환공은 오히려 신하의 예를 감히 잃지 않아서 당에서 내려가 절하고 堂上에서 제사 고기를 받았습니다.[53] 지금 왕께서 비록 공로가 높지만 제 환공만 못하고 朝廷에서 비록 높이 우대해주지만 아직 절하지 말라는 조서가 있은 것도 아닌데 바로 교만하게 하니, 이것이 어찌 社稷의 복이 되시겠습니까."라고 하니, 저거몽손이 마침내 일어나 절하고 조서를 받았다.

---

52) 전해……합니다 : ≪資治通鑑≫에는 이 기사 바로 앞에 다음과 같은 내용이 있다. 沮渠蒙遜이 李順에게 사람을 보내 자기가 연로하고 병들어 절할 수 없으니 며칠 후에 만나자고 하였는데, 이순이 "왕이 연로하고 병든 것은 조정에서 아는 것이니 어찌 스스로 편안하고자 조칙을 받은 사신을 보지 않는가." 하자 다음 날 이순을 만났다.

53) 齊 桓公이……받았습니다 : 齊 桓公이 諸侯들과 葵丘에서 회맹을 할 적에 周 襄王이 宰孔을 보내어 齊侯(齊桓公)에게 胙肉을 下賜하면서 말하기를 "天子가 文王과 武王께 제사를 지냈기에 재공을 보내어 伯舅(齊桓公)에게 胙肉을 내리노라."라고 하였다. 齊侯가 뜰 아래로 내려가 拜謝하려 하자, 재공이 말하기를 "또 다음 명이 계셨소. 天子께서 나 재공에게 '伯舅는 나이가 높은데다가 功勞까지 있으므로 한 等級을 올려주니, 내려가서 배사하지 말게 하라.'라고 하셨소."라고 하자, 齊侯가 대답하기를 "천자의 위엄이 면전에서 咫尺도 떨어져 있지 않으니, 小白 제가 감히 天子의 命을 탐하여 내려가 배사하지 않겠는가. 아래로 추락시켜 天子께 모욕을 끼칠까 두려우니, 감히 내려가 절하지 않을 수 있겠는가."라고 하고 뜰로 내려가 절한 뒤에 올라와서 胙肉을 받았다.(≪春秋左氏傳≫ 僖公 9년)

魏李順復奉使至涼하니 涼王蒙遜延入庭中하고 箕坐隱几하여 無動起之狀[①]이어늘 順正色大言曰 不謂此叟無禮 乃至於此케라 今不憂覆亡而敢陵侮天地하니 魂魄逝矣라 何用見之리오 握節將出이어늘 蒙遜使追止之曰 傳聞朝廷이 有不拜之詔라 是以敢自安爾니이다 順曰 齊桓公九(규)合諸侯하고 一匡天下하니 周天子賜胙에 命無下拜호되 桓公猶不敢失臣禮하여 下拜登受어늘 今王雖功高나 未如齊桓이요 朝廷雖相崇重이나 未有不拜之詔而遽自偃蹇하니 此豈社稷之福邪[②]아 蒙遜乃起拜受詔하다

① "箕坐"는 두 다리를 뻗고 앉아 그 모습이 키와 같은 것을 말한다. 隱은 기대고 의지한다는 뜻이다. 几는 案席의 부류이다. "無動起之狀"은 詔書를 받으려 일어나 절하지 않는 것을 말한다.
箕坐, 謂伸兩脚而坐, 其形如箕. 隱, 凭也, 依也. 几, 案屬. 無動起之狀, 謂不起拜受詔.

② "偃蹇"은 驕傲(교만하다)라는 말과 같다.
偃蹇, 猶言驕傲.

【目】 사신이 돌아오자 魏主가 北涼의 실상을 물었는데, 李順이 다음과 같이 말하였다. "沮渠蒙遜이 河右(河西) 지역을 다스린 지가 30년이 넘었습니다. 험난함을 겪어서 기지와 권변을 대략 알고 변방 지역을 안정시켜서 아랫사람들이 두려워 복종하니, 비록 그 후손에게 계책을 남겨주지 못하겠지만 한 세대를 잘 마치기는 충분합니다.[54] 그러나 禮는 德을 싣는 수레이고, 敬은 몸을 받쳐주는 터전이지만, 저거몽손은 禮가 없고 공경하지 않으니, 신의 견해로 살펴보면 다시 1년도 넘기지 못할 것입니다."

魏主가 말하기를 "세대가 바뀐 후에 어느 때 멸망할 것 같은가?"라고 하였다. 이순이 말하기를 "저거몽손의 아들들을 신이 대략 살펴보니 모두 재주가 용렬합니다. 소문으로는 敦煌太守 沮渠牧犍은 기량과 성품이 대략 확립되었으니 저거몽손을 계승할 자는 반드시 이 사람이라 합니다. 그러나 그 부친에 견주면 모두 미치지 못한다고 합니다. 이는 하늘이 聖明한 폐하를 도와주시려는 것 같습니다." 하니, 魏主가 말하기를 "朕이 한창 동쪽에 군대를 운용하고 있으니 서쪽을 공략할 겨를이 없다. 卿이 말한 대로 된다면 불과 수년 밖의 일이니 늦을 것이 없다."라고 하였다.

예전에 罽賓(계빈)의 스님 曇無讖이 스스로 말하기를 "귀신을 부려 병을 치료할 수 있고 또 신비한 술법이 있다."라고 하니, 저거몽손이 그를 존중하여 聖人이라고 말하고,

54) 그 후손에게……충분합니다 : 원문의 '貽厥孫謀'는 ≪詩經≫ 〈大雅 文王有聲〉에 "그 후손에게 계책을 남겨주어 공경하는 자손을 편안하게 하니 무왕은 훌륭한 군주로다.〔豊水有芑 武王豈不仕 詒厥孫謀 以燕翼子 武王烝哉〕"라고 한 것에서 보이니, ≪시경≫에서는 '貽'가 '詒'로 되어 있다.

여러 딸과 며느리들을 모두 그에게 가서 술법을 전수받게 하였다. 魏主가 담무참을 불렀는데 저거몽손이 억류하고 보내지 않다가 죽이니 魏主가 이로 말미암아 北涼에게 노여움을 품었다. 저거몽손은 거칠며 음탕하고 시기하며 포악하여 아랫사람들이 괴로워하였다.

使還에 魏主問以涼事한대 順曰 蒙遜控制河右 踰三十年이라 經涉艱難하여 粗識機變하고 綏集荒裔하여 群下畏服하니 雖不能貽厥孫謀나 猶足以終其一世라 然禮者는 德之輿요 敬者는 身之基也로되 蒙遜無禮不敬하니 以臣觀之컨대 不復年矣①리이다 魏主曰 易世之後에 何時當滅가 順曰 蒙遜諸子를 臣略見之하니 皆庸才也라 如聞敦煌太守牧犍은 器性粗立하니 繼蒙遜者는 必此人也나 然比之於父하면 皆云不及하니 此殆天之所以資聖明也니이다 魏主曰 朕方有事東方하니 未暇西略②이라 如卿所言인댄 不過數年之外니 不爲晚也라 初에 罽賓沙門曇無讖이 自云호되 能使鬼治病하고 且有秘術③이라하니 蒙遜重之하여 謂之聖人이라하고 諸女婦皆往受術이어늘 魏主徵之한대 蒙遜留不遣而殺之하니 魏主由是怒涼하다 蒙遜荒淫猜虐하니 群下苦之하더라

① 〈"不復年矣"는〉 1년의 수명도 있지 않음을 말한 것이다.
謂不再有一年之壽也.
② "方有事東方"은 한창 燕나라를 도모하고 있음을 말한다.
方有事東方, 謂方圖燕也.
③ 曇은 姓이고, 無讖은 그 이름이다. ≪北史≫ 〈北涼列傳〉에 말하기를 "曇無讖이 스스로 말하였다. '능히 귀신을 부려 병을 치료하며 부인들에게 아들을 많이 낳게 할 수 있다.'"라고 하였다.
曇, 姓也. 無讖, 其名. 北史曰 "曇無讖自云 '能使鬼療病, 令婦人多子.'"

癸酉年(433)

宋나라 太祖 文帝 劉義隆 元嘉 10년이고, 北魏 世祖 太武帝 拓跋燾 延和 2년이다. 北涼王 沮渠牧犍 永和 원년이다.

宋元嘉十年이요 魏延和二年이라 ○ 北涼王沮渠牧犍永和元年이라

【綱】 봄 정월에 北魏가 樂安王 拓跋範을 長安鎭都大將[55]으로 삼았다.

55) 鎭都大將 : 北魏가 변경에 鎭을 설치하였는데 그 관리들의 우두머리이다. 관할 지역 내의 군사와 민전을 담당하였다. 지위가 높아 宗室의 사람을 임명하였다. 보통 그 아래 都副將을 두었다. 다만

春正月에 **魏以樂安王範**으로 **爲長安鎭都大將**①하다

① 拓跋範은 明元帝의 아들이다. 都大將은 또한 鎭大將의 위에 있다.
範, 明元之子也. 都大將又在鎭大將之上.

【目】 魏主는 拓跋範의 나이가 적다고 해서 다시 오랫동안 덕망이 있는 이를 선발하여 將軍 崔徽와 張黎를 副將으로 삼았다. 탁발범은 겸손하고 공손하며 관대하고 은혜가 있고, 최휘는 힘써 大體를 돈독하게 하였고, 장려는 청렴하고 검약하며 공평하였다. 정치와 형벌을 簡易하게 하고, 徭役이 가볍게 하며 부세를 줄이니 關中이 마침내 편안해졌다.

魏主以範年少로 **更選舊德**하여 **將軍崔徽張黎爲之副**①하니 **範謙恭寬惠**하고 **徽務敦大體**하고 **黎淸約公平**하니 **政刑簡易**하고 **輕徭薄賦**하니 **關中遂安**하다

① 崔徽는 崔宏[56]의 아우이다.
徽, 宏之弟也.

【綱】 2월에 北魏가 馮崇을 遼西王으로 삼았다.

二月에 **魏以馮崇**으로 **爲遼西王**하다

【綱】 北魏가 陸俟를 散騎常侍로 삼았다.

◑ **魏以陸俟**로 **爲散騎常侍**하다

【目】 예전에 陸俟가 일찍이 懷荒鎭大將이 되었는데 1년이 못 되어 高車의 여러 莫弗(酋長)들이 호소하기를 육사가 엄격하고 성급하여 은혜가 없다고 하여 다시 이전의 鎭將 郎孤를 〈임명해줄 것을〉 요청하였다. 魏主가 육사를 소환하여 돌아오게 하고 낭고로 교대시켰다. 육사가 도착하고 나서 말하기를 "1년을 넘기지 않아 낭고는 반드시 실패하고 高車가 반드시 배반할 것입니다."라고 하였는데, 魏主가 노하여 크게 꾸짖었다. 다음 해에 여러 莫弗들이 과연 낭고를 죽이고 배반하였다.

史書에는 鎭都大將과 鎭大將을 혼용하고 있다. ≪資治通鑑新註≫(陝西人民出版社, 1998)에서는 鎭都大將, 鎭大將, 鎭將으로 등급을 나누었으나 그 근거가 불명확하다.

56) 崔宏 : 崔浩의 아버지이다.

魏主가 크게 놀라서 즉시 육사를 불러서 물었는데, 육사가 말하기를 "고차는 위아래의 禮를 모릅니다. 그러므로 臣이 위엄으로 임하고 법으로 제재하여 그들을 점차 訓導하여 분수를 알게 하려고 하였는데, 여러 莫弗들은 신이 하는 것을 싫어하여 신을 은혜가 없다고 호소하고 낭고의 아름다움을 칭찬하였습니다. 신이 죄를 받아 떠나고 낭고가 懷荒鎭으로 돌아가게 되었으므로, 칭찬받는 것을 기뻐하여 더욱 名聲을 얻으려 하여 오로지 느긋이 용서하는 것으로 대하였을 것입니다. 禮가 없는 사람은 쉽게 교만함이 생기므로 1년을 넘기지 않아 다시 위아래의 예가 없으면 낭고는 감당하지 못했을 것입니다. 반드시 다시 법으로 제어하게 되었을 것이니, 이와 같으면 대중들이 마음 속으로 원망하여 반드시 禍亂을 일으키게 되었을 것입니다."라고 하였다.

魏主가 웃으면서 말하기를 "卿은 키가 비록 작으나 생각이 어찌 그리 장대한가."라고 하고, 바로 그날에 散騎常侍로 삼았다.

初에 俟嘗爲懷荒鎭大將①이러니 未期歲에 高車諸莫弗訟호되 俟嚴急無恩하여 復請前鎭將郎孤②어늘 魏主徵俟還하고 以孤代之러니 俟旣至言曰 不過期年에 郎孤必敗하고 高車必叛이라한대 魏主怒하여 切責之러니 明年에 諸莫弗果殺郎孤而叛이라 魏主大驚하여 立召俟問之한대 俟曰 高車不知上下之禮라 故臣臨之以威하고 制之以法하여 欲以漸訓導하여 使知分限이러니 而諸莫弗이 惡(오)臣所爲하여 訟臣無恩하고 稱孤之美하니 臣以罪去하고 孤獲還鎭이라 悅其稱譽하여 益收名聲하여 專用寬恕待之하리니 無禮之人이 易(이)生驕慢이라 不過朞年에 無復上下하면 孤所不堪이라 必將復以法裁之하리니 如此則衆心怨懟하여 必生禍亂矣리이다 魏主笑曰 卿身雖短이나 思慮何長也오하고 卽日에 以爲散騎常侍하다

① 懷荒鎭은 北魏가 高車를 항복받고 설치한 六鎭[57]의 하나이다.
懷荒鎭, 魏降高車所置六鎭之一也.

② 高車에서는 酋長을 莫弗이라고 한다. 일설에 "諸莫弗은 사람 이름이다."라고 한다.
高車, 酋長謂之莫弗. 一說"諸莫弗其人名."

【綱】宋나라 荊州에서 군대를 보내어 成都를 구원하여 적도들을 공격해 격파

---

57) 六鎭 : 北魏 太武帝 때 설치된 북방의 6개 軍鎭을 말한다. 이는 柔然의 침입에 대비하기 위해 설치한 것으로 지금의 山西省 북쪽에서 內蒙古 지역에 설치하였다. 沃野鎭, 懷朔鎭, 武川鎭, 撫冥鎭, 柔玄鎭, 懷荒鎭으로 이루어졌다. 北魏 초기에는 이 六鎭을 중시하여 종실의 자제나 주요 무장이나 인물들을 鎭將에 임명하였다. 그러나 北魏가 洛陽으로 천도한 이후 그 지위가 격하되었다. 이에 불만을 가진 육진의 세력이 반란을 일으키면서 北魏가 멸망하게 된다. 이들은 北周, 隋, 唐으로 이어지는 지배세력의 중심이 되었다.

하였다.

宋荊州遣兵救成都하여 **擊賊破之**하다

【目】 劉道濟가 卒하자 梁儁之와 裴方明이 유도제의 教命을 속여 만들어서 籤疏[58]에 답을 하였는데, 비록 그의 어머니와 아내도 또한 알지 못하였다. 배방명이 출격하여 적도들을 크게 파괴하니 적도들이 후퇴하여 廣漢을 지켰다. 荊州刺史 臨川王 劉義慶이 巴東太守 周籍之를 보내어 2천 명을 지휘하여 成都를 구원하게 하였다. 趙廣 등이 廣漢에서 郫縣(피현)까지 1백여 군영을 연이어 놓았는데, 주적지가 배방명 등과 연합 공격하여 승리하고 廣漢으로 진격하니 趙廣 등이 도주하여 涪城으로 돌아갔다. 劉義慶은 劉道規의 아들이다.

劉道濟卒커늘 梁儁之裴方明詐爲道濟教命하여 以答籤疏하니 雖其母妻라도 亦不知也러라 方明出擊賊하여 大破之하니 賊退保廣漢이어늘 荊州刺史臨川王義慶이 遣巴東太守周籍之將二千人하여 救成都할새 趙廣等이 自廣漢으로 至郫히 連營百數①어늘 籍之與方明等으로 合攻克之하고 進擊廣漢하니 廣等走還涪하다 義慶은 道規之子也라

① 郫는 음이 疲이다. 郫縣은 漢나라 이래로 蜀郡에 속하였다.
郫, 音疲. 郫縣, 自漢以來屬蜀郡.

【綱】 여름 4월에 北涼王 沮渠蒙遜이 卒하자 아들 沮渠牧犍이 즉위하였다.

夏四月에 **涼王蒙遜卒**하고 **子牧犍立**하다

【目】 沮渠蒙遜이 질병이 악화되자, 나라 사람들이 世子 菩提(보리)가 유약하고 그 형 沮渠牧犍이 총명하며 배움을 좋아하여 온화하고 고상하면서 도량이 있다고 하여 그를 세워 세자로 삼았다. 저거몽손이 卒하자 저거목건이 즉위하고 사신을 보내어 北魏에 〈이를 승인해주는〉 命을 청하였다.

그런데 魏主가 李順에게 말하기를 "卿이 말한 저거몽손이 죽으면 저거목건이 즉위한다고 한 것이 모두 맞았다. 朕이 涼州를 정복할 날도 멀지 않았다."라고 하고, 이순의 호칭을 安西將軍으로 올려서 총애와 대우를 더욱 크게 하여 政事를 크고 작은 일에 관계없이 모두 그와 함께 상의하고, 이순을 보내 저거목건을 河西王으로 임명하였다.

58) 籤疏 : 의견을 써넣은 公文과 上疏를 말한다.

저거목건은 敦煌 사람 劉昞(유병)을 높여서 國師로 삼아 직접 절을 올리고 官屬 이하 사람들에게 명하여 모두 北面을 하고 受業하게 하였다.

蒙遜病甚이어늘 國人以世子菩提幼弱하고 而其兄牧犍은 聰穎好學하여 和雅有度量이라하여 立以爲世子[①]하다 蒙遜卒커늘 牧犍卽位하고 遣使請命于魏한대 魏主謂李順曰 卿言蒙遜死牧犍立이 皆驗하니 朕克涼州도 亦不遠矣라하고 進號安西將軍하여 寵待彌厚하여 政事無巨細히 皆與之參議하고 遣順拜牧犍河西王하다 牧犍尊敦煌劉昞하여 爲國師하여 親拜之하고 命官屬以下하여 皆北面受業하다

① 菩는 薄乎의 切이다. 沮渠蒙遜은 佛書에서 취하여 그 아들 이름을 梵語로 지었다. 菩提는 중국말로 王道이다.
菩, 薄乎切. 蒙遜取佛書, 以名其子梵言. 菩提, 華言王道也.

【綱】 5월에 林邑에서 사신을 보내어 宋나라에 공물을 바쳤다.

五月에 林邑遣使하여 入貢于宋하다

【綱】 宋나라 裴方明이 趙廣 등을 공격하여 크게 격파하여 평정하였다.

◑ 宋裴方明이 擊趙廣等하여 大破平之하다

【綱】 北魏 사람들이 北燕을 공격하였다.

◑ 魏人攻燕하다

【綱】 가을 9월에 宋나라가 甄法崇을 益州刺史로 삼았다.

◑ 秋九月에 宋以甄法崇으로 爲益州刺史하다

【目】 甄法崇이 成都에 이르러 費謙을 체포하여 주살하였다. 程道養이 郪山으로 도망해 들어가서 수시로 나와 약탈하였다.

法崇至成都하여 收費謙誅之하다 程道養逃入郪山하여 時出爲寇[①]하다

① 郪는 七西와 千私의 두 가지 切이다. 郪山은 廣漢郡 郪縣에 있다.
郪, 七西・千私二切. 郪山, 在廣漢郡郪縣.

【綱】 겨울 11월에 楊難當이 宋나라 漢中을 습격하여 점거하였다.

冬十一月에 **楊難當襲宋漢中**하여 **據之**하다

【目】 宋主가 "梁州・秦州刺史 甄法護가 형법과 정무를 잘 다스리지 못하여 氐族・羌族과의 우호 관계를 그르쳤다."는 것을 듣고 마침내 勞役 죄수 중에서 蕭思話를 기용하여 견법호의 후임으로 삼았다. 아직 도착하기 전에 楊難當이 군사를 일으켜서 견법호를 습격하였는데, 견법호가 성을 버리고 洋川으로 도주하니 양난당이 마침내 漢中 지역을 차지하였다.

宋主聞호되 **梁秦刺史甄法護 刑政不治**하여 **失氐羌之和**①하고 **乃自徒中**으로 **起蕭思話**하여 **使代之**②러니 **未至**에 **楊難當擧兵**하여 **襲法護**한대 **法護棄城奔洋川**하니 **難當遂有漢中之地**③하다

① 甄法護는 甄法崇의 형이다.
法護, 法崇之兄也.

② 蕭思話는 지난해에 죄에 연루되어 尙方에 구금되어 노역을 하였는데, 지금 노역자 중에서 부름을 받아 기용된 것이다.
思話前年, 坐繫尙方徒作, 今就徒中徵起而用之.

③ 洋은 음이 祥이고, 또 본음대로 읽는다. 後魏(北魏)가 막 洋川郡을 漢中의 西鄕縣에 설립하였으니, 이것은 그 지역에 洋水가 있기 때문이다. 그러므로 洋川이라고 하였다.
洋, 音祥, 又如字. 後魏方立洋川郡於漢中之西鄕縣, 此蓋因其地有洋水. 故謂之洋川.

【綱】 宋나라 謝靈運이 죄를 지어서 주살되었다.

宋謝靈運이 **有罪誅**[59)]하다

---

59) 宋謝靈運 有罪誅 : "謝靈運의 죄는 〈漢나라〉 薄昭에 비교할 만하니 '誅'라고 기록하는 것이 마땅하다.〔靈運之罪 薄昭之比也 書誅宜矣〕" ≪書法≫ 薄昭는 漢 文帝의 어머니인 薄太后의 오빠로, 代王으로 있던 文帝를 옹립하고 장군에 올랐으나 훗날 사신을 죽였다. 문제는 외숙을 차마 죽일 수는 없고, 그렇다고 법을 폐지하고 살려둘 수도 없어 公卿과 여러 신하들을 시켜 그 집에 가서 哭을 하게 하니, 박소는 자살하였다.(≪史記≫ 권10 〈孝文帝本紀〉)
"謝靈運은 謝奕의 손자인데, 그 詩를 살펴보면 '韓亡子房奮(韓나라가 망하자 張良이 격분하였다.)'의 구절이 있는 것은 의도가 없지 않은 것 같다. 그러나 謝靈運은 이미 宋나라에 벼슬하여 그 녹봉을 받아먹었으니 이미 子房과는 다른데도 군사를 일으켜서 도주하였으니 그 의도가 장차 무엇을 하려는 것인가. 기록하기를 '宋謝靈運'이라고 하였으니 사영운은 진실로 宋나라 신하이다. 그런데 '有罪'라고 하고 '誅'라고 하였으니, 사령운이 비록 자기의 패악을 스스로 꾸미려 하였으나 오히려 할 수 있겠는가.〔靈運謝奕之孫 觀其詩 有韓亡子房奮之句 似不爲無意 然靈運旣仕宋朝而食其祿 已與子房異矣 興兵逃逸 其志將何爲哉 書曰宋謝靈運 則靈運固宋之臣也 曰有罪曰誅 靈運雖欲自文其悖 尙可得乎〕" ≪發明≫

【目】 謝靈運은 산과 못에 노니는 것을 좋아하여 깊고 험한 곳을 끝까지 가서 〈유람하였으므로〉 따르는 사람 수백 명이 나무를 자르고 길을 만드니, 백성들이 놀라고 동요하여 山賊이라고 하였다.

會稽太守 孟顗(맹의)가 표문을 올려서 사영운에게 반란할 의도가 있다고 하였는데 사영운이 대궐에 나아가서 스스로 진술하였다. 上이 사영운을 臨川內史로 삼았는데, 사영운은 놀며 방종하게 지내기를 태연자약하게 하여 有司에게 탄핵을 받았다. 사신을 보내 사영운을 체포하게 하였는데 사영운이 사신을 잡아두고서 군사를 일으켜 도주하고는 詩를 지어 말하기를 "韓나라가 망하자 子房[60]이 떨쳐 일어났고, 秦나라를 帝로 여기는 것은 魯仲連[61]이 부끄러워하였네."라고 하였다. 추격하여 사영운을 토벌해 사로잡아서 廷尉가 斬刑으로 論定하니, 上이 사영운의 재주를 아껴서 사형에서 죄를 경감해주어 廣州로 유배를 보냈다.

魯仲連不肯帝秦(魯仲連이 秦을 帝로 여기려 하지 않다)

어떤 사람이 고발하기를 "사영운이 사람을 시켜서 兵器를 구입하고 건장한 사람들과 결탁하여 자신을 三江口로 탈출시키려다가 성공하지 못했습니다."라고 하였는데, 조서를 내려서 廣州에서 棄市의 형벌에 처하게 하였다. 사영운은 재주를 믿고 방탕한 짓을 하여 능멸한 일이 많았으므로 재앙이 미친 것이다.

---

60) 子房 : 漢나라 張良의 자이다. 그의 先代는 戰國時代 韓나라의 다섯 왕에 걸쳐 재상이 되었다. 韓나라가 망한 뒤에 장량은 博浪沙에서 秦 始皇을 습격했으나 실패하고, 下邳에 은신하고 있을 때 黃石公으로부터 ≪太公兵法書≫를 물려받았다고 한다. 陳勝・吳廣의 난이 일어났을 때 漢 高祖의 진영에 속하여 謀臣으로서 크게 업적을 남겨 마침내 秦나라를 멸망시키고 漢나라 시대를 열게 하였다. (≪史記≫ 권55 〈留侯世家〉)

61) 魯仲連 : 戰國時代 사람이다. 유세하는 사람이 秦나라를 帝로 받들자고 말하자, 노중련이 말하기를 "저 秦나라는 禮義를 버리고 首功(전쟁에서 얻은 적의 머리)을 숭상하는 나라이다. 만일 秦나라를 황제로 받든다면 나는 동해에 빠져 죽겠다."라고 하니, 의논이 중지되었다. (≪史記≫ 권83 〈魯仲連列傳〉)

靈運好爲山澤之遊하여 窮幽極險하여 從者數百人이 伐木開徑하니 百姓驚擾하여 以爲山賊이라 會稽太守孟顗 表其有異志한대 靈運詣闕自陳이어늘 上以爲臨川內史러니 靈運遊放自若하여 爲有司所糾어늘 遣使收之한대 靈運執使者하여 興兵逃逸하여 作詩曰 韓亡子房奮이요 秦帝魯連恥①라 追討擒之하여 廷尉論正斬刑이어늘 上愛其才하여 降死徙廣州하다 或告호되 靈運令人買兵器하고 結健兒하여 欲於三江口에 簒取之라가 不果②라한대 詔於廣州에 棄市하다 靈運恃才放逸하여 多所陵忽이라 故及於禍하다

① 謝靈運은 스스로 대대로 晉나라 신하라고 생각하였기에 이 詩를 지었다.
靈運自以世爲晉臣, 故賦是詩.

② ≪水經注≫에 "溫水는 牂柯郡 夜郎縣에서 발원하여 동쪽으로 가서 鬱林郡 廣鬱縣에 이르러 鬱水가 된다. 灕水는 陽海山에서 발원하여 남쪽으로 가서 蒼梧郡 荔浦縣을 지나고, 또 남쪽으로 가서 廣信縣에 이르러 울수로 들어간다. 封水는 臨賀郡 馮乘縣 서쪽 牛屯山에서 발원하여 서남쪽으로 가서 광신현으로 흘러 들어가고, 남쪽으로 가서 울수로 흘러 들어간다." 라고 하였다. 여기는 세 갈래 물이 모이는 곳이어서 三江口라고 한다.
水經 "溫水出牂柯夜郎縣, 東至鬱林廣鬱縣爲鬱水. 灕水出陽海山, 南過蒼梧荔浦縣, 又南至廣信縣入于鬱. 封水出臨賀郡馮乘縣西牛屯山, 西南流入廣信縣, 南流注下鬱水." 此蓋三水所會之地, 謂之三江口.

思政殿訓義 資治通鑑綱目 제25권 중

-宋 文帝 元嘉 11년(434)~宋 文帝 元嘉 21년(444)-

甲戌年(434)

宋나라 太祖 文帝 劉義隆 元嘉 11년이고, 北魏 世祖 太武帝 拓跋燾 延和 3년이다.

宋元嘉十一年이요 魏延和三年이라

【綱】봄에 宋나라 梁州·秦州刺史 蕭思話가 楊難當을 토벌하여 격파하였다.

春에 宋梁秦刺史蕭思話 討楊難當破之하다

【目】楊難當이 漢中에서 승리하고서 승전보를 北魏에 보고하였다. 蕭思話가 襄陽에 도착하여 司馬 蕭承之를 보내 선봉으로 삼으니, 소승지가 길가에서 병사를 모아 진격하여 磝頭(오두)를 점거하였다. 양난당이 漢中을 불사르고 노략질하고서 무리를 이끌고 서쪽으로 돌아가면서 趙溫을 남겨 梁州를 지키게 하고 薛健을 파견하여 黃金山을 점거하게 하였다. 소사화가 陰平太守 蕭坦을 보내어 鐵城戍를 공격하여 빼앗고, 臨川王 劉義慶이 將軍 裴方明을 파견하여 소승지를 도와 黃金戍를 빼앗았다. 조온이 梁州城을 버렸는데 소사화가 이어서 도착하여 소승지와 더불어 같이 〈조온 등을〉 공격하여 여러 차례 격파하였다.

難當以克漢中으로 告捷於魏러니 蕭思話至襄陽하여 遣司馬蕭承之爲前驅하니 承之緣道收兵하여 進據磝頭①한대 楊難當焚掠漢中하여 引衆西還하고 留趙溫守梁州하고 薛健據黃金山이어늘 思話遣陰平太守蕭坦하여 攻鐵城戍拔之②하고 臨川王義慶이 遣將軍裴方明助承之하여 拔黃金戍하니 溫棄州城이어늘 思話繼至하여 與承之共擊屢破之하다

① 磝는 敖와 음이 같다. 磝頭는 지명이다. ≪水經註≫에 "漢水는 黃金 남쪽을 지나고 동쪽으로 흘러 敖頭[1]를 지나가니, 魏興 安康縣의 治所이다."라고 하였다.

1) 敖頭 : 이 訓義는 ≪資治通鑑≫ 胡三省의 註를 인용한 것으로, 호삼성은 磝頭가 지명이란 증거로

磝, 敖同音. 磝頭, 地名. 水經註 "漢水逕黃金南, 東流歷敖頭, 魏興安康縣治."

② 黃金谷은 興道縣에 있고 산에는 黃金峭가 있다. 黃金谷에는 黃金戍가 있는데 산과 가파른 언덕에 의지하니, 험절한 곳이 7里이다. ≪水經註≫에 "鐵城은 黃金戍와 마주 대하고 있는데 한 城은 산 위에 있고 한 城은 산 아래에 있다."라고 하였다.
黃金谷在興道縣, 山有黃金峭. 黃金谷有黃金戍, 傍山依峭, 險折七里. 水經註 "鐵城與黃金戍相對, 一城在山上, 一城在山下."

【綱】北魏가 柔然과 화친하였다.

魏及柔然和親하다

【目】魏主가 西海公主를 柔然 勅連可汗[2]의 처로 삼게 하고, 또 칙련가한의 여동생을 받아들여 夫人으로 삼을 적에 潁川王 拓跋提를 파견하여 그를 맞이하게 하였다.

魏主以西海公主로 妻柔然勅連可汗하고 又納其妹하여 爲夫人할새 遣潁川王提하여 逆之①하다

① 拓跋提는 道武帝(拓跋珪)의 손자이다.
提, 道武之孫也.

【綱】宋나라가 다시 漢中을 취하였다.

宋復取漢中하다

【目】楊難當이 그 아들 楊和를 파견하여 군사를 거느려서 蒲甲子 등과 더불어 蕭承之를 함께 공격하여, 서로 대치하기를 40여 일 만에 소승지를 수십 겹으로 포위하여 짧은 무기로 접전하니 활과 화살은 다시 사용할 데가 없었다. 氐族은 모두 물소 가죽 갑옷을 입어서 戈와 矛가 뚫고 들어가지 못하자, 소승지가 矟[3]을 잘라서 몇 자 길이로 하여 큰 도끼로 矟을 때리니, 矟 하나에 번번이 몇 명을 꿰뚫었다.

楊難當遣其子和將兵하여 與蒲甲子等으로 共擊蕭承之하여 相拒四十餘日에 圍承之數十重하여 短兵接하니① 弓矢無所復施요 氐悉衣犀甲하니 戈矛不能入②이어늘 承之斷矟長數尺하여 以大斧椎

≪水經註≫의 내용을 인용한 것이다.

2) 勅連可汗 : 瀚海(고비 사막)에 있는 柔然의 5대 可汗인 旭久閭吳提를 말한다.

3) 矟 : ≪顔氏家訓≫ 王利器의 註에 "矟은 槊과 쓰임이 같으며 '矛'이면서도 길이가 한 길 여덟 자이면 이를 '矟'이라 한다." 하였다.

之③하니 一矟에 輒貫數人이라

① 여기서 句를 뗀다.
句.
② 犀甲은 물소 가죽으로 만든 갑옷이다.
犀甲, 以犀皮爲鎧也.
③ 椎는 直追의 切이니 친다는 뜻이다.
椎, 直追切, 擊也.

【目】氐族이 감당할 수가 없어서 달아나 大桃를 점거하니, 윤달(윤3월)에 蕭承之가 추격하여 氐族 병사를 斬獲한 것이 매우 많았고, 漢中의 옛 지역을 다 수복하여 葭萌水에 戍(營壘)를 설치하였다. 蕭思話가 南鄭으로 옮겨 鎭守하고, 甄法護는 죄에 연루되어 죽임을 당했다. 楊難當이 표문을 올려 사죄하니, 宋主가 조서를 내려 그를 사면하였다.

氐不能當하여 走據大桃어늘 閏月에 承之追擊하여 斬獲甚衆하고 悉收漢中故地하여 置戍於葭萌水①하다 蕭思話徙鎭南鄭하고 甄法護坐賜死하다 難當奉表謝罪어늘 詔赦之하다

① ≪水經註≫에 "白水는 臨洮縣 서남쪽 西傾山에서 발원하여 동남쪽으로 흘러 葭萌縣 북쪽에 도달하니 그것으로 인해 葭萌水라 말한다."라고 하였다. 가맹수에 津關(水陸 요충지에 설치한 關門)이 있는데, 바로 이른바 白水關이다.
水經註 "白水出臨洮縣西南西傾山, 東南流, 至葭萌縣北, 因謂之葭萌水." 水有津關, 卽所謂白水關也.

【綱】北燕王 馮弘이 北魏에게 藩國이라고 칭하였다.

燕王弘이 稱藩于魏하다

【目】北燕王이 高顒(고옹)을 보내 藩國이라고 일컬어서 北魏에 죄를 청하고 막내딸로 掖庭(後宮)을 채우겠다고 하였는데, 魏主가 이를 허락하고 太子 馮王仁을 불러 입조하게 하였다. 北燕王이 北魏의 사신 于什門을 전송하고 平城으로 돌려보냈다. 우십문은 北燕에 있은 지 21년 동안 절개를 굽히지 아니하였다. 魏主가 조서를 내려 칭찬하면서 漢나라 蘇武[4]에 견주고 治書御史를 임명하고 策書로 宗廟에 고하여 천하에 반포하였다.

4) 蘇武 : 字는 子卿으로 西漢의 大臣이다. 漢 武帝 때 왕명을 받들고 中郎將으로 匈奴에 사신으로 갔다가 억류되었다. 흉노가 위협과 회유를 하였으나 투항하지 않고 北海로 가서 양을 치고 살다가 19년 만에 돌아왔다.

燕王遣高顒稱藩하여 請罪于魏하고 以季女充掖庭이어늘 魏主許之하고 徵其太子王仁入朝하다 燕王送魏使者于什門하고 還平城하니 什門在燕二十一年에 不屈節이라 魏主下詔褒稱하여 以比蘇武하고 拜治書御史하고 策告宗廟하여 頒示天下하다

【綱】北涼이 사신을 보내 宋나라에 表文을 올렸다.

涼遣使奉表于宋하다

【綱】6월에 北魏 군사들이 北燕을 정벌하였다.

○六月에 魏人伐燕[5)]하다

【目】北燕王 馮弘이 太子를 北魏에 인질로 보내지 않자, 散騎常侍 劉滋가 다음과 같이 간언하였다.

"옛날에 劉禪은 산이 겹겹이 둘러싼 험고함이 있었고 孫皓는 長江의 험조함이 있었으나 모두 晉나라에 사로잡혔으니 무엇 때문이겠습니까. 이것은 강약의 형세가 다르기 때문입니다. 지금 우리는 吳나라나 蜀나라보다 약하고 北魏는 晉나라보다 강하니 그들이 바라는 것을 따르지 않는다면 危亡의 재앙이 닥칠 것입니다. 바라건대 빨리 태자를 보내고 政事를 닦으며 백성을 慰撫하고 흩어진 백성들을 거두며 굶주리고 궁핍한 자들을 구휼하고 농업과 잠업을 권하며 부역을 줄이신다면 社稷을 그래도 보존할 수 있을 것입니다."

北燕王 화가 나서 유자를 죽였다. 魏主가 永昌王 拓跋健 등을 보내서 北燕을 정벌하여 벼와 곡식을 수확하고 백성을 이주시키고 돌아왔다.

燕王不遣太子質魏어늘 散騎常侍劉滋 諫曰 昔에 劉禪有重山之險하고 孫皓有長江之阻호되 皆爲晉擒①하니 何則고 彊弱之勢異也라 今吾弱於吳蜀而魏彊於晉하니 不從其欲하면 將有危亡之禍하리니 願亟遣太子하고 而修政事하며 撫百姓하고 收離散하며 賑飢窮하고 勸農桑하며 省(생)賦役하면 社稷을 猶庶幾可保니이다 燕王怒殺之하다 魏主遣永昌王健等伐燕하여 收其禾稼하고 徙民而還하다

5) 魏人伐燕 : "北魏가 北燕을 침입하였으면 '攻(공격하다)'이라고 쓰는 것이 일상적인 말인데 여기서 '伐(토벌하다)'이라고 쓴 것은 어째서인가. 北燕은 北魏의 藩國이기 때문이다. ≪資治通鑑綱目≫에서 한 글자로 판단함이 이와 같다.〔魏加燕書攻 恒辭也 此其書伐 何 燕 魏藩矣 綱目一字之權衡如此哉〕" ≪書法≫

① 重(거듭하다)은 直龍의 切이다.
重, 直龍切.

【綱】 가을에 魏主가 山胡를 공격하여 승리하였다.

秋에 **魏主擊山胡克之**하다

【目】 7월에 魏主가 陽平王 拓跋它에게 명하여 여러 군사를 감독하여 山胡 白龍을 西河에서 공격하도록 하고 자신이 수십 기병을 이끌고 산에 올라서 내려다보았다. 백룡이 壯士를 십여 곳에 매복하여 놓았다가 습격하니, 魏主가 낙마하여 거의 사로잡힐 상황이었는데 內入行長 陳建이 몸으로 막아서고 크게 소리를 치면서 떨쳐 공격하여 山胡 사람 몇 명을 죽이고 몸에 십여 군데 상처를 입었다. 魏主가 마침내 화를 면하였다.

9월에 北魏가 山胡 무리를 크게 격파하여 백룡의 목을 베고 그 城을 도륙하였다.

七月에 **魏主命陽平王它督諸軍**하여 **擊山胡白龍於西河**하고 **而自引數十騎**하여 **登山臨視**①하다 **白龍伏壯士十餘處**라가 **掩擊之**하니 **魏主墜馬**하여 **幾爲所擒**이어늘 **內入行長陳建**이 **以身扞之**하고 **大呼奮擊**하여 **殺胡數人**하고 **身被十餘瘡**하니 **魏主乃免**②하다 **九月**에 **大破胡衆**하여 **斬白龍**하고 **屠其城**하다

① 拓跋它는 道武帝(拓跋珪)의 손자이다. 山胡는 바로 稽胡인데 일설에는 步落稽라고 하며, 匈奴의 혈족으로 劉元海 五部의 후예이다. 어떤 사람이 말하기를 "山戎·赤狄의 후예이다."라고 하였다. 離石 서쪽으로부터 安定 동쪽까지 사방 7, 8백 리의 山谷 사이에 거주하여 종족 부락이 번성하였다.
它, 道武之孫也. 山胡, 卽稽胡, 一曰步落稽, 蓋匈奴別種, 劉元海五部之苗裔也. 或云"山戎赤狄之後." 自離石以西, 安定以東, 方七八百里, 居山谷間, 種落繁熾.

② 行(항렬)은 戶剛의 切이다. 長(우두머리)은 短兩의 切이다. 內入行長은 北魏의 관직이다. 대개 용감하고 힘 있는 병사를 선발하여 궁중에 들어와 숙직하게 하는데 行長은 그 부서의 우두머리이다.
行, 戶剛切. 長, 短兩切. 內入行長, 魏官也. 蓋選勇力之士, 入直禁中, 行長則其部帥也.

乙亥年(435)

宋나라 太祖 文帝 劉義隆 元嘉 12년이고, 北魏 世祖 太武帝 拓跋燾 太延 원년이다.

宋元嘉十二年이요 魏太延元年이라

【綱】 봄 정월 초하루에 일식이 있었다.

春正月朔에 日食하다

【綱】 北燕王 馮弘이 宋나라에 藩國을 칭하였다.

◑ 燕王弘稱藩于宋하다

【目】 北燕王이 자주 北魏에게 공격을 받자 사신을 보내 建康에 도착하여 藩國을 칭하고 공물을 바쳤는데, 宋나라가 燕王으로 封하니 江南에서는 黃龍國이라고 불렀다.

燕王數(삭)爲魏所攻하여 遣使詣建康稱藩奉貢이어늘 宋封爲燕王하니 江南謂之黃龍國①이러라

① 〈黃龍國은〉 그 도읍이 和龍이기 때문이다.
以其都和龍也.

【綱】 北涼에 神人이 敦煌 東門에 투서를 하였다.

涼에 有神投書于敦煌東門[6]하다

【目】 어떤 老父가 敦煌 東門에 投書를 하였는데 찾았으나 잡지 못하였다. 투서에 말하기를 "涼王은 30년 혹 7년이다."라고 하였다. 北涼王 沮渠牧犍이 奉常 張愼에게 물었는데, 장신이 대답하기를 "옛날에 虢國이 망하려고 할 적에 神이 莘에 강림했으니,[7] 폐하께서는 덕을 숭상하시고 정사에 힘을 써서 30년의 복을 누리시기를 바랍니다. 만약 사냥 놀이를 즐기고 주색에 빠지시면 臣은 7년 만에 큰 변고가 있을까 걱정입니다."라고 하니, 저거목건이 기뻐하지 않았다.

---

6) 涼有神投書于敦煌東門 : "神을 기록한 것은 어째서인가. 北涼이 망할 징조를 나타낸 것이다. ≪資治通鑑綱目≫이 끝날 때까지 '神'을 기록한 것이 두 번이다(唐 玄宗 天寶 4년(745)에 자세하다.).〔書神 何著涼亡之徵也 終綱目 書神二(詳唐玄宗天寶四載)〕" ≪書法≫

7) 虢國이……강림했으니 : ≪春秋左氏傳≫ 莊公 32년에 "神이 莘邑의 어떤 사람에게 내렸다.……史嚚가 말하기를 '虢은 망할 것이다.'라고 하였다.〔有神降于莘……史嚚曰 虢其亡乎〕"라고 한 일에 의거한 것이다.

有老父投書于敦煌東門이어늘 求之不獲하다 書曰 涼王三十年若七年이라커늘 涼王牧犍이 以問奉常張愼한대 愼對曰 昔에 虢之將亡에 神降于莘하니 願殿下崇德修政하여 以享三十年之祚하소서 若盤于遊田하고 荒于酒色하시면 臣恐七年에 將有大變하리이다 牧犍不悅하더라

【綱】 여름 4월에 宋나라가 殷景仁을 中書令 中護軍으로 삼았다.

夏四月에 宋以殷景仁爲中書令中護軍하다

【目】 宋나라 領軍將軍 劉湛은 僕射 殷景仁과 평소에 잘 지냈다. 유담이 朝廷에 들어올 적에 은경인이 실로 그를 추천한 것이다. 유담은 은경인의 지위와 대우가 본래 자기를 뛰어넘지 않았으나 갑자기 〈본인보다〉 앞서 있게 되었으므로 심적으로 매우 분해하였다. 또 은경인이 조정의 주요 임무를 전적으로 담당하였기 때문에 〈은경인이 황제에게〉 자기를 이간질한다고 여겨서 시기와 원한이 점점 생겼다.

이때에 司徒 劉義康이 朝廷에서 전권을 잡고 있었는데 유담은 과거에 그의 상급 보좌였다. 마침내 마음을 다하여 스스로 유의강과 결부하여 그의 힘을 이용하여 은경인을 쓰러뜨리고자 하였다. 이때에 와서 宋主가 은경인에게 中書令 中護軍을 더해주니 유담이 더욱 분노하여 유의강을 시켜서 은경인을 비방토록 하였으나 宋主가 그를 더욱 융숭하게 대우하였다.

宋領軍將軍劉湛이 與僕射殷景仁素善이라 湛之入也에 景仁實引之①러니 湛以景仁位遇 素不踰己나 而一旦居前으로 意甚憤憤하고 又以景仁이 專管內任[8]으로 謂其間己라하여 猜隙漸生이라 時司徒義康이 專秉朝權하니 湛嘗爲其上佐라 遂委心自結하여 欲因其力하여 以傾景仁이러니 至是하여 宋主加景仁中書令中護軍하니 湛愈憤怒하여 使義康毁景仁이나 而宋主遇之益隆하더라

① 이 일은 宋나라 元嘉 8년(431)에 보인다.[9]
見上八年.

【目】 殷景仁이 친구를 대면하면서 탄식하여 말하기를 "그를 천거하여 조정에 들어오게 하였더니 들어오자 바로 사람을 물어뜯는구나."라고 하였다. 마침내 병을 핑계하여 직

8) 內任 : ≪資治通鑑新註≫(陝西人民出版社, 1998)에 殷景仁이 당시 侍中이어서 황제의 詔令을 기초하고 명령을 하달하는 역할을 하였다고 하였다.

9) 이……보인다 : 본서 153쪽 참조.

책에서 벗어나려고 하였는데 宋主가 허락하지 않았다. 劉湛이 음모를 꾸며 사람을 보내 은경인을 죽이려고 하니, 宋主가 은밀히 듣고 西掖門 밖으로 護軍府를 옮겼으므로 유담이 음모를 실행하지 못하였다.

劉義康 幕僚와 劉湛을 추종하는 자들이 남몰래 서로 약속하여 감히 殷氏의 문을 지나는 자가 없었는데, 오직 後將軍 司馬 庾炳之가 두 사람 사이를 왕래하며 양쪽 모두의 환심을 얻었고 비밀리에 조정에 충성을 바쳤다. 殷景仁이 병으로 집에 누워 조회에 나가 알현하지 못하였는데, 宋主가 항시 유병지를 시켜서 명령을 받들어 그 사이를 왕래하게 하니 유담이 의심하지 않았다.

景仁對親舊歎曰 引之令入이러니 入便噬人이로다 乃稱疾解職호되 不許하다 湛謀陰遣人殺之러니 宋主微聞之하고 遷護軍府於西掖門外라 故湛謀不行[①]하다 義康僚屬及諸附湛者 潛相約勒하여 無敢歷殷氏之門호되 唯後將軍司馬庾炳之遊二人之間하여 皆得其歡心하고 而密輸忠於朝廷[②]이러라 景仁臥家不朝謁이어늘 宋主常使炳之銜命往來하니 湛不疑也하더라

① 궁궐과 가깝게 하였으므로 그 계책이 실행되지 못하였다.
密邇宮禁, 故其計不行.

② 庾炳之는 庾登之의 동생이다.
炳之, 登之之弟也.

【綱】 5월에 北魏가 穆壽를 宜都王으로 삼았다.

五月에 魏以穆壽爲宜都王하다

【目】 魏主가 宜都公 穆壽의 爵位를 올려서 宜都王으로 삼았다. 목수가 사양하며 말하기를 "臣의 祖父 穆崇이 이전 조정에 공적을 세워서 그 복이 후손에게 내려올 수 있었던 이유는 梁眷의 충성심으로 인한 것입니다. 지금 양권이 元勳으로 기록되지 않고 신이 홀로 대대로 큰 상을 받으니 마음에 실로 부끄럽습니다."라고 하였다. 魏主가 기뻐하여 양권의 후손을 찾다가 그 손자를 찾아내서 郡公의 작위를 내려주었다.

魏主進宜都公穆壽爵爲王[①]한대 壽辭曰 臣祖父崇이 所以得效功前朝하여 流福於後者는 梁眷之忠也[②]어늘 今眷元勳未錄하고 而臣獨奕世受賞하니 心實愧之하노이다 魏主悅하여 求眷後得其孫하여 賜爵郡公하다

① 穆壽는 穆觀의 아들이다.

壽, 覲之子也.

② 劉顯이 頭眷을 죽이고 나서 또한 道武帝(拓跋珪)를 죽이려고 하였다. 유현의 謀主 梁六眷이 부락 사람 穆崇을 시켜서 도무제에게 밀고하게 하니 도무제가 마침내 賀蘭部로 달아나서 그의 외숙 賀訥에게 의지하였다.[10]

劉顯既殺頭眷, 又將殺道武. 顯謀主梁六眷使其部人穆崇, 密告道武, 道武遂奔賀蘭部, 依其舅賀訥.

【綱】 西域의 아홉 나라가 사자를 보내 北魏에 貢物을 바쳤다.

西域九國이 **遣使入貢于魏**하다

【目】 西域의 龜玆·疏勒·烏孫·悅般·渴槃陀·鄯善·焉耆·車師(거사)·粟特 등 아홉 나라가 北魏에 貢物을 바쳤다. 魏主가 漢나라 때는 비록 西域과 통하였으나 〈서역이 中原에〉 요구할 것이 있으면 겸손한 말을 하면서 왔고 요구할 것이 없으면 교만하여 복종하지 아니하였다고 생각하였으니, 대체로 그들이 중국과 멀리 거리가 떨어져 많은 군사가 갈 수 없는 것을 스스로 알았기 때문이다. 지금 使者가 往來하는 것은 헛되이 수고하여 비용만 들고 결국에는 이익 되는 것이 없다고 하여 사자를 보내지 않으려고 하였다. 有司는 거절하여 장래 관계를 막는 것은 마땅하지 않다고 간절히 청하였다. 마침내 王恩生 등 20여 명을 파견하여 서역에 사자로 보냈는데 모두 柔然에게 붙잡혀서 왕은생이 勅連可汗을 보고 北魏의 부절을 지니고 굽히지 아니하였다. 魏主가 그것을 듣고 칙련가한을 심히 꾸짖었는데 칙련가한이 바로 왕은생 등을 돌려보내니 결국에는 西域에 갈 수가 없었다.

龜玆疏勒烏孫悅般(揭)〔渴〕[11]槃陀鄯善焉耆車師粟特九國이 **入貢于魏**①어늘 **魏主以漢世雖通西域**이나 **有求則卑辭而來**하고 **無求則驕慢不服**이라하니 **蓋自知去中國絶遠**하여 **大兵不能至故也**라 **今報使往來 徒爲勞費**요 **終無所益**이라하여 **欲不遣使**러니 **有司固請**호되 **以爲不宜拒絶**하여 **以抑將來**라한대 **乃遣王恩生等二十輩使西域**이러니 **皆爲柔然所執**하여 **恩生見勅連可汗**하고 **持魏節不屈**이어늘 **魏主聞之**하고 **切責勅連**한대 **勅連乃遣恩生等還**하니 **竟不能達西域**하다

① 般(돌다)은 薄官과 博干의 두 가지 切이고, 또한 음은 鉢이다. 悅般國은 烏孫 서북쪽에 있으

---

10) 劉顯이……의지하였다 : 劉顯이 道武帝(拓跋珪)를 죽이려 하여 梁眷·穆崇이 피신시킨 일은 ≪資治通鑑綱目≫ 제22권 상 晉 孝武帝 太元 10년(385)에 보인다.

11) (揭)〔渴〕: 저본에는 '揭'로 되어 있으나, ≪資治通鑑≫에 의거하여 '渴'로 바로잡았다.

며, 그 선조는 匈奴 北單于 부락이다. 槃은 音이 盤이며, 揭槃陀國은 蔥嶺(파미르 고원) 동쪽에 있고 朱駒波[12] 서쪽에 있는데, 높은 산이 있어 여름에도 많은 서리와 눈이 쌓여 있다. 粟特은 漢나라 때의 奄蔡國으로 蔥嶺 서쪽에 있으며 康居 서북쪽에 해당하여서 代까지 거리가 1만 6천 리이다.

般, 薄官·博干二切, 又音鉢. 悅般國在烏孫西北, 其先匈奴北單于之部落也. 槃, 音盤. 揭槃陀國在蔥嶺東·朱駒波西, 有高山, 夏多積霜雪. 粟特, 漢之奄蔡國也, 在蔥嶺之西, 當康居西北, 去代一萬六千里.

【綱】6월에 高句麗王 高璉[13]이 사신을 보내서 北魏에 貢物을 바쳤다.

六月에 高麗王璉이 遣使入貢于魏①하다

① 高璉은 高釗(故國原王)의 曾孫이다.
璉, 釗(쇠)之曾孫也.

【綱】宋나라에 홍수가 나자, 술을 담그는 것을 금지하였다.

◑宋大水하니 設酒禁하다

【目】揚州의 여러 郡에 홍수가 나자, 徐州·豫州·南兗州의 곡식을 운반하여 구휼하였다. 揚州의 西曹主簿 沈亮이 건의하기를 "술을 담그는 것은 곡식을 낭비하므로 기근을 구제하는 데 도움을 주지 못합니다."라고 하여 잠시 금지시키기를 요청하자, 宋主가 이를 따랐다.

揚州諸郡이 大水어늘 運徐豫南兗穀以賑之하니 揚州西曹主簿沈亮이 以爲酒糜穀而不足療飢라하여 請權禁止한대 從之①하다

① 晉나라 이후로 公府를 東曹·西曹로 나누었는데 각각 掾屬과 主簿가 있었다. 沈亮은 沈林子의 아들이다.
自晉以來, 公府分東西曹, 各有掾屬·主簿. 亮, 林子之子也.

【綱】가을 7월에 北魏가 北燕을 정벌하였다.

---

12) 朱駒波 : 朱居國으로 朱俱波, 朱居槃, 朱合半 등으로 기록되었다.(≪魏書 外國傳 譯註≫, 동북아역사재단, 2009)

13) 高璉 : 高句麗 20대 왕인 長壽王(394~491)을 말한다.

秋七月에 **魏伐燕**하다

【目】北魏의 樂平王 拓跋丕 등이 北燕을 정벌하여 和龍에 도착하였는데 北燕王(馮弘)이 소고기와 술을 가지고 군사들을 위로하였다. 北魏 사람들이 자주 北燕을 토벌하니 北燕은 매일 위태롭고 위축되었다. 楊岷이 다시 北燕王에게 속히 太子를 보내 入侍하라고 권하였다.

北燕王이 말하기를 "나는 차마 이렇게 못하겠다. 만약 일이 급하게 되면 또한 동쪽 高句麗에게 의지하며 훗날 再起를 도모하겠다."라고 하였다.

양민이 말하기를 "北魏가 천하의 군대를 출동하여 한쪽 모퉁이 나라를 치니 이기지 못할 리가 없습니다. 高句麗는 신뢰가 없으니 처음에는 비록 서로 친하겠지만, 결국에는 변심할까 걱정됩니다."라고 하였다.

北燕王이 따르지 않고 몰래 陽伊를 보내 高句麗에 군대를 영접하겠다고 청하였다.

魏樂平王丕等이 伐燕至和龍①이어늘 燕王以牛酒犒軍하다 魏人數(삭)伐燕하니 燕日危蹙이라 楊岷復勸燕王호되 速遣太子入侍하니 燕王曰 吾未忍爲此하노라 若事急인댄 且東依高麗하여 以圖後擧호리라 岷曰 魏擧天下以擊一隅하니 理無不克이요 高麗無信하니 始雖相親이나 終恐爲變일까하노이다 燕王不聽하고 密遣陽伊하여 請迎於高麗하다

① 拓跋丕는 明元帝(拓跋嗣)의 아들이다.
丕, 明元之子也.

【綱】宋나라가 함부로 불상을 주조하고 사찰을 건립하는 것을 금지하였다.

宋禁擅鑄像造寺者14)하다

【目】丹陽尹 蕭摹之가 상소하기를 "불교가 중국에 들어온 지 이미 4代를 지났으니 佛像과 寺刹이 있는 곳이 수천 군데입니다. 목재, 대나무, 구리, 비단이 소모가 극도에 달하였으니, 〈이와 같은 일은〉 神을 섬기는 것과 관계가 없고 인간사에도 방해가 되니 방비하지 않으면 유폐가 그치지 않을 것입니다. 청하오니 지금부터 불상 鑄造와 寺刹 건립

14) 宋禁擅鑄像造寺者 : "제멋대로 하는 것을 금지했을 뿐인데 어찌하여 기록한 것인가. 절도를 아는 것을 허여한 것이다. ≪資治通鑑綱目≫이 끝날 때까지 제멋대로 사찰을 세우는 것을 금지한 것이 세 번이다(이해(436)와 戊午年(538)에 東魏, 己亥年(939)에 石晉(後晉)이다.).〔禁擅者爾 何以書 予知節也 終綱目 書禁擅立寺三(是年 戊午年東魏 己亥年石晉)〕" ≪書法≫

을 하려는 자를 모두 마땅히 절차에 따라 보고하게 하여 반드시 허락하는 회답을 받아 시행하도록 하십시오."라고 하니, 宋主가 조서를 내려 따랐다.

丹陽尹蕭摹之上言①호되 佛入中國이 已歷四代②하니 形像塔寺所在千數라 材竹銅綵糜損無極하니 無關神祇요 有累人事니 不爲之防이면 流遁未息이라 請自今欲鑄銅像及造塔寺者를 皆當列言하여 須報乃得爲之라한대 詔從之하다

① 蕭摹之는 蕭思話의 당숙이다.
摹之, 思話從叔也.
② "四代"는 漢, 魏, 晉, 宋이다.
四代, 漢·魏·晉·宋也.

丙子年(436)

宋나라 太祖 文帝 劉義隆 元嘉 13년이고, 北魏 世祖 太武帝 拓跋燾 太延 2년이다. 이 해에 北燕이 망하니 모두 세 나라이다.

宋元嘉十三年이요 魏太延二年이라 ◑是歲에 燕亡하니 凡三國이라

【綱】 봄 3월에 宋나라가 司空 檀道濟를 죽였다.

春三月에 宋殺其司空檀道濟[15]하다

【目】檀道濟가 이전 조정에 공을 세워서 위세와 명성이 매우 중하였고 좌우 심복들은 많은 전쟁을 겪었으며, 여러 아들이 모두 재능과 기개가 있으니 조정에서 의심하고 두려워하였다. 宋主가 오랫동안 병석에 있으면서 낫지 않자, 劉湛이 司徒 劉義康을 설득하기를 "황상께서 어느 날 돌아가시면 단도제를 다시는 제압하지 못할 것입니다."라고 하

15) 宋殺其司空檀道濟 : "猛獸가 산에 있으면 명아주와 콩잎도 따러 나오지 못하는 것처럼, 용감한 무사는 국가가 의지하여 중히 여기는 것이고, 이웃한 적군들이 멀리 바라보면서 꺼리는 것이다. 檀道濟는 宋나라에 있어서 비록 〈周나라의〉 方叔·召虎와 같은 인물이라고 말할 수는 없으나 또한 한 시대의 걸출한 인물이니, 진실로 그를 부리는 방도를 얻었다면 어찌 干城을 맡기기에 부족하겠는가. 마침내 까닭이 없이 의심하여 죽였으니 무엇 때문인가. 죽음은 그의 죄가 아니었으므로 〈'宋'이라는〉 나라를 기록하고 '殺'이라고 기록하였지만 '司空'이라는 단도제의 관직을 빼지 않았다.〔猛獸在山 藜藿爲之不采 爪牙之士 國之所恃以爲重 隣敵所望而憚者也 道濟在宋 雖未可謂之方虎 然亦一時之傑 誠使御得其道 豈不足任干城之寄 乃無故疑而殺之 何歟 死非其罪 故書國書殺 而不去其官〕" ≪發明≫

였다.

마침 宋主의 병이 위독해지자, 유의강이 단도제를 조정에 불러들일 것을 청하였다. 단도제의 아내 向氏(상씨)가 단도제에게 말하기를 "세상에 높은 공적이 있는 분은 예부터 남에게 시기를 받습니다. 지금 일이 없는데 보자고 부르니 재앙이 닥칠 것입니다."라고 하였다. 조정에 도착하여 여러 달을 머물렀는데, 宋主의 병이 차도가 있으니 막 돌아가려 하면서 아직 출발 하지는 않았다. 마침 宋主의 병이 다시 발병하였다.

道濟立功前朝하여 威名甚重하고 左右腹心이 竝經百戰하고 諸子又有才氣하니 朝廷疑畏之러라 宋主久疾不愈어늘 劉湛說(세)司徒義康호되 以爲宮車一日晏駕면 道濟不復可制리라 會宋主疾篤하니 義康請召道濟入朝한대 其妻向氏謂道濟曰 高世之勳은 自古所忌라 今無事相召하니 禍其至矣로라 至留累月에 宋主稍間①하니 將還未發이러니 會宋主疾動이라

① 間(낫다)은 본음대로 읽으니, 瘳(병이 낫다)와 같은 뜻이다.
間, 如字, 猶瘳也.

【目】 劉義康이 조서를 조작하여 檀道濟를 불러들여 祖道祭[16]를 지내는 틈을 이용하여 그를 붙잡았고, 3월에 조서를 내리기를 "단도제가 짐이 병석에 누운 것을 이용하여 음모를 꾸며 역심을 품었다."라고 하여, 그를 체포하여 廷尉에게 넘기고 아울러 그 아들 檀植 등 11명을 죽이고, 또다시 參軍 薛彤·高進之를 죽였다. 두 사람은 모두가 단도제의 심복이었다. 이 두 사람은 용맹과 힘이 있어 당시 사람이 關羽와 張飛에 견주었다. 단도제가 붙잡혀서 성을 내니 눈빛이 횃불과 같았는데, 두건을 벗어 땅에 던지며 말하기를 "너희들이 너희들의 萬里長城을 허무는구나."라고 하였다. 北魏 사람들이 그것을 듣고 기뻐하며 말하기를 "단도제가 죽었으니 吳 땅(宋나라)의 무리들은 다시 두려워할 것이 못 된다."라고 하였다.

義康矯詔召道濟入하여 祖道에 因執之하고 三月에 下詔稱호되 道濟因朕寢疾하여 規肆禍心이라하고 收付廷尉하여 幷其子植等十一人誅之하고 又殺其參軍薛彤高進之하니 二人皆道濟腹心이라 有勇力하니 時人比之關張①이러라 道濟見收憤怒하니 目光如炬하고 脫幘投地曰 乃壞汝萬里長城이로다 魏人聞之하고 喜曰 道濟死하니 吳子輩不足復憚이라하더라

① 關張은 關羽와 張飛이다.
關·張, 關羽·張飛也.

16) 祖道祭 : 먼 여행길에 무사하기를 道神에게 비는 제사이다.

【綱】楊難當이 스스로 大秦王이라고 칭하였다.

楊難當이 **自稱大秦王**하다

【目】楊難當이 王을 칭하여 연호를 建義로 바꾸고 王后와 太子를 세우고 百官을 두기를 모두 天子의 제도와 같이 하였으나, 宋나라와 北魏에 貢物을 바치는 일을 끊지 않았다.

難當稱王하여 改元建義하고 立王后太子하고 置百官을 皆如天子之制나 然猶貢奉宋魏不絶하다

【綱】여름에 北魏가 北燕을 정벌하니, 北燕王 馮弘이 高句麗로 달아났다.

夏에 **魏伐燕**하니 **燕王弘奔高麗**하다

【目】北魏가 北燕을 정벌할 적에 娥清과 古弼이 白狼城을 공격하여 승리하였다. 高句麗가 장군과 군사 수만 명을 파견하여 陽伊를 따라가서 北燕王 馮弘을 迎接하였다. 北燕의 尙書令 郭生이 백성들이 타향으로 옮겨감을 꺼리는 것을 이용하여 성문을 열고 北魏의 병사를 들이고자 하니, 北魏 사람들이 의심하고 들어가지 않았다. 곽생이 결국 병사들을 거느리고 北燕王을 공격했으나 北燕王이 高句麗 병사를 이끌고서 들어와 곽생과 싸워 그를 죽였다. 高句麗 병사들이 이를 이용하여 和龍城을 크게 약탈하였다.

5월에 北燕王이 和龍城의 현존 백성들을 거느리고 동쪽으로 이주할 적에 수레를 병렬하여 전진하니, 행렬이 앞뒤로 80여 리나 이어졌다. 宮殿을 불태우니 불이 10일간 꺼지지 않았다. 고필의 部將 高苟子가 騎兵을 이끌고 추격하려고 하였는데 고필이 술에 취해 칼을 뽑아 제지하였으므로, 北燕王이 도망갈 수 있었다.

魏伐燕할새 娥清古弼이 攻白狼城克之[①]하니 高麗遣將衆數萬하여 隨陽伊迎燕王이러니 燕尙書令郭生이 因民之憚遷하여 開城門納魏兵하니 魏人疑之不入이어늘 生遂勒兵攻燕王한대 王引高麗兵入하여 與生戰殺之하니 高麗兵因大掠城中하다 五月에 燕王帥龍城見(현)戶東徙할새 方軌而進하니 前後八十餘里요 焚宮殿하니 火一旬不滅이러라 古弼部將高苟子 帥騎欲追之어늘 弼醉拔刀止之라 故燕王得逃去라

① 白狼縣은 漢나라 때에 右北平郡에 속하였다. 北燕은 白狼城을 중요한 鎭으로 삼고 幷州를 설치하였다. 北魏가 후에 建德郡 廣都縣에 병합하였는데 白狼山과 白狼水가 있다.
白狼縣, 漢屬右北平郡. 燕以白狼城爲重鎭, 置幷州. 魏後倂入建德郡廣都縣, 有白狼山·白狼水.

【目】魏主가 그 사실을 듣고 분노하여 檻車로 古弼과 娥清을 불러들여 平城에 도착하니, 모두 강등시켜서 문을 지키는 군졸로 삼았다. 封撥을 파견하여 高句麗에 사신으로 보내 北燕王을 압송하도록 명령하였는데 따르지 않았다.

魏主가 高句麗를 공격할 것을 논의하여 隴右 지역 기병을 출동시키려 하였는데, 劉絜이 말하기를 "秦·隴 지역의 새로 귀의한 백성들을 마땅히 우대하고 세금과 요역을 면제해주어서, 그들이 풍요롭고 충실해지기를 기다린 뒤에 쓰는 것이 좋을 것입니다."라고 하였다.

樂平王 拓跋丕가 말하기를 "和龍이 겨우 평정되었습니다. 마땅히 널리 농업과 잠업을 장려해서 군비와 군량미를 확충한 연후에 나아가 빼앗는다면 高句麗는 일거에 멸망시킬 수 있을 것입니다."라고 하니, 마침내 중지하였다.

魏主聞之하고 怒하여 檻車徵弼及娥清하여 至平城하니 皆黜爲門卒하고 遣封撥使高麗하여 令送燕王한대 不從하다 魏主議擊之하여 將發隴右騎卒이러니 劉絜曰 秦隴新民을 且當優復하여 俟其饒實하여 然後用之[①]니이다 樂平王丕曰 和龍新定하니 宜廣修農桑하여 以豐軍實然後에 進取則高麗를 一擧可滅也니이다하니 乃止하다

① "新民"은 새로 귀의한 백성이다. 優는 寬厚하게 함이다. 復(면제하다)은 方目의 切이다.
新民, 新附之民也. 優, 寬饒也. 復, 方目切.

【綱】가을 7월에 北魏가 楊難當을 上邽에서 토벌하여 그를 항복시켰다.

秋七月에 魏伐楊難當于上邽降之하다

【目】赫連定이 서쪽으로 옮겨 가자, 楊難當이 마침내 上邽를 점령하였다. 이에 이르러서 魏主가 樂平王 拓跋丕를 파견하여 토벌하도록 하고 그에 앞서 사람을 보내 조서를 가지고 가서 양난당을 타일렀다.

양난당이 두려워하여 조서를 받들 것을 청하였는데, 北魏의 諸將들이 의논하기를 "그 우두머리를 죽이지 않으면 후에 반드시 반란을 일으킬 것이요, 大軍을 이끌고 멀리까지 나와서 탈취한 재물이 없으면 군량미를 확충하지 못하고 장병들에게 상을 줄 수 없을 것입니다."라고 하였다.

탁발비가 제장들의 의견을 따르려고 하였는데, 中書侍郎 高允이 말하기를 "만약 제장들의 모의대로 한다면 이는 歸順하는 마음을 손상하게 할 것입니다. 大軍이 돌아가고

나면 그들은 반드시 속히 반란을 일으킬 것입니다."라고 하였다. 탁발비가 바로 중지하고, 처음에 귀의한 사람들을 돌보면서 털끝 하나도 건드리지 않았다. 秦·隴 지역이 결국 안정되었다.

赫連定之西遷也에 楊難當遂據上邽러니 至是하여 魏主遣樂平王丕하여 討之하고 先遣齎詔하여 諭難當하니 難當懼請奉詔어늘 諸將議호되 以爲不誅其豪帥하면 後必爲亂이요 大衆遠出하여 不有所掠이면 無以充軍實賞將士니라 丕將從之러니 中書侍郎高允曰① 如諸將之謀면 是傷其向化之心이라 大軍旣還이면 爲亂必速이리라 丕乃止하고 撫慰初附하고 秋毫不犯하니 秦隴遂安하다

① 高允은 당시 拓跋丕의 군사업무에 참여하였다.
允時參丕軍事.

【綱】 겨울에 北魏가 野馬苑을 설치하였다.

冬에 魏置野馬苑하다

【目】 魏主가 棝陽에 가서 雲中에 野馬를 몰고 가서 野馬苑을 설치하였다.

魏主如棝陽하여 驅野馬於雲中하고 置苑①하다

① 棝는 음이 固이다. ≪漢書≫ 〈地理志〉에 "五原郡에 棝陽縣이 있다."고 하였다.
棝, 音固. 前漢志"五原郡有棝陽縣."

【綱】 宋나라가 渾天儀를 주조하였다.

宋이 鑄渾儀[17]하다

【目】 예전에 宋나라 高祖(劉裕)가 長安을 함락하고 오래 전에 구리로 제작된 渾天儀를

---

17) 宋 鑄渾儀 : "혼천의는 반드시 기록하였으니, 天象 관측기구를 중시했기 때문이다. 그러므로 宋나라가 渾天儀를 주조하자 기록하였고(이해(437)), 唐나라가 渾天儀를 만들자 기록하였고(太宗 貞觀 7년(633)), 黃道遊儀를 만들자 기록하였고(玄宗 開元 9년(721)), 水運渾天이 완성되자 기록하였으니(開元 13년(725)), 혼천의를 기록한 것은 여기에서 시작되었다. ≪資治通鑑綱目≫이 끝날 때까지 '渾儀'라고 기록한 것이 네 번이고, '儀'라고 기록한 것은 한 번이다(唐 睿宗 嗣聖 3년(686)).〔渾儀必書重象器也 是故宋鑄渾儀則書(是年) 唐造渾天儀則書(太宗貞觀七年) 造黃道遊儀則書(玄宗開元九年) 水運渾天成則書(開元十三年) 書渾儀始此 終綱目 書渾儀四 書儀一(唐睿宗嗣聖三年)〕" ≪書法≫
'書儀一'은 ≪資治通鑑綱目≫ 제41권 하 唐 睿宗 嗣聖 3년(686)에 "太后鑄太儀"라고 하여 則天武后가 太極圖案을 만든 것을 이른다.

얻었다. 혼천의의 모양이 비록 다 갖추어져 있었으나 七曜가 이어져 있지 않았다. 이해에 太史令 錢樂之에게 조서를 내려 다시 혼천의를 주조하게 하니, 직경이 6尺 8分이었다. 물로 그것을 돌게 하니 〈혼천의의〉 昏明中星[18]이 하늘의 昏明中星과 서로 부합하였다.

初에 高祖克長安하고 得古銅渾儀하니 儀狀雖擧나 不綴七曜①러니 是歲에 詔太史令錢樂之하여 更鑄渾儀하니 徑六尺八分이라 以水轉之하니 昏明中星이 與天相應하더라

① 日月과 五星(水・火・金・木・土)을 일러 七曜라고 한다.
日月五星謂之七曜.

【綱】 柔然이 北魏와 화친을 끊고 그 변경을 침입하였다.

柔然絶魏和親하고 寇其邊하다

丁丑年(437)

宋나라 太祖 文帝 劉義隆 元嘉 14년이고, 北魏 世祖 太武帝 拓跋燾 太延 3년이다.

宋元嘉十四年이요 魏太延三年이라

【綱】 봄 3월에 北魏가 南平王 拓跋渾을 鎭東大將軍으로 삼아서 和龍에 鎭守하도록 하였다.

春三月에 魏以南平王渾으로 爲鎭東大將軍하여 鎭和龍①하다

① 拓跋渾은 道武帝(拓跋珪)의 손자이다.
渾, 道武之孫也.

【綱】 여름 5월에 北魏가 관리와 백성들에게 조서를 내려 郡守와 縣令의 罪를 고발하도록 하였다.

18) 昏明中星 : 昏中星과 明中星을 말한다. 28宿 중에 해가 질 때와 해가 뜰 때, 하늘 正南方에 보이는 별이다. 昏中星은 저녁에 보이는 별이고, 明中星은 旦中星이라고도 하는데 새벽에 보이는 별이다. 이 별이 자리를 옮겨감에 따라 계절이 바뀐다. 昏은 해가 질 때이고 明은 해가 뜰 때이며, 中星은 남쪽 하늘 한복판에 있는 별을 말한다.

○夏五月에 魏詔吏民하여 告守令罪[19]하다

【目】魏主가 백성을 다스리는 관리가 탐욕이 많다고 하여, 5월에 관리와 백성들에게 조서를 내려 郡守와 縣令 가운데 법을 지키지 않은 자를 고발하도록 하였다. 이에 간사하고 교활한 자들이 오로지 지방관들의 과실을 찾아서 지위에 있는 관리를 협박하고 민간에서 제멋대로 구는데도 長吏가 모두 심기를 억누르고서 그들을 대하고 이전과 같이 탐욕스럽고 방자하게 굴었다.

魏主以民官이 多貪①이라하여 五月에 詔吏民하여 得擧告守令不如法者하니 於是에 姦猾專求牧宰之失하여 迫脅在位하고 橫於閭里하여 而長吏咸降心待之하고 貪縱如故②하더라

① 郡守와 縣令은 백성을 직접 다스리는 관원이다.
郡守·縣令, 親民之官.
② 橫(방자하다)은 戶孟의 切이다.
橫, 戶孟切.

【綱】西域의 各國이 北魏에 朝貢을 바쳤다.

西域朝貢于魏하다

【目】魏主가 다시 侍郎 董琬·高明 등을 파견하여 많은 금과 비단을 가지고 西域에 사신으로 가게 하여 아홉 나라를 불러 어루만져주게 하자, 동완 등이 烏孫에 도착하였다. 烏孫의 王이 심히 기뻐하며 말하기를 "破洛那와 者舌 두 나라는 모두 北魏에 稱臣하고 貢物을 바치려고 하였습니다. 다만 직접 도달할 길이 없었으니, 이제 使君께서 마땅히 그곳에 방문하여 어루만져주어야 할 것입니다."라고 하니, 마침내 안내자와 통역을 파견하여 동완 등을 전송하였다. 이웃 국가들이 소문을 듣고 앞다투어 사자를 보내 동완

19) 魏詔吏民 告守令罪 : "이때에 관리와 백성들에게 조서를 내려 守令을 고발하게 하였을 뿐인데, 곧바로 '詔吏民告守令罪'라고 기록한 것은 무엇 때문인가. 北魏를 병통으로 여긴 것이다. 이 조서가 한 번 시행되면 윗사람 노릇 하기가 어려운 것이다.〔於是詔吏民 得告守令爾 直書詔吏民告守令罪 何 病魏也 是詔一行 難乎爲上矣〕"《書法》

"守令은 師帥(表率)의 관직인데 관리와 백성들에게 그 罪를 고발하도록 하는 것이 옳은가. 만일 탐욕과 착취가 걱정된다고 하면 청렴하고 절개가 있는 循良한 사람을 뽑아서 등용하는 것으로 충분한데, 어찌하여 아랫사람을 시켜서 윗사람을 억압하는 데에 이른 것인가. 사실에 의거하여 곧바로 기록하니, 잘못이 절로 드러난다.〔守令師帥之官 而使吏民告其罪 可乎 若曰患其貪冒 則擇淸介循良者用之足矣 何至使下人持其上哉 據事直書 失自見矣〕"《發明》

등을 따라 공물을 바치니, 모두 16개 나라였다. 이때부터 해마다 朝貢이 끊이지 않았다.

魏主復遣侍郎董琬高明等하여 多齎金帛하여 使西域하여 招撫九國한대 琬等至烏孫하니 其王甚喜曰 破洛那者舌二國이 皆欲稱臣致貢于魏호되 但無路自致耳니 今使君宜過撫之[①]라하니 乃遣導譯하여 送琬等하니 旁國聞之하고 爭遣使者하여 隨琬等入貢하니 凡十六國이라 自是로 每歲에 朝貢不絶하더라

① 破落那는 漢나라 때 大宛國으로, 代까지 거리가 1만 4,450리이다. 者舌은 漢나라 때 康居國으로, 代까지 거리가 1만 5,450리이며, 破落那 서북쪽에 있다.
破落那, 漢大宛國也, 去代萬四千四百五十里. 者舌, 漢康居國也, 去代萬五千四百五十里, 在破落那西北.

【綱】 北涼이 世子를 파견하여 北魏에 가서 〈皇帝를〉 모시게 하고 동시에 使節을 보내서 宋나라에 가도록 하였다.

涼遣子하여 入侍于魏하고 遣使如宋하다

【目】 魏主가 그의 누이동생 武威公主로 北涼王 沮渠牧犍에게 시집가게 하였다. 저거목건이 宋繇를 보내 사례하고 저거목건의 모친과 무위공주의 합당한 칭호를 물었다. 魏主가 대신들과 의논하자 모두 말하기를 "모친은 자식으로 인해 귀하게 되는 것이고, 아내는 남편 작위를 따르는 것입니다. 저거목건의 모친을 마땅히 河西國 太后로 일컫고, 公主는 그 나라에서 王后로 칭하고 우리나라 서울에서는 公主로 칭하도록 해야 합니다."라고 하니, 魏主가 그대로 따랐다.

魏主以其妹武威公主로 妻北涼王牧犍한대 牧犍遣宋繇謝하고 且問其母와 及公主所宜稱이어늘 魏主議之한대 皆曰 母以子貴요 妻從夫爵[①]이니 牧犍母를 宜稱河西國太后하고 公主於其國에 稱王后하고 於京師則稱公主니라 魏主從之하다

① ≪春秋公羊傳≫ 은공 元年의 뜻에 "母親은 子息으로 인해 귀하게 된다."라고 하였다. ≪禮記≫ 〈郊特牲〉에 "婦人은 작위가 없고 남편의 爵位를 따른다."라고 하였다.
春秋之義 "母以子貴." 禮記, "婦人無爵, 從夫之爵."

【目】 예전에 沮渠牧犍이 西涼 武昭王의 딸(李氏)을 아내로 삼았는데, 지금 北魏의 公主가

도착하자 李氏가 그 母親 尹氏와 함께 酒泉으로 옮겨 거주하였다. 얼마 뒤에 李氏가 卒하자 尹氏가 시체를 어루만지면서 哭하지 않고 말하기를 "너는 나라가 파멸하고 집안이 망하였으니, 지금의 죽음은 늦은 것이다."라고 하였다. 魏主가 李順을 파견하여 北涼의 世子 沮渠封壇을 불러들여 侍奉하도록 하였다. 저거목건이 조서를 받들고 또한 동시에 사자를 宋나라에 보내서 여러 가지 책을 바치고 또한 서적 수십 종을 요청하니, 宋나라가 모두 그에게 주었다.

이순이 河西에서 돌아오자, 魏主가 그에게 묻기를 "卿이 과거에 北涼을 취하는 계책을 말하였는데 朕이 동쪽에 일이 있어 서두르지 않았다.[20] 지금에 和龍이 평정되었으니, 내가 서쪽으로 征伐하고자 하는 것이 가능하겠는가?"라고 하였다. 이순이 대답하기를 "臣이 옛날에 말한 계책은 지금도 비록 잘못되지 않았으나 국가가 군대를 자주 발동하면 병력과 말이 피로합니다. 서쪽 지역의 정벌에 대한 논의는 다음해를 기다려주십시오."라고 하니, 魏主가 마침내 중지하였다.

初에 牧犍娶涼武昭王之女①러니 及魏公主至에 李氏與其母尹氏로 遷居酒泉하다 頃之요 李氏卒에 尹氏撫之不哭曰 汝國破家亡하니 今死晩矣로다 魏主遣李順하여 徵涼世子封壇하여 入侍한대 牧犍奉詔하고 亦遣使如宋하여 獻雜書하고 幷求書數十種이어늘 宋皆與之하다 李順自河西還이어늘 魏主問之曰 卿이 往年에 言取涼州之策호되 朕以東方有事로 未遑也러니 今和龍已平하니 吾欲西征이 可乎아 對曰 臣疇昔所言이 今雖不謬나 然國家戎車屢動하면 士馬疲勞하니 西征之議는 請俟他年하소서 魏主乃止하다

① 武昭王은 李暠이다.
武昭王, 李暠也.

戊寅年(438)

宋나라 太祖 文帝 劉義隆 元嘉 15년이고, 北魏 世祖 太武帝 拓跋燾 太延 4년이다.

宋元嘉十五年이요 魏太延四年이라

【綱】봄 2월에 宋主가 吐谷渾 慕容慕利延을 隴西王으로 삼았다.

20) 卿이……않았다 : 이 일은 본서 169쪽에 보인다.

春二月에 **宋以吐谷渾慕利延**으로 **爲隴西王**하다

【綱】 3월에 北魏가 沙門으로 나이 50세 이하인 자는 환속시켰다.

◑ 三月에 **魏罷沙門五十以下者**①[21]하다

① 〈"沙門五十以下者"는〉 힘이 세고 건장하기 때문에 그들을 그만두게 하여 백성으로 만들어 征役에 종사하게 한 것이다.
以其彊壯, 罷使爲民, 以從征役.

【綱】 高句麗가 前 北燕王 馮弘을 죽였다.

◑ **高麗殺故燕王弘**하다

【目】 예전에 北燕王 馮弘이 遼東에 도착하자, 高句麗王 高璉(長壽王)이 사신을 보내 노고를 위로하며 말하기를 "龍城王 馮君께서 이렇게 들판에 와서 머물고 있으니, 군사와 말이 얼마나 피로합니까."라고 하니, 풍홍이 부끄러워하면서도 분노하여 조서를 내려 고구려왕을 꾸짖었다.

高句麗는 풍홍을 平郭에 있도록 하였다가 얼마 후에 다시 北豐으로 옮겼다. 풍홍은 본래 고구려를 업신여겨서, 정령과 형벌을 시행하고 상과 벌을 줄 때 자기 나라에 있을 때처럼 하였다. 그리하여 고구려는 마침내 풍홍의 시종을 빼앗고, 풍홍의 太子 馮王仁을 데려가서 볼모로 삼았다. 풍홍이 고구려를 원망하여 宋나라에 사신을 보내 자신을 영접해줄 것을 요청하니, 宋主가 사신을 보내 맞이하였다. 고구려는 결국 풍홍을 죽이고 풍홍의 자손 10여 명을 아울러 죽였다.

初에 **燕王弘至遼東**이어늘 **高麗王璉**이 **遣使勞之曰 龍城王馮君**이 **爰適野次**하니 **士馬勞乎**①아 **弘慙怒**하여 **稱制讓之**한대 **高麗處之平郭**이러니 **尋徙北豐**하다 **弘素侮高麗**하여 **政刑賞罰**을 **猶如其國**하니 **高麗乃奪其侍人**하고 **取其太子王仁爲質**한대 **弘怨高麗**하여 **遣使求迎於宋**하니 **宋主遣使迎之**어늘 **高麗遂殺弘**하고 **幷其子孫十餘人**하다

---

21) 魏罷沙門五十以下者 : "廢佛(魏武의 法難)의 징조이다. 이 뒤로 6년 만에 사사로이 沙門을 양육하는 것을 금지하는 법이 있게 되었다. ≪資治通鑑綱目≫이 끝날 때까지 僧侶를 가려낸 것을 기록한 것이 세 번이다(이해(438)와 唐 高祖 武德 9년(626), 玄宗 開元 2년(714)이다.).〔廢佛教之漸也 後六年而有私養沙門之禁矣 終綱目 書沙汰僧尼三(是年 唐高祖武德九年 玄宗開元二年)〕" ≪書法≫

① 北燕王은 龍城에 都邑하였으므로 龍城王이라 불렀다.
燕王都于龍城, 故號龍城王.

【綱】 가을 7월에 北魏가 柔然을 정벌하였으나 오랑캐를 발견하지 못하고 돌아왔다.

秋七月에 **魏伐柔然**하되 **不見虜而還**하다

【目】 이때 漢北에 큰 가뭄이 들어서 물과 풀이 없으니, 사람과 말이 많이 죽었다.

時에 漢北大旱하여 無水草하니 人馬多死니라

【綱】 겨울 11월 초하루에 일식이 있었다.

冬十一月朔에 **日食**하다

【綱】 宋나라가 四學을 설립하고 雷次宗에게 給事中을 제수였는데, 받지 않았다.

◑ **宋立四學**하고 **以雷次宗**으로 **爲給事中**하니 **不受**[22)]하다

雷次宗

【目】 豫章 사람 雷次宗이 학문을 좋아하여 廬山에 隱居하였다. 일찍이 불러서 散騎侍郎을 삼았는데 취임하지 않았다. 이해에 處士 신분으로 建康에 초빙되어 와서 그를 위하여 雞籠山에 學館을 열어 學徒들을 모아 敎授하도록 하였다.

宋主는 文藝를 좋아하여 丹楊尹 何尙之를 시켜

22) 宋立四學……不受 : "'立四學'이라고 기록한 것은 무엇 때문인가. 나무란 것이다. 道는 하나일 뿐이니, 儒學은 통하지 않는 것이 없는데 또다시 史學과 文學의 구분을 두는 것은 본디 이미 잘못된 것이다. 玄學이 무엇을 하는 것인데, 유학과 나란히 할 수 있단 말인가. 《資治通鑑綱目》에서 '立學'을 기록한 것은 모두 아름답게 여긴 것이다. 오직 漢나라 靈帝의 鴻都門學과 劉表의 學校와 宋나라 四學만이 나무라는 말이 된다.〔書立四學 何 譏也 道一而已 儒無不通 又有史學文學之分 固已非矣 玄何爲者而可與儒竝列哉 綱目書立學 皆美也 惟靈帝鴻都門學 劉表學校與宋四學爲譏辭〕" 《書法》

서 玄學(道教를 공부하는 학교)를 세우고, 太子率更令 何承天을 시켜서 史學을 세우고, 司徒參軍 謝元을 시켜서 文學을 세우도록 하니, 뇌차종의 儒學과 함께 四學이 되었다. 宋主가 여러 번 뇌차종의 학관에 행차하여 뇌차종을 시켜서 巾褠(선비는 두건과 홑옷을 착용하여 盛服한다.) 차림으로 侍講하게 하고 물자 공급도 매우 후하게 주었고 또 給事中으로 임명하였는데 취임하지 않았다. 오랜 뒤에 廬山으로 돌아갔다.

豫章雷次宗이 好學하여 隱居廬山이러니 嘗徵爲散騎侍郎한대 不就[①]니라 是歲에 以處士徵至建康하여 爲開館於雞籠山하여 使聚徒教授[②]하다 宋主雅好藝文하여 使丹楊尹何尙之로 立玄學하고 太子率更(경)令何承天으로 立史學하고 司徒參軍謝元으로 立文學하여 幷次宗儒學爲四學[③]하다 宋主數(삭)幸次宗學館하여 令次宗으로 以巾褠(구)侍講하고 資給甚厚하고 又除給事中한대 不就러니 久之에 還廬山[④]하다

① 廬山은 尋陽에 있다.
廬山在尋陽.
② 爲(위하여)는 去聲이다. 雞籠山은 臺城 北郊에 있다.
爲, 去聲. 雞籠山在臺城北郊.
③ 玄學은 老子・莊子의 가르침이다. ≪晉書≫ 〈職官志〉에 "太子率更令은 宮殿 門戶와 상벌의 일을 주관하니, 직무는 光祿勳과 衛尉와 같다."라고 하였다. 謝元은 謝靈運의 6촌 동생이다.
玄學, 老・莊之教也. 晉志 "太子率更令主宮殿門戶及賞罰事, 職如光祿勳・衛尉." 元, 靈運之從祖弟也.
④ 巾은 巾幘을 말하고, 褠는 單衣를 말한다. 江南 人士들은 교제할 때에 盛服을 차려 입는데, 대개 朝服 다음으로 입는 옷이다.
巾謂巾幘, 褠謂單衣. 江南人士交際以爲盛服, 蓋次於朝服.

【目】司馬溫公(司馬光)이 다음과 같이 평하였다.

"역사는 儒學의 일부분이며 문학은 유학의 나머지 일이나, 老莊의 虛無에 이르러서는 진실로 가르침으로 삼을 것이 아니다. 무릇 학문은 道를 탐구하는 방도이니 천하에 두 개의 道가 없는 것이다. 어찌 四學이 있겠는가."

司馬公曰 史者는 儒之一端이요 文者는 儒之餘事어니와 至於老莊虛無는 固非所以爲教也라 夫學者所以求道니 天下에 無二道라 安有四學哉리오

【目】宋主는 성품이 인자하고 후덕하며 공손하고 검소하며 政事에 부지런하여 법을 지

키면서 준엄하지 않고 남을 포용하면서 해이하지 않았다. 百官이 모두 오랫동안 직위에 있었고 지방관들은 6년을 임기로 결정하니, 관리는 구차하게 면직되지 않았고 백성들은 의탁하는 점이 있었다. 30년 동안 사방 영토 안이 편안하고 무사하여 戶口가 증가하여 세금을 내거나 요역을 제공하는 것이 歲賦에 그칠 뿐이었고, 아침에 나가 저녁에 귀가할 때까지 백성들이 자신의 일을 할 뿐이었다. 일반 민가에서는 글을 읽는 소리가 서로 들려서 선비들은 志操를 돈독히 하고, 향촌에서는 경박함을 부끄러워하였다. 江左(宋나라)의 風俗이 이 당시에 아름다웠기 때문에 후세에 정치를 말하는 자는 모두 元嘉時代를 칭송하였다.

◑ 宋主性仁厚恭儉하고 勤於爲政하여 守法而不峻하고 容物而不弛하니 百官皆久於其職하고 守宰以六朞爲斷하니 吏不苟免하고 民有所係라 三十年間에 四境之內 晏安無事하여 戶口蕃息하여 出租供徭 止於歲賦요 晨出暮歸히 自事而已①요 閭閻之內에 講誦相聞하여 士敦操尙하고 鄕恥輕薄하니 江左風俗이 於斯爲美라 後之言政治者 皆稱元嘉焉이러라

① "歲賦"는 정규 세금이니, 〈"止於歲賦"는〉 규정 세액 이외의 것을 백성들에게 취하는 것이 없음을 말한다. 自事는 백성이 스스로 자신의 일을 하는 것을 말한다.
歲賦, 常賦也. 言不額外取民. 自事, 言民自事其事也.

己卯年(439)

宋나라 太祖 文帝 劉義隆 元嘉 16년이고, 北魏 世祖 太武帝 拓跋燾 太延 5년이다. 이해에 北涼이 망하니, 모두 두 나라이다.

宋元嘉十六年이요 魏太延五年이라 ◑ 是歲에 涼亡하니 凡二國이라

【綱】 봄 2월에 宋나라가 衡陽王 劉義季를 都督荊湘等州諸軍事로 삼았다.

春二月에 宋以衡陽王義季로 都督荊湘等州軍事하다

【目】 劉義季가 일찍이 봄철에 사냥을 나갔을 적에 어떤 노인이 거적을 쓰고 밭을 갈고 있자 측근들이 그를 내쫓으려고 하였는데, 노인이 말하기를 "사냥 놀이를 즐기는 것은 옛사람이 경계한 일입니다. 지금 햇살이 화창한 기운을 펼칠 때 하루 동안 밭을 갈지 않으면 백성은 농사짓는 시기를 잃게 됩니다. 어찌하여 짐승을 쫓아 사냥하는 즐거움으

로 늙은 농부를 몰아 내쫓는 것입니까."라고 하자, 유의계가 말을 멈추고 말하기를 "어진 사람이로구나."라고 하였다.

측근에게 명하여 음식을 내려주자 사양하며 말하기를 "대왕께서 농사지을 시기를 빼앗지 않으시면 境內의 백성들이 모두 대왕의 음식을 배부르게 먹을 것입니다. 이 늙은 이가 어찌 감히 홀로 대왕이 내려주시는 것을 받겠습니까."라고 하였다. 유의계가 그의 이름을 물었는데 고하지 않고 물러갔다.

義季嘗春月出畋할새 有老父被苫而耕이어늘 左右斥之①한대 老父曰 盤于遊畋은 古人所戒[23]라 今陽和布氣하니 一日不耕이면 民失其時라 奈何以從禽之樂으로 而驅斥老農也오 義季止馬曰 賢者也라 命賜之食한대 辭曰 大王不奪農時면 則境內之民이 皆飽大王之食하리니 老夫何敢獨受大王之賜乎아 義季問其名한대 不告而退하다

① 劉義季는 宋나라 武帝(劉裕)의 아들이다. 苫(거적)은 詩廉의 切이니, 띠풀을 엮은 것으로, 몸에 거적을 씌워 비를 가리는 것이다.
義季, 武帝子. 苫, 詩廉切, 編茅也, 蓋被苫於身以蔽雨也.

【綱】楊保宗이 北魏로 달아나니, 北魏에서 武都王으로 삼아 上邽를 지키게 하였다.

楊保宗奔魏하니 魏以爲武都王하여 守上邽하다

【綱】여름 6월에 魏主가 北涼을 정벌하였다. 가을 9월에 〈北涼의〉 姑臧이 함락되니, 涼王 沮渠牧犍이 투항하였다.

◑夏六月에 魏主伐涼[24]한대 秋九月에 姑臧潰하니 涼王牧犍降하다

【目】北涼王 沮渠牧犍이 그의 형수 李氏를 간통하니, 이씨가 北魏의 武威公主를 毒殺하려 하였다. 魏主가 의사를 보내 역말을 타고 가서 무위공주를 구하여 낫게 되었다. 魏主가 李氏를 불렀는데 저거목건이 보내지 않고 酒泉에 거주하도록 하였다.

---

23) 盤于遊畋 古人所戒 : ≪書經≫ 〈周書 無逸〉의 "文王이 감히 유람과 사냥의 즐거움에 빠지지 않았다.〔文王不敢盤於遊田〕"라는 말에서 유래한 것이다.

24) 魏主伐涼 : "西秦이 北涼을 압박할 적에 '攻'이라고 기록했는데, 여기서 '伐'이라고 기록한 것은 어째서인가. 北涼이 北魏의 작위를 받았기 때문이다. ≪資治通鑑綱目≫의 기록하고 삭제함이 준엄하다.〔秦加涼書攻 此其書伐 何 涼受魏爵也 綱目之筆削 嚴矣〕" ≪書法≫

北魏 사신이 西域에서 돌아오다가 武威에 도착했을 때에 저거목건의 측근이 北魏의 사신에게 말하기를 "우리 주군이 蠕蠕(柔然)可汗의 妄言을 전해 듣기를 '작년에 北魏의 天子가 직접 나를 치러 왔다가 병사들과 말이 병들어 죽어서 대패하고 돌아갔다.'라고 하였는데, 우리 주군이 크게 기뻐하여 온 나라에 널리 알렸습니다."라고 하였다.

北魏의 사신이 돌아와 이를 아뢰니, 魏主가 尙書 賀多羅를 파견하여 涼州에 사신 보내서 虛實을 살펴보도록 하였다. 하다라가 돌아와서 또한 말하기를 "저거목건이 비록 겉으로는 신하의 예를 표하나 속마음은 실로 어긋나고 불순합니다."라고 하였다.

北涼王牧犍이 通於其嫂李氏하니 李氏毒魏公主어늘 魏主遣醫乘傳救之하여 得愈러니 魏主徵李氏한대 牧犍不遣하고 使居酒泉이러니 魏使者自西域還이라가 至武威에 牧犍左右有告魏使者曰 我君承蠕蠕可汗妄言云호되 去歲魏天子 自來伐我하여 士馬疫死하여 大敗而還이라하니 我君大喜하여 宣言於國이라한대 使還以聞하니 魏主遣尙書賀多羅使涼州하여 觀虛實하니 還에 亦言호되 牧犍이 雖外修臣禮나 內實乖悖라하다

【目】魏主가 그들을 토벌하려고 崔浩에게 물으니, 최호가 말하기를 "沮渠牧犍의 逆心이 이미 드러났으니 주벌하지 않을 수 없습니다. 官軍이 지난해 北伐을 했을 적에 戰馬 30만 필 중에 죽거나 다친 것이 8천 필도 되지 않았으나, 먼 곳의 적들은 우리의 빈틈을 타서 바로 말하기를 '쇠약해지고 소모되어 회복하지 못한다.'라고 합니다. 지금 저들의 뜻밖의 상황에서 출동하여 대군이 갑자기 도착하면 저들은 필시 놀라 소동하여 어찌할 바를 모를 것이니 그들을 사로잡는 것은 분명합니다."라고 하니, 魏主가 말하기를 "좋다."라고 하였다.

이에 모든 公卿들을 西堂에 소집하여 논의할 적에 弘農王 奚斤 등이 모두 말하기를 "저거목건이 비록 마음은 불순한 신하이지만, 공물 바치는 것을 빠뜨리지 않았고 죄악이 아직 밖으로 드러나지 않았으니 마땅히 용서해줘야 할 것이고, 국가가 방금 蠕蠕을 정벌해서 병사와 말이 지쳐 있으니 아직은 대규모로 출동할 수가 없습니다. 또 그곳의 토지는 염분이 많고 척박하여 물과 풀을 얻기가 어렵다고 들었습니다. 대군이 도착하고 나면 저들은 필시 성곽을 둘러싸고 성을 굳게 지킬 것입니다. 공격해도 함락하지 못하고 들판에 약탈할 것도 없으면 이것은 위험한 길입니다."라고 하였다.

魏主欲討之하여 以問崔浩하니 浩曰 牧犍逆心已露하니 不可不誅라 官軍往年北伐에 戰馬三十萬匹에 死傷不滿八千이나 而遠方乘虛하여 遽謂衰耗不能復振이라하니 今出其不意하여 大軍猝

至하면 彼必駭擾하여 不知所爲하리니 擒之必矣니이다 魏主曰 善타 於是에 大集公卿議於西堂할새 弘農王奚斤等이 皆曰 牧犍이 雖心不純臣이나 然職貢不乏하고 罪惡未彰하니 宜加恕宥요 國家新征蠕蠕하여 士馬疲弊하니 未可大擧니이다 且聞其土地鹵瘠하여 難得水草[①]라하니 大軍旣至에 彼必嬰城固守하리니 攻之不拔하고 野無所掠하면 此危道也니이다

① 소금이 섞인 땅을 鹵라고 하고, 메마른 땅을 瘠이라고 한다.
鹹地曰鹵, 瘠地曰瘠.

【目】 예전에 崔浩가 李順을 미워하였다. 이순이 사신으로 涼州를 다녀온 것이 모두 11번이다. 北涼의 武宣王이 자주 이순과 놀며 연회를 열어 그때마다 驕慢한 말을 했고, 이순이 그것을 누설할까 두려워하여 그에 따라 금과 보석을 그의 품속에 넣어주었다. 이순 역시 그를 위해 비밀로 해주었다. 최호가 그것을 알고 비밀리에 魏主에게 아뢰었으나, 魏主가 믿지 않았다.

이때에 와서 이순과 古弼이 모두 말하기를 "姑臧 지역은 모두 메마르고 돌투성이며 물과 풀이 전혀 없고, 姑臧城 남쪽 天梯山 위에는 쌓인 눈이 1丈 남짓이나 됩니다. 봄과 여름에 조금씩 녹아서 아래로 흘러 개천을 이루니, 거주민들은 그 물을 끌어다 灌漑를 합니다. 저들이 우리 군대가 도착한다는 소식을 듣고 이 개천의 입구를 터놓으면 물이 필시 모자라 끊어지게 될 것이니, 병사와 말이 굶주리고 목이 말라 오래 머무르기가 어려울 것입니다. 奚斤 등이 논의한 것은 옳습니다."라고 하였다.

初에 崔浩惡(오)李順[①]이러니 順使涼州凡十一返이라 涼武宣王이 數(삭)與遊宴[②]하여 時爲驕慢之語하고 恐順泄之하여 隨以金寶納於順懷中한대 順이 亦爲之隱하다 浩知之하고 密以白魏主한대 魏主未之信이러니 及是하여 順與古弼이 皆曰 姑臧地皆枯石이라 絶無水草하고 城南天梯山上은 積雪丈餘라 春夏消釋하여 下流成川하니 居民(仰)〔引〕[25]以漑灌하니 彼聞軍至하고 決此渠口하면 水必乏絶하리니 人馬飢渴하여 難以久留라 斤等議是라하다

① 夏나라를 정벌하는 전쟁에 崔浩와 李順이 틈이 있었다. 이순이 北涼에 使臣을 다니면서 魏主의 총애를 받자, 최호가 더욱 그를 미워하였다.
伐夏之役, 浩・順有隙. 順以使涼爲魏主所寵待, 浩愈惡之.
② 武宣王은 沮渠蒙遜이다.
武宣王, 沮渠蒙遜也.

25) (仰)〔引〕: 저본에는 '仰'으로 되어 있으나, ≪資治通鑑≫에 의거하여 '引'으로 바로잡았다.

【目】 崔浩가 말하기를[26] "史籍에는 涼州의 畜産이 천하에서 가장 풍요롭다고 한다. 만약 물과 풀이 없다면 가축이 어떻게 번성하겠는가. 또 漢人들은 결코 水草가 없는 지역에 城郭을 쌓거나 郡縣을 세우지 않는다. 또 눈이 녹아 흐르는 것이 겨우 塵土를 적실 뿐이라면 어떻게 도랑을 통하여 관개를 할 수 있겠는가. 이 말은 크게 속이는 것이다."라고 하였다.

李順이 말하기를 "귀로 듣는 것이 눈으로 보는 것만 못하다."라고 하자, 최호가 말하기를 "그대는 남의 金錢을 받고 그를 위해 유세하여 내가 눈으로 직접 보지 않았다고 바로 속일 수 있을 것이라 생각하시오."라고 하였다. 魏主가 은밀히 그들의 말을 엿듣다가 바로 나와서 奚斤 등을 보면서 말과 얼굴빛을 매우 근엄하게 하였다. 여러 신하들이 감히 다시 말을 하지 못하고 "예예."라고 할 뿐이었다.

浩曰 史稱涼州之畜은 爲天下饒라하니 若無水草면 畜何以蕃①이리오 又漢人은 終不於無水草之地에 築城郭建郡縣也요 且雪之消釋이 僅能斂塵이면 何得通渠漑灌乎리오 此言大爲欺誣矣로다 李順曰 耳聞不如目見이니라 浩曰 汝受人金錢하고 欲爲之遊說(세)하여 謂我目不見 便可欺邪아 魏主隱聽聞之②하고 乃出見斤等하여 辭色嚴厲하니 群臣不敢復言하고 唯唯而已러라

① ≪漢書≫ 〈地理志〉에 "涼州는 땅이 넓고 백성이 드물며 물과 풀이 목축을 하는 데 마땅하기 때문에 涼州의 축산은 천하에서 가장 풍요롭다."라고 하였다
漢書地理志曰 "涼州土廣民稀, 水草宜畜牧, 故涼州之畜爲天下饒."

② "隱聽"은 가려진 병풍 뒤에서 듣는 것이다.
隱聽者, 隱屛而聽也.

【目】 여러 신하들이 나가고 나서 將軍 伊馛(이발)이 말하기를 "涼州에 만약 물과 풀이 없다면 저들은 어떻게 국가를 세웠겠습니까. 마땅히 崔浩의 말을 따라야 합니다."라고 하였다.

魏主가 그것을 따라서 6월에 平城을 출발하여 宜都王 穆壽를 시켜서 太子 拓跋晃을 보좌하며 監國하게 하였다. 또 大將軍 嵇敬을 시켜서 2만 명을 거느리고서 漢南에 駐屯하여 柔然의 침입에 대비하고 公卿들에게 명하여 沮渠牧犍을 꾸짖는 글을 작성하여 12가지 죄상을 조목조목 열거하게 하였다.

26) 崔浩가 말하기를 : ≪資治通鑑≫에는 이 구절 앞에 魏主가 崔浩에게 명을 내려 奚斤 등과 함께 서로 변론하게 하였는데, 해근 등은 다른 말을 하지 않고 그곳에는 물과 풀이 없다고만 하였다는 내용이 있다.

또 말하기를 "네(沮渠牧犍)가 친히 여러 신하를 거느리고 와서 예물을 바치고 멀리까지 나와서 영접하여 나의 말머리 앞에서 무릎을 꿇고 머리를 조아리는 것이 최상의 계책이다. 六軍이 도착하고 나서 손을 뒤로 묶고 얼굴을 들고 관을 수레에 싣고 오는 것이 그 다음 계책이 될 것이다. 만약 昏懜한 생각을 고집하여 곤궁한 성을 지키면서 제때에 뉘우치고 깨닫지 못하면 자신도 죽고 종족도 멸하여 세상의 가장 큰 죄인이 될 것이다. 마땅히 그 가운데 하나를 잘 생각해서 스스로 많은 복을 구하라."라고 하였다.

群臣既出에 將軍伊馛이 言曰① 涼州若果無水草면 彼何以爲國이리오 宜從浩言이니이다 魏主從之하여 六月發平城하여 使穆壽輔太子晃監國하고 又使大將軍嵇敬將二萬人하여 屯漠南하여 以備柔然하고 命公卿爲書讓牧犍하여 數其十二罪하고 且曰 若親帥群臣委贄遠迎하여 謁拜馬首 上策也②요 六軍既臨에 面縛輿櫬이 其次也라 若守迷窮城하여 不時悛悟하면 身死族滅하여 爲世大戮하리니 宜思厥中하여 自求多福이니라

① 馛은 蒲撥의 切이다. 伊馛은 姓名이다.
馛, 蒲撥切. 伊馛, 姓名.
② 옛날에는 예물을 가지고 가서 뵙고 절하며 예물을 바치는데 머리는 땅에 닿도록 하며 일어나서는 예물을 가지고 올리니, 이것을 "委贄"라고 말한다.
古者執贄以見, 拜贄, 首則委之於地, 起則取而進之, 此之謂委贄.

【目】7월에 上郡 屬國城[27]에 도착하여 여러 군대를 나누어 禿髮源賀를 鄕導로 삼았다. 魏主가 方略을 물었는데 원하가 대답하기를 "姑臧城 옆에는 4部의 鮮卑族이 있으니 모두 臣의 祖父가 다스리던 옛 백성들입니다. 신은 바라건대 先鋒에 서서 그들에게 우리 국가의 위엄과 신망을 宣揚하여 禍福의 이해를 보여주면 반드시 서로 무리를 이끌고 와서 귀순할 것입니다. 밖에서 지원하는 세력이 복종하고 나면 고립된 성을 취하는 것은 손바닥을 뒤집는 것과 같습니다."라고 하니, 魏主가 좋다고 하였다.

七月에 至上郡屬國城하여 部分諸軍하여 以源賀爲鄕導①하다 魏主問以方略한대 對曰 姑臧城旁에 有四部鮮卑하니 皆臣祖父舊民이라 臣願處軍前하여 宣國威信하여 示以禍福하면 必相帥歸命하리니 外援既服이면 取其孤城이 如反掌耳리이다 魏主曰 善타

27) 上郡 屬國城 : 지금의 陝西省 楡林市 북쪽 萬里長城 밖에 위치하고 있다. 屬國은 漢나라 때 귀부한 이민족을 안치하기 위한 행정구역이다. 이는 漢나라 북·서·동쪽의 변경에 설치되었으며, 특히 天水·上郡·西河·五原·金城·北地·犍爲·張掖·居延·遼東 등에 설치되었다. 속국에는 屬國都尉, 屬國長史 등을 두었다. 속국은 일반 郡과 대등한 지위를 부여받았다.

① 漢나라는 屬國을 邊郡[28]에 두어 항복한 오랑캐들을 거주하게 하였는데 여기에서 보이는 屬國城이 漢나라 옛 城이다. ≪漢書≫ 〈地理志〉에 "上郡 龜玆縣은 屬國都尉의 治所이다."라고 하였다. 禿髮源賀는 禿髮傉檀의 아들이다. 晉 安帝 義熙 10년(414)에 독발녹단이 乞伏熾磐에게 멸망당하자 독발원하는 北魏로 달아났다. 北魏의 明元帝가 독발원하에게 말하기를 "卿의 선조는 朕과 근원이 같으므로 源氏 姓을 下賜한다."라고 하였다.
漢置屬國於邊郡, 以處降胡, 此屬國城, 漢舊城也. 班書地理志"上郡龜玆縣, 屬國都尉治." 源賀, 禿髮傉檀之子也. 晉安帝義熙十年, 傉檀爲乞伏熾磐所滅, 賀奔魏, 魏明元帝謂賀曰"卿之先與朕同源, 賜姓源氏."

【目】8월에 沮渠牧犍이 柔然에게 구원을 요청하고 그 아우 沮渠董來를 파견하여 군사 1만여 명을 거느리고 나가 싸우게 하였으나 〈北魏 군대가 온다는〉 풍문만 듣고도 달아나 무너졌다. 魏主가 姑臧에 도착하여 저거목건에게 사신을 보내 나와서 항복하도록 유시하였다. 저거목건은 柔然이 北魏의 변방으로 침입하려고 한다는 소식을 듣고 魏主가 동쪽으로 돌아가기를 바라고서 마침내 성곽을 둘러싸고 굳게 수비하였는데, 魏主가 군대를 나누어 성을 포위하였다.

源賀가 병사를 이끌고 가서 〈그의 조부의〉 휘하에 있는 3만여 부락을 불러 모아 위로하였다. 그러므로 魏主가 오로지 姑臧城을 공격할 수 있어서 다시 그 이외를 걱정할 것이 없었다.

魏主가 姑臧에 물과 풀이 풍요로운 것을 보고 이로 인해 李順을 원망하여 崔浩에게 말하기를 "卿의 말이 증명되었다."라고 하였다.

예전에 太子 拓跋晃이 또한 魏主가 서쪽으로 北涼을 정벌하는 것을 의심스럽게 여겼는데, 이때에 이르러 조서를 내려 太子에게 회답하기를 "姑臧 東西門 밖에 솟아오르는 샘물이 성곽 북쪽에서 합하는데 그 크기가 黃河와 같고 그 이외 도랑물이 沙漠 속으로 流入되니 그 사이에 건조지대가 없다."라고 하였다.

八月에 牧犍求救於柔然하고 遣其弟董來하여 將兵萬餘人出戰이나 望風犇潰라 魏主至姑臧하여 遣使喩牧犍出降하니 牧犍聞柔然欲入魏邊하고 冀幸魏主東還하여 遂嬰城固守어늘 魏主分軍圍之러니 源賀引兵招慰諸部下三萬餘落하니 故魏主得專攻姑臧하여 無復外慮러라 魏主見姑臧水草豐饒하고 由是恨李順하여 謂崔浩曰 卿言이 驗矣로다 始太子晃이 亦以西伐爲疑러니 至是詔報之曰 姑臧東西門外涌泉이 合於城北하여 其大如河하고 自餘溝渠 流入漠中하니 其間에 乃無燥地

28) 邊郡 : 中國에 설치되었던 郡縣을 內郡이라 부르고, 중국 밖 夷狄의 영역에 설치된 이 새로운 군현을 外郡 혹은 邊郡이라 부르기도 하였다.

也라하더라

【目】 9월에 姑臧城이 함락되니, 沮渠牧犍이 文武官員 5천 명을 거느리고 손을 뒤로 묶고 얼굴을 들고 投降을 요청하였다. 魏主가 결박을 풀어주며 예우하고 성안에 20여만 戶口를 接收하였다. 張掖王 禿髮保周, 將軍 穆罷·源賀를 시켜서 여러 부락에 나누어 경략하게 하니 여러 胡人들의 投降한 자가 또한 수십만 명이었다. 張掖·樂都·酒泉·武威를 공격해 탈취하여 모두 장수를 두어 수비하도록 하였다.

魏主가 姑臧에서 酒宴을 베풀고 여러 신하들에게 말하기를 "崔公은 智謀와 策略에 여유가 있으니, 나는 다시 기이하게 여길 것이 없다. 그러나 伊馛(이발)은 활을 쏘고 말을 타는 戰士인데 소견이 최공과 같으니 이는 매우 기이할 만하다고 하겠다."라고 하였다. 이발은 활쏘기를 잘하고 힘은 소를 끌고 뒷걸음치게 할 수 있으며 달리기는 달리는 말을 따라 잡았고 품성이 충성스럽고 신중하니, 魏主가 특별히 그를 총애하였다.

九月에 姑臧城潰하니 牧犍帥其文武五千人하여 面縛請降이어늘 魏主釋而禮之하고 收其城內戶口二十餘萬하고 使張掖王禿髮保周將軍穆罷源賀하여 分徇諸部하니 雜胡降者 又數十萬①이라 擊取張掖樂都酒泉武威하여 皆置將守之하고 魏主置酒姑臧하고 謂群臣曰 崔公은 智略有餘하니 吾不復以爲奇어니와 伊馛弓馬之士로되 而所見乃與崔公同하니 此深可奇也로다 馛善射하고 能曳牛却行하며 走及奔馬하고 而性忠謹하니 故魏主特愛之하더라

① 禿髮保周는 北魏로 도망쳐서 張掖公에 봉해졌다가 지금은 승진하여 왕이 되었다. 독발보주는 禿髮源賀의 형이다.
保周奔魏, 封張掖公, 今進爲王. 保周, 源賀之兄也.

【綱】 柔然이 北魏를 침범하였으나 승리하지 못하였다.

柔然이 寇魏不克하다

【目】 魏主가 서쪽으로 征伐할 때에 穆壽가 黃河 강변까지 와서 전송하였다. 魏主가 그에게 칙령을 내리기를 "柔然의 郁久閭吳提는 沮渠牧犍과 서로 결탁한 것이 본래부터 깊으니, 朕이 서쪽으로 정벌에 나섰다는 소식을 들으면 필시 변방을 침범해올 것이다. 짐이 그 때문에 건장한 병사와 살찐 말을 남겨 卿을 시켜서 太子를 보좌토록 한 것이다. 밭의 수확을 마치면 곧바로 군대를 출동하여 漢南으로 가서 요충지에 복병을 나누어 배치

하고 오랑캐가 도착하기를 기다려서 그들을 깊숙한 곳으로 유인한 후에 공격하면 이기지 못하는 경우가 없을 것이다."라고 하였다.

魏主之西伐也에 **穆壽送至河上**이어늘 **魏主勅之曰 吳提與牧犍相結素深**①하니 **聞朕西伐**하면 **必來犯塞**하리니 **朕故留壯兵肥馬**하여 **使卿輔太子**하노니 **收田畢**하면 **卽發兵詣漠南**하여 **分伏要害**하여 **以待虜至**하여 **引使深入然後**에 **擊之**면 **無不克矣**리라

① 吳提는 勅連可汗의 이름이다.
吳提, 勅連可汗名.

【目】穆壽는 점을 믿었으므로, 柔然이 반드시 침범해오지 않을 것이라 하여 대비를 하지 않았다. 그런데 柔然의 勅連可汗이 과연 허점을 노려 침입해 노략질 할 적에 그의 형 郁久閭乞列歸를 남겨두어 北魏의 嵇敬과 北鎭에서 대치하도록 하고, 자신이 정예기병을 거느리고 北魏로 깊이 들어가자 平城 사람들이 크게 놀랐다. 목수는 어찌할 바를 모르고 서쪽 성곽 문을 막고 남산으로 대피하여 수비할 것을 태자에게 청하였다. 그러나 竇太后가 허락하지 않아 중지하고 바로 군대를 보내 吐頹山에서 그들을 막도록 하였다. 마침 혜경이 陰山 북쪽에서 욱구려걸렬귀를 격파하여 사로잡고, 아울러 장수를 사로잡은 것이 5백 명이고, 斬首한 것이 1만여 급이었다. 칙련가한은 소식을 듣고 달아났다.

壽信卜筮라 **以爲柔然必不來**하여 **不爲之備**러니 **而柔然勅連可汗**이 **果乘虛入寇**할새 **留其兄乞列歸**하여 **與嵇敬**으로 **相拒於北鎭**하고 **自帥精騎深入**①하니 **平城大駭**라 **穆壽不知所爲**하여 **欲塞西郭門**하고 **請太子避保南山**이어늘 **竇太后不聽而止**하고 **乃遣軍拒之於吐頹山**이러니 **會嵇敬擊破乞列歸於陰山北擒之**하고 **及將帥五百人**[29]하고 **斬首萬餘級**하니 **勅連聞之遁去**하다

① 北鎭은 곧 魏主가 高車를 격파하여 항복을 받고 설치한 6鎭이다. 平城 북쪽에 있기 때문에 北鎭이라고 한다. 혹은 말하기를 "北鎭은 代都 북쪽에 설치한 것이니 곧 懷朔鎭이다."라고 하였다.
北鎭, 卽魏主破降高車所置六鎭也. 以在平城之北, 故曰北鎭. 或曰"北鎭, 直(치)代都北, 卽懷朔鎭."

【綱】겨울 10월에 北魏가 樂平王 拓跋丕로 涼州를 鎭守하도록 하였다.

---

29) 及將帥五百人 : ≪資治通鑑≫에는 이 앞에 "幷其伯父他吾無鹿胡"가 있어 "그 백부 욱구려타오무녹호 및 장수 500인을 사로잡았다."라고 하였다.

冬十月에 **魏以樂平王丕**로 **鎭**涼**州**하다

【目】 **魏主**가 동쪽으로 돌아올 적에 **樂平王 拓跋丕**와 **將軍 賀多羅**를 머물게 하여 涼州를 **鎭守**하도록 하였다. 沮渠牧犍의 종족과 관리·백성 3만 戶를 平城으로 이주시켰다.

魏主東還에 **留樂平王丕及將軍賀多羅**하여 **鎭**涼州하고 **徙沮渠牧犍宗族及吏民三萬戶于平城**하다

【綱】 北魏 張掖王 禿髮保周가 張掖郡을 점거하여 반란을 일으켰다.

魏張掖王禿髮保周 據郡叛하다

【綱】 12월에 宋나라 太子 劉劭가 冠禮를 거행하였다.

◑ **十二月**에 **宋太子**劭**冠**[30]하다

【目】 **劉**劭는 수염과 눈썹이 아름답고 독서를 좋아하며 활쏘기와 **騎馬**에 숙달되고 빈객들을 기뻐하여 끌어들이니, 마음속으로 하고자 하는 일을 **宋主**가 반드시 들어주었다. **東宮**에 병사를 배치한 〈그 규모와 격식이〉 **羽林軍**[31]과 서로 동등하였다.

劭**美鬚眉**하고 **好讀書**하며 **便弓馬**하고 **喜延賓客**하니 **意之所欲**을 **宋主必從之**라 **東宮置兵**이 **與羽林等**이러라

---

30) 宋太子劭冠 : "太子의 관례는 기록한 적이 없는데 여기서 기록한 것은 어째서인가. 劉劭가 元兇이기 때문이다. 그가 태어나고 그가 太子에 서고 그가 관례하는 것을 ≪資治通鑑綱目≫에서는 모두 신중하게 기록하였다. ≪資治通鑑綱目≫이 끝날 때까지 太子의 관례를 기록한 것은 2번이다(이해(439), 唐 太宗 貞觀 5년(631)).〔太子冠 未有書者 此其書 何 劭元惡也 其生其立其冠 綱目皆謹書之 終綱目 書太子冠二(是年 唐太宗貞觀五年)〕" ≪書法≫ "宋立子劭爲太子(宋나라가 皇子 劉劭를 세워 태자로 삼았다.)"는 본서 118쪽에 보인다.

"劉劭가 태어나고 유소가 태자에 서고 劉劭가 관례하는 것을 모두 冊에 기록한 것은 다른 나라의 경우와 다르니 신중히 한 것이다. 하물며 東宮에 병사를 배치함이 羽林軍과 서로 동등하게 하였으니 또한 모두 나라가 어지럽게 되는 근본이다. 어찌 기록하지 않을 수 있으랴.〔劭生劭立劭冠 皆書于冊 異於他國 蓋謹之也 況東宮置兵 與羽林等 亦皆亂之本 豈得不志之乎〕" ≪發明≫

31) 羽林軍 : 황제의 禁衛軍으로 漢 武帝 太初 원년(B.C. 102)에 설치되었다. 이는 魏晉南北朝時代에도 이어졌으나 운용에 있어 시대별로 변경되었으며, 北朝와 南朝에서도 차이가 있다.

【綱】 魏主가 平城으로 돌아왔다.

魏主還平城하다

【目】 魏主가 沮渠牧犍을 여전히 매부로 대우하여 예전과 같이 征西大將軍 河西王에 임명하였다. 涼州는 前涼의 張氏[32] 이래로 많은 인재가 있다고 불렸고, 저거목건은 특히 文學을 좋아하였다. 그의 신하 闞駰(감인)・張湛・劉昞・索敞(삭창)・陰興・宗欽・趙柔・程駿・程弘을 魏主가 모두 예우해서 등용하였다.

예전에 安定 사람 胡叟가 저거목건에게 가서 따랐는데, 저거목건이 그를 그다지 중용하지 않았다. 호수가 程弘에게 말하기를 "貴國의 君主는 편벽한 나라에 거주하면서 분수에 넘는 호칭을 사용하고 예를 僭用하고, 小國으로서 大國을 섬기면서 마음이 순일하지 않고, 겉으로는 仁義를 사모하면서 실제로는 道德이 없으니, 그의 멸망을 발뒤꿈치를 들고서 기다릴 만합니다."라고 하고, 마침내 北魏로 갔다. 이때에 이르러 魏主가 호수를 先見之明이 있다고 여겨 虎威將軍을 임명하였다. 河內 사람 常爽은 대대로 涼州에 寓居하면서 北涼의 초빙하는 禮와 부르는 命을 받지 않았는데 魏主가 宣威將軍으로 임명하고, 索敞을 中書博士로 삼았다.

魏主猶以妹壻待沮渠牧犍하여 拜征西大將軍河西王如故하다 涼州自張氏以來로 號爲多士①요 牧犍尤喜文學이라 其臣闞駰張湛劉昞索敞陰興宗欽趙柔程駿程弘을 魏主皆禮而用之②하다 初에 安定胡叟 往從牧犍한대 牧犍不甚重之러니 叟謂程弘曰 貴主는 居僻陋之國而淫名僭禮하고 以小事大而心不純壹하고 外慕仁義而實無道德하다 其亡을 可翹足而待也라하고 遂適魏러니 至是하여 魏主以爲先識이라하여 拜虎威將軍하고 河內常爽이 世寓涼州하여 不受禮命이러니 魏主以爲宣威將軍하고 以索敞爲中書博士③하다

① 〈晉 懷帝 시기〉 永嘉의 난리[33]에 中國의 인사들이 河西로 피신하여 왔는데 張氏가 예우하여 그들을 등용했고, 자손이 서로 계승하면서 衣冠(관직)을 실추시키지 않았으므로 涼州에 人才가 많다고 일컬어졌다.
永嘉之亂, 中州之人士避地河西, 張氏禮而用之, 子孫相承, 衣冠不墜, 故涼州號爲多士.

---

32) 張氏 : 前涼王의 성씨로 漢族의 명가 집안이다. 五胡의 침입으로 중원이 혼란스럽게 되자 많은 지식인들이 난을 피하여 前涼으로 이주하였다. 前涼은 9代를 이어가다가 前秦에게 망하였다.

33) 永嘉의 난리 : 晉 懷帝가 永嘉 7년(313)에 흉노의 추장 劉聰에게 죽임을 당한 난리를 말한다. 永嘉는 西晉 懷帝 때의 연호이다. 南匈奴의 劉淵이 漢(前趙)이라 칭하고 洛陽을 함락시켜 결국 西晉이 멸망하고, 이후 華北 지역은 유목 민족의 지배를 받게 되는 5胡16國 시대가 시작되었다.(≪晉書≫ 〈懷帝紀・愍帝紀〉)

② 闞은 姓氏이며, 〈闞駰은〉 闞弘駿의 사촌 아우이다.
闞, 姓也. 弘駿從弟也.

③ 中書省에는 曹魏가 中書監·中書令을 설치한 이래로 아직 博士를 둔 적이 없었는데, 拓拔氏가 처음으로 이 관직을 두었다.
中書, 自曹魏置監令以來, 未嘗置博士, 蓋拓拔氏初置是官也.

【目】 당시에 北魏가 한창 武功을 존중하니 귀족 자제들이 講學에 뜻을 두지 않았다. 索敞(삭창)이 博士가 된 지 10여 년 동안 가르치는 데 힘쓰면서 엄숙하고 예의가 있으니 귀족 자제들이 그를 엄히 두려워하여 성취하는 바가 많았다.

常爽이 또한 溫水 서쪽에 學館을 두어 7백여 명을 가르쳤는데, 賞罰의 조항을 확립하니 제자들이 엄한 임금처럼 그를 섬겼다. 이로 말미암아 北魏 儒學의 氣風이 비로소 발전하였다.

時에 魏方尙武功하니 貴遊子弟 不以講學爲意①러니 敞爲博士十餘年에 勤於誘導하여 肅而有禮하니 貴遊嚴憚하여 多所成立이러라 常爽亦置館於溫水之右②하여 敎授七百餘人이어늘 立賞罰之科하니 弟子事之如嚴君이라 由是로 魏之儒風始振하니라

① 貴遊子弟는 王公의 子弟이다. 遊는 관직이 없는 자이다.
貴遊子弟, 王公之子弟. 遊, 無官司者.

② ≪水經註≫에 "桑乾城 서쪽 10里에 溫湯이 있다."라고 하였다.
水經註 "桑乾城西十里有溫湯."

【綱】 北魏가 崔浩와 高允에게 명하여 國史를 편찬하도록 하였다.

魏命崔浩高允하여 修國史하다

【目】 魏主가 崔浩를 監秘書事[34])로 임명하여 史官의 직책을 통합 관리하게 하고, 侍郎 高允과 張偉에게는 著作의 사무에 참여하고 맡아보도록 하였다. 최호는 여러 曆法家들의 서적을 모아 漢나라 초기 이래 일식·월식과 五星의 운행 도수를 살펴 교정하고, 또한 이전 史書의 잘못을 비판하여 별도로 ≪魏曆≫을 만들어서 高允에게 보여주었다.

고윤이 말하기를 "漢나라 초기 10월에 五星이 東井宿에 모였다고 하였는데,[35]) 星傳

---

34) 監秘書事 : 秘書監으로 秘書省의 최고 관직이다. 圖書와 秘書를 관리하고 著作郎 등을 거느리며 역사 찬술을 관장하였다.

(〈五行志〉)을 살펴보면 太白星(金星)과 辰星(水星)이 항상 태양에 붙어서 운행합니다. 10월에 태양은 尾宿와 箕宿 사이에 있으면서 해가 저물 때에 〈太白星과 辰星은〉 12방위의 申方 남쪽에서 사라지고 東井宿는 바로 12방위의 寅方 북쪽에서 출현하니, 두 개의 별이 어떻게 태양과 어긋나게 운행할 수 있습니까. 이는 바로 曆術의 사소한 착오인데 史官이 그 일을 신비롭게 하려 하여 다시 그것을 이치로 추리하지 않은 것입니다. 지금 우리가 漢나라 사관 기록을 비판하면서 이런 誤謬를 깨닫지 못하면 아마도 후인들이 지금 시기를 비판하는 것이 지금 시기에 우리가 옛날을 비판하는 것과 같을 것입니다."라고 하였다.

최호가 말하기를 "天文現象이 변화하려 한다면 어찌 불가할 것이 있겠는가."라고 하니, 고윤이 말하기를 "이것은 공허하게 언쟁으로 밝혀질 수 있는 것이 아닙니다. 마땅히 다시 그것을 잘 살펴보아야 합니다."라고 하였다.

그 뒤에 1년이 넘어서 최호가 고윤에게 말하기를 "먼저 토론한 것은 과연 그대의 말이 맞다. 五星이 바로 이전의 3월에 東井宿에 모이는 것이지 10월이 아니다."라고 하니, 많은 사람들이 탄복하였다.

魏主命崔浩監秘書事하여 **綜理史職**하고 **以侍郎高允張偉**로 **參典著作**하다 **浩集諸曆家**하여 **考校漢元以來日月薄蝕五星行度**하고 **幷譏前史之失**하여 **別爲魏曆**하여 **以示高允**①하니 **允曰 漢元年十月**에 **五星聚東井**②이라하니 **案星傳**컨대 **太白辰星**이 **常附日而行**③이라 **十月**에 **日在尾箕**하여 **昏沒於申南**하고 **而東井方出於寅北**하니 **二星何得背日而行**④이리오 **此乃曆術之淺事**로되 **而史官欲神其事**하여 **不復推之於理**하니 **今譏漢史而不覺此謬**하면 **恐後人之譏今**이 **猶今之譏古也**라한대 **浩曰 天文欲爲變者**인대 **何所不可邪**아 **允曰 此不可以空言爭**이라 **宜更審之**라하더니 **後歲餘**에 **浩謂允曰 先所論者 果如君言**이로다 **五星乃以前三月聚東井**이요 **非十月也**라하니 **衆乃歎服**이러라

① "漢元"은 漢나라 初期이다. 기운이 가서 접근하면 薄이 되고, 이지러지면 蝕이 된다. 五星은 木·火·土·金·水의 緯星이다.
漢元, 漢初也. 氣往迫之爲薄, 虧缺爲蝕. 五星, 木·火·土·金·水緯星也.

② 東井은 經星으로 秦나라 分野에 있다.
東井經星在秦分.

③ 傳(기록)은 知戀의 切이다. 辰星은 北方의 水에 해당하니 太陰의 精髓이다. 일명 毚星이라고 하고, 혹은 鉤星이라고도 한다.

35) 漢나라……하였는데 : ≪漢書≫ 〈高祖紀〉에 "漢 高祖 원년(B.C. 206) 겨울 10월에 五星이 東井에 모였다. 沛公이 霸上에 이르렀다.〔元年冬十月 五星聚于東井 沛公至霸上〕"라는 기사가 있다. 이때 秦王 子嬰이 한 고조에게 항복하였다.

傳, 知戀切. 辰星, 北方水, 太陰之精. 一名, 毚星, 或曰鉤星.

④ 孟冬(10월)에는 태양이 尾宿에 있는데 尾宿와 箕宿의 사이에 있다고 말한 것은, 한 달을 마칠 때에 이를 말한 것이다. 背는 음이 佩이니 버린다는 뜻이다.
孟冬之月, 日在尾. 言在尾·箕者, 竟一月言之也. 背, 音佩, 棄也.

【目】 高允이 비록 천문역법에 명석하였지만 처음에 天文을 推步하여 논설하지 않았다. 오직 東宮少傅 游雅가 그것을 알고 자주 고윤에게 災異를 물었다. 고윤이 말하기를 "陰陽·災異를 아는 것은 매우 어려운 일이다. 이미 그것을 알고 있다면 그것이 다시 누설될까 두려워해야 하니 모르는 것만 못하다. 천하에 묘한 이치가 지극히 많은데 어찌하여 급하게 이를 묻는가."라고 하였다.

允雖明曆이로되 初不推步論說①하니 惟東宮少傅游雅知之하고 數(삭)以災異問允한대 允曰 陰陽災異知之甚難이요 既已知之면 復懼漏泄이니 不如不知也라 天下妙理至多하니 何遽問此오

① "推步"는 日·月·五星의 度數와 朝夕과 24절기의 차이를 연구하는 것을 말한다.
推步, 謂究日月五星之度·昏旦節氣之差.

【綱】 北魏가 田禁[36]을 해제하였다.

魏除田禁하다

【目】 魏主가 高允에게 묻기를 "政治를 함에는 무엇을 먼저 해야 하는가?"라고 하니, 고윤이 대답하기를 "臣은 어려서부터 비천하여 오직 농사만 알았습니다. 만약 국가가 田地를 넓혀 곡식을 쌓아두어 공적으로나 사적으로나 대비함이 있으면 飢饉은 근심할 것이 못 됩니다."라고 하였다. 당시 北魏는 良田을 封禁한 것이 많았으므로, 고윤이 이렇게 말한 것이다. 魏主가 명하여 마침내 양전의 封禁을 모두 해제하여 백성들에게 토지를 분급하게 하였다.

魏主問高允호되 爲政何先고 允曰 臣少賤하여 惟知農事하니 若國家廣田積穀하여 公私有備면 則饑饉不足憂矣리이다 時魏多封禁良田이라 故允及之하니 魏主乃命悉除其禁하여 以賦百姓하다

36) 田禁 : 아래 目의 '封禁良田'을 가리킨 것이다. ≪資治通鑑新註≫(陝西人文出版社, 1998)에 "良田을 가지고 牧場으로 바꾸고 사람들이 경작하는 것을 금지시켰다."라고 하였다. 北魏 拓跋氏는 유목민이었기에 이런 정책을 펼친 것이다.

庚辰年(440)

宋나라 太祖 文帝 劉義隆 元嘉 17년이고, 北魏 世祖 太武帝 拓跋燾 太平眞君 원년이다.

宋元嘉十七年이요 魏太平眞君元年이라

【綱】 봄 정월에 沮渠無諱가 北魏의 酒泉을 침범하였다.

春正月에 沮渠無諱 寇魏酒泉[37)]하다

【目】 北涼이 멸망할 적에 沮渠牧犍의 아우 沮渠無諱가 敦煌으로 달아났다. 이때에 이르러 酒泉을 侵犯하여 탈취하였다.

涼之亡也에 牧犍之弟無諱 出奔敦煌이러니 至是하여 寇酒泉拔之하다

【綱】 여름 4월 초하루에 일식이 있었다.

夏四月朔에 日食하다

【綱】 6월에 北魏가 大赦免을 하고 年號를 〈太平眞君으로〉 바꾸었다.

37) 沮渠無諱 寇魏酒泉 : "沮渠蒙遜이 西涼을 멸망시킬 적(420)에 西涼王 李歆의 아우 李恂이 北山으로 달아났다가 얼마 뒤에 郡을 점거하였는데, ≪資治通鑑綱目≫에 기록하기를 '涼李恂入敦煌 稱刺史(西涼의 李恂이 敦煌에 들어가서 刺史라 칭하였다.)'라고 하여 나무라는 말이 없었다. 沮渠無諱 역시 北涼王 沮渠牧犍의 아우로 北涼이 멸망할 적에 敦煌으로 도망쳤다가 지금에 이르러 酒泉을 공격하여 빼앗았는데, 어찌하여 기록하기를 '魏酒泉'이라 하고 또 '寇'라고 하여 지적하였는가.
　沮渠(北涼)는 2대 동안 北魏에 봉작을 받다가 이윽고 토벌을 받아 항복하였으니, 北涼의 옛 땅이 모두 北魏의 땅이다. 그런데 이때에 나와서 땅을 도적질하였으니 침범한 것〔寇〕이 아니고 무엇이겠는가. ≪자치통감강목≫에서 허여하고 빼앗는 것이 분명하고, 그 名分을 변별함이 근엄하다. 그러므로 前年(439)의 分注(小字雙行)로 기록한 歲年 부분에 '涼亡(北涼이 망하였다.)'이라고 기재한 것이다(이순의 이해(420)에 의거하면 分注로 기록한 歲年 부분에 오히려 바꾼 연호인 '永建'을 기록하였고, 다음 해(421)에 分注로 기록한 歲年 부분에 비로소 '西涼亡(西涼이 망하였다.)'을 기록하였다.).
　금년(440)에는 '寇'라고 기록하였으나, 〈沮渠無諱가〉 宋나라에서 河西王의 작위를 받음(442)에 이르러서는 ≪자치통감강목≫에서 작위로써 그의 죽음을 기록하고 폄하한 것이 없다.〔蒙遜之滅西涼也 歆弟李恂奔北山 旣而據郡 綱目書曰 涼李恂入敦煌稱刺史 無譏辭也 無諱 亦牧犍弟也 涼亡出奔敦煌 至是攻酒泉而拔之 則曷爲書魏酒泉 且斥以寇 沮渠再世魏爵 旣被伐而降矣 涼之故土 皆魏土也 於是出而竊地 非寇何哉 綱目之予奪也 審矣 其辨名分也 嚴矣 故前年於分注 書涼亡(據李恂是年 分注猶書改元永建 次年 分注始書西涼亡) 今年書寇 至受宋爵王河西 則綱目以爵卒之 無貶焉〕" ≪書法≫

◑六月에 魏大赦改元하다

【目】〈이 年號는〉 寇謙之의 神書(神人에 받은 책)의 글에서 취한 것이다.[38]

取寇謙之神書之文也라

【綱】가을 7월에 北魏가 禿髮保周를 토벌하여 죽였다. 沮渠無諱가 北魏에 항복하였다.

秋七月에 魏討禿髮保周殺之하니 沮渠無諱降하다

【綱】겨울 10월에 宋나라 領軍 劉湛이 죄가 있어 주살되고, 彭城王 劉義康을 江州刺史로 삼고, 江夏王 劉義恭을 司徒 錄尙書事로 삼고, 始興王 劉濬을 揚州刺史로 삼았다.

◑冬十月에 宋領軍劉湛이 有罪誅하고 以彭城王義康爲江州刺史하고 江夏王義恭爲司徒錄尙書事하고 始興王濬爲揚州刺史[39]하다

---

38) 寇謙之의……것이다 : 이는 본서 57쪽에 보인다.

39) 宋領軍劉湛……始興王濬爲揚州刺史 : "논의하는 이들이 劉義康은 다만 兄弟의 친함만 알았지 임금과 신하의 도리는 알지 못했다고 하는데, 臣이 보기에는 유의강은 또한 형제간의 정리를 다하지 못하였습니다. 어째서이겠습니까.

子路가 '들으면 실행하여야 합니까?'라고 묻자, 孔子가 '父兄이 계시니, 어찌 들으면 실행할 수 있겠는가.'라고 하였습니다. 유의강은 宋 文帝에게 의리로는 신하이고 친함으로는 아우이거늘 어찌 사면과 사형의 큰일을 錄尙書의 명으로 결정할 수 있단 말입니까. 게다가 사방에서 올리는 물품에 있어서는 모두 上品으로 자신이 쓰고 다음 것으로 문제에게 올렸으니 자기 형에게 공손하지 못함이 또한 심하지 않습니까. 저 소인(유의강)은 다만 권세를 소유하고 요직에 있는 것을 추숭하여 자기의 이로움을 삼을 줄만 알고 권세 자리가 이미 극단이 된 뒤에는 결국 어디로 갈지 모르니, 위급한 재앙을 벗어나지 못한 것입니다.

그렇다면 ≪資治通鑑綱目≫에서는 유의강에게 어찌하여 폄하하지 않았겠습니까. 위에다 '劉湛有罪誅'라고 기록하였으니 유담은 유의강을 추켜올린 자입니다. 유담이 이미 죄가 있으면 누가 유의강에게 미치는 것이니 어찌 폄하함이 없다고 말할 수 있겠습니까.

이와 같으면 유의강은 장차 어찌해야 하겠습니까. 죄의 形迹이 드러나지 않았으면 충성하고 근면하는 것을 게을리하지 말고 공손하고 조심하며, 형적이 이미 드러났으면 문을 닫고 자취를 숨겨 수명을 보전하기를 비는 것이 또한 거의 옳을 것입니다. 그런데 江州刺史를 하고 交州·廣州를 감독하니, 王爵을 尊享하고자 하나 오히려 할 수 있겠습니까. 애석합니다.〔論者謂義康但知兄弟之親 未識君臣之義 以臣觀之 義康亦未能盡兄弟之理者也 何則 子路問聞斯行諸 子曰 有父兄在 如之何其聞斯行之 義康於義爲臣 於親爲弟 豈有生殺大事 或以錄命斷之 至於四方獻饋 皆以上品自奉 而以次者供御 其爲不恭厥兄 不亦甚乎 彼小人 但知推崇勢要 以爲己利 不知權位已極 終將何之 宜乎不免顚沛之禍也 然則綱目於義康 何以

【目】宋나라 司徒 劉義康이 조정 권력을 전적으로 총괄하였다. 宋主가 병으로 쇠약해진 지 여러 해가 지나 누차 위태로운 상황에 이르렀다. 유의강이 마음을 다하여 받들어 모셨는데, 藥物은 자신이 맛보지 않고는 올리지 않았고 어떤 때는 며칠 밤을 연이어 잠을 자지도 않았다. 그는 본성이 관리의 직분을 좋아하여 〈文案의〉 잘못을 바로잡는 데 정밀함을 다하였다. 무릇 그가 奏請한 일은 들어가면 옳다고 하지 않은 것이 없었고 方伯 이하를 모두 유의강이 선발하여 임용하게 하였다. 사면과 사형의 큰일을 어떤 때는 錄尙書의 命으로 결정하니, 권세가 遠近까지 미쳐 조정과 재야의 인사들이 그에게 모여들었다. 유의강은 친히 몸을 낮추어 인견하면서 게으름을 피운 적이 없었고, 선비 중에 재간 있고 숙달된 자는 대부분 그의 뜻에 의해 임용되었다.

宋司徒義康이 專總朝權하다 宋主羸疾積年에 屢至危殆하니 義康盡心營奉이어늘 藥石非親嘗不進하고 或連夕不寐하고 性好吏職하여 糾剔精盡[①]하니라 凡所陳奏는 入無不可하고 方伯以下를 竝令選用하니라 生殺大事를 或以錄命斷之[②]하니 勢傾遠近하여 朝野輻湊라 義康傾身引接하여 未嘗懈倦하고 士之幹練者 多被意遇러라

① "糾剔"은 잘못을 살펴 들추어서 제거하는 것을 말한다.
糾剔, 謂糾擧而剔解之.

② 劉義康은 錄尙書였으므로, 그 命을 錄命이라고 말한 것이다.
義康錄尙書, 故謂其命爲錄命.

【目】〈劉義康이〉 일찍이 劉湛에게 말하기를 "王敬弘・王球의 무리들이 끝내 〈자신의 직책을〉 어찌 감당할 수 있겠는가. 자리에 앉아 부귀만을 취하고 있으니 다시 어찌 이해할 수 있겠는가."라고 하였다. 그러나 유의강은 본래 학식이 없고 大禮를 알지 못하였다. 그리하여 조정에 재능 있는 자를 모두 자기의 官府로 끌어들이고, 관부 동료 중에 일을 못하거나 뜻을 거스르는 자는 배척하여 조정의 관원으로 삼았다.

스스로 생각하기를 형제는 至親이라고 하여 다시 임금과 신하 사이의 예절은 있을 것이 아니라고 여겼다. 사사로운 僮僕 6천 명을 두었고, 사방에서 바치는 물품은 모두 上品을 유의강에게 올리고 다음 것을 황제에게 바쳤다.

嘗謂劉湛曰 王敬弘王球之屬이 竟何所堪가 坐取富貴하니 復那可解[①]오 然素無學術하고 不

無貶 曰上書劉湛有罪誅 湛推奉義康者也 湛旣有罪 則累及義康矣 何得謂之無貶 曰若是則義康將若之何 形迹未露 則忠勤匪懈 恭恪小心 形迹旣露 則闔門遁迹 祈保天年 斯亦庶乎其可也 刺江州 督交廣 尊享王爵 尙可爲乎 噫]" ≪發明≫

識大體하여 朝士有才用者를 皆引入己府하고 府僚無施及忤旨者를 乃斥爲臺官②하다 自謂兄弟至親이라하여 不復存君臣形迹하고 置私僮六千人하며 四方獻饋 皆以上品薦義康하고 而以次者供御러라

① 王敬弘은 편안하고 담박하여 명망이 있었고, 王球는 오만하면서 고귀하며 청허하면서 고요하였다. 모두 가문의 명망으로 높은 자리에 있으면서 문서에 관심이 없었기 때문에 유의강이 그렇게 말한 것이다. 解는 이해한다는 뜻이다.
敬弘, 恬淡有重名, 王球簡貴虛靜, 皆以門望位八座,[40] 不以文(按)〔案〕[41]關心, 故義康云然. 解, 曉也.

② "無施"는 일을 잘하지 못하는 사람이라는 말과 같다. 晉·宋 이래로 天朝를 天臺라고 말하였다.
無施, 猶言無能爲之人. 晉宋以來謂天朝爲天臺.

【目】 領軍 劉湛이 僕射 殷景仁과 틈이 생기자, 유의강에게 의지하여 은경인을 무너뜨리려고 하였다. 유의강의 권세가 이미 강성하게 되자 유담이 더욱 그를 떠받들어 높이니 유의강이 신하의 예의를 회복하지 못하였다. 그리하여 宋主의 마음이 점차로 평온하지 못하였다.

유담이 처음 조정에 들어왔을 적에 宋主가 그를 총애하고 예우한 것이 아주 두터웠다. 유담은 治國의 道理에 대해 잘 논하고 이전 시기의 고사를 잘 기억하고 있어 그 지극한 것을 설명하면서 말에 조리가 있으니 듣는 이가 피로를 잊었다. 雲龍門[42]에 들어갈 때마다 저녁이 되지 않으면 나오지 않았다.

지금 宋主의 마음은 비록 속으로 떠나 있었지만 예우하는 것은 고치지 않았다. 일찍이 친한 사람에게 말하기를 "처음에 劉班(劉湛)이 서쪽(荊州)에서 궁궐로 돌아와 그와 이야기할 적에 항시 시간이 빠른지 늦은지를 살폈는데, 이는 그가 가버릴까 걱정이 되었기 때문이다. 근래에 그가 궁궐에 들어오면 내가 또한 시간이 빠른지 늦은지를 살피는데, 이는 그가 가지 않는 것을 괴롭게 여기기 때문이다."라고 하였다.

領軍劉湛이 與僕射殷景仁으로 有隙하여 欲倚義康以傾之하니 義康權勢已盛이라 湛愈推崇之하니 無復人臣之禮라 宋主浸不能平이러라 湛初入朝에 宋主恩禮甚厚하고 湛善論治道하고 諳前代故

40) 八座 : 이는 시대에 따라 달라지는데, 南朝 때에는 五曹尙書, 尙書僕射 2인, 尙書令을 가리킨다.
41) (按)〔案〕 : 저본에는 '按'으로 되어 있으나, ≪資治通鑑≫에 의거하여 '案'으로 바로잡았다.
42) 雲龍門 : 漢代의 司馬門과 같은 것이다. 皇宮의 정문 밖에서 문무백관이 이 문에 이르러 말에서 내리거나 가마에서 내린다.(≪資治通鑑新注≫, 陝西人民出版社, 1998)

事하여 敍致銓理하니 聽者忘疲라 每入雲龍門에 不夕不出①이러니 及是에 宋主意雖內離而接遇不改하여 嘗謂所親曰 劉班이 初自西還與語에 常視日早晩하니 慮其將去러니 比入吾亦視日早晩하니 苦其不去②라하더라

① 致는 極致라는 뜻이고, 理는 文理라는 뜻이다. 〈"敍致銓理"는〉 그 극치를 서술하고 또 그 文理에 순서가 있음을 말한 것이다.
致, 極致也. 理, 文理也. 言敍其極致, 又銓次其文理也.

② 劉湛의 어릴 때 字가 班虎이므로, 劉班이라고 칭하였다. 劉湛은 이전에 荊州長史이었는데, 殷景仁이 유담을 추천하여 조정에 들어오게 하여 조정 정사에 함께 참여하였다. 比는 가깝다는 뜻이다.
湛小字班虎, 故稱之爲班. 湛前爲荊州長史, 景仁引之入朝, 共參朝政. 比, 近也.

【目】殷景仁이 비밀리에 宋主에게 말하기를 "相王[43] 劉義康의 권력이 중한 것은 사직을 위한 계책이 아니니 마땅히 조금 억제하셔야 할 것입니다."라고 하자, 宋主가 그렇게 여겼다.

유의강의 長史 劉斌·王履·劉敬文·孔胤秀 등은 모두 아첨하여 유의강에게 총애를 받았다. 宋主가 일찍이 병이 심했을 적에 유의강을 시켜서 〈후계자를 부탁하는〉 顧命 조서를 준비하도록 하였다. 유의강이 조정으로 돌아와 눈물을 흘리면서 劉湛과 은경인에게 이를 고하자, 유담이 말하기를 "천하가 어려운데 어찌 어린 군주가 다스릴 수 있겠습니까?"라고 하였다.

殷景仁密言於宋主曰 相王權重은 非社稷計니 宜少裁抑이라한대 宋主然之러라 義康長史劉斌王履劉敬文孔胤秀等이 皆以傾諂有寵①이러니 宋主嘗疾篤에 使義康으로 具顧命詔②하니 義康還省流涕하여 以告湛及景仁한대 湛曰 天下艱難하니 詎是幼主所御리오

① 劉斌은 劉湛의 종족이다. 王履는 王謐의 손자이다.
斌, 湛之宗. 履, 謐之孫也.

② 여기서 句를 뗀다.
句.

【目】劉義康과 殷景仁은 모두 대답하지 않았다. 그러나 孔胤秀 등이 바로 尙書省 儀曹[44]

43) 相王 : 劉義康이 彭城王이자 宰相(司徒)이기 때문에 이렇게 말한 것이다.

44) 儀曹 : 尙書省의 諸曹 중 하나이다. 曹魏에서 설치되었으며 길흉의 禮制를 담당하였다. 儀曹郞이 그 장관이다.

에 가서 晉나라 말년에 康帝를 세운 옛일[45]을 찾았는데 유의강은 이를 알지 못하였다. 그러다가 宋主가 병이 낫게 된 후에 그것을 어렴풋이 듣게 되었다.

그러나 劉斌 등이 비밀리 모의하여 결국 유의강에게 대업을 돌아가게 하고자 하여 마침내 붕당을 결성하여 禁省(조정)을 伺察하고 만약 자기들과 뜻을 같이하지 않은 이가 있으면 반드시 백방으로 모함에 빠뜨렸다. 이로 말미암아 宋主와 相王의 세력이 나누어지게 되었다.

얼마 뒤 劉湛이 母親喪을 당해 관직을 물러날 적에 친한 사람에게 말하기를 "평상시에 바로 口舌에 의지하여 논쟁하였으므로, 시일을 끌어올 수 있었다. 지금은 어머니의 상을 당하였으니 다시 이를 바랄 수 없다. 재앙이 닥치는 것이 오래 걸리겠는가."라고 하였다.

義康景仁皆不答이나 而胤秀等이 輒就尙書議曹하여 索晉立康帝舊事한대 義康不知也①러니 及宋主疾瘳에 微聞之러라 而斌等密謀에 欲使大業으로 終歸義康하여 遂邀結朋黨하여 伺察禁省하고 有不與己同者어든 必百方構陷之하니 由是로 主相之勢分矣러라 旣而湛遭母憂去職할새 謂所親曰 常日正賴口舌爭之라 故得推遷이러니 今旣窮毒하니 無復此望이라 禍至其能久乎②아

① "議曹"는 ≪南史≫에 '儀曹'로 쓰였으니, 마땅히 이를 따라야 한다. 曹魏에서 23郎을 두었는데 儀曹가 그 하나이다.
議曹, 南史作儀曹, 當從之. 曹魏置二十三郎, 儀曹其一也.

② "窮毒"은 母子가 서로 영결하는 것이니, 사람의 도리가 궁벽하게 되어 荼毒(喪)에 걸린 것을 말한다.
窮毒, 謂母子相訣, 則人理窮而罹荼(도)毒也.

【目】이때에 宋主가 劉湛을 체포하여 조서를 내려서 죽이고 아울러 劉斌 등 8명을 죽였다. 劉義康이 표문을 올려 辭職을 청하자, 조서를 내려 江州刺史로 삼고 수도를 떠나 豫章에 鎭守하도록 하였다.

예전에 殷景仁이 병석에 5년간 있을 적에 비록 임금을 謁見하지는 못하였지만 비밀리에 서신이 오고 간 것이 매일 십여 차례였다. 조정의 크고 작은 일을 반드시 그에게 자문하였는데, 종적이 주도면밀하여 그 사이를 엿본 이가 없었다. 유담을 체포하던 날에도 은경인이 衣冠을 하인에게 준비하라고 했는데, 측근들은 그 뜻을 알아챈 이가 없

45) 晉나라……옛일 : 晉나라 咸康 말년에 成帝가 서거하자 그 아우 司馬嶽이 옹립되어 康帝가 된 고사를 말한다. 孔胤秀 등은 아우가 황제로 된 고사를 살펴 宋 文帝의 아우 劉義康을 옹립하여 황제로 삼으려는 계획을 하였다. 강제를 황제로 옹립한 내용은 ≪資治通鑑綱目≫ 제20권 상에 보인다.

었다.

그날 밤이 되어 황제의 부름을 듣고는 아직도 다리가 아프다고 핑계 대자, 황제가 그를 작은 평상에 실어 와서 자리에 나오게 하니, 유담 등을 토벌하는 조치를 하나같이 모두 그에게 맡겼다.

至是하여 宋主收湛하여 下詔誅之하고 及斌等八人하니 義康上表遜位어늘 詔以爲江州刺史하여 出鎭豫章하다 初에 殷景仁臥疾五年에 雖不見上이나 而密函去來 日以十數라 朝政大小를 必以咨之호되 影迹周密하여 莫有窺其際者①러라 收湛之日에 景仁使拂拭衣冠한대 左右莫曉其意러니 至夜에 聞召하고 猶稱脚疾호되 以小牀輿就坐하니 誅討處分을 一皆委之러라

① 函은 상자(匣 속의 서신)이다.
函, 匱也.

【目】 예전에 檀道濟는 吳興 사람 沈慶之가 충성스럽고 공손하며 병법에 밝다고 추천하니, 宋主가 병사를 거느리고 東掖門을 지키도록 하였다. 劉湛이 심경지에게 말하기를 "卿은 금군에 있은 지가 오래되었으니 근래에 그대를 위해 관직을 승진시킬 것을 논할 것이다."라고 하니, 심경지가 정색을 하면서 말하기를 "下官은 금군에 있은 지 10년이니, 자연히 다른 직책으로 옮길 것입니다. 다시 이 일로 당신에게 누를 끼치지 않겠습니다."라고 하였다.

유담을 체포하던 날 저녁에 宋主가 심경지를 불렀는데 심경지가 군복을 입고 바지를 단단히 묶고 들어왔다. 宋主가 말하기를 "卿은 무슨 뜻으로 이렇게 빈틈없이 동여맨 차림을 하였는가?"라고 하니, 심경지가 말하기를 "밤중에 隊主를 부르시니 한산한 복장을 할 수가 없었습니다."라고 하였다. 마침내 심경지를 보내 劉斌을 체포하여 죽이도록 하였다.

初檀道濟 薦吳興沈慶之忠謹曉兵하니 宋主使領隊防東掖門이러니 劉湛謂曰 卿在省歲久하니 比當相論①이라한대 慶之正色曰 下官在省十年이니 自應得轉이라 不復以此仰累하노라 收湛之夕에 宋主召之한대 慶之戎服縛袴而入이어늘 宋主曰 卿何意乃爾急裝가 慶之曰 夜半喚隊主하니 不容緩服②호이다 乃遣收劉斌殺之하다

① 省은 領軍省[46]을 말한다. 論은 그를 위하여 관직을 높여주는 것을 의논하는 것을 이른다.

46) 領軍省 : 領軍將軍의 관아라는 뜻으로 禁軍을 말한다. 영군장군은 後漢 말기에 曹조가 설치하였다. 曹魏 때 금군의 장관이 되었다. 南朝 宋나라 때 금군과 京師의 여러 군대를 맡았다. ≪宋書≫ 〈沈慶之列傳〉에 劉湛이 영군장군으로 있었던 기록이 보인다.

省, 謂領軍省也. 論, 謂爲之論敍也.

② 江南(宋)의 軍制는 長帥(우두머리)를 부를 때 隊主와 軍主라고 한다. 隊主는 한 部隊를 주관하는 것을 칭하며, 軍主는 한 軍隊를 주관하는 것을 칭한다.
江南軍制, 呼長帥爲隊主·軍主. 隊主者, 主一隊之稱, 軍主者, 主一軍之稱.

【目】 將軍 徐湛之는 劉義康과 더욱 친분이 두터웠으므로, 체포되어 사형에 처하였다. 그의 모친 會稽公主는 형제 중에서 正妻의 맏딸이었으므로 평소 宋主에게 예우를 받아서 집안의 大小事를 반드시 그녀에게 자문한 후에 시행하였다.

留衲戒奢(적삼을 남겨 사치를 경계하다)

宋나라 高祖(劉裕)가 미천했을 때 직접 新洲에서 물 억새풀을 베었는데, 이때 베로 만든 적삼과 겉옷이 있었으니 臧皇后(劉裕의 황후)가 손수 만든 것이었다. 귀하게 된 후에 그것을 회계공주에게 주면서 말하기를 "후세에 교만하고 사치하며 절약하지 않는 사람이 있으면 이 옷을 그에게 보여주어라."라고 하였다.

이때에 이르러 회계공주가 입궁하여 宋主를 뵙고 소리 내어 울면서 비단 주머니에 담긴 베옷을 땅에 던지며 말하기를 "그대의 집안이 본래 빈천하였다. 이것은 내 어머니가 그대의 아버지를 위해 만든 것이다. 지금 배부르게 한 끼 먹을 수 있게 되자, 갑자기 우리 아이를 죽이려 하는가."라고 하니, 宋主가 바로 서담지를 사면하였다.

將軍徐湛之 與義康尤親厚라 被收當死①러니 其母會稽公主 於兄弟에 爲長嫡이라 素爲上所禮하여 家事大小를 必咨而後行하니라 高祖微時에 自於新洲伐荻에 有衲布衫襖(오)하니 臧皇后手所作也②라 旣貴에 以付公主曰 後世에 有驕奢不節者어든 可以此衣示之라하더니 至是하여 公主入見號哭하고 以錦囊으로 盛衲衣擲地曰 汝家本貧賤이라 此是我母爲汝父所作이라 今日得一飽餐하여 遽欲殺我兒邪아 宋主乃赦之하다

① 徐湛之는 徐逵之의 아들이다.

湛之, 逵之之子也.

② 衫은 작은 저고리이다. 襖(도포)는 烏老의 切이니, 겉옷이다.
衫, 小襦也. 襖, 烏老切, 袍也.

【目】王履의 叔父 王球가 吏部尙書 직책을 맡고 있었는데 간결하며 담박하여 아름다운 명예가 있어서 宋主에게 중시되었다. 왕구는 왕리의 성품이 영달을 추구하고 이익을 좋아한다고 하여 자주 경계시켰으나 따르지 않았다.

이때에 이르러 왕리가 맨발로 달려와 왕구에게 〈사정을〉 고하자, 왕구가 말하기를 "평상시에 너에게 말해준 것이 무엇이냐?"라고 하니, 왕리가 두려워서 대답을 하지 못하였다. 왕구가 천천히 말하기를 "阿父인 내가 있는데 너는 또 무엇을 근심하느냐."라고 하였다. 宋主가 왕구를 尊重하는 연고로 결국 왕리에게 死罪를 면해주고 〈파직하여〉 집으로 폐출시켰다. 劉義康이 조정의 권력을 잡게 되었을 때 사람들이 앞다투어 친근히 하려 하였는데, 오직 主簿 江湛만이 일찍부터 스스로 멀리 하여 외직으로 나가 武陵內史가 되기를 요청하였다. 檀道濟가 일찍이 그의 아들을 위하여 강담에게 혼인할 것을 청하였는데 강담이 굳이 사양하자 단도제가 유의강을 통하여 청하니, 강담이 더욱 강하게 거절하였다. 그러므로 두 사람에게 닥친 난리에 연루되지 않았다.

王履叔父球爲吏部尙書하여 簡淡有美名하여 爲宋主所重이라 以履性進利라하여 屢戒之호되 不從[①]이러니 至是하여 履徒跣告球어늘 球曰 常日語汝云何오 履懼不能對러라 球徐曰 阿父在어니 汝亦何憂[②]리오 宋主以球故로 竟免履死하여 廢於家하니라 義康用事에 人爭求親昵호되 唯主簿江湛이 早能自疏하여 求出爲武陵內史러니 檀道濟嘗爲子求昏於湛이어늘 湛固辭한대 道濟因義康以請하니 湛拒之愈堅이라 故不染於二公之難하니라

① "進利"는 출사하는 데 힘쓰고 이득을 좋아함을 말한다.
進利, 言務進而好利也.

② 阿(언덕)는 烏葛의 切이다. 江南 선비들은 叔父와 伯父를 부르기를 阿父라고 하였으며, 叔父와 伯父 된 사람이 자신을 부를 때도 썼다.
阿, 烏葛切. 江南人士呼叔父・伯父爲阿父, 爲伯父・叔父者亦以自呼.

【目】劉義康이 中書省에 머무른 지 십여 일 만에 사직서를 올리고 강변으로 내려갔다. 宋主는 그를 대하여 통곡만 할 뿐, 다른 말을 하지 않았다.

유의강이 沙門 慧琳에게 묻기를 "弟子가 다시 京師로 돌아올 방도가 있습니까?"라고

하니, 혜림이 말하기를 "공께서 수백 권의 책을 읽지 못한 것을 한스럽게 여깁니다."라고 하였다.

예전에 吳興太守 謝述이 누차 劉義康을 보좌하면서 자주 경계하는 유익한 말을 했으나 일찍 죽었다. 이때에 이르러 유의강이 탄식하여 말하기를 "옛날에 오직 사술만이 내게 물러나라고 권하였고 劉班(劉湛)은 오직 내게 전진할 것만 권하였다. 지금 유반은 살아 있고 사술은 죽었으니 실패함이 마땅하도다."라고 하였다. 宋主가 또한 말하기를 "사술이 만약 살아 있었다면 유의강이 반드시 이 지경에 이르지 않았을 것이다."라고 하였다.

義康停省十餘日에 奉辭下渚하니 上唯對之慟哭이요 餘無所言이러라 義康問沙門慧琳曰 弟子有還理否아 琳曰 恨公不讀數百卷書라하더라 初에 吳興太守謝述이 累佐義康하여 數(삭)有規益이나 早卒이러니 至是하여 義康歎曰 昔에 謝述唯勸吾退하고 劉班唯勸吾進이러니 今에 班存而述死하니 其敗也宜哉로다하다 宋主亦曰 謝述若存이면 義康必不至此라하더라

【目】〈宋主는〉 蕭斌을 劉義康의 諮議參軍으로 삼고 豫章太守를 겸임시켜서 일의 大小에 관계없이 모두 그에게 맡겼고, 將軍 蕭承之을 시켜서 군사를 거느리고 방비하도록 하고서 〈유의강에게〉 재물도 후하게 주고 서신과 하사품도 서로 이어졌다.

오랜 후에 宋主가 會稽公主가 주관한 연회에 가서 매우 즐길 때에 公主가 일어나서 再拜하고 슬픔을 스스로 견디지 못해하며 말하기를 "車子(劉義康)는 나이가 다하도록 반드시 폐하에게 용서를 받지 못할 것이니, 지금 특별히 그 목숨을 살려줄 것을 청합니다."라고 하고 이어서 통곡하였다.

宋主도 또한 눈물을 흘리면서 〈高祖의 묘가 있는〉 蔣山을 가리키며 말하기를 "만약 지금의 맹세를 어긴다면 바로 初寧陵[47]을 저버리는 것입니다."라고 하고, 곧바로 마시던 술을 봉하여 유의강에게 하사하였다. 그러므로 공주가 죽을 때까지 유의강은 아무 탈이 없었다.

以蕭斌爲義康諮議參軍領豫章太守하여 事無大小히 皆以委之①하고 使將軍蕭承之로 將兵防守하여 資奉優厚하고 信賜相係러라 久之에 宋主就會稽公主宴集하여 甚驩할새 主起再拜하고 悲不自勝曰 車子歲暮必不爲陛下所容하니 今特請其命하노이다하고 因慟哭②하니 宋主亦流涕하여 指蔣山曰 若違今誓면 便是負初寧陵이라하고 即封所飮酒賜義康하니 故終主之身토록 義康得無

47) 初寧陵 : 宋 高祖 劉裕의 墓이다. 蔣山의 동남쪽에 있다.

恙하니라

① 蕭斌은 蕭摹之의 아들이다.
斌, 摹之之子也.
② 車子는 劉義康이 어릴 때의 字이다.
車子, 義康小字.

【目】 司馬溫公(司馬光)이 다음과 같이 평하였다.

"宋 文帝가 劉義康에 대한 兄弟의 情理는 처음에 융숭하지 않은 것이 아니었으나, 형제간의 기쁨을 잃고 君臣間의 의리를 훼손하는 것으로 마무리되었다. 어지럽게 된 계기를 찾아보건대 바로 劉湛의 권세와 이익을 탐하는 마음이 만족하여 그침이 없는 데에서 말미암은 것이다. ≪詩經≫ 〈大雅 桑柔〉에 '탐욕스런 사람이 착한 이를 해친다.'48)라고 했는데 이를 말한 것이다."

司馬公曰 文帝之於義康에 兄弟之情이 其始非不隆也로되 終於失兄弟之歡하고 虧君臣之義하니라 迹其亂階컨대 正由劉湛權利之心이 無有厭已라 詩云 貪人敗類라하니 其是之謂乎인저

【目】 劉義恭은 彭城王(劉義康)의 실패를 교훈삼아 비록 〈錄尙書로〉 정무를 총괄하였지만 명을 받들어 문서만 시행할 뿐이어서 宋主가 안심하였다. 殷景仁이 揚州刺史가 되고서 얼마 있다가 卒하였다.

宋主가 王球를 僕射(복야)로 삼고, 始興王 劉濬을 揚州刺史로 삼고, 范曄과 沈演之를 左衛將軍과 右衛將軍으로 삼아서 禁軍을 나누어 담당하도록 하고, 庾炳之를 吏部郎로 삼아, 이들을 모두 조정의 기밀에 관한 일에 참여하게 하였다. 范曄은 范甯의 손자이다.

○義恭懲彭城之敗하여 雖爲總錄이나 奉行文書而已라 宋主乃安之①러라 景仁爲揚州刺史하여 尋卒하니 以王球爲僕射하고 始興王濬爲揚州刺史②하고 范曄沈演之爲左右衛將軍하여 對掌禁旅하고 庾炳之爲吏部郎하여 俱參機密③하니 曄甯之孫也라

① 彭城은 劉義康이다.

48) 貪人이……해친다 : 芮伯이 周 厲王의 虐政을 풍자한 시이다. 厲王이 榮夷公을 좋아하자 芮良夫가 말하기를 "왕실이 장차 침체될 것입니다. 榮公은 이익을 독점하는 것을 좋아하고 큰 환란을 대비하지도 않습니다. 무릇 이익이란 온갖 사물이 생겨나는 바이고 천지가 싣고 있는 것인데 혹 그것을 독점하게 되면 해로움이 많을 것입니다.〔王室其將卑乎 夫榮公 好專利而不備大難 夫利百物之所生也 天地之所載也 而或專之 其害多矣〕"라고 하였다.(≪詩經集傳≫ 〈大雅 桑柔〉)

彭城, 義康也.

② 劉濬은 宋 文帝의 아들이다.

濬, 文帝子.

③ 范曄은 范泰의 아들이다. 沈演之는 沈勁의 曾孫이다.

曄, 泰之子. 演之, 勁之曾孫也.

【目】范曄은 빼어난 재주가 있으나 인정이 야박하고 행동이 천박하여 자주 名教를 위반하여 선비들에게 천시를 받았다. 그리고 그의 성품이 조급하고 名利를 다투면서 스스로 재능을 다 발휘하지 못한다고 생각하여 항시 뜻을 얻지 못하는 것을 불만스럽게 여겼다.

吏部尙書 何尙之가 宋主에게 말하기를 "범엽은 뜻과 취향이 보통 사람과 다르니, 외부로 보내서 廣州刺史로 삼으소서. 만약 조정 안에 있다가 죄를 얻게 되면 형벌을 가하지 않을 수 없습니다. 형벌을 자주 시행하는 것은 국가의 美德이 아닙니다."라고 하니, 宋主가 말하기를 "이제 막 劉湛을 주살하고 다시 범엽을 좌천시킨다면 사람들이 경들은 인재를 받아들이지 못하고 朕은 비방하는 말만 믿는다고 할 것이다. 단지 그가 이와 같다는 것을 모두 알고 있으면 그가 해가 되지는 않을 것이다."라고 하였다.

有儁才而薄情淺行하여 數(삭)犯名教하여 爲士流所鄙하고 性躁競하여 自謂才用不盡하여 常怏怏不得志하니 吏部尙書何尙之 言於宋主曰 范曄이 志趨異常하니 請出爲廣州刺史①하소서 若在內釁成이면 不得不加鈇鉞이니 鈇鉞亟(기)行이 非國家之美也②니이다 宋主曰 始誅劉湛하고 復遷范曄이면 人將謂卿等不能容才요 朕信受讒言이라하리니 但共知其如此면 無能爲害也니라

① 趨(향하다)는 趣와 같다.

趨, 與趣同.

② 亟(자주)는 음이 器이다.

亟, 音器.

辛巳年(441)

宋나라 太祖 文帝 劉義隆 元嘉 18년이고, 北魏 世祖 太武帝 拓跋燾 太平眞君 2년이다.

宋元嘉十八年이요 魏太平眞君二年이라

【綱】 봄 정월에 宋主가 彭城王 劉義康을 都督江州交州廣州軍事로 삼았다.

春正月에 **宋以彭城王義康**으로 **爲都督江交廣州軍事**하다

【目】 劉義康이 豫章에 도착하여 江州刺史를 사직하였는데, 宋主가 그를 都督三州軍事로 삼았다. 前 龍驤參軍 扶令育이 표문을 올리기를 "彭城王은 先帝의 사랑하던 아들이고 폐하의 다음 아우입니다. 만약 미혹되거나 그릇된 허물이 있다면 바로 의로운 방법으로 인도해야 합니다. 어찌하여 갑자기 강등하여 멀리 남쪽 변방으로 보낸 것입니까. 만일 유의강이 목숨이 다 되어 남쪽에서 갑자기 죽는다면 신은 비록 미천하나 가만히 폐하를 위하여 이를 수치스럽게 생각할 것입니다. 폐하는 다만 나쁜 가지는 마땅히 잘라내야 한다는 것만 알고, 어찌 가지를 자르면 나무가 손상되는 것을 알지 못하십니까. 바라건대 빨리 불러 돌아오게 하여 형제간에 화합하고 군신간에 화목하게 된다면 四海의 원망이 해소되고 유언비어가 끊어질 것입니다."라고 하였다. 표문이 상주되자 賜死되었다.

義康至豫章하여 **辭刺史**어늘 **以爲都督三州軍事**하니 **前龍驤參軍扶令育**이 **上表曰**① **彭城王**은 **先朝之愛子**요 **陛下之次弟**라 **若有迷謬之愆**이면 **正可導以義方**이니 **奈何一旦黜削**하여 **遠送南垂**오 **萬一義康**이 **年窮命盡**하여 **奄忽于南**하면 **臣雖微賤**이나 **竊爲陛下羞之**하노이다 **陛下徒知惡枝之宜伐**하니 **豈知伐枝之傷樹乎**아 **願亟召還**하여 **兄弟協和**하고 **君臣輯睦**하면 **則四海之望塞**하고 **多言之路絶矣**리이다 **表奏**에 **賜死**하다

① 扶는 姓이다.
扶, 姓也.

【目】 裴子野가 다음과 같이 평하였다.

"무릇 윗자리에 있는 사람이 선행을 하는 것은 마치 구름이 지나가며 비가 내려서 만물이 그 은혜를 받는 것과 같고, 그 악행에 미쳐서는 마치 하늘이 찢어지고 지진이 발생하여 만물이 놀라는 것과 같으니, 누가 그것을 알지 못하겠는가. 어찌 한 사람을 죽이고 입을 다물게 하여 없앨 수 있는 것이겠는가. 이는 모두 그 분노를 견디지 못하고 병을 더 증대시키는 것이다.

太祖(劉義隆)의 넓은 도량으로도 오히려 彭城王의 죽음을 간언하는 것에는 귀를 막았다. 이 일이 있은 후로 누가 쉽게 말을 하겠는가. 宋나라는 몇 代가 되도록 정직하고 진실한 간언을 드물게 들으니, 어찌 당시에 뼈대 있는 사람의 기백이 이전만 못해서 그런

것이겠는가. 아마도 당시 제왕의 형벌과 정치가 그렇게 되도록 만들었을 것이다. 張約[49]은 權臣에게 죽임을 당했고 扶育[50]은 현명한 군주에게 죽임을 당하니 宋나라의 형벌이 아, 두렵도다!"

裴子野曰 夫在上爲善이 若雲行雨施하여 萬物受其賜하고 及其惡也에 若天裂地震하여 萬物所驚駭니 誰弗知見이리오 豈戮一人하고 鉗一口하여 所能弭滅哉아 是皆不勝其忿而有增於疾疢也라 以太祖之含弘으로 尙掩耳於彭城之戮하니 自此以後로 誰易(이)由言①이리오 有宋累葉에 罕聞直諒하니 豈骨鯁之氣 俗愧前古리오 抑時王之刑政이 使之然乎인저 張約隕於權臣하고 扶育斃於哲后하니 宋之鼎鑊이 吁라 可畏哉인저

① 彭城王의 죽음은 아래 28년(451)에 보인다. 易(쉽다)는 以豉의 切이다.
彭城之戮, 見下二十八年. 易, 以豉切.

【綱】北魏 新興王 拓跋俊이 반란을 꾀하였다가 주살되었다.

魏新興王俊이 謀反伏誅①하다

① 拓跋俊은 明元帝 拓跋嗣의 아들이다.
俊, 明元之子也.

【綱】北魏가 酒泉을 정벌하여 함락시켰다.

◑魏人伐酒泉克之하다

【目】北魏는 沮渠無諱가 결국 변방의 근심거리가 된다고 여겨 병사를 보내 정벌하여 酒泉을 함락시키니, 저거무휘가 서쪽으로 가서 流沙[51]를 건널 것을 모의하였다.

魏以沮渠無諱終爲邊患하여 遣兵伐之하여 拔酒泉하니 無諱乃謀西度流沙하다

---

49) 張約 : 劉宋 초기 사람으로, 徐羨之 등의 비위를 고발하다가 서선지에게 살해되었다. 자세한 내용은 본서 61쪽에 보인다. ≪宋書≫에는 張約之라 하였고, ≪南史≫에는 張約之와 張約이 혼용된다.

50) 扶育 : 扶令育을 말한다. ≪宋書≫ 〈劉義康列傳〉 考證에 "≪南史≫에는 令자가 扶자 위에 있다. 裴子野의 論贊에 扶育이라 하였으니, ≪資治通鑑≫에는 ≪송서≫를 따라 扶令育으로 되어 있다. ≪남사≫가 옳을 듯하다." 하였다.

51) 流沙 : 漠이 보통 고비 사막을 가리키는 것처럼 流沙는 西域의 타클라마칸 사막을 지칭하는 데에 많이 사용하였다.

【綱】 楊難當이 宋나라의 漢川(漢中)을 침범하였는데 宋나라가 병사를 파견하여 토벌하였다.

楊難當寇宋漢川이어늘 **宋遣兵討之**하다

【目】 楊難當이 국력을 기울여 宋나라 변방을 침범하여 蜀 지역을 점거하려고 도모하여 〈宋나라가〉 將軍 苻沖을 파견하여 東洛에서 출병하게 하였는데 宋나라 梁州秦州刺史 劉眞道가 부충을 공격하여 목을 베었다. 양난당이 葭萌을 공격하여 함락시키고 마침내 涪城을 포위하였다가 함락시키지 못하고 돌아갔다.

12월에 宋나라가 龍驤將軍 裴方明 등을 파견하여 양난당을 토벌하였다.

難當傾國寇宋邊하여 **謀據蜀土**하여 **遣其將苻沖出東洛**이어늘 **宋梁秦刺史劉眞道 擊斬之**①하니 **難當攻拔葭萌**하고 **遂圍涪城**이라가 **不克而還**하니 **十二月**에 **宋遣龍驤將軍裴方明等討之**하다

① 東洛은 晉壽 경계에 있다. 劉眞道는 劉懷敬의 아들이다.
東洛在晉壽界. 眞道, 懷敬之子也.

【綱】 宋나라 晉寧郡이 반란을 일으키니, 토벌하여 평정하였다.

宋晉寧郡反하니 **討平之**①하다

① 晉 惠帝 永安 2년(305)에 建寧 서쪽 7縣을 나누어 益州郡으로 만들고, 懷帝 때에 이르러 晉寧郡으로 이름을 고쳤다.
晉惠帝永安二年, 分建寧西七縣爲益州郡, 至懷帝, 更名晉寧郡.

壬午年(442)

宋나라 太祖 文帝 劉義隆 元嘉 19년이고, 北魏 世祖 太武帝 拓跋燾 太平眞君 3년이다.

宋元嘉十九年이요 魏太平眞君三年이라

【綱】 봄 정월에 魏主가 道敎 祭壇에 나아가 符籙을 받았다.

春正月에 **魏主詣道壇**하여 **受符籙**[52]하다

52) 魏主詣道壇 受符籙 : "漢나라 明帝가 孔子의 故宅에 행차하자 '詣'라고 기록하였으니, 선생을 높이는

【目】北魏 사람 寇謙之가 魏主에게 말하기를 "폐하께서는 眞君으로 세상을 다스려서 靜輪天宮의 술법을 세우시니 천지개벽 이래로 아직 없었던 것입니다. 마땅히 祭壇에 오르셔서 符書를 받아 聖德을 밝히셔야 합니다."라고 하였다. 魏主가 이를 따르니, 이로부터 대대로 황제가 즉위할 때마다 모두 符籙을 받았다.

魏寇謙之言於魏主曰 陛下以眞君御世하여 建靜輪天宮之法하니 開古以來未之有也라 應登受符書하여 以彰聖德이니이다 魏主從之하니 自是每世卽位에 皆受符籙①하다

① 胡三省이 말하기를 "이곳에서 받은 것이 지금 道士들이 말하는 法籙[53]이다. ≪隋書≫〈經籍志〉에 '道士가 道를 받는 法은 처음에 ≪五千文籙≫을 받고, 다음으로 ≪三洞籙≫을 받고, 다음으로 ≪洞玄籙≫을 받고, 다음으로 ≪上淸籙≫을 받는다. 籙은 모두 素書(흰 비단에 쓴 글)이니, 모든 天曹의 관직과 보좌 관리들의 이름을 기록하였고, 또 그 사이에 여러 符籍이 섞여 있는데 문장이 奇怪하여 세상 사람들이 알지 못한다.'라고 하였다." 하였다.
胡三省曰 "此所受者, 今道士所謂法籙也. 隋志曰 '道士受道之法, 初受五千文籙, 次受三洞籙, 次受洞玄籙, 次受上淸籙. 籙皆素書, 紀諸天曹官屬佐吏之名. 又有諸符錯在其間, 文章詭怪, 世所不識.'"

【目】寇謙之가 또 靜輪宮을 짓도록 주청하였는데, 반드시 그 높이가 닭이 울고 개가 짖

뜻이다. 여기에서 魏主가 道敎 祭壇에 나아간 것을 또한 '詣'라고 기록한 것은 무슨 까닭인가. 그가 높이지 않아야 할 것을 높인 것을 드러낸 것이니 좋은 일과 나쁜 일을 같은 말로 기록하는 것을 꺼리지 않은 것이다. 符籙을 받음을 기록한 것이 여기에서 시작되었다. ≪資治通鑑綱目≫이 끝날 때까지 임금이 符籙을 받은 것을 기록한 것은 세 번이다(이해(442), 唐나라 會昌 元年(841) 武宗, 會昌 6년(846) 宣宗).〔漢(章)〔明〕帝幸孔子宅 則書詣 尊師也 此道壇也 亦書詣 何 以見其尊非所尊也 美惡不嫌同辭 書受籙始此 終綱目 人主書受籙者 有三(是年 唐會昌元年武宗 會昌六年宣宗)〕" ≪書法≫

"≪資治通鑑綱目≫에서 漢나라 顯宗(明帝)이 魯나라에 이르러 孔子의 집에 간 것〔詣孔子宅〕을 기록한 것은 글을 변화시켜 의리를 일으킨 것이니, 흘러가는 세속을 따르지 않고서 선생을 높이고 도리를 중시한 것을 보인 것이다. 〈여기에서〉 '魏主詣道壇 受符籙'이라 기록한 것은 情理에 따라 의리를 정하고 세속에서 일컫는 것을 따라서 이단을 숭상함을 보인 것이다. 또 符籙의 일은 이전에 듣지 못하였는데, 여기에서 처음 보인다. 魏主가 경건히 이 부록을 받았으니, 그렇다면 본디 神物이 앞뒤에서 보호해주어야 하는데 자신의 몸도 보전하지 못했으니, 그렇다면 과연 무슨 유익함이 있는가. 뒤에 道籙을 높이 받들려는 이들은 살펴보아야 할 것이다.〔綱目書漢(肅)〔顯〕宗至魯詣孔子宅者 變文起義 不徇流俗 以示尊師重道也 書魏主詣道壇受符籙者 因情定義 隨俗所稱 以見崇尙異端也 且夫符籙之事 前所未聞 而始見於此 魏主虔恭受之 自宜神物後先 而乃其身不保 然則果何益哉 後之欲尊奉道籙者 可以觀矣〕" ≪發明≫ 〈資治通鑑綱目凡例〉에 황제가 官府나 第宅에 갈 때 '幸'이라 하는데, 여기서 '詣'라 쓴 것은 어떤 의미를 보이고자 해서이다.

≪書法≫과 ≪發明≫의 원문에는 '漢章帝'와 '漢肅宗'이라고 되어 있으나, 漢 章帝는 孔子의 집에 행차한 기록이 없다. ≪資治通鑑綱目≫ 제9권 하 漢 明帝 永平 15년(72)에 "三月 至魯詣孔子宅"라는 기록이 보이는 것에 의거하여 '章帝'는 '明帝'로, '肅宗'는 '顯宗'으로 바로잡았다.

53) 法籙 : 귀신을 쫓고 邪氣를 누르는 丹書나 부적이다.

는 소리가 들리지 않게 하여 위로 天神과 접하게 하고자 하였다. 崔浩가 또한 황제에게 그렇게 하도록 권하였는데, 공사 비용이 1만 錢을 헤아렸으나 1년이 지나도 완성되지 않았다.

太子 拓跋晃이 간언하기를 "하늘과 사람의 도는 다르고, 낮은 것과 높은 것의 분수가 정해져 있으니 서로 접할 수가 없는 것이 이치상 필연적인 것입니다. 지금 국고를 소비하고 백성을 피로하게 하여 무익한 일이 되니, 장차 그것을 어디에 사용하려 하십니까." 라고 하니, 魏主가 따르지 않았다.

謙之又奏作靜輪宮호되 **必令其高不聞鷄犬**하여 **欲以上接天神**① 하니 **崔浩亦勸爲之**러니 **功費萬計**하되 **經年不成**이라 **太子晃諫曰 天人道殊**하고 **卑高定分**하니 **不可相接**이 **理在必然**② 이어늘 **今耗府庫**하고 **疲百姓**하여 **爲無益之事**하니 **將安用之**리잇고하니 **不聽**하다

① ≪水經註≫에 "靜輪宮은 道教 祭檀의 동북쪽에 있으며, 道教 祭檀은 平城의 동쪽에 있는 灅水의 왼쪽에 있다."라고 하였다.
水經註 "靜輪宮在道壇東北, 道壇在平城東灅水之左."

② 分(분수)은 扶問의 切이다.
分, 扶問切.

【綱】 여름 4월에 沮渠無諱가 서쪽으로 가서 鄯善을 점거하니, 李寶가 들어와 敦煌을 점거하였다.

夏四月에 **沮渠無諱西據**鄯善하니 **李寶入據敦煌**하다

【目】 沮渠無諱가 장차 1만여 가를 거느려서 敦煌을 버리고 서쪽으로 가서 鄯善을 점거하였다. 그 병사들이 流沙를 지나갈 적에 목말라 죽은 자가 태반이었다. 鄯善王 比龍은 그 무리들을 거느리고 且末(저말)[54]로 달아났다. 李寶는 伊吾에서 무리 2천 명을 거느리고 와서 敦煌을 점거하고 성곽과 관청을 수리하여 현지 백성들을 안정시키고 北魏에 표문을 올렸다.

沮渠無諱將萬餘家하여 **棄敦煌**하고 **西據鄯善**하니 **其士卒經流沙渴死者太半**이라 **鄯善王比龍**은 **將其衆犇且**(저)**末**① 하고 **李寶自伊吾帥衆二千人**하여 **據敦煌**하고 **繕修城府**하여 **安集故民**하고 **而奉表于魏**하다

54) 且末(저말) : 역사학에서는 보통 '차말'로 읽는다. 西域諸國의 하나이다.

① 且는 子餘의 切이다. 且末은 西域의 나라이며 도읍이 且末城에 있으므로 且末이라 불렀다. 鄯善國 서쪽에 있으며 서북쪽에는 流沙가 수백 리에 걸쳐 있다.
且, 子餘切. 且末, 西域國, 都於且末城, 因以爲號. 在鄯善國西, 西北有流沙數百里.

【目】沮渠牧犍이 멸망할 때에 涼州 사람 闞爽(감상)이 高昌을 점거하였다. 唐契가 柔然에게 압박을 받아 무리를 이끌고 서쪽으로 高昌으로 가서 그 땅을 탈취하려고 하였다. 당계가 죽자 그 아우 唐和가 남아 있던 무리들을 거두어 車師前部[55]로 달아나서 高寧과 白刃 두 城을 함락시키고 北魏에 사신을 파견하여 투항하겠다고 청하였다.

沮渠牧犍之亡也에 涼州人闞爽이 據高昌이어늘 唐契爲柔然所迫하여 擁衆西趨高昌하여 欲奪其地①러니 契死에 弟和收餘衆하여 犇車師前部하여 拔高寧白力二城하고 遣使請降于魏②하다

① 宋主(少帝) 劉義符 景平 원년(423)에 唐契와 李寶가 같이 伊吾로 달아났다.
宋主義符景平元年, 契與李寶同奔伊吾.
② 李延壽가 말하기를 "高昌國에는 46鎭이 있는데 交河・田地・高寧・白刃・橫截 등이니, 나머지는 자세히 기록하지 않는다."라고 하였다. 白力은 마땅히 白刃으로 써야 한다.
李延壽曰 "高昌國有四十六鎭, 交河・田地・高寧・白刃・橫截等, 餘不具載." 白力, 當作白刃.

【綱】5월에 宋나라가 楊難當을 토벌하여 평정하였다. 北魏 사람이 그를 구원하였으나 이기지 못하였다.

五月에 宋討楊難當平之하니 魏人救之不克[56]하다

【目】裴方明 등이 漢中에 도착하여 劉眞道와 군사를 나누어 武興・下辯・白水를 공격하여 모두 빼앗았다. 楊難當이 苻弘祖를 파견하여 蘭皐를 지키게 하고 그 아들 楊和에게 그 뒤를 받치게 하였다. 배방명이 부홍조와 싸워서 크게 격파하여 부홍조의 목을 베니 양화가 후퇴하여 달아났고 양난당은 上邽로 달아났는데, 그 조카 楊保熾를 사로잡고 또한 그 아들 楊虎를 사로잡아 建康으로 압송해 목을 베니 仇池가 평정되었다. 胡崇之를

55) 車師前部 : 車師는 西域에 있던 나라의 이름으로, 漢나라 宣帝 때 투르판 지역에 屯田을 실시하면서 이 지역에 영향을 미쳤는데, 匈奴가 이 지역을 지속적으로 공격하여 漢나라의 車師前國과 匈奴의 車師後國으로 나누어지고 각각 交河城과 務涂谷을 다스렸다.

56) 宋討楊難當平之 魏人救之不克 : "'討'라고 기록하였는데 '救'라고 기록한 것은 구원한 자를 죄준 것이다.〔書討而救 罪救者也〕" ≪書法≫

北秦州刺史로 임명하여 그 지역을 鎭守하도록 하고, 楊保熾를 세워서 〈武道王〉 楊玄의 후계자로 삼아 仇池를 지키게 하였다. 北魏 사람이 양난당을 맞이하여 平城으로 가게 하였다. 〈훗날〉 유진도와 배방명은 결국 금은보화와 좋은 말을 숨긴 것에 연좌되어 옥에 갇혀 죽었다.

裴方明等이 至漢中하여 與劉眞道로 分兵하여 攻武興下辯白水皆取之[①]하다 楊難當遣符弘祖하여 守蘭皐하고 以其子和爲後繼[②]러니 方明與戰大破之하여 斬弘祖하니 和退走하고 難當奔上邽어늘 獲其兄子保熾하고 又獲其子虎하여 送建康斬之하니 仇池平[③]하다 以胡崇之爲北秦州刺史하여 鎭其地하고 立保熾爲楊玄後하여 守仇池하다 魏人迎難當하여 詣平城하니라 眞道方明이 竟坐匿金寶善馬하여 下獄死하다

① 武興은 漢나라 武都郡의 沮縣이다. 蜀漢 때에 그 지역이 요충지에 해당한다고 여겨서 武興督을 두어 지키게 하였다. 宋나라 때에 東益州를 세웠다. 下辯은 ≪漢書≫에 下辨으로 되어 있다. 白水는 地名이다.
武興, 漢武都郡之沮縣也. 蜀以其地當衝要, 置武興督以守之. 宋立東益州. 下辯, 漢書作下辨. 白水, 地名.

② 符는 苻로 되어야 할 듯하다. ≪元豐九域志≫에 "階州 將利縣에 蘭皐鎭이 있다."라고 하였다. ≪五代志≫를 살펴보면 "將利縣은 後魏(北魏) 武興郡의 石門縣이다."라고 하였다.
符, 恐當作苻. 元豐九域志 "階州將利縣有蘭皐鎭." 按五代志 "將利縣, 後魏武興郡之石門縣也."

③ 楊保熾는 楊玄의 아들이다.
保熾, 楊玄之子.

【綱】 가을 7월 그믐에 일식이 있었다.

秋七月晦에 日食하다

【綱】 9월에 沮渠無諱가 高昌을 습격하여 점거하였는데 宋나라가 저거무휘를 河西王으로 삼았다.

○九月에 沮渠無諱襲據高昌이어늘 宋以無諱爲河西王하다

【目】 唐契가 闞爽을 공격할 적에 감상이 沮渠無諱에게 사신을 보내 거짓으로 투항하여 그와 함께 당계를 공격하고자 하였다.

8월에 저거무휘가 무리를 거느리고 高昌으로 향했는데 도착할 때쯤에 당계가 이미 죽었으므로 감상이 성문을 닫고 저거무휘를 막아 들어오지 못하게 하였다.

9월에 저거무휘가 밤에 高昌을 습격하여 성을 도륙하니 감상이 柔然으로 달아났다. 저거무휘가 高昌을 점거하여 宋나라에 사신을 보내 표문을 올리니 宋나라가 저거무휘를 河西王으로 삼았다.

唐契之攻闞爽也에 爽遣使詐降于沮渠無諱하여 欲與之共擊契러니 八月에 無諱將其衆하여 趨高昌하니 比至에 契已死라 爽閉門拒之하다 九月에 無諱夜襲高昌하여 屠其城하니 爽奔柔然하고 無諱據高昌하여 遣使奉表于宋하니 以無諱爲河西王하다

【綱】 겨울 10월에 柔然이 사신을 파견하여 宋나라에 보냈다.

冬十月에 柔然遣使如宋하다

【綱】 12월에 宋나라가 孔子廟를 수리하였다.

◑ 十二月에 宋修孔子廟[57]하다

【目】 魯郡에 조서를 내려 孔子廟와 學舍를 수리하도록 하고, 孔子墓 옆에 사는 다섯 戶에게 부세와 徭役을 면제하고 그곳을 관리하도록 하였다.

詔魯郡하여 修孔子廟及學舍하고 蠲墓側五戶課役하여 以供灑掃하다

【綱】 北魏가 李寶를 敦煌公으로 삼았다.

魏以李寶爲敦煌公하다

【綱】 宋나라 雍州의 蠻族들이 반란을 일으켰다.

◑ 宋雍州蠻反하다

---

57) 宋修孔子廟 : "東晉 시기에 '李遼가 孔子廟를 수리할 것을 요청하였으나 승인하지 않았다.'라는 내용을 기록한 것(392)으로부터 여기(442)에 이르기까지 또 50년의 기간이 지났다. 처음으로 '宋修'라고 기록한 것은 아름답게 여긴 것이고, 또 서글퍼한 것이다. ≪資治通鑑綱目≫이 끝날 때까지 '孔子廟'를 기록한 것이 세 번이다.(晉나라 孝武帝 太元 17년(392)에 자세하다.)〔自晉書李遼請修孔子廟不報 至是又五十年矣 始書宋修 嘉之也 亦傷之也 終綱目 書孔子廟三(詳晉孝武帝太元十七年)〕" ≪書法≫

【目】宋나라 雍州刺史 劉道産이 정치를 잘하니 백성들이 본업에 편안하여 家戶가 적든 많든 생활이 넉넉하였다. 이로 말미암아 民間에서 〈襄陽樂歌〉[58]가 생기게 되었다. 전후로 통제하지 못한 山蠻들이 모두 내려와 沔水의 강가를 따라 村落을 형성하니, 戶口가 크게 증가하였다. 유도산이 죽자, 蠻族들이 靈柩를 뒤따라 沔口까지 전송하였는데 얼마 되지 않아 蠻族들이 크게 동요하였다. 征西司馬 朱脩之가 그들을 토벌하였으나 승리하지 못하였는데 將軍 沈慶之에게 조서를 내려 토벌하도록 하여 1만여 명을 죽이고 사로잡았다.

宋雍州刺史劉道産이 善爲政하니 民安其業하여 小大豐贍이라 由是로 民間에 有襄陽樂歌①하고 山蠻前後不可制者皆出하여 緣(河)〔沔〕[59]爲村落하니 戶口殷盛이러라 道産卒에 蠻追送至(河)〔沔〕口러니 未幾에 群蠻大動하니 征西司馬朱脩之討之하고 不利어늘 詔將軍沈慶之伐之하여 殺虜萬餘人하다

① 樂(즐겁다)은 음이 洛이다. ≪宋書≫ 〈劉道産列傳〉에 "〈劉道産은〉 雍州刺史가 되어 寧蠻校尉를 겸하고 襄陽太守를 겸하였다."라고 하였다.
樂, 音洛. 本傳 "雍州刺史領寧蠻校尉兼襄陽太守."

【綱】北魏의 尙書 李順이 죄가 있어 주살되었다.

魏尙書李順이 有罪誅하다

【目】魏主가 李順을 시켜서 여러 신하들의 등급을 평가하여 爵位를 내려주도록 할 때에 이순이 뇌물을 받아 등급이 공평하지 못하였다. 魏主가 진노한데다 이순이 北涼 沮渠氏를 비호하여 면전에서 황제를 속이고 국사를 그르쳤다고 하여 賜死하였다.

魏主使李順으로 差次群臣賜以爵位할새 順受賄하여 品第不平이어늘 魏主怒하고 且以順保庇沮渠氏하여 面欺誤國이라하여 賜死①하다

① 일찍이 李順을 北涼의 사신으로 보냈는데 北涼王에게 황금을 받고는 〈돌아와서〉 北涼에는 水草가 없으니 토벌할 수가 없다고 말했기 때문에 비호하였다고 한 것이다.
先順使涼, 受涼王金, 言涼無水草, 不可伐, 故云保庇.

---

58) 襄陽樂歌 : 민간에서 劉道産의 정치 업적을 기념하기 위하여 지은 노래이다.

59) (河)〔沔〕 : 저본에는 '河'로 되어 있으나, ≪資治通鑑≫에 의거하여 '沔'으로 바로잡았다. 아래도 동일하다.

癸未年(443)

宋나라 太祖 文帝 劉義隆 元嘉 20년이고, 北魏 世祖 太武帝 拓跋燾 太平眞君 4년이다.

宋元嘉二十年이요 魏太平眞君四年이라

【綱】봄 정월에 北魏가 宋나라의 仇池를 공격하여 빼앗았다.

春正月에 魏擊宋仇池取之하다

【目】北魏의 군대가 진격하여 下辯에 도착하였는데, 宋나라 將軍 强玄明 등이 패하여 죽고 胡崇之가 사로잡히니, 남은 병사들이 달아나 漢中으로 돌아갔다. 北魏가 마침내 仇池를 탈취하니 楊保熾는 달아났다.

魏軍進至下辯한대 宋將軍强玄明等敗死①하고 胡崇之被擒하니 餘衆走還漢中이라 魏遂取仇池하니 楊保熾走하다

① 强은 其兩의 切이다.
强, 其兩切.

【綱】烏洛侯國이 사신을 파견하여 北魏로 보냈다.

烏洛侯國遣使如魏하다

【目】예전에 北魏의 조상이 북쪽 황량한 곳에 살 때에 바위를 뚫어 사당을 만든 것이 烏洛侯國의 서북쪽에 있어서 〈그곳에서〉 선조에게 제사를 지냈다. 사당 높이가 70尺이고 깊이가 90步였다. 烏洛侯國의 사자가 北魏에 와서 石廟가 온전하게 잘 있다고 말하자 魏主가 사자를 보내 제사를 지내게 하고 벽에 祝文을 새기고 돌아오니, 平城까지의 거리가 4천여 리였다.[60)]

初에 魏之居北荒也에 鑿石爲廟在烏洛侯西北하여 以祀其先하니 高七十尺이요 深九十步①라 及烏洛侯使至에 言石廟具在한대 魏主遣使致祭하고 刻祝文於壁而還하니 去平城四千餘里러라

60) 예전에……리였다 : 嘎仙洞 유적에 대한 이야기로 현 내몽고자치구 呼倫貝爾에 있다. 北魏의 조상인 鮮卑 拓跋氏가 생활했던 곳이다. 이것이 1980년에 米文平에 의해 발견되었다.

① 烏洛侯國은 地豆干國 북쪽에 있으며 代까지 거리는 4,500여 리이다. 지두간국은 室韋에서 4,000여 리에 있고 室韋는 勿吉 북쪽과 접해 있으며, 勿吉은 高句麗의 북쪽에 있으니, 烏洛侯國은 東夷이다.
烏洛侯國在地豆干國北, 去代四千五百餘里. 地豆干在室韋四千餘里, 室韋當勿吉之北, 勿吉在高麗之北, 則烏洛侯東夷也.

【綱】 여름 4월에 北魏가 武都王 楊保宗을 죽였다. 가을 7월에 宋나라가 楊文德을 세워 武都王으로 삼았다.

夏四月에 **魏殺其武都王楊保宗**하다 **秋七月**에 **宋立楊文德爲武都王**하다

【目】北魏 河間公 拓跋齊가 武都王 楊保宗과 함께 駱谷에서 서로 마주하여 鎭守하였다. 양보종의 아우 楊文德이 양보종에게 험지를 잘 방비하며 北魏를 배반하도록 설득하였는데, 탁발제가 양보종을 유인하여 죽였다. 양보종의 부하 苻達과 任朏(임비)가 결국 병사를 일으켜 양문덕을 세워 王으로 삼으니, 양문덕이 白崖를 점거하여 군대를 나누어 여러 鎭地를 빼앗고 나아가 仇池를 포위하여 스스로 仇池公이라고 불렀다. 北魏 將軍 古弼이 공격하니 양문덕이 물러나 달아났다.

皮豹子가 關中의 군대를 감독하여 下辯에 도착하여 仇池의 포위가 풀렸다는 소식을 듣고 돌아가려고 하였다. 고필이 사람을 보내 말하기를 "宋나라 사람들은 이번 패한 것을 수치로 여겨 반드시 다시 올 것입니다. 군대가 돌아간 후에 다시 움직이는 것은 어려우니 군대를 훈련하여 힘을 비축하면서 그들을 기다리는 것이 낫습니다. 가을과 겨울을 지나기 전에 宋나라 군대는 반드시 이를 것입니다. 우리가 편안함으로 수고로운 적을 기다리면 이기지 못할 것이 없습니다."라고 하니, 피표자가 그대로 따랐다.

양문덕이 사신을 보내 宋나라에 구원을 요청하였다.

7월에 宋나라가 楊文德을 征西大將軍 武都王으로 삼아서 葭蘆城에 주둔하게 하니, 武都와 陰平의 氐族이 대부분 귀의하였다.

魏河間公齊 與武都王楊保宗으로 對鎭駱谷①이러니 保宗弟文德이 說(세)保宗閉險叛魏한대 齊誘保宗殺之하니 其屬苻達任朏遂擧兵하여 立文德爲王②하니 據白崖하여 分兵取諸戍하고 進圍仇池하여 自號仇池公③이어늘 魏將軍古弼이 擊之하니 文德退走러니 皮豹子督關中軍하여 至下辯하여 聞仇池圍解하고 欲還이어늘 弼遣人謂曰 宋人恥敗하여 必將復來라 軍還之後에 再擧爲難이니 不若練兵蓄力以待之라 不出秋冬에 宋師必至하리니 以逸待勞면 無不克矣리라 豹子從之하다 文德遣使

求援於宋한대 **七月**에 **宋以文德爲征西大將軍武都王**하여 **屯葭蘆城**하니 **武都陰平氐多歸之**[④]러라

① 拓跋齊는 拓跋翳槐의 玄孫이다. 雒谷은 駱谷이니, ≪北史≫에 〈'雒'이〉 '駱'으로 되어 있다.
齊, 翳槐之玄孫. 雒谷, 卽駱谷, 北史作駱.

② 朏은 음이 斐이다.
朏, 音斐.

③ 胡三省이 말하기를 "지금 大安軍 동북쪽 80리에 白崖가 있다. 大安軍은 옛 葭萌 지역이다."라고 하였다.
胡三省曰 "今大安軍東北八十里有白崖. 大安軍, 古葭萌地也."

④ 胡三省이 말하기를 "지금 階州 福津縣 동남쪽 70리에 葭蘆城이 있다. 세상에 전하기를 魏나라 將軍 鄧艾와 蜀나라 將軍 姜維가 이곳에서 대치하였다고 한다. 北魏 때에는 葭蘆縣을 두었고 後周 때에는 盤堤縣에 편입하였다."라고 하였다.
胡三省曰 "今階州福津縣東南七十里有葭蘆城. 世傳, 魏將鄧艾與蜀將姜維相持於此, 後魏置葭蘆縣. 後周併入盤堤縣."

【綱】 9월에 魏主가 柔然을 습격하여 도주하게 하였다.

九月에 **魏主襲柔然走之**하다

【目】 魏主가 漠南으로 가서 輜重을 버리고 경무장한 기병으로 柔然을 습격할 적에 군대를 나누어 4개의 길로 나아갔다. 魏主가 鹿渾谷에 도착하여 勅連可汗과 마주치자 太子 拓跋晃이 말하기를 "적들의 입장에서는 뜻밖에 대군이 갑자기 이른 것이니, 마땅히 그들이 대비하지 못하였을 때 엄습하여 신속히 공격해야 합니다."라고 하였다.

尙書 劉絜이 말하기를 "적들의 군영 안에 흙먼지가 가득하니 그 무리가 반드시 많을 것입니다. 여러 부대가 집결하기를 기다린 후에 공격하는 것이 좋습니다."라고 하였다.

탁발황이 말하기를 "흙먼지가 가득하다는 것은 군사들이 매우 놀라서 어지럽기 때문입니다. 어찌 군영에 이런 흙먼지가 일 수 있겠습니까."라고 하였다. 魏主가 의심하여 급하게 공격하지 않으니, 柔然이 이 기회를 틈타 달아났다.

추격하여도 따라잡지 못하고 柔然의 정찰 기병을 사로잡았는데, 말하기를 "柔然이 北魏 군대가 도착할 것을 생각지 못하다가 당황하며 놀라서 〈무리를 이끌고〉 북쪽으로 달아났는데 6, 7일 지나고 나서 추격하는 자가 없는 것을 알고 비로소 천천히 갔습니다."라고 하였다. 魏主가 크게 후회하며 이때부터 군대와 국가에 관한 큰일을 모두 탁발황과 의논하였다.

魏主如漠南하여 捨輜重以輕騎襲柔然할새 分軍爲四道러니 魏主至鹿渾谷하여 遇勅連可汗①하니 太子晃曰 賊不意大軍猝至하니 宜掩其不備하여 速進擊之니이다 尙書劉絜曰 賊營塵盛하니 其衆必多라 不如須諸軍大集然後에 擊之니이다 晃曰 塵盛者는 軍士驚擾也라 何得營上而有此塵乎아 魏主疑之不急擊이러니 柔然遁去어늘 追之不及하고 獲其候騎하니 曰 柔然不覺魏軍至하여 惶駭北走에 經六七日하여 知無追者하고 始乃徐行이라하다 魏主深悔之하여 自是로 軍國大事를 皆與晃謀之러라

① 鹿渾谷은 바로 鹿渾海의 골짜기로 본래 高車 袁紇部가 살던 곳이며 그 지역은 平城의 서북쪽에 해당하니, 그 동쪽이 바로 弱洛水이다.
鹿渾谷, 卽鹿渾海之谷也, 本高車袁紇部所居, 其地直(치)平城西北, 其東卽弱洛水.

【目】司馬楚之는 별도로 병사를 거느리고 군량 운송을 감독하였는데 柔然이 그를 공격하고자 하였다. 얼마 지나지 않아 군중에 당나귀 귀가 잘렸다고 보고하는 사람이 있었다. 사마초지가 말하기를 "이는 반드시 적들이 간사한 사람을 보내서 군영에 들어와 정탐하고 〈당나귀의 귀를〉 잘라 증거로 삼은 것이다. 도적들이 얼마 지나지 않아 올 것이니 마땅히 재빨리 방비해야 한다."라고 하였다. 곧바로 버드나무를 잘라 성채를 만들고 그것에 물을 부어서 얼게 하였다. 城이 만들어진 뒤에 유연의 군대가 도착하였는데 얼음이 견고하고 미끄러워 공격할 수가 없게 되자 곧바로 흩어져 달아났다.

司馬楚之別將〔兵〕[61]督軍糧하니 柔然欲擊之러니 俄而軍中에 有告失驢耳者어늘 楚之曰 此必賊遣姦人하여 入營覘伺하고 割以爲信耳라 賊至不久니 宜急爲備라하고 乃伐柳爲城하여 以水灌之〔令凍〕[62]하니 城立而柔然至한대 氷堅滑하여 不可攻이라 乃散走하다

【綱】 겨울 11월에 宋나라 사람이 北魏 濁水戍를 공격하여 크게 패배하였다.

冬十一月에 宋人攻魏濁水戍하여 敗績하다

【目】宋나라 將軍 姜道盛이 楊文德과 무리를 合兵하여 北魏의 濁水戍를 공격하였다. 北魏의 皮豹子 등이 그곳을 구원하니 강도성이 패하여 죽었다.

宋將軍姜道盛이 與楊文德으로 合衆攻魏濁水戍이어늘 魏皮豹子等이 救之하니 道盛敗死①하다

61) 〔兵〕: 저본에는 '兵'이 없으나, ≪資治通鑑≫에 의거하여 보충하였다.
62) 〔令凍〕: 저본에는 '令凍'이 없으나, ≪資治通鑑≫에 의거하여 보충하였다.

① 濁水城은 上祿縣 동남쪽, 武街城 서북쪽에 있다. 酈道元이 말하기를 "濁水는 바로 白水이다. 武街城은 옛 下辨縣의 治所이다."라고 하였다.
濁水城在上祿縣東南·武街城西北. 酈道元曰 "濁水卽白水也. 武街城故下辨縣治."

【綱】 12월에 魏主가 平城으로 돌아왔다.

十二月에 魏主還平城하다

【目】 魏主가 돌아오다가 朔方에 도착하여 太子 拓跋晃에게 조서를 내려 모든 정무를 총괄하라고 하였다. 또 말하기를 "여러 功臣들이 모두 수고한 지 오래되었으니 응당 작위를 가지고 집에 돌아가서 수시로 朝請이나 향연에 참가하면서 도리를 논하고 계책을 진술하도록 하라. 마땅히 다시는 번거로운 직책을 맡기지 않을 것이니, 다시 현명하고 뛰어난 인재를 천거하여 백관을 갖추게 하라."라고 하고 마침내 平城으로 돌아왔다.

魏主還이라가 至朔方하여 詔太子晃總百揆하고 且曰 諸功臣이 皆勤勞日久하니 皆當以爵歸第하여 隨時朝宴하여 論道陳謨요 不宜復煩以劇職이니 更擧賢俊以備百官이라하고 遂還平城①하다

① 朝宴은 朝請하거나 饗宴하는 것을 말한다.
朝宴, 謂朝請饗宴也.

甲申年(444)

宋나라 太祖 文帝 劉義隆 元嘉 21년이고, 北魏 世祖 太武帝 拓跋燾 太平眞君 5년이다.

宋元嘉二十一年이요 魏太平眞君五年이라

【綱】 봄 정월에 宋主가 籍田[63]을 경작하고 크게 사면하였다. 北魏 太子 拓跋晃이 모든 정무를 총괄하였다.

春正月에 宋主耕籍田하고 大赦하다 魏太子晃이 總百揆하다

【目】 北魏 太子 拓跋晃이 처음으로 모든 정무를 총괄하고 中書監 穆壽, 司徒 崔浩, 侍中

63) 籍田 : 백성들에게 농경에 힘쓸 것을 권장하기 위하여 황제가 친히 농사짓는 田地이다.

張黎와 古弼로 태자를 보필하도록 하였다.

고필이 충직하고 신중하며 소박하고 정직하여 일찍이 上谷의 苑囿가 너무 넓으므로 太半을 줄여서 가난한 백성들에게 내려주기를 청한 적이 있었다. 魏主가 한창 給事中[64] 劉樹와 함께 바둑을 두면서 마음이 고필에게 있지 않았다. 고필이 오랜 기간 모시고 앉아 있었는데도 보고할 기회를 얻지 못하자, 갑자기 일어나서 유수의 머리채를 잡고 때리면서 말하기를 "조정이 다스려지지 않는 것은 실로 너의 죄이다."라고 하였다.

魏太子晃이 始總百揆하고 以中書監穆壽司徒崔浩侍中張黎古弼輔之하니 弼忠愼質直하여 嘗以上谷苑囿太廣으로 乞減太半以賜貧民①한대 魏主方與給事中劉樹로 圍碁하여 志不在弼이어늘 弼侍坐良久에 不獲陳聞이라 忽起하여 捽樹頭하고 毆之曰 朝廷不治는 實爾之罪니라

① ≪北史≫ 〈古弼傳〉에 의거하면 "당시 上谷 사람이 上書를 하여 말하기를 '苑囿가 過度하여 백성들의 田地가 없으니 마땅히 太半을 줄여서 가난한 사람에게 나누어 줘야 합니다.' 하였다."라고 하였다. 대저 上谷은 代都까지 매우 멀리 떨어져 있어서 北魏는 일찍이 그곳에 苑囿를 둔 적이 없었다. 그런데 道武帝(拓跋珪)가 南臺 북쪽에 鹿苑을 세우니, 北으로는 長城에 미치고 東으로는 白登을 둘렀으며 西山으로 이어져 있어 넓이가 수십 리였다. 天興 6년(403)에 南平城에 행차할 적에 㶟水 남쪽 夏屋山 북쪽의 黃瓜堆를 헤아려보고 新邑을 건설하였다. 天賜 3년(406)에 마침내 㶟水 남쪽에 궁궐을 건축하고 도랑을 끌어들이고 못을 파니, 苑囿를 넓힌 것이다. 이른바 너무 넓다고 한 것이 이것이니, 상곡에 있는 것이 아니다. 마땅히 ≪북사≫로 바로잡는다.
據北史古弼傳"時上谷人上書, 言苑囿過度, 人無田業, 宜減太半以賜貧者." 蓋上谷距代都甚遠, 魏未嘗置苑囿於其地. 而道武帝起鹿苑於南臺陰, 北距長城, 東苞白登, 屬之西山, 廣輪數十里. 天興六年, 幸南平城, 規度㶟南夏屋山背黃瓜堆以建新邑. 至天賜三年, 遂築㶟南宮闕, 引溝穿池, 廣苑囿, 所謂太廣者此也, 不在上谷. 當以北史爲正.

【目】 魏主가 失色하며 말하기를 "奏請할 일을 보고받지 않은 것은 짐의 잘못이다. 劉樹가 무슨 죄가 있겠는가. 그를 놓아주어라."라고 하였다. 古弼이 일을 갖추어 보고하였는데 魏主가 허락하였다.

고필이 말하기를 "신하된 자가 무례함이 여기에 이르렀으니 그 죄가 큽니다."라고 하고, 조정에서 나와 公車[65]에 가서 관을 벗고 맨발로 죄를 청하였다.

魏主가 그를 불러 들어오게 하고 말하기를 "내가 듣기에 社壇을 쌓는 부역에 가서 절

64) 給事中 : 황제를 좌우에서 侍從하면서 獻納의 得失, 上奏文書 및 이에 대한 論駁 등을 담당하였다.
65) 公車 : 官署의 명칭이다. 前漢 때 황궁과 司馬門의 경비를 담당하였다. 아울러 사방에서 上書를 올리는 자나 공물을 바치거나 입조하는 자들을 접대한다. 北朝에서는 公車署라 하였다.

뚝거리며 넘어져도 〈힘을 다해〉 그것을 쌓고, 그 후에 衣冠을 단정히 하고 제사를 지내면 神이 福을 내려준다 하였다. 그러니 卿이 무슨 죄가 있겠는가. 관을 쓰고 신을 신고 직책에 나아가서 진실로 社稷을 이롭게 하고 백성을 편안하게 할 수 있는 것이라면 온 힘을 다하여 그 일을 처리하고 망설이지 말라."라고 하였다.

魏主失容曰 不聽奏事는 朕之過也라 樹何罪리오 置之하라 弼具以狀聞한대 魏主可之어늘 弼曰 爲臣無禮至此하니 其罪大矣라하고 出詣公車하여 免冠徒跣請罪한대 魏主召入하고 謂曰 吾聞築社之役에 蹇蹷而築之하고 端冕而事之에 神降之福[①]이라 然則卿有何罪오 其冠履就職하여 苟有可以利社稷便百姓者어든 竭力爲之하고 勿顧慮也하라

① "蹇蹷"은 절름거리다가 넘어지는 것이다.
蹇蹷, 跛蹇而顚蹶也.

【目】太子 拓跋晃이 백성들에게 농사짓는 것을 독려하여 소가 없는 사람들에게 타인의 소를 빌려서 밭을 갈고 소를 빌려준 자들을 위하여 밭의 김을 대신 매주어서 그것을 보상하도록 하였다. 대략 〈소를 빌려〉 22畝를 갈아 파종하면 7畝를 김을 매어 갚는 것으로 기준을 삼았고, 백성들에게 각각 밭머리에 성명을 표기하여 근면한지 나태한지를 알게 하였으며, 술 먹고 돌아다니며 노는 것을 금지하였다. 이에 개간된 밭이 크게 증가하였다.

晃課民稼穡하여 使無牛者로 借人牛而爲之芸以償之[①]호되 凡耕種二十二畝而芸七畝하여 大略以是爲率하고 使民各標姓名於田首하여 以知其勤惰하고 禁飮酒遊戲者하니 於是에 墾田大增이러라

① 爲(위하다)는 去聲이다.
爲, 去聲.

【綱】北魏가 사사로이 沙門과 무당을 공양하는 것을 금지하였다.

魏禁私養沙門巫覡하다

【目】魏主가 조서를 내리기를 "王·公 이하에서 일반 서민에 이르기까지 사사로이 사문과 무당을 공양하는 자가 있거든 모두 관청으로 나오도록 하라. 2월 15일이 지나도 나오지 않는다면 사문·무당은 죽임을 당하고 주인은 일족이 주살당할 것이다."라고 하

였다.

魏主詔호되 王公以下至庶人히 有私養沙門巫覡者어든 皆遣詣官호되 過二月十五日不出하면 沙門巫覡死하고 主人門誅①하다

① "門誅"는 온 집안이 모두 주살되는 것이다.
門誅者, 闔門盡誅之.

【綱】北魏가 公卿의 子弟를 모두 太學에 들어가게 하였다.

魏令公卿子弟로 皆入太學하다

【目】魏主가 조서를 내리기를 "王과 公卿大夫의 자제는 모두 太學에 나오게 하고, 기술자와 상인의 자제는 각각 부형의 직업을 익히도록 하고, 사사로이 학교를 세우지 말라. 위반하는 자는 스승은 죽임을 당하고, 주인은 일족이 주살당할 것이다."라고 하였다.

魏詔호되 王公卿大夫之子는 皆詣太學하고 其百工商賈之子는 各習父兄之業하고 毋得私立學校하라 違者는 師死하고 主人은 門誅하다

【綱】2월에 北魏 尙書令 劉絜이 죄가 있어 주살되었다. 樂平王 拓跋丕가 근심으로 卒하였다.

二月에 魏尙書令劉絜이 有罪誅하니 樂平王丕 以憂卒하다

【目】예전에 北魏 尙書令 劉絜이 오랫동안 중요한 기밀을 주관하여 총애를 믿고 스스로 전횡하니, 魏主가 마음속으로 그를 싫어하였다. 장차 柔然을 기습하려고 할 때 유혈이 諫言하기를 "蠕蠕(柔然)은 옮겨 다니는 것이 일정하지 않습니다. 이전에 出兵했을 적에 고생만하고 공을 세우지 못하였습니다. 농사를 확대하고 곡식을 비축하여 그들이 오기를 기다리는 것만 못합니다."라고 하였다. 崔浩가 굳게 魏主에게 출병할 것을 권유하자, 魏主가 그것을 따랐다.

유혈은 자기의 간언이 채택되지 않음을 수치스럽게 여겨서 魏軍을 패배시키려고 하였다. 魏主가 諸將들과 함께 약속된 기일을 정하여 鹿渾谷에서 집결하고자 했는데 유혈이 조서를 고쳐서 약속한 기일을 바꾸고, 魏主가 鹿渾谷에 도착하여 유연을 공격하려고

할 적에 유혈이 또한 제지하며 諸將들이 도착하기를 기다리도록 하였다. 이렇게 6일 동안 머물러도 제장들이 도착하지 않았다.

이리하여 柔然이 결국 멀리 달아났고 군대가 돌아오는 중에 군량미가 다하여 병사들이 많이 죽었다. 유혈이 비밀리에 사람을 시켜 北魏 군대를 놀라게 하고 魏主에게 군대를 버리고 경무장으로 돌아갈 것을 권유했는데 따르지 않았다.

또 군대가 출동했으나 공을 세우지 못한 것으로 崔浩의 죄를 다스리도록 요청하였다. 魏主가 말하기를 "제장들이 집결 기일을 놓쳐 적들을 만나도 공격하지 못했으니, 최호가 무슨 죄인가."라고 하였다. 최호가 유혈이 조서를 고친 일을 魏主에게 아뢰니 유혈을 잡아서 가두었다.

初에 魏尙書令劉絜이 久典機要하여 恃寵自專하니 魏主心惡之①러니 及將襲柔然에 絜諫曰 蠕蠕遷徙無常이라 前者出師에 勞而無功②하니 不如廣農積穀하여 以待其來니이다 崔浩固勸魏主行한대 魏主從之하니 絜恥其言不用하여 欲敗魏師하다 魏主與諸將으로 期會鹿渾谷에 絜矯詔易其期하고 至鹿渾谷欲擊柔然에 絜又止之하여 使待諸將이러니 留六日而諸將不至라 柔然遂遠遁하고 軍還糧盡하여 士卒多死어늘 絜陰使人驚魏軍하고 勸魏主委軍輕還한대 不從하다 又以軍出無功으로 請治崔浩之罪한대 魏主曰 諸將失期하여 遇賊不擊하니 浩何罪也오 浩以絜矯詔事로 白魏主하니 收絜囚之하다

① 宋나라 高祖(武帝) 永初 말기에 北魏 明元帝가 병으로 눕자, 魏主가 監國할 적에 劉絜과 古弼 등을 선발하여 東宮(태자)을 모시면서 둘이서 중요한 기밀을 종합 관리하니, 이때까지 20여 년이다.
宋高祖永初末, 魏明元帝寢疾, 魏主監國, 劉絜與古弼等選侍東宮, 對綜機要, 至是二十餘年矣.

② 〈"前者出師 勞而無功"은〉 太延 4년(438)에 北魏가 柔然을 정벌하였으나 오랑캐를 발견하지 못하고 돌아온 일을 가리킨다.
蓋指太延四年魏伐柔然不見虜而還也.

【目】 魏主가 北伐을 행할 적에 劉絜이 사적으로 친한 사람에게 말하기를 "만약 황제가 돌아오지 않는다면 나는 마땅히 樂平王을 황제로 세울 것이다."라고 하였다. 또 尙書右丞 張嵩의 집에 圖讖의 글이 보관되어 있다는 소문을 듣고 묻기를 "劉氏가 마땅히 왕이 된다고 하였으니 내 이름이 들어있는가?"라고 하였다. 魏主가 그것을 듣고 有司에게 명을 내려 유혈과 장숭을 끝까지 조사하여 모두 삼족을 멸하였다. 유혈은 상벌을 행하는

것을 좋아하고, 諸將들이 적을 공격하고 재물을 탈취하면 모두 유혈과 함께 나누어 가졌으므로 그가 죽고 나서 그 가산을 몰수하니 재산이 巨萬(억)이었다.

魏主之北行也에 **絜私謂所親曰 若車駕不反**이면 **吾當立樂平王**호리라 **又聞尙書右丞張嵩家**에 **有圖讖**하고 **問曰 劉氏應王**이라하니 **吾有姓名否**아 **魏主聞之**하고 **命有司窮治絜嵩**하여 **皆夷三族**하다 **絜好作威福**하고 **諸將破敵得財物**에 **皆與分之**러니 **旣死**에 **籍其家**하니 **財巨萬**이러라

【目】 樂平戾王 拓跋丕가 근심으로 卒하였다. 예전에 魏主가 白臺를 건축하였는데 탁발비가 꿈에 그 정상에 올라 사방을 돌아보아도 사람이 보이지 않았다. 術士 董道秀에게 그것을 점쳐보라고 명하니, 吉하다고 하였다. 탁발비가 침묵하였으나 기쁜 표정이었는데 이때에 이르러 〈탁발비가 죽자〉 동도수도 또한 죄에 연루되어 棄市되었다.

高允이 그 소식을 듣고 말하기를 "무릇 점치는 자는 모두 응당 爻象에 의거하여 忠孝로 권유해야만 한다. 왕의 물음에 동도수가 마땅히 말하기를 '궁극의 높음은 亢(너무 높음)이 되는 것이니, ≪易經≫ 乾卦에 이르기를 「亢龍(너무 높이 올라간 용)은 후회가 있다.」라고 하고, 또 「높아서 백성이 없다.」라고 하였으니 모두가 상서롭지 못합니다. 왕께서는 경계하지 않으시면 안 됩니다.'라고 했어야 한다. 이와 같이 하였다면 왕은 위에서 편안하고 자신은 아래에서 온전할 것인데, 동도수가 그것을 반대로 하였으니 죽임을 당한 것이 마땅하다."라고 하였다.

樂平戾王丕 以憂卒하다 **初**에 **魏主築白臺**①러니 **丕夢登其上**하여 **四顧不見人**이어늘 **命術士董道秀筮之**한대 **曰 吉**이라하니 **丕默有喜色**이러니 **至是**하여 **道秀亦坐棄市**하다 **高允聞之曰 夫筮者**는 **皆當依附爻象**하여 **勸以忠孝**하나니 **王之問也**에 **道秀宜曰 窮高爲亢**이니 **易曰 亢龍有悔**라하고 **又曰 高而無民**이라하니 **皆不祥也**니 **王不可以不戒**라하면 **如此則王安於上**하고 **身全於下矣**어늘 **道秀反之**하니 **宜其死也**로다

① 魏主 拓跋燾가 白臺를 平城 남쪽에 건립하였다.
魏主燾起白臺於平城南.

【綱】 宋主가 江夏王 劉義恭을 太尉로 삼았다.

宋以江夏王義恭爲太尉하다

【綱】 여름 6월에 河西王 沮渠無諱가 卒하자, 그 아우 沮渠安周가 대를 이어 즉

위하였다.

◑夏六月에 河西王沮渠無諱卒하니 弟安周代立하다

【綱】北魏가 옛 풍속대로 胡神에게 제사 지내는 것을 철폐하였다.

◑魏罷舊俗所祀胡神하다

【目】北魏가 중국에 들어온 이래로 비록 옛 儀禮를 꽤 채용하여 天地·宗廟·百神에게 제사 지냈으나 여전히 옛 풍속을 따라서 胡神에게 제사 지내는 것이 대단히 많았다. 崔浩가 제사를 지내는 사당을 합쳐 57곳만 보존하고 그 나머지는 모두 철폐하기를 주청하니, 魏主가 그것을 따랐다.

魏入中國以來로 雖頗用古禮하여 祀天地宗廟百神호되 而猶循其舊俗하여 所祀胡神이 甚衆이러니 崔浩請存其合於祀典者五十七所하고 餘悉罷之한대 魏主從之하다

【綱】가을 8월에 魏主가 河西에서 사냥하였다.

秋八月에 魏主畋于河西[66]하다

【目】魏主가 조서를 내려 살찐 말을 사냥하는 騎兵들에게 지급하도록 하였다. 尙書令 古弼이 留守하고 있었는데 모두 빈약한 말을 지급하였다. 魏主가 크게 노하여 尙書臺로 돌아가서 그의 목을 베려고 하니, 고필의 부하가 떨면서 함께 죄에 걸려 죽게 될까 두려워하였다.

고필이 말하기를 "나는 신하된 자로서 주군이 돌아다니면서 사냥하는 것을 즐기지 못하게 하는 것은 그 죄가 작은 것이고, 뜻밖을 대비하지 못하여 군대와 국가에 쓸 용품을 부족하게 하는 것은 그 죄가 큰 것이다. 지금 蠕蠕이 한창 강성하고 남쪽 오랑캐(宋나라)는 멸망하지 않았으니 나는 나라의 먼 장래를 걱정하는 것이다. 비록 죽을지언정 어찌 서글프겠는가. 또 내 스스로 그것을 한 것이니 그대들이 걱정할 것은 아니다."라

66) 魏主畋于河西 : "北魏의 사냥을 기록한 것은 어째서인가. 간언을 따름을 아름답게 여긴 것이다. ≪資治通鑑綱目≫에 '田(사냥)'을 기록한 것이 세 번인데, 오직 北魏 太武帝의 경우만 나무라는 말이 아니다. '獵(수렵)'을 기록한 것은 13번인데 오직 唐 太宗의 경우만 나무라는 말이 아니다(周나라 顯王 14년(B.C. 355)에 자세하다.).〔書魏畋 何 美從諫也 綱目書田三 惟魏太武非譏辭 書獵十三 惟唐太宗非譏辭(詳周顯王十四年)〕" ≪書法≫

고 하였다. 魏主가 그것을 듣고 감탄하여 말하기를 "이런 신하가 있으니, 나라의 보물이다."라고 하고, 옷 한 벌을 하사하였다.

魏主詔以肥馬給獵騎어늘 尙書令古弼이 留守라가 悉以弱馬給之한대 魏主大怒하여 欲還臺斬之하니 弼官屬惶怖하여 恐幷坐誅어늘 弼曰 吾爲人臣하여 不使人主盤于遊田은 其罪小요 不備不虞하여 乏軍國之用은 其罪大라 今蠕蠕方强하고 南寇未滅하니 吾爲國遠慮라 雖死何傷[①]이리오 且吾自爲之니 非諸君之憂也니라 魏主聞之하고 歎曰 有臣如此하니 國之寶也라하고 賜衣一襲하다

① 爲(위하다)는 去聲이다.
爲, 去聲.

【目】 뒷날 魏主가 다시 北山 북쪽에 사냥을 가서 큰 사슴과 작은 사슴 수천 마리를 잡아 尙書省에 조서를 내려 牛車 500乘을 보내 그것을 운반하도록 하였다. 얼마 후에 좌우 측근에게 말하기를 "筆公(古弼의 별명)은 반드시 나에게 수레를 보내주지 않을 것이다. 그대들이 자기 말로 그것을 운반하는 것이 나을 것이다."라고 하였다.

이윽고 과연 고필의 표문을 받아보니 그곳에 이르기를 "지금 가을 곡식이 누렇게 익어 있고 삼과 콩이 들판에 넓게 깔려 있습니다. 멧돼지와 사슴이 몰래 뜯어먹는 것과 새와 기러기가 침투하여 손상시키는 것과 바람과 비에 소모되는 것에서 아침 수확이 저녁 수확보다 3배나 차이 나게 많습니다. 바라건대 짐승을 천천히 운송하도록 명하시어 수레로 수확한 곡식을 거두어 실어올 수 있게 하십시오."라고 하였다.

魏主가 말하기를 "과연 내 말과 같구나. 필공은 국가를 책임질 신하라고 할 수 있다."라고 하였다. 고필의 머리 모양이 뾰족하였기 때문에 魏主가 항시 그를 붓(筆公)으로 지칭하였다.

它日에 復畋於山北하여 獲麋鹿數千頭[①]하여 詔尙書發牛車五百乘以運之[②]러니 旣而謂左右曰 筆公必不與我라 汝輩不如自以馬運之니라 尋果得弼表하니 曰 秋穀懸黃하고 麻菽布野하니 豬鹿竊食과 鳥雁侵費와 風雨所耗에 朝夕三倍라 乞賜矜緩하여 使得收載[③]라하니 魏主曰 果如吾言이로다 筆公可謂社稷之臣矣라하더라 弼頭銳故로 魏主常以筆目之[④]러라

① 山北은 平城 北山의 북쪽이다.
山北, 平城北山之北.
② 백성의 수레를 징발한다는 뜻이다.
蓋發民軍也.
③ 〈"朝夕三倍……使得收載"는〉 저녁에 수확하는 양이 아침 수확량과 비교해 3배나 손실이 나

서 수확을 빨리 하지 않을 수 없으니, 사슴 운반은 늦어도 된다는 말이다.

言夕之所收, 較於朝之所收得失三倍, 收穫不可以不速, 載麋鹿猶可緩.

④ 銳는 뾰족하다는 뜻이다.

銳, 尖也.

【綱】 宋主가 衡陽王 劉義季를 兗州刺史로 삼고, 南譙王 劉義宣을 荊州刺史로 삼았다.

宋以衡陽王義季로 爲兗州刺史하고 南譙王義宣으로 爲荊州刺史하다

【目】 예전에 宋主는 劉義宣이 재주가 없다고 생각하였기 때문에 등용하지 않았다. 會稽公主가 자주 그에 대해 말을 하니 宋主가 부득이 그를 등용하였다.

먼저 조서를 내려 말하기를 "師護(劉義季)는 서쪽에서 在任하여 비록 특수한 공적은 없으나 자신을 깨끗하게 하며 물자를 절약하여, 마음을 열어 성실하게 하며 사람들을 잘 대하고, 아랫사람에게 교만하지 아니하여 그 명성이 서쪽 지방에 드날리니 사대부와 서민들이 편안해하므로 의논하는 자가 아직까지 옮기라고 논의하지 않았다. 이번에 〈荊州刺史로〉 바꾸는데 더욱이 너는 사호와 同年輩이니, 각각 그 능력을 시험하고자 한다. 네가 가서 만일 한 가지 일이라도 사호만 못한 것이 있으면 교대를 시킨 비난이 반드시 나에게 돌아올 것이다."라고 하였다.

유의선이 鎭(荊州)에 도착하여 부지런하게 스스로의 課業에 힘쓰며 업무 또한 잘 처리하였다.

初에 宋主以義宣不才라 故不用이러니 會稽公主屢以爲言하니 宋主不得已用之하여 先賜詔曰 師護在西라 雖無殊績이나 潔己節用하여 通懷期物하고 不恣群下하여 聲著西土하니 士庶所安이라 論者 未議遷之①러니 今之回換이 更爲汝與師護로 年時一輩라 欲各試其能하노니 汝往하여 脫有一事減之者면 遷代之譏 必歸於吾矣리라 義宣至鎭하여 勤自課厲하고 事亦修理러라

① 師護는 劉義季의 어렸을 때 字이다. 당시 荊州刺史로 있었으므로 서쪽에 있다고 말한 것이다. "通懷"는 마음을 열어 정성을 보여주는 것을 말하고, "期物"은 남을 대하고 물건을 접함을 말한다.

師護, 義季小字. 時爲荊州刺史, 故云在西. 通懷, 開心見誠之謂, 期物, 待人接物之謂.

【目】 宋主가 武帳岡에서 劉義季를 송별할 적에 장차 출발하려 하면서 여러 아들에게 勅

書를 내려 잠시 음식을 먹지 말고 송별하는 장소에 도착하여 음식을 차리도록 하였는데, 해가 늦도록 오지 않으니 모두 배고픈 기색이 있었다. 이에 宋主가 말하기를 "너희들이 젊었을 때 풍족하고 편안하여 백성들의 고민을 알지 못했으니, 지금 너희들에게 배고픈 고통을 알도록 하여 근검절약으로 물건을 써야 함을 알려주려는 것이다."라고 하였다.

宋主餞義季于武帳岡①할새 將行에 勅諸子且勿食하고 至會所設饌하되 日旰不至하니 皆有飢色이어늘 乃謂曰 汝曹少長豐佚하여 不見百姓艱難하니 今使汝曹로 識有飢苦하여 知以節儉御物耳라하더라

① 杜佑가 말하기를 "武帳岡은 廣莫門 밖 宣武場에 있으며 그 위에 行宮殿의 便坐(주방)를 설치했기 때문에 붙인 이름이다."라고 하였다.
杜佑曰 "武帳岡在廣莫門外宣武場, 設行宮殿便坐於其上, 因名."

【目】裴子野가 다음과 같이 평하였다.

"太祖의 교훈이 훌륭하도다. 무릇 사치는 풍족한 데서 일어나고 검소는 부족한 데서 생긴다. 절약하고 검소하려고 한다면 빈천만 한 것이 없다. 험난함에 익숙하면 다른 사람을 임용하고 부리는 데 이롭고, 眞僞에 통달하면 자신이 정사를 다스리는 데 용이하다. 태조가 만약 〈자식들이〉 이러한 자신의 가르침을 잘 따르게 하려면 자식들에게 志操를 신중히 연마하게 하고 그들의 예의와 爵祿의 등급을 낮추어서 가르침이 이루어지고 道德이 확립된 후에 政事를 맡겨야 하니, 그렇게 되면 나태함과 황폐함이 없어 〈宋나라의 정사를〉 천하에 전파할 수 있었을 것이다.

그런데 어린 황자들을 높이 〈제후왕으로〉 봉하여 번갈아 지방의 장관에 임명하니, 이에 나라의 존망이 황자들에게 달려 있지 않게 되었고 일찍부터 백성의 위에서 제멋대로 굴게 하였으니, 훌륭한 가르침이 아니다."

裴子野曰 善乎라 太祖之訓也여 夫侈興於有餘하고 儉生於不足하나니 欲其隱約인댄 莫若貧賤이니 習其險艱하면 利以任使요 達其情僞하면 易以躬臨①이라 太祖若能帥(솔)此訓也인댄 難其志操하고 卑其禮秩하여 教成德立然後에 授以政事리니 則無怠無荒하여 可播之九服矣어늘 而崇樹襁褓하여 迭據方岳②하니 國之存亡이 既不是係요 早肆民上하니 非善誨也로다

① 隱은 靜과 같다. 約은 검소하다는 뜻이다.
隱, 猶靜也. 約, 儉也.

② 義眞·義康·義恭·義宣 등이 모두 교대로 方面(지방 장관)에 있었음을 말한다.
謂義眞·義康·義恭·義宣, 皆迭居方面.

【綱】柔然의 勅連可汗이 死하자 그의 아들 處羅可汗 郁久閭吐賀眞이 즉위하였다.

柔然勅連可汗이 死하니 子處羅可汗吐賀眞이 立[①]하다

① 處羅는 北魏의 말로는 唯一의 의미이다.
處羅, 魏言唯也.

【綱】敦煌公 李寶가 北魏에 들어가서 朝會를 드리니, 北魏에서 그를 억류하였다.

◑ 敦煌公李寶 入朝于魏하니 魏人留之하다

思政殿訓義 資治通鑑綱目 제25권 하

-宋 文帝 元嘉 22년(445)~宋 文帝 元嘉 27년(450)-

乙酉年(445)

宋나라 太祖 文帝 劉義隆 元嘉 22년이고, 北魏 世祖 太武帝 拓跋燾 太平眞君 6년이다.

宋元嘉二十二年이요 魏太平眞君六年이라

【綱】 봄 정월 초하루에 宋나라가 元嘉曆을 시행하였다.

春正月朔에 宋行元嘉曆[1)]하다

【目】 예전에 宋나라 太子率更令 何承天이 ≪元嘉新曆≫을 편찬하여 그것을 올렸는데, 월식 때 〈해와 달이〉 마주보는 것으로 태양의 위치를 알아내었고, 또 中星[2)]으로 그것을 검증하여 堯임금 때의 冬至에는 태양이 須女[3)]의 10도에 위치하였으나, 지금은 斗宿의 17도에 위치하고 있다는 사실을 알아내었다. 또 햇빛을 측정하여 夏至와 冬至를 교정하여 3일 하고 몇 시간이 차이가 있고, 지금의 南至(冬至, 夏至)에는 태양이 응당 斗宿의 13, 4도에 위치해야 한다는 것을 알아냈다. 이에 新法을 다시 정립하여 冬至는 이전보다 3일 5時辰이 옮겨지고 태양의 위치는 옛날보다 4도 옮겨지게 되었다. 또 달은 운

---

1) 春正月朔 宋行元嘉曆 : "日食에 朔을 기록하거나 曆을 기재하면서 朔을 기록한 것이 없었는데 여기서 '朔'을 기록한 것은 어째서인가. 처음으로 초하루를 〈측정하여〉 바로잡은 것이다. 이때에 何承天이 이전의 역법은 초하루에 맞추어져 있어 월식이 초하루와 보름에 나타나지 않았다고 여겨서 새로운 역법을 고쳐 편찬하였으니, 모두 늘어나거나 줄어드는 것을 가지고 조금 남는 것을 측정하여 바로잡은 것이다. 조서를 내려 이 朔으로 시행하였으므로 특별히 '朔'을 기록한 것이다. ≪資治通鑑綱目≫이 끝날 때가지 曆의 변화를 기록한 것이 19번인데, '朔'을 기록한 것은 한 번뿐이다(漢 武帝 太初 2년(B.C. 103)에 자세하다.).〔日食書朔 記曆未有書朔者 此其書朔 何 始正朔也 於是何承天以前曆合朔 月食不在朔望 更撰新曆 皆取贏縮 定其小餘以正之 詔以是朔行焉 故特書朔 終綱目書曆之變十有九 其書朔者一而已(詳漢武帝太初二年)〕" ≪書法≫

2) 中星 : 28宿 중에 해가 질 때와 해가 돋을 때 하늘 正南方에 보이는 별로, 昏中星(저녁에 보이는 中星)과 旦中星(새벽에 보이는 中星)으로 분리되는데, 계절에 따라 이 별이 보이는 시각이 다르다.

3) 須女 : 28宿의 하나로 女宿를 가리키는데, 婺女라고도 한다. 무녀의 북쪽에는 織女星이 있다.

행이 늦어지기도 하고 빨라지기도 하는데, 이전의 역법은 초하루에 맞추어져 있어 〈일식과〉 월식이 초하루와 보름에 나타나지 않았는데, 지금 모두 〈달의 운행이〉 늘어나거나 줄어드는 것을 가지고 小餘를 측정하여 초하루와 보름의 실제 정황을 바로잡았다.

조서를 내려 外朝에 회부하여 상세히 검토하도록 하니, 太史令 錢樂之 등이 아뢰기를 "모두 하승천이 올린 것과 같지만, 오직 달에 3개월 동안 大月(1달 30일)이 연속되고 2개월 동안 小月(1달 29일)인 경우가 자주 있으니, 이전의 역법과 비교할 때 차이가 있습니다. 마땅히 옛날의 역법대로 해야 합니다."라고 하였다. 조서를 내려 〈新歷을 시행할 것을〉 허가하였는데, 이때에 이르러 비로소 시행한 것이다.

初宋太子率更(경)令何承天撰元嘉新曆하여 表上之하니 以月食之衝으로 知日所在①하고 又以中星驗之하여 知堯時冬至에 日在須女十度②라가 今在斗十七度하고 又測景(영)較二至하여 差三日有餘③하니 知今之南至에 日應在斗十三四度라 於是에 更立新法하여 冬至는 徙上三日五時요 日之所在는 移舊四度하고 又月有遲疾하니 前曆合朔하여 月食不在朔望④이어늘 今皆以盈縮으로 定其小餘하여 以正朔望⑤이라 詔付外詳之하니 太史令錢樂之等奏호되 皆如承天所上이나 唯月有頻三大二小하니 比舊爲異라 謂宜仍舊라한대 詔可러니 至是始行之하다

① 해와 달이 서로 마주쳐서 빛이 서로 가리기 때문에 〈해의 위치를〉 아는 것이다.
以日月對衝, 光相掩而知之.

② 이는 ≪書經≫ 〈虞書 堯典〉의 '해는 짧고 별은 昴星이다.'4)로 추측한 것이다.
此以堯典日短星昴推之.

③ 해의 빛을 景(경)이라고 하니, 景(햇빛)은 본음대로 읽는다. 이 역시 ≪周禮≫의 '日至의 景'을 측량하는 방법을 이용한 것이다.
日光曰景, 景如字. 此亦用周禮測日至之景之法.

④ "月食" 위에 마땅히 日자가 있어야 한다.
月食上當有日字.

⑤ 曆法에 大餘와 小餘가 있다. ≪史記≫ 〈曆書〉에 "大餘는 남은 일의 수〔日〕이고, 小餘는 남은 分의 수〔月〕이다." 하였다. 하늘의 둘레가 365도 1/4도이면 해는 하루에 1도씩을 가므로 12달 만에 하늘을 한 바퀴 돈다. 1년은 12달로, 모두 354일인데, 6(60)으로 除하면 5×6(60)이 300일이라 나머지 54일이 大餘가 된다. 하늘의 둘레가 365도이면 6甲(60)으로 除하면 6×6(60)이 360일이라 나머지 5일이 大餘가 되고, 小餘는 1/4일로 하루를 채우

4) 해는……昴星이다 : ≪書經≫ 〈虞書 堯典〉에 동짓달의 節候를 "和叔에게 거듭 명하여 朔方에 머물게 하시니, 幽都라고 하는 곳으로 다시 소생하는 일을 고루 살피게 하시니, 해는 짧고 별은 昴星이다.〔申命和叔 宅朔方 曰幽都 平在朔易 日短星昴〕"라고 기록한 데서 온 말이다. 묘성은 동짓날 해질 무렵 남쪽 하늘에 나타나는 昏中星이다.

지 못한 分數이다. 그 分數는 해가 하늘을 딱 32번 일주할 때마다 1일이 된다. 남은 일수가 大餘가 되고, 남은 분수가 小餘가 되며, 쌓여서 윤달이 된다."

曆法有大餘・小餘. 史記曆書曰"大餘者, 日也, 小餘者, 月也." 周天三百六十五度四分度之一, 日日行一度, 十二月而一周天. 歲十二月, 凡三百五十四日, 以六除之, 五六三百日, 餘五十四日爲大餘. 周天三百六十五度, 以六甲除之, 六六三百六十, 餘五爲大餘, 小餘卽四分之一未滿日之分數也. 其分每滿三十二, 則成一日. 蓋奇日爲大餘, 奇分爲小餘, 積而成閏也.

【目】 예전에 漢나라 京房이 12律 중에 있는 中呂가 上生하여 黃鍾이 되어 9寸이 넘지 못하였기에[5] 12律을 고쳐 연역하여 60律을 만들었고, 錢樂之가 다시 연역하여 360律을 만들어서 1日마다 1管씩 배당하였는데, 何承天이 "서로 上生하고 下生하는 것은 三分損益法에 그 하나를 늘리거나 줄이는 것이니, 대체로 옛사람들이 간단하고 쉽게 사용하던 방법이다. 마치 옛날 역법에서 周天이 365도 1/4도가 되는 것과 같은데, 京房은 깨닫지 못하고 잘못하여 60律로 삼았다."라고 하고, 드디어 고쳐서 新率을 설치하였으니, 林鍾의 길이를 6寸 1釐로 하면 中呂에서 돌아와서 黃鍾을 얻어서 12개의 旋宮[6]에 聲韻을 잃어버리는 것이 없게 되었다.

初에 漢京房이 以十二律中呂上生黃鍾하여 不滿九寸이라 更(갱)演爲六十律이러니 樂之復演爲三百六十律하여 日當一管①하니 承天以爲上下相生은 三分損益其一하니 蓋古人簡易之法이라 猶古曆周天三百六十五度四分度之一也어늘 而房不悟하여 謬爲六十이라하고 乃更設新率하니 林鍾長六寸一釐면 則從中呂還得黃鍾하여 十二旋宮에 聲韻無失②이러라

① 中(버금)은 仲으로 읽는다. 更(고치다)은 工衡의 切이니, 아래도 동일하다.
中, 讀曰仲. 更, 工衡切, 下同.

② 〈律曆志〉[7]에 다음과 같이 말하였다. "黃鍾의 律管은 길이가 9촌으로 3등분하여 하나를 덜

5) 12律……못하였기에 : 上生은 三分損益法의 용어이다. 삼분손익법이란 三分損一과 三分益一을 교대로 적용하여 12律을 만드는 방법이다. 삼분손일이란 기본음인 黃鍾 律管의 길이를 셋으로 나눈 다음 그중 1/3을 잘라내면 2/3만으로 소리를 내는데, 여기에서 2/3는 林鍾의 길이가 된다. 이것을 下生이라고 한다. 삼분익일이란 삼분손일하여 얻은 임종의 길이를 셋으로 나눈 다음 그 1/3에 해당하는 길이를 더해주면 4/3를 만들어 소리를 내는데, 여기에서 4/3는 太簇의 길이가 된다. 이것을 上生이라고 한다. 그런데 京房은 中呂가 上生하여 黃鍾이 되어도 9寸이 되지 못하는 폐단을 인식한 것으로 中呂는 6寸 5分으로 1/3을 더하면 8寸 7分 쯤 되어 9寸에 못 미친다고 여긴 것이다.

6) 旋宮 : 旋宮法을 설명한 것이다. 선궁법은 ≪禮記≫ 〈禮運〉에 "오성, 육률, 십이관이 돌아가며 서로 궁이 된다.〔五聲六律十二管 還相爲宮也〕"라고 한 데서 유래한 것으로 秦・漢 시대 이전의 諧音法則이다. 즉 12律을 宮, 商, 角, 徵, 羽, 變宮, 變徵의 7音에 배합해서 율마다 골고루 궁성을 내게 하여 수많은 곡조를 이루게 하였다.

7) 律曆志 : 여기의 내용이 ≪漢書≫ 〈律曆志〉에 일부 보이고, 오히려 ≪後漢書≫ 〈律曆志〉의 註에 보인

어내면 下生하여 林鍾이 되니 율관의 길이가 6촌이다. 임종을 3등분하여 하나를 더하면 上生하여 太簇가 된다. 태주를 3등분하여 하나를 덜어내면 하생하여 南呂가 된다. 남려를 3등분하여 하나를 더하면 상생하여 姑洗이 된다. 고선을 3등분하여 하나를 덜어내면 하생하여 應鍾이 된다. 응종을 3등분하여 하나를 더하면 상생하여 蕤賓이 된다. 유빈을 3등분하여 하나를 덜어내면 하생하여 大呂가 된다. 대려를 3등분하여 하나를 더하면 상생하여 夷則이 된다. 이칙을 3등분하여 하나를 덜어내면 하생하여 夾鍾이 된다. 협종을 3등분하여 하나를 더하면 상생하여 無射이 된다. 무역을 3등분하여 하나를 덜어내면 하생하여 中呂가 된다. 陰陽이 상생하여 황종으로부터 시작하여 좌측으로 돌아 8개씩 건너뛰는 것이 짝이 된다.[8)]"라고 하였다. 率은 律과 통용된다. 長(길이)은 直亮의 切이다.

第十二宮	第十一宮	第十宮	第九宮	第八宮	第七宮	第六宮	第五宮	第四宮	第三宮	第二宮	第一宮	
中 正	無 正	夾 正	夷 正	大 正	蕤 正	應 正	姑 正	南 正	太 正	林 正	黃 正	宮 生下
黃 半變	中 半正	無 正	夾 半正	夷 正	大 半正	蕤 半正	應 正	姑 半正	南 正	太 半正	林 正	徵 生上
林 變	黃 半變	中 正	無 正	夾 正	夷 正	大 半正	蕤 正	應 正	姑 正	南 正	太 正	商 生下
太 半變	林 半變	黃 半變	中 半正	無 正	夾 半正	夷 半正	大 半正	蕤 半正	應 正	姑 半正	南 正	羽 生上
南 變	太 半變	林 變	黃 半變	中 正	無 正	夾 半正	夷 正	大 半正	蕤 正	應 正	姑 正	角 生下
姑 半變	南 半變	太 半變	林 半變	黃 半變	中 半正	無 半正	夾 半正	夷 半正	大 半正	蕤 半正	應 正	變宮 生上
應 變	姑 半變	南 變	太 半變	林 變	黃 半變	中 半正	無 正	夾 半正	夷 正	大 半正	蕤 正	變徵

旋宮八十四聲之圖

〈律曆志〉에 다음과 같이 말하였다. "황종은 天統이고, 임종은 地統이며, 태주는 人統이다. 그러므로 數가 올바른 것이고, 나머지 律은 각기 分數가 있어 相生의 차례를 따른다. 12辰은 각자 宮으로 삼는데, 각기 五聲이 있다. 황종이 第一宮이 되니, 하생하여 임종이 徵가 되며, 상생하여 태주가 商이 되고, 하생하여 남려가 羽가 되며, 상생하여 고선이 角이 된다. 임종이 第二宮이 되니, 상생하여 태주가 치가 되고, 하생하여 남려가 상이 되며, 상생하여 고선이 우가 되고, 하생하여 응종이 각이 된다. 태주가 第三宮이 되니, 하생하여 남려가 치가 되고, 상생하여 고선이 상이 되며, 하생하여 응종이 우가 되고, 상생하여 유빈이 각이 된다. 남려가 第四宮이 되니, 상생하여 고선이 치가 되고, 하생하여 응종이 상이 되며, 상생하여 유빈이 우가 되고, 하생하여 대려가 각이 된다. 고선이 第五宮이 되니, 하생하여 응종이 치가 되고, 상생하여 유빈이 상이 되며, 상생하여 대려가 우가 되고, 하생하여 이칙이 각이 된다. 응종이 第六宮이 되니, 상생하여 유빈이 치가 되고, 上生의 上은 마땅히

다. 아래에서 인용한 〈律曆志〉도 ≪후한서≫ 〈율력지〉에 보인다.

8) 8개씩……된다 : 元나라 劉瑾은 ≪律呂成書≫ 권2에서 "注에서 말했다. '子에서부터 辰을 세어 未에 이르기까지 8을 얻어 건너뛰어서 林鍾이 下生하고, 未에서 세어 寅에 이르기까지 8을 얻어 건너뛰어서 太簇가 上生하니, 율이 상하로 相生하는 것은 모두 이것을 비율로 삼는다. 伍는 짝〔耦〕이므로 8개씩 건너뛰는 것이 짝이 된다.〔注曰 從子數辰至未得八 下生林鍾 數未至寅得八 上生太簇 律上下相生 皆以此爲率 伍 耦也 八八爲耦〕'"라고 하였다.

下가 되어야 한다.[9)] 상생하여 대려가 상이 되며, 하생하여 이칙이 우가 되고, 상생하여 협종이 각이 된다. 유빈이 第七宮이 되니, 상생하여 대려가 치가 되고, 하생하여 이칙이 상이 되며, 상생하여 협종이 우가 되고, 하생하여 무역이 각이 된다. 대려가 第八宮이 되니, 하생하여 이칙이 치가 되고, 상생하여 협종이 상이 되며, 하생하여 무역이 우가 되고, 상생하여 중려가 각이 된다. 이칙이 第九宮이 되니, 상생하여 협종이 치가 되고, 하생하여 무역이 상이 되며, 상생하여 중려가 우가 되고, 상생하여 황종이 각이 된다. 협종이 第十宮이 되니, 하생하여 무역이 치가 되고, 상생하여 중려가 상이 되며, 상생하여 황종이 우가 되고, 하생하여 임종이 각이 된다. 무역이 第十一宮이 되니, 상생하여 중려가 치가 되고, 상생하여 황종이 상이 되며, 하생하여 임종이 우가 되고, 하생하여 태주가 각이 된다. 중려가 第十二宮이 되니, 상생하여 황종이 치가 되고, 하생하여 임종이 상이 되며, 상생하여 태주가

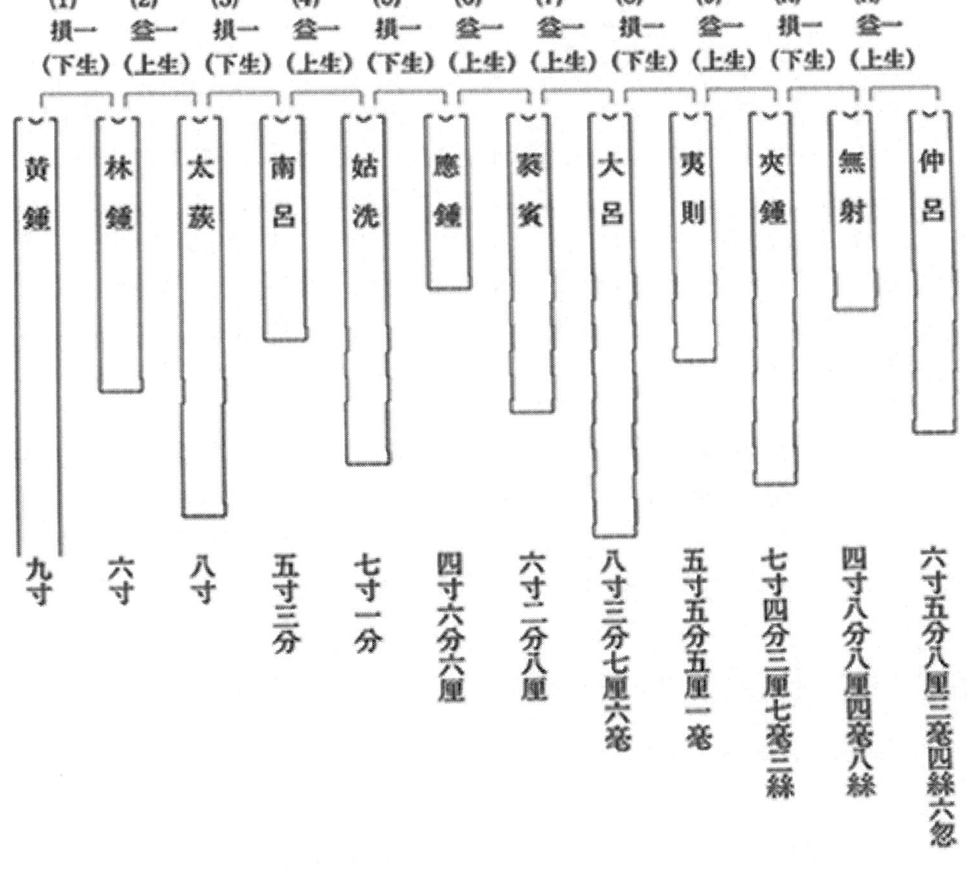

三分損益法

9) 上生의……한다 : 訓義의 이 부분은 應鍾이 六宮(10월)일 때 上生하여 蕤賓(5월)을 낳으므로 맞지 않는다.

우가 되고, 하생하여 남려가 각이 된다. 이것이 12宮이 각기 5聲을 소유한 것이니, 모두 60聲이다. 京房의 60律 相生法은, 上律에서 下律을 낳는 것은 모두 3에 2를 낳고(2/3의 비율이고), 下律에서 上律을 낳는 것은 모두 3에 4를 낳는다(4/3의 비율이다). 陽律은 하생하여 陰律이 되고, 陰律은 상생하여 陽律이 되어 中呂에서 끝나니, 12律이 상생하는 것이 끝난다. 中呂가 執始를 상생하고, 執始가 去滅을 하생한다. 上下가 相生하여 南事에서 끝나니, 60律의 상생이 끝나는 것이다.[10] 무릇 12律이 변하여 60律에 이르니, 8괘가 변하여 64괘가 되는 것과 같다."라고 하였다.

律曆志云"黃鍾律九寸, 三分損一, 下生林鍾, 律六寸. 三分林鍾益一, 上生太簇(주), 三分太簇損一, 下生南呂, 三分南呂益一, 上生姑洗, 三分姑洗損一, 下生應鍾, 三分應鍾益一, 上生蕤賓, 三分蕤賓損一, 下生大呂, 三分大呂益一, 上生夷則, 三分夷則損一, 下生夾鍾, 三分夾鍾益一, 上生無射(역), 三分無射損一, 下生中呂. 陰陽相生, 自黃鍾始, 而左旋, 八八爲伍." 率, 與律通. 長, 直亮切. 律曆志云"黃鍾爲天統, 林鍾爲地統, 太簇爲人統, 故數整, 餘律則各有分數, 隨其相生之次. 每辰各自爲宮, 各有五聲. 黃鍾爲第一宮, 下生林鍾爲徵(치), 上生太簇爲商, 下生南呂爲羽, 上生姑洗爲角. 林鍾爲第二宮, 上生太簇爲徵, 下生南呂爲商, 上生姑洗爲羽, 下生應鍾爲角. 太簇爲第三宮, 下生南呂爲徵, 上生姑洗爲商, 下生應鍾爲羽, 上生蕤賓爲角. 南呂爲第四宮, 上生姑洗爲徵, 下生應鍾爲商, 上生蕤賓爲羽, 下生大呂爲角. 姑洗爲第五宮, 下生應鍾爲徵, 上生蕤賓爲商, 上生大呂爲羽, 下生夷則爲角. 應鍾爲第六宮, 上生蕤賓爲徵, 上恐當作下. 上生大呂爲商, 下生夷則爲羽, 上生夾鍾爲角. 蕤賓爲第七宮, 上生大呂爲徵, 下生夷則爲商, 上生夾鍾爲羽, 下生無射爲角. 大呂爲第八宮, 下生夷則爲徵, 上生夾鍾爲商, 下生無射爲羽, 上生中呂爲角. 夷則爲第九宮, 上生夾鍾爲徵, 下生無射爲商, 上生中呂爲羽, 上生黃鍾爲角. 夾鍾爲第十宮, 下生無射爲徵, 上生中呂爲商, 上生黃鍾爲羽, 下生林鍾爲角. 無射爲第十一宮, 上生中呂爲徵, 上生黃鍾爲商, 下生林鍾爲羽, 下生太簇爲角. 中呂爲第十二宮, 上生黃鍾爲徵, 下生林鍾爲商, 上生太簇爲羽, 下生南呂爲角. 是十二宮各有五聲, 凡六十聲. 京房六十律相生之法, 以上生下, 皆三生二, 以下生上, 皆三生四, 陽下生陰, 陰上生陽, 終於中呂, 而十二律畢矣. 中呂上生執始, 執始下生去滅, 上下相生, 終於南事而六十律畢矣. 夫十二律之變至於六十, 猶八卦之變至於六十四也."

【綱】 宋나라가 武陵王 劉駿을 雍州刺史로 삼았다.

宋以武陵王駿爲雍州刺史하다

【目】 宋王이 關中과 黃河를 경략하고자 했기 때문에 劉駿으로 襄陽을 鎭守하게 하였다.

---

10) 中呂가……것이다 : 執始는 13번째 율로 중려보다 저음이고, 去滅은 14번째 율로 집시보다 고음이다. 南事는 60번째 율로 60율의 마지막이다.

宋王欲經略關河라 故以駿鎭襄陽①이라

① 劉駿은 文帝(劉義隆)의 아들이다.
駿, 文帝子.

【綱】 3월에 北魏가 中書省에 조서를 내려 經傳의 뜻에 의거하여 의혹이 있는 옥사를 처결하라고 하였다.

三月에 **魏詔中書以經義決疑獄**[11)]하다

【綱】 여름 4월에 北魏가 鄯善을 정벌하였다.

◑ **夏四月**에 **魏伐**鄯善하다

【目】 北涼이 멸망할 때[12)] 鄯善 사람들이 그 땅이 北魏와 인접하게 되자, 크게 두려워하여 말하기를 "그 나라의 使人이 왕래하여 우리나라의 허실을 알게 되면 필시 빨리 멸망하게 될 것이다."라고 하고 北魏가 西域과 왕래하는 길을 끊어서 使者가 왕래할 때마다 노략질하고 위협을 하니, 이로 말미암아 西域으로 길이 통하지 않은 지가 몇 년이 되었다. 그리하여 魏主가 涼州의 서쪽에 있는 군대를 출동시켜 鄯善을 공격하였다.

北涼之亡也에 鄯善人이 **以其地與魏隣**이라 **大懼曰 通其使人**하여 **知我國虛實**하면 **取亡必速**이라하고 **乃閉斷魏道**하여 **使者往來**에 **輒鈔劫之**①하니 **由是**로 **西域不通者數年**이라 **魏主發**涼州**以西兵**하여 **擊之**하다

① 魏道는 北魏가 西域과 왕래하는 길이다.
魏道, 魏通西域之道也.

【綱】 가을 7월에 〈沔水의〉 宋나라가 여러 蠻族을 토벌하여 평정하였다.

---

11) 魏詔中書以經義決疑獄 : "北魏는 夷狄으로서 中國(中原)의 주인이 되었지만 行事가 한결같이 華夏로 법을 삼았으니, 이는 華夏로 蠻夷를 변화시키려고 한 것이다. ≪春秋≫의 필법에 夷族이면서 華夏로 진보할 수 있으면 華夏로 인정해주었다. 元魏(北魏)의 애호하고 숭상한 것이 이와 같으니, 또한 蒙古가 한 짓과는 다르다. 이것이 ≪資治通鑑綱目≫에서 北魏를 허여해준 까닭이다.〔魏以夷狄主中國 行事一以華夏爲法 蓋欲以華變夷也 春秋之法 夷而進於夏則夏之 元魏之好尙如此 其亦異乎蒙古之所爲 此綱日所以予之〕" ≪發明≫

12) 北涼이……때 : 宋 文帝 元嘉 16년(439)년에 北涼이 멸망한 일을 가리킨다.

秋七月에 **宋討群蠻平之**하다

【目】武陵王 劉駿이 參軍 沈慶之를 보내어 蠻族을 공격하여 격파하니, 蠻族들이 驛馬가 다니는 길을 끊고 隨郡을 공격하려고 하였는데, 隨郡太守 柳元景이 6, 7백 명을 모집하여 맞아 공격해서 격파하여 드디어 여러 蠻族을 평정하고 10만여 명을 포로로 잡았다.

武陵王駿이 遣參軍沈慶之하여 擊蠻破之하니 蠻斷驛道하고 欲攻隨郡이어늘 太守柳元景이 募得六七百人하여 邀擊破之하여 遂平群蠻하고 獲十萬餘口하다

【綱】鄯善이 北魏에 항복을 하니, 西域으로 통하는 길이 다시 열렸다.

鄯善이 **降魏**하니 **西域復通**하다

【綱】8월에 北魏가 雜民을 북쪽 변경으로 이주시켰다.

◑ **八月**에 **魏徙雜民於北邊**하다

【目】魏主가 陰山의 북쪽으로 가서 여러 州의 군사 가운데 3분의 1을 징발하면서 그 州마다 계엄을 내려 다음 명령을 기다리게 하고, 여러 종족이 뒤섞인 백성 5천여 가를 북쪽 변경으로 옮기고 목축을 하게 하여 柔然을 유인하는 미끼로 삼았다.

魏主如陰山之北하여 發諸州兵三分之一호되 各於其州에 戒嚴하여 以須後命하고 徙諸種雜民五千餘家於北邊하여 令就畜牧하여 以餌柔然하다

【綱】北魏가 吐谷渾을 정벌하니, 慕容慕利延이 달아나 于闐을 점거하였다.

魏伐吐谷渾하니 **慕利延走據于闐**(전)하다

【目】北魏의 군대가 寧頭城에 이르자 吐谷渾王 慕容慕利延이 그 부락 사람들을 이끌고 서쪽으로 流沙를 건너 于闐으로 들어가 그 왕을 죽이고 그 지역을 점거하니, 죽은 사람이 수만 명이었다.

魏軍至寧頭城하니 吐谷渾王慕利延이 擁其部落하여 西度流沙하여 入于闐하여 殺其王하고 據其

地하니 死者數萬人①이러라

① 寧頭城은 白蘭의 동북쪽에 있다.
寧頭城當在白蘭東北.

【綱】 9월에 北魏 盧水胡[13] 蓋吳(합오)가 반란을 일으켰다.

九月에 魏盧水胡蓋吳反하다

【目】 北魏의 백성들 사이에 北魏를 멸망시킬 자는 吳라고 하는 와언이 퍼졌는데, 盧水胡 蓋吳가 무리를 모아 杏城에서 반란을 일으키자, 여러 종족의 胡族들이 다투어 그에게 호응하니 그 무리가 10여 만이었다. 그들이 表文을 올려 宋나라에 투항하니, 北魏의 長安鎭將 拓跋紇이 그들을 토벌하다가 패배하여 죽었다. 합오의 무리가 더욱 강성해져 병사를 나누어 서쪽을 침략하자, 魏主가 幷州·秦州·雍州의 병력을 출동시켜 격파하였다. 河東 사람 薛永宗이 다시 무리를 모아 합오에게 호응하니, 합오가 스스로 天台王이라 칭하고 百官을 두었다.

魏民間訛言호되 滅魏者吳라하니 盧水胡蓋吳 聚衆反於杏城①이어늘 諸種胡爭應之하니 有衆十餘萬이라 表降于宋이어늘 魏長安鎭將拓跋紇이 討之라가 敗死하니 吳衆愈盛하여 分兵西掠이어늘 魏主發幷秦雍兵하여 擊破之하다 河東薛永宗이 復聚衆하여 以應吳하니 吳自號天台王이라하고 置百官하다

① 蓋는 古盍의 切이다. 蓋吳는 姓名으로, 安定 盧水 胡種으로 杏城에 나누어 거처하였다.
蓋, 古盍切. 蓋吳姓名, 蓋安定盧水胡種, 而分居杏城.

【綱】 겨울 11월에 北魏 사람들이 宋나라를 침범하였다.

冬十一月에 魏人侵宋하다

【目】 北魏가 6州의 날랜 기병 2만 명을 선발하여 두 길로 병력을 나누어 淮水와 泗水의 이북을 노략질하고, 靑州와 徐州의 백성을 이주시켜 河北을 채웠다.

魏選六州驍騎二萬하여 分爲二道하여 掠淮泗以北하고 徙靑徐之民하여 以實河北①하다

---

13) 盧水胡 : 匈奴의 지파로 北涼을 세운 沮渠氏도 여기에 속한다.

① "六州"는 冀州・定州・相州・幷州・幽州・平州이다.
六州, 冀・定・相・幷・幽・平也.

【綱】 12월에 宋나라 太子詹事 范曄이 모반하다가 주살을 당했다.

十二月 宋太子詹事范曄謀反伏誅[14)]하다

【目】 예전에 魯國 사람 孔熙先은 文史를 널리 공부하고, 아울러 術數에도 정통하여 천하의 대세를 주도하려는 재주와 뜻을 지니고 있었는데, 員外散騎侍郞이 되어 자신의 뜻을 얻지 못한 것을 분하게 여겼다. 아버지 孔默之가 廣州刺史가 되어 뇌물을 수수한 죄를 지었는데, 彭城王 劉義康이 구명하여 죄를 면하였다. 유의강이 豫章으로 좌천당하였을 때 공희선이 몰래 보답하겠다는 마음을 먹었고, 또 天文과 圖讖에 따르면 재앙이 骨肉相殘에서 말미암아 宋主가 비정상적으로 죽을 것이니, 江州에서 응당 天子를 배출할 것이라고 여겼다.

范曄이 마음으로 불만을 품고 있다 하여 끌어들여 함께 모의하였는데, 평소에 범엽에게 존중을 받지 못했기 때문에 범엽의 생질인 太子中舍人 謝綜과 두터운 관계를 맺으니 사종이 공희선을 데리고 범엽과 만났다. 공희선의 집안은 재산이 넉넉하여 자주 범엽과 도박을 하였는데, 일부러 져주어서 물건을 그에게 넘겨주니, 이로 말미암아 교분이 친밀해졌다.

初에 魯國孔熙先博學文史하고 兼通數術하여 有縱橫才志호되 爲員外散騎侍郞이라 憤憤不得志러라 父默之爲廣州刺史하여 以贓獲罪어늘 彭城王義康이 救解得免이러니 及義康遷豫章에 熙先密懷報效하고 且以爲天文圖讖에 宋主必以非道晏駕하여 禍由骨肉하니 而江州應出天子①라하고 以范曄志意不滿이라하여 欲引與同謀어늘 而素不爲曄所重일새 乃厚結曄甥太子中舍人謝綜②하니

14) 宋太子詹事范曄謀反伏誅 : "范曄은 본래 반란을 도모한 적이 없었고 다만 孔熙先의 무리들에게 꾐을 당하였다. 그러나 ≪資治通鑑綱目≫에서 범엽만 기록하고 다른 사람을 기록하지 않은 것은 어째서인가. 공희선은 소인이라 벼슬에 뜻을 얻지 못하였으므로 바라지 못할 요행을 도모하였으니, 애초 말할 거리가 못 된다. 범엽은 자신이 要職에 있으면서 임금에게 知遇를 받고서 마침내 사악한 말에 미혹되어 직접 반역을 도모하였다. 그러므로 ≪자치통감강목≫에서는 악행을 앞장선 자의 주벌을 바로잡고 그 나머지는 생략한 것이다. 범엽의 爵位를 기록한 것은 그를 높인 것이 아니라, 그 직위가 淸職임을 드러내기 위한 것이다. 자신을 아낄 줄을 모르고 소인을 따라 狂悖한 모반을 저질렀으니, 그 죄를 무겁게 여긴 것이다.〔曄本無異謀 特爲熙先輩所怵 然綱目止書曄而不及餘人 何也 熙先小人 仕不得志 故爲非望僥倖之圖 初無足道 曄身居要職 受知世主 乃惑於邪說 躬圖反逆 故綱目正其首惡之誅而略其餘耳 其書爵者 非貴之也 所以著其職位淸顯 不知自愛 而徇小人爲狂悖之謀 重其罪也〕" ≪發明≫

綜引熙先見曄이라 **熙先家饒於財**라 **數與曄博**호되 **故爲拙行**하여 **以物輸之**하니 **由是情好款洽**③이라

① “非道晏駕”는 수명대로 살지 못하고 죽은 것을 말한다.
非道晏駕, 謂死非其命也.

② 太子中舍人은 晉나라 咸寧 4년(278)에 설치하였으니, 舍人 중에 재주와 학식이 뛰어난 자가 맡아서, 中庶子와 함께 文翰을 관장하였다. 직분은 黃門侍郎과 같으니, 中庶子의 아래와 洗馬의 위에 위치하였다.
太子中舍人, 晉咸寧四年置. 以舍人才學美者爲之, 與中庶子共掌文翰, 職如黃門侍郎, 在中庶子下洗馬上.

③ 行(행실)은 去聲이니, 아래도 동일하다. 무릇 博奕에서 술수로 사람을 꾀는 것을 行이라 하니, “拙行”은 거짓으로 서투른 척하는 것이다.
行, 去聲, 下同. 凡博奕以計數誘人, 謂之行. 拙行者, 僞爲不能也.

【目】 孔熙先이 조용히 范曄에게 宋主를 시해하고 劉義康을 옹립하자고 설득하였는데, 범엽이 몹시 놀랐다. 공희선이 말하기를 “어른께서는 훌륭한 명성이 남보다 뛰어나서 헐뜯는 무리들이 흘겨본 지가 오래입니다. 그들과 어깨를 나란히 하여 다투니, 어찌 뜻을 이룰 수 있겠습니까. 지금 커다란 공훈을 세워서 명철한 군주를 받들어 어려운 일을 쉬운 곳에서 도모하고 안전한 것으로 위태로운 것을 바꾸어야 하는데, 어찌하여 버려두고 취하지 않는 것입니까?”라고 하였다.

범엽이 여전히 의심하며 결정을 하지 못하자, 공희선이 말하기를 “또 이것보다 심한 것이 있으나, 저는 감히 말하지 못할 뿐입니다.”라고 하였다.

범엽이 “무슨 말인가?” 하고 묻자, 공희선이 말하기를 “어른의 집안은 여러 대에 걸쳐 청아한 명성이 났지만 황실과 혼인을 하지 못하였습니다. 다른 사람(황제)이 개와 돼지처럼 대우하였지만 어른께서 일찍이 그것을 수치스럽게 여기지 않고 그(황제)를 위해 목숨을 바치시니 역시 미혹된 일이 아닙니까.”라고 하였다.

범엽의 집안에 內行이 없었기[15] 때문에 공희선이 이것으로 그를 격동시키니, 범엽이 입을 다물고 응답을 하지 않았지만, 반란을 도모할 뜻이 마침내 결정되었다.

熙先乃從容說曄弑宋主立義康한대 **曄愕然**이어늘 **熙先曰 丈人雅譽過人**하여 **讒夫側目**이 **久矣**라 **比肩競逐**하니 **庸可遂乎**①아 **今建大勳奉賢哲**하여 **圖難於易**(이)하며 **以安易危**니 **豈可棄置而不取**

15) 內行이 없었기 : ≪資治通鑑新注≫(陝西人民出版社, 1998)에서는 “집안에 醜聞이 있는 것이다.〔家有醜聞〕”라고 풀이하였는데, 아내나 딸에게 좋은 행실이 없는 것을 뜻하니 이 때문에 황실과 혼인하지 못했다는 것이다.

哉아 曄猶疑未決이러니 熙先曰 又有過於此者호되 愚則未敢道耳로라 曄曰 何謂也오하니 熙先曰 丈人奕葉淸通이로되 而不得連姻帝室②하니 人以犬豕相遇나 而丈人曾不恥之하여 欲爲之死하니 不亦惑乎③아 曄門無內行이라 故熙先以此激之하니 曄默然不應이나 反意乃決이라

① 〈"比肩競逐 庸可遂乎"〉 당시의 貴人들과 어깨를 나란히 하고 다투니, 榮利가 존재하는 곳에는 무리들이 함께 다투어서 그 뜻을 이루지 못할 것이라 말한 것이다.
言與時貴比肩競逐, 榮利所在, 衆所共爭, 將不得遂其志也.

② 奕은 거듭의 뜻이고, 葉은 世代와 같다. 范曄의 증조 范汪과 조부 范寧, 아버지 范泰이 모두 명성과 행실이 있었다.
奕, 重也. 葉, 猶世也. 曄曾祖汪・祖寧・父泰皆有名行.

③ 爲(위하다)는 去聲이다.
爲, 去聲.

【目】謝綜은 謝述의 아들이다. 평소에 劉義康에게 총애를 받았고, 아우 謝約이 유의강의 딸에게 장가들었다. 丹楊尹 徐湛之와 비구니 法靜이 모두 유의강의 당파여서 아울러 孔熙先과 왕래를 하였으며, 법정의 妹夫인 許曜가 부대를 거느리고 황궁에 있었기에 내응하기로 허락하였다. 공희선이 서신을 유의강에게 보내어 圖讖의 내용을 진술하였다. 이때에 〈서담지 등이〉 서로 직책을 맡고 관료들을 선발하였고[16] 평소에 관계가 좋지 않았던 사람은 죽일 명단에 집어넣었으며, 또 격문을 지어 "賊臣 趙伯符가 군대를 제멋대로 지휘하여 황제를 범하여 그 재앙이 太子에까지 미치니, 서담지와 范曄 등이 목숨을 내던지고 창을 들고 일어나 조백부의 머리를 베고, 지금 장군 臧質을 보내어 玉璽와 印綬를 받들고 彭城王(유의강)을 맞이하여 황제의 자리를 바로잡으려 한다."라고 일컬었다. 또 거짓으로 유의강이 서담지에게 보내는 편지를 작성하여 황제의 좌우에 있는 사악한 무리를 죽이고 同黨에게 널리 보이게 하였다.

綜은 述之子也라 素爲義康所厚하고 弟約又娶其女라 丹楊尹徐湛之及尼法靜이 皆義康黨이라 竝與熙先往來하고 法靜妹夫許曜 領隊在臺하여 許爲內應①하다 熙先以牋書與義康하여 陳說圖讖하고 於是에 密相署置하고 及素所不善者어든 竝入死目②하고 又作檄文하여 稱賊臣趙伯符肆兵犯蹕하여 禍流儲宰하니 湛之曄等이 投命奮戈하여 斬伯符首③하고 今遣將軍臧質하여 奉璽綬迎彭城王하여 正位宸極④이라하고 又詐作義康與湛之書하여 令誅君側之惡하여 宣示同黨하다

16) 서로……선발하였고 : ≪宋書≫ 〈范曄傳〉에 徐湛之는 撫軍將軍 楊州刺史가 되고, 范曄은 中軍將軍 南徐州刺史가 되고, 孔熙先은 左衛將軍이 되고 그 나머지 사람을 선발하였다고 하였다.

① 江南에서는 禁中을 臺라고 한다.
江南謂禁中爲臺.

② 〈殺生簿의〉 名目을 조목별로 나누어서 평소에 사이가 좋지 않았던 사람을 모두 죽일 항목에 해당하게 한 것이다.
條分名目, 凡素所不善者, 皆欲置之死地.

③ 趙伯符는 宋 高祖의 어머니 孝穆皇后의 조카였다. 당시에 領軍將軍이 되었기 때문에 弑逆의 죄를 그에게 돌리려 한 것이다. "禍流儲宰"를 말한 것은 아울러 太子 劉劭를 죽이려 한 것이다.
伯符, 高祖母孝穆皇后之弟子也. 時爲領軍將軍, 故欲以弑逆之罪歸之. 言禍流儲宰, 蓋欲併殺太子劭.

④ 臧質은 臧熹의 아들이다. 宸은 황제가 거처하는 곳이다.
質, 熹之子也. 宸, 帝居也.

【目】 宋主가 武帳岡[17]에서 연회를 열 적에 范曄 등이 그날로 반란을 일으키기로 모의하였다. 許曜가 칼을 조금 뽑아서 범엽에게 신호를 보냈는데 범엽이 감히 움직이지 못하였다. 徐湛之가 일이 틀어질까 두려워 몰래 그들의 모반을 고변하였다. 宋主가 바로 有司에게 명하여 그들을 체포하고 廷尉에게 내려보내니, 孔熙先이 허공을 쳐다보며 사실을 다 말하였는데 말의 기운이 꺾이지 않았다. 宋主가 그의 재주를 기이하게 여겨 사람을 보내어 그를 위로하고 격려하여 말하기를 "경과 같은 재주 있는 사람을 集書省[18]에 머물러 있게 하였으니, 이치상 다른 마음을 품는 것이 당연하다. 이는 내가 경을 저버린 것이다."라고 하였다. 공희선이 감옥에서 글을 올려 군주의 은혜에 감사하고 또 圖讖의 내용을 아뢰어 宋主에게 골육지간에 벌어지는 참화를 경계하도록 하였다.

범엽이 감옥에서 시를 짓기를 "비록 嵇生(嵇康)의 거문고는 없더라도, 夏侯玄의 얼굴색과 같기를 바라노라."라고 하였다.

12월에 范曄·謝綜·孔熙先과 그 자제 및 당여들이 모두 죽임을 당했다. 범엽의 어머니가 저자에 도착하여 눈물을 흘리며 범엽을 나무라자, 범엽이 부끄러워하는 기색이 없었는데, 누이동생과 妓妾이 와서 작별할 적에는 범엽이 슬퍼하며 눈물을 흘렸다. 사종이 말하기를 "외삼촌께서는 꿋꿋했던 하후현의 안색에 전혀 미치지 못합니다."라고 하

17) 武帳岡 : 建康城 廣莫門 宣武場에 있는 곳이다.

18) 集書省 : 南朝 宋나라에서 散騎省을 바꾸어 설치한 것으로 門下 3省 중 하나이다. 좌우에서 시종하고 간쟁과 의견을 올리며, 백관을 규찰하고 圖書와 文翰을 관장하여 詔令 등을 集錄하고 문장을 짓는 일 등을 담당하였다. 그러나 散官이어서 그 지위가 東晉의 산기성에 비해 매우 낮았다.

니, 범엽이 눈물을 거두고 울음을 그쳤다.

謝約은 역모에 참여하지 않았는데, 사종이 공희선과 어울리는 것을 보고 늘 간언하기를 "이 사람이 일을 가벼이 처리하고 기이한 것을 좋아하며, 과단성이 있고 민첩하기는 하지만 단속함이 없으니, 친하게 지내서는 안 됩니다."라고 하였다. 사종의 어머니는 자제들이 스스로 반란에 참여하였다고 하여 홀로 나와서 보지 않았다.

범엽의 집안을 籍沒하니, 악기와 의복, 완호품이 모두 진귀하고 화려하여 妓妾들이 진주와 비취 장식을 감당하지 못할 지경이었으나, 오직 어머니가 거처하는 곳은 단출하고 좁아서 한 칸의 주방에 땔감만 쌓여 있었으며, 조카는 겨울에도 이불이 없었고, 숙부는 삼베옷 한 벌뿐이었다.

宋主之燕武帳岡也에 曄等謀以其日作亂이러니 許曜扣刀目曄호되 曄不敢發①하니 湛之恐事不濟하여 密白其謀한대 宋主乃命有司하여 收赴廷尉하니 熙先望風吐款호되 詞氣不撓어늘 宋主奇其才하여 遣人慰勉之曰 以卿之才而滯於集書省하니 理應有異志라 此乃我負卿也②로다 熙先於獄中에 上書謝恩하고 且陳圖讖하여 深戒宋主以骨肉之禍하다 曄在獄爲詩曰 雖無嵇生琴이나 庶同夏侯色③이라하다 十二月에 曄綜熙先及其子弟黨與皆伏誅하다 曄母至市하여 涕泣責曄한대 曄色不怍이러니 妹及妓妾來別에 曄悲涕流連④이어늘 綜曰 舅殊不及夏侯色이라하니 曄收淚而止하다 謝約不預逆謀라 見綜與熙先遊하고 常諫之曰 此人輕事好奇하고 果銳無檢하니 不可狎也⑤라하더라 綜母以子弟自蹈逆亂이라하여 獨不出視러라 收籍曄家하니 樂器服玩이 竝皆珍麗하여 妓妾不勝珠翠로되 母居止單陋하여 唯有一廚盛樵薪하고 弟子冬無被하고 叔父單布衣⑥러라

① 칼을 뽑아 칼집에서 조금 꺼내는 것을 "扣刀"라 한다.
拔刀微出削爲扣刀

② 散騎侍郎은 集書省의 관원이다. 蕭子顯이 말하기를 "散騎侍郎 및 通直員外·給事中·奉朝請·駙馬都尉는 모두 集書省의 관직이다."라고 하였다.
散騎侍郎, 集書省官也. 蕭子顯曰 "自散騎侍郎及通直員外·給事中·奉朝請· 駙馬都尉, 皆集書省職也."

③ 嵇康은 晉 文王(司馬昭)에 의해 죽임을 당했는데, 사형을 당할 때 해 그림자를 돌아보며 거문고를 찾아서 탔다. 夏侯玄은 晉 景王(司馬師)에 의해 죽임을 당했는데, 東市에 나아갈 적에 안색에 변화가 없었다.
嵇康爲晉文王所殺, 臨命, 顧視日影, 索琴而彈. 夏侯玄爲晉景王所殺, 及赴東市, 顏色不變.

④ 連은 ≪資治通鑑≫에 漣으로 되어 있으니, 눈물이 떨어지는 모습이다.
連, 通鑑作漣, 泣下貌.

⑤ "無檢"은 단속함이 없음을 말한다.

無檢, 言無檢束也.

⑥ 盛(가득하다)은 음이 成이다.

盛, 音成.

【目】 裴子野가 다음과 같이 평하였다.

"劉弘仁(劉湛)과 范蔚宗(范曄)은 모두 교만한 뜻을 가져서 권세를 탐하고, 재주를 자랑하여 역모를 따르다가 여러 대에 걸쳐 쌓은 風度를 하루아침에 잃어버렸으니, 이전에 이른바 '지혜와 능력이 도리어 자신을 죽이는 도구가 되었다.'라는 경우이다."

裴子野曰 劉弘仁范蔚宗은 皆忸志而貪權하고 矜才以徇逆하여 累葉風素를 一朝而隕하니 向之所謂智能이 翻爲亡身之具矣①라

① 弘仁은 劉湛의 字이고, 蔚宗는 范曄의 字이다. 忸(교만하다)는 女九의 切이니, 교만하고, 희롱하며, 친압한다는 뜻이다.

弘仁, 湛字. 蔚宗, 曄字. 忸, 女九切, 驕也, 玩也, 狎也.

【綱】 宋나라가 彭城王 劉義康을 폐하여 庶人으로 삼아 安成郡으로 귀양 보냈다.

宋廢其彭城王義康爲庶人하여 **徙安成郡**[19]하다

【目】 宋나라의 有司가 劉義康의 작위를 삭탈하고 체포해서 廷尉에게 회부하여 죄를 다스릴 것을 아뢰자, 조서를 내려 유의강을 파면하여 庶人으로 삼고 족보에서 삭제하여 安成郡으로 귀양을 보냈으며, 沈邵를 安成相으로 삼아 병사들을 지휘하여 방비하도록 하였다. 유의강이 安成에 있으면서 독서를 하다가 淮南厲王의 일[20]을 보고는 책을 덮으

19) 宋廢其彭城王義康爲庶人 徙安成郡 : "劉湛이 주살된 이후로 劉義康을 두 번 기록하였는데, ≪資治通鑑綱目≫에서는 그 임금과 신하를 나무라는 말이 없다. 비록 扶令育에게 죽음을 내릴 적에도 기록하지 않았으니, 宋나라를 올바르게 본 것이다. 여기에서는 '廢'라고 기록하고 '徙'라고 기록하였으니, 그렇게 기록한 것은 무엇 때문인가. 심하게 여긴 것이다. 그렇다면 유의강에게는 죄가 없는 것이다. 孔熙先이 유의강에게 글을 올려 圖讖을 진술했을 뿐이고, 반란을 일으킬 계획에 관여하여 들은 적이 없다. 그런데 파면하여 귀양 보내고 또 족보에서 단절시켰으니, 심한 것이다. 하물며 끝내 죽인 것이야 말할 나위가 있겠는가. 그러므로 그가 유의강을 죽일 적에 '그 아우를 죽였다.〔殺其弟〕'라고 쓰면서 죽인 자를 宋主라고 지척하였다.〔自劉湛之誅 再書義康 綱目於其君臣無譏辭 雖賜扶令育死不書 蓋亮宋也 至是則書廢書徙矣 其書之 何 甚之也 然則義康無罪乎 熙先牋義康 陳圖讖而已 未嘗與聞反計也 而廢徙之 且絶屬籍 甚矣 況終殺之乎 故其殺之也 書殺其弟 而斥宋主〕" ≪書法≫ 본서 325쪽에 '宋主殺其弟義康'이라고 되어 있다.

20) 淮南厲王의 일 : 淮南厲王은 漢 高祖의 여섯 째 아들 劉長을 말한다. 漢 文帝의 至親으로서 매우 방

며 탄식하기를 "옛날부터 이런 일이 있었는데 나는 마침내 알지 못하였으니, 죄를 받은 것이 마땅하다."라고 하였다.

宋有司奏削義康하여 **收付廷尉治罪**①한대 **詔免爲庶人**하고 **絶屬籍徙安成郡**하고 **以沈卲爲安成相**하여 **領兵防守**②하다 **義康在安成讀書**라가 **見淮南厲王事**하고 **廢書歎曰 自古有此**어늘 **我乃不知**하니 **得罪宜矣**라하다

① ≪資治通鑑≫에는 "義康" 아래에 爵자가 있다.
通鑑義康下有爵字.

② 沈卲는 沈林子의 아들이다.
卲, 林子之子也.

【綱】 宋나라가 비로소 郊廟의 음악을 갖추었다.

宋始備郊廟之樂[21]하다

【目】 예전에 江左[22]에서 二郊의 제사를 지낼 때 음악이 없었고, 宗廟의 제사를 지낼 때 노래가 있으나 춤(文舞와 武舞)이 없었는데, 이해에 南郊에서 비로소 登歌를 개설했다.

初에 **江左二郊**에 **無樂**하고 **宗廟**에 **有歌無舞**러니 **是歲**에 **南郊始設登歌**①하다

① 二郊는 南郊와 北郊이다. 樂工이 堂에 올라 노래를 부르는 것은 사람의 소리를 귀하게 여기기 때문이니, 그러므로 登歌라고 한 것이다. 歌는 德을 읊는 것이다.
二郊, 南·北郊也. 工歌堂上, 貴人聲也, 故曰登歌. 歌所以詠德.

자하여 자기 봉국에 멋대로 법령을 만들어 시행하고 중앙에서 보낸 관료를 추방하고, 황제에게 올리는 글이 공손하지 못하였다. 그러다가 반란을 도모하다 발각되어 蜀으로 유배가던 중 음식을 먹지 않고 죽었다.(≪史記≫ 〈淮南衡山傳〉)

21) 宋始備郊廟之樂 : "'始'라고 기록한 것은 어째서인가. 늦다는 말이다. 宋氏가 나라를 소유한 지 거의 30년이나 되었는데 이때에 비로소 음악을 갖추었으니, 郊廟에 태만하게 함이 심한 것이다. 그러므로 기록하여 나무란 것이다. 宗廟에 '始'라고 기록한 것은 모두 늦은 것을 나무란 것이다. 오직 '北漢이 처음으로 7廟를 세웠다.'라고 한 경우에만 나무라는 말이 아니다.(丁巳年(957))〔書始 何 緩辭也 宋氏有國 幾三十年 於是始能備樂 其慢於郊廟 甚矣 故書譏之 凡宗廟書始 皆譏慢也 惟北漢初立七廟 非譏辭(丁巳年)〕" ≪書法≫

22) 江左 : 西晉 황실의 일족이 남쪽으로 내려와 建康에서 나라를 세웠던 이후의 시기로, 東晉이 성립된 元帝 建武 원년(317) 이후를 가리킨다. 이후 江左는 東晉과 南朝를 가리키는 말로 쓰인다.

丙戌年(446)

宋나라 太祖 文帝 劉義隆 元嘉 23년이고, 北魏 世祖 太武帝 拓跋燾 太平眞君 7년이다.

宋元嘉二十三年이요 魏太平眞君七年이라

【綱】 봄 정월에 魏主가 蓋吳를 토벌하니, 宋나라가 군대를 출동시켜 구원해주었다.

春正月에 **魏主討蓋吳**하니 **宋發兵援之**[23)]하다

【目】 魏主의 군대가 東雍州에 이르러서 薛永宗의 보루에 다다랐다. 崔浩가 말하기를 "설영종이 폐하께서 친히 오신 것을 몰라 무리들의 마음이 해이해져 있으니, 지금 北風처럼 신속히 그들을 공격해야 합니다."라고 하니, 魏主가 그의 말을 따랐다.

설영종이 출전하였다가 크게 패하여 물에 빠져 죽었다. 이에 앞서 그의 종족 薛安都가 弘農을 점거하고 있었는데, 〈이 소식을 듣고〉 성을 버리고 宋나라로 달아났다.

魏主는 蓋吳가 長安의 북쪽에 있다는 소식을 듣고, 渭北 지역은 곡식과 풀이 없다고 하여 渭水를 건너 남쪽으로 가서 渭水를 따라 서쪽으로 가려고 하였다.

최호가 말하기를 "뱀을 공격하는 자는 먼저 그 머리를 치니, 머리가 깨지면 꼬리는 움직일 수 없는 법입니다. 지금 합오의 군영이 여기에서 60리 떨어져 있습니다.

경무장한 기병이 달려가면 하루 만에 도달할 수 있으니, 분명히 그들을 격파할 것입니다. 합오를 격파하고 난 뒤 長安으로 향해 남쪽으로 가면 역시 하루의 거리에 지나지 않으니, 하루가 모자란다고 해서 해가 되지는 않을 것입니다. 그러나 만약 남쪽의 길을 따라가면 합오가 北山으로 들어갈 것이니, 〈그렇게 되면〉 단숨에 평정할 수가 없을 것

23) 魏主討蓋吳 宋發兵援之 : "'討'라고 기록하고서 '援'이라고 기록한 것은 구원해준 일을 죄로 여긴 것이다.〔書討而援 罪援者也〕" ≪書法≫

"앞에서 '魏蓋吳反(北魏 蓋吳가 반란을 일으키다.)'이라고 기록하고 여기서 '魏討蓋吳(北魏가 蓋吳를 토벌하다.)'라고 기록하였으니 '反'이라고 하고 '討'라고 한 것은 그 의리가 분명하다. 宋나라가 마침내 군대를 출동시켜 구원해준 것은 과연 무슨 도리인가. 천하에 악한 자를 미워하는 마음은 똑같은 것인데 어찌 군사를 보내 반란을 일으킨 오랑캐를 도우면서 적에게 위엄을 보이고 남을 굴복시킬 수 있겠는가. 書法이 이와 같으니, 宋나라 사람에게 죄를 준 뜻이 어떠한가. 애석하다.〔前書魏蓋吳反 此書魏討蓋吳 曰反曰討 其義明矣 宋乃發兵援之 果何理也 天下之惡一也 烏有遣兵助反虜而可威敵服人者哉 書法若此 其罪宋人之意爲如何邪 吁〕" ≪發明≫

입니다."라고 하였는데, 魏主가 따르지 않았다.

합오의 무리가 그 소식을 듣고 모두 흩어져서 北山으로 들어가자, 군대가 획득한 것이 없어서 魏主가 후회하였다.

마침내 장안으로 가서 지나가는 곳마다 합오와 내통하여 모의한 백성과 夷族들을 죽이고, 여러 군대가 杏城에서 합오를 크게 격파하니, 합오가 다시 使者를 보내어 宋나라에 구원병을 요청하였는데, 宋나라가 합오를 北地公으로 삼고 雍州와 梁州의 군대를 출동시켜 국경 지역에 주둔하게 하여 합오를 위해 성원하도록 하였다.

魏主軍至東雍州하여 臨薛永宗壘[①]하니 崔浩曰 永宗未知陛下自來하여 衆心縱弛하니 今北風迅疾하여 宜急擊之하소서하니 魏主從之하다 永宗出戰大敗하여 赴水死하고 其族人安都先據弘農이러니 棄城奔宋하다 魏主聞蓋吳在長安北하고 以渭北地無穀草라 欲渡渭南하여 循渭而西어늘 崔浩曰 夫擊蛇者는 先擊其首하니 首破則尾不能掉[②]하나니 今吳營去此六十里라 輕騎趨之면 一日可到니 破之必矣요 破吳南向長安이 亦不過一日이니 一日之乏이 未至有傷이어니와 若從南道면 則吳入北山하리니 猝未可平也리이다하니 魏主不從하다 吳衆聞之하고 悉散入北(地)山하니 軍無所獲[③]이라 魏主悔之러라 遂如長安하여 所過에 誅民夷與吳通謀者하고 諸軍大破吳於杏城하니 吳復遣使求援於宋한대 宋以吳爲北地公하고 發雍梁兵屯境上하여 爲吳聲援하다

① ≪隋書≫ 〈地理志〉에 "絳郡은 後魏(北魏) 때에 東雍州를 두었는데, 後周(北周) 때에는 고쳐서 絳州라고 하였다."라고 하였다.
隋志 "絳郡後魏置東雍州, 後周改曰絳州."

② 掉는 흔든다는 뜻이다.
掉, 搖也.

③ 地字는 衍文이다.
地字衍.

【綱】 宋나라가 林邑을 정벌하였다.

宋伐林邑하다

【目】 예전에 林邑王 范陽邁가 비록 宋나라에 공물을 바쳤지만 침입을 그치지 않자, 宋主가 交州刺史 檀和之를 보내어 토벌하였다. 南陽 사람 宗慤이 집안 대대로 儒學에 소양이 있었으나, 종각은 유독 무예를 좋아하여 늘 말하기를 "長風을 타고 萬里의 풍랑을 깨트리고 싶다."라고 하였는데, 이때에 이르러 종각이 스스로 從軍하기를 요청하였다. 단

화지가 진격하여 區粟城을 포위하고 宗慤을 보내어 先鋒으로 삼아 林邑의 別將을 공격하여 격파하였다.

初에 林邑王范陽邁 雖貢奉於宋이나 而寇盜不絶이어늘 宋主遣交州刺史檀和之하여 討之하다 南陽宗慤이 家世儒素로되 慤獨好武事하여 常言願乘長風破萬里浪①이라하더니 至是하여 自請從軍이어늘 和之進圍區粟城하고 遣慤爲前鋒하여 擊林邑別將破之②하다

① 宗慤의 叔父인 宗少文은 고상하여 벼슬하지 않았는데, 여러 아들과 종형제가 모두 墳典[24]을 애호하였다.
慤叔父少文, 高尙不仕, 諸子群從, 皆愛好墳典.

② ≪水經註≫에 "盧容水는 日南 盧容縣의 區粟城 남쪽 높은 산에서 발원하여 동쪽으로 區粟城의 북쪽을 지나는데, 林邑의 兵器와 전투 장비가 모두 성안에 있다."라고 하였다.
水經註 "盧容水, 出日南盧容縣區粟城南高山, 東經區粟城北, 林邑兵器戰具悉在城中."

【綱】 3월에 北魏가 沙門(승려)을 죽이고 佛經과 佛像을 훼손하였다.[25]

三月에 魏誅沙門하고 毁佛書佛像[26]하다

---

24) 墳典 : 三墳五典의 약칭으로 三墳은 三皇의 글이고, 五典은 五帝의 글이다. 모두 전설상의 책이니, 고대의 전적을 통칭하는 말이다.

25) 北魏가……훼손하였다 : 이는 魏武의 法難이라고 불리는 廢佛로 국가 권력에 의한 불교 탄압을 말한다. 중국의 불교 탄압을 보통 三武一宗 法難이라 하는데, 北魏 太武帝(魏武의 법난), 北周 武帝(周武의 법난), 唐 武宗(會昌의 법난), 後周 世宗(後周의 법난)에 의해 이루어졌기 三武一宗이라 한다. 이는 주로 도교에 의해 획책된 경우가 많았으나, 後周의 법난은 국가 재정의 궁핍에서 나온 것이었다.

26) 魏誅沙門 毁佛書佛像 : "'誅'는 무슨 의미인가. 죄주는 말이다. 죄가 있는 것은 長安의 佛者들뿐이니, 境內의 沙門들이 어찌 모두 이런 죄가 있겠는가. 그러나 夷狄의 종교(佛教)를 따르고 人倫을 말살하여 四民(士·農·工·商)의 해가 되었으니, 그 죄가 크다. ≪資治通鑑綱目≫이 끝날 때까지 沙門에 '誅'라고 기록한 것은 세 번이고(이해(466), 宋나라의 戊戌年(458), 齊나라의 辛酉年(481)), 佛教에 '廢'라고 기록한 것은 세 번이다(이해, 陳나라 甲午年(574)에 後周가 佛教와 道教를 폐한 것, 唐나라 會昌 5년(845)에 天下의 佛寺를 폐하고 僧尼를 모두 강제로 환속시킨 것). 그러나 모두 몇 년이 안 되어 회복하였으니, 北魏는 7년, 北周는 6년, 唐나라는 1년도 가지 못했다. 비록 僧道들을 내쫓기는 하였으나 또한 1, 2개월 만에 중지하였다. 異端을 없애기 어려운 것이 이와 같으니, 탄식할 만한 일이다.〔誅者何 罪辭也 罪者長安佛者耳 境內沙門 豈皆有是罪乎 從夷教 滅人倫 以爲四民之蠹 其爲罪也大矣 終綱目 沙門書誅三(是年 宋戊戌年 齊辛酉年) 佛教書廢三(是年 陳甲午年 周廢佛道教 唐會昌五年 毁天下佛寺 僧尼竝勒歸俗) 然皆不數年而復 魏七年 周六年 唐不一年 雖至沙汰僧道 亦不一二月而罷 異端撲滅之難如此 可勝嘆哉〕" ≪書法≫
"불교가 중국에 들어온 이후로 사람마다 佛法을 경건하게 받들어 복과 이익을 구하여 감히 헐뜯는 이가 없었는데 魏主 拓跋燾에 이르러 강력하게 제거하였으니, 또한 강건하고 정당하여 미혹되지 않은 자라고 말할 수 있다. 그러나 세상에서 의논하는 이들은 혹 魏主가 온당한 죽음을 맞지 못한 것은 불교를 훼손한 것에 대한 인과응보라고 하는데, 도리어 梁主 蕭衍이 더욱 돈독히 불교를 숭상

【目】 魏主는 崔浩와 함께 寇謙之를 믿고 중하게 생각하여 그의 道를 받들었고, 崔浩는 평소부터 佛法을 좋아하지 않아 늘 魏主에게 말하기를 "佛法은 虛誕하여 세상에 재물을 낭비하고 백성에게 해를 끼치니, 모두 없애야 합니다."라고 하였다.

魏主가 長安에 이르러 佛寺에 들어가니, 沙門이 시종하는 관리에게 술을 대접할 적에 시종하는 관리가 그들의 방에 들어가 많은 병장기가 있는 것을 보고 나와서 魏主에게 아뢰었다. 魏主가 성을 내어 말하기를 "이는 沙門이 쓰는 물건이 아니니, 반드시 蓋吳와 내통하여 모반을 꾀하여 반란을 일으키려고 하는 것이다."라고 하고, 有司에게 명을 내려 사찰 안의 모든 沙門들을 찾아서 죽이게 하고, 그들의 재산을 조사하게 하여 술을

하다가 더욱 참혹하게 재앙을 받은 것을 모르는 것이다. 어찌 불교가 北魏에만 신령하고 梁나라에는 신령하지 않단 말인가. 요컨대 사람의 화복은 본래 善惡의 축적에 달려 있는 것이지 불교의 숭상 여부와는 애초에 관련이 없다는 사실을 알겠다. ≪資治通鑑綱目≫에서는 죄가 있으면 '誅'라고 기록하고 죄가 없으면 '殺'이라고 기록하였다. 지금 沙門들은 불법을 높이 믿어 그들이 말하는 善을 修行하여 애초에 명명할 만한 죄가 없는데, ≪자치통감강목≫에서 '誅'로 기록한 것은 어째서인가.

中國에 살면서 夷狄을 따르고 王道를 버려 異端을 숭상하며, 君臣 관계를 버리고 父子 관계를 끊으며, 인륜을 말살하고 몸을 훼손하며 무위도식하여 일반 백성의 재물을 좀먹는다. 심지어 간사함을 숨기고 악덕을 쌓으며 음탕하고 잡스러운 짓을 하여 더욱 이루 다 말할 수 없는 점이 있으니, 이것이 과연 죄가 있는가, 죄가 없는가. 기록하기를 '誅'라고 한 것은 이른바 그 실정을 따져서 그 실제 잘못을 확정했을 뿐이니, 어찌 잘못이겠는가. 뒤에 沙門을 공경하고 예우하고자 하는 사람은 마땅히 이를 준칙으로 삼아야 한다.〔自佛入中國 人皆敬奉其法 以求福利 未有敢訾之者 至魏主燾 乃毅然去之 亦可謂剛正不惑者矣 然世之議者 或以魏主不得其終 爲毁佛之報 抑不知梁主衍奉佛尤篤 得禍尤慘 豈佛獨靈於魏而不靈於梁耶 要知人之禍福 自繫乎善惡之積 而奉佛與否 初無預也 夫綱目有罪則書誅 無罪則書殺 今沙門者 崇信其法 以修行其所謂善 初非有可名之罪 而綱目乃以誅書之 何哉 居中國而從夷狄 捨王道而尙異端 棄君臣絶父子 滅人倫 毁形體 遊手遊食 以耗蠹平民 至於藏姦蓄穢 淫汚雜揉 又有不可勝言者 是果有罪耶無罪耶 書之曰誅 所謂原其情而定其實耳 夫豈過哉 後之欲敬禮沙門者 要當以是爲的〕" ≪發明≫

"邱濬이 말하였다. '아! 임금이 백성 중에 현명한 자와 지혜로운 자에게는 진실로 사랑으로 대하고 어리석은 자와 못난 자에게는 또한 가련하게 대해야 한다. 그러므로 백성 중에 교화에 어긋나고 예법을 어기며 법을 저촉하는 자가 있으면 반드시 우선 그 마음에 따져보고 그 심정을 살펴서 원인을 궁구한다. 만일 윗사람이 잘못된 행동을 하지 않고 또한 명백하게 禁令을 내리고서 백성들이 저촉하고 어기고 어긋난 뒤에 죄를 주고 주벌을 하면 저들은 진실로 마음을 미루어 받아들이게 된다. 윗사람이 분명하게 잘못된 행동을 하고 또 禁令이 없는데 갑자기 彼此를 가리지 않고 일률적인 형벌을 시행하면 저들은 진실로 할 말이 있게 된다.

元魏(北魏)가 沙門을 주벌한 것은 사람 마음에 통쾌한 듯하지만 미리 금지하기로 약속한 명령과 한계를 지어 엄단한 기약을 한 적이 없는데, 곧바로 다시 살아날 수 없는 사형을 내려서 그들에게 잘못을 고치게 하고자 해도 방법이 없게 하였으니, 또한 참혹하다. 더구나 그 마음이 치우쳐 향하는 곳이 있어 正教(儒教)를 부지하고 사악한 말을 막는 데 한결같이 하지 않았으니, 어찌 그들의 마음을 승복시킬 수 있겠는가.'〔○ 邱濬曰 嗚呼 人君之於民 其賢者智者 固當愛之 其愚者不肖者 亦當憐之 故民有悖於教違於禮犯於法者 必先原其心察其情 而推究其所自 苟上之所不爲 而又明有禁令 而民犯之違之悖之然後罪之誅之 彼固葺心而受也 上之人分明爲之 而又無禁令 一旦不分彼此 施之以一切之刑 則彼固有辭矣 元魏之誅沙門 雖若痛快人心 然未嘗先有禁約之令限斷之期 而卽加之以不可復生之刑 使之欲改過而無由 亦云慘矣 況其心偏有所向 非一於扶正教以闢邪說也 安能服其心哉〕" ≪發明≫

주조하는 도구와 숨겨놓은 부녀자들을 많이 찾아내었다.

최호가 이로 인해 魏主를 설득하여 境內의 沙門을 모두 죽이고 佛經을 태우고 佛像을 헐어버리라고 하니, 魏主가 그의 말을 따랐다.

조서를 내리기를 "옛날 後漢의 荒亡한 군주가 사악하고 거짓된 것을 믿고 현혹되어 하늘의 떳떳한 이치를 어지럽혀서 정치와 교화가 시행되지 못하고 예의가 크게 무너지도록 하여 九服(全國)의 안이 모두 폐허가 되게 하였으니, 짐은 거짓을 제거하고 진실을 바로잡아 그 종적을 없애고자 한다. 有司는 征鎭에 널리 알려서 佛像과 胡書(佛書)가 있는 곳은 모두 부수거나 불태우고 沙門은 나이에 관계없이 파묻어 죽이고, 지금 이후로 오랑캐 신을 섬기거나 진흙이나 구리로 사람의 형상을 만드는 자가 있으면 일족을 멸하라."라고 하였다.

太子 拓跋晃이 평소에 佛法을 좋아하여 여러 차례 간언을 올렸으나 〈魏主가〉 따르지 않으니, 이에 조서를 늦게 반포하여 원근에서 미리 그 소식을 듣고 각자 대책을 세울 수 있도록 하자, 沙門이 대부분 도망쳐서 죽음을 면하였고, 어떤 사람은 佛經과 佛像을 수습하여 감추어두었는데, 오직 塔은 다시 남은 것이 없었다.

魏主與崔浩로 **皆信重寇謙之**하여 **奉其道**하고 **浩素不喜佛法**하여 **每言於魏主**호되 **以爲佛法虛誕**하여 **爲世費害**하니 **宜悉除之**니이다 **及魏主至長安入佛寺**하니 **沙門飮**(임)**從官酒**할새 **入其室**하여 **見大有兵器**하고 **出以白魏主**[①]한대 **魏主怒曰 此非沙門所用**이니 **必與蓋吳通謀**하여 **欲爲亂耳**로다하고 **命有司案誅闔寺沙門**하고 **閱其財産**하여 **大得釀具及窟室婦女**[②]하다 **浩因說魏主**하여 **悉誅境內沙門**하고 **焚毁經像**한대 **魏主從之**하다 **詔曰 昔後漢荒君**이 **信惑邪僞**하여 **以亂天常**하여 **使政敎不行**하고 **禮義大壞**하여 **九服之內 鞠爲丘墟**[③]하니 **朕欲除僞定眞**하여 **滅其蹤跡**하노니 **有司其宣告征鎭**하여 **諸有佛像胡書**를 **皆擊破焚燒**하고 **沙門無少長悉坑之**[④]하고 **自今以後**로 **有事胡神及造泥人銅人者**어든 **門誅**하라 **太子晃素好佛法**이라 **屢諫不聽**하니 **乃緩宣詔書**하여 **使遠近豫聞之**하여 **得各爲計**하니 **沙門多亡匿獲免**하고 **或收藏書像**한대 **唯塔廟無復孑遺**[⑤]러라

① 飮(마시게 하다)과 從(따르다)은 모두 去聲이다.
飮·從, 竝去聲.

② 釀具는 술을 제조하는 도구이다. "窟室婦女"는 땅을 파고 공간을 만들어 부녀자를 은닉한 것이다.
釀具, 造酒器也. 窟室婦女, 穴地爲室, 以匿婦女.

③ 禮에 어두운 것을 荒이라 한다. 佛法은 漢나라 明帝 때부터 중국에 들어왔는데, 楚王 劉英이 가장 먼저 좋아하였고, 桓帝 때에 이르러 비로소 浮屠를 섬겼다. 鞠은 궁하다는 뜻이다.

迷禮曰荒. 佛法自漢明帝時入中國, 楚王英最先好之, 至桓帝始事浮屠. 鞠, 窮也.

④ 여러 郡의 太守는 모두 征鎭[27]을 거느렸다. 혹자가 말하기를 "太守는 지역을 방비할 따름이니, 征鎭은 征伐과 鎭守를 주로 맡는 자이다."라고 하였다.

諸郡太守皆令征鎭. 或曰 "太守守土而已. 征鎭者, 主征伐鎭守者也."

⑤ 佛弟子가 舍利를 거두어 봉안하여 宮宇를 세우는 것을 塔이라고 하니, 역시 오랑캐 말인데, 宗廟와 같기 때문에 세상에서 塔廟라고 하였다.

佛弟子收奉舍利, 建宮宇號爲塔, 亦胡言, 猶宗廟也, 故世稱塔廟.

【綱】 北魏 사람이 宋나라를 침범하였다.

魏人侵宋[28]하다

【目】 예전에 北魏에서 宋나라에 글을 보내어[29] 南國(宋나라)이 여러 僑州를 설치하여 북쪽(北魏) 경내의 州名을 함부로 사용하는 경우가 많다고 하고, 또 具區에서 사냥을 하고 싶다고 하였다. 宋나라 사람이 답장을 보내기를 "반드시 지역에 따라 州를 세워야 한다면 그대들도 徐州와 揚州를 세웠으니, 어찌 그 땅을 소유해서 그렇게 한 것인가. 만일 南國의 교화를 살펴보길 원한다면 呼韓邪單于가 漢나라에 귀순하였을 때[30]의 儀式이 아직 없어지지 않았으니, 〈그 의식에 따라 귀순하여 온다면 그대들이〉 머물 여관과 대접할 음식이 늘 풍부하다."라고 하였다.

이때에 이르러 北魏 사람들이 宋나라 북쪽 변경을 침략하였는데, 宋主가 걱정을 하여 여러 신하들에게 자문을 구하자 御史中丞 何承天이 다음과 같이 말하였다.

"匈奴를 방비하는 책략은 두 가지에 불과하니, 武人들은 출정하여 토벌하는 계책에 온 힘을 쏟는 것이고, 儒生은 화친하는 맹약을 강구하는 것이니, 지금 만약 衛靑과 霍

27) 征鎭 : 魏晉時期 이후 장군의 칭호로 征東·征西·鎭東·鎭西와 같은 것이다. 군대를 감독하고 지방을 수비하는 무관직을 총칭한 것이다.

28) 魏人侵宋 : "南北으로 나누어 통치하면서부터 彼此 사이에 서로 침략하여 군대를 낼 적에 명분이 있던 적이 없었다. 지금 宋나라 사람들은 가까이 蓋吳를 원조한 잘못은 죄를 물을 수 있지만 北魏의 경우는 그렇게 할 수 없다. 〈北魏가〉 군사를 잠복시켜 국경에 쳐들어간 것은 과연 무슨 짓인가. '人'이라 기록하고 '侵'이라 기록한 것은 비루하게 여긴 것이다.〔自南北分統 彼此交侵 師出未嘗有名 今宋人近有蓋吳之援 若可問罪 而魏則未能也 潛師入境 果何爲哉 書人書侵 蓋陋之也〕" ≪發明≫

29) 北魏에서……보내어 : ≪資治通鑑≫에 의하면, 이 내용은 北魏의 安南·平南將軍府에서 宋나라 兗州에 보낸 서신의 내용이다. 宋나라 兗州가 바로 僑置한 州이기 때문이다. 僑置에 대한 해설은 본서 145쪽 역주 28) 참조.

30) 呼韓邪單于가……때 : 匈奴의 呼韓耶單于 가운데 한 사람으로, 漢 宣帝 때 郅支單于와의 알력으로 인해 漢나라에 귀의하였는데, 그때의 일을 말한다.

去病의 뒤를 따르려 한다면 淮水와 泗水에서 田地를 크게 경작하고 안으로 靑州와 徐州를 알차게 하여 백성들에게는 여분의 비축이 있게 하고, 들판에는 곡식을 쌓아두고 난 뒤에 군사 10만 명을 출동시켜 한 번에 쓸어버리려 하지 않는다면 충분하지 않을 것입니다.

만약 일부의 군대를 파견하여 추격하여 쳐서 그들의 침략과 포학한 행위에 보복을 한다면, 저들은 경무장한 기병으로 달아나 싸우려 하지 않을 것이니, 다만 쓸데없이 많은 비용을 들이고도 그들에게 손해를 주지 못하게 되어 보복하려는 전쟁은 앞으로도 그치지 않을 것이니, 이것이 최하의 계책입니다.

오직 변경을 안정시켜서 수비를 굳게 하는 것이 제일 좋은 계책입니다. 曹操와 孫權이 각기 霸王을 칭할 적에 재주와 지혜는 대등하였는데 長江과 淮水 사이에 각각 수백 리에 걸쳐 사람들이 거처하지 못하게 하였으니, 무엇이겠습니까. 서로 斥候 활동을 하는 교외는 농사를 짓거나 가축을 방목하는 땅이 아니므로 성을 견고하게 만들고 성 밖의 들판에는 식량을 없애고서 상대가 오기를 기다리며, 갑옷을 정비하고 병장기를 수선하면서 쳐들어온 상대의 피폐한 약점을 찾았으니, 백성들을 보호하고 경내를 보전하는 것은 이런 방법에서 벗어나지 않았습니다.

初에 魏移書於宋하여 以南國僑立諸州하여 多濫北境名號라하고 又欲遊獵具區[①]어늘 宋人答曰 必若因土立州면 則彼立徐揚인들 豈有其地아 如欲觀化南國하면 則呼韓入漢이 厥儀未泯하니 館邸饋餼 每存豐厚[②]라하다 至是하여 魏人侵宋北邊한대 宋主以爲憂하여 咨謀群臣할새 御史中丞何承天言호되 凡備匈奴之策이 不過二科니 武夫盡征伐之謀하고 儒生講和親之約이니 今若欲追蹤衛霍인댄 自非大田淮泗하고 內實靑徐하여 使民有贏儲하고 野有積穀하여 然後發卒十萬하여 一擧蕩夷면 則不足爲也[③]요 若但欲遣軍追討하여 報其侵暴하면 則彼輕騎奔走하여 不肯會戰하니 徒興巨費요 不損於彼라 報復之役이 遂將無已니 斯策之最末者也요 唯安邊固守 於計爲長耳라 夫曹孫之霸 才均智敵이로되 江淮之間이 不居各數百里[④]니 何者오 斥候之郊 非耕牧之地라 故堅壁淸野以候其來하고 整甲繕兵以乘其弊하니 保民全境이 不出此塗라

① ≪周禮≫ 〈職方氏〉에 揚州의 湖澤을 具區라 하였고, 顔師古는 "具區가 吳에 있다."고 하였다.
周官職方氏, 揚州藪曰具區. 師古曰 "具區在吳."

② ≪周禮≫에 저자에는 館이 있고, 館에는 저장된 물건을 두었다고 하였으니, 〈"館邸"는〉 朝聘하는 객을 대접하기 위한 것이다. 邸는 諸侯가 와서 조회할 때 머무는 장소이다. 饋는 대접하는 것이다. "饋餼"는 손님을 生食과 芻米로 대접하는 것이다.
周禮, 市有館, 館有積, 以待朝聘之客. 邸, 諸侯來朝所舍也. 饋, 餉也. 饋餼, 餉客以生食及芻

米也.

③ "衛霍"은 〈漢나라 장군〉 衛青과 霍去病을 말한다.

衛·霍, 謂衛青·霍去病也.

④ "曹孫"은 曹操와 孫權을 말한다.

曹·孫, 謂曹操·孫權也.

【目】 요약하여 결론을 내리면 그 계책은 네 가지가 있습니다.

첫째는 먼 곳에 있는 백성들을 이주시켜 가까운 곳으로 오게 하는 것입니다. 지금 青州와 兗州에 이전부터 살고 있던 백성들과 冀州에 있는 새로 귀의한 백성들 중에 경계 지역의 끝에 살고 있는 자들이 3만여 호인데, 이들을 모두 大峴의 남쪽으로 이주시켜 內地를 충실히 할 수 있습니다.

둘째는 성읍을 많이 쌓아서 새로 이주해온 가호를 거주하도록 하고 그들에게 쓸 비용을 빌려주어 봄과 여름에는 농사를 짓거나 가축을 사육하도록 하며, 가을과 겨울에는 들어와서 성읍을 지키도록 하는 것입니다. 〈이렇게 하면〉 적들이 침입할 때에 하나의 성중에 1천 가구가 있어서 군사가 2천 명을 밑돌지 않을 것이며, 그 나머지 병들거나 약한 자들은 오히려 성 위로 올라가서 북을 치고 함성을 지르게 한다면 오랑캐의 무리 3만을 대항하기에 충분합니다.

셋째는 수레와 소를 모아놓고서 식량과 병기를 적재하도록 해야 합니다. 1천 가호의 재산을 계산하면 밭 가는 소가 500두를 밑돌지 않아서 수레 500량을 만들 수 있습니다. 이 수레를 나란히 모아서 이를 갈고리로 연결하면 그 무리를 지킬 수 있습니다. 설령 성이 공고하게 될 수 없더라도 안전하게 행진하여[31] 험한 곳으로 간다면 적들이 침범할 수 없을 것이며, 급한 일이 있어서 징발할 일이 발생하면 이틀 밤이면 모이게 할 수 있습니다.

넷째는 장정들을 헤아려서 병장기를 준비하도록 부과하는 것입니다. 병사 2천 명이 그 민첩하고 숙달한 것에 따라서 스스로 병장기를 지니게 하니, 평소 스스로 연습하고 자기의 이름을 새깁니다. 성에 돌아와서는 그것을 창고에 넣어두고 밖으로 나갈 때에는 병장기를 요청하여 자신이 갈아서 새롭게 만듭니다. 백성들이 얻을 수 없는 활과 화살 그리고 날카로운 쇠붙이를 관청에서 점차 그들에게 채워주면 수년 안에 군용품은 대략 갖추어질 것입니다.

31) 안전하게 행진하여 : ≪資治通鑑新注≫에서는 "平行은 안전하게 행진하는 것이다.〔平行 安全行進〕" 라고 풀이하였다.

가까운 郡의 군대가 멀리 있는 淸水와 濟水에 주둔하게 되어 공력과 비용이 이미 무거워서 한숨과 원망이 역시 깊으니, 臣이 그것을 헤아려보건대 백성들을 쉽게 동원하는 것만 못합니다. 지금 백성들이 이롭게 여기는 것을 따라서 그들을 인도하고 거느린다면 병력이 강해지는데도 적들이 대비하지 못하고, 나라가 부유해지는데도 백성들이 수고롭지 않을 것입니다. 군대에 있으면서 세금을 면제 받고 우대를 받으며 앉아서 국가의 양식을 먹는 경우에 견주어 같은 수준으로 비교할 수 없습니다."

要而歸之컨대 其策有四하니 一曰移遠就近이니 今青兗舊民及冀州新附에 在首界者三萬餘家를 可悉徙置大峴之南하여 以實內地요 二曰多築城邑하여 以居新徙之家하여 假其經用하여 春夏佃牧하고 秋冬入保니 寇至之時에 一城千家에 戰士不下二千이요 其餘羸弱이 猶能登陴鼓譟하면 足抗群虜三萬矣[①]요 三曰纂偶車牛하여 以載糧械니 計千家之資 不下五百耦牛라 爲車五百兩하여 參合鉤連하여 以衛其衆[②]이니 設使城不可固라도 平行趨險이면 賊不能干이요 有急徵發이면 信宿可聚요 四曰計丁課仗이니 凡戰士二千이 隨所便能하여 各自有仗이니 素所服習하고 銘刻由己하여 還保에 輸之於庫라가 出行에 請以自新[③]이요 弓簳利鐵民不得者를 官以漸充之하면 數年之內에 軍用粗備矣[④]리이다 近郡之師 遠屯淸濟하여 功費既重하고 嗟怨亦深하니 以臣料之컨대 未若即用彼衆之易(이)也[⑤]라 今因民所利하여 導而帥之면 兵强而敵不戒하고 國富而民不勞라 比於優復(복)隊伍하고 坐食糧廩者에 不可同年而校矣니이다

① 陴는 성 위의 성가퀴이다.
陴, 城上女墻也.

② 纂偶는 모집하여 짝을 지우는 것이다.
纂偶, 纂集而比偶也.

③ 〈"請以自新"은〉 병장기를 요청하여 각자 스스로 연마하여 새롭게 하는 것이다.
請器仗, 各自磨礪使精新.

④ 弓簳은 활과 화살대이다. 簳은 화살대이니, 글자는 苛·竿과 통한다. 모두 음은 稈이다.
弓簳, 弓與簳也. 簳, 箭簳也, 字與苛竿通, 竝音稈.

⑤ 近郡은 南徐州가 관할하는 여러 僑郡과 三吳(吳興, 吳郡, 會稽)를 말하니, 邦域의 중간에 가까이 있다. 淸·濟는 두 강의 이름이다.
近郡, 謂南徐州所領諸僑郡及三吳, 近在邦域之中者. 淸·濟, 二水名.

【綱】 北魏 上邽의 東城에서 반란을 일으켰는데 州의 군대가 토벌하여 평정하였다.

魏上邽東城反이어늘 **州兵討平之**하다

白虎幡

【目】 **北魏 金城** 사람 **邊固**와 **天水** 사람 **梁會**가 **秦州**와 **益州**의 **雜民** 만여 **戶**와 함께 **上邽**의 **東城**을 점거하여 반란을 일으켜 공격하여 **西城**을 압박하였는데, **秦州益州刺史 封敕文**이 그들을 물리치니, **氐族**·**羌族**·**休官**·**屠各** 수만 명이 모두 일어나 변고와 양회에게 호응하였다. 봉칙문이 변고를 공격하여 목을 베니 나머지 무리가 양회를 추대하여 군주로 삼았다.

魏主가 병력을 파견하여 토벌하였는데, 도착하기 전에 양회가 성을 버리고 달아났다. 봉칙문이 앞서 바깥에 겹겹이 해자를 파서 병사들을 엄히 단속하여 지키게 하고 밤부터 아침까지 전투를 하였는데, 봉칙문이 말하기를 "적들이 살길이 없음을 알고 죽기로 우리에게 덤벼들어 **士卒**이 많이 죽으니, 쉽게 승리할 수 없다."라고 하고 **白虎幡**[32]을 사용하여 항복하는 자는 용서해주겠다고 하니, 양회의 무리가 드디어 무너졌는데, 뒤를 쫓아 토벌하여 그들을 평정하였다.

魏金城邊固와 **天水梁會 與秦益雜民萬餘戶**로 **據上邽東城反**하여 **攻逼西城**이어늘 **秦益刺史封敕文**이 **拒却之**하니 **氐羌及休官屠各數萬人**이 **皆起兵應固會**①어늘 **敕文擊固斬之**하니 **餘衆推會爲主**하다 **魏主遣兵討之**어늘 **未至**에 **會棄城走**러라 **敕文先掘重塹於外**하여 **嚴兵守之**하고 **格鬪從夜至旦**이러니 **敕文曰 賊知無生路**하고 **致死於我**하여 **多殺士卒**하니 **未易克也**라하고 **乃以白虎幡**으로 **宣告降者赦之**하니 **會衆遂潰**어늘 **追討平之**하다

① 休는 본음대로 읽는다. 屠는 음이 除이다. 休官과 屠各은 두 종족의 오랑캐이다. 休官은 잡종 오랑캐 부락의 명칭이다. 晉나라 孝武帝 때에 休官 사람 權千成이 天水郡 顯親縣을 점거하고 스스로 秦州牧이라 일컬었다. 晉나라 때에 변방의 안으로 들어와 살던 北狄이 19종족인데, 屠各이 가장 강성하고 존귀하여 여러 종족을 다스렸다.
休, 如字. 屠, 音除. 休官·屠各二種夷也. 休官, 雜夷部落之名. 晉孝武時, 休官權千成據天水顯親縣, 自稱秦州牧. 晉時北狄入居塞內者十九種, 屠各最豪貴, 統理諸種.

【綱】 宋나라 군대가 林邑에서 승리하였다.

---

32) 白虎幡 : 白虎의 도상이 있는 軍旗로 조정의 명령이나 군령을 나타내는 符信으로 쓰였다.

宋師克林邑하다

【目】 檀和之 등이 區粟을 함락하여 장수의 목을 베고 승세를 타고 象浦로 들어갔다. 林邑王 陽邁가 나라의 모든 병력을 동원하여 와서 싸웠는데 코끼리에게 갑주를 입혔기 때문에 앞뒤로 공격할 틈이 없었다.

宗慤이 말하기를 "제가 듣기로 외국에는 獅子가 있어 위세로 모든 짐승들을 굴복시킨다고 합니다."라고 하고 이에 그 형상을 만들어 코끼리와 대항하니, 코끼리가 과연 놀라 달아났다. 단화지가 드디어 林邑을 이기니, 陽邁 父子는 몸만 빼내어 달아났다. 획득한 물건 중에 이름을 알 수 없는 보물이 헤아릴 수 없을 정도로 많았으나 종각은 하나도 취하지 않았고, 집으로 돌아가는 날에 의관이 간소하였다.

製獅御象(사자를 만들어 코끼리를 몰다)

檀和之等拔區粟하여 **斬其將**하고 **乘勝入象浦**①하니 **林邑王陽邁 傾國來戰**하여 **以具裝被象**하니 **前後無際**②라 **宗慤曰 吾聞外國有獅子**하여 **威服百獸**③라하고 **乃製其形**하여 **與象相拒**하니 **象果驚走**라 **和之 遂克林邑**하니 **陽邁父子 挺身走**하다 **所獲未名之寶**를 **不可勝計**어늘 **慤一無所取**하고 **還家之日**에 **衣櫛蕭然**이러라

① 象浦는 바로 盧容浦이다. 盧容縣은 바로 秦나라의 象郡 象林縣 지역이므로, 역시 象浦라고 한 것이다.
象浦, 卽盧容浦. 盧容縣, 卽秦象郡象林縣地, 故亦謂之象浦.

② 말의 갑옷을 具裝이라 한다.
馬甲, 謂之具裝.

③ 獅子는 호랑이와 비슷한데 황색에다 갈기가 있고, 꼬리 끝에 털이 뭉친 부분이 있는데 크기가 말[斗]만 하다.

獅子似虎, 正黃有髵耏, 尾端茸毛大如斗.

【綱】 여름 6월 초하루에 일식이 있었다.

夏六月朔에 **日食**하다

【綱】 北魏가 京畿 주위에 요새를 축조하였다.

◑**魏築塞圍**하다

【目】 北魏가 司州·幽州·定州·冀州에서 10만 명을 징발하여 京畿 주변에 요새를 쌓았는데, 上谷郡에서 시작하여 서쪽으로 黃河에 이르니 너비와 길이가 천 리였다.

魏發司幽定冀十萬人하여 **築畿上塞圍**한대 **起上谷**하여 **西至河**하니 **廣縱千里**①러라

① 北魏는 平城에 도읍하여 代都에 司州를 두었다. 縱은 음이 蹤이니, 길이라는 뜻이다.
魏都平城, 置司州於代都. 縱音蹤, 直也.

【綱】 宋나라가 〈建康의〉 북쪽에 제방을 쌓아 玄武湖를 만들고 華林園에 景陽山을 쌓아 올렸다.

宋築北隄하여 **立玄武湖**하고 **起景陽山於華林園**①[33]하다

① 그 땅이 臺城(京城)의 뒤에 있으므로, 玄武湖라고 이름 지은 것이다.
以其地在臺城之後, 故名玄武湖.

【綱】 가을 7월에 宋나라가 杜坦을 青州刺史로 삼았다.

○**秋七月**에 **宋以杜坦**으로 **爲青州刺史**하다

【目】 예전에 杜預의 아들 杜耽이 晉나라의 혼란을 피하여 河西에 거주하면서 張氏[34]에

33) 宋築北隄……起景陽山於華林園 : "民力을 중시함을 기록한 것이다. ≪資治通鑑綱目≫이 끝날 때까지 '隄'를 만든 것이 네 번이고, '湖'를 만든 것이 한 번이고, '山'을 만든 것이 두 번이다(蜀漢 後主 建興 15년(237)과 이해(446)이다. 나머지는 漢 明帝 永平 12년(69)에 자세하다.).〔書重民力也 終綱目書作隄四 立湖一 起山二(漢後主建興十五年 是年 餘詳漢明帝永平十二年)〕" ≪書法≫

34) 張氏 : 5胡16國의 하나인 前涼을 가리킨 것으로, 전량은 漢族 명가 출신인 張軌가 세웠다.

게 벼슬을 하였는데, 前秦이 涼州를 함락하자 그 자손들이 비로소 關中으로 돌아왔다. 宋 高祖(劉裕)가 後秦을 멸망시키자, 杜坦 형제는 고조를 따라서 장강을 건넜다. 당시에 江東에는 王氏와 謝氏의 여러 종족들이 한창 강성했던 터라 뒤늦게 건너온 北人들을 조정에서는 모두 傖荒(北人을 경시하는 말)으로 대하였고, 비록 쓸 만한 재주가 있는 사람이라도 모두 淸職에 오르지는 못하였다.

宋主가 일찍이 두탄과 더불어 金日磾[35]를 논평하여 말하기를 "지금 다시 이런 사람들이 없는 것이 한탄스럽다."라고 하였다. 두탄이 말하기를 "김일제가 설령 지금 세상에 태어난다 하더라도 말을 기르느라 겨를이 없을 터인데, 어찌 그의 견식과 지혜를 판별할 수 있겠습니까."라고 하니, 宋主가 안색을 변하여 말하기를 "卿은 어찌 조정을 경시하는 것인가?"라고 하였다. 두탄이 말하기를 "臣의 처지에서 말씀드리기를 청합니다. 臣은 본래 中華의 명문 귀족으로 선대의 공업을 대대로 이어왔는데, 다만 일찍 남쪽으로 건너오지 않은 탓에 곧바로 傖荒으로 취급받고 있습니다. 하물며 오랑캐 종족으로 몸소 말을 기른 김일제와 같은 사람이야 말할 나위가 있겠습니까."라고 하니, 宋主가 말을 하지 못하였다.

初에 杜預之子耽이 避晉亂居河西하여 仕張氏러니 秦克涼州에 子孫始還關中하다 高祖滅後秦에 坦兄弟從過江①하니 時에 江東王謝諸族이 方盛이라 北人晩渡者를 朝廷悉以傖荒遇之하니 雖復人才可施라도 皆不得踐淸塗②라 宋主嘗與坦論金日磾曰 恨今無復此輩人이로다 坦曰 日磾假生今世라도 養馬不暇니 豈辨見知리잇고하니 宋主變色曰 卿何量朝廷之薄也오 坦曰 請以臣言之호리이다 臣本中華高族으로 世業相承이어늘 直以南渡不早로 便以傖荒賜隔하니 況日磾胡人으로 身爲牧圉乎아하니 宋主默然하다

① 杜坦은 杜驥의 형이다.
坦, 驥之兄也.

② 傖(천하다)은 助耕의 切이다. 南人이 北人을 傖이라고 불렀다. 荒은 변방에서 왔음을 말한 것이다.
傖, 助耕切. 南人呼北人爲傖. 荒, 言其自荒外來也.

【綱】 8월에 北魏의 長安鎭將 陸俟가 蓋吳를 토벌하여 목을 베었고, 安定의 盧水胡 劉超가 반란을 일으키자 육사가 또 목을 베었다.

---

35) 金日磾 : 匈奴 休屠王의 태자로, 漢 武帝 때에 漢나라에 들어와 車騎將軍이 되고, 霍光과 함께 무제의 遺詔를 받들어 정사를 보필하였다.(≪漢書≫ 〈金日磾傳〉)

八月에 **魏長安鎭將陸俟討蓋吳斬之**하고 **安定胡劉超反**이어늘 **俟又斬之**[36]하다

【目】蓋吳가 杏城에 주둔하여 다시 위세를 떨치자, 北魏에서 高涼王 拓跋那 등을 보내어 토벌하여 격파하고 그의 숙부 두 명을 사로잡았다. 諸將들이 平城으로 그들을 보내려고 하였는데, 長安鎭將 陸俟가 말하였다.

"長安은 험하고 견고하며 풍속이 굳세고 강하니, 지금 합오의 목을 베지 않으면 변고는 끝나지 않을 것이다. 합오가 제 한 몸만 몰래 도주하였으니, 그가 친하게 지내고 믿는 사람이 아니면 누가 그를 사로잡을 수 있겠는가. 그러나 10만의 군대를 머물게 하여 한 사람을 추적하게 한다면 역시 좋은 계책이 아니다. 사사로이 합오의 숙부들에게 그의 처자식의 죄를 면하게 해주겠다고 허락하고 스스로 합오를 뒤쫓아가게 하는 것만 못하니, 이렇게 하면 반드시 그를 사로잡을 수 있을 것이다."

諸將들이 모두 말하기를 "잡았던 적을 죽이지 않고 다시 보내주었다가 만약 그가 돌아오지 않으면 누가 그 죄를 책임질 것인가?"라고 하니, 육사가 말하기를 "이 죄는 제가 여러분들을 대신해 책임질 것이다."라고 하였다. 고량왕 척발나 역시 육사의 계책이 옳다고 생각하여 마침내 그들과 기일을 약속하고 보내주었다.

기일이 되어도 합오의 숙부들이 도착하지 않자 諸將들이 모두 육사를 허물하였는데, 육사가 말하기를 "저들은 합오를 죽일 틈을 엿보고 있으나 아직 좋은 기회를 잡지 못했을 뿐이니, 필시 약속을 저버리지 않을 것이다."라고 하였다. 며칠 후에 과연 합오의 首級을 가지고 오자 역말로 平城에 보내고 합오의 잔당들을 토벌하여 모두 평정하니, 육사를 內都大官[37]으로 삼았다.

蓋吳屯杏城하여 **聲勢復振**이어늘 **魏遣高涼王那等討破之**하고 **獲其二叔**①하니 **諸將欲送詣平城**한대 **長安鎭將陸俟曰 長安險固**하고 **風俗豪忮**하니 **今不斬吳**면 **變未已也**②라 **吳一身潛竄**하니 **非其親信**이면 **誰能獲之**오 **然停十萬之衆**하여 **以追一人**하면 **又非長策**이니 **不如私許吳叔免其妻子**하고 **使自追吳**하니 **禽之必矣**라 **諸將咸曰 得賊不殺而更遣之**하여 **若其不返**이면 **將何以任其罪**오하니 **俟曰 此罪**를 **我爲諸君任之**하리라하니 **高涼王那亦以爲然**하여 **遂與刻期而遣之**러니 **及期不至**하니 **諸將皆咎俟**어늘 **俟曰 彼伺之未得其便耳**니 **必不負也**리라하다 **後數日**에 **果以吳首來**어늘 **傳詣平城**하고 **討其餘黨悉平之**하니 **以俟爲內都大官**③하다

36) 魏長安鎭將陸俟討蓋吳斬之……俟又斬之 : "'又斬之'라고 기록한 것은 陸俟를 거듭 가상히 여긴 것이다.〔書又斬之 重嘉俟也〕" ≪書法≫

37) 內都大官 : 본서 52쪽 역주 45) 참조.

① 拓跋那는 拓跋禮의 아들이다.
那, 禮之子也.
② 忮는 사납다는 뜻이다.
忮, 狼也.
③ 傳(역말)은 知戀의 切이다.
傳, 知戀切.

【目】 때마침 安定의 盧水胡 劉超가 다시 반란을 일으키니, 魏主가 陸俟의 위엄과 은혜가 關中에 널리 알려져 있다고 여겨 다시 長安으로 보내 鎭守하게 하였다. 육사가 말 한 필을 타고서 진수할 곳으로 가니, 유초 등이 이 소식을 듣고 크게 기뻐하여 유사가 아무 일도 할 수 없을 것이라 생각하였다.

육사가 도착하고 나서 〈유초에게〉 성공과 실패를 깨우쳐주고 유초의 딸을 유혹하여 아내로 삼고 그를 초대하였는데, 유초는 항복할 뜻이 없었다. 육사가 부하들을 거느리고 친히 가서 유초를 만나보았는데, 유초가 아주 엄히 방비를 하자 육사가 술을 실컷 마시고 취하여 돌아왔다. 얼마 뒤 다시 결사대 500명을 뽑아서 사냥을 나가서 이를 빌미로 유초의 군영으로 가서 부하들과 약속하기를 "마땅히 내가 술에 취한 때를 신호로 삼아서 행동을 개시하라."라고 하였다. 술에 취한 뒤에 육사가 겉으로 취한 척하면서 말에 올라타서 크게 소리치며 직접 유초의 목을 베자, 사졸들이 호응하여 마구 공격하니 〈유초의 부하 중에〉 죽거나 부상을 당한 자가 1천 명을 헤아렸다. 마침내 그들을 평정하니 魏主가 다시 육사를 불러 外都大官[38]으로 삼았다.

會安定盧水胡劉超復反이어늘 魏主以俟威恩著於關中이라하여 復遣鎭長安한대 俟單馬之鎭하니 超等聞之大喜하여 以俟爲無能爲也러니 俟旣至에 喩以成敗하고 誘納其女以招之하니 超無降意러라 俟乃帥帳下往見之한대 超設備甚嚴이어늘 俟縱酒盡醉而還이러라 頃之復選敢死士五百人出獵하여 因詣超營하여 約曰 發機當以醉爲限이리라하고 旣飮에 俟陽醉上馬하여 大呼手斬超首하니 士卒應聲縱擊하니 殺傷千數라 遂平之하니 魏主復徵俟하여 爲外都大官하다

【綱】 吐谷渾이 다시 故土로 돌아왔다.

吐谷渾復還故土①하다

① 지난해에 吐谷渾이 서쪽으로 달아났다.

38) 外都大官 : 본서 52쪽 역주 45) 참조.

去年, 吐谷渾西奔.

丁亥年(447)

宋나라 太祖 文帝 劉義隆 元嘉 24년이고, 北魏 世祖 太武帝 拓跋燾 太平眞君 8년이다.

宋元嘉二十四年이요 魏太平眞君八年이라

【綱】 봄 3월에 北魏가 沮渠牧犍을 죽였다.

春三月에 魏殺沮渠牧犍[39)]하다

【目】 北魏 군대가 敦煌을 점령하였을 때[40)] 沮渠牧犍이 사람을 시켜 창고를 열어서 金玉과 寶器를 취하였다. 이때에 이르러 창고를 지키던 사람이 그 사실을 고발하고 또 말하기를 "저거목건이 독약을 쌓아두고서 몰래 죽인 사람이 전후로 백 명이요, 자매가 모두 左道를 배웠습니다."라고 하였다. 有司가 집을 수색하여 과연 숨겨놓은 물건을 찾아내자, 魏主가 크게 노하여 沮渠昭儀(興平公主)를 賜死하고 아울러 그의 종족을 주살하였다. 또 저거목건이 여전히 옛날 신하와 백성들과 내통하여 반역을 모의한다고 밀고한 자가 있었는데, 魏主가 마침내 詔書를 내려 賜死하였다.

魏師之克敦煌也에 沮渠牧犍이 使人斫開府庫하여 取金玉及寶器①러니 至是하여 守藏者告之하고 且言曰 牧犍蓄毒藥潛殺人이 前後以百數요 姊妹皆學左道②라한대 有司索其家하여 果得所匿物하니 魏主大怒하여 賜沮渠昭儀死하고 幷誅其宗族③하다 又有告牧犍이 猶與故臣民交通謀反者어늘 乃詔賜死하다

① 敦煌은 마땅히 姑臧으로 써야 한다.
敦煌當作姑臧.

---

39) 魏殺沮渠牧犍 : "北魏가 赫連定을 죽였을 때 '故夏主(前 夏나라 군주)'라고 기록했으나 沮渠牧犍은 '故涼王(前 北涼王)'인데 어찌하여 기록하지 않았는가. 이미 항복했기 때문이다. 그러므로 姚泓(後秦)도 기록하지 않았고, 저거목건도 기록하지 않았으니, 모두 이미 항복했기 때문이다. 《資治通鑑綱目》의 기록하고 삭제함이 엄격하다.〔魏殺赫連定 書故夏主 牧犍 故涼王也 則何以不書 已降也 是故姚泓不書 牧犍不書 皆已降也 綱目之筆削嚴矣〕" 《書法》 姚泓은 後秦의 마지막 임금이니 자세한 내용은 《자치통감강목》 제24권 상 義熙 13년(417)에 보인다.

40) 北魏……때 : 元嘉 16년(439) 9월에 姑臧城이 함락되자 沮渠牧犍이 문무 신료 5천 명을 거느리고 魏主 拓拔燾에게 항복한 일을 말한다. 자세한 내용은 본서 208쪽에 보인다.

② 〈"學左道"는〉 曇無讖[41]의 술법을 배운 것을 말한다.
謂學曇無讖之術也.

③ 위의 元嘉 10년(433)에 沮渠牧犍이 그 누이 興平公主를 北魏로 보냈는데, 右昭儀[42]에 제수하였다는 내용이 있다.
上十年, 牧犍送其妹興平公主于魏, 拜右昭儀.

【綱】 宋나라가 大錢을 주조하였다.

宋鑄大錢하다

【目】 예전에 宋主가 화폐의 가치는 높고 물건의 가격이 낮은 것으로 인해 四銖錢[43]을 주조하였는데, 백성들이 대부분 옛날의 銅錢을 깎아내서 구리를 얻어 사사로이 동전을 주조하였다. 江夏王 劉義恭이 건의하여 大錢 1개로 1兩(24銖)에 해당하도록 하자고 요청하였는데, 右僕射 何尙之가 논의하였다.

"泉貝(화폐)가 만들어진 것은 물건 값을 계산하여 교역하는 것을 근본으로 삼은 것이니, 그 기능은 교역에 있는데 어찌 많은 화폐를 주조할 필요가 있겠습니까. 화폐의 수량이 적으면 화폐의 가치는 높아지며, 화폐의 수량이 많으면 물건이 비싸지니, 화폐의 많고 적음이 비록 다르지만 그 용도는 다르지 않습니다. 하물며 다시 동전 하나로 1兩에 해당시켜서 가치만을 헛되이 높이려는 것이겠습니까. 만약 지금의 제도를 시행한다면 부자들의 재화는 절로 갑절이 될 것이며, 가난한 사람들은 그 곤궁함이 더욱 증대될 것이니, 빈부를 균등하게 하는 방법이 되지 못할까 두렵습니다."

宋主가 결국 유의공의 의견을 따랐다.

初에 **宋主以貨重物輕**으로 **改鑄四銖錢**하니 **民多翦鑿古錢**하여 **取銅盜鑄**어늘 **江夏王義恭**이 **建議**하여 **請以大錢一當兩**한대 **右僕射何尙之議**호되 **泉貝之興**은 **以估貨爲本**이니 **事存交易**이라 **豈假多鑄**①리오 **數少則幣重**이요 **數多則物重**이니 **多少雖異**나 **濟用不殊**라 **況復以一當兩**하여 **徒崇虛價者邪**아 **若今制遂行**하면 **富人之貲自倍**요 **貧者彌增其困**이니 **懼非所以使之均一也**니이다하니 **宋主卒從義恭議**하다

---

41) 曇無讖 : 중인도 바라문 출신의 승려로, 達摩耶舍의 제자가 되어 小乘을 배우고 후에는 大乘에 전념하였다. 412년에 甘肅省 姑臧에 들어가 北涼王 沮渠蒙遜의 우대를 받으며 佛經을 번역하였다.

42) 右昭儀 : 妃嬪의 칭호이다. 左昭儀와 右昭儀가 있었는데 지위는 皇后의 아래였다.(≪資治通鑑新注≫)

43) 四銖錢 : 본서 138쪽에 보인다.

① 錢의 본래 명칭은 泉으로, 재화의 흐름을 말한 것이니, 샘과 같다. 貝는 바다에서 나는 갑각류이다. 估의 음은 古이니, 값이라는 뜻이다.
錢本名泉, 言貨之流, 如泉也. 貝, 海介蟲也. 估, 音古, 直也.

【綱】宋나라 衡陽王 劉義季가 卒하였다.

宋衡陽王義季卒하다

【目】劉義季는 劉義康이 쫓겨나면서부터 마침내 술에 빠져 일을 하지 않다가 병에 걸려서 죽었다.

義季自義康之貶으로 遂縱酒不事事하여 以至成疾而終하다

【綱】겨울 10월에 宋나라 胡誕世가 豫章을 점거하여 반란을 일으키자, 토벌하여 평정하였다.

冬十月에 宋胡誕世據豫章反이어늘 討平之하다

【目】胡藩의 아들 胡誕世가 豫章太守를 죽이고 豫章郡을 점거하여 반란을 일으켜서 前 彭城王 劉義康을 받들어 군주로 삼고자 하였다. 前 交州刺史 檀和之가 벼슬을 그만두고 고향으로 돌아가는데 豫章을 지나다가 그를 공격하여 목을 베었다.

胡藩之子誕世 殺豫章太守하고 據郡反하여 欲奉前彭城王義康爲主①어늘 前交州刺史檀和之去官歸하여 過豫章이라가 擊斬之하다

① 胡藩은 豫章에 살았다.
藩家于豫章.

【綱】楊文德이 葭蘆를 점거하니 5郡의 氐族이 모두 호응하였다.

楊文德據葭蘆하니 五郡氐皆應之①하다

① 北魏가 仇池를 취하여 武都, 天水, 漢陽, 武階, 仇池 5郡을 설치하였다.
魏取仇池, 置武都・天水・漢陽・武階・仇池五郡.

戊子年(448)

宋나라 文帝 劉義隆 元嘉 25년이고, 北魏 太武帝 世祖 拓跋燾 太平眞君 9년이다.

宋元嘉二十五年이요 魏太平眞君九年이라

【綱】봄 정월에 北魏 사람이 楊文德을 공격하였는데, 양문덕이 패배하여 漢中으로 달아나니, 宋나라가 그의 관직을 면직시키고 작위와 토지를 삭탈하였다.

春正月에 **魏人擊楊文德**한대 **文德敗走漢中**하니 **宋免其官**하고 **削爵土**①하다

① 한 지역을 지켜내지 못한 죄〔失守〕에 걸린 것이다.
坐失守也.

【綱】北魏 山東에 기근이 들어 京畿 주위에 요새를 축조하는 노역을 중지하였다.

◑ **魏山東饑**라 **罷塞圍役者**하다

【綱】宋나라 吏部尙書 庾炳之가 죄를 지어 면직되었다.

◑ **宋吏部尙書庾炳之有罪免**하다

【目】庾炳之가 성품이 조급하며 천박하였는데, 뇌물을 많이 받아 有司에 의해 탄핵을 받았다. 上이 그 죄를 묻지 않으려고 하였는데, 僕射 何尙之가 유병지의 단점을 극력하게 아뢰니, 그제야 그를 면직시켰다.

炳之性强急輕淺한대 多納賄賂하여 爲有司所糾하니 上欲不問이러니 僕射何尙之極陳其短하니 乃免其官하다

【綱】여름 4월에 宋나라가 武陵王 劉駿을 徐州刺史로 삼았다.

夏四月에 **宋以武陵王駿**으로 **爲徐州刺史**하다

【目】 彭城太守 王玄謨가 上奏하기를 "彭城은 강과 육지를 겸하는 요충지이니, 皇子로 州의 일을 맡아 돌보게 하소서."라고 하였으므로, 이러한 명이 있었다.

彭城太守王玄謨上言호되 彭城要兼水陸하니 請以皇子撫臨州事라 故有是命①하다

① 北魏 사람이 남쪽을 침략할 때에는 수로로는 淸水에서 泗水로 들어가고, 육로로는 歷城과 瑕丘로부터 시작하니, 모두 彭城과 연결되기 때문에 수륙을 겸한 요충지라고 한 것이다.
魏人南寇, 水行自淸入泗, 陸行自歷城瑕丘, 皆湊彭城, 故云要兼水陸.

【綱】 宋나라가 大錢을 폐지하였다.

宋罷大錢하다

【目】 當兩大錢[44]이 시행되어 시간이 흘렀는데도 公私가 편하게 여기지 않으니, 그것을 폐지하였다.

當兩大錢을 行之經時에 公私不以爲便하니 罷之하다

【綱】 가을에 般悅國이 사신을 파견하여 北魏로 보냈다.

秋에 般悅國이 遣使如魏하다

【目】 西域의 般悅國은 平城과의 거리가 1만여 리인데, 使者를 파견하여 北魏에 보내어 北魏의 동쪽과 서쪽에서 함께 柔然을 공격하기를 요청하니, 魏主가 허락하고 안팎의 경계를 엄중하게 하였다.

西域般悅國이 去平城萬有餘里①라 遣使詣魏하여 請與魏東西合擊柔然이어늘 魏主許之하고 中外戒嚴하다

① ≪北史≫에 의거하면 般悅은 悅般으로 써야 한다. 般은 음이 鉢이다.[45]
據北史, 般悅當作悅般. 般, 音鉢.

---

44) 當兩大錢 : 大錢 하나가 1兩(24銖)에 해당하게 한 것으로 기존에는 四銖錢을 썼다. 자세한 것은 본서 283쪽에 보인다.

45) 般은……鉢이다 : 현재 우리나라 음은 鉢(발)을 채용하지 않고 '반'으로 읽는다. 般若·般若湯의 음도 모두 撥(발)인데 이를 '반'으로 읽어 고착화되었다.

【綱】 北魏가 焉耆와 龜玆를 공격하여 겨울 12월에 격파하니, 西域이 평정되었다.

魏擊焉耆龜玆하여 **冬十二月**에 **破之**하니 **西域平**하다

【綱】 魏主가 柔然을 정벌하였다가 오랑캐를 발견하지 못하고 돌아왔다.

◑ **魏主伐柔然**하여 **不見虜而還**하다

己丑年(449)

宋나라 太祖 文帝 劉義隆 元嘉 26년이고, 北魏 世祖 太武帝 拓跋燾 太平眞君 10년이다.

宋元嘉二十六年이요 魏太平眞君十年이라

【綱】 봄 정월에 魏主가 다시 柔然을 정벌하니, 處羅可汗(郁久閭吐賀眞)이 달아났다.

春正月에 **魏主復伐柔然**하니 **可汗遁走**하다

【綱】 가을 7월에 宋나라가 隨王 劉誕을 雍州刺史로 삼았다.

◑ **秋七月**에 **宋以隨王誕**으로 **爲雍州刺史**①하다

① 劉誕은 宋 文帝의 아들이다.
誕, 文帝子.

【目】 宋主가 中原을 경략하려고 하니, 여러 신하들이 다투어 계책을 올려 황제의 뜻에 영합하여 총애를 얻고자 하였다. 王玄謨가 더욱 진언하기를 좋아하였는데, 宋主가 侍臣에게 말하기를 "왕현모의 진언을 살펴보니, 사람(宋主)에게 狼居須에서 封禪하게 할 뜻을 갖게 한다."라고 하였다.

御史中丞 袁淑이 말하기를 "폐하께서는 이제 마땅히 趙와 魏를 석권하셔서 岱宗山(泰

山)에서 檢玉46) 의식을 거행하셔야 하니, 臣은 천재일우의 기회를 만나 封禪書를 올리기를 바랍니다."라고 하니, 宋主가 기뻐하였다.

襄陽은 밖으로 函谷關·黃河와 접하고 있어서, 그 財物과 人力을 넓히고자 江州 軍府의 文武官을 해체하여 모두 雍州에 배치하고 湘州에서 조정으로 들어가는 조세를 모두 양양에 공급하게 하였다.

宋主欲經略中原하니 群臣爭獻策以迎合取寵이러니 王玄謨尤好進言이어늘 宋主謂侍臣曰 觀玄謨所陳하니 令人有封狼居須意①로다 御史中丞袁淑曰② 陛下今當席卷趙魏하여 檢玉岱宗③이니 臣逢千載之會하여 願上封禪書④하노이다하니 宋主悅이러라 以襄陽外接關河라 欲廣其資力하여 乃罷江州軍府文武하여 悉配雍州하고 湘州入臺租稅를 悉給襄陽⑤하다

① 〈"令人有封狼居須意"는〉 자신에게 마침내 北伐의 뜻을 일으키게 했다는 말이다. 須는 胥와 통용한다. 狼居胥는 匈奴에 있는 산 이름이다. 漢나라 霍去病이 흉노를 정벌하여 狼居胥山에서 封祭를 지내고, 故衍山에서 禪祭를 지냈으며, 瀚海까지 갔다.
言令我遂起北伐之意也. 須, 通作胥. 狼居胥, 匈奴中山名. 漢霍去病伐匈奴, 封狼居胥, 禪於姑衍, 以臨瀚海.

② 袁淑은 袁耽의 증손이다.
淑, 耽之曾孫也.

③ 卷(말다)은 捲으로 읽는다. 泰山에 封禪할 때에는 玉檢을 쓴다.
卷, 讀曰捲. 封泰山用玉檢.

④ 이는 司馬相如의 일을 본받고자 한 것이다. 사마상여가 죽기 전에 한 권의 책을 저술하고서 말하기를 "사자가 와서 책을 구하면 이것을 올리시오." 하였다. 그가 남긴 책은 封禪의 일을 기록한 것이다.
此欲效司馬相如事, 相如未死時, 爲一卷書曰 "有使來求書, 奏之." 其遺札書, 言封禪事.

⑤ 晉나라 孝武帝가 처음 襄陽에 雍州를 세우고, 아울러 僑郡·僑縣을 세웠다. 이때에 이르러 荊州의 襄陽·南陽·新野·順陽·隨의 5郡을 떼어서 雍州로 삼았는데, 僑郡·僑縣은 여전히 여러 郡의 경계에 얹혀 있었다.
晉孝武始於襄陽立雍州, 幷立僑郡縣, 至是, 割荊州之襄陽·南陽·新野·順陽·隨五郡爲雍州, 而僑郡縣猶寄寓在諸郡界.

【綱】 9월에 魏主가 柔然을 정벌하여 〈사람과 물자를〉 크게 포획하였다.

九月에 **魏主伐柔然大獲**하다

---

46) 檢玉 : 封禪을 가리킨다. 옛날 封禪 의식에는 金策(금편에 글을 새겨 만든 策書), 石函, 金泥(水銀과 금가루를 섞어서 만든 인주), 玉檢(玉牒書를 봉해 넣은 상자)을 사용하였다.

【目】 魏主가 柔然을 정벌할 때에 高涼王 拓跋那는 동쪽 길로 출발하고 略陽王 拓跋羯兒는 중간 길로 출발하였다. 유연의 處羅可汗(郁久閭吐賀眞)이 나라 안에 있는 정예병을 모두 동원하여 탁발나를 수십 겹으로 포위하자, 탁발나는 참호를 파고 굳게 지키며 며칠 동안 대치하였는데, 처라가한이 자주 挑戰하여 번번이 탁발나에게 패배하였다. 탁발나의 무리는 적었으나 견고하였기에 〈처라가한은〉 北魏의 大軍이 장차 도착할 것으로 의심하여 포위를 풀고 밤중에 퇴각하였는데, 탁발나가 9일 동안 밤낮으로 그들을 추격하니, 처라가한이 더욱 두려워 輜重을 버리고 穹隆嶺을 넘어 멀리 도망갔다. 탁발나가 輜重을 수습하고 군사들을 이끌고 돌아와 魏主과 廣澤에서 만나고, 탁발갈아는 유연의 백성과 가축 도합 100여만을 거두어들이니, 이로부터 유연이 쇠약해져서 자취를 감추고 감히 北魏의 변경을 침범하지 못하였다.

魏主伐柔然할새 高涼王那는 出東道하고 略陽王羯兒는 出中道①러니 柔然處羅可汗이 悉國中精兵하여 圍那數十里어늘 那掘塹堅守하여 相持數日이러니 處羅數挑戰하여 輒爲那所敗러라 以那衆少而堅이라 疑大軍將至하여 解圍夜去어늘 那追之九日夜하니 處羅益懼하여 棄輜重하고 踰穹隆嶺하여 遠遁하다 那收其輜重하고 引軍還하여 與魏主會於廣澤하고 羯兒는 收柔然民畜凡百餘萬하니 自是柔然衰弱하여 屛跡不敢犯魏塞러라

① 拓跋羯兒는 道武帝(拓跋珪)의 손자이다.
羯兒, 道武之孫也.

【綱】 겨울에 宋나라 雍洲의 蠻族이 반란을 일으켰다.

冬에 宋雍洲蠻反하다

【目】 沔水 북쪽의 山蠻이 雍州를 침략하자 將軍 沈慶之가 參軍 柳元景과 隨郡太守 宗慤 등을 인솔하여 토벌할 적에 8개의 길로 함께 진군하였다. 이에 앞서 만족을 토벌하려는 諸將들이 모두 산 아래에 군영을 치니, 만족이 산을 점거하고 화살과 돌을 발사하여 공격을 하자, 官軍이 불리할 때가 많았다. 심경지가 말하기를 "지난해에 만족의 밭에 곡식이 아주 잘 여물어 겹겹의 바위 속에 곡식을 쌓아두고 있으니, 그들과 쓸데없이 시일을 보내며 대치하는 것을 옳지 않다. 뜻밖에 적에게 출병하여 적의 심장부를 공격하는 것만 못하니, 이렇게 하면 틀림없이 적들을 격파할 수 있을 것이다."라고 하고, 마침내 여러 군대에 명령을 내려서 나무를 베며 산에 올라 북을 치고 함성을 지르며 전진하니,

여러 만족들이 두려움에 떨었다. 그들의 두려움을 이용하여 공격하자, 향하는 곳마다 적이 달아나 궤멸되었다.

沔北諸山蠻이 寇雍州어늘 將軍沈慶之 帥(솔)參軍柳元景隨郡太守宗慤等討之할새 八道俱進하다 先是에 諸將討蠻者 皆營於山下러니 蠻得據山하여 發矢石以擊하니 官軍多不利러니 慶之曰 去歲蠻田大稔하여 積穀重巖하니 不可與之曠日相守也①라 不若出其不意하여 衝其腹心하니 破之必矣라하고 乃命諸軍斬木登山하여 鼓譟而前하니 群蠻震恐이어늘 因其恐而擊之하니 所向奔潰러라

① 重(거듭)은 直龍의 切이다.
重, (立)〔直〕47)龍切.

庚寅年(450)

宋나라 太祖 文帝 劉義隆 元嘉 27년이고, 北魏 世祖 太武帝 拓跋燾 太平眞君 11년이다.

宋元嘉二十七年이요 魏太平眞君十一年이라

【綱】봄 정월에 宋나라 將軍 沈慶之가 蠻族을 토벌하여 평정하였다.

春正月에 宋將軍沈慶之 討蠻平之하다

【目】沈慶之가 겨울부터 봄에 이르기까지 여러 차례 山蠻을 격파하고 그들의 곡식을 군량으로 충당하였다. 幸諸山에 있는 犬羊蠻이 험한 지형에 의지하여 성을 쌓아서 수비가 매우 견고하였다. 심경지가 여러 부대에 명령하여 산속에다가 軍營을 연결하여 문을 열어 서로 통하게 하고 각

狐帽詠蠻(狐帽를 쓴 沈慶之가 山蠻을 두렵게 하다)

47) (立)〔直〕: 저본에는 '立'으로 되어 있으나, 《資治通鑑》 註에 의거하여 '直'로 바로잡았다.

기 군영 안에다가 연못을 파서 아침저녁으로 밖에서 물을 깃지 않게 하였다. 蠻族이 군사들을 잠복시켰다가 밤에 와서 군영에 불을 지르자, 여러 부대가 연못의 물로 불을 끄고 弓弩手를 많이 보내서 양쪽에서 그들을 향해 쏘니, 만족 군사들이 흩어져서 도주하였다. 만족이 점거한 곳이 험준하고 견고하여 공격할 수가 없자, 심경지가 마침내 여섯 곳에 수자리를 설치하고 그곳을 지키게 하였다. 오랜 시일이 지나자 만족은 군량이 바닥나서 점점 항복을 청하였는데, 모두 建康으로 옮겨서 營戶[48]로 삼았다.

沈慶之自冬至春히 屢破山蠻하고 因其穀以充軍食이러니 幸諸山犬羊蠻이 憑險築城하여 守禦甚固①하다 慶之命諸軍連營於山中하여 開門相通하고 各穿池於營內하여 朝夕不外汲하니 蠻潛兵夜來燒營이어늘 諸軍以池水沃火하고 多出弓弩하여 夾射之하니 蠻兵散走하다 蠻所據 險固不可攻이어늘 慶之乃置六戍以守之하니 久之에 蠻食盡하여 稍稍請降이어늘 悉遷於建康하여 以爲營戶하다

① ≪南史≫ 〈沈慶之傳〉에 "犬羊 등 여러 산에 사는 蠻族을 토벌하였다."라고 하였다. 沈慶之傳 "討犬羊諸山蠻."

【綱】 2월에 魏主가 宋나라를 침범하여 懸瓠를 포위하였다.

二月에 魏主侵宋하여 圍懸瓠하다

【目】 魏主가 宋나라를 정벌하려고 하는데 宋主가 그 소식을 듣고 淮水와 泗水의 여러 郡에 칙서를 내려 "만약 소규모의 北魏 군대가 도착하면 각자 견고하게 지키고, 대규모의 군대가 도착하면 백성들을 빼내어 壽陽으로 돌아오라."라고 하였다. 변방 수자리에서 정찰한 것이 명확하지 않았는데, 魏主가 직접 보병과 기병 10만을 거느리고 갑자기 南頓에 이르니, 〈南頓太守와〉 潁川太守가 모두 성을 버리고 도주하였다. 이때에 豫州刺史 南平王 劉鑠이 壽陽을 鎭守하고 있던 터라 參軍 陳憲을 파견하여 懸瓠를 지키게 하였는데, 城中의 병사가 1천 명도 되지 않았다. 魏主가 현호를 포위하였다.

魏主將伐宋이어늘 宋主聞之하고 勅淮泗諸郡하여 若魏寇小至면 則各堅守하고 大至면 則拔民歸壽陽이러니 邊戍偵候不明①이어늘 魏主自將步騎十萬하여 奄至南頓하니 潁川太守竝棄城走②하다 是時에 豫州刺史南平王鑠이 鎭壽陽③이러니 遣參軍陳憲하여 守懸瓠하니 城中戰士 不滿千人이라

48) 營戶 : 점령지의 포로나 주민을 새로 호적에 편입시켜 군대의 관할 하에 두는 일 또는 그러한 民戶를 말한다.

魏主圍之하다

① "偵候"는 정탐하여 엿보는 것을 말한다.
偵候, 謂覘偵而伺候之也.
② 南頓縣은 본래 汝南에 속하였는데, 晉 惠帝 때에 분리하여 南頓郡을 두었다.
南頓縣, 本屬汝南, 晉惠帝分置南頓郡.
③ 劉鑠은 宋 文帝의 아들이다.
鑠, 文帝子.

【綱】 3월에 宋나라가 百官의 녹봉을 경감하였다.

三月에 **宋減百官俸**하다

【目】 군대를 일으킨 일로 內外 官員의 녹봉 1/3을 경감한 것이다.

以軍興으로 **減內外官俸三分之一**하다

【綱】 여름 4월에 北魏의 군대가 돌아갔다.

夏四月에 **魏師還**하다

【目】 北魏 사람들이 밤낮으로 懸瓠를 공격하면서 높은 망루를 지어 성을 내려다보며 성안에 화살을 쏘니, 화살이 비처럼 쏟아져서 성안에서는 문짝을 지고 물을 길었다. 衝車의 끝에다 큰 갈고리를 설치하여 망루와 성가퀴에 〈갈고리를 걸어〉 끌어당겨 남쪽 성벽을 파괴하니, 陳憲이 안쪽에는 성가퀴를 설치하고 바깥쪽에는 木柵을 세워서 그들을 막았다. 北魏 사람들이 참호를 메우고 몸으로 직접 성을 기어오르자, 진헌은 장수와 병사들을 독려하며 힘겹게 싸웠는데, 쌓인 시체가 성의 높이와 비슷해졌다. 北魏 사람들이 시체를 타고 성에 올라 짧은 병기로 서로 맞붙어 싸웠는데, 진헌의 銳氣가 더욱 분발하니 병사들이 한 명당 백 명을 상대하지 않는 이가 없었다. 죽거나 부상을 당한 北魏 사람이 1만을 헤아렸으며, 성안에도 죽은 사람이 역시 절반이 넘었다.

北魏가 永昌王 拓跋仁을 파견하여 노략질한 6郡의 포로들을 데리고 북쪽으로 가서 汝陽에 주둔하였는데, 宋主가 密使를 파견하여 武陵王 劉駿에게 기병을 출동하여 그들을 습격하도록 명령하니,[49] 유준이 100리 안에 있는 말을 징발하여 1,500필을 얻어 5軍

으로 나누어 參軍 劉泰之 등을 파견하여 그들을 거느리고 곧바로 여양으로 가게 하였다. 北魏 사람들이 오직 구원병이 壽陽에서 올 것이라 생각하고 彭城을 방비하지 않았는데, 유태지 등이 몰래 진군하여 그들을 공격하여 3천여 명을 죽이고 그들의 輜重을 불태우니, 北魏 사람들이 도망하여 흩어졌고 여러 포로들은 모두 동쪽으로 도주하였다. 北魏에서 정탐하여 유태지 등의 군대에게 후속부대가 없음을 알고 다시 군사들을 이끌고 그들을 공격하니, 士卒들이 놀라 혼란에 빠져 도주하다가 죽고 살아남은 사람이 900여 명이었으며, 말 가운데 돌아온 것이 400필이었다.

魏主가 현호를 42일 동안 공격하였는데, 宋主가 南平內史 臧質과 司馬 劉康祖를 파견하여 현호를 구원하게 하였다. 魏主가 任城公 拓跋乞地眞을 파견하여 그들을 맞아서 막게 하였는데, 장질 등이 탁발걸지진을 공격하여 목을 베었다. 4월에 魏主가 군사를 이끌고 회군하니, 宋나라가 진헌을 龍驤將軍으로 삼았다.

魏人晝夜攻懸瓠하여 作高樓하여 臨城以射之하니 矢下如雨라 城中負戶以汲①이러라 施大鉤於衝車之端하여 以牽樓堞하여 壞其南城하니 陳憲이 內設女牆하고 外立木柵以拒之②라 魏人塡塹하고 肉薄登城③하니 憲督厲將士苦戰이어늘 積尸與城等이라 魏人乘尸上城하여 短兵相接이어늘 憲銳氣愈奮하여 戰士無不一當百이라 殺傷萬計요 城中死者亦過半이러라 魏遣永昌王仁하여 驅所掠六郡生口하여 北屯汝陽④이러니 宋主遣間使하여 命武陵王駿하여 發騎襲之하니 駿發百里內馬하여 得千五百匹하여 分爲五軍하여 遣參軍劉泰之等將之하여 直趨汝陽이러라 魏人唯慮救兵自壽陽來요 不備彭城이러니 泰之等이 潛進擊之하여 殺三千餘人하고 燒其輜重하니 魏人奔散하고 諸生口는 悉得東走러라 魏偵知泰之等兵無後繼하고 復引兵擊之하니 士卒驚亂走死하여 免者九百餘人이요 馬還者四百匹이라 魏主攻懸瓠四十二日에 宋主遣南平內史臧質司馬劉康祖하여 共救懸瓠⑤하니 魏主遣任城公乞地眞하여 逆拒之어늘 質等擊斬乞地眞하니 四月에 魏主引兵還이어늘 宋以陳憲으로 爲龍驤將軍하다

① 반쪽 門을 戶라고 하니, 물을 긷는 자가 외짝문을 등지고 날아오는 화살을 막은 것을 말한다.
半門曰戶, 謂汲水者背負其戶以禦流矢也.
② "樓堞"은 성 위의 망루이다. 櫓는 성가퀴이다.
樓堞, 城上之樓. 櫓, 女垣也.
③ 薄은 접근하다는 뜻이다. 사다리와 충차를 쓰지 않고, 제 몸으로 성벽에 다가가 기어올라가는 것이니, 이를 "肉薄登城"이라 한 것이다.

---

49) 宋主가……명령하니 : ≪資治通鑑≫에 당시 劉駿이 彭城에 주둔하였다고 하였다.

薄, 迫也. 不用梯衝, 以身迫城, 緣之而上, 謂之肉薄登城.

④ 拓跋仁은 拓跋健의 아들이다. 生口는 생포한 사람이다. 汝陽縣은 본래 汝南郡에 속하였는데, 江左 때에 분리하여 汝陽郡을 세웠다.
仁, 健之子也. 生口, 生獲之人也. 汝陽縣, 本屬汝南郡, 江左分立汝陽郡.

⑤ 劉康祖는 劉道錫의 종형이고, 劉道錫은 劉道産의 아우이다.
康祖, 道錫之從兄也. 道錫, 道産之弟.

【目】 魏主가 宋主에게 서신을 보내어 말하였다.

"이전에 蓋吳가 반역하여 關中과 隴西를 선동하였다. 그대가 다시 합오에게 사람을 보내어 그들을 유인하려 하였는데, 그들이 바로 그대를 속여서 보내준 재물을 취하려고 한 것이지, 어찌 멀리에서 그대에게 복종하는 도리가 있겠는가. 대장부가 되어서 어찌 직접 와서 〈관중・농서 지역을〉 취하지 않고 재물을 가지고 우리 변방의 백성들을 유인하는 것인가. 내가 지금 여기에 이르렀는데, 획득한 땅이 그대와 비교하면 누가 더 많은가.

그대는 또 북쪽으로 蠕蠕을 왕래하고 서쪽으로는 赫連, 沮渠, 吐谷渾과 결탁하고, 동쪽으로는 馮弘, 高句麗와 결탁하였는데, 이들 여러 나라를 모두 내가 멸망시켰으니, 그대가 어찌 홀로 설 수 있겠는가. 내가 지금 북쪽을 정벌하여 발이 있는 도적을 먼저 제거한 것이고, 그대는 발이 없으므로 먼저 토벌하지 않았을 뿐이다. 나는 당당하게 揚州를 빼앗으러 갈 것이니, 그대가 군대를 숨겨서 몰래 보내는 것과는 같지 않다.

그대는 이전에 裴方明을 시켜서 仇池를 취하게 하였는데, 그곳을 얻고 나자 그의 용기와 공로를 질투하여 자신이 포용하지 못하였다. 그리하여 이런 신하가 있었는데도 오히려 그를 죽였으니, 어찌 나와 상대할 수 있겠는가.

그대는 늘 나와 한 차례 서로 싸우길 원하였지만, 나 역시 어리석지 않고 또 苻堅도 아니니,[50] 언제 그대와 서로 交戰을 하겠는가. 낮에는 기병을 보내어 포위하고, 밤에는 그대와 100리 떨어진 밖에 묵을 것이니, 吳人(宋나라 사람)이 확실히 밤에 군영을 습격할 기량은 있지만, 50리도 가지 못하여 날이 이미 밝을 것이니, 그들의 머리가 어찌 나의 소유가 되지 않겠는가.

---

50) 苻堅도 아니니 : 苻堅(337~385)은 5胡16國 시기 前秦의 제3대 임금이다. 王猛의 보필을 받아 학문을 장려하고 농경에 힘쓰는 등 국세를 떨쳤다. 東晉을 공격하려 할 때 石越이 長江의 험고함을 들어 만류하였으나 듣지 않고 공격하였다가 淝水에서 크게 패하여 나라가 멸망할 지경에 이르렀다. 北魏 太武帝가 이렇게 말한 것은 함부로 만용을 부려 宋나라의 도발에 넘어가지 않겠다는 뜻이다.

그대 아버지(宋 高祖) 때의 옛 신하들은 비록 늙었다고는 하나 오히려 지혜로운 계책을 지니고 있었는데, 지금 이미 그대가 다 죽인 것을 알고 있으니, 하늘이 나를 도와주는 것이 아니겠는가."

魏主遺宋主書曰 前蓋吳反逆하여 **扇動關隴**이어늘 **彼復使人誘之**하니 **是曹正欲譎誑取賂**라 **豈有遠相服從之理**①리오 **爲大丈夫**하여 **何不自來取之**하고 **而以貨誘我邊民**고 **我今至此**하니 **所得孰與彼多**며 **彼又北通蠕蠕**하고 **西結赫連沮渠吐谷渾**하며 **東連馮弘高麗**러니 **凡此數國**을 **我皆滅之**하니 **彼豈能獨立邪**아 **我今北征**에 **先除有足之寇**요 **以彼無足**이라 **故不先討耳**②라 **我當顯然往取揚州**니 **不若彼翳行竊步也**③리라 **彼前使裴方明取仇池**하고 **既得之**에 **疾其勇功**하여 **已不能容**이라 **有臣如此**호되 **尙殺之**어니 **烏得與我校邪**아 **彼嘗欲與我一交戰**하나 **我亦不癡**요 **復非苻堅**이니 **何時與彼交戰**이리오 **晝則遣騎圍遶**하고 **夜則離彼百里外宿**하리니 **吳人正有斫營伎**④나 **不過行五十里**에 **天已明矣**리니 **其首豈得不爲我有哉**아 **彼公時舊臣**이 **雖老**나 **猶有智策**이러니 **知今已殺盡**하니 **非天資我邪**⑤아

① "是曹"는 대개 蓋吳를 가리킨 것이다.
是曹, 蓋指吳也.

② 柔然에는 말이 많기 때문에 발이 있다고 말한 것이다.
柔然多馬, 故言其有足.

③ 翳는 가린다는 뜻이니, "翳行"은 몸을 가리고 가는 것을 말한다.
翳, 隱也. 翳行, 言隱蔽其身而行也

④ 伎(재주)는 巨綺의 切이니, 재주라는 뜻이다.
伎, 巨綺切, 伎倆.

⑤ "彼公"은 武帝(劉裕)를 가리킨다. "舊臣"은 謝晦와 檀道濟의 무리를 말한다.
彼公指武帝也. 舊臣, 謂謝晦・檀道濟輩.

【綱】 宋나라가 江湛을 吏部尙書로 삼았다.

宋以江湛爲吏部尙書하다

【目】 江湛의 성품이 공정하고 청렴하며 僕射 徐湛之와 더불어 나란히 上의 총애와 신임을 받으니, 당시 사람들이 江徐로 일컬었다.

湛性公廉하여 **與僕射徐湛之**로 **竝爲上所寵信**하니 **時稱江徐**러라

【綱】 6월에 北魏가 司徒 崔浩를 죽이고 그의 종족을 멸하였다.

六月에 **魏殺其司徒崔浩**하고 **夷其族**[51)]하다

【目】 崔浩는 재주와 지략을 자부하였는데, 魏主에게 총애를 받게 되어서는 조정의 권한을 마음대로 통제하여 일찍이 수십 명의 선비를 천거하여 모두가 가문을 일으키고 郡守에 기용되었다.

太子 拓跋晃이 말하기를 "먼저 徵召한 사람들도 州와 郡에서 선발한 사람들이고, 관직에 재임한 지가 이미 오래되었는데 노고에 보답이 없으니, 마땅히 먼저 郡과 縣에 보임하고, 새로 징소한 사람들을 대신 郎吏로 삼게 하소서. 또 백성을 다스리는 수령은 일을 겪어본 사람을 임용하는 것이 마땅합니다."라고 하였다.

최호가 굳게 간쟁하여 그들을 파견하였는데, 中書侍郎 高允이 이 소식을 듣고 말하기를 "崔公이 죽음을 면하기 어렵겠구나. 진실로 그릇된 일을 끝까지 하면서 윗사람에게 이기고자 하니 장차 어찌 감당할 수 있겠는가."라고 하였다.

魏主가 최호와 고윤 등에게 함께 ≪國記≫[52)]를 저술하게 하면서 말하기를 "힘써 사실에 따라 기록하라."라고 하였다. 著作令史 閔湛과 郗標가 성품이 아첨을 잘하여 최호가 일찍이 ≪周易≫·≪論語≫·≪詩經≫·≪書經≫을 注釋할 때 민담과 치표가 상소를 올려 "馬融·鄭玄·王肅·賈逵의 주석은 최호의 정밀한 주석만 못하니, 청컨대 경내에 그들의 모든 책을 수거하고 최호가 주석한 것을 반포하여 천하 사람들에게 학습하여 家業

---

51) 魏殺其司徒崔浩 夷其族 : "≪周禮≫ 〈司寇〉의 八議에 議故·議賢·議功·議貴의 규정이 있다. 崔浩는 그의 아버지 崔宏 때부터 北魏에서 벼슬하였으니, 실제로 世臣이다. 최호는 세 조정을 대대로 섬겨 자신이 上公이 되어 재주와 책략이 유독 뛰어났고 계책을 내어 적에게 승리를 거두어 자주 공적을 이루었다. 八議로 말한다면 최호는 네 가지에 해당되는데 한 번 忌諱에 저촉되어 대번에 멸족을 당했으니, 凶暴한 나라에는 그 조정에 벼슬을 할 수 있겠는가. 拓跋氏는 본래 夷狄으로 中國에 진출하였으나 아직 순수한 중국이 되지 못하였으므로, 하는 짓이 이와 같았다. '殺司徒崔浩 夷其族'이라고 기록한 것은 심하게 여긴 것이다.〔周官司寇八議 有議故議賢議功議貴之典 崔浩自其父宏仕魏 實爲世臣 浩歷事三朝 身爲上公 才略獨優 運籌制勝 屢有成績 自八議言之 浩居其四 而乃一觸忌諱 遽赤其族 凶暴之國 尙可立其朝哉 拓跋本夷狄 進於中國 而未能純乎中國 故其所爲如此 書殺司徒崔浩夷其族 蓋甚之也〕" ≪發明≫ 議故는 왕실과 오랜 기간 관계하여 특별한 은혜를 입었는지를 따지고, 議賢는 어진 사람인지를 따지고, 議功은 공로가 있는지를 따지고, 議貴는 귀한 사람인지를 따지는 것이니, 모두 이와 같은 것을 참작하여 죄를 정하는 것을 말한다.

52) 國記 : 書名으로 ≪國史≫와 같다. ≪資治通鑑≫(北魏 太武帝 神䴥 원년(428))에 "예전에 北魏 太祖가 尙書 鄧淵에게 명하여 ≪國記≫ 10여 권을 짓게 하였는데 완성하지 못하고 중지되었다. 世祖가 다시 崔浩와 中書侍郎 鄧穎 등에게 명하여 그것을 이어 이루게 하여 ≪國書≫ 30권을 지었다.〔初魏太祖命尙書鄧淵 撰國記十餘卷 未成而止 世祖更命崔浩與中書侍郎鄧穎等續成之 爲國書三十卷〕"라고 하였는데, ≪資治通鑑新注≫에서 ≪國記≫를 ≪國史≫와 같은 것으로 보았다.

으로 삼게 하소서."라고 하였다. 최호 역시 민담과 치표가 저술하는 일에 재주가 있다고 하여 천거하였다.

민담과 치표가 또 최호에게 그가 저술한 ≪國史≫를 돌에 새겨서 直筆을 빛내라고 권하였는데, 고윤이 이 소식을 듣고 著作郎 宗欽에게 말하기를 "민담과 치표가 꾀한 일이 잠깐 사이에 최씨 가문에 만세의 재앙이 될까 두렵다. 우리들 역시 살아남지 못할 것이다."라고 하였다.

최호는 마침내 〈≪國史≫의 내용을〉 돌에 새겨 교단의 동쪽 100보 되는 곳에 세웠다. 기록한 北魏 선조의 일이 모두 상세하고 이를 길거리에 나열하니, 〈이를 본〉 北人들 중에 화를 내지 않는 사람이 없어 서로 더불어 최호를 참소하여 나라의 잘못된 점을 폭로하였다고 하였다. 魏主가 크게 성을 내어 有司를 시켜서 최호와 秘書省 郎吏 등의 죄상을 조사하도록 하였다.

浩自恃才略이러니 及爲魏主所寵任[53)]에 專制朝權하여 嘗薦士數十人하여 皆起家爲郡守어늘 太子晃曰 先徵之人이 亦州郡之選也①요 在職已久하여 勤勞未答하니 宜先補郡縣하고 以新徵者로 代爲郎吏요 且守令治民을 宜得更(경)事者라하니 浩固爭而遣之한대 中書侍郎高允聞之하고 曰崔公其不免乎인저 苟遂其非而校勝於上하니 將何以堪之리오 魏主使浩允等으로 共譔國記曰 務從實錄②하라하다 著作令史閔湛郄標性巧佞이라 浩嘗注易及論語詩書어늘 湛標上疏言호되 馬鄭王賈不如浩之精微③하니 乞收境內諸書하고 班浩所注하여 令天下習業④하노이다 浩亦薦湛標有著述才라하고 湛標又勸浩刊所譔國史于石하여 以彰直筆한대 允聞之하고 謂著作郎宗欽曰 湛標所營分寸之間이 恐爲崔門萬世之禍로다 吾徒亦無噍類矣리라 浩竟刊石立於郊壇東方百步⑤하니 所書魏之先世事 皆詳實하여 列於衢路하니 北人無不忿恚하여 相與譖浩하여 以爲暴揚國惡⑥이라한대 魏主大怒하여 使有司按浩及秘書郎吏等罪狀하다

① "先徵之人"은 游雅·李靈·高允 등을 말한다.
先徵之人, 謂游雅·李靈·高允等.

② 譔(찬술하다)은 撰과 통용된다.
譔, 通作撰.

③ "馬鄭王賈"는 馬融·鄭玄·王肅·賈逵를 말한다.
馬·鄭·王·賈, 謂馬融·鄭玄·王肅·賈逵也.

④ 崔浩가 주석을 한 經書를 익혀 家業으로 삼게 하는 것이다.
令習肄浩所注經以爲家業.

---

53) 浩自恃才略 及爲魏主所寵任 : 저본 등 懸吐本에는 위처럼 현토되어 있다. 그러나 중국의 표점본이나 해석본 등에서는 及을 '및'의 뜻으로 쓰인 접속사로 보았다.

⑤ ≪水經註≫에 의하면 平城 서쪽 성곽 밖에 郊天壇이 있다.
據水經註, 平城西郭外有郊天壇.
⑥ 北人은 그 先代가 拓跋氏를 따라 北荒에서 온 사람들을 말한다.
北人, 謂其先世從拓跋氏來自北荒者.

【目】 예전에 遼東公 翟黑子가 使命을 받들고 幷州에 가서 베 1천 필을 뇌물로 받았다가 일이 발각되어 高允과 방책을 모의하였는데, 고윤이 말하기를 "공은 궁정에서 총애를 받는 신하이니, 罪狀을 사실대로 자백하면 아마도 용서를 받을 것입니다. 거듭 임금을 속이는 일을 저질러서는 안 됩니다."라고 하였다. 崔覽이 적흑자에게 말하기를 "사실대로 자백하면 어떤 죄를 받을지 예측할 수 없으니, 은폐하는 것만 못합니다."라고 하니, 적흑자가 고윤을 원망하며 말하기를 "그대는 어찌하여 사람을 꾀어서 죽을 지경에 이르게 하는 것인가."라고 하였다. 드디어 사실대로 대답하지 않으니, 魏主가 그를 죽였다.

魏主가 고윤을 시켜서 太子에게 경전을 가르치게 하였는데, 崔浩가 체포되기에 이르자 태자가 고윤을 불러 말하기를 "내가 卿을 인도할 것이니, 군주께서 묻거든 단지 내 말대로 하라."라고 하였다. 태자가 군주를 알현하고 말하기를 "고윤이 조심스럽고 신중한 사람인데 또 최호에게 통제를 받았으니, 청컨대 그에게 내린 사형을 사면해주소서."라고 하였다. 魏主가 묻기를 "≪國書≫는 모두 최호가 쓴 것인가?"라고 하니, 고윤이 대답하기를 "〈太祖記〉는 前 著作郎 鄧淵이 저술하였고, 〈先帝記〉와 〈今記〉는 臣이 최호와 공동으로 저술하였습니다. 그러나 최호는 관장한 일이 많아 대강을 총괄했을 뿐이며, 저술은 臣이 최호보다 많이 하였습니다."라고 하였다. 魏主가 화를 내며 말하기를 "고윤의 죄가 최호보다 심한데 어찌 살 수 있단 말인가."라고 하니, 태자가 두려워 말하기를 "천자께서 위엄을 엄중히 하시니 고윤은 小臣이라 정신이 헷갈리고 어지러워 평상심을 잃어 이렇게 대답한 것일 뿐입니다. 臣이 종전에 물어보니 모두가 최호의 소행이라고 말하였습니다."라고 하였다. 魏主가 묻기를 "진실로 東宮이 말한 바와 같은가?"라고 하니, 고윤이 대답하기를 "신의 죄는 멸족을 당해야 마땅하거니와 감히 헛되고 망령된 말을 아뢸 수가 없는데, 太子 殿下께서 臣을 애달피 여겨 신의 목숨을 빌어 구해주려는 것일 뿐입니다."라고 하였다. 魏主가 태자를 돌아보며 말하기를 "정직하구나, 이는 사람의 情理로 보면 어려운 일인데 고윤이 능히 그렇게 하는구나. 죽음에 임박해서도 말을 바꾸지 않았으니 믿음직하고, 신하가 되어 임금을 속이지 않았으니 바른 것이다. 특별히 그의 죄를 사면하여 표창한다."라고 하고 드디어 사면해주었다.

初에 遼東公翟黑子 奉使幷州하여 受布千匹①이라가 事覺하여 謀於高允한대 允曰 公帷幄寵臣이라 有罪首實이면 庶或見原이니 不可重爲欺罔②이니라 崔覽謂曰 首實이면 罪不可測이니 不如諱之③라하니 黑子怨允曰 君奈何誘人就死地오 遂不以實對한대 魏主殺之하니라 魏主使允授太子經이러니 及崔浩被收에 太子召允謂曰 吾自導卿하리니 至尊有問이어든 但依吾語하라 太子入言호되 高允小心愼密하고 且制由崔浩하니 請赦其死하소서하니 魏主問曰 國書皆浩所爲乎아하니 對曰 太祖記는 前著作郎鄧淵所爲요 先帝記及今記는 臣與浩共爲之라 然浩所領事多하여 摠裁而已요 至於著述은 臣多於浩④니이다 魏主怒曰 允罪甚於浩하니 何以得生이리오 太子懼曰 天威嚴重하시고 允小臣이라 迷亂失次耳로이다 臣嚮問하니 皆云 浩所爲라하니이다 魏主問信如東宮所言乎아하니 對曰 臣罪當滅族이어니와 不敢虛妄이니 殿下哀臣하여 欲丐其生耳니이다 魏主顧謂太子曰 直哉라 此人情所難이로되 而允能爲之하니 臨死不易辭는 信也요 爲臣不欺君은 貞也니 宜特除其罪以旌之라하고 遂赦之⑤하다

① 翟은 姓이고, 黑子는 이름이다.
翟, 姓也. 黑子, 其名.
② 首는 지은 죄를 스스로 아뢰는 것이다. 原은 용서한다는 뜻이다. 重(거듭)은 直用의 切이다.
首, 謂有罪自陳也. 原, 赦也. 重, 直用切.
③ 覽은 ≪魏書≫ 〈高允列傳〉에 鑑으로 되어 있다.
覽, 本傳作鑑.
④ "摠裁"는 大綱을 총괄하여 可否를 결정하는 것을 말한다.
摠裁, 謂摠其大綱, 裁其可否也.
⑤ 旌은 특별함을 표창하는 것이다.
旌, 表異也.

【目】〈魏主가〉 崔浩를 불러와 직접 그를 힐문하니, 최호는 당혹해하며 대답을 하지 못하였고, 高允은 일마다 분명히 설명하여 모두 조리가 있었다. 魏主가 고윤에게 명령을 내려 최호와 僚屬·僮吏(胥吏) 등 128명을 죽이고 모두 5族을 멸하라는 詔書를 만들게 하였는데, 고윤이 주저하며 조서를 짓지 않았다.

황제가 자주 사람을 보내 재촉하자, 고윤이 말하기를 "최호가 연루된 것이 만약 다시 또 다른 죄가 있는 것이라면 이는 臣이 감히 아는 것이 아닙니다. 그러나 만약 直書한 것으로 죄에 저촉한 것이라면 그 죄는 사형에 해당하지 않습니다."라고 하였다. 魏主가 성을 내어 武士에게 명을 내려 고윤을 체포하도록 하였는데, 태자가 그를 위해 절을 하

며 용서해주기를 청하였다. 魏主가 마음이 누그러져서 말하기를 "이 사람이 없었으면 응당 다시 수천 명이 죽어 나갔을 것이다."라고 하였다.

6월에 조서를 내려 최호를 죽이고 그 종족을 멸하였으며, 나머지는 모두 해당하는 사람만 죽였다.

다른 날에 태자가 고윤을 질책하며 말하기를 "내가 卿을 죽음에서 벗어나게 해주려 하였는데, 경이 끝내 따르지 않아 황제의 분노를 산 것이 이와 같으니, 매번 생각할 때마다 사람의 마음을 두근거리게 한다."라고 하였다.

고윤이 말하기를 "무릇 역사란 人主의 善惡을 기록하여 장래를 위해 권고하거나 경계하는 것이므로, 人主는 두려워하고 꺼리는 바가 있게 되어 행동거지를 신중히 하는 법입니다. 최호는 홀로 聖恩을 입어 개인적인 욕망으로 인해 청렴함을 버렸으며 애증으로 인해 공평함과 정직함을 가렸으니 죄가 없다고 할 수 없지만, 조정(임금)의 거둥을 기록하고 국가(임금)의 득실을 말한 것에 이르러서는 이는 역사의 대체가 되니, 많은 것을 어기지 않았습니다.

臣은 최호와 실제로 그 일을 함께하였으니, 삶과 죽음, 영예와 치욕에는 의리상 별다른 점이 없습니다. 태자 전하께서 다시 살려 주신 은혜는 참으로 감사하지만, 마음을 어기고 구차하게 죽음을 면하는 것은 臣이 원하는 바가 아닙니다."라고 하니, 태자가 안색을 바꾸어 칭찬하고 감탄하였다.

고윤이 물러나와 사람들에게 말하기를 "내가 동궁이 이끌어주는 대로 받들지 않은 것은 翟黑子에게 죄를 지을까 두려웠기 때문이다."라고 하였다.

魏主가 최호를 죽이고 나서 그 일을 후회하였다. 때마침 北部尙書 宣城公 李孝伯이 병으로 위독하였는데, 어떤 사람이 이미 죽었다고 전하자 魏主가 애도하며 말하기를 "李宣城은 애석하도다."라고 하고는, 잠시 후에 말하기를 "짐이 실언을 하였구나. 崔司徒(崔浩)는 애석하고, 李宣城은 애달프구나."라고 하였다. 이효백은 李順의 사촌동생인데, 최호가 죽은 뒤로는 軍國의 모의가 모두 이효백에게서 나와서 총애가 최호에 버금갔다.

召浩臨詰한대 浩惶惑不能對하고 允事事申明하여 皆有條理어늘 魏主命允爲詔하여 誅浩及僚屬僮吏凡百二十八人하여 皆夷五族할새 允持疑不爲어늘 帝頻使催切한대 允曰 浩之所坐 若更有餘釁이면 非臣敢知어니와 若直以觸犯이면 罪不至死[①]니이다 魏主怒하여 命武士執允한대 太子爲之拜請하니 魏主意解하여 乃曰 無斯人이면 當更有數千口死矣라하다 六月에 詔誅浩夷其族하고 餘皆誅其身하다 它日에 太子讓允曰 吾欲爲卿脫死로되 而卿終不從하여 激怒帝如此하니 每念之에 使人

心悖러라 允曰 夫史者는 所以記人主善惡하여 爲將來勸戒라 故人主有所畏忌하여 愼其擧措하나니 崔浩孤負聖恩하여 以私欲으로 沒其廉潔하며 愛憎으로 蔽其公直하니 不爲無罪어니와 至於書朝廷起居하고 言國家得失하여는 此爲史之大體니 未爲多違라 臣與浩實同其事하니 死生榮辱에 義無獨殊니 誠荷殿下再造之慈어니와 違心苟免은 非臣所願也니이다하니 太子動容稱歎②이라 允退謂人曰 我不奉東宮指導者는 恐負翟黑子故也라하다 魏主旣誅浩而悔之러니 會北部尙書宣城公李孝伯病篤이어늘 或傳已卒③한대 魏主悼之曰 李宣城可惜이로다하고 旣而曰 朕失言이라 崔司徒는 可惜이요 李宣城은 可哀라하다 孝伯은 順從父弟也라 自浩之誅로 軍國謀議皆出孝伯하여 寵眷亞於浩러라

① "餘釁"은 別罪(별도의 죄)라는 말과 같다. "觸犯"은 곧바로 나라의 문제점을 써서 높은 사람을 위해 피하지 않는 것을 말한다.
餘釁, 猶言別罪也. 觸犯, 謂直書國惡, 不爲尊者諱也.

② 造는 이룬다는 뜻이니, 다시 사람을 이루어주는 것을 말한다.
造, 成也, 謂再使成人.

③ 北魏의 北部尙書는 북쪽 변방의 州郡을 관할하였다.
魏北部尙書知北邊州郡.

【綱】 가을에 宋나라 사람이 크게 군사를 일으켜 北魏를 침략하여 碻磝를 취하고 滑臺를 포위하였다. 겨울 10월에 魏主가 직접 그들을 구원하였는데, 宋나라 將軍 王玄謨가 물러나 달아났다.

秋에 宋人大擧侵魏하여 取碻磝圍滑臺[54]어늘 冬十月에 魏主自將救之한대 宋將軍王玄

---

54) 宋人大擧侵魏 取碻磝圍滑臺 : "앞에서 두 번이나 '宋伐魏(宋나라가 北魏를 정벌하였다.)'라고 기록하였는데, 여기에서는 '大擧'라고 기록하고 다만 '侵'이라고 말한 것은 어째서인가. 분노로 인한 出兵이기 때문이다. 宋나라가 楊難當을 토벌하자 北魏가 구원하고 北魏가 蓋吳를 토벌하자 宋나라가 구원하고 나서부터 이때에 北魏가 宋나라를 두 번 침략하였는데, 지금 이 出兵은 서로 침략한 것일 뿐이다. 그러므로 그 뒤에 北魏가 다시 碻磝를 취하였을 때 宋나라에 연계하여 기록하지 않은 것은 이 출동으로 수복했음을 인정하지 않았기 때문이다.〔前再書宋伐魏矣 此書大擧而止曰侵 何 忿兵也 蓋自宋討楊難當而魏救之 魏討蓋吳而宋援之 於是魏再侵宋 今之此擧 則亦交侵而已矣 故其後魏復取碻磝 不繫之宋 不與此擧之爲克復也〕" ≪書法≫ "魏復取碻磝"는 본서 326쪽에 보인다.

"宋나라가 蓋吳를 원조한 일은 北魏 사람이 죄를 물을 수 없는 것인데, 이해 4월에 와서 '魏師還'의 아래 分注(目)에 魏主가 宋主에게 보낸 편지를 갖추어 기록하면서 가장 먼저 꾸짖어 이 내용을 언급하였으니 그 잘못이 宋나라에 있는 것이다. 그러나 北魏의 군대가 물러났으니, 宋나라 군사들이 어찌 스스로 돌아갈 것을 알지 못했겠는가. 그런데 지금 그렇지 않아 도리어 크게 군대를 일으켜서 정벌하였으니 과연 무슨 의리인가. 이때 北魏에서 다시 宋나라에 편지를 보내어 彼此의 화친을 맺은 날이 오래되었는데 宋主의 마음에 만족함이 없어 우리 변방 백성들을 유혹한다는 말까지 하였으니, 宋나라의 입장에서는 애초부터 내세울 말이 없는 것이다. 무릇 군대의 출동에 명분이 없으면 일이 그로인해 이루어지지 못하는 것이다. 宋나라의 이번 出兵은 명분과 의리가 이미 없는데 어찌

謨退走하다

【目】 宋主가 北魏를 정벌하고자 하니, 丹楊尹 徐湛之, 尙書 江湛, 寧朔將軍 王玄謨 등이 모두 권하였는데, 將軍 劉康祖가 말하기를 "한 해가 이미 저물어가니, 내년을 기다리소서."라고 하였다.

宋主가 말하기를 "북방 사람들이 오랑캐의 포악한 정치에 고통을 받아서 의로운 무리들이 나란히 일어나고 있다. 전쟁을 멈춘 지 1년이 되었으니 의리를 향하는 저들의 마음을 그치게 해서는 안 된다."라고 하였다.

校尉 沈慶之가 간언하기를 "우리는 보병이고 저들은 기병이니, 그 형세상 대적하기 어렵습니다. 檀道濟가 두 번이나 출병하였지만 공로를 세우지 못하였고, 到彦之도 실패하고 돌아왔습니다.[55] 지금 헤아려보건대 王玄謨 등이 두 장수보다 못하고, 六軍의 강성함도 예전보다 낫지 않으니, 王師(제왕의 군사)들이 거듭 치욕을 당하지 않을까 두렵습니다."라고 하였다.

宋主가 말하기를 "단도제는 적들에게 휴양하고 자족하게 하였고,[56] 도언지는 중도에 병이 난 것이다. 오랑캐들이 믿는 것은 오직 말뿐인데, 지금은 여름철이라 물이 풍부하여 水路가 통하니, 배를 띄워서 북쪽으로 내려가면 碻磝의 적군들은 반드시 도주할 것이고, 滑臺는 쉽게 함락할 것이다. 이 두 성을 점령하여 적들이 쌓아놓은 곡식을 먹고 백성들을 위로하면 虎牢·洛陽은 자연히 견고하지 못할 것이다. 초겨울에 이르면 점령

성공할 수 있겠는가. 그렇다면 中原이 夷狄의 손에 떨어지는데도 내버려두고 묻지 않아도 되는가. 이는 晉나라의 경우에 있어서는 회복할 수 있다고 말할 수 있으나 지금 宋나라는 〈中原이 본인들의〉 옛 영토가 아니니, 진실로 무력을 기르며 때를 기다려야 하는데, 어찌 경거망동하여 스스로 근심을 남기는가. 그러므로 ≪資治通鑑綱目≫에서 이미 '大擧'라고 기록하고서 다시 '侵'이라고 기록하여 비루하게 여긴 것이다. 北魏에 있어서는 '救'라고 기록하여 應兵(적에게 응전한 출병)인 것을 보였으니, 이것이 輕重의 척도이다. 어찌 당당하게 대규모로 출병을 하면서 겨우 남의 나라를 침략하는 경우가 있단 말인가. 애석하다!〔宋有援蓋吳之事 魏人不能問罪 至是年四月 分注於魏師還之下 備載魏主遺宋主書 首責及此則是其曲蓋在宋也 然魏兵旣退 宋人盍知自反 今乃不然 反大起軍旅以伐之 果何義哉 是時魏復與宋書 且有彼此和好日久 彼志無厭 誘我邊民之語 而在宋則初無詞可執也 夫師出無名 事故不成 宋之此擧 名義旣已索然 烏在其能成功 然則中原淪於夷虜 置之不問 可乎 曰 此在晉則可言克復爾 今宋非其故土 固當養威俟時 胡可輕擧妄動以自詒伊慼哉 是以綱目旣書大擧而復書侵以陋之 至魏則書救以見其爲應兵 此蓋輕重之權衡也 烏有堂堂大擧而僅能侵人之國者哉 噫〕" ≪發明≫

55) 檀道濟가……돌아왔습니다 : 檀道濟는 宋 文帝 元嘉 원년(424)과 元嘉 7년(430)에 출병하였다. 到彦之는 元嘉 7년에 단도제에 앞서 출전하였다.

56) 단도제는……하였고 : 景平 원년(423)에 北魏가 河南과 山東을 침입했을 때 檀道濟가 湖陸에 주둔하면서 北魏의 세력이 두려워 하남을 구원하지 않은 일을 가리킨다.

한 성들의 방비가 서로 긴밀해져서 오랑캐의 기병이 黃河를 건너면 즉시 사로잡을 수 있다."라고 하였다.

심경지가 또다시 불가하다고 굳게 아뢰었는데, 宋主가 서담지 등을 시켜서 그를 논란하게 하였다. 심경지가 말하기를 "나라를 다스리는 것은 비유하자면 집안을 다스리는 것과 같아서 농사짓는 일은 응당 노복에게 물어야 하며, 베 짜는 일은 응당 여종에게 물어야 하는데, 폐하께서는 지금 다른 나라를 정벌하고자 하시면서 白面書生들과 더불어 그 일을 도모하고 있으시니, 일이 어찌 성공할 수 있겠습니까."라고 하니, 宋主가 크게 웃었다. 太子 劉劭와 將軍 蕭思話가 역시 간언하였으나 모두 따르지 않았다.

宋主欲伐魏할새 丹楊尹徐湛之尙書江湛寧朔將軍王玄謨等이 竝勸之한대 將軍劉康祖以爲歲月已晩하니 請待明年하소서하니 宋主曰 北方苦虜虐政하여 義徒竝起한대 頓兵一周하니 向義之心을 不可沮也라 校尉沈慶之諫曰 我步彼騎라 其勢不敵이요 檀道濟再行無功하고 到彦之失利而返하니 今料王玄謨等이 未踰兩將이요 六軍之盛이 不過往時하니 恐重辱王師①하노이다 宋主曰 道濟養寇自資하고 彦之中塗疾動②이라 虜所恃惟馬니 今夏水浩汗하여 河道流通하니 汎舟北下면 碻磝必走요 滑臺易(이)拔이니 克此二城하여 館穀弔民하면 虎牢洛陽이 自然不固③리니 比及冬初에 城守相接하여 虜馬過河면 卽成擒也라 慶之又固陳不可라한대 宋主使湛之等難之하니 慶之曰 治國譬如治家하여 耕當問奴요 織當訪婢어늘 陛下今欲伐國호되 而與白面書生輩謀之하니 事何由濟리오하니 宋主大笑러라 太子劭及將軍蕭思話亦諫호되 皆不從하다

① 重(거듭)은 直用의 切이다.
重, 直用切.
② 〈"彦之中塗疾動"은〉 到彦之에게 눈병이 크게 난 것을 말한 것이다.
謂彦之目疾大動也.
③ "館穀"은 군대가 머무는 곳을 따라 그 군대의 곡식을 먹는 것이다. 일설에 "'館穀'은 적들이 쌓아둔 곡식에 나아가서 먹는 것이다."라 하였다.
館穀, 因其軍之館, 食其軍之穀也. 一說 "館穀就食敵人所積之穀."

【目】魏主가 다시 宋主에게 서신을 보내 말하기를 "피차간에 화친을 맺은 지 오래되었는데, 그대의 뜻은 만족할 줄을 몰라 우리 변방의 백성들을 유인하였다. 또 듣기로 그대가 직접 오고자 한다는데 그대의 나이는 이미 50세로 일찍이 문밖을 나가 본적이 없기에 비록 스스로 힘을 다하여 온다고 하나 세 살짜리 어린애와 같으니, 말 위에서 태어나고 자란 우리 선비족과 비교하면 과연 어떠한가."라고 하였다.

7월에 宋主가 王玄謨를 파견하여 沈慶之와 申坦을 거느리고 水軍으로 黃河로 진압하고 靑州冀州刺史인 蕭斌에게 감독을 받도록 하였다. 臧質과 王方回는 곧바로 許昌 지역과 洛陽 지역으로 나아가고, 劉駿과 劉鑠은 동쪽과 서쪽에서 일제히 출발하고, 劉秀之는 汧水와 隴山 지역을 동요시켰으며, 劉義恭은 출병하여 彭城에 주둔하면서 諸軍을 지휘하게 하였다.

이때에 군사를 크게 일으키니, 王公·妃嬪·公主·조정의 관리·牧使·太守로부터 아래로 부유한 백성에 이르기까지 각기 금과 비단, 여러 물건을 헌납하여 국가의 재정을 보태었다. 또 병력이 부족하다고 하여 6州에서 3명 중 1명, 5명 중 2명꼴로 民丁을 징발하면서 다른 사람을 고용하여 대신 갈 수 있게 하고, 안팎으로 기병과 보병 중에 많은 기예와 武勇이 있는 무사들을 모집하여 모집에 응한 자에게는 모두 후한 상을 주었다. 有司가 군수품이 부족하다고 상주하자, 부유한 백성 중에 자산이 50만 전을 채운 사람과 승려 가운데 20만 전을 채운 사람은 모두 4분의 1을 빌렸다가 일이 끝나면 즉시 돌려주기로 하였다.

魏主復與宋主書曰 彼此和好日久어늘 而彼志無厭하여 誘我邊民하고 又聞彼欲自來라하니 彼年已五十에 未嘗出戶하니 雖自力而來나 如三歲嬰兒니 與我鮮卑生長馬上者로 果如何哉①오 七月에 宋主遣王玄謨하여 帥沈慶之申坦水軍入河하여 受督於靑冀二州刺史蕭斌②하다 臧質王方回徑造許洛하고 駿鑠은 東西齊擧③하고 劉秀之震盪汧隴하고 義恭出次彭城하여 爲衆軍節度④하다 是時에 軍旅大起라 王公妃主及朝士牧守下至富民히 各獻金帛雜物하여 以助國用하고 又以兵力不足으로 悉發六州三五民丁[57]하여 倩使暫行⑤하고 募中外有馬步衆藝武力之士하여 應科者는 皆加厚賞하니 有司奏軍用不充이어늘 富民家貲滿五十萬과 僧尼滿二十萬을 竝四分借一하여 事息卽還하다

① 역량을 다하는 것을 力이라 한다.
用力勉强曰力.
② 申坦은 申鍾의 증손이다.
坦, 鍾之曾孫也.
③ 劉駿은 武陵王의 이름으로, 당시에 徐州와 兗州 두 주의 刺史였다. 劉鑠은 南平王의 이름으로 당시에 豫州刺史였다.
駿, 武陵王名, 時爲徐·兗二州刺史. 鑠, 南平王名, 時爲豫州刺史.
④ 震은 동요시킨다는 뜻이다. 盪은 씻어버린다는 뜻이다. 汧水와 隴山은 서로 연결되어 있는

57) 三五民丁 : ≪資治通鑑≫의 註에 3丁 중에 1丁을 5丁 중에 2丁을 징발한다고 하였다.

데, 모두 扶風에 있다.

震, 搖動也. 盪, 洗滌也. 汧水・隴山相連, 皆在扶風.

⑤ "六州"는 靑州・冀州・徐州・豫州・南兗州・北兗州를 말한다. 倩은 七政의 切이니 빌리다는 뜻이다.

六州, 謂靑・冀・徐・豫・南兗・北兗也. 倩, 七政切, 假也.

【目】建武司馬 申元吉이 〈군사를 이끌고〉 碻磝로 달려가니 北魏 濟州刺史와 靑州刺史가 모두 성을 버리고 달아났는데, 蕭斌이 沈慶之와 남아서 碻磝를 지키고 왕현모에게 나아가 滑臺를 포위하게 하였다. 隨王 劉誕이 雍州參軍 柳元景, 將軍 尹顯祖, 曾方平, 薛安都, 龐法起를 파견하여 군대를 거느리고 弘農으로 나아가게 하였다.

參軍 龐季明이 나이가 70여 세였는데, 스스로 關中의 豪族이라고 하면서 長安으로 들어가 오랑캐와 중원 사람을 불러 모으겠다고 청하자, 유탄이 그것을 허락하였다. 마침내 방계명이 貲谷에서 盧氏縣으로 들어가니, 盧氏縣의 백성 趙難이 그를 받아들여 머물게 하였다. 방계명이 병사들과 백성들을 유도하고 설득하니, 호응하는 사람들이 아주 많았다.

설안도 등이 그로 인해 熊耳山에서 출병하였고, 유원경이 군사를 이끌고 이어서 진격하였으며, 南平王 劉鑠이 豫州參軍 胡盛之를 파견하여 汝南으로 출동하였고, 梁坦은 上蔡에서 출동하여 長社로 향하였으며, 王陽兒는 豫州를 공격하니, 北魏의 荊州刺史 魯爽과 豫州刺史 僕蘭이 모두 성을 버리고 달아났다. 유삭이 또 司馬 劉康祖를 파견하여 양탄을 원조하고 진격하여 虎牢를 압박하게 하였다.

北魏의 여러 신하들은 애초에 宋나라가 군사를 일으킨다는 소식을 듣고 魏主에게 말을 하여 군사를 파견해줄 것을 청하고 〈군수품으로 사용할〉 黃河 연안의 곡식과 비단을 요청하였다.

魏主가 말하기를 "지금 말은 살이 찌지도 않았고, 날씨가 여전히 더우니, 빨리 나아가면 반드시 공로를 세울 수가 없다. 만약 군사들이 계속해서 몰려오면 우선 陰山으로 돌아가 그들을 피할 것이다. 國人들은 본래 양가죽 바지를 입는데, 어찌 솜과 비단을 쓰겠는가. 10월까지 끌면 나는 염려할 것이 없다."라고 하였다.

9월에 魏主가 군사를 이끌고 남하하여 滑臺를 구원하고 太子 拓跋晃에게 명령하여 漠南에 주둔하여 柔然을 방비하게 하였다.

建武司馬申元吉이 趣碻磝하니 魏濟靑刺史皆棄城走어늘 蕭斌與沈慶之로 留守碻磝하고 使王

玄謨로 進圍滑臺하다 隨王誕이 遣雍州參軍柳元景將軍尹顯祖曾方平薛安都龐法起하여 將兵出弘農[①]하니 參軍龐季明이 年七十餘라 自以關中豪右로 請入長安招合夷夏어늘 誕許之한대 乃自貲谷入盧氏하니 盧氏民趙難이 納之[②]어늘 季明이 誘說士民하니 應者甚衆이라 安都等因之하여 自熊耳山出하고 元景繼進[③]하고 南平王鑠이 遣豫州參軍胡盛之出汝南하고 梁坦은 出上蔡向長社하고 王陽兒는 擊豫州하니 魏荊豫刺史魯爽僕蘭이 皆棄城走하다 鑠又遣司馬劉康祖하여 助坦進逼虎牢하다 魏群臣이 初聞有宋師하고 言於魏主하여 請遣兵하고 救緣河穀帛한대 魏主曰 馬今未肥하고 天時尙熱하니 速出이면 必無功이니 若兵來不止어든 且還陰山避之라 國人本著羊皮袴하니 何用綿帛이리오 展至十月이면 吾無憂矣[④]리라 九月에 魏主引兵南救滑臺하고 命太子晃하여 屯漠南以備柔然하다

① 曾方平은 《南史》〈柳元景列傳〉에 魯方平으로 되어 있다.
曾方平, 南史作魯方平.

② 貲谷은 盧氏縣 南山의 남쪽에 있다. 盧氏縣은 漢나라 때에는 弘農郡에 속하였고, 晉나라 때에는 분리되어 上洛郡에 속하였다.
貲谷, 在盧氏縣南山之南. 盧氏縣, 漢屬弘農郡, 晉分屬上洛郡.

③ 熊耳山은 盧氏故縣의 동쪽에 있다.
熊耳山, 在盧氏故縣東.

④ 國人은 〈拓跋氏와〉 함께 北荒에서 온 종족을 말한다. 著(붙다)은 陟略의 切이다. 展은 여유가 있다는 뜻이다.
國人, 謂同自北荒來之種人也. 著, 陟略切. 展, 寬也.

【目】王玄謨의 군사들이 아주 강성하고 무기가 정교하며 정비되어 있었지만, 왕현모는 탐욕스럽고 괴팍하여 죽이는 것을 좋아하였다. 처음 滑臺를 포위하였을 때에 성안에는 초가집이 많아 군사들이 火箭으로 그것을 태울 것을 요청하였다. 왕현모가 말하기를 "저것은 우리 재산이니, 어찌 급히 태울 수 있겠는가."라고 하니, 성안에서는 즉시 초가집을 철거하고 땅을 파서 거처하였다. 당시에 黃河와 洛水의 백성들 중에 다투어 곡식을 내오고 무기를 들고 내려오는 사람들이 하루에 천 명을 헤아렸으나, 왕현모는 그들의 우두머리를 등용하지 않고 개인적

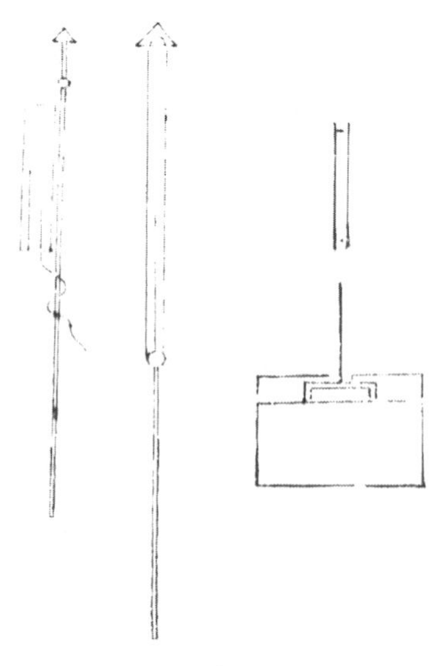
火箭

으로 친한 사람들에게 이들을 분배하였으며, 집집마다 한 필의 포를 요구하고, 큰 배 800개를 책임 지우니, 이로 말미암아 民心이 실망하여 성을 공격해도 몇 달 동안이나 함락하지 못했다. 北魏의 구원병이 온다는 소식을 듣고 군사들이 수레를 징발하여 군영을 만들 것을 요청하였으나 왕현모가 따르지 않았다.

10월에 魏主가 밤에 황하를 건너니, 그 무리가 1백만이라 칭하였다. 진군의 북소리가 천지를 진동시키자 왕현모가 두려워 후퇴하였는데, 北魏 사람들이 추격하니 죽은 자가 1만여 명이었고, 휘하의 군사들은 흩어지거나 도망가서 거의 사라졌으며 버리고 간 군수물자와 무기가 산더미처럼 쌓여 있었다.

王玄謨士衆甚盛하고 器械精嚴이로되 而玄謨貪愎好殺이라 初圍滑臺에 城多茅屋이어늘 衆請以火箭燒之[①]한대 玄謨曰 彼吾財也니 何遽燒之리오하니 城中卽撤屋穴處하다 時에 河洛之民이 競出租穀操兵來赴者 日以千數어늘 玄謨不卽其長帥而以配私暱하고 家付匹布하며 責大梨八百[②]하니 由是로 衆心失望하여 攻城數月不下러라 聞魏救將至하고 衆請發車爲營한대 玄謨不從하다 十月에 魏主夜渡河하니 衆號百萬이라 鞞鼓之聲이 震動天地어늘 玄謨懼하여 退走한대 魏人追擊之하니 死者萬餘人이라 麾下散亡略盡하고 委棄軍資器械山積이러라

① 杜佑가 말하기를 "작은 표주박에 기름을 담아 화살의 끝에 매달아 성의 樓櫓(지붕이 없는 망루)에 설치된 板木 위에다 발사하면 표주박이 깨지면서 기름이 흩뿌려진다. 뒤이어 화살 안쪽 조릿대 가운데에 불을 붙여 이를 기름이 흩뿌려진 곳으로 쏘아서 불길이 일어나게 하고, 다시 기름이 담긴 표주박을 계속해서 쏘면 樓櫓가 모두 불타 없어지게 되는데, 이를 일러 火箭이라 한다."라고 하였다.
杜佑曰 "以小瓢盛油冠矢端, 射城樓櫓板木上, 瓢敗油散, 因燒矢內簳中射油散處, 火立燃, 復以油瓢續之, 則樓櫓盡焚, 謂之火箭."

② 卽은 나아간다는 뜻이니, 〈"不卽其長帥而以配私暱"은〉 그 우두머리를 취하여 등용해서, 각각 부대를 만들게 하지 않고, 자원한 사람들을 사적으로 친애하는 사람에게 분배한 것을 말한다.
卽, 就也, 言不能就其長帥而用之, 使各爲部隊, 而以其人分配私所愛暱者.

【目】 이에 앞서 王玄謨는 垣護之를 파견하여 100척의 전함을 가지고 선봉에 서게 하여 石濟를 점거하였는데, 원호지는 北魏 군대가 도착할 것이라는 소식을 듣고 말을 달려 왕현모에게 급히 공격할 것을 권하는 편지를 보내어 말하기를 "옛날 武皇(宋 武帝 劉裕)께서 廣固를 공격하였을 때 죽은 사람이 아주 많았습니다. 더구나 지금의 사정은 예전보다 급박한데 어찌 군사들이 손상되고 피로해지는 것을 따질 것이 있겠습니까. 바라건

대 성을 도륙하는 것을 급선무로 삼으십시오."라고 하니, 왕현모가 따르지 않았다.

北魏의 군사들은 획득한 전함을 쇠사슬로 연결하여 세 겹으로 黃河를 차단하여 원호지가 돌아가는 길을 끊어버렸다. 황하의 물살이 빠르고 급하였기에 원호지가 강 가운데서 물살을 타고 내려가다가 쇠사슬을 만날 때마다 자루가 긴 도끼로 그것을 절단하니, 北魏 군사들이 저지하지 못하여 〈원호지가〉 오직 한 척의 배만 잃고 나머지는 모두 온전하게 돌아갔다.

蕭斌이 沈慶之를 파견하여 5천 명을 거느리고서 왕현모를 구하게 하였는데, 심경지가 말하기를 "왕현모의 군사가 피로하고 적들은 이미 가까이 다다랐으니 적은 군대로 경솔히 가는 것은 무익합니다." 하였다. 소빈이 억지로 그를 보내고자 하였는데, 마침 왕현모가 도망쳐 돌아오자 소빈이 왕현모의 목을 베려고 하였다. 심경지가 굳게 간언하기를 "佛貍(拓拔燾)의 위엄이 천하를 진동시키고 활을 당길 수 있는 병사가 백 만 명인데, 왕현모가 어찌 감당할 수 있겠습니까. 또 전투를 잘하는 장수를 죽여 스스로를 약화시키는 것은 좋은 계책이 아닙니다."라고 하니, 소빈이 마침내 중지하였다.

先是에 玄謨遣垣護之하여 以百舸爲前鋒하여 據石濟러니 護之聞魏兵將至하고 馳書勸玄謨急攻曰 昔에 武皇攻廣固에 死沒甚衆이러니 況今事迫於曩日하니 豈得計士衆傷疲리오 願以屠城爲急하라한대 玄謨不從하다 魏人以所得戰艦으로 連以鐵鎖하여 三重斷河하여 以絶護之還路하니 河水迅急이라 護之中流而下라가 每至鐵鎖에 以長柯斧斷之하니 魏不能禁하여 唯失一舸하고 餘皆完備而返하다 蕭斌遣沈慶之將五千人하여 救玄謨한대 慶之曰 玄謨士衆이 疲老하고 寇虜已逼하니 小軍輕往이 無益也라 斌固遣之러니 會玄謨遁還이어늘 斌將斬之할새 慶之固諫曰 佛(필)貍威震天下하고 控弦百萬이니 豈玄謨所能當이리오 且殺戰將以自弱은 非良計也라하니 斌乃止①하다

① 佛(돕다)는 음이 弼이니, 佛貍는 魏主 拓拔燾의 어릴 때 字이다.
佛音弼. 佛貍, 魏主小字.

【目】 소빈이 碻磝를 견고하게 지키고자 하니, 沈慶之가 말하기를 "지금 靑州와 冀州가 허약한데 앉아서 궁지에 몰린 성만 지키고 있으니, 만약 오랑캐의 무리가 동쪽으로 지나가면 淸水의 동쪽은 우리나라의 소유가 아닐 것이며, 碻磝가 고립되고 단절되면 朱脩之가 滑臺에서 당했던 일을 다시 겪게 될 뿐입니다."라고 하였다.

때마침 조서를 지닌 使者가 도착하였는데 군사의 퇴각 요청을 들어주지 않자, 소빈이 다시 諸將들을 불러 논의하니, 심경지가 말하기를 "戰場의 일은 將軍이 오로지 결정하

는 법이니, 조서는 먼 곳에서 와서 지금의 사태를 알지 못합니다. 휘하에 范增[58]과 같은 사람이 한 명 있는데도 등용하지 못하니, 공연한 논의를 어디에다 쓸 수 있겠습니까."라고 하였다.

소빈과 앉아 있던 사람들이 모두 웃으며 말하기를 "沈公이 학문을 배운 사람 같구려." 라고 하니, 심경지가 성난 목소리로 말하기를 "많은 사람들이 비록 옛날과 지금의 일을 안다고 하나 제가 귀로 듣고 배운 것만 못합니다."라고 하였다. 소빈이 마침내 왕현모을 시켜서 碻磝를 지키도록 하고, 申坦과 垣護之를 시켜서 淸口를 점거하도록 하였으며, 자신은 諸軍을 인솔하여 歷城으로 돌아왔다.

斌欲守固碻磝한대 **慶之曰 今青冀虛弱**한대 **而坐守窮城**하니 **若虜衆東過**면 **淸東非國家有也**요 **碻磝孤絶**하면 **復作朱脩之滑臺耳**①라하다 **會詔使至**러니 **不聽退師**하니 **斌復召諸將議之**한대 **慶之曰 閫外之事**는 **將軍得以專之**하나니 **詔從遠來**하여 **不知事勢**라 **節下有一范增**호되 **不能用**하니 **空議何施**②리오 **斌及坐者竝笑曰 沈公乃更學問**③이로다하니 **慶之厲聲曰 衆人雖知古今**이나 **不如下官耳學也**④라하니 **斌乃使王玄謨戍碻磝**하고 **申坦垣護之據淸口**하고 **自帥諸軍還歷城**⑤하다

① "東過"는 碻磝를 넘어서 지나쳐 동쪽으로 青州와 冀州의 경계로 들어가는 것을 말한다. "淸東"은 淸水의 동쪽을 말한다. 이보다 앞서 到彦之가 北伐할 적에 河南으로부터 회군하면서 朱修之를 남겨 滑臺를 지키게 하였는데, 이듬해에 北魏 장군 安頡이 공격해 격파하여 주수지를 가두었다.

東過, 謂越碻磝而過, 東入青・冀界. 淸東, 謂淸水以東也. 先時到彦之北侵, 自河南回, 留脩之守滑臺, 明年魏將安頡攻破之, 囚修之.

② "節下"는 蕭斌을 칭한 것이다. 심경지가 漢 高帝의 말을 인용하여 소빈이 자신의 말을 쓰지 않음을 비유한 것이다.

節下稱蕭斌也. 慶之引漢高帝之言, 以喩斌不用其言.

③ 更(거치다)은 工衡의 切이니, 거치고 지난다는 뜻이다.

更, 工衡切, 經也, 歷也.

④ "耳學"은 일찍이 눈으로 서적을 보지는 않았지만 귀로 남이 강설하는 것을 들어서 배웠음을 말한 것이다.

耳學, 謂雖未嘗目覽書傳, 能以耳聽人所講說者而學之.

⑤ 淸水의 남쪽은 淮水와 통하고 북쪽은 河水와 통하니, 이는 청수가 黃河로 들어가는 입구임을 말한 것이다. ≪水經注≫에 "濟水가 동북쪽으로 壽張縣의 서쪽 경계와 安民亭의 남쪽을

58) 范增 : 秦나라 말기 項羽의 謀臣으로, 훌륭한 계책을 많이 세워 亞父라는 칭호를 받기까지 하였다. 그러나 여러 차례 劉邦을 죽이라고 충고한 것이 받아들여지지 않았고, 오히려 유방의 반간계로 항우의 의심을 사게 되었다. 이에 울분을 못 이겨 길을 떠났고 도중에 등창이 도져 彭城에서 병사하였다.(≪史記≫ 〈項羽本紀〉)

지나는데, 汶水가 동북쪽에서 와서 합쳐진다."라고 하였는데, 그 註에 "戴延이 이른바 淸口이다."라고 하였다.

淸水南通淮, 北通河, 此謂淸水入河之口. 水經"濟水東北過壽張縣西界安民亭南, 汶水從東北來注之." 註云"戴延之所謂淸口也."

【綱】11월에 魏主가 진군하여 魯郡에 이르러 太牢로 孔子에게 제사를 지냈다.

十一月에 魏主進至魯郡하여 以太牢로 祠孔子[59)]하다

【目】魏主가 諸將들에게 명을 내려 길을 나누어 일제히 진군하도록 하였는데, 永昌王 拓跋仁은 洛陽에서 壽陽으로 진군하고, 尙書 長孫眞은 馬頭로 진군하고, 楚王 拓跋建은 鍾離로 진군하고, 高涼王 拓跋那는 靑州에서 下邳로 진군하였으며, 魏主는 東平에서 鄒山으로 진군하여 11월에 魯郡太守 崔邪利를 사로잡았다. 秦 始皇의 石刻을 보고는 사람을 시켜 넘어뜨리고 太牢로 孔子에게 제사를 지냈다.

魏主命諸將分道竝進할새 永昌王仁은 自洛陽趨壽陽하고 尙書長孫眞은 趣馬頭하며 楚王建은 趣鍾離하고 高涼王那는 自靑州趣下邳[①]하며 魏主自東平趣鄒山하여 十一月에 禽魯郡太守崔邪利[②]하다 見秦始皇石刻하고 使人排而仆之하고 以太牢로 祠孔子[③]하다

① 沈約이 말하기를 "馬頭郡은 옛날 淮南 當塗縣 지역으로, 晉 安帝가 馬頭郡을 세우고 산의

59) 魏主進至魯郡 以太牢 祠孔子 : "漢 章帝가 孔子에게 제사를 지냈을 때에는 '至'라고 기록하고, 여기에서는 '進至'라고 기록한 것은 어째서인가. 〈先聖을 숭배하고자 하는〉 전일함을 아름답게 여긴 것이다. 魏主가 한창 전쟁을 하는 중인데도 先聖을 숭배할 줄 알아 특별히 이런 행위를 하였다. ≪資治通鑑綱目≫에서 기록하기를 '進至'라고 하고 또 '以太牢'라고 기록하였으니 漢 高帝가 공자에게 제사한 것과 똑같은 서법으로 기록한 것이 마땅하다. ≪資治通鑑綱目≫이 끝날 때까지 '祠孔子'라고 기록한 것은 다섯 번이고, '謁孔子祠(공자를 알현하고 제사 지내다.)'라고 기록한 것이 한 번이다(漢 高帝 12년(B.C. 195)에 자세하다.). 北魏에 '祠孔子'를 기록한 것은 두 번인데(이해(450)와 乙亥年(495)) 한 번은 '進至'라고 기록하고 한 번은 '如(가다)'라고 기록하였으니, 모두 전일함을 인정하는 말이다.〔漢章祠孔子 書至 此書進至 何 嘉專也 魏主方事干戈 而知崇先聖 特爲此行 綱目書曰進至 且以以太牢書 同於高帝宜矣 終綱目書祠孔子五 書謁孔子祠一(詳漢高帝十二年) 而魏書祠孔子者再(是年 乙亥年) 一書進至 一書如 皆予其專之辭也〕" ≪書法≫ "漢章祠孔子"는 ≪資治通鑑綱目≫ 漢 章帝 元和 2년(85)에 보인다. 漢 高帝가 太牢로 공자에게 제사 지낸 것은 同書 漢 高祖 12년(B.C. 195)에 "過魯以太牢祠孔子"라고 하였다. 乙亥年은 北魏 孝文帝 太和 19년(495)인데, 그 기사에 "魏主如魯城 祠孔子"라고 하였다.

"拓跋(北魏)은 夷狄인데, 전쟁 중에도 오히려 聖人을 존중할 줄 알았다. 典午氏(司馬氏의 晉나라)는 中原의 正統인데도 孔子의 사당을 수리하자고 청하자 묵묵부답하였다. ≪資治通鑑綱目≫에서는 모두 冊에 명확히 기록하였으니 이른바 '夷狄에게 임금이 있는 것이 중국에 없는 것보다 낫다.'는 것이다.〔拓跋夷虜 在戎馬之中 猶知尊聖人 典午氏中原正統 請修孔子廟 乃寢而不報 綱目皆明書于冊 所謂夷狄之有君 不如諸夏之亡也〕" ≪發明≫ "夷狄之有君 不如諸夏之亡也"는 ≪論語≫ 〈八佾〉에 보인다.

모양을 따서 이름을 지었으며, 南豫州에 소속시켰는데, 宋나라 때는 徐州에 속하였다."라고 하였다. 拓跋建은 太武帝의 아들이다.
沈約曰"馬頭郡故淮南當塗縣地, 晉安帝立馬頭郡, 因山形而名, 屬南豫州, 宋屬徐州." 建, 太武之子也.

② 宋나라의 魯郡은 당시에 鄒山에 치소를 두었다.
宋魯郡時治鄒山.

③ 秦 始皇 28년(B.C. 219)에 시황제가 鄒嶧山에 올라 비석을 세워 자신의 공덕을 칭송하였다.
秦始皇二十八年, 上鄒嶧山, 立石頌德.

【綱】雍州參軍 柳元景이 陜城에서 北魏 군대를 크게 격파하여 장수 張是連提의 목을 베었으며, 진격하여 潼關을 점거하고 돌아왔다.

雍州參軍柳元景이 **大破魏師于陜**하여 **斬其將張是連提**하고 **進據潼關而還**[60)]하다

【目】宋나라의 略陽太守 龐法起 등 여러 군대가 盧氏縣에 들어가서 縣令을 참수하고 趙難을 현령으로 삼아 鄕導가 되게 하였다. 柳元景 등이 나아가 弘農을 공격하여 함락하고, 潼關으로 진격하니, 조서를 내려 유원경을 弘農太守로 삼았다. 유원경이 薛安都와 尹顯祖를 시켜서 먼저 병력을 이끌고 陜城에 있는 방법기 등에게 가도록 하고, 유원경은 후방에서 군량을 조달하는 것을 감독하였다.

陜城이 험준하고 견고하여 공격하였으나 함락하지 못하였는데, 北魏 洛州刺史 張是連提가 군사 2만 명을 인솔하여 崤山을 넘어 陜城을 구원하자, 설안도 등이 이들과 성의 남쪽에서 싸웠다. 北魏 사람들이 돌격기병을 보내니 여러 군대들이 대적하지 못하였다.

설안도가 성을 내어 투구와 갑옷을 벗고 말에도 馬甲을 떼어버리고는 눈을 부릅뜨고 창을 비껴든 채 홀로 말을 타고 적진으로 돌진하자 가는 곳마다 앞을 가로막는 자들이 없었으며, 北魏 사람들이 양쪽에서 활을 쏘아도 맞출 수가 없었다. 이와 같이 네 차례를 하니, 죽거나 부상당한 사람이 헤아릴 수 없이 많았다. 해가 저물어 別將 魯元保가

---

60) 雍州參軍柳元景……進據潼關而還:"王玄謨는 北伐의 계책을 앞장서서 건의하고는 친히 대군을 지휘하였는데 적의 기세를 바라보고 물러나 도주하였다. 柳元景은 偏裨의 別將으로서 적을 격파하여 공을 이루었다. 〈그런데도〉 宋主는 드러내어 이들에게 상벌을 주지 않았으니 이것이 진실로 佛貍(拓跋燾)가 〈서신으로〉 책망하여 모욕한 것이다. 오히려 그와 함께 勝負를 겨룰 수 있겠는가.〔王元謨首建北伐之謀 親將大衆 望風退走 柳元景偏裨別將 破敵成功 宋主不能顯加賞戮 此固佛貍之所望而侮者 尙可與之校勝負哉〕" ≪發明≫

군사를 이끌고 函谷關에서 도착하니, 北魏 군대가 그제야 물러갔다.

宋略陽太守龐法起等諸軍이 入盧氏하여 斬縣令하고 以趙難爲令하여 使爲鄕導라 柳元景等이 進攻弘農拔之하고 進向潼關이러니 詔以元景爲弘農太守하다 元景使薛安都尹顯祖로 先引兵就法起等於陝하고 元景於後督租러니 陝城險固라 攻之不拔한대 魏洛州刺史張是連提 帥衆二萬하여 度崤救陝①이어늘 安都等與戰於城南이러니 魏人縱突騎하니 諸軍不能敵이라 安都怒하여 脫兜鍪解鎧하고 馬亦去具裝하고 瞋目橫矛하여 單騎突陳하니 所向無前하며 魏人夾射不能中이라 如是數四하니 殺傷不可勝數러라 日暮에 別將魯元保引兵自函谷關至하니 魏兵乃退하다

① 張是는 復姓이고, 連提는 이름이다. 洛水에서 陝城에 이르기까지 三崤의 험한 지형이 있다. 張是, 復姓. 連提, 名也. 自洛至陝有三崤之險.

【目】 다음 날에 薛安都 등이 성의 서남쪽에 陣을 쳤는데, 曾方平이 설안도에게 말하기를 "지금 강한 적들이 앞에 있고 견고한 성이 뒤에 있으니, 이는 우리가 죽을 날이다. 경이 만약 진격하지 않는다면 내가 응당 경의 목을 벨 것이고, 내가 만약 진격하지 않는다면 경이 나의 목을 베라."라고 하니, 설안도가 말하기를 "경의 말이 옳다."라고 하였다.

드디어 교전을 하였는데, 軍副 柳元怙가 군사를 이끌고 남문에서부터 북을 치고 함성을 지르며 곧바로 나가서 旌旗가 대단히 성대하니 北魏 군사들이 크게 놀랐다. 설안도가 앞장서서 나아가 분전하여 흐르는 피가 팔꿈치에 고이고 창이 부러지자 바꾸어서 다시 진격하였다. 그러자 여러 군사들이 일제히 분발하여 아침부터 해가 기울 때까지 싸우니, 北魏 군대가 크게 궤멸되었다. 張是連提와 장졸 3천여 명의 수급을 베었고, 그 남은 자 중에 강이나 해자에 빠져 죽은 이가 아주 많았으며, 투항한 자들이 2천여 명이었다.

다음 날 유원경이 도착하여 투항한 자들을 꾸짖으며 말하기를 "너희들은 본래 중국의 백성들인데 지금 오랑캐들을 위하여 힘을 다해 싸우다가 힘이 모자라자 마침내 투항한 것은 어째서인가?"라고 하니, 모두 말하기를 "오랑캐가 백성들을 내몰아서 싸우게 하면서 뒤에 나오는 사람은 一族을 없애고, 기병으로 보병을 몰아세워 전투가 시작되기 전에 먼저 죽게 하니, 이는 장군이 직접 목격한 일입니다."라고 하였다.

諸將들이 그들을 모조리 죽이고자 하니, 유원경이 말하기를 "王師의 깃발이 북쪽을 향해 가고 있으니, 응당 인자하다는 소문이 앞서 퍼져나가도록 해야 한다."라고 하여 전부 풀어주어 보내니, 모두가 만세를 부르며 돌아갔다.

드디어 陝城을 함락하고 潼關으로 진격하여 점거하니, 關中의 호걸이 도처에서 벌떼처럼 일어났고, 사방의 산에 살던 羌族과 胡族이 모두 와서 충성을 표하였다. 宋나라는 王玄謨가 패퇴하고 北魏 군대가 깊숙이 들어오자, 유원경 등이 홀로 진격하는 것이 마땅하지 않다고 여겨 모두 불러 돌아오도록 하였다. 유원경이 설안도를 시켜서 후방을 차단하게 하고 군대를 이끌고 襄陽으로 돌아오자, 조서를 내려 유원경을 襄陽太守로 삼았다.

明日에 安都等이 陳於城西南이어늘 曾方平謂安都曰 今勍敵在前하고 堅城在後하니 是吾取死之日이라 卿若不進이면 我當斬卿이요 我若不進이어든 卿斬我也하라하니 安都曰善이라하고 遂合戰하니 軍副柳元怙引兵自南門鼓譟直出하여 旌旗甚盛하니 魏衆驚駭[①]라 安都挺身奮擊하여 流血凝肘하고 矛折이어늘 易之更入하니 諸軍齊奮하여 自旦至日昃하니 魏衆大潰라 斬張是連提及將卒三千餘級하고 其餘赴河塹死者甚衆이요 降者二千餘人이라 明日에 元景至하여 讓降者曰 汝輩本中國民이어늘 今爲虜盡力하다가 力屈乃降은 何也[②]오하니 皆曰虜驅民使戰하여 後出者滅族하고 以騎蹙步하여 未戰先死하니 此將軍所親見也라 諸將欲盡殺之어늘 元景曰 王旗北指에 當令仁聲先路라하고 盡釋而遣之하니 皆稱萬歲而去[③]러라 遂克陝城하고 進攻潼關據之하니 關中豪桀이 所在蠭起하고 及四山羌胡 皆來送款[④]이러라 宋以王玄謨敗退魏兵深入하니 柳元景等이 不宜獨進이라하여 皆召還하다 元景使薛安都斷後하고 引兵歸襄陽이어늘 詔以元景爲襄陽太守하다

① 一軍의 장수를 軍主라 하고, 副將을 軍副라고 한다.
一軍之將, 謂之軍主. 副將, 謂之軍副.

② 爲(위하다)는 去聲이다.
爲, 去聲.

③ 先(앞장서다)은 悉薦의 切이니, 〈"當令仁聲先路"는〉 마땅히 어진 정치를 닦아 앞장서서 인도해야 함을 말한 것이다.
先, 悉薦切, 言當修仁政以爲前導也.

④ 關中 지역은 사방이 험한 산으로 둘러싸여 있는데, 당시에 羌族과 胡族이 모두 산에 의지하여 거처하며 스스로 취락을 형성하였다.
關中之地, 四面阻山, 時羌胡皆依山而居, 自爲聚落.

【綱】 北魏 永昌王 拓跋仁이 懸瓠를 함락하고 드디어 尉武에서 宋나라 군대를 패퇴시켜 장수 劉康祖를 죽이고 진격하여 壽陽을 압박하였다.

魏永昌王仁이 克懸瓠하고 遂敗宋師于尉武하여 殺其將劉康祖하고 進逼壽陽하다

【目】 北魏 永昌王 拓跋仁이 懸瓠와 項城을 공격하여 함락하니, 宋主는 北魏 군대가 壽陽에 이를까 두려워 劉康祖를 불러 돌아오도록 하였는데, 탁발인이 8만 기병을 거느리고서 추격하여 유강조를 尉武에서 따라잡았다. 유강조에게는 8천의 병력이 있었는데, 軍副 胡盛之가 험한 산악 지형을 의지하여 샛길로 행군하여 〈壽陽에〉 도달하고자 하니, 유강조가 성을 내며 말하기를 "黃河에 임하여 적을 찾아 싸우려 해도 마침내 적을 보지 못했는데, 다행히도 그들이 제 발로 찾아왔으니, 어찌 피하겠는가."라고 하고, 마침내 수레를 연결한 진영을 만들어 진격하면서 군중에 명을 내려 말하기를 "뒤돌아보는 자는 목을 벨 것이며, 발걸음을 돌리는 자는 발을 자를 것이다."라고 하였다.

北魏 사람들이 사방에서 그들을 공격하였으나 장수와 군사들이 모두 죽음을 각오하고 싸워 아침부터 晡時(오후 3~5시)까지 北魏 병사 1만여 명을 죽이니, 흐르는 피가 복사뼈까지 잠겼고, 유강조는 몸에 열 군데의 창상을 입었으나 의기는 더욱 맹렬하였다. 北魏는 무리를 나누어 셋으로 만들어 한편으로는 쉬고 한편으로는 전투를 치르게 하였다. 때마침 날이 저물고 갑자기 바람이 불자 北魏는 기병들을 시켜서 풀을 짊어져다가 수레를 연결한 宋나라의 진영을 불태우게 하니, 유강조가 수시로 무너진 부분을 보수하였다. 그러다가 날아온 화살이 유강조의 목을 관통하여 말에서 떨어져 죽자 나머지 무리들이 모두 궤멸되니, 北魏 사람들이 엄습하여 거의 모두를 죽였다.

南平王 劉鑠이 參軍 王羅漢을 시켜서 300명으로 尉武를 지키도록 하였는데, 北魏 군대가 도착하자 무리들은 남쪽으로 작은 나무에 의지하여 스스로를 지키려고 하였으나 왕나한은 명령을 받고서 이곳에 머무르며 떠나지 않았다. 북위 사람들이 공격하여 그를 사로잡아 쇠사슬로 목을 묶고 三郎將[61]을 시켜서 잡고 있게 하였는데, 왕나한이 밤중에 삼랑장의 목을 베고 쇠사슬을 안은 채 盱眙(우이)로 도망쳤다. 탁발인이 진군하여 壽陽을 압박하였는데, 남평왕 유삭이 성곽을 둘러싸고 굳게 지켰다.

魏永昌王仁이 攻懸瓠項城拔之하니 宋主恐魏兵至壽陽하여 召劉康祖使還이러니 仁將八萬騎하여 追及康祖於尉武①라 康祖有衆八千人하니 軍副胡盛之 欲依山險하여 間行取至②한대 康祖怒曰 臨河求敵에 遂無所見이어늘 幸其自送하니 奈何避之리오하고 乃結車營而進하여 下令軍中曰 顧望者斬首하고 轉步者斬足하리라하다 魏人四面攻之호되 將士皆殊死戰하여 自旦至脯[62]하여 殺魏兵萬

61) 三郎將 : 三郎은 원래 秦漢時代 郎官의 합칭 또는 中郎·外郎·散郎 또는 議郎·中郎·散郎, 혹은 郎中·車郎·戶郎을 칭하는데, 여기서는 內三郎을 가리킨다. 내삼랑은 北魏 前期에 설치된 것으로 황제의 호위를 담당하였다. 종실 및 공신의 자제 중에 騎射에 능한 자로 충원하였다. 孝文帝 때 폐지되었다.

62) 脯 : 저본에는 '脯'로 되어 있는데, '脯'는 '晡'와 통용이다.

餘人하니 流血沒踝[③]하고 康祖身被十創이로되 意氣彌厲러라 魏分其衆爲三하여 且休且戰이러니 會日暮風急이라 魏以騎負草하여 燒車營하니 康祖隨補其闕이라가 有流矢貫康祖頸하여 墜馬死하니 餘衆遂潰라 魏人掩殺殆盡이러라 南平王鑠이 使參軍王羅漢으로 以三百人戍尉武러니 魏兵至에 衆欲南依卑林以自固호되 羅漢以受命居此하여 不去라 魏人攻而擒之하여 鎖其頸하여 使三郞將掌之[④]어늘 羅漢夜斷三郞將首하고 抱鎖亡奔盱眙하니 仁進逼壽陽이어늘 南平王鑠이 嬰城固守하다

① 尉武는 정자의 이름으로, 壽陽과의 거리가 겨우 수십 리이다.
尉武, 亭名, 去壽陽裁數十里.

② "取至"는 壽陽에 도달함을 말한 것이다.
取至, 謂取至壽陽也.

③ 踝(복사뼈)는 戶瓦의 切이니, 정강이의 양쪽을 안팎 복사뼈라고 한다.
踝, 戶瓦切. 腿兩旁曰內外踝.

④ 三郞將은 內三郞을 주관하니, 北魏에서는 衛士를 三郞將이라고 하였다.
三郞將, 蓋主內三郞, 魏謂衛士曰三郞將.

【綱】 魏主가 彭城을 공격하였으나 승리하지 못하였다.

魏主攻彭城不克하다

【目】 北魏 군대가 蕭城에 있었는데, 彭城과의 거리가 10여 리였다. 彭城에 있는 군사가 비록 많았지만 군량이 적었기에 江夏王 劉義恭이 팽성을 버리고 남쪽으로 돌아가려고 하였다. 沈慶之가 歷城에는 군사는 적지만 식량이 많다고 하여, 函箱車陳[63)]을 사용하여 정예병으로 바깥 날개를 삼고 二王[64)]과 王妃, 그 딸들을 받들고 곧바로 歷城으로 향하려고 하였으며, 何勖은 자리를 거두어 鬱洲로 달아나 바닷길을 이용하여 京師로 돌아가려고 하였다.

유의공은 떠날 뜻이 이미 결정되었으나, 두 사람의 의논이 결정되지 못하였는데 長史 張暢이 말하기를 "만약 歷城과 鬱洲에 도달할 수 있는 방법이 있다면 제가 감히 목소리를 높여 협조하지 않겠습니까마는 지금 성곽 안에는 식량이 부족하여 백성들이 모두 도주할 뜻을 지니고 있으니, 단지 빗장을 걸어 잠그고 엄히 지키고 있을 뿐입니다. 일단 발을 움직이면 각기 서로 도망하여 흩어질 것이니, 목적지에 도달하고자 하여도 무슨

63) 函箱車陳 : 수레를 연결하여 만든 方陣이다.
64) 二王 : 江夏王 劉義恭과 武陵王 劉駿을 말한다.

수로 그렇게 할 수 있겠습니까.

지금 군대의 양식이 비록 적다고 하더라도 아침저녁으로 아직은 궁핍하지 않은데, 어찌하여 만전을 기하는 계책을 버리고서 위태롭고 멸망하는 길로 나갈 수 있습니까. 만약 도주하려는 계책을 반드시 시행하신다면 제가 목을 찔러 그 피로 공이 타고 가시는 말의 발굽을 더럽히고자 합니다."라고 하였다.

武陵王 劉駿이 유의공에게 말하기를 "阿父께서 이미 總統이 되셨으니, 떠나시든 머무르시든 간에 감히 간여할 일이 아니지만, 저 道民(劉駿)이 황송하게도 城主가 되었으므로, 반드시 이 성과 더불어 生死를 함께 할 것이니, 張長史의 말에 동의하지 않을 수 없습니다."라고 하니, 유의공이 마침내 중지하였다.

魏軍在蕭城하니 **去彭城十餘里**①라 **彭城兵雖多而食少**하니 **江夏王義恭**이 **欲棄彭城南歸**라 **沈慶之以爲歷城兵少食多**라하여 **欲爲函箱車陳**하여 **以精兵爲外翼**하고 **奉二王及妃女直趨歷城**②하고 **何勖欲席卷奔鬱洲**하여 **自海道還京師**③하니 **義恭去意已判**이로되 **唯二議未決**④이러니 **長史張暢曰 若歷城鬱洲有可至之理**면 **下官敢不高贊**⑤이리오마는 **今城中乏食**하여 **百姓咸有走志**하니 **但以關扃嚴固耳**⑥라 **一旦動足**이면 **則各自逃散**하리니 **欲至所在**인들 **何由可得**이리오 **今軍食雖寡**나 **朝夕**에 **猶未窘罄**(경)⑦하니 **豈有捨萬安之術**하고 **而就危亡之道**리오 **若此計必行**인댄 **下官請以頸血**로 **汚公馬蹄**⑧하리라 **武陵王駿謂義恭曰 阿父旣爲總統**하니 **去留非所敢干**이어니와 **道民忝爲城主**하니 **必與此城**으로 **共其存沒**하리니 **張長史言**을 **不可異也**라한대 **義恭乃止**⑨하다

① 魏收의 ≪魏書≫ 〈地形志〉에 "沛郡의 蕭縣에 蕭城이 있다."고 하였다.
魏收地形志 "沛郡蕭縣有蕭城."
② 陳(진을 치다)은 陣으로 읽는다.
陳, 讀曰陣.
③ 東海郡 贛楡縣의 東海 가운데 鬱洲가 있다.
東海郡贛楡縣東海中有鬱洲.
④ 判은 역시 결정하다는 뜻이다.
判, 亦決也.
⑤ 高는 올리다는 뜻이고, 贊은 돕는다는 뜻이니, 〈"高贊"은〉 소리를 질러 그 논의를 도와 결정하게 한 것이다.
高, 抗也. 贊, 助也, 言抗聲以助決其議也.
⑥ 扃(빗장)은 古螢의 切이니, 외부를 막는 관문이다. 이는 문의 수비를 삼엄하고 견고하게 하여 백성들이 나갈 수가 없음을 말한 것이다.
扃, 古螢切, 外閑之關也. 此言門守嚴固, 百姓無從得去.

⑦ 窘은 급박하다는 뜻이고, 罄은 다한다는 뜻이다.
窘, 迫也. 罄, 盡也.
⑧ 汚(더럽히다)는 烏路의 切이다.
汚, 烏路切.
⑨ 阿父라고 한 것은 劉義恭이 劉駿에게 諸父(삼촌)가 되기 때문이다. 유의공이 팽성에 주둔하며 諸軍을 지휘하였기 때문에 總統이라고 한 것이다. 道民은 어릴 적 유준의 字이다. 徐州刺史가 彭城을 치소로 두었기 때문에 城主라고 한 것이다.
阿父, 義恭於駿諸父也. 義恭頓彭城爲諸軍節度, 故曰總統. 道民, 駿小字. 徐州刺史治彭城, 故曰城主.

【目】魏主가 彭城에 이르러 尙書 李孝伯을 시켜서 남문에 이르게 하여 劉義恭에게 담비 가죽으로 만든 갖옷을 보내고, 劉駿에게는 낙타와 노새를 보내고서 또 말하기를 "魏主께서 安北將軍에게 안부를 물으셨으니, 잠시 나와서 저를 보시지요."라고 하였다. 유준이 張暢을 시켜서 성문을 열고 나가서 그를 만나보게 하였다.

이효백이 말하기를 "魏主께서 이 성을 포위하지 않고 친히 대군을 인솔하여 곧바로 瓜步로 가서 長江과 太湖의 물을 마시고 갈증을 면하려고 하실 뿐이다."라고 하니, 장창이 말하기를 "떠나고 머무르는 일은 너희 마음대로 하면 되지만 만약 오랑캐의 말이 마침내 장강의 물을 마시게 되면 天道가 회복됨이 없을 것이다."라고 하였다.

이보다 앞서 童謠에 이르기를 "오랑캐의 말이 長江의 물을 마시면 佛貍(太武帝)가 卯年에 죽는다."라고 하였기 때문에 장창이 이렇게 말한 것이다. 장창은 목소리와 용모가 우아하고 수려했으며, 이효백 역시 언변이 넉넉했다. 떠나는 길에 이효백이 장창에게 말하기를 "長史(장창)는 깊이 스스로를 아끼라. 지금 서로 간의 거리가 매우 가까운데도 손을 잡을 수 없는 것이 유감이다."라고 하였다. 왕창이 말하기를 "君도 스스로를 잘 아끼라. 천하가 평정될 날에 君이 宋나라 조정으로 돌아오기를 바라니, 〈그렇게 되면〉 지금이 서로 알고 지낸 것의 시작이 될 것이다."라고 하였다.

魏主至彭城하여 使尙書李孝伯으로 至南門하여 餉義恭貂裘하고 餉駿橐駝及騾하고 且曰 魏主致意安北하니 可蹔出見我①어다 駿使張暢으로 開門出見之한대 孝伯曰 魏主不圍此城하고 自帥衆軍하여 直造瓜步하여 飮江湖以療渴耳②니라 暢曰 去留之事는 自適彼懷어니와 若虜馬遂得飮江인댄 便爲無復天道리라하다 先是에 童謠云 虜馬飮江水면 佛貍死卯年이라하니 故暢云然이라 暢音容雅麗하고 孝伯亦辯贍이라 且去에 謂暢曰 長史深自愛하라 相去步武로되 恨不執手③로다 暢曰 君善自愛어다 冀蕩定有期하여 君還宋朝하노니 今爲相識之始니라

① 위의 元嘉 25년(448)에 宋나라가 劉駿을 安北將軍 徐州刺史로 삼았다.
上二十五年, 宋以駿爲安北將軍徐州刺史.
② 造는 이른다는 뜻이다. 瓜步는 산 이름으로, 秦郡 尉氏縣 경계에 있다.
造, 至也. 瓜步, 山名, 在秦郡尉氏縣界.
③ 발을 들어서 가는 것을 步라고 하고, 발자취를 武라고 하니, 〈"步武"는〉 아주 가까운 거리를 말한다.
擧足而行曰步, 足迹曰武, 言至近也.

【綱】 宋나라가 陰平郡과 平武郡을 취하였다.

宋取陰平平武郡하다

【目】 宋主가 楊文德을 기용하여 輔國將軍으로 삼아 군사를 이끌고 漢中에서 서쪽으로 들어가서 汧水와 隴山 지역을 요동치게 하니, 陰平郡과 平武郡이 모두 평정되었다. 梁州 南秦州刺史 劉秀之가 양문덕을 파견하여 啖提氐를 토벌하였으나 이기지 못하자 〈유수지는 사람을 보내 양문덕을〉 붙잡아 荊州로 호송하였고, 양문덕의 從祖兄(육촌형)인 楊頭를 시켜서 葭蘆를 지키도록 하였다.

宋主起楊文德爲輔國將軍하여 引兵自漢中西入하여 搖動汧隴하니 陰平平武悉平①하다 梁南秦刺史劉秀之 遣文德伐啖提氐로되 不克이어늘 執送荊州하고 使文德從祖兄頭로 戍葭蘆②하다

① 陰平縣은 漢나라 때에는 廣漢屬國에 속하였는데, 晉나라 泰始 年間(265~274)에 陰平郡을 설치하였다. 劉蜀(蜀漢)은 陰平을 분리하여 平廣縣을 두었고, 晉나라 太康 원년(280)에 이름을 平武로 고쳤다.
陰平縣, 漢屬廣漢屬國, 晉泰始中置陰平郡. 劉蜀分陰平置平廣縣, 晉太康元年更名平武.
② 이 氐族의 이름이 啖提이다.
氐之號曰啖提也.

【綱】 12월에 魏主가 군대를 이끌고 남하하여 盱眙를 공격하였으나 이기지 못하고 진격하여 瓜步에 주둔하니, 宋나라 사람들이 경계를 엄하게 하여 長江을 지켰다.

十二月에 魏主引兵南下하여 攻盱眙不克하고 進次瓜步하니 宋人戒嚴守江하다

【目】 魏主가 군대를 이끌고 남하하여 中書郎 魯秀를 廣陵으로 나가도록 하고, 高涼王 拓跋那를 山陽으로 나가도록 하고, 永昌王 拓跋仁을 橫江으로 나가도록 하였는데, 지나가는 곳마다 잔인하게 파괴하지 않은 곳이 없어서 城邑에서는 모두 그 모습만 보고도 달아나니, 〈宋나라 都城인〉 建康에서 군사를 모으고 대비태세를 갖추었다. 北魏 군대가 淮水 가에 도달하자 宋主가 將軍 臧質을 시켜서 1만 명을 거느리고 彭城을 구원하도록 하여 盱眙에 도착하니, 魏主가 이미 淮水를 지난 뒤였다. 장질이 胡崇之 등으로 東山과 前浦에 군영을 설치하도록 하고, 자신은 성의 남쪽에 군영을 설치하였다. 北魏의 燕王 拓跋譚이 그들을 공격하자 모두 패몰하였고, 장질의 군대 역시 궤멸되자 장질이 군수품과 무기를 버리고 혼자 700명을 거느리고 盱眙城으로 갔다.

魏主引兵南下하여 使中書郎魯秀로 出廣陵하고 高涼王那로 出山陽하고 永昌王仁으로 出橫江하니 所過無不殘滅이라 城邑皆望風奔潰하니 建康纂嚴[①]하다 魏兵至淮上이어늘 宋主使將軍臧質로 將萬人救彭城할새 至盱眙하니 魏主已過淮라 質使胡崇之等으로 營東山前浦하고 而自營於城南이러니 魏燕王譚攻之하니 皆敗沒[②]하고 質軍亦潰하니 質棄輜重器械하고 單將七百人赴城하다

① "纂嚴"은 군사를 모으고 무장을 갖추는 것이다.
纂嚴, 纂集兵嚴也.

② 東山과 前浦는 모두 盱眙城의 좌우에 있다. 拓跋譚은 太武帝(拓跋燾)의 아들이다.
東山·前浦, 皆在盱眙城左右. 譚, 太武之子也.

【目】 예전에 盱眙太守 沈璞이 임지에 부임하였을 때 王玄謨는 아직 滑臺에 있어서 江淮 사람들이 경계함이 없었다. 그러나 심박은 盱眙郡이 요충지에 해당한다고 여겨 마침내 성을 보수하고 해자를 깊게 팠으며, 재물과 곡식을 비축하고 화살과 돌을 저장해놓고서 성을 지킬 대비를 하니, 속료들이 모두 그 일을 비난하고 조정에서도 역시 지나치다고 생각하였다.

北魏 군대가 南下하기에 이르자, 守宰들이 대부분 성을 버리고 도주하였다. 어떤 사람이 심박에게 建康으로 돌아갈 것을 권하자, 심박이 말하기를 "오랑캐가 만약 성이 작다고 여겨 돌아보지 않는다면 다시 무엇을 두려워하겠으며, 만약 적들이 다가와서 공격해오면 이는 마침내 내가 나라의 은혜에 보답할 때이고, 諸君이 제후에 책봉될 때이니, 어찌 이곳을 떠나겠는가. 제군은 적군 수십만이 작은 성 아래에 모여 있다가 패배하지 않은 경우를 본 적이 있는가. 昆陽과 合肥의 옛일이 명확한 증거이다."라고 하니, 무리들의 마음이 조금씩 진정되었다. 심박은 군사를 모아 2천 명의 정예 군사를 얻고서 "이

걸로 충분하다."고 하였다.

臧質이 〈패한 뒤에〉 성을 향해 오자 군사들이 심박에게 말하기를 "오랑캐가 만일 성을 공격하지 않는다면 많은 병사를 부릴 것이 없겠지만, 만약 그들이 성을 공격하면 성 안에는 단지 현재의 병력만을 수용할 수 있을 뿐이니, 땅은 좁고 사람들은 많으면 근심거리가 되지 않는 경우가 드뭅니다. 만약 장질의 무리가 적을 물리치고 성을 온전히 지켜낸다면 모든 공로는 우리에게 있지 않으며, 만약 적을 피하여 都城으로 돌아가고자 배와 노를 모은다면 반드시 〈사람들이 도망가고자〉 서로를 짓밟게 될 것입니다. 참으로 근심거리가 되기에 충분하니 그들을 받아들이지 않는 것만 못합니다."라고 하였다.

심박이 탄식하며 말하기를 "오랑캐는 반드시 성곽을 오르지 못할 것이니, 감히 제군을 위하여 보장하겠다. 배를 타고 돌아갈 계책은 진실로 이미 오래 전에 막혀버렸고, 오랑캐의 잔학함은 고금에 아직까지 없었으며, 죽임을 당하거나 겁탈당하는 고난은 그대들이 함께 본 것이니, 그 가운데 다행스러운 것은 사람들을 북쪽 나라로 데리고 돌아가서 노비로 삼는 것에 불과할 뿐이다. 장질의 군사들이 비록 오합지졸이지만 어찌 이를 두렵게 여기지 않겠는가. 이른바 배를 함께 타고 건널 때에는 胡族과 越族이 한마음이라고 하였다. 지금 우리 군사들의 수가 많으면 오랑캐들이 빨리 물러갈 것이며, 수가 적으면 천천히 물러갈 것이니, 내가 어찌 공로를 독점하고자 하여 오랑캐를 머무르게 하겠는가."라고 하고는 마침내 문을 열고 장질을 받아들였다. 장질이 성안에 물자가 충실한 것을 보고는 크게 기뻐하여 이로 인해 심박과 함께 성을 지켰다.

北魏 사람들이 남쪽을 침략했을 때 군량과 군수품을 가지고 오지 않고 노략질한 것을 밑천으로 삼았는데, 淮水를 지나면서는 백성들이 대부분 도망쳐 숨어버렸으므로 노략질을 해도 얻은 것이 없어서 사람과 말이 굶주리고 盱眙에 쌓아놓은 곡식이 있다는 소문을 듣고 북쪽으로 돌아가는 밑천으로 삼고자 하여 성을 공격했다가 함락시키지 못하고, 즉시 수천 명을 남겨 盱眙를 지키도록 하고는 〈魏主가〉 스스로 대군을 인솔하고 남쪽으로 갔다. 이로 말미암아 盱眙의 수비가 더욱 완비되었다.

初에 盱眙太守沈璞到官에 王玄謨猶在滑臺하여 江淮無警①호되 璞以郡當衝要라하여 乃繕城浚隍하고 積財穀儲矢石하여 爲城守之備하니 僚屬皆非之하고 朝廷亦以爲過러라 及魏兵南向에 守宰多棄城走라 或勸璞還建康한대 璞曰 虜若以城小不顧면 夫復何懼며 若肉薄來攻인댄 此乃吾報國之秋요 諸君封侯之日也니 奈何去之리오 諸君嘗見數十萬人이 聚於小城之下而不敗者乎아 昆陽合肥 前事之明驗也라하니 衆心稍定②이러라 璞收集得二千精兵하고 曰 足矣라하더니 及臧質向城에 衆謂璞曰 虜若不攻城이면 則無所事衆이어니와 若其攻城이면 則城中止可容見(현)力耳③니 地狹人

多 鮮不爲患이요 若以質衆能退敵完城者인댄 則全功不在我요 若避(罪)〔賊〕[65]歸都하여 會資舟楫이면 必更相蹂踐이니 正足爲患이라 不若勿受니라 璞歎曰 虜必不能登城이니 敢爲諸君保之호리라 舟楫之計는 固已久息이요 虜之殘害는 古今未有요 屠剝之苦는 衆所共見이니 其中幸者는 不過得驅還北國하여 作奴婢耳라 彼雖烏合이나 寧不憚此邪아 所謂同舟而濟에 胡越一心者也④라 今兵多則虜退速하고 少則退緩이니 吾寧可欲專功而留虜乎아하고 乃開門納質이라 質見城中豐實하고 大喜하여 因與璞共守하다 魏人之南寇也에 不齎糧用하고 唯以抄掠爲資러니 及過淮에 民多竄匿하니 抄掠無所得하여 人馬飢乏이라 聞盱眙有積粟하고 欲以爲北歸之資하여 攻城이라가 不拔하고 卽留數千人하여 守盱眙하고 自帥大衆南向하니 由是로 盱眙得益完守備하다

① 沈璞은 沈林子의 아들이다.
璞, 林子之子也.
② 王尋과 王邑은 백만의 군사로 昆陽에서 패배하였고, 諸葛恪은 20만의 군사로 合肥에서 패배하였다.
王尋·王邑以百萬敗於昆陽, 諸葛恪以二十萬敗於合肥.
③ "見力"은 현재 성곽 안에 소유한 병력을 말한다.
見力, 謂見在城中所有之兵力也.
④ 王弼이 말하기를 "배를 함께 타고 건너는 경우에는 배 안의 胡族과 越族이 어찌 다른 마음을 품을까 근심할 것이 있겠는가?"라고 하였다.
王弼曰 "同舟而濟, 則胡越何患乎異心."

【目】 魏主가 瓜步에 도착하자 민가를 헐고 또 굵은 갈대를 베어 뗏목을 만들면서 長江을 건너려고 한다고 소문을 내니, 建康에서는 백성들이 두려움에 떨어 모두 짐을 꾸리고 〈즉시 도망갈 수 있도록〉 서 있었다. 그러자 안팎이 경계를 엄격히 하여 丹楊의 관할 안에 있는 모든 民家에서 장정을 징발하니, 王公 이하의 자제들도 모두 군역을 수행하였다.

劉遵考 등에게 명하여 군사를 거느리고 나누어서 주요 나루를 지키게 하면서 위로는 太湖에 인접하고 아래로는 蔡洲에 이르기까지 순찰하도록 하고, 진열한 함선과 군영이 강가에 이어지니, 採石에서 暨陽에 이르기까지 6, 7백 리였다. 太子 劉劭가 石頭에 출진하여 水軍을 통솔하였고, 徐湛之는 石頭倉城[66]을 지켰으며, 江湛은 領軍[67]을 겸직하

65) (罪)〔賊〕: 저본에는 '罪'로 되어 있으나, ≪宋書≫ 〈自序〉에 의거하여 '賊'으로 바로잡았다.

66) 石頭倉城 : ≪資治通鑑新註≫(陝西人民出版社, 1998)에는 군량을 보관한 城樓라고 하였다. ≪景定建康志≫에는 石頭城 내에 있는 성으로 보았다. 또한 石頭倉의 명칭을 ≪晉書≫ 〈沈瑀傳〉 등을 통해 石頭山의 官倉에서 유래했다고 보는 견해가 있다.

였는데, 군사에 관한 일은 모두 그에게 위임하였다.

宋主가 石頭城에 올라가 근심스런 낯빛으로 강담에게 말하기를 "북벌 계획에 찬동한 사람이 적었는데, 오늘날 병사들과 백성들이 수고롭고 원망하니 부끄러움이 없을 수가 없다. 大夫들에게 근심을 끼친 것은 나의 잘못이다."라고 하고, 또 말하기를 "檀道濟가 만약 살아 있다면 어찌 오랑캐의 말들이 여기까지 이르게 했겠는가."라고 하였다.

魏主至瓜步하여 **壞民廬舍**하고 **及伐葦爲筏**하여 **聲言欲渡江**①이라하니 **建康震懼**하여 **民皆荷擔而立**이라 **內外戒嚴**하여 **丹楊統內盡戶發丁**하니 **王公以下子弟皆從役**이라 **命劉遵考等**하여 **將兵分守津要**하여 **遊邏上接于湖**하여 **下至蔡洲**하고 **陳艦列營**이 **周亘江濱**하니 **自採石至于暨陽**이 **六七百里**②러라 **太子劭出鎭石頭**하여 **總統水軍**하고 **徐湛之守石頭倉城**하고 **江湛兼領軍**하여 **軍事處置悉以委焉**이라 **宋主登石頭城**하여 **有憂色**하여 **謂江湛曰 北伐之計**를 **同議者少**③러니 **今日士民勞怨**하니 **不得無慚**이로다 **貽大夫之憂**는 **予之過也**라하고 **又曰 檀道濟若在**런들 **豈使胡馬至此**리오하다

① 筏(뗏목)은 음이 伐이니 큰 것을 筏이라 하고 작은 것을 桴라 하는데, 타고서 물을 건너는 것이다.
筏, 音伐, 大曰筏, 小曰桴, 乘之渡水.

② 胡三省이 말하기를 "暨陽은 지금의 江陰軍이다."라고 하였다.
胡三省曰 "暨陽今江陰軍."

③ 〈"北伐之計 同議者少"는〉 오직 江湛과 徐湛之가 북벌의 계획에 찬성하였고, 여러 신하들의 의견은 대부분 찬성하지 않았음을 말한다.
謂唯江·徐贊北伐之計, 群臣之議多不同也.

【綱】 北魏가 宋나라와 화친을 맺었다.

魏及宋平하다

【目】 魏主가 낙타와 名馬를 宋主에게 보내어 화친을 구하고 혼인을 요청하자, 宋主 역시 진수성찬과 진기한 음식을 보냈다. 魏主가 그의 손자를 使者에게 보여주며 말하기를 "내가 멀리에서 여기까지 온 것은 功名을 위한 것이 아니라, 실제 계속하여 우호관계를 맺고자 해서이다. 宋나라가 만약 딸을 내 손자에게 시집보내면 나도 딸을 武陵王에게 시집보낼 것이고, 지금부터 한 필의 말도 다시는 남쪽을 돌아보지 않을 것이다."라고 하였다.

67) 領軍 : 領軍將軍을 가리킨 것으로 본서 221쪽 역주 46) 참조.

사신이 돌아오자 宋主가 군신들을 불러 그 일을 의논하였는데, 여러 사람들이 마땅히 허락해야 한다고 말하자, 江湛이 말하기를 "戎狄은 친하게 대함이 없고 〈이익만을 탐하니,〉 이를 허락하여도 유익함이 없습니다."라고 하였다. 太子 劉劭가 화를 내며 강담에게 말하기를 "지금 세 王이 험한 곳에 있는데, 어찌 구차하게 다른 의견을 제기할 수 있단 말인가."라고 하였는데 목소리와 안색이 아주 엄중하였다.

자리가 파하자, 유소가 또 宋主에게 말하기를 "북벌이 실패하고 치욕을 당하여 여러 州가 함락되고 파괴되었으니, 오직 江湛과 徐湛之의 목을 베어야만 천하 사람들에게 사죄할 수 있습니다."라고 하니, 宋主가 말하기를 "북벌은 내 뜻에서 나온 것이니, 강담과 서담지는 다만 다른 이견이 없었을 뿐이다."라고 하였다. 이로 말미암아 태자는 강담・서담지와 화목하지 못하였으며, 北魏 역시 결국에는 혼인을 성사시키지 못하였다.

魏主以橐駝名馬로 餉宋主하여 求和請婚한대 宋主亦餉以珍羞異味어늘 魏主以其孫示使者曰 吾遠來至此는 非欲爲功名이라 實欲繼好援이니 宋若能以女妻此孫이면 我以女妻武陵王하고 自今匹馬不復南顧리라 使還에 宋主召群臣議之한대 衆謂宜許어늘 江湛曰 戎狄無親하니 許之無益이니이다 太子劭怒謂湛曰 今三王在阨하니 詎宜苟執異議리오 聲色甚厲[①]러라 坐散에 劭又言於宋主曰北伐敗辱하여 數州淪破하니 獨有斬江徐라야 可以謝天下로이다 宋主曰 北伐自是我意니 江徐但不異耳라 由是로 太子與江徐不平이러라 魏亦竟不成婚하다

① "三王在阨"은 江夏王 劉義恭과 武陵王 劉駿이 彭城에 있고, 南平王 劉鑠이 壽陽에 있음을 말한 것이다.
三王在阨, 謂江夏王義恭・武陵王駿在彭城, 南平王鑠在壽陽也.

思政殿訓義 資治通鑑綱目 제26권 상

-宋 文帝 元嘉 28년(451)~宋 孝武帝 孝建 2년(455)-

≪資治通鑑綱目≫ 제26권은 辛卯年(451) 宋나라 文帝 元嘉 28년과 北魏 太武帝 太平眞君 12년부터 乙巳年(465) 宋나라 明帝 泰始 원년과 北魏 文成帝 和平 6년까지이니, 모두 15년이다.

起辛卯宋文帝元嘉二十八年과 魏太武帝太平眞君十二年하여 盡乙巳宋明帝泰始元年과 魏文成帝和平六年이라 凡十五年이라

辛卯年(451)

宋나라 太祖 文帝 劉義隆 元嘉 28년이고, 北魏 世祖 太武帝 拓跋燾 太平眞君 12년이다.

宋元嘉二十八年이요 魏太平眞君十二年이라

【綱】 봄 정월에 北魏 군사가 돌아왔다.

春正月에 魏師還하다

【目】 정월 초하루에 魏主 太武帝가 瓜步山 위에서 여러 신하들에게 크게 연회를 베풀고 작위와 상을 등급에 따라 내렸다. 北魏 군대가 장강 북쪽 연안에 불을 지르자 右衛率 尹弘이 宋主에게 말하기를 "六夷[1]가 이와 같이 하니 반드시 물러갈 것입니다."라고 하였다. 다음 날 〈北魏 군대가〉 과연 주민들을 노략질하고 집을 불사르고 떠나갔다.

正月朔에 魏主大會群臣於瓜步山上하여 班爵行賞有差하다 魏人緣江擧火어늘 右衛率尹弘言於宋主曰 六夷如此하니 必走라하다 明日에 果掠居民하고 焚廬舍而去①하다

① 北兵이 퇴각하려고 하였는데 南兵이 추격하여 퇴로를 차단할 것을 염려하였으므로, 불을 질러 위엄을 보인 것이다. 尹弘은 北人의 군대의 사정을 익히 알아서 그것으로 인하여 宋

1) 六夷 : 西晉 말년 이후로 남방 사람이 북방의 匈奴·羯·鮮卑·氐·羌·賨人을 부르던 말이다.

主에게 말을 한 것이다. 晉氏로부터 나라를 잘못 통제하여 劉淵과 石勒 이후로 비로소 六夷의 명칭이 있게 되었다.

北兵欲退, 慮南兵之追截, 故擧火以示威. 尹弘習知北人軍情, 因言於上. 自晉氏失馭, 劉石以來, 始有六夷之名.

【綱】 宋主가 동생 劉義康을 죽였다.

宋主殺其弟義康[2)]하다

【目】 胡誕世가 반란을 일으킬 적에 江夏王 劉義恭 등이 상주하여 "劉義康이 자주 원망하는 말을 하여 백성들의 聽聞을 동요시킵니다. 이 때문에 폐출된 종족들이 이를 이용하여 모반을 일으킬 마음을 품은 것이니, 유의강을 廣州에 귀양 보낼 것을 청합니다."라고 하였다.

宋主는 먼저 사자를 파견하여 유의강에게 이를 전하였는데 유의강이 말하기를 "사람이 태어나서 한번은 죽는 것이니 내가 어찌 살기를 탐하겠습니까! 〈내가〉 필시 반란의 원인이 된다면 비록 멀리 간다고 해도 무슨 이익이 있겠습니까. 나는 이곳에서 죽기를 청하니 다시 자주 옮기는 것은 부끄럽습니다."라고 하고, 결국 廣州로 가지 않았다.

北魏의 군대가 瓜步山에 있자 민심이 흉흉하였다. 宋主는 폐출된 종족들이 다시 유의강을 받들고 난을 일으킬까 염려하였다. 太子 劉劭와 武陵王 劉駿, 僕射 何尙之가 자주 아뢰어 빨리 유의강을 처치해야 한다고 하자, 宋主가 中書舍人 嚴龍을 보내 유의강 앞에 직접 나아가 죽이게 하였다.

胡誕世之反也에 江夏王義恭等奏義康數(삭)有怨言하여 搖動民聽이라 故不逞之族이 因以生

2) 宋主殺其弟義康 : "劉義康을 지난날 폐위하였을 때에 '國(宋)'을 기록하고 '彭城王'이라고 기록한 것은 실로 그 죄가 있으므로 國法으로 그를 대한 것이다. 〈그러나〉 유의강을 오늘날 죽였을 때에 '宋主殺其弟'라고 기록한 것은 죄가 죽을 정도는 아니었으므로 오로지 宋主를 지목하여 심하게 여긴 것이다. 옛날에 ≪春秋≫ 隱公 원년에 '鄭伯이 共叔段을 鄢에서 이겼다.'라고 기록하였는데 君子는 鄭伯이 그 아우를 악행에 빠뜨린 것을 나무랐다. 지금 宋主가 유의강에게 애초에 너무 과도하게 맡겨서 小人에게 그를 좇고 따르게 하여 그가 죄를 짓게 하는 데 이르렀다. 그러나 이미 강등하며 폐위하고 또 따라서 멀리 축출하였으니, 이 역시 충분하다. 어찌 반드시 죽이고 나서야 그만둔 것인가. 〈舜임금은 이복동생〉 象의 근심을 역시 근심하고 象의 기쁨을 역시 기뻐하였는데 〈宋主의 행위는〉 과연 이와 같은가. 書法이 이와 같은 것은 그를 매우 미워한 것이다.〔義康前日之廢 書國書彭城王者 實有其罪 故以國法待之也 義康今日之死 書宋主殺其弟者 罪不至死 故專目宋主以甚之也 昔春秋書鄭伯克段于鄢 君子譏鄭伯陷其弟于惡 今宋主之於義康 始焉任之太過 至使小人趣附 以成其罪 然旣貶之廢之 又從而遠逐之 是亦足矣 豈必殺之而後已 象憂亦憂 象喜亦喜 果如是乎 書法若此 深惡之也〕" ≪發明≫

心하니 請徙義康廣州①라하다 宋主先遣使語之한대 義康曰 人生會死니 吾豈愛生이리오 必爲亂階인댄 雖遠何益이리오 請死於此라 恥復(부)屢遷이라하고 竟未及往이러라 魏師在瓜步에 人情恟懼라 宋主慮不逞之人(後)〔復〕[3]奉義康爲亂이러니 太子劭及武陵王駿과 僕射何尙之 屢啓宜早爲之所②라한대 宋主乃遣中書舍人嚴龍就殺之하다

① "不逞之族"은 폐출당한 집안으로 당시에 뜻을 얻지 못한 사람을 말한다.
不逞之族, 謂廢放之家不得逞志於時者也.
② 武陵王 劉駿이 당시에 彭城에 있었는데, 역말로 은밀하게 장계를 올린 것이다.
駿時在彭城, 蓋馳密啓言之也.

【綱】 北魏가 다시 碻磝를 취하였다.

魏復取碻磝하다

【目】 宋나라는 江夏王 劉義恭이 碻磝를 지킬 수 없을 것이라 여겨서 王玄謨를 불러 歷城에서 돌아오게 하였는데, 北魏 사람들이 그를 추격하여 패퇴시키고 마침내 碻磝를 취하였다.

宋江夏王義恭이 以碻磝不可守라하여 召王玄謨還歷城이어늘 魏人追擊敗之하고 遂取碻磝하다

【綱】 魏主가 盱眙를 공격하니 宋나라 將軍 臧質이 막자, 北魏 군사가 패하여 달아났다. 2월에 〈北魏 군사가〉 彭城을 지나가니 宋나라 사람들이 추격을 하였으나 따라잡지 못하였다.

魏主攻盱眙하니 宋將軍臧質拒之한대 魏師退走하다 二月에 過彭城하니 宋人追之어늘 不及[4]하다

3) (後)〔復〕: 저본에는 '後'로 되어 있으나, ≪資治通鑑≫에 의거하여 '復'로 바로잡았다.

4) 魏主攻盱眙……不及 : "지난겨울에 '魏及宋平(北魏가 宋나라와 화친을 맺었다.)'이라고 기록하였으니, ≪春秋≫에서 화친〔平〕을 기록할 적에 '及'〈의 앞에 놓는 대상〉으로 주관을 삼는다. 이해 봄에 또 '魏師還'이라고 기록하였으니 이는 北魏 사람들이 재앙을 뉘우쳐 전쟁을 정지하는 뜻이 있으므로 ≪資治通鑑綱目≫에서 기록하여 허여한 것이다. 지금 盱眙를 다시 공격한 것은 어째서인가. 또 전날에 宋나라가 명분 없는 전쟁을 일으켰을 때 北魏가 전쟁하여 승리하였으니 그 정도면 실로 충분하다. 그런데 사람을 희롱거리로 삼아 죽이고 노획하고 도륙하고서 게다가 사람들을 하나의 성 아래 개미처럼 붙어 올라가게 해서 시체가 쌓여 산을 이루고 피가 흘러 못을 이루었으니, 과연 무슨 뜻인가. 그러므로 ≪資治通鑑綱目≫에서 '魏主攻盱眙'라고 기록한 것은 國君의 후중함으로 자신이 지휘하여 하나의 성을 공격함을 보인 것이고, '宋將軍臧質拒之'라고 기록한 것은 大國으로서 한 부대의 장교에

【目】 예전에 宋主는 北魏의 침략이 있을 것이라는 소식을 듣고 廣陵太守 劉懷之에게 명하여 미리 성의 창고와 배와 수레를 불태워 버리고, 廣陵의 백성들을 모두 통솔하여 長江을 건너게 하였다. 山陽太守 蕭僧珍이 백성을 모아 성에 들여보냈는데, 조정에서 盱眙와 滑臺에 도착하도록 보낸 식량과 무기가 길이 통하지 않아 모두 山陽에 머물고 있었고, 소승진이 또 둑을 쌓아 물을 가득 채웠다가 北魏 군사들이 도착하기를 기다려서 둑을 터서 물을 흘려보내니, 북위 군사들이 山陽을 지나갈 때에 감히 오래 머물지 못하고 그대로 盱眙를 공격하였다.

初에 宋主聞有魏師하고 命廣陵太守劉懷之하여 逆燒城府船乘하고 盡帥其民渡江①하다 山陽太守蕭僧珍斂民入城하니 臺送粮仗하여 詣盱眙及滑臺者로 以路不通하니 皆留山陽하다 僧珍又蓄陂水令滿하여 須魏人至하여 決以灌之②하니 魏人過山陽에 不敢留하여 因攻盱眙하다

① 적이 오기 전에 미리 불태웠기 때문에 逆이라고 한 것이다. 乘(수레)은 去聲이니 수레이다.
敵未至而先燒, 故曰逆. 乘, 去聲, 車乘也.
② 須는 기다린다는 뜻이다.
須, 待也.

【目】 魏主가 사람을 보내 臧質에게 술을 요구하자 장질이 항아리에 오줌을 부어 그에게 주었다. 魏主가 노하여 성 주위에 길게 담장을 둘러쌓아서 하루저녁에 완성하고 東山의 흙과 돌을 운반해와서 해자를 메우고 君山에 부교를 만들어서 盱眙로 통하는 수로와 육로를 끊고, 장질에게 편지를 보내서 말하였다.

"우리가 지금 파견하는 전투 병력은 다 우리의 國人이 아니라, 성 동북쪽은 丁零人과 胡人(匈奴人)이고, 성 남쪽은 氐人과 羌人이다. 설령 丁零人이 죽더라도 바로 常山·趙郡의 적이 줄어드는 것이고 胡人이 죽더라도 幷州의 적이 줄어드는 것이고 氐人과 羌人

게 곤란을 당해 이기지 못함을 보인 것이며, '魏師退走'라고 기록한 것은 온전한 군대로서 힘이 궁하여 달아난 것을 보인 것이니, 이는 모두 北魏를 폄하하는 뜻이다. ≪孟子≫ 〈離婁 上〉에 "땅을 다투어 싸워서 죽은 시체가 들에 가득하며, 성을 다투어 싸워서 죽은 사람이 성에 가득하면 이는 이른바 토지로 하여금 사람의 고기를 먹게 하는 것이니, 그 죄가 죽어도 용서받지 못할 것이다."라고 하였는데, 아마도 魏主를 두고 말한 것이다. 말년에 宗愛의 재앙이 미쳐 죽은 것이 마땅하다.〔去冬 書魏及宋平 春秋書平 以及者爲主 是春 又書魏師還 則是魏人有悔禍息兵之意 故綱目書以予之也 今乃復攻盱眙何哉 且前日宋以無名興師 魏旣戰而勝之 是亦足矣 殺掠屠戮 以人爲嬉 方且蟻附一城之下 積尸成山 流血成池 果何謂耶 故綱目書魏主攻盱眙 則見其以國君之重 自將而攻一城 書宋將軍臧質拒之 則見其以大國而困於一偏校不能克也 書魏師退走 則見其以全師之衆 力屈而遁 是皆貶之之意也 孟子曰 爭地以戰 殺人盈野 爭城以戰 殺人盈城 此所謂率土地而食人肉 罪不容於死 其魏主之謂乎 末年宗愛之及 宜矣〕" ≪發明≫ 宗愛가 太武帝를 시해한 일은 본서 341쪽에 보인다.

이 죽더라도 關中의 적이 줄어드는 것이니, 경이 만약 그들을 죽여준다면 이롭지 않을 것이 없다."

장질이 다시 편지를 쓰기를 "편지를 살펴보고서 그대의 간사한 마음을 다 알았다. 그대 스스로 戎馬를 믿고서 자주 우리 국경을 침범하니 王玄謨가 동쪽에서 퇴각하고 申坦이 서쪽에서 흩어졌으니, 그대는 그 까닭을 아는가. 그대는 다만 아이들이 노래하는 말[5]을 듣지 못하였는가. 〈왕현모 등이 후퇴했을 때는〉 아직 卯年(辛卯年)이 돌아오지 않았기 때문에 두 군대에게 오랑캐 말이 장강의 물을 마실 수 있는 길을 열어주게 한 것일 뿐이다. 寡人(臧質)이 명령을 받아 그대를 멸망시킬 것을 白登山에서 기약하였는데 행군을 한 지 오래지 않아 그대가 스스로 죽으러 왔으니 어찌 다시 그대를 온전히 살려 보내서 桑乾에서 그대를 용인할 수 있겠는가.

나는 본래 온전히 살아남을 것을 도모하지 않으니, 만약 천지에 신령이 없어 내가 힘으로 그대에게 굴복을 당한다면 잘게 썰어지고 가루가 되며 도륙을 당하고 사지가 찢어지더라도 오히려 本朝에 사죄함이 부족할 것이다. 그대의 지혜와 식견, 군대의 힘이 어찌 苻堅을 능하겠는가. 지금 봄비가 이미 내렸고 병사들이 한창 사방에서 집합하고 있다. 그대는 다만 편안한 마음으로 성을 공격하고, 양식이 모자라게 되면 말을 해달라. 마땅히 창고에서 양식을 내어서 줄 것이다. 그대가 보내준 칼을 가지고 있으니 나에게 그 칼을 그대에게 휘두르기를 원하는가."라고 하였다.

魏主가 크게 노하여 鐵牀을 만들고 그 위에다 쇠 송곳을 꽂아놓고 말하기를 "성을 격파하여 장질을 잡으면 마땅히 이 송곳 위에 앉힐 것이다."라고 하였다.

장질이 또 北魏의 군사들에게 편지를 주어서 말하기를 "그대들, 오랑캐 중에 여러 선비와 백성들에게 말해주고자 한다. 佛狸(拓跋燾)가 지금 나에게 편지를 보냈는데 그 편지에 그대들을 이처럼 대우한다고 하였다.[6] 너희들은 〈중국의〉 正朔을 쓰는 백성으로 어찌 스스로 멸망을 취하고, 어찌 재앙을 돌려서 복으로 만드는 것을 알지 못하는가." 라고 하고, 아울러 臺格을 베껴서 그들에게 주면서 말하기를 "佛狸의 머리를 베면 萬戶의 諸侯로 책봉하여 베와 명주 각각 萬匹을 내릴 것이다."라고 하였다.

魏主就臧質求酒한대 質封溲便與之①하니 魏主怒하여 築長圍하여 一夕而合하고 運東山土石以

5) 아이들이……말 : 본서 317쪽에 그 내용이 보인다. 오랑캐의 말이 長江의 물을 마시면 卯年에 佛狸가 죽는다는 내용이다. 佛狸는 太武帝의 어릴 때 字로 辛卯年(451)에 태무제가 죽는 것을 예견한 노래이다.

6) 그대들……하였다 : 魏主가 보낸 편지에서 '본인들 이외의 種族은 宋나라 臧質이 죽이더라도 해로울 것이 없다.'고 한 내용을 전달하여 北魏 군대를 이간시키려 한 것이다.

塡塹하고 作浮橋於君山하여 絶水陸道하고 遺質書曰 吾今所遣鬪兵이 盡非我國人이라 城東北是丁零與胡요 南是氐羌②하다 設使丁零死라도 正可減常山趙郡賊③이요 胡死면 減幷州賊④이요 氐羌死면 減關中賊⑤이니 卿若殺之면 無所不利⑥라하니 質復書曰 省示하여 具悉奸懷⑦하라 爾自恃四足하여 屢犯邊境⑧하니 王玄謨退於東하고 申坦散於西하니 爾知其所以然邪⑨아 爾獨不聞童謠之言乎아 蓋卯年未至라 故以二軍開飮江之路耳라 寡人受命相滅이 期之白登하노니 師行未遠에 爾自送死니 豈容復令爾生全하여 饗有桑乾哉⑩아 我本不圖全이라 若天地無靈하여 力屈於爾면 虀之하고 粉之하며 屠之하고 裂之라도 猶未足以謝本朝⑪하니 爾智識及衆力이 豈能勝苻堅邪아 今春雨已降하고 兵方四集하니 爾但安意攻城하고 糧乏見語하라 當出廩相貽하리라 得所送劒刀하니 欲令我揮之爾身邪아 魏主大怒하여 作鐵(林)〔牀〕7)하고 於其上施鐵鑱曰 破城得質이면 當坐之此上⑫이라하노라 質又與魏衆書曰 爾語(處)〔虜〕8)中諸士庶호되 佛狸見(현)與書한대 相待如此라하라 爾等正朔之民으로 何爲自取糜滅하고 豈可不知轉禍爲福邪⑬아 幷寫臺格以與之云 斬佛狸首면 封萬戶侯하여 賜布絹各萬匹⑭하리라하다

① 溲(오줌)는 疎鳩의 切이다. 便(오줌)은 毗連의 切이다.
溲, 疎鳩切. 便, 毗連切.

② 國人은 拓跋氏와 같이 北荒에서 나온 자손을 말한다. 모두 99개의 姓이다.
國人, 謂與拓拔氏同出北荒之子孫也. 凡九十九姓.

③ 丁零은 翟眞이 慕容垂를 배반한 뒤로 모두 常山·趙郡의 지역에 의탁하여 산에 의지해 살았기 때문에 이렇게 말한 것이다.
丁零, 自翟眞叛慕容, 皆投常山·趙郡界, 阻山而居, 故云然.

④ 後漢 때부터 南匈奴를 받아들여 幷州 지역에 나누어 살게 하니 그 땅은 대부분 匈奴와 漢人이 섞여 살았고, 西河와 離石의 서쪽은 모두 稽胡가 점거하여 침입을 하였다.
自後漢納南匈奴, 分居幷州界, 其地率皆雜處胡漢, 西河離石以西, 則皆稽胡據之爲寇.

⑤ 氐族인 苻堅과 羌族인 姚萇이 關中을 점거하고부터 그의 종족들이 번성하였다. 비록 그 국가가 이미 멸망하였으나 그 종족들이 실제로 많았다.
自苻·姚據關中, 其種類蕃滋, 雖其國已滅, 而其種實繁.

⑥ 〈"無所不利"는〉 北魏에 이롭지 않은 것이 없음을 말한다.
言於魏國無所不利.

⑦ "省示"는 보내온 편지에 있는 내용을 살펴본 것이다. 悉은 자세하고 다한다는 뜻이며, 전부라는 뜻이다.
省示, 省來書所示也. 悉, 詳也, 盡也.

7) (林)〔牀〕: 저본에는 '林'으로 되어 있으나, ≪資治通鑑≫에 의거하여 '牀'으로 바로잡았다.

8) 爾語(處)〔虜〕: 저본에는 '處'로 되어 있으나, ≪資治通鑑≫에 의거하여 '虜'로 바로잡았다. 또한 '爾'는 ≪宋書≫ 〈臧質傳〉에 '示'로 되어 있다.

⑧ "四足"은 말을 말한다.
四足, 謂馬也.

⑨ 살펴보건대 王玄謨가 滑臺에서 패하여 퇴각하고, 蕭斌이 申坦을 시켜서 淸口를 점거하게 하였다. 戴延之가 말하는 淸口는 壽張縣 서쪽 지역과 安民亭 남쪽에 있다. ≪水經注≫에 의거하면 그 땅은 滑臺의 서쪽에 있지 않다. 이는 마땅히 梁坦이 上蔡의 군사를 내보내어 虎牢에 이르러 패하여 흩어진 것을 말한 것이다.
按王玄謨自滑臺敗退, 蕭斌使申坦據淸口. 戴延之所謂淸口在壽張縣西界安民亭南, 以水經注考之, 其地不在滑臺之西. 此當謂梁坦出上蔡之師至虎牢潰散耳.

⑩ 옛날 제후가 스스로를 寡人이라고 일컬었다. 臧質은 스스로 藩方의 책임을 맡았기 때문에 스스로 寡人의 임무라고 일컬었다. 白登山과 桑乾川은 모두 平城의 左右에 있다. 장질이 본래 白登으로 곧바로 가기로 기약하였는데 행군하다가 淮水에 이르러 北魏 병사들을 만나자, 반드시 그들을 소멸시켜 魏主를 살려 보내 桑乾 땅에서 〈魏主를〉 제향하는 것을 용납하지 못함을 말한 것이다.
古者諸侯自稱曰寡人. 質自以當藩方之任, 自稱寡人之任也. 白登山桑乾川皆在平城左右. 質言本期直指白登, 師行至淮而逢魏兵, 要當勦滅, 不容令魏主生歸, 饗有桑乾之地也.

⑪ 齏는 牋西의 切이다. 생강과 마늘을 잘게 썬 것을 齏라고 말하고, 쌀과 보리를 갈아 부순 것을 粉이라고 말한다. 礳(갈다)는 생략하여 磨로 쓴다.
齏, 牋西切. 細切薑蒜謂之齏, 礳碎米麥謂之粉. 礳省作磨.

⑫ 鑱은 士衫과 士懺의 두 가지 切이니, 찌르고 뚫는다는 뜻이다.
鑱, 士衫・士懺二切, 刺也, 錐也.

⑬ 中原의 백성들이 본래 漢나라와 晉나라의 正朔을 받았기 때문에 "正朔之民"이라고 말한 것이다.
中原之民, 本稟漢晉正朔, 故謂之正朔之民.

⑭ "臺格"은 宋나라 朝廷에서 정한 포상을 줄 조건이다.
臺格, 宋臺所立賞格也.

【目】北魏 병사들이 鉤車(갈고리가 달린 사다리를 실은 수레)로 성루에 갈고리를 걸었는데, 성안에서 굵은 줄을 갈고리에 매어서 수백 명이 큰 소리를 외치며 끌어당기니 수레가 물러나지 못하였다. 밤이 되자 〈성에서〉 통 속에 병졸을 숨겨 매달아 내려보내서 그 갈고리를 끊어서 획득하였다. 다음 날에 〈北魏 군대가〉 또다시 衝車를 가지고 성을 공격하였으나 성을 쌓은 흙이 견고하고 치밀하여 衝車가 성벽에 부딪칠 때마다 무너지고 떨어지는 흙이 몇 되에 불과하였다. 北魏 병사들이 이에 육박하여 성을 올라가고 순번을 나누어 서로 교대하여 떨어지면 다시 올라가고서 물러서는 자가 없었다. 죽고 다친 사

람이 일만 명이나 되어 시체가 성의 높이와 같게 되었다. 성을 공격한 지 30일이 지났으나 함락시키지 못하였다. 마침 北魏 군중에 전염병을 앓는 자가 많았고, 어떤 사람이 고하기를 宋나라 建康에서 水軍을 보내 바다에서 淮水로 들어왔으며 또 彭城에 칙서를 보내서 북위 군대의 돌아가는 길을 끊게 하였다고 하였다. 2월 초하루에 魏主가 공성무기를 불태우고 퇴각하였다.

盱眙 사람들이 北魏 군사를 추격하려고 하자 沈璞이 말하기를 "지금 병사가 많지 않아서 비록 견고하게 지킬 수는 있으나 나아가 싸우지는 못한다. 다만 배와 노를 정리하여 북쪽으로 淮水를 건너려고 하는 것처럼 보여서 저들이 빨리 도망가게 해야 한다. 다만 계획대로 〈淮水를 건너는 것을〉 실행할 필요는 없다."라고 하였다.

장질이 심박을 盱眙 城主로 여기고 그에게 露板을 올리게 하였는데 심박이 굳게 사양하고 공로를 장질에게 돌아가게 하니, 宋主가 듣고 심박을 더욱 가상히 여겼다.

魏人以鉤車鉤城樓어늘 城內縶以彄絙하여 數百人唱呼引之하니 車不能退라 旣夜에 縋桶懸卒出하여 截其鉤獲之①하다 明日에 又以衝車攻城하되 城土堅密하여 每至②에 頹落不過數升③이라 魏人乃肉薄登城하고 分番相代하여 墮而復升하고 莫有退者하니 殺傷萬計라 尸與城平이러라 凡攻之三旬하여 不拔이러니 會魏軍中多疾疫하고 或告以建康遣水軍하여 自海入淮하고 又勅彭城斷其歸路④라하다 二月朔에 魏主燒攻具退走하다 盱眙人欲追之한대 沈璞曰 今兵不多하여 雖可固守나 不可出戰이라 但整舟楫하여 示若欲北渡者하여 以速其走니 計不須實行也⑤니이다 臧質以璞城主하여 使之上露板이어늘 璞固辭하고 歸功於質하니 宋主聞하고 益嘉之⑥러라

① 鉤는 갈고리가 달린 사다리이니, 갈고리로 당겨 성에 올라가게 하는 것이다. 彄(활고자)는 恪侯의 切로, 활이나 쇠뇌의 앞 끝머리에 시위를 거는 곳이다. 絙은 居登의 切로, 굵은 줄이다. 〈"彄絙"은〉 굵은 줄로 〈사다리의〉 갈고리〔彄〕에 거는 것을 이르니, 〈여기의 彄는〉 활이나 쇠뇌의 활고자에 시위를 건다는 彄와 같은 뜻이다. 縋(매달다)는 馳僞의 切이니, 병졸을 통 속에 넣어 밧줄로 매어서 성에서 매달아 내려보내는 것을 말한다.
鉤, 鉤梯也, 所以鉤引上城者. 彄, 恪侯切, 弓弩端弦所居也. 絙, 居登切, 大索(삭)也. 謂以大索爲彄, 如弓弩彄之彄. 縋, 馳僞切, 謂置兵卒於桶中, 以繩縋之懸下城也.

② 여기서 句를 뗀다.
句.

③ 至는 衝車를 성벽에 붙이는 것을 말한다.
至, 謂衝車至著城身也.

④ 水軍이 建康에서부터 長江으로 타고 내려가서 장강에서 바다로 나가는데 料角을 돌면 회수로 들어간다.

水軍自建康下江, 自江出海, 轉料角則入淮.

⑤ "示若欲北渡者"는 盱眙에서 淮水를 건너서 북쪽으로 추격하여 그 뒤를 끊으려는 것처럼 보이게 함을 말한다.

示若欲北渡者, 謂示若欲自盱眙渡淮而北以追截其後者.

⑥ 上(올리다)은 時掌의 切이다. 露板은 노획하고 승리한 정상을 기록한 것이니, 露板(봉함하지 않고 드러내 보인 奏章)으로 보고를 올려서 천하 사람들이 다 알게 하는 것이다. "益嘉之"는 이미 沈璞의 공을 가상히 여기고 또 그가 사양한 것을 더욱 가상히 여기는 것을 말한다.

上, 時掌切. 露板者, 書獲捷之狀, 露板上聞, 使天下悉知之也. 益嘉之, 謂已嘉璞之功, 又益嘉其讓.

【目】北魏 군사가 彭城을 지나갈 때에 宋나라 江夏王 劉義恭이 두려워 떨며 감히 공격하지 못하였다. 어떤 사람이 고하기를 "오랑캐들이 우리의 백성 만여 명을 잡아가고 있는데 저녁에 응당 安王陂에서 유숙할 것입니다. 팽성과의 거리가 수십 리 정도이니, 지금 추격하면 모두 구할 수 있습니다."라고 하자, 여러 장수들이 모두 가기를 청하였는데 유의공이 허락하지 않았다.

다음 날에 조정에서 파발로 보낸 사자가 도착하여 칙서를 내려 유의공에게 힘을 다하여 급히 추격하라고 하였는데, 北魏 군사들은 이미 멀리 달아났다. 유의공이 마침내 司馬 檀和之를 보내 蕭城으로 향하게 하였다. 北魏 사람들이 미리 이 소식을 듣고 잡아가던 사람들을 다 죽이고 떠났다.

魏師過彭城에 宋江夏王義恭震懼하여 不敢擊이어늘 或告虜驅南口萬餘어늘 夕應宿安王陂라 去城數十里하니 今追之면 可悉得이라한대 諸將皆請行이어늘 義恭不許하다 明日에 驛使至하여 勅義恭悉力急追하니 魏師已遠이라 義恭乃遣司馬檀和之向蕭城하니 魏人先已聞之하고 盡殺所驅者而去하다

【綱】宋나라가 조서를 내려 백성 중에 적의 피해를 입은 자들에게 조세를 거두는 것을 면제하였다.

宋令民遭寇者를 蠲其稅調[①9)]하다

9) 宋令民遭寇者 蠲其稅調 : "宋主가 까닭 없이 흉포하게 전쟁을 일으켜 6州의 백성들에게 간과 뇌를 땅에 바르게 하였으니, 지금 그 조세 거두는 일을 면제해주었다고 한들 과연 무슨 소용이 있겠는가. 더구나 봄 제비가 돌아와 숲에다 둥지를 틀었으니, 백성이 또한 없어진 것이다. 그런데 조세를 또한 어디에서 거두겠는가. 기록한 것은 아름답게 여긴 것이 아니라 나무란 것이다.〔宋主無故暴兵 使六州之民 肝腦塗地 今乃蠲其稅調 果何及耶 況春燕歸巢於林木 民且亡矣 稅調亦奚從出哉 書非美之 蓋譏之也〕"

① 稅는 조세라는 뜻이다. 調는 계산하여 징발하는 뜻이다.
稅, 賦也. 調, 計發也.

【目】北魏 군대가 南兗州·徐州·兗州(北兗州)·豫州·靑州·冀州 등 6주를 격파할 때에 사람을 죽이고 재물을 빼앗은 것을 이루 다 헤아릴 수가 없었다. 장정들은 즉시 목을 베이고 어린이들이 창끝에 꿰어 춤을 추면서 노리개로 삼으니, 이들이 지나가는 郡縣마다 황무지로 변해 버리고 아무 것도 남은 것이 없었다. 〈집이 사라져〉 봄에 제비가 돌아와서 숲속의 나무에 둥지를 틀었다. 죽고 부상을 당한 北魏의 군사와 말이 또한 절반을 넘었다. 北魏의 國人들이 모두 원망하는 말을 하였다.

宋主는 장수를 명하여 군대를 출동시킬 적에 항상 작전과 교전하는 시일을 말해주었다. 이 때문에 장수들이 주저하고 감히 스스로 결정하지 못하였다. 또 江南의 白丁(兵籍에 없는 장정)들은 〈제대로 된 훈련을 받지 못하여〉 가볍게 나아가고 쉽게 물러나니, 이것이 宋나라 군대가 패한 원인이었다. 이로부터 宋나라의 마을이 텅 비었고, 元嘉의 정사가 쇠퇴하였다. 〈宋主가〉 조서를 내려 太尉 劉義恭을 강등시켜 驃騎將軍으로 삼고 鎭軍將軍 劉駿을 강등시켜 北中郎將으로 삼았다.

魏人凡破南兗徐兗豫靑冀六州에 殺掠不可勝計라 丁壯者卽加斬截하고 嬰兒貫于槊上하여 盤舞以爲戱하니 所過郡縣이 赤地無餘라 春燕歸巢於林木하다 魏之士馬死傷亦過半이라 國人皆尤之하니라 宋主每命將出師에 常授以成律交戰日時하니 是以將帥赼趄하고 莫敢自決하다 又江南白丁이 輕進易(이)退하니 此其所以敗也라 自是邑里蕭條하고 元嘉之政衰矣라 詔降太尉義恭爲驃騎將軍하고 鎭軍將軍駿爲北中郎將하다

【目】예전에 魏主가 彭城을 지나가면서 사람을 보내어 성안에 말을 전하기를 "양식이 다하여 우선 떠나니 보리가 익으면 다시 올 것이다."라고 하였다. 〈보리가 익는〉 때가 되어 江夏王 劉義恭이 논의하여 보리를 베고 〈백성을〉 성안으로 들여보내 지키려 하였다.

參軍 王孝孫이 말하기를 "오랑캐는 다시 오지 못할 것입니다. 이미 우리 스스로 성을 보존할 수 있으니 만약 그들이 다시 온다하더라도 이 의논은 역시 성립할 수 없습니다. 백성들이 굶주린 날이 오래되어 바야흐로 봄철에는 들나물을 채취하여 자급할 수 있습니다. 일단 백성들을 성에 들여보내 모아서 지키면 굶어 죽는 사람이 바로 나올 것입니

≪發明≫ 제비는 사람이 사는 집 처마에 둥지를 트는데, 전란으로 집이 불타 제비가 돌아갈 곳이 없으므로 숲속에 깃든 것이다.

다. 백성들이 반드시 죽을 것을 알고 있는데 어떻게 제어할 수 있겠습니까. 오랑캐가 만약 반드시 온다고 하면 그때 보리를 베어도 늦지 않습니다."라고 하였다.

長史 張暢이 말하기를 "王孝孫의 의견은 진실로 쓸 만합니다."라고 하였다. 典籤 董元嗣가 나서서 말하기를 "王錄事(왕효손)의 의견은 바꿀 수 없습니다."라고 하니, 別駕 王子夏가 말하기를 "이 논의는 진실로 그러합니다."라고 하였다.

장창이 말하기를 "보리를 베고 백성을 이주시키는 것은 큰 의논이라 할 수 있습니다. 한 지방의 안위는 일이 여기에 관계되어 있는데, 왕자하는 자신이 州端(別駕)이면서 일찍이 다른 의견이 없다가 동원사의 말을 듣고는 웃으면서 응답을 하여 측근들의 의견에 따르니, 어찌 君(유의강)을 섬길 수 있겠습니까."라고 하고, 왕효손에게 명하여 왕자하를 탄핵하도록 청하니, 유의공이 마침내 논의를 중지하였다.

初에 魏主過彭城하여 遣語城中曰 食盡且去하니 麥熟更來라하다 及期에 江夏王義恭議欲芟麥入保어늘 參軍王孝孫曰 虜不能復來라 旣自可保니 如其更至라도 此議亦不可立이라 百姓飢饉日久하여 方春野採自資하니 一入保聚면 餓死立至하리니 民知必死어늘 何可制邪아 虜若必來라도 芟麥無晩이라하니 長史張暢曰 孝孫之議는 實有可尋[①]이라하다 典籤董元嗣進曰 王錄事議不可奪이라하니 別駕王子夏曰 此論誠然이라하다 暢曰 芟麥移民이 可謂大議라 一方安危 事係於此어늘 子夏親爲州端하여 曾無異同[②]이라가 及聞元嗣之言하야 則懽笑酬答하여 阿意左右하니 何以事君이리오하고 請命孝孫彈之하니 義恭乃止[③]하다

① 尋은 이치를 찾는다는 뜻이며, 쓴다는 뜻이다.
尋, 繹理也, 用也.

② 親은 자신이라는 뜻이다. 州의 別駕는 여러 屬僚의 위에 있으므로 州端이라고 말한다.
親, 躬也. 州別駕居群僚之右, 故曰州端.

③ 錄事參軍은 죄상을 규찰하고 탄핵하는 것을 담당하였으므로 이렇게 말한 것이다.
錄事參軍掌糾彈, 故云然.

【綱】 3월에 魏主가 平城으로 돌아왔다.

三月에 魏主還平城하다

【目】 魏主가 平城으로 돌아와서 종묘에 이르러 고유하고 술을 마시고, 항복한 백성 5만 가구를 나누어 평성의 近畿 지역에 두었다.

魏主還平城하여 **飮至告廟**하고 **以降民五萬餘家分置近畿**①하다

① 飮至는 종묘에 이르러 고유하고 술을 마시는 것이다. 近畿는 平城 주변 1,000리의 지역을 말한다.
飮至者, 告至于廟而飮酒也. 近畿, 謂環平城千里之地.

【綱】 北魏가 盧度世로 中書侍郎을 삼았다.

魏以盧度世爲中書侍郎하다

【目】 예전에 北魏 中書學生 盧度世가 崔浩의 사건[10]에 연좌되어 망명하여 高陽 사람 鄭羆(정비)의 집에 숨어 있었다. 〈高陽府〉 관리가 정비의 아들을 옥에 가두고서 매질하고 심문하였는데, 정비가 아들에게 경계하기를 "군자는 몸을 희생하여 仁을 이루니, 비록 죽을지라도 말해서는 안 된다."라고 하였다. 정비의 아들이 아버지의 명령을 받들어서 관리가 그의 몸을 불로 태웠으나 끝내 말하지 않고 죽었다.

魏主가 長江에 이르렀을 적에 宋나라 사신에게 묻기를 "노도세가 망명을 하여 이미 그곳에 이르렀을 것이다."라고 하니, 사신이 말하기를 "듣지 못하였습니다."라고 하였다. 魏主가 마침내 노도세를 사면하니 노도세가 스스로 모습을 드러내었는데, 魏主가 中書侍郎으로 삼았다. 노도세는 그의 동생을 정비의 누이에게 장가들여 은덕에 보답하였다.

初에 **魏中書學生盧度世坐崔浩事亡命**하여 **匿高陽鄭羆家**①하니 **吏囚羆子**하고 **掠治之**어늘 **羆戒其子曰 君子殺身成仁**이니 **雖死不可言**이니라 **其子奉父命**하여 **吏以火爇其體**호되 **終不言而死**러니 **及魏主臨江**에 **問宋使者曰 盧度世亡命**하고 **已應至彼**리라 **使者曰 不聞**이로이다 **魏主乃赦度世**하니 **度世自出**이어늘 **魏主以爲中書侍郎**하다 **度世爲其弟娶鄭羆妹以報德**하니라

① 盧度世는 盧玄의 아들이다.
度世, 玄之子也.

【綱】 여름 4월에 北魏 荊州刺史 魯爽과 동생 魯秀가 宋나라로 달아났다.

夏四月에 **魏荊州刺史魯爽及其弟秀奔宋**하다

10) 崔浩의 사건 : 國史筆禍 사건을 가리킨 것으로 본서 296쪽에 보인다.

【目】 예전에 魯宗之가 北魏로 도망갔을 때[11]에 그의 아들 魯軌는 北魏 荊州刺史 襄陽公이 되어 長社를 지키면서 항상 남방으로 돌아갈 것을 생각하였는데, 예전에 劉康祖와 徐湛之의 아버지를 죽였기 때문에 감히 돌아오지 못했다. 노궤가 卒하자 아들 노상이 아버지의 官爵을 세습하였다. 노상은 젊어서부터 武略이 있어서 동생 中書郎 魯秀와 함께 魏主에게 총애를 받았는데, 이윽고 죄가 있어서 魏主가 그들을 힐책하였다.

노상과 노수는 주살될까 두려워서 北魏 수비병을 죽이고 部曲과 천여 가를 거느리고 汝南으로 도망쳐 宋나라에 항복을 청하였다. 宋主가 크게 기뻐하여 노상을 司州刺史로 삼아서 義陽을 지키게 하고, 노수를 潁川太守로 삼으니 북위 사람들이 노상 집안의 墳墓를 훼손하였다. 서담지는 조정의 계책이 원대하여 특별히 장려하고 받아들인 것이라 여겨서, 감히 구차하게 사사로운 원한을 말하지 않고 벼슬에서 물러나 田里에서 살겠다고 청하였으나 〈宋主가〉 허락하지 않았다.

初에 魯宗之奔魏에 其子軌爲魏荊州刺史襄陽公하고 鎭長社하여 常思南歸호되 以昔殺劉康祖及徐湛之之父라 故不敢來①러라 軌卒에 子爽襲父官爵하다 爽少有武幹하여 與弟中書郎秀로 皆有寵於魏主러니 旣而有罪하여 魏主詰責之②하니 爽秀懼誅하여 殺魏戍兵하고 帥部曲千餘家奔汝南하여 請降于宋하다 宋主大喜하여 以爽爲司州刺史하여 鎭義陽하고 秀爲潁川太守③하니 魏人毁其墳墓하다 徐湛之以爲廟筭遠圖하여 特所奬納이라하여 不敢苟申私怨하고 乞屛居田里호되 不許하다

① 劉康祖의 아버지는 劉虔之이고, 徐湛之의 아버지는 徐逵之인데 義熙 11년(415)에 魯軌에게 살해되었다.
康祖父虔之, 湛之父逵之, 義熙十一年爲軌所殺.
② 魯爽은 성품이 거친 중에 주정을 부리며 과실이 많았고, 魯秀는 鄴 사람이 모반한 일을 조사하다가 병으로 인하여 늦게 돌아왔는데 두 사람 모두 魏主에게 힐책을 당하였다.
爽麤中使酒多過失, 秀以檢校鄴人謀反事, 因病還遲, 竝爲魏主所詰責.
③ 沈約이 말하기를 "司州刺史는 漢나라의 司隷校尉이다. 晉나라가 江左로 내려온 이래로 司州는 戎寇에게 함락되었다. 비록 〈東晉의〉 永和(穆帝)·太元(孝武帝) 때에 왕의 교화가 잠시 동안 미쳤으나 太和(海西公)·隆安(安帝) 때에 미쳐서 다시 함락되었다. 宋 武帝는 북쪽으로 關中·洛陽을 평정하고, 河南을 안정시켜 司州刺史를 두어 虎牢에 治所를 두고 河南·滎陽·弘農 3郡의 실제 토지를 다스리게 하였다. 宋 少帝 景平 초에 사주가 다시 함몰되고 元嘉 말에 僑州를 세우고 汝南에 치소를 두었다. 이후로 마침내 義陽에 치소를 두어서 義陽郡·隨陽郡·安陸郡·南汝南郡을 다스리게 하였다."라고 하였다.
沈約曰 "司州刺史, 漢之司隸校尉也. 晉江左以來, 淪沒戎寇. 雖永和·太元, 王化蹔及, 及太

11) 예전에……때 : 晉 安帝 義熙 11년(415) 魯宗之는 襄陽에서 秦으로 도주하고, 13년(417)에 秦에서 北魏로 도주하였다.(≪資治通鑑≫ (胡三省注))

和隆安, 還復湮陷. 武帝北平關洛, 河南底定, 置司州刺史, 治虎牢, 領河南・滎陽・弘農實土三郡. 少帝景平初, 司州復沒, 元嘉末, 僑立, 治汝南, 是後遂治義陽, 領義陽・隨陽・安陸・南汝南郡."

【綱】 宋나라가 何尙之를 尙書令으로 삼고 徐湛之를 僕射로 삼았다.

宋以何尙之爲尙書令하고 **徐湛之爲僕射**하다

【目】 何尙之는 徐湛之가 皇帝의 姻戚으로 황제의 신임과 예우가 융숭하다 하여 매사를 그에게 미루어 처결하게 하니, 조정의 일이 모두 서담지에게 돌아갔다.

尙之以湛之國戚으로 **任遇隆重**이라하여 **每事推之**하니 **朝事悉歸湛之**①러라

① 徐湛之는 황제(文帝)의 생질이니, 會稽公主의 아들이다.
湛之, 帝之甥, 會稽公主之子.

【綱】 北魏는 律令을 개정하였다.

魏更定律令하다

【目】 魏主가 太子少傅 游雅, 中書侍郎 胡方回 등에게 명하여 律令을 개정하게 하니 율령을 增損한 것이 모두 391조였다.

魏主命太子少傅游雅中書侍郎胡方回等하여 **更定律令**하니 **增損**이 **凡三百九十一條**러라

【綱】 6월에 北魏 太子 拓跋晃이 卒하였다.

六月에 **魏太子晃卒**하다

【目】 北魏 太子 拓跋晃이 監國하여 측근들을 상당히 신임하여, 그들에게 園田을 경영하여 利潤을 거두어들이게 하였다.

高允이 간언하기를 "하늘과 땅은 사사로움이 없기 때문에 하늘은 만물을 덮어주고 땅은 만물을 실어줄 수 있고, 왕은 사사로움이 없기 때문에 백성을 포용하고 양육할 수 있습니다. 지금 殿下께서는 국가의 太子가 되어서 萬方이 모범으로 삼는데 私田을 경영

하고 닭과 개를 길러서 마침내 市廛에서 판매하고 백성과 이익을 다투는 데 이르렀으니, 비방하는 말이 널리 유포되면 추후에 덮을 수 없습니다.

天下는 전하의 천하입니다. 부유함이 四海를 소유하였으니 무엇을 구한들 없기에 마침내 장사하는 사내나 아낙네들과 함께 이런 작은 이익을 다투십니까. 옛날에 虢나라가 망하려고 할 적에 神이 土田을 하사하였고, 後漢 靈帝가 사적인 府庫를 세웠는데 모두 顚覆되는 재앙이 발생하였습니다. 전대의 귀감이 이와 같으니 매우 두려워할 만합니다.

武王이 周公·召公·齊太公·畢公을 총애한 것은 천하에 왕 노릇 하게 된 까닭이고, 殷나라 紂王이 飛廉·惡來를 총애한 것은 나라가 망하게 된 까닭입니다. 東宮에는 준걸들이 적지 않은데 근래 측근에서 모시는 자들은 아마도 조정의 선발에 들지 않은 자인 듯합니다. 바라건대 殿下께서는 사악하고 아첨을 잘하는 사람을 물리치고 忠良한 사람을 친근히 하며 각 처에 소유한 田園은 가난한 백성에게 나누어주고 판매하는 물건은 제때에 거두어 풀어주십시오. 이와 같이 한다면 아름다운 명성이 날마다 이르고 비방하는 논의가 없어질 수 있을 것입니다."라고 하였으나, 〈太子는〉 따르지 않았다.

魏太子晃監國하여 頗信任左右하여 營園田하여 收其利하니 高允諫曰 天地無私라 故能覆載하고 王者無私라 故能容養이라 今殿下國之儲貳하여 萬方所則(칙)이어늘 而營立私田하고 畜養雞犬하여 乃至酤販市廛하고 與民爭利하니 謗聲流布면 不可追掩①이라 夫天下者는 殿下之天下라 富有四海하니 何求而無이완대 乃與販夫販婦競此尺寸之利乎아 昔虢之將亡에 神賜之土田하고 漢靈帝私立府藏이어늘 皆有顚覆之禍하니 前鑑若此니 甚可畏也②라 武王愛周邵齊畢은 所以王天下③요 殷紂愛飛廉惡來는 所以喪其國④이라 東宮儁乂不少한대 頃來侍御左右者는 恐非在朝之選이니 願殿下斥去邪佞하고 親近忠良하며 所在田園은 分給貧下하고 販賣之物은 以時收散하소서 如此면 休聲日至하고 謗議可除矣리이다 不聽⑤하다

① 廛은 시장 안의 빈 땅이데, 일설에 "거주지이다." 하였다.
廛, 市中空地. 一曰"居也."

② ≪春秋左氏傳≫ 莊公 32년에 "神이 〈虢나라〉 莘 땅의 어떤 이에게 내려왔는데, 虢公이 大祝·太史를 보내어 神에게 祭享하게 하니, 神이 '土田을 하사하겠다.'라고 하였다. 太史 嚚이 말하기를 '虢은 아마도 망할 것이다. 내가 듣건대 「나라가 일어나려 할 때는 임금이 백성의 말을 따르고 망하려 할 때는 神의 말을 따른다.」고 하였다.'라고 하였다. 그 후에 晉나라가 虢나라를 쳐서 멸망시켰다. 사사로이 府藏을 세운 일은 〈後漢 靈帝〉 光和 원년(178)에 보인다.
左傳莊公三十二年 "有神降于莘, 虢公使祝史享焉. 神賜之土田. 史嚚曰 '虢其亡乎. 吾聞之, 國將興, 聽於民, 將亡, 聽於神.'" 其後晉伐虢滅之. 私立府藏事, 見光和元年.

③ 周・召・齊・畢은 周公・召公・齊太公・畢公이다.
周・邵・齊・畢, 周公召公齊太公畢公也.

④ 飛廉은 힘이 세고 惡來는 잘 달렸는데 父子가 모두 힘과 재주로 紂王을 섬겼다. 악래가 비방을 잘하니, 諸侯들이 이로써 더욱 멀어졌다.
飛廉多力, 惡來善走, 父子俱以才力事紂. 惡來善毁讒, 諸侯以此益疏.

⑤ 收는 물건을 모아 보관하는 것을 말하고, 散은 가난한 백성에게 풀어주는 것을 말한다. 一說에 "'以時收散'은 수확하여 거둘 때에 백성의 힘이 채납된 곡식을 갚을 수 있으면 거두어들이고, 물건이 정체되고 쌓여서 백성들이 얻고자 하는 때에 이르면 풀어주는 것을 말한다." 하였다.
收, 謂收藏其物. 散, 謂散與貧民. 一說"以時收散者, 言穫斂之時, 民力可以償稱逋負則收之, 停滯居物, 至民所欲得之時則散之."

【目】太子 拓跋晃은 정사를 보는 것이 정밀하고 분명하였는데, 中常侍 宗愛는 성격이 음험하고 난폭하여 법을 어기는 일이 많으니, 탁발황이 종애를 싫어하였다. 給事中 仇尼道盛이 탁발황에게 총애를 받게 되자 종애와 화합하지 못하였다. 종애는 탄핵을 받을까 두려워하여 마침내 구니도성을 죄에 엮었는데 魏主가 노하여 구니도성을 저잣거리에서 참수하니, 東宮의 官屬들이 대부분 연좌되어 죽었다. 탁발황이 근심하다 죽으니 諡號를 '景穆'이라고 하였다.

魏主가 나중에 탁발황이 죄가 없다는 것을 알고 그 일을 후회하였다. 탁발황의 아들 拓跋濬을 高陽王으로 책봉하려고 하다가 얼마 후에 世嫡皇孫을 藩王에 삼는 것은 마땅하지 않다고 하여 마침내 중지하였다. 이때 탁발준의 나이는 4세였는데 남들보다 총명하고 영리하니 魏主가 그를 사랑하여 항상 곁에 두었다.

太子爲政精察이어늘 而中常侍宗愛性險暴하여 多不法하니 晃惡(오)之하다 給事中仇尼道盛有寵於晃한대 與愛不協[①]이라 愛恐爲所糾하여 遂構其罪어늘 魏主怒하여 斬道盛於都街하니 東宮官屬多坐死라 晃以憂卒하니 諡曰景穆이러니 魏主徐知其無罪하고 悔之하다 欲封其子濬爲高陽王이라가 旣而以皇孫世嫡으로 不當爲藩王이라하여 乃止하다 時濬生四年이어늘 聰達過人하니 魏主愛之하여 常置左右[②]하다

① 仇尼는 複姓이다.
仇尼, 複姓.

② 살펴보건대 ≪資治通鑑≫ 宋 文帝 元嘉 17년(440) 6월에 "北魏 皇孫 拓跋濬이 출생하였다." 라고 하였으니, 지금 12세이다. ≪北史≫ 〈魏本紀〉에도 같다. 3년이 지난 뒤(443)에 또 아

들(拓跋弘)을 낳았다. 여기에서 "탁발준이 나이가 4세이다."라고 한 것은 오류가 분명하다. 按通鑑文帝十七年六月云 "魏皇孫濬生." 至今十二歲矣. 據北史亦同, 後三年而已生子. 此云 "濬生四年." 其誤明甚.

【綱】 가을에 宋나라 青州冀州刺史 蕭斌, 將軍 王玄謨가 죄로 면직되었다.

秋에 宋青冀刺史蕭斌將軍王玄謨以罪免하다

【目】〈蕭斌과 王玄謨는〉 전쟁에 물러나 패배한 죄에 걸린 것이다. 宋主가 沈慶之에게 묻기를 "소빈이 왕현모를 참수하려고 하자 경이 중지시켰으니[12] 어찌된 것인가."라고 하니, 대답하기를 "여러 장수들이 후퇴하여 달아날 적에 죄를 두려워하지 않는 자가 없었습니다. 〈그러나〉 자신이 돌아가서 죽게 된다면 〈北魏로〉 도망치게 될 것이기 때문에 중지시켰습니다."라고 하였다.

坐退敗也러라 宋主問沈慶之曰 斌欲斬玄謨而卿止之니 何也오 對曰 諸將奔退에 莫不懼罪하니 自歸而死면 將至逃散이라 故止之하다

【綱】 宋나라와 北魏가 다시 통하여 우호를 맺었다.

宋魏復通好하다

【綱】 宋나라 王僧綽을 侍中으로 삼았다.

宋以王僧綽爲侍中하다

【目】 王僧綽은 王曇首의 아들이다. 어렸을 때에 크게 성공할 도량을 가지고 있어서 많은 사람들이 모두 국가의 棟梁이라고 인정하였다. 왕승작은 학문을 좋아하고 생각에 조리가 있고 조정의 전장제도를 잘 알았다. 吏部郎이 되었을 때에 조정의 인물에 대해 잘 알았으니 사람을 추천하고 선발하는 데 다 그 적임자를 얻었다. 侍中이 되었을 때 나이가 29세였다. 침착하면서 도량이 있었으나 재능이 남보다 뛰어나다고 여기지 않았다. 宋主는 왕승작이 젊었기 때문에 후일의 일을 부탁하려고 하여 조정의 크고 작은 일에 모두 참여하게 하였다.

12) 蕭斌이……중지시켰으니 : 본서 308쪽에 보인다.

宋主는 처음 직접 정사를 볼 때에 王華・王曇首・殷景仁・謝弘微・劉湛에게 맡기고, 그 다음은 范曄・沈演之・庾炳之에게 맡기고, 최후에는 江湛・徐湛之・何尙之 및 王僧綽에게 맡기니, 모두 12사람이었다.

僧綽은 曇首之子也라 幼有大成之度하여 衆皆以國器許之러라 好學有思理하고 練悉朝典이러라 爲吏部郎에 諳悉人物하니 擧拔咸得其分[①]이러라 及爲侍中에 年二十九라 沈深有局度하되 不以才能高人[②]하니 宋主以其年少라 欲以後事託之하여 朝政大小를 皆與參焉하다 宋主始親政事에 委任王華王曇首殷景仁謝弘微劉湛이요 次則范曄沈演之庾炳之하고 最後江湛徐湛之何(瑀之)〔尙之〕及僧綽하니 凡十二人[③]이러라

① 思(생각)는 相吏의 切이다. "思理"는 思致(생각을 지극히 함)와 같다. 分(분수)은 扶問의 切이니, 분수에 따라서 임무를 주는 것을 말한다.
思, 相吏切. 思理, 猶言思致也. 分, 扶問切, 言能隨其分量而授任也.

② 器局이 있으면 일을 처리할 수 있고, 度量이 있으면 남을 포용할 수 있다.
有局則能處事, 有度則能容物.

③ 何瑀之는 何尙之가 되어야 할 듯하다.
何瑀之, 恐當作何尙之.

壬辰年(452)

宋나라 太祖 文帝 劉義隆 元嘉 29년이고, 北魏 高宗 文成帝 拓跋濬 興安 원년이다.

宋元嘉二十九年이요 魏高宗文成帝濬興安元年이라

【綱】 봄 2월에 北魏 中常侍 宗愛가 그의 임금 拓跋燾를 죽이고 南安王 拓跋余를 세웠다.

春二月에 魏中常侍宗愛弑其君燾하고 而立南安王余[①][13]하다

13) 魏中常侍宗愛弑其君燾 而立南安王余 : "賀善의 贊에 다음과 같이 말하였다. '太武帝는 즉위하여 처음으로 天師道場을 세우고, 이어서 道敎 祭壇에 나아가 符籙을 받은 것을 기록하였다. 비록 沙門을 도태시키고 佛寺를 폐지한 것은 다른 것을 숭상한 것이었으나, 世家의 자손 중에 隱士를 徵召하고, 公卿의 자제들을 태학에 들어가게 하고, 조서를 내려 經傳의 뜻에 의거하여 疑獄을 처결한 것을 기록하였으니, 또한 빠르게 中夏로 변해간 것이다. 태무제가 魯郡에 이르러 太牢로 孔子에게 제사를 지낸 것을 ≪資治通鑑綱目≫에서 유독 매우 허여하여 특별히 기록하였다. 그러나 功業을 마치지 못하였으니 애석하다.'〔賀善贊曰 太武卽位 首立天師道場 繼書詣道壇受符籙 雖能汰沙門 廢佛寺 蓋好尙之異也 然書徵世胄遺逸 令公卿子弟入學 詔以經義決疑獄 亦駸駸乎變夏矣 至其進至魯郡 以太牢祠孔子 綱目獨深予而特

① 世祖(拓跋燾)는 향년이 45세였다.
世祖, 壽四十五.

【目】 北魏 世祖 拓跋燾가 景穆太子(拓跋晃)를 追悼하기를 그치지 않았는데 宗愛가 주살될까 두려워하여, 2월에 세조를 시해하였다. 僕射 蘭延, 和疋(화아), 薛提 등이 비밀에 부치고 國喪을 발표하지 않았다. 난연·화아는 拓跋濬이 어려서 장성한 임금을 세워야 한다고 하여 秦王 拓跋翰을 불러서 밀실에 두었는데, 설제는 탁발준이 嫡孫이어서 廢黜해서는 안 된다고 하여 오랫동안 의논하였으나 결정하지 못하였다. 종애는 이것을 알고 스스로 생각하기를 경목태자에게 죄를 지었으며, 평소에 탁발한과 사이가 좋지 못하고 南安王 拓跋余와 좋다고 여겼다. 이에 비밀리에 탁발여를 맞이하고자 하여 皇后의 詔令을 위조하여 난연 등을 불렀다. 그리고 환관을 시켜서 무기를 가지고 대궐에 매복하였다가 들어오는 차례로 잡아 포박하여 참수하게 하였다. 탁발한을 죽이고 탁발여를 세우니 탁발여는 종애를 大司馬 大將軍으로 삼았다. 탁발한·탁발여는 모두 세조의 아들이다.

魏世祖追悼景穆太子不已어늘 宗愛懼誅하여 二月에 弑之하니 僕射蘭延和疋薛提等秘不發喪①하다 延疋以濬沖幼欲立長君이라하여 徵秦王翰하여 置之秘室이러니 提以濬嫡孫不可廢라하여 議久不決②하니 宗愛知之하고 自以得罪於景穆太子요 而素惡(오)翰하고 善南安王余라 乃密迎余하여 矯皇后令召延等하고 而使宦者持兵伏禁中이라가 以次收縛하여 斬之하다 殺翰立余하니 余以愛爲大司馬大將軍하다 翰余皆世祖之子也라

① 疋(바르다)는 雅의 古字이다. 和疋는 姓名이다.
疋, 古雅字. 和疋, 姓名.
② "秘室"은 비밀스런 방이다.
秘室, 祕密之室.

書之 功業不終 惜哉〕"≪書法≫
"≪春秋≫에서 임금이 시해되었는데도 역적이 토벌되지 않으면 그 나라를 매우 꾸짖어 인물이 없다고 하였다. 宗愛는 일개 內侍로 임금을 시해하고 임금을 세우기를 손바닥 뒤집는 것처럼 쉽게 하였는데도, 北魏 사람들이 온 나라를 들어 그를 따르고 일찍이 어기지 않았다. 만일 종애가 시해하는 반역을 거듭 행하여 스스로 죽음을 초래하지 않았다면 北魏가 오히려 설 수 있었겠는가. 곧바로 책에 기록하였으니 北魏의 國人을 허물한 것이다.〔春秋君弑而賊不討 則深責其國 以爲無人 宗愛以一閹寺之微 弑君立君 易若反掌 魏人擧國聽之 曾無違異 向非愛再行弑逆 自速其死 則魏尙可立乎 直書于冊 罪魏國也〕"≪發明≫

【綱】 여름 5월에 宋나라 사람들이 北魏를 침략하였다.

夏五月에 **宋人侵魏**[14)]하다

【目】 宋主는 北魏 世祖가 殂했다는 소식을 듣고, 北伐을 다시 도모하니, 魯爽 등이 다시 찬성하였다. 太子中庶子 何偃이 말하기를 "淮水·泗水에 있는 몇 개 州들은 상처가 아직 회복되지 않았으니 경솔히 출동해서는 안 됩니다."라고 하였는데, 따르지 않았다.

5월에 蕭思話를 보내어 張永 등을 감독하여 碻磝로 향하게 하고, 魯爽·魯秀·程天祚가 荊州 甲士 4만 명을 거느리고서 許昌·洛陽으로 출동하고, 雍州刺史 臧質은 소속 부대를 인솔하여 潼關으로 향하고, 沈慶之는 정벌을 굳이 만류하였으므로 宋主는 그를 가게 하지 않았다.

青州刺史 劉興祖가 上言하기를 "河南 지역은 사람들이 곤궁하고 굶주려 들에 노략질할 것이 없으니 만일 〈北魏의〉 여러 성들이 굳게 지키면 열흘이나 한 달 내에 빼앗을 수 없습니다. 〈성 아래에〉 많은 군사들을 머물게 하면 군량을 수송하는 데 수고롭고, 시기와 형세를 이용하는 경우에는 일이 속전속결에 달려 있습니다. 지금 僞帥[15)]가 막 죽고, 게다가 더운 시기가 가깝고 그 국내가 의혹하고 소란하니, 대군을 멀리 보낼 겨를이 없을 것입니다. 臣이 생각건대 中山으로 곧장 달려가서 그 관문과 要害處를 점거하면 冀州 이북의 백성들이 여전히 풍요롭고 게다가 보리도 이미 익고 있으니, 그것을 이용하여 물자를 마련하기가 쉽습니다. 만일 中州(中原)가 진동하면 黃河 이남 지역에

14) 宋人侵魏 : "≪春秋左氏傳≫ 桓公 2년(B.C. 710)에 宋나라 殤公이 즉위하여 10년 동안 11차례의 전쟁을 일으켰는데, 백성들이 그 명을 견디지 못하여 마침내 華督이 상공을 시해하는 사건이 있었다. 지금 宋나라와 北魏가 전쟁을 하여 재앙이 매우 혹독하였다. 魏主는 이미 그 몸이 시해당하는 것을 면하지 못하였으니, 宋나라는 또한 마땅히 스스로 경계함을 알아야 하는데, 도리어 北魏의 혼란을 틈타서 침략하였다가 적에게 손실을 입히지 못하고 악명만 쌓였으니, 얼마 후에 역시 北魏 사람들의 전철을 밟게 되었다. 天道는 살리기를 좋아하고 죽이기를 싫어하니, 잘 만든 무기는 상서롭지 못한 기물인데, 두 임금(北魏 拓跋燾와 宋 文帝)은 자주 전쟁을 하고 그치지 않아 그 재앙이 마치 부절을 합한 듯이 꼭 맞았다. ≪資治通鑑綱目≫에서 앞에서는 '宋나라와 北魏가 다시 통하여 우위를 맺었다.'고 기록하고 여기에서는 '宋나라가 北魏를 침략하였다.'고 기록하여 까닭 없이 무력을 남용하여 모두 末流의 재앙이 있음을 보였으니, 후인을 위해 경계한 것이다.〔春秋宋殤公立 十年十一戰 民不堪命 遂有華督之弑 今宋魏交兵 禍亦甚烈 魏既不免其身 宋亦宜知自警 乃反乘釁侵之 無損於敵 徒稔其惡 未幾 亦蹈魏人之轍 天道好生而惡殺 佳兵者不祥之器 二君亟戰不已 其禍若合符節 綱目前書宋魏復通好 此書宋人侵魏 以見其無故黷兵 皆有末流之禍 爲後戒也〕" ≪發明≫ '夫佳兵者 不祥之器'는 ≪老子≫ 31장에 나오는 말이다. '未幾 亦蹈魏人之轍'은 宋나라가 北魏의 전철을 밟아 다음 해(453) 2월에 宋나라 太子 劉劭가 宋 文帝를 시해한 사건을 말한다.

15) 僞帥 : 비정통의 統帥라는 의미로 宋나라 拓跋燾를 비하하여 칭한 것이다.

서 〈북위의 세력이〉 자연히 소멸될 것입니다.

臣은 청컨대 青州와 冀州의 병력을 동원하여 北魏의 중심으로 들어가서 만약 선봉 부대가 승리하면 여러 군대가 일시에 황하를 건너서 司牧(牧民官)을 모두 세우고 새로 귀부한 이들을 어루만져주며, 서쪽으로 太行山(태항산)에 의거하고 북쪽으로 軍都를 막으며, 일에 따라 지휘하고 일의 마땅함에 따라 〈호응한 사람들에게〉 관직을 내려주시기 바랍니다. 만약 성공하면 천하통일을 기대할 수 있고 만약 이기지 못하더라도 큰 손상이 되지 않을 것입니다."라고 하였다.

宋主의 의도는 河南에 있었기 때문에 따르지 않았고, 또다시 侍郎 徐爰을 보내서 종군하면서 碻磝로 향하게 하였다. 그리고 그에게 中旨(황제 勅旨)를 가지고서 때에 이르러 諸將들에게 宣示하고 方略을 주게 하였다.

宋主聞魏世祖殂하고 更謀北伐하니 魯爽等復勸之어늘 太子中庶子何偃이 以爲淮泗數州瘡痍未復하니 不宜輕動이니이다한대 不從①하다 五月에 遣蕭思話하여 督張永等하여 向碻磝하고 魯爽魯秀程天祚將荊州甲士四萬하여 出許洛하고 雍州刺史臧質帥所領하여 趣潼關하고 沈慶之固諫이라 宋主不使行②하다 青州刺史劉興祖上言하여 以爲河南阻飢하여 野無所掠하니 脫諸城固守면 非旬月可拔이니 稽留大衆에 轉輸方勞요 應機乘勢에 事存急速이라 今僞帥始死하고 兼逼暑時 國內猜擾하니 不暇遠赴라 愚謂宜長驅中山하여 據其關要③면 冀州以北民人尙豐하고 兼麥已向熟하니 因資爲易(이)④요 若中州震動하면 黃河以南이 自當消潰라 臣請發青冀兵하여 入其心腹하여 若前驅克勝하면 則衆軍宜一時濟河하여 竝建司牧하고 撫柔初附하며 西拒太行(항)하고 北塞軍都하며 因事指揮하고 隨宜加授⑤니 若能成功이면 淸壹可待요 若不克捷이라도 不爲大傷⑥이라하되 宋主意止存河南이라 亦不從하고 又使侍郎徐爰隨軍하여 向碻磝하여 銜中旨하여 授諸將方略하여 臨時宣示하다

① 何偃은 何尙之의 아들이다. 淮泗數州는 青州・冀州・徐州・兗州・司州・豫州를 말한다.
偃, 尙之之子也. 淮泗數州, 謂青・冀・徐・兗・司・豫也.

② ≪資治通鑑≫에 "〈沈慶之가〉 異議를 제기하였기 때문에 가지 않게 했다."고 하였다.
通鑑 "以其異議, 不使行."

③ 中山에서 代까지 倒馬關과 飛狐關이 있다.
自中山至代, 有倒馬關・飛狐關.

④ 〈"因資爲易"는〉 적군에 의하여 물자를 취하는 것이 일에 있어 쉬움을 말한다.
謂因敵取資, 於事爲易.

⑤ 軍都縣은 前漢 때에는 上谷郡에 속하고, 後漢 때에는 廣陽郡에 속하고, 晉나라 때에는 燕國에 속하였는데, 軍都關이 있다. "加授"는 北魏에 벼슬하여 관직이 있는 사람은 그 관직을 더해주고, 관직이 없으면서 무리를 모아 宋나라 군대에 호응한 사람은 우선 관직을 제수하

는 것을 말한다.
軍都縣, 前漢屬上谷郡, 後漢屬廣陽郡, 晉屬燕國, 有軍都關. 加授, 謂仕於魏有官者, 加其官, 未有官而能聚衆以應宋師者, 先授之以官.

⑥ "淸壹可待"는 黃河 南北을 숙청하여 천하를 통일할 공로를 기다릴 수 있음을 말한다.
淸壹可待, 謂河南北肅淸, 混壹之功可待也.

【綱】 宋나라 尙書令 何尙之가 致仕하였는데, 얼마 후 다시 기용하였다.

宋尙書令何尙之致仕이러니 **尋復起之**[16)]하다

【目】 何尙之가 연로하다는 이유로 致仕하기를 청하여 물러나 方山에 머물렀다. 의논하는 자들이 모두 何尙之가 은퇴할 뜻을 굳게 지키지 못할 것이라고 하였는데, 이윽고 詔書를 내려 서너 번 敦諭하니 과연 출사하여 직무를 보았다. 袁淑이 예로부터 事跡은 있으나 이름이 남지 않은 隱士들을 기록하여 《眞隱傳》을 지어서 하상지를 비웃었다.

尙之以老請致仕하여 **退居方山**[①]하니 **議者咸謂尙之不能固志**라하더니 **旣而**요 **詔書敦諭數四**하니 **果起視事**어늘 **袁淑錄自古隱士有迹無名者**하여 **爲眞隱傳**하여 **以嗤之**[②]하다

① 方山은 建康 동북쪽에 있고 方山埭가 있는데, 淮水를 가로질러 방산 남쪽에 제방을 만들었다. 方山이라고 말한 것은 산 모양이 반듯하여 도장과 같기 때문이다.
方山, 在建康東北, 有方山埭, 截淮立埭於山南. 曰方山者, 山形方如印.

② "有迹無名"은 晨門·荷蕢·荷蓧·野王二老·漢陰丈人[17)]과 같은 부류이다.
有迹無名, 如晨門·荷蕢·荷蓧·野王二老·漢陰丈人之類.

---

16) 宋尙書令何尙之致仕 尋復起之 : "'起之'라고 기록한 것은 어째서인가. 何尙之를 나무란 것이다. 致仕하였다가 다시 기용된 경우가 많으나(唐나라 劉仁軌, 唐休璟, 宋齊丘에 의거한다.) 《資治通鑑綱目》에서 '復起'로 기록하지 않았다. 오직 何尙之에게 특별히 기록한 것은 마음을 주벌한 것이니, '이미 치사하였는데, 얼마 후 번복하여 기용하였으니 이것은 속임수일 뿐이다.'라고 말한 것과 같다.〔書起之何 譏尙之也 致仕而復起多矣(據唐劉仁軌 唐休璟 宋齊丘) 綱目不書復起 惟尙之特書 誅心也 若曰旣已致仕 尋復而起之 是僞而已矣〕" 《書法》
"大夫는 70세에 업무를 사퇴하는 것이 禮이다. 이미 致仕하였는데 얼마 후 다시 기용하였다는 것은 〈宋主와 何尙之〉 모두를 나무란 것이다.〔大夫七十而謝事 禮也 旣致仕矣 尋復起之 交譏之也〕" 《發明》

17) 晨門……漢陰丈人 : 모두 隱者들이다. 晨門·荷蕢·荷蓧는 《論語》에 보인다. 野王二老는 後漢의 光武帝가 鄧禹의 西征을 전송하고 나서 돌아오는 길에 野王이라는 곳에서 사냥하다가 만난 두 노인인데, 그들과 문답하고서 隱者로 인정하여 등용하려 했으나 사양하고 떠나간 후로 다시 찾지 못하였다.(《後漢書》 〈野王二老列傳〉) 漢陰丈人은 남새밭을 가꿀 적에 굴을 파고 우물로 들어가서 항아리를 안고 나와 물을 주던 은자이다.(《莊子》 〈天地〉)

【綱】 宋나라 太子 劉劭와 始興王 劉濬의 巫蠱 사건이 발각되었는데 용서하고 주살하지 않았다.

宋太子劭始興王濬巫蠱事覺한대 **赦不誅**[18)]하다

【目】 예전에 潘淑妃가 始興王 劉濬을 낳자, 元皇后가 화나서 한스러워하다가 殂하였고 반숙비가 內政을 전담하여 총괄하였다. 이로 말미암아 太子 劉劭가 반숙비와 유준을 몹시 미워하였는데 유준은 겁이 나서 뜻을 굽혀 유소를 섬기니, 유소가 다시 유준과 사이 좋게 지냈다.

吳興의 무당 嚴道育이 스스로 말하기를 "귀신을 부릴 수 있다."라고 하여, 東陽公主의 하녀 王鸚鵡를 통하여 동양공주의 집에 출입하니, 동양공주가 유소·유준과 함께 엄도육을 신봉하고 현혹되었다. 유소와 유준은 과실이 많아서 자주 宋主에게 꾸지람을 받았으므로 두 사람은 엄도육을 시켜서 〈과실이 임금께 알려지지 않게 해달라고 빌고〉 그녀를 天師라고 일컬었다. 뒤에 마침내 엄도육·왕앵무 및 동양공주의 하인 陳天與와 黃門 陳慶國과 함께 巫蠱를 하여 옥을 쪼아서 宋主의 형상을 만들어 含章殿 앞에 묻었다.

유소는 진천여를 보임하여 隊主로 삼았는데, 宋主가 꾸짖기를 "네가 등용한 隊主·隊副가 모두 이런 노예이냐?"라고 하였다. 유소는 두려워하여 편지로 유준에게 고하였는데, 유준이 답장하기를 "저 사람(宋 文帝)이 만약 저렇게 하는 짓을 그치지 않으면 바로 남은 목숨을 재촉하는 것이니, 혹 이는 경사의 조짐입니다."라고 하였다.

---

18) 宋太子劭始興王濬巫蠱事覺 赦不誅 : "'사면하여 주살하지 않았다.〔赦不誅〕'고 기록한 것은 어째서인다. 형벌을 그르침을 나무란 것이다. 〈前漢 때에〉 燕王 劉旦이 謀反하였는데도 사면하여 다스리지 않으니 元鳳 때의 반란이 있었고, 王氏 五侯가 죄를 지었는데도 사면하여 주살하지 않으니 初始 때에 〈王莽의〉 찬탈이 있었으며, 太子 劉劭 등이 巫蠱하였는데도 사면하여 주살하지 않으니 宋 文帝 末年(453)에 〈유소에게 시해되는〉 재앙이 있었다. ≪資治通鑑綱目≫에서는 한결같이 사면으로 기록하였으니 결단하지 못한 어지러움을 드러낸 것이다. ≪자치통감강목≫이 끝날 때까지 '赦不誅'라고 기록한 것이 2번이고(漢 成帝 鴻嘉 3년(B.C. 18), 이해(452)) '赦弗治'라고 기록한 것이 1번이니(漢 昭帝 始元 원년(B.C. 86)) 모두 큰 죄이다.〔赦不誅 何 譏失刑也 燕王旦謀反 赦不治 所以有元鳳之反 王氏五侯有罪赦不誅 所以有初始之簒 太子劭等巫蠱 赦不誅 所以有末年之禍 綱目一以赦書之 所以著不斷之亂也 終綱目書赦不誅二(漢成帝鴻嘉三年 是年) 書赦弗治一(漢昭帝始元元年) 皆大罪也〕" ≪書法≫ '元鳳之反'은 漢 武帝 元鳳 원년(B.C. 80)에 鄂邑 長公主, 燕王 劉旦, 上官桀, 上官安 등이 謀反하여 모두 伏誅된 사건을 말한다. '初始之簒'는 王莽이 찬탈한 사건을 말한다.

"〈漢 武帝의 아들〉 戾太子는 江充에게 무고를 받아 죽음을 면하지 못했고, 劉劭·劉濬은 이미 직접 巫蠱를 행하여 사건의 증거가 명백하니 어찌 國儲副君(太子)의 행위가 이와 같은데 종묘 제사의 기물을 이어받을 수 있겠는가. 사건이 발각되어도 주살하지 않은 것을 책에 그대로 기록하였으니 형벌을 그르침을 나무란 것이다.〔戾太子爲江充所誣 不免其死 劭濬旣親爲巫蠱 事驗明白 豈有國儲副君所爲若此 而可以承祧主器者哉 事覺不誅 直書于冊 譏失刑也〕" ≪發明≫

初에 潘淑妃生始興王濬하니 元皇后恚恨而殂[①]하고 淑妃專總內政하다 由是로 太子劭深惡(오)淑妃及濬한대 濬懼하여 曲意事劭하니 劭更與之善이러라 吳興巫嚴道育自言호되 能役使鬼物이라하여 因東陽公主婢王鸚鵡하여 出入主家[②]하니 主與劭濬信惑之러라 劭濬多過失하여 數(삭)爲宋主所詰責이라 使道育祈請하고 號曰天師[③]러니 後遂與道育鸚鵡及主奴陳天與黃門陳慶國으로 共爲巫蠱하여 琢玉爲宋主形像하여 埋於含章殿前하다 劭補天與爲隊主한대 宋主讓之曰 汝所用隊主副竝是奴邪[④]아하다 劭懼하여 以書告濬한대 濬復(복)書曰 彼人若所爲不已면 正可促其餘命이니 或是大慶之漸耳[⑤]라

① 袁皇后의 시호를 元后라고 하였다.
袁皇后謚曰元后.
② 嚴道育은 여자 무당이다. 그 남편이 남을 겁박하여 그에 연루되어 奚官(內侍省 소속 관청)에 籍沒되었다. 東陽公主는 文帝의 딸로 王僧綽에게 시집갔다.
嚴道育, 女巫也. 其夫爲劫, 坐沒入奚官. 東陽公主, 文帝女, 適王僧綽.
③ "祈請"은 과실을 황제가 듣지 못하게 하고자 한 것이다.
祈請, 欲令過不上聞也.
④ 隊主와 隊副는 모두 東宮의 관직이다.
隊主・隊副, 皆東宮之官.
⑤ 劉劭와 劉濬이 서로 함께 편지를 왕래할 적에 항상 上(文帝)을 '저 사람〔彼人〕'이라 하고, 혹은 '그 사람〔其人〕'이라고 하였다.
劭・濬相與往來書疏, 常謂上爲彼人, 或曰其人.

【目】 王鸚鵡는 이전부터 陳天與와 사통하고 있던 터라, 사실이 누설될까 두려워하여 유소에게 아뢰어 진천여를 몰래 죽이게 하였다. 이에 陳慶國이 두려워하여 말하기를 "巫蠱의 일은 오직 나와 진천여만이 전달하며 왕래하였는데 지금 진천여가 죽었으니, 내가 위태롭게 될 것이다."라고 하고, 그 사건을 宋主에게 아뢰었다.

宋主가 크게 놀라서 즉시 사람을 보내 왕앵무를 체포하고 그 집안의 재물을 조사하고 몰수하게 하여 유소・유준의 편지 및 매장한 옥인형을 찾아내었는데, 有司에게 명하여 그 사건을 끝까지 추궁하도록 하였다. 엄도육은 망명하여 그를 체포하려 하였으나 잡지 못하였다. 宋主가 종일토록 비통해 있다가 中使를 보내어 유소・유준을 매우 꾸짖자 유소・유준이 두려워하여 사죄를 하니, 宋主가 비록 크게 분노하였으나 차마 죄를 주지는 못하였다.

鸚鵡先與天與通이라 恐事泄하여 白劭密殺之한대 慶國懼曰 巫蠱事는 唯我與天與宣傳往來러니

今天與死하니 我其危哉인저하고 乃白其事한대 宋主大驚하여 卽遣收鸚鵡하고 封籍其家하여 得劭濬書及所埋玉人이어늘 命有司窮治其事하니 道育亡命하여 捕之不獲이라 宋主惋歎彌日하여 遣中使切責劭濬이어늘 劭濬惶懼陳謝하니 宋主雖怒甚이나 猶未忍罪也러라

【綱】 가을 8月에 宋나라가 碻磝를 공격했다가 승리하지 못하여 퇴각하고, 雍州의 군사가 虎牢로 진격하였다가 역시 〈이기지 못하고〉 돌아왔다.

秋八月에 宋攻碻磝라가 不克而退하고 雍州兵進至虎牢라가 亦還하다

【目】〈宋나라의〉 여러 군대가 碻磝를 공격하였으나 수십 일이 지나도 함락시키지 못하였다. 8월에 北魏의 군사들이 밤에 지하도에서 몰래 나와서 〈宋나라〉 군영과 무기를 불태웠는데, 張永이 밤에 포위를 풀고서 군사를 후퇴시키면서 여러 장군들에게 알리지 않았다. 사졸들이 놀라 소란이 일자, 北魏 군사들이 그 기회를 틈타 공격하니 사상자들이 길에 깔렸다. 蕭思話가 직접 가서 병력을 늘려 힘써 공격하였으나 십여 일이 지나도 함락시키지 못하였다. 이때 青州와 徐州는 곡식이 여물지 않아 군량이 모자랐으므로, 소사화는 여러 군대에 명하여 모두 歷城으로 물러나 주둔하게 하였다.

魯爽이 長社에 이르니, 수비를 맡은 北魏의 主將이 성을 버리고 도주하였다. 臧質이 司馬 柳元景을 보내어 參軍 薛安都 등을 거느리고 潼關으로 향하게 하고, 梁州刺史 劉秀之와 司馬 馬汪을 보내어 參軍 蕭道成과 함께 군사를 거느리고 長安으로 향하게 하였다. 소도성은 蕭承之의 아들이다.

北魏의 將軍 封禮는 泹津에서 남쪽으로 황하를 건너가서 弘農에 도착하였다. 9월에 노상이 북위의 拓跋僕蘭과 함께 大索에서 전투를 치러 탁발복란을 격파하고, 虎牢로 진격하다가 碻磝에서 패퇴하였다는 소식을 듣고는 유원경 등과 함께 모두 군사를 이끌고 돌아왔다.

諸軍攻碻磝로되 累旬不拔하다 八月에 魏人夜自地道潛出하여 燒營及攻具한대 張永夜徹圍退軍하고 不告諸將하니 士卒驚擾어늘 魏人乘之하니 死傷塗地러라 蕭思話自往하여 增兵力攻이로되 旬餘不拔하다 時青徐不稔하여 軍食乏이라 思話命諸軍하여 皆退屯歷城이러니 魯爽至長社하니 魏戍主棄城走어늘 臧質遣司馬柳元景하여 帥參軍薛安都等하여 向潼關하고 梁州刺史劉秀之遣司馬馬汪하여 與參軍蕭道成으로 將兵向長安하다 道成은 承之之子也라 魏將軍封禮自泹津南渡하여 赴弘農①하다 九月에 魯爽與魏拓跋僕蘭으로 戰于大索하여 破之하고 進攻虎牢라가 聞碻磝敗退하고 與元

景等으로 皆引還②하다

① 浢는 음이 豆이다. ≪水經註≫에 "門水는 鴻關에서 동북쪽으로 흐르고 또 북쪽으로 가서 弘農縣 故城 동쪽을 지난다. 故城은 바로 옛 函谷關이다. 그 물길은 성의 측면을 지나 북쪽으로 흘러서 황하로 들어간다. 황하가 여기에서 浢津이라는 이름을 지니게 된다."라고 하였다.
浢, 音豆. 水經註"門水自鴻關東北流, 又北逕弘農縣故城東. 故城卽故函谷關也. 其水側城北流, 而注于河. 河水於此有浢津之名."

② 索은 음이 冊이고, 또 음이 求索(여기저기 찾다)의 索이기도 하니, 물 이름인데, 滎陽에 있다. 漢 高帝가 項羽와 京과 索 사이에서 싸웠으니 바로 이 京縣이다. 大索亭과 小索亭이 있는데, 大索氏와 小索氏 兄弟가 살았으므로 大小의 호칭이 있게 되었다.
索, 音冊, 又音求索之索(색), 水名, 在滎陽. 漢高帝與項羽戰于京·索間, 卽此京縣. 有大索亭·小索亭, 大小索氏兄弟居之, 故有大小之號.

【綱】吐谷渾의 왕 慕容慕利延이 卒하고, 慕容拾寅이 즉위하였다.

吐谷渾王慕利延卒하고 拾寅立하다

【目】慕容拾寅이 처음에 伏羅川에 살면서 사신을 보내 宋과 北魏에 封爵의 命을 청하자, 宋나라에서는 河南王으로 삼고, 北魏에서는 西平王으로 삼았다.

拾寅始居伏羅川하여 遣使請命于宋魏①어늘 宋以爲河南王하고 魏以爲西平王하다

① 拾寅은 慕容樹洛干의 아들이다. "居伏羅川"은 여전히 白蘭의 험지에서 감히 멀리 떠나지 못한 것이다.
拾寅, 樹洛于之子. 居伏羅川, 猶未敢遠離白蘭之險也.

【綱】겨울 10월에 北魏 宗愛가 자신의 임금 拓跋余를 시해하자, 魏主 拓跋濬이 즉위하여 종애를 토벌하여 죽였다.

冬十月에 魏宗愛弑其君余어늘 魏主濬立하여 討愛誅之[19]하다

---

19) 魏宗愛弑其君余……討愛誅之 : "拓跋余는 순차를 어기고 즉위하였으니, 정통 임금으로 인정할 수 없는데, 어찌하여 '弑'라고 기록한 것인가. 탁발여는 진실로 宗愛의 임금이었기 때문이다. 종애가 세웠는데 北魏 國人 중에 인물이 없어 〈토벌하지 못하였다.〉 그런데 종애를 토벌하여 주살한 것은 또한 요행일 뿐이다. 北魏의 太武帝는 활을 당기는 군사가 1백만 명으로 위엄이 천하에 떨쳐서, 북쪽으로 柔然을 쓸어버리고 서쪽으로 夏國을 평정하며 北涼을 멸하고 北燕을 멸한 것이 破竹之勢처럼 쉽게 하였다. 승리를 믿고 그치지 않아 군대를 일으켜 남쪽으로 내려가 마음에 실컷 도륙을 하여 죽

【目】 北魏 南安隱王 拓跋余가 스스로 순차를 어기고 즉위하였다고 여겨서 여러 아랫사람들에게 하사품을 많이 주어 대중들의 마음을 수습하려고 하였는데, 한 달쯤 지나자 창고의 물품이 고갈되었다. 또 음주와 음악, 사냥을 좋아하여 정무를 돌보지 않았다. 宗愛는 宰相이 되어서 三省을 관장하고 궁중의 宿衛를 총괄하여 앉아서 公卿들을 부르는 등 전횡이 날로 극심해졌다. 탁발여가 이를 근심하여 종애의 권력을 빼앗으려고 도모하니 종애가 분노하였다.

탁발여가 10월 초하루 밤에 東廟에서 제사 지낼 때, 종애가 小黃門 賈周 등을 시켜 가서 탁발여를 시해하게 하고는 비밀에 부쳤다. 오직 羽林郎中 劉尼만이 이를 알고 종애에게 권하여 皇孫 拓跋濬을 세우자고 하자, 종애가 놀라 말하기를 "그대는 매우 어리석은 사람이다. 만약 皇孫이 즉위하면 어찌 正平 때의 일을 잊겠는가."라고 하였다.

魏南安隱王余 自以違次而立①이라하여 厚賜群下하여 欲以收衆心하니 旬月之間에 府藏虛竭하고 又好酣飮及聲樂畋獵하여 不恤政事러라 宗愛爲宰相하여 錄三省하고 總宿衛하여 坐召公卿하여 專恣日甚②이어늘 余患之하여 謀奪其權하니 愛憤怒러라 余以十月朔에 夜祭東廟할새 愛使小黃門賈周等으로 就弑而秘之하니 唯羽林郎中劉尼知之하고 勸愛立皇孫濬③한대 愛驚曰 君大癡人이로다 皇孫若立하면 豈忘正平時事乎④아

① 拓跋余는 〈太武帝의〉 작은 아들로 宗愛에 의해 즉위하였으므로 순서에 맞지 않다.
余以少子爲宗愛所立, 非次也.

② 北魏는 尙書와 侍中과 中秘書를 三省으로 삼았다.
魏蓋以尙書·侍中·中秘書爲三省.

③ 羽林郎은 漢나라 이후로 있었다. 漢나라 羽林郎은 秩이 比三百石이고, 郎中이 평가하여 추천할 수 있었다. 北魏가 劉尼를 羽林郎中으로 삼았는데, 殿中尙書와 함께 병사를 맡아 宿衛를 하였으니, 그 지위와 임무는 漢나라 시대보다 중하였다.
羽林郎, 自漢以來有之. 漢羽林郎秩比三百石, 郎中可以概推矣. 魏以劉尼爲羽林郎中, 與殿中尙書俱典兵宿衛, 則其位任蓋重於漢朝也.

④ 景穆太子(拓跋晃)가 죽은 것은 北魏 正平 원년(451)이다. 지난해 6월에 北魏가 연호를 正平

은 사람을 다 기록할 수가 없다. 빛나는 武功이 이와 같았으나 말년에는 변고가 측근에서 일어나서 자신의 몸조차 보전하지 못하였고, 남은 재앙이 모여 심지어 거듭 弑逆이 일어나게 되어 거의 국가를 다스리지 못할 지경이었으니, 쌓은 不善을 어찌 덮을 수 있겠는가. 《資治通鑑綱目》에 기록된 것을 살펴보면 일에 응하여 미친 바를 징험할 수 있으니, 뒤에 전쟁을 좋아하고 살인을 즐기는 자들이 살펴보아야 할 것이다.〔余越次而立 未成乎君 何以書弑 余固愛之君也 愛立之 愛弑之 魏國無人矣 討而誅之 亦幸焉爾 魏太武控弦百萬 威振天下 北掃柔然 西平夏國 滅涼滅燕 易若破竹 恃勝不已 擧兵南下 極意屠戮 死者不可勝紀 武功之暢如此 然末年變生肘腋 身且不保 餘禍所鍾 至於再行弑逆 幾不能國 不善之積 豈可掩哉 考之綱目之所書 驗之事應之所及 後之好攻戰樂殺人者 可以觀矣〕"《發明》

으로 바꾸었다.
景穆太子之死, 魏正平元年也. 上年六月, 魏改元正平.

【目】 劉尼는 宗愛가 변고를 일으킬까 두려워하여 몰래 殿中尙書 源賀에게 고하였는데, 원하는 당시 유니와 함께 병사를 거느리고 궁중을 宿衛하고 있었다. 마침내 尙書 陸麗와 도모하기를 "종애가 이미 南安王을 황제로 세우고 나서, 도리어 다시 그를 죽였다. 지금 또 皇孫을 세우지 않으면 앞으로 社稷에 이롭지 못할 것이다."라고 하고, 마침내 모의를 확정하여 함께 拓跋濬을 세우기로 하였다. 陸麗는 陸俟의 아들이다.

원하는 尙書 長孫渴侯와 함께 병사들을 엄히 단속하여 궁성을 지키고 유니와 육려를 보내 탁발준을 苑中에서 맞이해오게 하였는데, 유니가 말을 달려 東廟로 돌아가서 크게 소리치기를 "종애가 南安王을 시해하였으니, 大逆不道한 죄인이다. 皇孫께서 이미 帝位에 등극하시어 조서를 내려 宿衛하는 군사들은 모두 궁중으로 돌아가라고 하셨다."라고 하자, 군사들이 모두 만세를 불렀다.

마침내 宗愛와 賈周 등을 체포하고 병력을 지휘하여 皇孫 탁발준을 받들어 즉위하게 하고서 종애와 가주를 죽였는데, 五刑을 모두 받게 하고 三族을 멸하였다. 景穆太子를 추존하여 皇帝로 하고, 乳母 常氏를 세워서 保太后로 삼았다.

尼恐愛爲變하여 密告殿中尙書源賀한대 賀時與尼로 俱典兵宿衛라 乃與尙書陸麗로 謀曰 宗愛既立南安하고 還復殺之하니 今又不立皇孫이면 將不利於社稷이라하고 遂定謀하여 共立濬하다 麗는 俟之子也라 賀與尙書長孫渴侯로 嚴兵守衛하고 使尼麗로 迎濬於苑中①한대 尼馳還東廟하여 大呼호되 宗愛弑南安王하니 大逆不道라 皇孫已登大位하사 有詔宿衛之士는 皆還宮하라한대 衆咸呼萬歲어늘 遂執宗愛賈周等하고 勒兵入奉皇孫하여 即位하고 殺愛周호되 具五刑하고 夷三族하다 追尊景穆太子爲皇帝하고 立乳母常氏爲保太后하다

① 北魏는 平城에 도읍하여 鹿苑이 있었다.
魏都平城有鹿苑.

【綱】 宋나라 西陽의 蠻族이 반란을 일으키자, 沈慶之를 보내 토벌하였다.

宋西陽蠻反하니 遣沈慶之하여 討之하다

【綱】 北魏가 外都大官 古弼과 張黎를 죽였다.

◑ 魏殺其外都大官古弼張黎하다

【目】北魏 南安王 拓跋余가 帝位에 오르고 나서 古弼을 司徒로 삼고, 張黎를 太尉로 삼았다. 이때에 와서 이들을 강등하여 外都大官으로 삼았는데 원망하는 말을 한 죄에 걸려 모두 죽임을 당했다.

魏南安王余之立也에 以弼爲司徒하고 黎爲太尉러니 及是하여 黜爲外都大官한대 坐有怨言하여 皆被誅하다

【綱】北魏 隴西의 屠各이 반란을 일으키자, 토벌하여 평정하였다.

魏隴西屠各叛하니 討平之하다

【綱】北魏가 佛圖(佛寺)를 다시 세우게 하고, 백성들의 출가를 허락하였다.

◑ 魏復建佛圖하고 聽民出家하다

【目】北魏 世祖 太武帝 만년에 불교를 금지한 것이 점점 느슨해져서 민간에서는 종종 사사로이 불교를 믿는 사람들이 있었다. 이때에 이르러 여러 신하들이 대부분 불교를 회복시키자고 청하자, 이에 州·郡·縣에 명을 내려 각각 佛寺 1곳을 건립하는 것을 허락해주고, 백성들 중에 沙門이 되기를 원하는 자에게는 출가를 허락해주었는데, 큰 州 50명, 작은 州 40명으로 하였다. 이에 예전에 허물었던 곳을 대략적으로 모두 수리하여 복구시키고, 魏主가 친히 沙門을 위해 〈沙門의〉 머리를 깎아주었다.

魏世祖晩年에 佛禁稍弛하여 民間往往有私習者러라 至是하여 群臣多請復之어늘 乃詔州郡縣하여 各聽建佛圖一區하고 民欲爲沙門者를 聽出家하니 大州五十人이요 小州四十人①이라 於是에 曏之所毁를 率皆修復하고 魏主親爲沙門下髮②하다

① "佛圖"는 바로 浮屠이다. 어떤 이가 말하기를 "佛圖는 곧 佛寺이다."라고 하였다. 세속을 버리고 중이 되는 것을 出家라고 한다.
佛圖, 卽浮屠. 或曰 "佛圖, 卽佛寺." 捨俗爲僧, 謂之出家.

② 爲(위하다)는 去聲이다. "下髮"은 머리를 깎는다는 뜻인데, 또한 祝髮이라고도 한다.
爲, 去聲. 下髮, 剃髮也. 亦謂之祝髮.

【綱】 **北魏**는 **拓跋周**忸를 **太尉**로 삼고, **陸麗**를 **司徒**로 삼고 **杜元寶**를 **司空**으로 삼았는데, 탁발주뉴가 얼마 뒤에 일에 연루되어 **賜死**되었다.

魏以周忸**爲太尉**하고 **陸麗爲司徒**하고 **杜元寶爲司空**이러니 忸**尋坐事賜死**[20]하다

【目】 **陸麗**는 拓跋濬을 맞이하여 즉위시킨 공로로 〈황제에게〉 심복으로서 두터운 신임을 받으니, 조정 신하 중에는 그보다 위에 있는 자가 없었다. 平原王의 작위를 내리자, 육려가 사양하기를 "폐하께서는 國家의 正統이므로, 마땅히 基業을 이어야 합니다. 순리를 본받아 받들어 맞이하는 것은 신하의 떳떳한 직분이기에, 감히 하늘의 공로를 탐내어 큰 상을 바라서는 안 됩니다."라고 하였다.

魏主가 허락하지 않자, 육려가 말하기를 "신의 아비는 先帝를 받들어 모실 적에 충성스럽고 근면한 공효가 드러났습니다. 지금 거의 노년이 되었으니, 신의 작위를 아비에게 주고 싶습니다."라고 하니, **魏主**가 말하기를 "朕이 어찌 卿의 父子를 두 명의 王으로 삼지 못하겠는가."라고 하고, 육려의 아버지 建業公 陸俟의 작위를 東平王으로 올려주었다.

麗以迎立之功으로 **受心膂之寄**하니 **朝臣無出其右者**라 **賜爵平原王**한대 **麗辭曰 陛下國家之正統**이라 **當承基緖**니 **效順奉迎**은 **臣子常職**이라 **不敢慆天之功**하여 **以干大賞**①이라한대 **魏主不許**어늘 **麗曰 臣父奉事先朝**하여 **忠勤著效**②러니 **今年逼桑榆**하니 **願以臣爵授之**하노이다 **魏主曰 朕豈不能使卿父子**로 **爲二王邪**아하고 **乃進其父建業公俟爵爲東平王**하다

① 慆는 叨와 뜻이 같으니, 탐낸다는 뜻이다.
慆, 義與叨同, 貪也.

② 陸俟는 世祖(太武帝)를 섬겨 北鎭에 위엄을 떨쳤고, 공이 關中에 드러났다.
陸俟事世祖, 威行北鎭, 功著關中.

【目】 **魏主**가 여러 신하들에게 하사품을 나누어줄 때 源賀를 시켜서 자기 마음대로 고르

20) 忸尋坐事賜死 : "〈綱에〉 '賜死'라고 기록하는 것이 여기에서 시작되었으니, 賜死의 예는 4가지이다. '연루된 바에 賜死되었다.〔所坐賜死〕'고 기록한 것(拓跋周忸, 郇公孝協, 太平公主, 王毛仲)은 마땅히 죽어야 할 사람이고, '아무개를 貶職하고 賜死하였다.〔貶某賜死〕'고 기록한 것(竇參, 楊牧, 韋保衡, 孟漢卿)과 '아무개에게 죽음을 내렸다〔賜某死〕'고 기록한 것(吳通玄, 路巖, 蘇檢)은 모두 죄를 받을 만하지만 죽음에 해당하지 않는 사람이다. 다만 '아무개가 賜死되었다.〔某賜死〕'고 기록한 것(唐나라 梁王 李忠)은 연루될 것이 없는 사람이니 마땅히 죽여서는 안 되는 사람이다.〔書賜死始此 賜死之例四 著所坐賜死(周忸 郇公孝協 太平公主 王毛仲) 宜死者也 書貶某賜死(竇參 楊牧 韋保衡 孟漢卿) 書賜某死(吳通玄 路巖 蘇檢) 皆可罪而未宜死者也 止書某賜死(梁王忠) 無所坐者也 不宜死者也〕" ≪書法≫

게 하였는데, 원하가 사양하기를 "남쪽의 宋나라와 북쪽의 柔然 등이 아직 굴복하지 않았으니 府庫를 비게 해서는 안 됩니다."라고 하였다. 魏主가 굳이 내려주자 원하가 마침내 戎馬 1필만을 선택하였다.

魏主가 즉위할 때에 高允이 그 계획에 참여하였다. 육려 등은 모두 포상을 받았으나 고윤은 미처 포상을 받지 못했는데, 고윤은 종신토록 말을 하지 않았다. 拓跋周忸는 일에 연루되어 賜死되었다. 이때에 北魏의 법률이 매우 엄하였는데, 원하가 아뢰기를 "모반을 일으킨 집안 중에 13세 이하의 남자로 본래 모반에 참여하지 않은 자들은 마땅히 목숨을 살려주고 관작을 몰수하게 하십시오."라고 하자, 魏主가 그대로 따랐다.

班賜群臣할새 使源賀로 任意取之한대 賀辭曰 南北未賓하니 府庫不可虛[①]니이다한대 固與之어늘 乃取戎馬一匹[②]하다 魏主之立也에 高允預其謀러니 麗等은 皆受賞而不及允호되 允終身不言하고 忸坐事賜死하다 時에 魏法深峻이러니 賀奏호되 謀反之家에 男子十三以下本不預謀者를 宜免死沒官이라한대 從之하다

① 北魏 남쪽에는 宋나라가 있고 북쪽에는 柔然이 있어 하루라도 대비를 늦춰서는 안 되고, 府庫는 軍國에 재용을 공급하는 곳이기 때문에 상을 주는 일로 허비해서는 안 됨을 말한 것이다.
謂魏南有宋, 北有柔然, 不可一日弛備, 府庫所以供軍國之用, 不可虛於賞賜.

② 〈"取戎馬一匹"은〉 힘을 변방에 과시하려는 뜻을 보인 것이다.
示欲宣力於邊垂.

【綱】 北魏가 玄始曆을 시행하였다.

魏行玄始曆하다

【目】 예전에 北魏가 中原으로 들어와 景初曆을 사용하였다. 世祖 太武帝가 沮渠氏(北涼)에게 승리하고 趙敺(조비)가 편찬한 玄始曆을 얻었는데 그 당시에 사람들이 정밀하다고 여겼다. 이해에 비로소 시행하였다.

初에 魏入中原하여 用景初曆[①]이러니 世祖克沮渠氏하고 得趙敺玄始曆하니 時人以爲密이라 是歲에 始行之[②]하다

① 景初曆은 楊偉가 만든 것이고, 曹魏 明帝 景初 원년(237)에 시행하였다.
景初曆, 楊偉所造, 曹魏明帝景初元年行之.

② 敺는 '斐'자와 동일하게 읽는다.

敗, 讀如斐字.

癸巳年(453)

宋나라 太祖 文帝 劉義隆 元嘉 30년이고, 北魏 高宗 文成帝 拓跋濬 興安 2년이다.

宋元嘉三十年이요 魏興安二年이라

【綱】 봄 정월에 宋나라가 始興王 劉濬을 荊州刺史로 삼았다.

春正月에 宋以始興王濬으로 爲荊州刺史하다

【目】 예전에 劉濬이 南徐刺史로 京口를 수비하다가 荊州刺史가 되기를 원하자 宋主가 허락하였다. 유준이 京口로 돌아가 행장을 꾸리다가 巫蠱 사건이 발각되니, 宋主의 노여움이 풀리지 않았다. 그로 인해 유준이 오랫동안 京口에 머물렀는데, 형주자사로 제수하고 나서야 入朝를 허락하였다.

初에 濬以南徐刺史로 鎭京口러니 求爲荊州한대 宋主許之하다 濬還京口治行이라가 而巫蠱事覺하니 宋主怒未解라 故濬久留京口러니 旣除荊州에 乃聽入朝하다

【綱】 宋나라가 武陵王 劉駿을 보내어 여러 군대를 통솔하여 西陽의 蠻族을 토벌하였다.

宋遣武陵王駿하여 統諸軍하여 討西陽蠻하다

【綱】 2월에 宋나라 太子 劉劭가 그 임금 劉義隆을 시해하고 左衛率 袁淑·僕射 徐湛之·尙書 江湛을 죽이고서 스스로 즉위하여 何尙之를 司空으로 삼았다.

◑ 二月에 宋太子劭 弑其君義隆①하고 及其左衛率袁淑僕射徐湛之尙書江湛而自立하여 以何尙之로 爲司空[21]하다

21) 宋太子劭……爲司空 : "≪資治通鑑綱目≫에서 임금이 시해되었을 때에 '及其君母(〈그 임금〉과 그 임금의 어머니)'와 '及其太后(〈그 임금〉과 그 태후)'라고 쓴 경우는 있다. 그러나 아직 '及其大臣(〈그 임금〉과 그 대신)'이라고 기록한 것이 있지 않았는데, 大臣에게 '及'이라고 기록하는 경우는 반드시 袁淑이나 徐湛之·江湛과 같은 경우라야 될 것이니, ≪자치통감강목≫이 끝날 때까지 두 번 보일 뿐이다. 李

遠이 절개를 지켜 죽은 것(557)은 신하된 자로서의 극치이니, 《자치통감강목》에서 중시하여 사람을 허여한 것이다. 《자치통감강목》에서 '太子가 임금을 시해했다.〔太子弑〕'고 기록한 것은 두 번이고(宋나라 劉劭, 隋나라 楊廣(煬帝)), 아들이 시해하였는데 '子'를 기록하지 않은 것이 네 번이다(代國 拓跋六脩(316), 代國 拓跋寔君(376), 北魏 淸河王 拓跋紹(409), 後梁 郢王 朱友珪(912)). 이때에 와서 天理가 사라졌으니, 《자치통감강목》에서 매우 서글퍼한 것이고, 그 중요한 것만을 들었을 뿐이다.〔綱目君弑 書及其君母 及其太后 有之矣 未有書及其大臣者 大臣書及 必若淑與二湛而後可也 終綱目再見而已 李遠死節 人臣之極致 綱目重以予人也 綱目書太子弑者二(宋劭隋廣) 子弑不書子者四(代六脩 寔君 魏淸河王紹 梁友珪) 蓋至是而天理滅矣 綱目之所甚悲也 擧其重而已矣〕"《書法》

"과거에 唐나라 太子 李弘이 《春秋》를 수업할 적에 楚나라 世子 商臣이 임금을 시해한 사건에 이르러서는 책을 덮고 탄식하자, 〈교육을 담당하던〉 官僚 郭瑜가 바꾸어 禮書를 읽도록 청하였다. 先正 胡安國 공께서 《春秋胡氏傳》을 지었는데, 이 조목에 이르러 그들을 腐儒라고 하면서 이에 대해 말하기를 '君父가 되어서 《春秋》의 의리를 통하지 못하는 이는 반드시 극악한 이름을 받게 되고, 臣子가 되어서 《春秋》의 의리를 통하지 못하는 이는 반드시 찬탈・시해・誅戮의 죄에 빠지게 된다. 聖人이 이를 기록한 것은 天下 後世 사람들로 하여금 人倫을 살펴서 君臣父子의 도리를 행하여 극악한 이름과 주륙의 죄에서 벗어나는 법을 알게 한 것이다. 이홍이 이를 알았다면 반드시 몹시 두려워하여 《춘추》를 배우지 않아서는 안 된다는 사실을 알아 臣子의 의리에 밝게 되어, 奏請을 하다가 임금의 뜻을 거슬러 독약을 마시고 죽는 데에 이르지 않을 것이다.'라고 하였으니, 先正이 《춘추호씨전》을 지은 의리가 이와 같다.

지금 《자치통감강목》이 《춘추》에서 법을 취하였으므로 弑逆의 일에 대해서 또한 반드시 책에 곧바로 기록했던 것이니, 만일 강독할 때에 이러한 내용을 忌諱하여 말하지 않는다면 앞에 참소가 있어도 보지 못하고 뒤에 역적이 있어도 알지 못할 것이니 이는 스스로 함정에 빠지는 것이다. 이렇게 해서야 되겠는가.

《춘추》는 傳으로 案을 삼고 《자치통감강목》은 分注(目)로 案을 삼았으니, 分注에 실린 것에서 살펴보면 유래해 이르게 된 조짐을 알 수 있다. 우선 宋나라 劉劭의 일로 살펴보건대 善惡은 반드시 시작을 살펴야 하니 역적 유소는 諒闇(喪中)에 태어나고 그 생김새가 그 끝을 점칠 수 있어서 袁后가 그 해악을 미리 말한 적이 있었다. 음식을 받들어 모시고 문안을 드리는 것은 자식 된 직분에 마땅히 조심스럽게 할 일인데 東宮에 병력을 둔 것이 〈임금의 호위병인〉 羽林軍과 대등하였다. 신하는 무리를 거느려서는 안 되니, 신하가 무리를 거느리면 임금은 반드시 그 신하를 주살해야 한다. 그런데 巫蠱 사건이 발각되었으나 도리어 사면하여 불문에 부치고, 단죄해야 하는데도 단죄하지 않아서 도리어 반란을 초래하였다. 〈황제는〉 이윽고 태자를 폐위하고 동생을 세울 것을 도모하다가 머뭇거리며 결정하지 못하고, 부인과 도모하였다. 황제가 죽은 것이 마땅하니, 일에 기밀을 지키지 못하여 潘妃에게 누설하였다.

이뿐만 아니라 천하가 분열된 것이 이미 하루의 일이 아닌데 宋 文帝는 까닭 없이 군대를 출동하고 전쟁을 끝까지 하여 남북의 백성들이 죽어 간과 뇌를 땅에 바르듯이 하여서 쌓인 不善을 또한 가릴 수가 없었으니 진실로 그 말로의 재앙이 이와 같은 것이 마땅하다.

《자치통감강목》에서 이것을 기록한 것이 商臣의 사건과 마치 동일한 자취에서 나온 것과 같기 때문이니, 후세 사람들에게 유래한 바를 연구하여 극악한 행동을 삼가는 의리를 지극하게 하여 君父가 된 자의 경계를 삼도록 한 것이다. 아버지와 임금을 시해한 역적의 경우는 그 죄악이 폄하할 필요도 없이 저절로 드러나니, 어찌 군더더기를 언급할 것이 있겠는가. 슬프다.〔昔唐太子弘受春秋 至楚世子商臣之事 廢書而嘆 其官僚郭瑜請改讀禮 先正胡公安國傳春秋 至此目之爲腐儒 以爲若語之曰 爲人君父而不通春秋之義者 必蒙首惡之名 爲人臣子而不通春秋之義者 必陷簒弑誅死之罪 聖人書此 使天下後世察於人倫知所以爲君臣父子之道 而免於首惡之名誅死之罪也 則弘而聞此 必懮然畏懼 知春秋之不可不學 而明於臣子之義不至於奏請拂旨而見酖矣 先正傳春秋之義如此 今綱目取法春秋 故於弑逆之事 亦必直書于冊 若使講讀之際 避諱不言 則前有讒而不見 後有賊而不知 是自淪於陷穽者也而可乎 夫春秋以傳爲案 綱目以分注爲案 考於分注之所載 可以見其所由致之漸 姑以宋劭之事觀之 善惡必原所始 而逆劭則生於諒闇 形色可以占終 而袁后則預言其

① 〈宋 文帝는〉 향년이 47세였다.
壽, 四十七.

【目】〈여자 무당〉 嚴道育이 망명했을 때에 수색하기를 매우 긴급하게 하였다. 엄도육은 東宮에 숨어 있다가 또 始興王 劉濬을 따라 京口로 가 있었다. 유준이 入朝할 적에 다시 수레에 실려 東宮으로 돌아왔다.

엄도육의 하녀를 체포하였는데, 그녀가 말하기를 "엄도육이 征北將軍 유준을 따라 서울로 돌아갔습니다."라고 하였다. 宋主는 京口에 명을 내려 하녀를 〈서울로〉 압송하게 하여 도착하면 조사하여 그 사건을 다시 심리하게 하였다. 그리고 太子 劉劭를 폐위시키고 유준을 賜死하고자 하여 먼저 王僧綽과 모의를 하고 그에게 漢·魏의 典故를 찾아 徐湛之와 江湛에게 보내게 하였다. 武陵王 劉駿은 평소에 총애를 받지 못하였기 때문에 자주 外藩에 나갔고, 南平王 劉鑠과 建平王 劉宏은 모두 宋主의 총애를 받았다. 유삭의 妃는 강담의 손아래 누이였고, 隨王 劉誕의 妃는 서담지의 딸이었다.

嚴道育之亡命也에 搜捕甚急하니 道育匿於東宮이라가 又隨始興王濬하여 至京口러니 濬入朝에 復載還東宮하다 捕得其婢하니 云호되 道育隨征北還都①라한대 宋主乃命京口送婢하여 須至檢覆②하고 欲廢太子劭하며 賜濬死하여 先與王僧綽謀之하고 使尋漢魏典故하여 送徐湛之江湛③하다 武陵王駿素無寵이라 故屢出外藩하고 南平王鑠建平王宏은 皆爲宋主所愛④러니 鑠妃는 江湛之妹요 隨王誕妃는 徐湛之之女也라

① 劉濬이 征北將軍이었으므로 이렇게 말한 것이다.
濬爲征北將軍, 故稱之.

② 〈"須至檢覆"은〉 하녀가 도착하기를 기다려 조사해 그 일을 다시 심리하려는 것을 말한다.
言待婢至, 檢覈覆審其事也.

③ 典은 일상적인 전적이고, 故는 옛 일이다. ≪資治通鑑≫에서는 "王僧綽을 시켜서 漢·魏 이래로 太子와 諸王들을 폐한 典故를 찾게 하였다."고 하였다. 送은 典故를 보내는 것이다.
典, 經常之籍也. 故, 舊事也. 通鑑 "使僧綽尋漢魏以來廢太子諸王典故." 送, 送典故也.

④ 〈南平王과 建平王은〉 宋 文帝의 아들이다.
宋文帝子.

惡 侍膳問安 職所當謹 而東宮置兵 乃與羽林等 人臣無將 將則必誅 而巫蠱事覺 乃赦不問 當斷不斷 反受其亂 旣而謀廢立 乃猶豫不決 謀及婦人 宜其死也 而事機不密 乃泄於潘妃 不惟是也 宇縣分裂 已非一日 宋文乃無故進兵 窮黷不已 使南北之民 肝腦塗地 不善之積 亦不可掩 固宜其末流之禍如此 綱目書之 與商臣之事 如出一轍 蓋欲使後世推本所由而致謹於首惡之義 以爲人君父者之戒爾 若夫弑父與君之賊 其惡固自不待貶絶而後見也 又奚以贅及爲哉 吁]" ≪發明≫ '袁后則預言其惡'은 본서 84쪽에 보인다.

【目】江湛은 劉鑠을 태자로 세우기를 권하고, 徐湛之는 劉誕을 세우기를 권하였는데, 王僧綽이 말하기를 "태자를 세우는 일은 성상의 마음에 달려 있을 뿐이니, 신은 생각건대 마땅히 빨리 결단해야 할 것이고 늦추어서는 안 됩니다. 마땅히 결단해야 할 때에 결단하지 않으면 도리어 그 어지러움을 받게 되니, 원컨대 의리로 은혜를 잘라내어 작은 것을 참지 못하는 마음을 버리십시오. 그렇지 않으면 마땅히 넓은 마음으로 〈父子 사이의 天性을〉 처음과 같이 하여 의혹되는 논의를 다시는 하지 말아야 합니다. 일을 비록 기밀로 하더라도 쉽게 널리 드러나므로, 뜻밖에 재난이 발생하여 천 년 동안 비웃음거리가 되어서는 안 됩니다."라고 하였다.

宋主가 말하기를 "卿은 큰일을 잘 결단한다고 말할 수는 있으나 이 일은 매우 중요하니 절실하게 여러 번 생각하지 않을 수 없다. 또 彭城王 劉義康이 막 죽었으니 〈일을 성급히 결단하면〉 사람들은 장차 내가 다시는 자애하는 道理가 없다고 말할 것이다."라고 하였다.

왕승작이 말하기를 "신은 천 년 뒤에 폐하께서 아우를 잘 제재하고 아들을 잘 제재하지 못했다고 말할까 우려됩니다."라고 하니, 宋主는 잠자코 있었다.

강담이 나와서 왕승작에게 말하기를 "卿이 아까 한 말이 너무 지나치게 솔직한 것이 아닌가."라고 하니, 왕승작이 말하기를 "저 역시 귀하께서 솔직하지 못한 것을 한스러워합니다."라고 하였다.

유삭이 壽陽에서 入朝하였는데 宋主의 뜻을 그르쳤기 때문에 宋主는 劉宏을 세우려고 하였는데 그 순차가 아닌 것을 혐의하였다. 이 때문에 논의를 오래하였으나 결정하지 못하여 서담지와 함께 사람을 물리치고 대화하였는데, 혹 여러 날을 보내기도 하였다. 이때에 늘 서담지에게 직접 촛불을 잡고 벽을 따라 돌며 살피게 하였는데 몰래 엿듣는 자가 있는지 우려한 것이었다.

이윽고 宋主는 그 모의를 潘淑妃에게 고했는데 반숙비가 劉濬에게 고하였다. 유준이 급히 劉劭에게 고하였는데 유소는 마침내 반역할 것을 도모하였다.

湛勸立鑠하고 湛之欲立誕한대 僧綽曰 建立之事는 仰由聖懷니 臣謂唯宜速斷이요 不可稽緩이라 當斷不斷하면 反受其亂[22)]하나니 願以義割恩하여 略小不忍[23)]이요 不爾면 便應坦懷如初하여 無煩

22) 當斷不斷 反受其亂 : ≪史記≫ 〈齊悼惠王世家〉에 보인다. 漢나라 초기 呂氏가 난리를 일으킬 즈음에 齊王의 相國인 召平이 군대를 일으켜 齊나라 王宮을 포위하였다가 軍權을 빼앗겨 도리어 魏勃에게 포위를 당하였는데, 소평이 "아! 道家에 '결단할 때에 결단하지 못하면 도리어 그 어지러움을 받는다.〔當斷不斷 反受其亂〕'라는 말이 있는데, 바로 이러한 경우이다."하고는 자살하였다.

23) 小不忍 : ≪論語≫ 〈衛靈公〉에 "공교로운 말은 덕을 어지럽히고, 작은 것을 참지 못하면 큰 계책을

疑論①이니 事機雖密이나 易(이)致宣廣이라 不可使難生慮表하여 取笑千載니이다하니 宋主曰 卿可謂能斷大事나 然此事至重하니 不可不慇懃三思라 且彭城始亡하니 人將謂我無復慈愛之道라한대 僧綽曰 臣恐千載之後에 言陛下唯能裁弟요 不能裁兒라하니 宋主默然하다 江湛出謂僧綽曰 卿向言이 將不太傷切直가 僧綽曰 弟亦恨君不直②하노라 鑠自壽陽入朝失旨라 宋主欲立宏호되 嫌其非次라 是以議久不決하여 與湛之屛人語호되 或連日累夕하여 常使湛之로 自秉燭繞壁檢行하여 慮有竊聽者러니 旣而以其謀告潘淑妃어늘 妃以告濬하니 濬馳報劭한대 劭乃謀爲逆하다

① "坦懷如初"는 넓은 마음으로 그들(劉劭·劉濬)을 대하여 마치 父子 사이의 天性을 처음과 같이 함을 말한다.
坦懷如初, 謂坦懷待之, 如父子天性之初也.
② 王僧綽이 江湛보다 어렸으므로 자신을 일컬어 弟라고 하였다. 일설에 "弟는 다만의 뜻이다." 하였다.
僧綽年少於湛, 故自稱爲弟. 一說"弟, 但也."

【目】 예전에 宋主는 宗室이 강성함으로 인해 내란이 일어날까 염려하여 특별히 東宮의 병력을 늘려 羽林軍과 비슷한 정도로 배치하니, 실제 甲士가 1만 명에 이르렀다. 劉劭는 성격이 교활하고 사나웠는데, 宋主가 몹시 의지하였다.

유소가 반란을 일으킬 즈음에 매일 밤 將兵들에게 잔치를 베풀었는데, 이때 친히 술을 따라주기도 하였다. 王僧綽이 이를 비밀리에 宋主에게 보고하였는데, 마침 嚴道育의 하녀가 도착하자 劉劭가 거짓 조서를 만들고 미리 부대를 정비해놓고 말하기를 "토벌하는 일이 있을 것이다."라고 하였다.

밤에 前 中庶子 蕭斌·左衛率 袁淑·中舍人 殷仲素를 불러 동궁으로 들어오게 하고는 눈물을 흘리며 말하기를 "主上께서 참소를 믿으시니 죄를 받고 폐위될 것이다. 나 자신을 살펴보아도 과실이 없으니, 억울함을 받아들일 수 없다. 내일 아침에 큰일을 행할 것이니, 서로 함께 힘을 다하기를 바란다."라고 하고, 이어서 일어나 사람들에게 두루 절을 하니, 사람들은 경악하여 감히 대답하는 자가 없었다.

한참 뒤에 원숙과 소빈이 모두 말하기를 "예부터 이러한 일은 없었으니 더 잘 생각해 보시기를 바랍니다."라고 하니, 유소가 분노하여 얼굴빛이 변하였다.

소빈은 두려워하여 말하기를 "마땅히 몸을 바쳐 명을 받들겠습니다."라고 하니, 원숙이 꾸짖기를 "卿은 전하께서 진짜 이런 일을 하시리라 생각하는가. 전하께서는 어렸을

어지럽힌다.〔巧言亂德 小不忍則亂大謀〕"라고 한 말에서 인용한 것이다.

적에 風疾을 앓은 적이 있으니, 지금 풍질이 발작한 것이다."라고 하였다.

유소가 더욱 분노하고 이어서 원숙을 흘겨보며 말하기를 "일이 성공할 수 있겠는가?"라고 하니, 원숙이 말하기를 "〈전하께서는〉 의심받지 않을 지위에 있으시면서 어찌 성공하지 못할 것을 근심하십니까. 다만 성공한 뒤에는 天地에 용서를 받지 못할 것이니, 큰 재앙 역시 바로 닥칠 것입니다. 가령 이런 계획을 세우셨더라도 아직은 그만둘 수 있습니다."라고 하였다.

동궁의 측근들이 원숙을 끌어내면서 말하기를 "이 일이 어떤 일인데 중지할 수 있다고 말하는가."라고 하였다. 원숙이 左衛率省으로 돌아와서 침상 주위를 서성거리다가 4更(2시경)이 되어서야 잠자리에 들었다.

初에 宋主以宗室彊盛으로 慮有內難하여 特加東宮兵하여 使與羽林相若하니 至有實甲萬人이러라 劭性黠而剛猛한대 宋主深倚之러라 及將作亂에 每夜饗將士에 或親行酒하다 僧綽密以聞이러니 會嚴道育婢將至에 劭詐爲詔하고 豫加部勒云호되 有所討라하고 夜呼前中庶子蕭斌左衛率袁淑中舍人殷仲素入宮하여 流涕謂曰 主上信讒하니 將見罪廢라 內省無過하니 不能受枉이라 明旦에 當行大事하리니 望相與戮力하라하고 因起徧拜之하니 衆驚愕莫能對하다 久之에 淑斌皆曰 自古無此니 願加善思하소서하니 劭怒變色이어늘 斌懼曰 當竭身奉令하리이다하니 淑叱之曰 卿便謂殿下眞有是邪아 殿下幼嘗患風이러니 今疾動耳라 劭愈怒하고 因眄淑曰 事當克否①아 淑曰 居不疑之地하여 何患不克이리오 但旣克之後에 不爲天地所容이니 大禍亦旋至耳라 假有此謀라도 猶將可息이니이다하니 左右引淑出曰 此何事而云可罷乎아 淑還省하여 繞床行이라가 至四更(경)乃寢②하다

① 眄은 눈 한쪽을 찡그리며 흘겨보는 것이다.
眄, 目偏合而斜視也.

② "還省"은 左衛率省으로 돌아온 것이다.
還省, 還左衛率省也.

【目】 다음 날 궁궐문이 열리기 전에 劉劭가 붉은 옷을 군복 위에 껴입고 蕭斌과 함께 畫輪車를 타고 袁淑을 매우 급히 불렀으나, 원숙은 잠자리에서 일어나지도 않았다. 유소가 수레를 멈추고 원숙을 재촉하니, 원숙이 천천히 일어나서 수레 뒤로 왔다. 유소가 원숙에게 수레를 타게 하자 또 사양하고 오르지 않으니, 유소는 명을 내려 원숙을 죽였다.

궁궐문이 열리자 유소가 들어갔는데, 이전의 제도에 東宮의 군대는 臺城에 들어올 수가 없었으므로, 유소는 위조된 조서를 궁문을 지키던 자에게 보이면서 말하기를 "조칙

을 받아 체포하고 토벌할 일이 있다."라고 하고, 후속 부대에게 명하여 속히 오도록 하였다.

張超之 등 수십 명이 齋閣으로 달려 들어가 칼을 빼들고 곧바로 合殿으로 올라갔다. 宋主는 그날 밤에 徐湛之와 함께 사람을 물리고 아침까지 대화를 하여 촛불이 여전히 꺼지지 않았고, 호위병이 아직 일어지 않은 상황이었다. 宋主는 장초지가 침입하는 것을 보고 안석을 들어 막다가 5개의 손가락이 모두 잘려나갔는데, 마침내 宋主를 시해하였다. 서담지가 놀라 일어나니 병사가 그를 죽였다.

유소가 나가서 東堂에 앉았는데, 江湛이 떠들썩한 소리를 듣고 탄식하기를 "王僧綽의 말을 쓰지 않아 이 지경에 이르렀구나."라고 하니, 유소가 군사를 보내어 그를 죽였다. 左細仗主 卜天與는 갑옷을 입을 겨를도 없이 칼을 잡고 활을 들고는 급히 소리를 질러 측근들에게 출전하도록 하여 유소에게 활을 쏘아 거의 맞출 뻔했는데, 유소의 무리가 복천여를 공격하여 팔이 잘려 죽었다. 隊將 張泓之·朱道欽·陳滿이 복천여와 함께 같이 전투를 하다가 죽었다. 유소는 사람을 보내어 潘淑妃 및 太祖(文帝)와 친하고 신임을 받았던 이 수십 명을 죽였다.

明日에 宮門未開에 劭以朱衣加戎服上하고 乘畫(화)輪車하여 與蕭斌同載①하고 呼袁淑甚急하되 淑眠不起라 劭停車催之하니 淑徐起하여 至車後어늘 劭使登車한대 又辭不上이어늘 劭命殺之하다 門開而入한대 舊制에 東宮隊는 不得入城②이라 劭以僞詔로 示門衛曰 受勅하여 有所收討라하고 令後隊速來하니 張超之等數十人이 馳入齋閣하여 拔刃徑上合殿③하니 宋主其夜에 與徐湛之로 屛人語至旦하여 燭猶未滅하고 衛兵尙未起러라 宋主見超之入하고 擧几捍之하니 五指皆落한대 遂弑之하다 湛之驚起하니 兵人殺之하다 劭出坐東堂한대 江湛聞喧噪聲하고 歎曰 不用王僧綽言하여 以至於此로다하니 劭遣兵殺之하다 左細仗主(十)〔卜〕[24]天與 不暇被甲하여 執刀持弓하고 疾呼左右出戰하여 射劭幾中이러니 劭黨擊之하여 斷臂而死④하다 隊將張泓之朱道欽陳滿이 與天與로 俱戰死어늘 劭使人殺潘淑妃及太祖親信數十人하다

① 붉은 옷은 太子가 入朝할 때 입는 옷이다. ≪晉書≫ 〈輿服志〉에 말하기를 "畫輪車는 소가 끄는데 채색을 하여 바퀴통에 그림을 그리기 때문에 畫輪車라고 부른다. 위에는 4개의 좁은 기둥을 세우고 좌우에는 사방을 바라보도록 트이게 하며 綠油幢(푸르게 기름 먹인 휘장)과 朱絲絡(붉은 명주실로 맨 것)을 하고, 그 위는 모양새가 하나하나 輦과 비슷하고, 그 아래는 犢車(소가 끄는 수레)와 비슷하다. 太子의 法駕를 또한 鸞路라고도 한다. 法駕가 아니면

24) (十)〔卜〕: 저본에는 '十'으로 되어 있으나, ≪資治通鑑≫과 ≪南史≫ 〈宋宗室及諸王下〉 등에 의거하여 '卜'으로 바로잡았다.

畫輪車를 타는데, 두 개의 車箱 안을 金錦과 黃金으로 치장하고, 5가지 채색을 칠한다."라고 하였다.

朱衣, 太子入朝之服. 晉志曰 "畫輪車, 駕牛, 以綵漆畫輪轂, 故名曰畫輪車. 上起四夾杖, 左右開四望, 綠油幢, 朱絲絡, 其上形制事事如輦, 其下猶如犢車耳. 太子法駕亦謂之鸞路, 非法駕則乘畫輪車, 兩箱裏飾以金錦黃金, 塗五采."

② 〈"不得入城"은〉 臺城에 들어갈 수 없음을 말한 것이다.

言不得入臺城也.

③ 晉나라 시대에는 여러 황제들이 대부분 內房에 거처하여 조정 연회에 나가는 것은 東堂과 西堂 두 곳뿐이었다. 孝武帝 말년에 한창 淸暑宮을 짓고, 永初 연간에 宋나라가 천명을 받아 황제가 되고난 뒤에도 고쳐 짓지 않아서 사는 곳은 西殿이라 일컫고 따로 좋은 이름을 짓지 않아서 文帝가 그대로 사용하고 또한 合殿이라는 명칭도 있게 되었다.

晉世諸帝多處內房, 朝宴所臨, 東西二堂而已. 孝武末年, 淸暑方構, 永初受命, 無所改作, 所居惟稱 (四)〔西〕[25]殿, 不製嘉名, 文帝因之, 亦有合殿之稱.

④ 宋나라 宿衛의 관원은 細鎧主·細鎧將·細仗主 등이 있다.

宋宿衛之官, 有細鎧主·細鎧將·細仗主等.

【目】 劉濬은 이때 西州府에 있으면서 臺城(宮城) 안의 시끄러운 소식을 듣고 일의 성공 여부를 몰라서 혼란스러워하며 어찌할 줄을 몰랐다. 將軍 王慶이 말하기를 "宮中에 변고가 있으나 아직 主上의 안위를 모릅니다. 신하된 자는 마땅히 소매를 걷어 올리고 임금을 환난에서 구제하러 가야지, 성에 의지한 채 자신만을 지키는 것은 신하의 절개가 아닙니다."라고 하였으나 유준이 따르지 않았다.[26]

얼마 뒤에 劉劭가 서둘러 유준을 부르자, 유준이 사람들을 물리고는 상황을 묻고서 곧바로 군복을 입고 말에 올라 그곳으로 갔다. 왕경이 또한 간언하기를 "太子가 반역을 하였으니, 천하가 원망하고 분개를 하고 있습니다. 明公께서 단지 〈石頭城의〉 성문을 굳게 닫고 앉아서 쌓아놓은 곡식을 드시기만 하면 3일이 지나지 않아 흉악한 무리들이 스스로 떠날 것입니다. 公께서는 人情과 公事가 이와 같은데, 지금 어찌 떠나셔야 되겠습니까."라고 하였다.

濬時在西州府하여 (閉)〔聞〕[27]臺內喧噪하고 不知事之濟不(부)하여 騷擾不知所爲①어늘 將軍王

25) (四)〔西〕: 저본에는 '四'로 되어 있으나, ≪資治通鑑≫ 註에 의거하여 '西'로 바로잡았다.

26) 유준이……않았다 : ≪資治通鑑≫에는 劉濬이 石頭城으로 갔는데 얼마 후 劉劭가 부른 것이라 하였다.

27) (閉)〔聞〕: 저본에는 '閉'로 되어 있으나, ≪資治通鑑綱目≫(≪朱子大全≫8, 上海古籍出版社)에 의거하여 '聞'으로 바로잡았다.

慶曰 宮內有變하되 未知主上安危라 凡在臣子엔 當投袂赴難하니 憑城自守는 非臣節也니라 濬不聽이러니 俄而劭馳召濬한대 濬屛人問狀하고 卽戎服乘馬而去하니 王慶又諫曰 太子反逆하니 天下怨憤이라 明公但當堅閉城門하고 坐食積粟하면 不過三日에 凶黨自離하니 公情事如此어늘 今豈宜去②리오

① 劉濬은 京口에서 入朝하러 와서 잠시 西州에 머물렀다. 濟不의 不(의문사)는 否로 읽는다.
濬自京口入朝, 蹔居西州. 濟不之不, 讀曰否.
② 石頭倉城에는 쌓아놓은 곡식이 있었다. 情事는 人情과 公事를 말한다.
石頭倉城有積粟. 情事, 謂人情公事.

【目】 劉濬이 들어와 劉劭를 만나니, 유소가 말하기를 "潘淑妃가 결국 난을 일으킨 병사들에게 살해되었다."라고 하자, 유준이 말하기를 "이는 제가 본래 바라던 일이었습니다."라고 하였다. 유소가 詔書를 거짓으로 꾸며 大將軍 劉義恭과 尙書令 何尙之를 불러들여 궁중에 구금하고 아울러 百官을 불렀는데 도착한 사람이 겨우 수십 명에 지나지 않았다. 유소가 재빨리 황제에 즉위하여 조서를 내리기를 "徐湛之와 江湛이 임금을 시해하고 반역을 꾀하여 못된 짓을 하기에 내가 병사를 이끌고 궁전으로 들어왔으나 이미 어찌할 수가 없었다. 지금 죄인들을 잡았으니 크게 사면령을 내리고 연호를 太初[28]로 바꾼다."라고 하고, 곧바로 병을 핑계 삼아 永福省으로 돌아가서 감히 상례에 참여하지 못하고 예리한 칼로 자신을 지켰다.

濬入見劭하니 劭曰 潘淑妃遂爲亂兵所害라한대 濬曰 此是下情由來所願이니이다 劭詐以詔로 召大將軍義恭尙書令何尙之하여 入拘於內하고 竝召百官하니 至者纔數十人①이러라 劭遽卽位下詔曰 徐湛之江湛이 弑逆無狀에 吾勒兵入殿하되 已無所及이라 今罪人斯得하니 可大赦하고 改元太初라하고 卽稱疾還永福省하여 不敢臨喪하고 以白刃自守②러라

① 內는 臺城 안을 말한다.
內謂臺內.
② 永福省은 太子가 거처하는 곳으로 궁궐 안에 있다.
永福省, 太子所居也, 在禁中.

28) 太初 : 劉劭가 황제의 지위에 올라서 연호를 太初로 當年改元을 하였으나 《資治通鑑》에서는 이를 紀年으로 사용하지 않고 있다. 보통 아버지의 뒤를 이은 황제는 그 아버지가 죽은 해의 연말까지는 아버지의 연호를 계속 사용하여 當年改元을 하지 않고 다음 해부터 새 연호를 사용하는 踰年改元을 하는 것이 일반적이다. 그런데 유소는 이처럼 하지 않고 자기 연호를 정하였지만, 《資治通鑑》에서는 유소의 아버지 文帝의 연호 元嘉를 453년 말까지 사용하였다.

【目】 蕭斌을 尙書僕射로 삼고, 何尙之를 司空으로 삼았다. 劉劭는 王僧綽이 文帝와 모의한 것을 알지 못하여 왕승작을 吏部尙書로 삼았다. 武陵王 劉駿이 五洲에 주둔하니 沈慶之가 巴水에서 五洲로 와서 用兵에 관한 책략을 자문 받았다.

以蕭斌爲僕射하고 以何尙之爲司空하니 劭不知王僧綽之謀하여 以爲吏部尙書하다 武陵王駿屯五洲하니 沈慶之自巴水來하여 咨受軍略①하더라

① ≪水經註≫에 "江水는 동쪽으로 가서 江夏軑縣의 故城 남쪽을 지난다. 江夏軑縣은 옛 弦國이다. 城은 산의 남쪽에 있으며 남쪽은 五洲를 마주하고 있다. 강 가운데에 五洲가 있어 서로 연결되어 있으므로 이름으로 삼았다."라고 하였다. 軑는 음이 汰이며, 또는 徒系의 切이다. ≪水經註≫에 "巴水는 廬江 雩婁縣의 巴山에서 발원하여 남쪽으로 가서 蠻 지역을 지나며 또 남쪽으로 가서 江水로 흘러 들어간다."라고 하였다. "軍略"은 用兵의 책략을 말한다. 지난해(452)에 宋主가 沈慶之를 시켜서 蠻을 토벌하도록 하였는데, 이해에 劉駿에게 蠻을 토벌하는 여러 군대를 통솔하도록 하였으므로 심경지가 유준에게 나아가서 용병에 관한 책략을 자문 받은 것이다.
水經註 "江水東逕江夏軑縣故城南. 縣古弦國也. 城在山之陽, 南對五洲. 江中有五洲相接, 故以爲名." 軑, 音汰, 又徒系切. 水經 "巴水出廬江雩婁縣之巴山, 南歷蠻中, 又南流注于江." 軍略, 謂用兵之策略也. 去年, 宋主使沈慶之討蠻, 是年, 使駿統討蠻諸軍, 故慶之來(謂)〔詣〕[29] 駿咨受軍略.

【目】 典籤[30] 董元嗣가 建康에서 五洲에 도착하여 太子가 임금을 시해하고 반역을 꾀한 사실을 모두 말하였다. 沈慶之가 비밀리에 心腹에게 말하기를 "蕭斌은 婦人과 같으며, 그 나머지 장수도 모두 상대하기 쉬울 뿐이다. 東宮 劉劭와 함께 악행을 저지른 사람은 30명에 불과하고, 그 외에는 협박에 굴복한 자들이라 반드시 쓰이지 못할 것이다. 지금 순응하는 자를 도와주고 반역하는 자를 토벌하면 성공하지 못할까 근심할 필요가 없다."라고 하였다.

典籤董元嗣 自建康至五洲하여 具言太子弑逆한대 沈慶之密謂腹心曰 蕭斌婦人이요 其餘將帥皆易(이)與耳라 東宮同惡이 不過三十人①이요 此外屈逼이라 必不爲用이니 今輔順討逆이면 不憂不濟也②리라

① 〈"不過三十人"은〉 張超之 등을 말한다.
謂張超之等.

29) (謂)〔詣〕: 저본에는 '謂'로 되어 있으나, ≪資治通鑑≫ 註에 의거하여 '詣'로 바로잡았다.
30) 典籤 : 문서 수발을 담당하는 관리를 말한다.

② 順은 武陵王을 말하고, 逆은 劉劭를 말한다.
順謂武陵王, 逆謂劭也.

【綱】 北魏가 保太后를 높여 皇太后로 삼았다.

魏尊保太后爲皇太后[31)] 하다

【綱】 3월에 宋나라 劉劭가 吏部尙書 王僧綽을 죽였다.

◑ 三月에 **宋劭殺其吏部尙書王僧綽**[32)] 하다

【目】 劉劭가 文帝의 작은 상자와 江湛의 집에서 나온 편지·奏疏를 조사하다가, 유소가

---

31) 魏尊保太后爲皇太后 : "保太后는 누구인가. 〈拓跋濬의 乳母〉 常氏이니, 魏主가 처음 즉위하고 높여 保太后로 하였다. 太武帝가 竇氏를 높여 保太后로 한 것은 乙丑年(425)에 기록하였는데, 常氏는 어째서 기록하지 않았는가. 처음이 아니므로 생략한 것이다. 그러나 그를 높여서 皇太后로 하는 데에 있어서는 기록하지 않을 수가 없는 것이다. ≪資治通鑑綱目≫이 끝날 때까지 保母가 皇太后로 된 것을 기록한 것은 두 번이다. 앞에서는 '魏主'라고 하여 지척하여 기록하고, 여기서는 다만 '魏'라고만 기록하였으니 처음이 아니기 때문이다.〔保太后 何 常氏也 魏主初立 尊爲保太后焉 太武尊竇氏爲保太后 則書乙丑年 常氏則曷爲不書 非創也 故略之 至其尊爲皇太后 則不可以不書矣 終綱目 書保母爲皇太后 二 前斥書魏主 此止書魏 非創也〕" ≪書法≫

32) 宋劭殺其吏部尙書王僧綽 : "스스로 즉위하였으므로 '宋劭'라고 이름을 지척하여 일컬었으니 매우 미워한 것이다. 여기에서 북쪽 저택의 여러 王侯들을 죽인 것은 기록하지 않고 왕승작을 죽인 것을 기록한 것은 어째서인가. 왕승작에게 죄를 돌린 것이다. 왕승작이 劉劭를 폐위하는 도모에 참여하였으니 난리가 났을 때 죽은 것이 나았을 것인데, 요행으로 유소가 알지 못했다고 하여 역적의 관작을 받고 구차하게 벗어나기를 기대하였으니 죽음을 취한 것은 마땅하다. ≪資治通鑑綱目≫에서 역적이 임명한 직책을 기록하기를 '其吏部尙書王僧綽'이라고 하였으니 袁淑의 무리와는 크게 다른 것이다.〔自立矣 斥稱宋劭 極惡也 於是殺北第諸王侯不書 書僧綽 何 罪僧綽也 僧綽與謀廢劭 死於難 可矣 幸其不知 受賊官爵 冀以苟免 其取殺宜也 綱目以賊所署職書之曰 其吏部尙書王僧綽 與袁淑輩大異矣〕" ≪書法≫

"王僧綽이 宋 文帝에게 빨리 〈태자의 폐위 문제를〉 결단하라고 힘써 청하였지만 송 문제는 따르지 못하였다. 왕승작과 같은 자는 또한 국가의 경영에 충성했다고 말할 수 있으나 유소가 이미 반역하였으니 왕승작은 스스로 마땅히 몸을 이끌어 떠나야 할 것이고, 진실로 유소가 왕승작의 계획한 것을 몰랐다고 해서 마음속에 감추어 참고서 관직에 나아가서는 안 되는 것이다. 만일 불행히도 역적의 손에 죽게 되었다면 반드시 의리에 편안했을 것이고 또한 君(왕승작)이 그 난리에 弑死되었음을 알기에 충분하다. 똑같은 죽음이라도 난리가 난 초기에 죽지 않고 직책을 받은 이후에 죽었으므로 왕승작이 비록 현명해도 일찍 죽지 않은 것에 결점이 있다. 그러므로 ≪資治通鑑綱目≫에서는 또한 袁淑과 江湛·徐湛之와 같은 등급으로 할 수 없어서 기록하기를 '劭殺其吏部尙書王僧綽'이라고 하였다. 마치 유소 자신이 그 신하를 죽인 것처럼 하였으니, 어찌 매우 애석하지 않을 수 있겠는가.〔僧綽力請宋文速斷 而宋文不能從 若僧綽亦可謂忠於謀國者矣 然劭旣爲逆 僧綽自當引身而去 固不可以其不知所謀而隱忍就職 萬一不幸 死於賊手 則必安於義命 亦足見君弑死於其難矣 均之死也 不死於臨難之初 而死於受職之後 故僧綽雖賢 病於死之不早 是以綱目亦不得與袁淑江徐同科 而書曰 劭殺其吏部尙書王僧綽 若劭自殺其臣然者 豈不深可惜哉〕" ≪發明≫

병사들에게 잔치를 베푼 일과 前代의 〈태자와 제왕을 폐위한〉 故事에 관해 아뢴 王僧綽의 문서를 얻고는 왕승작을 체포하여 죽였다. 왕승작의 아우 王僧虔은 司徒府의 屬吏였는데, 친한 사람들이 모두 도망치라고 권하자 왕승건이 울면서 말하기를 "우리 형은 나라를 충정으로 받들고 자애로움으로 나를 보살펴주었다. 오늘 일이 나에게 미치게 되지 않을까 괴로울 뿐이다. 만약 함께 九泉으로 돌아갈 수 있다면 신선이 되어 날아가는 것과 같을 것이다."라고 하였다. 유소가 이어서 북쪽 저택의 여러 王侯들을 모함하여 말하기를 "왕승작과 함께 모반하였다."라고 하고, 그들을 죽였다.

劭料檢文帝巾箱及江湛家書疏라가 得王僧綽所啓饗士幷前代故事하고 收殺之①하다 僧綽弟僧虔이 爲司徒屬②이러니 所親咸勸之逃한대 僧虔泣曰 吾兄奉國以忠貞하고 撫我以慈愛하니 今日之事는 苦不見及耳라 若得同歸九泉이면 猶羽化也③라 劭因誣北第諸王侯云호되 與僧綽謀反이라하고 殺之④하다

① 料(헤아리다)는 음이 聊이다. "巾箱"은 중요한 비밀문서를 보관하는 곳으로, 찾아보기에 편리하도록 한 것이다.
料, 音聊. 巾箱所以藏要密文書, 便於尋閱.

② 舊制에 司徒府에 東曹・西曹가 있었는데, 曹에는 掾과 屬이 있었다.
舊制, 司徒府有東西曹, 曹有掾有屬.

③ 羽化는 신선이 되어 하늘에 올라간다는 말과 같으니, 神仙家들이 말하는 날아오른다는 것이다.
羽化, 猶言登仙, 神仙家所謂飛昇也.

④ 宋나라 여러 王侯의 邸宅이 臺城 북쪽에 모여 있었기 때문에 北第라고 한 것이다. 이들은 모두 穆帝(劉翹)와 武帝(劉裕)의 자손들이다.
諸王侯列第於臺城北, 故曰北第. 此皆穆・武子孫也.

【綱】 여름 4월에 宋나라 江州刺史 武陵王 劉駿이 거병하여 劉劭를 토벌하니, 宋나라 사람들이 유준을 즉위시켰다. 5월에 劉劭와 아우 劉濬이 모두 주살되었다.

夏四月에 宋江州刺史武陵王駿이 擧兵討劭하니 宋人立駿이러니 五月에 劭及弟濬皆伏誅[33]하다

33) 夏四月……劭及弟濬皆伏誅 : "北魏의 高宗(拓跋濬)과 宋 世祖(劉駿)는 모두 선왕의 변고로 임금 자리를 이어받은 자들인데, 북위에는 '拓跋濬이 즉위했다〔濬立〕'라고 기록하고, 여기서는 '劉駿을 즉위시켰다.〔立駿〕'라고 기록한 것은 어째서인가. 탁발준은 嫡孫으로서 당연히 즉위할 사람이지만, 유준은

【目】 劉劭가 비밀리에 沈慶之에게 편지를 보내 武陵王 劉駿을 살해하도록 명령하였다. 심경지가 무릉왕 유준을 알현하기를 요구하니 유준이 두려워하여 병을 핑계로 사양하였다. 심경지가 달려 들어가서 유소의 편지를 유준에게 보여주자, 유준이 울면서 안으로 들어가 어머니와 작별할 시간을 달라고 하였다.

심경지가 말하기를 "저는 先帝(劉義隆)에게 후한 은혜를 받았습니다. 오늘의 일에 대해서는 최대한 노력을 보여드릴 것입니다. 전하께서는 어찌 저에 대해서 깊은 의심을 하고 계십니까?"라고 하자, 유준이 일어나 재배하며 말하기를 "국가의 안위가 모두 장군에게 달렸습니다."라고 하였다.

심경지가 곧바로 명하여 안팎에 병사들을 정비하도록 하자, 主簿 顔竣이 말하기를 "지금 사방에서는 아직 정의로운 군사의 擧事를 모르고 있으며, 유소가 天府를 점거하고 있습니다. 만약 머리와 꼬리가 서로 호응하지 못하면 이는 위험한 방법입니다. 마땅히 여러 征鎭이 협력하여 모의하기를 기다린 뒤에 擧事를 해야 합니다."라고 하였다.

劭密與沈慶之手書하여 令殺武陵王駿한대 慶之求見駿하니 駿懼하여 辭以疾이어늘 慶之突入하여 以劭書示駿한대 駿泣求入與母訣[①]이어늘 慶之曰 下官受先帝厚恩하니 今日之事는 唯力是視라 殿下何見疑之深고 駿起再拜曰 家國安危 皆在將軍이로다 慶之卽命內外勒兵한대 主簿顔竣曰[②] 今四方未知義師之擧하고 劭據有天府하니 若首尾不相應이면 此危道也라 宜待諸鎭協謀하여 然後擧事[③]니이다

① 〈劉駿의〉 母는 路淑媛이다.
母, 路淑媛.

평소 총애가 없었기 때문에 기록하기를 '宋나라 사람들이 그를 즉위시켰다.〔宋人立之〕'라고 하여, 인심이 함께 원하여 스스로 즉위한 이와 다름을 보여준 것이다. 그러므로 유준에게는 '宋人立'이라고 기록하고 혹은 '宋나라가 세웠다.〔宋立〕'라고 기록하였으니, 모두 嫡統이 아니기 때문이다. 宋나라 劉濬에게 관작을 기록하지 않은 것은 역적의 도당이기 때문이다.〔魏高宗宋世祖 皆繼故者也 魏書濬立 此書立駿 何 濬嫡孫當立者也 駿素無寵 書曰宋人立之 以見人心之同欲而與自立者異矣 故駿書宋人立 或書宋立 皆非嫡故也 宋濬不書爵 賊黨也〕"《書法》

"위에서 '武陵王 劉駿이 거병하여 劉劭를 토벌했다.〔武陵王擧兵討劭〕'라고 기록한 것은 宋 文帝의 아들 劉駿이 역적을 토벌한 것이고, 이어서 '宋나라 사람들이 유준을 즉위시켰다.〔宋人立駿〕'라고 기록한 것은 宋나라 사람들이 즉위시킨 것을 허여한 것이다. '人'은 많다는 말이고, '立'은 마땅히 즉위시켜야 하는 것이다. 이것은 《春秋》 隱公 4년에 '衛나라 사람들이 晉을 즉위시켰다.〔衛人立晉〕'라고 기록한 말과 말은 같으나 뜻은 다르다.〔上書武陵王擧兵討劭者 子駿之討賊也 繼書宋人立駿者 予宋人之立也 人者 衆詞也 立者 宜立也 此與春秋書衛人立晉 詞同而義異〕"《發明》 이곳의 '사람들이 즉위시켰다.〔人立〕'라는 용어가 《春秋》와 동일하나, 즉위하게 된 배경은 다르다. 《春秋》에서는 衛나라 사람들이 州吁를 살해하고 公子 晉을 邢나라에서 맞이하여 즉위시켰고, 宋나라는 劉駿이 劉劭를 토벌한 뒤 江夏王 劉義恭 등의 추대로 즉위하였다.

② 竣(마치다)은 七倫의 切이다.
竣, 七倫切.

③ 天府는 建康을 말한다. 首는 武陵王 劉駿이 이미 九江에서 正義를 창도했음을 말한 것이다. 尾는 여러 방면의 征鎭을 말한다.
天府, 謂建康. 首, 謂武陵已倡義於九江. 尾, 謂諸方(在)〔征〕[34]鎭.

【目】沈慶之가 성난 목소리로 말하기를 "지금 大事를 거행하고자 하는데 어린 애송이가 모두 참여하니, 어찌 패배하지 않겠습니까. 마땅히 목을 베어 조리를 돌려야 합니다."라고 하였다. 劉駿이 顔竣에게 공손히 사과하도록 하니, 심경지가 말하기를 "그대는 단지 기록하는 일만을 담당하면 된다."라고 했다. 그리하여 심경지에게 전적으로 처리를 맡겨서 열흘 동안에 안팎이 정비되니 사람들이 神兵이라 하였다. 顔竣은 顔延之의 아들이다.

慶之厲聲曰 今擧大事에 而黃頭小兒 皆得參預하니 何得不敗리오 宜斬以徇衆①이라하여늘 駿令竣拜謝하니 慶之曰 君은 但當知筆札事耳라하다 於是에 專委慶之處分하여 旬日之間에 內外整辦하니 人以爲神兵이러라 竣延之子也②라

① 갓 태어난 남아와 여아를 黃頭小兒라고 하니, 顔駿이 마치 영아처럼 아무 식견이 없음을 말한 것이다.
男女始生爲黃頭小兒, 言其如嬰兒, 未有知識也.

② 顔延之는 當時에 建康에 있었다.
延之, 時在建康.

【目】劉駿이 경계를 엄하게 하여 군사들에게 맹세하고 沈慶之에게 府의 司馬를 겸직시키고, 柳元景·宗慤·朱脩之 등을 모두 參佐로 삼고 顔竣에게 錄事를 겸임하게 하여 내외를 총괄하도록 하였으며, 劉延孫을 長史로 삼아 留府[35]의 업무를 대행하게 하였다. 荊州刺史 南譙王 劉義宣과 雍州刺史 臧質은 모두 劉劭의 명을 받지 않았고 司州刺史 魯爽과 함께 군대를 일으켜 유준에게 호응하였다. 장질과 노상은 함께 江陵으로 가서 유의선을 만나고 또 사신을 보내 유준에게 황제의 자리에 오르도록 권하였다.

駿戒嚴誓衆하고 以沈慶之로 領府司馬하고 柳元景宗慤朱脩之로 皆爲參佐하고 顔竣領錄事하여

34) (在)〔征〕: 저본에는 '在'로 되어 있으나, 《資治通鑑》 註에 의거하여 '征'으로 바로잡았다. 征鎭은 본서 272쪽 역주 27) 참조.

35) 留府 : 왕이 직접 전장에 나갈 때 후방에 남겨둔 王府를 말한다.

總內外하고 **以劉延孫**으로 **爲長史行留府事**①하다 **荊州刺史南譙王義宣雍州刺史臧質**이 **皆不受劭命**하고 **與司州刺史魯爽**으로 **同擧兵以應駿**하니 **質爽俱詣江陵**하여 **見義宣**하고 **且遣使勸進於駿**②하다

① 劉延孫은 劉道産의 아들이다.
延孫, 道産之子也.
② 司州・雍州는 모두 劉義宣에게 감독을 받았기 때문에 〈두 사람이〉 함께 그에게 나아간 것이다.
司・雍皆受督於義宣, 故俱詣之.

【目】 **劉駿**이 **尋陽**에 도착하여 **顏竣**에게 명하여 사방에 **檄文**을 돌리도록 하니 **州郡**이 호응하였다. **劉義宣**이 **臧質**을 보내 병사를 거느리고 **尋陽**으로 나가도록 하니, 兗州・冀州刺史 **蕭思話**와 **將軍 垣護之**가 모두 군사를 거느리고 심양에 도착하였다. 유의선이 **張永**을 임명하여 **冀州刺史**로 삼자, 장영이 **司馬 崔勳之** 등을 보내 병사를 거느리고 유의선과 합류하도록 하였다.

駿至尋陽하여 **命顏竣**하여 **移檄四方**하니 **州郡響應**이러라 **義宣遣臧質**하여 **引兵詣尋陽**하니 **兗冀刺史蕭思話將軍垣護之 皆帥所領赴之**하다 **義宣板**[36]**張永爲冀州刺史**한대 **永遣司馬崔勳之等**하여 **將兵赴義〔宣〕**[37]하다

【目】 **會稽太守 隨王 劉誕**이 장차 **劉劭**의 명령을 받으려 하자, **參軍事 沈正**이 **司馬 顧琛**에게 유세하기를 "천지가 개벽한 이래로 국가의 이런 재앙은 듣지 못했습니다. 지금 **江東**에서 굳세고 날랜 군대를 거느리고 천하에 **大義**를 주창하니 그 누가 호응하지 않겠습니까. 어찌 전하로 하여금 흉악한 역적의 신하 노릇을 하도록 하여 그의 거짓된 총애를 받게 할 수 있겠습니까."라고 하니, 고침이 말하기를 "江東 지역은 전쟁을 잊은 날이 오래되었습니다. 비록 반역과 순응이 같지 않지만, **强弱** 또한 서로 다릅니다. 마땅히 사방에서 정의롭게 거병하는 자를 기다린 뒤에 호응해도 늦지 않을 것입니다."라고 하였다.

會稽太守隨王誕이 **將受劭命**한대 **參軍事沈正**이 **說司馬顧琛曰**① **國家此禍**는 **開闢未聞**이라 **今以江東驍銳之衆**으로 **唱大義於天下**하니 **其誰不響應**이리오 **豈可使殿下**로 **北面凶逆**하여 **受其僞寵**

36) 板 : 晉・南北朝時代에는 諸王 및 大臣이 屬官을 임명할 때 '板'이라고 하였다.
37) 〔宣〕 : 저본에는 '宣'이 없으나, ≪資治通鑑≫에 의거하여 보충하였다.

乎[②]아 琛曰 江東忘戰日久하니 雖逆順不同이나 然彊弱亦異하니 當須四方有義擧者然後에 應之不爲晩也니라

① 沈正은 沈田子의 조카이다. 顧琛은 顧和의 曾孫이다.
正, 田子之兄子. 琛, 和之曾孫也.
② 이 江東은 浙江의 동쪽을 말한다.
此江東, 謂浙江之東也.

【目】 沈正이 말하기를 "아직까지 천하에 부모가 없고 임금이 없었던 나라는 없었습니다. 어찌 원수에게 치욕을 당하고도 스스로 편안해하며 나머지 사람들에게 정의로운 거사를 책임지울 수 있겠습니까. 지금 부친을 시해하고 반역을 꾀한 원통한 무리들과는 의리상 같은 하늘 아래에 살 수 없습니다. 거병하는 때에 어찌 반드시 자신이 온전하기를 구할 수 있겠습니까.

馮衍이 말하기를 '위대한 漢나라의 귀한 신하들이 장차 楚나라와 齊나라의 천한 인사만 못할 것인가.'라고 하였습니다. 하물며 전하께서는 의리상 신하와 자식을 겸하고 있으신데, 이 일은 실로 나라의 일이자 집안의 일이니 말할 나위가 있겠습니까."라고 하였다.

顧琛이 곧바로 심정과 함께 들어가서 劉誕에게 유세하니, 유탄이 그대로 따랐다.

劉劭는 평소 자신이 軍事에 익숙하다고 생각하여 조정의 인사들에게 말하기를 "卿들은 단지 나를 도와 文書를 처리하기만 하시오. 만약 역적의 환난이 있으면 내가 스스로 그들을 감당할 것이오."라고 하였는데, 사방에서 병력이 일어났다는 소식을 듣자 비로소 두려워하고 근심하며 경계를 엄하게 하였다.

4월에 柳元景이 薛安都 등 12군대를 거느리고 湓口에서 출발하였고, 參軍 徐遺寶가 荊州의 무리를 이끌고 그들을 따랐다. 劉駿이 尋陽에서 출발할 적에 沈慶之가 中軍을 총괄하여 따랐다.

正曰 天下에 未嘗有無父無君之國이니 寧可自安讐恥而責義於餘方乎리오 今正以弑逆冤醜로 義不同天이라 擧兵之日에 豈求必全邪[①]아 馮衍有言曰 大漢之貴臣이 將不如荊齊之賤士乎[②]아 況殿下義兼臣子하니 事實國家者哉아 琛乃與正으로 共入說誕하니 誕從之하다 劭自謂素習武事라하여 語朝士曰 卿等이 但助我理文書하라 若有寇難이면 吾自當之라하더니 及聞四方兵起에 始憂懼戒嚴이러라 四月에 柳元景統薛安都等十二軍하여 發湓口하고 參軍徐遺寶 以荊州之衆으로 繼之하고 駿發尋陽할새 沈慶之摠中軍以從하다

① 醜는 무리이다.
醜, 衆也.

② 馮衍은 後漢 사람이다. 이는 馮衍이 田邑을 꾸짖을 때 한 말이다. "荊齊之賤士"는 申包胥가 秦나라에 가서 구원병을 얻어 荊나라를 존속시켰고, 王孫賈가 淖齒를 죽여서 齊나라를 존속시킨 일을 말한다.[38)]
馮衍, 後漢人也. 此蓋衍責田邑之言. 荊齊之賤士, 謂申包胥赴秦求救以存荊, 王孫賈殺淖齒以存齊也.

【目】〈武陵王 劉駿의〉 檄書가 建康에 도착하자, 劉劭가 太常 顏延之에게 보여주며 말하기를 "저것은 누가 쓴 것인가?"라고 하니, 안연지가 말하기를 "〈제 아들〉 顏竣의 필적입니다."라고 하였다. 유소가 말하기를 "어찌하여 이런 지경에 이르렀는가?"라고 하니, 안연지가 말하기를 "안준은 이 늙은 신하도 돌아보지 않는데, 어찌 폐하를 돌아볼 수 있겠습니까."라고 하자, 유소는 화가 조금 풀렸다.

유소는 조정에 있는 옛 신하들이 자신을 위해 쓰이지 않는다고 의심하여 마침내 魯秀와 王羅漢을 후하게 대해주어 모든 군사의 일을 그들에게 맡겼고, 蕭斌을 謀主로 삼았으며, 殷沖에게 文書와 符節을 관장하도록 하였다. 소빈이 유소에게 水軍을 정비하여 上流에서 결전을 치르거나 그렇지 않으면 梁山을 지키며 점거하라고 권하였다.

檄至建康에 劭以示太常顏延之曰 彼誰筆也오 延之曰 竣之筆也라하니 劭曰 何至於是오 延之曰 竣尙不顧老臣하니 安能顧陛下오 劭怒稍解러라 劭疑舊臣不爲己用하여 乃厚撫魯秀王羅漢하여 悉以軍事委之하고 以蕭斌으로 爲謀主하고 殷沖으로 掌文符①하다 蕭斌勸劭勒水軍自上決戰하고 不爾則保據梁山②하라하다

① 殷沖은 殷融의 증손으로 劉劭의 장인이다.
沖, 融之曾孫, 劭之妃父也.

② 胡三省이 말하기를 "지금 太平州 當塗縣 서남쪽 30리에 天門山이 있는데 또한 蛾眉山이라고 한다. 두 산이 큰 강을 끼고 대치하였는데 동쪽은 博望山이고 서쪽은 梁山이다."라고 하

---

38) 申包胥가……말한다 : 春秋時代에 吳나라 군사가 楚나라 郡을 함락하였을 때 楚나라의 大夫 申包胥가 秦나라로 가서 구원병을 요청하였으나 들어주지 않자 대궐의 뜰에서 7일 동안이나 음식을 먹지 않고 울었다. 그러자 秦 哀公이 감동하여 군사를 출동시켜 楚나라를 구해주었다.(≪春秋左氏傳≫ 定公 4년)
王孫賈는 戰國時代 齊나라 湣王의 신하이다. 민왕이 부하인 淖齒에게 살해되자 왕손가는 시장에 들어가 요치를 토벌할 것을 말하고는 "이에 찬동하는 사람은 오른팔을 걷어 올리라."라고 하니, 따르는 사람이 4백 명이었다. 왕손가는 이들을 데리고 요치를 공격하여 죽이고 민왕의 아들을 세워 제나라를 구하였다.(≪戰國策≫ 권13 〈齊策〉)

였다.

胡三省曰“今太平州當塗縣西南三十里有天門山, 亦曰蛾眉山. 兩山夾大江對峙, 東曰博望山, 西曰梁山.”

【目】 江夏王 劉義恭은 南軍[39]이 급하게 편성되고 배들이 낡고 작아 水戰에 불리하다고 생각하여, 곧바로 계책을 올리기를 “逆賊 劉駿은 나이가 어려 아직 軍事를 익히지 못하였고 먼 곳으로부터 와서 피로하니, 우리는 편안히 그들을 기다려야 합니다. 지금 멀리 梁山으로 나가면 京都(建康)가 텅 비어 약해지니, 東軍이 빈틈을 타서 공격하면 환란이 발생할 수 있습니다. 만약 병력을 둘로 나누어 진군하면 병력이 분산되고 勢力이 흩어질 것이니, 예리함을 기르면서 시기를 기다려 앉아서 틈을 찾는 것만 못합니다. 南岸[40]을 끊어버리고 木柵으로 石頭城을 격리해서 방어하는 것은 이전 조정의 舊法이니, 적을 격파하지 못할 것을 걱정하지 않아도 됩니다.”라고 하니, 劉劭가 좋다고 하였다.

蕭斌이 화난 얼굴로 말하기를 “南中郎(유준)은 20여 살로 어리지만 이와 같은 큰일을 할 수 있으니, 어찌 다시 그를 헤아릴 수 있겠습니까. 3州가 동시에 반란을 일으켜 상류의 地勢를 점거하였고, 沈慶之는 군사업무에 대단히 노련하며 柳元景과 宗慤은 여러 번 공을 세운 적이 있습니다. 형세가 이와 같으니 실로 작은 적이 아닙니다. 마땅히 人心이 이탈되지 않은 때라야 결사적으로 一戰을 치를 수 있으니 臺城에 가만히 앉아 있으면 어떻게 오래 갈 수가 있겠습니까. 지금 主上과 宰相은 모두 싸울 뜻이 없으니 어찌 하늘의 뜻이 아니겠습니까.”라고 하였으나, 유소가 따르지 않았다.

江夏王義恭이 以南軍倉猝하고 船舫陋小하여 不利水戰이라하여 乃進策曰 賊駿少年未習軍旅하고 遠來疲弊하니 宜以逸待之라 今遠出梁山하면 則京都空弱하니 東軍乘虛면 或能爲患①이라 若分力兩赴하면 則兵散勢離니 不如養銳待期하여 坐而觀釁하며 割棄南岸하고 柵斷石頭 此先朝舊法이니 不憂賊不破也②라하니 劭善之라 斌厲色曰 南中郎二十年少나 能建如此大事하니 豈復可量③이리오 三方同惡하여 勢據上流하고 沈慶之甚練軍事하고 元景宗慤屢嘗立功이라 形勢如此하니 實非小敵④이라 唯宜及人情未離하여 尙可決力一戰이니 端坐臺城이면 何由得久아 今主相咸無戰意하니 豈非天也리오 劭不聽⑤하다

① 東軍은 會稽隨王 劉誕의 병력을 말한다.

---

39) 南軍 : 劉劭를 토벌하기 위해 거병한 劉駿의 군대를 말한다. 그 군대가 尋陽·武昌 등 建康의 서남쪽에 있었으므로, 地勢에 따라 이렇게 말한 것이다.

40) 南岸 : 秦淮河의 南岸을 말한다. 秦淮河는 長江의 지류로 建康의 서남쪽 아래를 가로지른다.

東軍, 謂會稽隨王誕之兵也.

② "先朝舊法"은 晉나라 明帝가 王含에게 항거한 것과 武帝가 盧循에게 항거할 때 사용한 兵法을 말한다.

先朝舊法, 謂晉明帝拒王含及武帝拒盧循時用兵之法.

③ 당시 武陵王 劉駿은 南中郎將 江州刺史였기 때문에 이렇게 부른 것이다. 劉駿의 당시 나이는 24살이었다.

時武陵王駿爲南中郎將·江州刺史, 故稱之. 駿時年二十四.

④ "三方"은 荊州·雍州·江州를 말한다.

三方, 謂荊·雍·江.

⑤ 相(재상)은 息亮의 切이다.

相, 息亮切.

【目】 어떤 이가 劉劭에게 石頭城을 지키라고 권하니, 유소가 말하기를 "옛날 사람들이 石頭城을 굳게 지킨 까닭은 제후들이 勤王[41]하기를 기다렸기 때문이다. 내가 만약 이곳을 지킨다면 누구에게 구원을 받겠는가. 오직 힘써 싸워 결판을 내야 할 것이니, 그렇지 않으면 이길 수 없다."라고 했다. 太尉司馬 龐秀之가 石頭에서 무리들을 인도하여 남쪽으로 도망치자 人心이 이때부터 크게 흔들렸다.

劉駿이 鵲頭에 군대를 주둔시키고 있을 적에 宣城太守 王僧達이 武陵王의 檄文을 받고는 어떻게 해야 할지 몰랐다. 빈객이 그를 설득하기를 "지금처럼 弑逆의 죄상이 극심했던 적은 고금에 없었습니다. 그대를 위한 계책을 세운다면 정의로운 군대의 격문을 받들어 주변의 郡으로 보내 알리는 것 만한 것이 없습니다. 만약 良心이 있다면 누가 호응하지 않겠습니까. 이것이 上策입니다. 만약에 그렇게 할 수 없다면 몸소 정의를 따르는 무리들을 인솔하여 수로와 육로의 편리한 곳을 자세히 살펴 몸소 남쪽(유준)을 향해 가는 것이 또한 그 다음 계책입니다."라고 하였다.

或勸劭保石頭城하니 劭曰 昔人所以固石頭城者는 俟諸侯勤王耳라 我若守此면 誰當見救리오 唯應力戰決之니 不然이면 不克이라 太尉司馬龐秀之 自石頭先衆南奔하니 人情이 由是大震①하니라 駿軍于鵲頭②할새 宣城太守王僧達이 得檄하고 未知所從이라 客說之曰 方今에 釁逆滔天하여 古今未有라 爲君計컨대 莫若承義師之檄하여 移告傍郡이니 苟在有心이면 誰不響應이리오 此上策也③요 如其不然이면 可躬帥向義之徒하고 詳擇水陸之便하니 致身南歸 亦其次也니이다

① 先(인도하다)은 息薦의 切이다.

41) 勤王 : 황제가 곤란에 처했을 때 제후들이 병력을 데리고 와서 황제를 구원하는 것이다.

先, 息薦切.

② 鵲頭는 宣城郡 경내에 있다. 그 지역은 鵲洲의 앞머리에 있다.
鵲頭在宣城郡界. 蓋其地在鵲洲之頭.

③ 〈"苟在有心 誰不響應"은〉 人心이 있는 사람은 모두 메아리가 소리에 호응하는 것과 같이 할 것임을 말한다.
謂凡有人心者, 皆若響之應聲.

【目】王僧達이 곧바로 候道를 통해 남쪽으로 달아나자, 劉駿이 즉시 그를 長史로 삼았다. 왕승달은 王弘의 아들이다. 유준이 처음 尋陽을 출발할 적에 沈慶之가 사람들에게 말하기를 "왕승달이 반드시 와서 정의로운 거사에 참여할 것이다."라고 했다. 어떤 사람이 그 까닭을 물으니 심경지가 대답하기를 "나는 그가 先帝(文帝) 앞에서 논의를 개진하고 주장하여 자기 의견이 분명하고 결단력이 있는 것을 보았다. 이 일로 말해보자면 그는 필시 도착할 것이다."라고 하였다.

柳元景은 전함이 견고하지 못한 것으로 인해 水戰을 꺼려 곧바로 갑절의 속도로 전진하여 江寧에 도착해서는 도보로 올라가서 薛安都를 시켜 鐵騎를 거느리고서 秦淮河 가에서 무력을 과시하게 하고, 조정의 인사들에게 편지를 보내 반역과 귀순의 이해관계를 진술하니, 항복하는 자가 서로 이어졌다.

僧達乃自候道南奔①이어늘 駿卽以爲長史하니 僧達은 弘之子也라 駿初發尋陽에 沈慶之謂人曰 王僧達必來赴義리라 人問其故한대 慶之曰 吾見其在先帝前에 議論開張하고 執意明決하니 以此言之컨대 其至必也니라 柳元景以舟艦不堅으로 憚於水戰하여 乃(信)〔倍〕[42]道兼行하여 至江寧步上②하여 使薛安都로 帥鐵騎曜兵於淮上③하고 移書朝士하여 爲陳逆順하니 降者相屬(촉)이러라

① "候道"는 변경을 정찰하여 警戒나 위급함을 알리는 길이다.
候道, 伺候邊上警急之道也.

② 江寧縣은 長江 가에 닿아 있으니, 東晉 咸和(成帝) 이후로 장강 바깥쪽에 변란이 없었기 때문에 남쪽 물가에 江寧縣을 두었다.
江寧縣臨江渚, 晉咸和之後, 以江外無事, 於南浦置江寧縣.

③ 〈"淮上"은〉 秦淮河의 상류이다.
秦淮之上也.

【目】劉駿이 尋陽에서 출발할 때부터 병이 있어 장군과 參佐들을 볼 수 없었고, 오직 顔

42) (信)〔倍〕: 저본에는 '信'으로 되어 있으나, ≪資治通鑑≫에 의거하여 '倍'로 바로잡았다.

竣만이 침실 안을 출입하며 무릎에 유준을 껴안고 친히 일상을 보살폈다. 여러 차례 병이 위독해져서 咨稟[43]을 받는 일을 감당하지 못하자 안준이 모두 전담하여 결정하였다. 軍政 이외에 중간에 敎書를 짓고 檄文을 쓰고 遠近의 각계 인사들을 접견하며 저녁과 새벽에 文帝의 靈前에 통곡하는 일을 마치 유준과 동일하게 하였다. 이처럼 수십 일을 하였지만 배 안에 있는 甲士들은 또한 유준의 병세가 위독한 줄을 몰랐다.

柳元景이 비밀리에 新亭에 도착하여 山勢에 의지하여 보루를 만들었다. 새로 투항한 자들이 모두 유원경에게 속히 진격하라고 권하자, 유원경이 말하기를 "〈전쟁 중에〉 事理가 순조로운 것은 믿기 어렵고 함께 악을 행하는 자들은 서로 돕는지라, 경솔히 진격하고 방어하지 않는다면 실로 적의 野心을 일으킬 것이다."라고 하였다.

劉劭가 蕭斌 등에게 水陸 精兵 만여 명을 나누어 거느리고 新亭의 보루를 공격하게 하고 유소 자신은 朱雀門[44]에 올라가서 전투를 독려하였다. 유원경이 미리 군대에 명하기를 "북을 자주 치면 기운이 쉽게 쇠약해지고 고함을 자주 지르면 쉽게 힘이 고갈되니 재갈을 물리고 신속히 싸우면서 한결같이 나의 북소리만을 들어라."라고 하였다.

駿自發尋陽으로 有疾不能見將佐하고 唯顔竣出入臥內하여 擁駿於膝하고 親視起居①한대 疾屢危篤하여 不任咨稟이어늘 竣皆專決하고 軍政之外에 間以文教書檄하고 應接遐邇하며 昏曉臨哭을 若出一人②하니 如是累旬에 自舟中甲士 亦不知駿之危疾也러라 柳元景潛至新亭依山爲壘하니 新降者皆勸元景速進한대 元景曰 理順難恃하고 同惡相濟라 輕進無防이면 實啓寇心이라하다 劭使蕭斌等으로 分統水陸精兵萬人하여 攻新亭壘하고 劭自登朱雀門督戰이어늘 元景宿令軍中曰③ 鼓繁이면 氣易(이)衰하고 叫數(삭)이면 力易竭이니 銜枚疾戰하여 一聽吾鼓聲하라

① 집에서나 배에서나 무릇 누워 잠자는 곳을 모두 臥內라고 한다.
在室在舟, 凡寢臥之所, 皆謂之臥內.
② 間은 中間이다. 一說에 "間(간간이)은 古莧의 切이다." 하였다.
間, 中間也. 一說 "間, 古莧切."
③ "宿令"은 미리 전투하기 전날에 명령하는 것이다.
宿令者, 先未戰之日而令之也

【目】 劉劭의 장병들은 유소가 큰 상을 내릴 것으로 생각하여 모두 결사적으로 싸웠다. 柳元景이 水陸 양면으로 적의 공격을 받았지만 의지와 기개가 더욱 강해져서, 휘하의

---

43) 咨稟 : 윗사람에게 의견을 올려 지시를 받는 것이다.

44) 朱雀門 : 建康城 남쪽 秦淮河의 다리 위에 있는 문이다.

용감한 병사들을 모두 보내 출전시켰다. 유소의 군대가 거의 보루를 함락할 즈음에 魯秀가 후퇴하라는 북을 치자 유소의 병사들이 즉시 전진을 멈추었다. 유원경이 곧바로 보루의 문을 열고 북을 울리고 함성을 지르며 그 기회를 틈타 공격하니 유소의 무리들이 크게 무너졌다. 유소가 다시 나머지 병사들을 이끌고 친히 와서 보루를 공격하자, 유원경이 다시 대파하여 사상자가 이전보다 많았다. 유소는 겨우 죽음을 면했고 노수는 남쪽으로 도망쳤다.

유준이 江寧에 도착하니 江夏王 劉義恭이 홀로 말을 타고 南軍으로 도망쳐와서 表文을 올려 帝位에 즉위할 것을 권하니, 유준이 마침내 新亭에서 황제로 즉위하였다.

劭將士懷劭重賞하여 皆殊死戰이러라 元景水陸受敵호되 意氣彌彊하여 麾下勇士를 悉遣出鬪하니 劭兵垂克에 魯秀擊退鼓한대 劭衆遽止어늘 元景乃開壘鼓譟以乘之하니 劭衆大潰라 劭更帥餘衆하여 自來攻壘어늘 復大破之하여 殺傷過前하니 劭僅以身免하고 魯秀南奔하다 駿至江寧하니 江夏王義恭單騎南奔하여 上表勸進하니 駿遂卽位于新亭하다

【目】 예전에 劉劭가 太祖(文帝)를 장사 지내고 諡號를 景이라 하고 廟號를 中宗이라고 하였는데, 〈劉駿이 즉위한〉 지금에 이르러 시호를 고쳐 文이라 하고 묘호를 太祖라 하였다. 모친 路氏를 皇太后로 높이고, 妃 王氏를 皇后로 삼았으며, 劉義恭 등 이하 사람들에게 차등을 두어 관작을 제수하였다. 5월에 臧質이 雍州의 병사를 거느리고서 新亭에 도착하고 豫州刺史 劉遵考가 장수를 보내 步兵과 騎兵 5천 군사를 통솔하여 瓜步에 주둔하게 하였다.

이전에 宋主(유준)가 將軍 顧彬之를 파견하여 병사를 거느리고 동쪽으로 들어가 隨王 劉誕의 지휘를 받도록 하였다. 유탄이 參軍 劉季之를 파견하여 병사를 이끌고 고빈지와 함께 建康으로 향하도록 하고, 유탄 자신은 西陵에 주둔하면서 그들의 후속부대가 되었다. 유소는 병사를 보내 항거하다가 크게 패하였다.

初에 劭葬太祖하고 諡曰景이라하고 廟號中宗이러니 至是하여 改諡曰文이라하고 廟號太祖하다 尊母路氏爲皇太后하고 立妃王氏爲皇后하고 封拜義恭以下有差①하다 五月에 臧質以雍州兵으로 至新亭하고 豫州刺史劉遵考 遣將帥步騎五千하여 軍于瓜步하다 先是에 宋主遣將軍顧彬之하여 將兵東入하여 受隨王誕節度하니 誕遣參軍劉季之하여 將兵與彬之俱向建康하고 誕自頓西陵하여 爲之後繼②하니 劭遣兵拒之라가 大敗하다

① 황후의 부친 王偃은 王導의 玄孫이다.

后父偃, 導之玄孫也.

② 胡三省이 말하기를 "西陵은 지금의 紹興府 蕭山縣 西興鎭이 이곳이다. 그 지역은 서쪽으로는 浙江에 다다르는데, 吳나라 越王 錢鏐가 陵은 좋은 말이 아니라고 하여 고쳐서 西興이라 하였다."라고 하였다.

胡三省曰 "西陵, 今紹興府蕭山縣西興鎭是也. 其地西臨浙江, 吳越王錢鏐以陵非吉語, 改曰西興."

【目】 劉劭는 秦淮河를 따라서 木柵을 치고 스스로 지켰는데, 男子 장정들이 이미 모두 징집되자 부녀자들을 불러 부역을 하도록 하였다. 魯秀 등이 용감한 병사들을 모아서 大航[45]을 공격하여 승리하니, 王羅漢이 즉시 무기를 버리고 南軍에 투항하였다. 京城 안은 물이 끓는 듯이 혼란해져 文武 將吏들이 앞다투어 성을 넘어 투항하였다. 蕭斌이 부하에게 명령하여 갑옷을 벗게 하고 石頭城에서 白旗를 들고 앞으로 나와서 항복하니, 劉駿이 詔書를 내려 소빈을 軍門에서 참수하였다.

모든 군대가 마침내 臺城을 점령하니 張超之가 달아나다가 合殿에 있는 황제의 침소에 이르러 군사들에게 살해되어 내장이 도려내지고 심장이 잘렸다. 諸將들이 그 살을 저며서 날 것으로 먹었다. 유소가 武庫에 있는 우물 속으로 들어가자 隊副[46] 高禽이 그를 사로잡았다. 臧質이 유소를 보고 통곡하자, 유소가 말하기를 "하늘이 감싸주지 않고 땅이 실어주지 않은 것이오. 丈人은 어찌 눈물을 보이는가."라고 했다. 장질이 유소를 말위에 묶어 軍門으로 호송하였다.

劭緣淮樹柵自守할새 男丁旣盡이어늘 召婦女供役이러니 魯秀等募勇士攻大航克之하니 王羅漢卽放仗降①하여 城中(漢)〔沸〕[47]亂하여 文武將吏爭踰城出降하니 蕭斌令所統解甲하고 自石頭戴白幡來降이어늘 詔斬於軍門하다 諸軍遂克臺城하니 張超之走至合殿御牀之所하여 爲軍士所殺하여 刳腸割心하니 諸將臠其肉生噉之라 劭入武庫井中이어늘 隊副高禽執之하고 臧質見之慟哭한대 劭曰 天地所不覆載니 丈人何爲見哭②가 質縛劭於馬上하여 防送軍門하다

① "大航"은 곧 朱雀航이다. "放仗降"은 병장기를 버리고 항복하는 것을 말한다.

大航, 卽(宋)〔朱〕[48]雀航. 放仗降, 謂放棄兵仗而降服也.

② 臧質은 武敬皇后의 조카이므로, 劉劭가 丈人(집안 어른)이라 부른 것이다.

45) 大航 : 朱雀航을 말한다. 航은 원래 浮橋를 말하는데 여기서는 秦淮河 위에 설치한 다리를 말한다.

46) 隊副 : 궁중 수비대의 部隊長을 말한다.

47) (漢)〔沸〕: 저본에는 '漢'으로 되어 있으나, ≪資治通鑑≫에 의거하여 '沸'로 바로잡았다.

48) (宋)〔朱〕: 저본에는 '宋'으로 되어 있으나, ≪資治通鑑≫에 의거하여 '朱'로 바로잡았다.

質, 武敬皇后之姪, 故劭呼爲丈人.

【目】 이때에 傳國璽가 보이지 않았다. 劉劭에게 물어보니 말하기를 "嚴道育이 있는 곳에 있다."라고 하여 곧바로 가서 전국새를 확보하고, 유소와 네 아들들을 牙旗[49] 아래에서 참수하였다.

劉濬이 측근을 거느리고 남쪽으로 달아나다가 江夏王 劉義恭을 만나 말하기를 "南中郎(劉駿)은 지금 어떻게 되었소?"라고 하니, 유의공이 말하기를 "황상께서는 이미 萬國에 군림하셨소."라고 했다. 유준이 또한 말하기를 "나 虎頭가 늦게 온 것은 아니오?"라고 하니, 유의공이 말하기를 "늦게 온 것을 특별히 한스러워해야 하오."라고 했다. 유의공이 유준을 협박하여 함께 돌아가다가 길에서 유준을 참수하고 아울러 그의 세 아들을 죽였다.

유소와 유준 부자의 머리를 나란히 大航에 효시하고 시장에 시신을 늘어놓았으며, 유소가 살던 집을 파서 더러운 웅덩이로 만들었다. 嚴道育과 王鸚鵡는 나란히 모두 길에서 채찍으로 맞아 죽고 시신이 불태워져 장강에 재로 날려 버려졌으며, 殷沖·尹弘·王羅漢과 沈璞은 모두 주살되었다.

時에 不見傳國璽라 問劭하니 曰 在嚴道育處라하여 就取得之하고 斬劭及四子於牙下①하다 濬帥左右南走라가 遇江夏王義恭曰 南中郎이 今何所作고 義恭曰 上已君臨萬國이니라 又曰 虎頭來無晩乎②아 義恭曰 殊當恨晩이로다 勒與俱歸라가 於道斬之하고 及其三子하다 劭濬父子首를 竝梟於大航하고 暴尸於市하고 汚瀦劭所居齋③하고 嚴道育王鸚鵡는 竝都街鞭殺하여 焚尸揚灰於江하고 殷沖尹弘王羅漢及沈璞皆伏誅④하다

① 牙는 깃발을 거는 장대이다.
牙, 旗竿也.

② 虎頭는 劉濬이 自稱한 어릴 때 字이다.
虎頭, 濬自稱其小字.

③ 汚(더럽다)는 음이 烏이니, 물이 흐르지 않아 흐린 것을 汚라고 한다. 瀦(웅덩이)는 음이 諸이니, 물이 고여 있는 곳을 瀦라고 한다. 齋는 편안히 거처하는 집이다. ≪禮記≫ 〈檀弓〉에 "신하가 임금을 시해하고, 자식이 부모를 시해한 경우는 그 사람을 죽이며 그 집을 헐어버리고 그 집터를 파서 웅덩이로 만든다."라고 했다.
汚, 音烏, 濁水不流曰汚. 瀦, 音諸, 水所停曰瀦. 齋, 燕居之室也. 記檀弓"臣弑君, 子弑父者, 殺其人, 毁其室, 汚其宮而瀦焉."

---

49) 牙旗 : 임금이나 대장의 居所에 있는 큰 깃발이다.

④ 沈璞은 누차 劉濬의 參佐(막료)가 되어 于湖를 지키면서 정의로운 군사를 맞이하지 않았으므로 주살당했다.
璞累爲濬參佐, 守于湖不迎義師, 故誅.

【目】 袁淑을 추증하여 太尉로 삼고 諡號를 忠憲公이라 하였으며, 徐湛之를 司空으로 삼고 시호를 忠烈公이라 하였으며, 江湛을 開府儀同三司로 삼고 시호를 忠簡公이라 하였으며, 王僧綽을 金紫光祿大夫로 삼고 시호를 簡侯라고 하였으며, 卜天與를 益州刺史로 삼고 시호를 壯侯라고 하고서 원숙 등 네 집안과 함께 오랫동안 祿米를 주었다.

贈袁淑爲太尉하고 諡忠憲公하며 徐湛之爲司空하고 諡忠烈公하며 江湛爲開府儀同三司하고 諡忠簡公하며 王僧綽爲金紫光祿大夫하고 諡簡侯하며 卜天與益州刺史하고 諡壯侯하여 與淑等四家로 長給廩祿하다

【綱】 宋나라가 다시 何尙之를 尙書令으로 삼았다.

宋復以何尙之爲尙書令[50)]하다

50) 宋復以何尙之爲尙書令 : "劉劭가 군부를 시해하였는데 이어서 '何尙之로 司空을 삼았다.'라고 기록한 것은 하상지가 유소에게 신하 노릇을 한 것이다. 元凶이 주살되고 나면 그를 축출해야 하는 것이 마땅한데 이에 다시 尙書令으로 삼았으니 잘못이 심하다. '다시〔復〕'라고 기록한 것은 그것을 매우 나무란 것이다.〔劭之弒也 繼書以何尙之爲司空 則尙之臣劭矣 元凶旣誅 黜之宜也 於是復以爲尙書令 失則甚矣 書復以深譏之〕" ≪書法≫
"신하가 임금을 시해하고 자식이 부모를 시해하면 관직에 있는 이는 그를 죽여 용서하지 않는 것이다. 陳恒의 시역에 孔子는 이미 은퇴를 하였지만 또한 목욕을 하고 임금께 토벌하기를 청하였으니 이웃나라의 일이라고 해서 끝내 그만두지 않았다. 宋나라 劉劭의 변란에 何尙之는 이때에 앞서 致仕하였다가 다시 기용되어 大臣이 되었는데 임금이 시해되어도 그 난리에 죽지 못하였으니 또한 너무 잘못되었고, 게다가 다시 역적에게 신하 노릇을 하였다. 그러므로 ≪資治通鑑綱目≫에서 〈하상지를 尙書令으로 삼았다는 것을 기록하기에〉 앞서 '하상지로 司空을 삼았다.'고 한 것으로 유소가 弒逆하였다고 한 아래에 기록하였으니, 이는 잘못된 명을 받아 역적을 따른 죄를 바로잡기 위한 것이다. 지금 孝武帝가 즉위하고 나서 스스로 번듯하게 형벌을 행하였다면 거의 大義가 밝아졌을 것인데, 어찌하여 그를 다시 벼슬자리에 참여하게 하였는가. 그러므로 ≪자치통감강목≫에서 특별히 써서 의리를 밝히는 사례를 세운 것이니, '宋나라가 다시 하상지로 尙書令을 삼았다.'라고 기록한 것은 역적을 따른 사람을 다시 기용함이 마땅치 않다고 나무란 것이다. 시해한 역적은 죄를 더할 것이 없으나 역적을 따른 사람을 다스리는 것이 바로 역적의 무리를 고립시킬 수 있는 방법이니, 이것이 ≪자치통감강목≫을 지을 때 반역을 토벌하는 것을 시급하게 여긴 까닭이다. 그러므로 ≪자치통감강목≫이 편찬되자 亂臣賊子들이 두려워하였다.〔臣弒君 子弒父 凡在官者 殺無赦 陳恒之逆 孔子已告老矣 方且沐浴請討 不以隣國之故而遂已也 宋劭之變 何尙之先以致仕 復起身爲大臣 君弒不能死於其難 亦已非矣 乃復北面逆賊 故綱目前書以尙之爲司空於劭弒逆之下 所以正其受僞命從逆賊之罪也 今孝武旣立 自宜顯行刑辟 庶幾大義昭明 胡爲使之復齒薦紳之列 故綱目特筆起義 書宋復以尙之爲尙書令者 蓋譏其不當復用從逆之人也 夫弒逆之賊 無罪可加 惟治其從逆之人 乃所以孤逆賊之黨 此綱目之作 所以爲急於誅討逆亂者也 故曰 綱目修而

【目】 예전에 劉劭가 尙書令 何尙之를 司空으로 삼고 아들 何偃을 侍中으로 삼았다. 유소가 패배하게 되었을 때 하상지의 측근들이 모두 흩어졌는데, 몸소 黃閤을 청소하였다. 宋主(劉駿)는 하상지와 하언이 평소 명성이 있고 또 유소의 조정에 있을 때에 지혜를 내어 義軍을 영접했으며 수시로 〈도성에 있던 義軍의 가족들을〉 보존할 수 있게 하였다고 하여 특별히 사면하고, 다시 하상지를 尙書令으로 삼고 하언을 大司馬 長史로 삼아서, 직임과 대우를 예전처럼 하였다.

初에 劭以尙書令何尙之爲司空하고 子偃爲侍中이러니 及劭敗에 尙之左右皆散하니 自洗黃閤①이니라 宋主以尙之偃이 素有令譽하고 且居劭朝에 用智將迎하여 時有全脫[51]이라하여 故特免之②하고 復以尙之爲尙書令하고 偃爲大司馬長史하여 任遇無改러라

① "自洗"는 몸소 청소하는 것이다. 옛 제도에 의하면 三公의 聽事는 黃閤을 설치했다. 鄭玄이 이르기를 "三公은 天子와 예절이 버금가므로 閤門을 黃色으로 하였다. 閤은 작은 문이다." 라고 하였다.
自洗, 躬親洗掃也. 舊制, 三公聽事置黃閤. 鄭玄云 "三公與天子禮秩相亞, 故黃其閤. 閤, 小門也."

② 당시 세 지역(荊州·雍州·江州)에서 義軍이 일어나자 義軍의 장수와 參佐의 가족 중에 도성에 있는 자를 劉劭가 모두 죽이려고 했으나 何尙之가 다방면으로 유소를 설득하여 모두 온전히 화를 면했다.
時三方興義, 將佐家在都者, 劭悉欲誅之, 尙之誘說百端, 竝得全免.

【綱】 宋나라가 柳元景을 護軍將軍으로 삼았다.

宋以柳元景으로 爲護軍將軍하다

【目】 예전에 宋主(劉駿)가 西陽의 蠻族을 토벌할 적에[52] 臧質이 柳元景을 시켜서 병사를 거느리고 宋主와 만나도록 하였다. 장질이 병사를 일으켜서 南譙王 劉義宣을 主君으로 받들고자 하여 몰래 유원경을 시켜서 병사를 거느리고 서쪽으로 돌아가도록 하였는데, 유원경이 즉시 장질의 書信을 宋主에게 올리고 장질의 서신을 전하는 使臣에게 말하기

亂臣賊子懼]" ≪發明≫

51) 全脫 : ≪資治通鑑≫ 註에 "三鎭의 士民 家口를 살리는 것이다.〔活三鎭士民家口〕"라고 하였다. 三鎭은 荊州·雍州·江州의 鎭을 말한다.

52) 宋主(劉駿)가……적에 : 본서 351쪽에 보인다. 당시 劉駿은 武陵王인데 지금 황제가 되었으므로 宋主라고 쓴 것이다.

를 "臧冠軍(장질)은 응당 아직 전하의 정의로운 擧事를 알지 못하였을 뿐입니다. 지금은 반역자를 토벌해야 하니, 서쪽으로 돌아갈 수 없습니다."라고 하니, 장질이 이 일로 그에게 한을 품었다.

宋主가 즉위하고 난 뒤에는 장질을 江州刺史로, 유원경을 雍州刺史로 삼으니 장질은 유원경이 荊州와 江州의 후환이 될 것을 염려하여 宋主에게 건의하기를 "마땅히 유원경을 爪牙[53]로 삼아 먼 곳으로 내보내지 않아야 합니다."라고 하였다. 宋主는 그 말을 어기기가 어려워 유원경을 護軍將軍으로 삼아 石頭城을 수비하는 일을 겸직하게 하였다.

初에 宋主之討西陽蠻也에 臧質使柳元景將兵會之러니 及質起兵하여 欲奉南譙王義宣爲主하여 潛使元景西還이러니 元景卽以質書로 呈宋主하고 語其信曰① 臧冠軍이 當是未知殿下義擧耳②라 方應伐逆이니 不容西還이로다 質以此恨之러니 及宋主卽位에 以質爲江州하고 元景爲雍州하니 質慮元景爲荊江後患하여 建議元景當爲爪牙요 不宜遠出이라하니 宋主重違其言하여 以元景爲護軍將軍하여 領石頭戍事하다

① 信은 사신이다.
信, 使也.
② 臧質은 冠軍將軍으로 襄陽을 수비하고 있었다.
質以冠軍將軍鎭襄陽.

【綱】 宋나라가 南郡王 劉義宣을 荊州湘州刺史로 삼았다.

宋以南郡王義宣으로 爲荊湘刺史하다

【綱】 가을 7월 초하루에 일식이 있었다.

○秋七月朔에 日食하다

【目】 宋主가 詔書를 내려 바른말을 구하고, 細作署와 尙方署[54]에서 문양을 새기고 도색하는 물품을 줄이고 貴戚들이 이익을 다투는 것을 모두 금지시켰다.

中軍 錄事參軍 周朗이 상소하기를 "독이 신체에 퍼져 있을 적에는 반드시 그 만연한

---

53) 爪牙 : 적을 막고 임금을 호위하는 신하를 비유하는 말이다.

54) 細作署와 尙方署 : 細作署는 정교한 공예품을 만드는 부서이고, 尙方署는 궁중의 물건을 제작하는 부서이다.

곳을 잘라내야 합니다. 歷下와 泗水 사이는 방비가 충분하지 못합니다. 國事를 논의하는 이들은 필시 오랑캐(北魏)의 세력이 쇠퇴하여 우리들은 그들을 회피할 것이 없다고 하지만, 우리의 병통이 오랑캐보다 심하다는 것을 모르고 있습니다. 지금 우리들은 헛되이 외로운 성을 수비하여 재물과 인력을 낭비하고 있습니다. 만약 오랑캐가 단지 경무장한 騎兵 3천 명을 출동시켜 번갈아 드나들게 하여 봄에 보리를 침탈해가고 가을에 벼를 침탈해가면 우리 水路와 陸路의 수송은 공연히 다시 단절되어 버립니다. 이는 적에게 있어 수고롭지 않지만 우리의 변경은 매우 곤궁하게 됩니다. 2년이 지나기 전에 병사가 흩어지고 백성들이 사라지게 되는 것을 발뒤꿈치를 들고 기다리는 격이 될 것입니다.

宋主詔求直言하고 省細作竝尙方彫文塗飾하고 貴戚競利를 悉皆禁絶①하다 中軍錄事參軍周朗이 上疏以爲毒之在體에 必割其緩處하나니 歷下泗間不足戍守②어늘 議者必以爲胡衰不足避③라호되 而不知我之病甚於胡矣④라 今空守孤城하여 徒費財役하니 使虜로 但發輕騎三千하여 更互出入하여 春來犯麥하고 秋至侵禾면 水陸漕輪 居然復絶이니 於賊不勞而邊已困이라 不至二年에 卒散民盡을 可蹻足而待也⑤니이다

① 宋나라에 細作署令이 있었는데 大明 4년(460)에 左右御府令으로 고쳤다.
宋有細作署令, 大明四年改爲左右御府令.

② 歷下는 歷城을 말한다. 泗間은 彭城과 湖陸을 말한다.
歷下, 謂歷城. 泗間, 謂彭城・湖陸.

③ 당시에 國事를 논의하는 이들은 대체로 北魏가 연이어 내란이 있어서 마침내 쇠퇴할 것이라고 말하였다.
當時議者, 蓋以魏連有內難, 遂謂之衰.

④ 병장기 및 군량미의 운송비용은 내부를 비워서 외부에 공급하는 것이니, 우리나라(宋)의 병통이 오랑캐(北魏)의 국운이 쇠퇴하는 것보다 심하다는 것이다. 餫(보내다)은 王問의 切이니, 야전에 음식을 보내는 것이다.
兵甲饋餫之費, 虛內以給外, 則吾國之病甚於胡運之衰. 餫, 王問切, 野饋也.

⑤ 居然은 공연하게라는 뜻이다. 〈"水陸漕輸 居然復絶"은〉 오랑캐 騎兵이 도착하면 江南의 사람은 彭城과 泗水에 감히 가지 못하여 水路와 陸路의 運送이 단절된다는 뜻이다. 蹻(발돋음하다)는 丘妖의 切이니, 발뒤꿈치를 드는 것을 蹻라고 한다.
居然, 徒然也. 虜騎至, 則江南之人, 不敢至彭・泗, 水陸漕輸絶矣. 蹻, 丘妖切, 擧趾謂之蹻.

【目】 지금 사람들은 양으로 이리를 쫓게 할 수 없고 게로 쥐를 잡을 수 없다는 것을 알

고 있으면서도, 무거운 수레와 약한 사졸로 살찐 전투마와 사나운 오랑캐를 대적하도록 하니 그것이 성공할 수 없는 것은 진실로 당연합니다. 또 三年喪은 천하의 통용되는 상례입니다. 漢氏(漢나라) 때 신하에게 상례 기간을 단축할 수 있도록 명령한 것은 괜찮은 처사였지만, 아들에게 상례 기간을 단축하게 한 것은 잘못된 처사입니다.[55] 무릇 법규가 옛것에서 변하여 인정에 각박한 점이 있다면 사람들이 그 법규를 따르지 않고, 禮儀를 무너뜨려서 자신의 몸을 편안하게 하는 데 이르면 사람들이 반드시 대번에 그 법규를 받들어 행합니다. 지금 폐하께서는 큰 孝誠으로 제왕의 기업을 여시니 마땅히 이러한 잘못을 되돌리셔야 합니다.

今人知不以羊追狼蟹捕鼠나 而令重車弱卒로 與肥馬悍胡相逐하니 其不能濟固宜矣①라 又三年之喪은 天下之達喪이니 漢氏節其臣則可矣나 薄其子則亂也②라 凡法有變於古而刻於情하면 則莫能順焉이요 至乎敗於禮而安於身이면 必遽而奉之하나니 今陛下以大孝始基하시니 宜反斯謬③니이다

① 〈"其不能濟固宜矣"는〉 일이 성공할 수 없음을 말한다.
言不濟事也.

② 漢 文帝가 遺詔를 내려 상례 기간을 단축하여 날로 달을 바꾸었는데[56] 본래는 관리와 백성들을 위하여 베풀어준 것일 뿐이다. 景帝는 〈文帝를〉 계승한 임금으로서 이를 따라서 그 상례 기간을 단축해서야 되겠는가.
漢文遺詔短喪以日易月, 然本爲吏民設耳. 景帝嗣君也, 可緣此而短其喪乎.

③ 〈"宜反斯謬"는〉 황제(劉駿)가 이미 원흉인 劉劭의 죄를 토벌하였으니 응당 三年喪을 시행하여 이 상례 기간을 단축한 잘못을 되돌려야 함을 말한 것이다.
言帝旣能討元凶劭之罪, 當行三年之喪, 以反短喪之謬.

【目】 또 온 천하 사람들이 한 사람의 군주를 모시니, 어찌 공급하지 못하는 것을 걱정하겠습니까. 한 몸을 금으로 장식하는 데 백 냥이 들지 않으며 1년 동안 입는 좋은 옷이 몇 벌에 불과하지만, 굳이 보화를 거두어들여 궤짝이 줄지어 있고, 의복을 모아둔 상자가 겹겹이 쌓여져 있으니, 〈보화는〉 눈으로 항상 보기가 어렵고, 〈옷은〉 늘 몸에 걸치

55) 아들에게……처사입니다 : 漢나라 文帝가 상례 기간을 '以日易月' 제도로 써서 줄이게 하였는데 문제의 아들 景帝가 처음으로 장례를 치르는 기간을 짧게 줄인 것을 말한다. '以日易月' 제도는 아래 역주 56) 참조.

56) 상례……바꾸었는데 : 漢나라 文帝가 상례 기간을 단축하여 한 달을 하루로 쳐서 喪服을 입게 한 제도이다. 예컨대 斬衰 3년인 경우 禫祭까지 27개월 동안 상복을 입어야 하는데, 27일 동안만 상복을 입고 脫喪하는 것과 같은 경우이다.

지는 않습니다. 이는 궤짝이 보화를 지니고 있는 것이며 상자가 옷을 걸치고 있는 것이니, 썩어 문드러지고 좀이 스는 것이 얼마나 많으며, 마음을 현혹시키는 것이 얼마나 심합니까.

게다가 정교한 물품을 비로소 줄인 것은 검소하고 절약하는 것이라 여길 수 있으나, 시장에서는 화려하고 괴이한 것을 만들어 곧바로 백성에게 전하고 있으니 이와 같이 하면 옮겨진 것이지 없앤 것이 아닙니다. 백성들은 그 일상의 제도가 날이 갈수록 사치스럽게 되어 수레와 말을 보고서는 누가 귀한지 천한지를 구분할 수 없고, 冠과 의복을 보아도 누가 높은지 낮은지를 알지 못합니다. 尙方署에서 지금 물건 하나를 만들면 백성들은 다음 날 이미 〈이를 따라 하고자〉 곁눈질하여 보고 있고, 궁전 안에서 아침에 옷 한 벌을 지으면 民家에서는 저녁에 이미 모방하여 마름질하고 있으니, 사치하고 화려하게 된 근본 원인은 실제 궁궐에서 먼저 비롯된 것입니다.

又擧天下以奉一君에 何患不給이리오 一體炫金이 不及百兩이요 一歲美衣 不過數襲이나 而必收寶連櫝하고 集服累笥[①]하니 目豈常視며 身未時親하니 是櫝帶寶요 笥著衣也니 何糜蠹之劇이며 惑鄙之甚邪아 且細作始弁은 以爲儉節이나 而市造華怪하여 卽傳於民하니 如此則遷也요 非罷也[②]라 凡厥庶民이 制度日侈하여 見車馬不辨貴賤하며 視冠服不知尊卑하고 尙方今造一物에 小民明已睥睨하고 宮中朝制一衣에 庶家晩已裁學하니 侈麗之源이 實先宮閫[③]이니이다

① 炫(빛나게 하다)은 胡練의 切이다. "炫金"은 금박으로 장식하는 것이다.
炫, 胡練切. 炫金, 銷金也.
② 弁(통합하다)은 必政의 切이다.
弁, 必政切.
③ 明은 다음 날 아침을 말한다. 睥은 睥(흘겨보다)와 같다. "睥睨"는 곁눈질한다는 뜻이니, 〈"明已睥睨"는〉 다음 날 아침에 이미 보고서 곧바로 따라하려는 것을 말한다.
明, 謂來旦也. 睥, 與睥同. 睥睨, 傍視也. 謂明日已見之, 而便欲倣傚也.

【目】 또 관직을 설치하는 것은 관직이 마땅하면 일이 제대로 되고 사람이 걸맞으면 관직에 두어야 하니, 王侯가 일을 감당하지 못할 것을 알면 억지로 벼슬을 시켜서는 안 됩니다. 게다가 황제의 아들이 관직이 없다고 하여 사람들 중에 누가 천하다고 생각하겠습니까. 다만 賓友의 직책을 잘 선발하고 바른 사람을 힘써 선발하는 것이 마땅하니, 또한 어찌 반드시 長史, 參軍, 別駕, 從事 등의 관속을 설치한 뒤에야 귀해지겠습니까.

세속 사람들이 남을 비방하여 해치기를 좋아하면서 그 비방하는 이유를 알지 못하고

남을 칭찬하여 천거하기를 좋아하면서 그 칭찬하는 이유를 알지 못합니다. 비방을 하는 무리들이 모두 비루하다면 비방을 받는 사람을 마땅히 뽑아야 하고, 칭찬을 하는 무리들이 모두 용렬하다면 칭찬을 받는 사람을 마땅히 물리쳐야 합니다. 이와 같이 하면 헐뜯거나 칭찬하는 말을 함부로 하지 않을 것이고 선악이 구분될 것입니다. 어느 세상에나 일에 관하여 말을 하지 않았던 적은 없었고 어느 시기에도 명령을 내리지 않았던 적은 없었습니다. 그러나 태평한 시대가 이르지 않고 어지럽고 위태로운 시기가 계속 이어지는 것은 어째서입니까. 명령을 내리는 근본이 진실하지 않았던 까닭입니다."라고 하였다. 상주문이 올라갔는데 군주의 뜻에 거슬려 스스로 사퇴하여 관직을 떠났다.

又設官者는 宜官稱事立이며 人稱官置①니 王侯識未堪務면 不應强仕②요 且帝子未官이나 人誰謂賤이리오 但宜詳置賓友하며 茂擇正人이니 亦何必列長史參軍別駕從事然後에 爲貴哉리오 又俗好以毁沈人하고 不知察其所以致毁하며 以譽進人하고 不知測其所以致譽③하니 毁徒皆鄙면 則遭毁者宜擢이요 譽黨悉庸이면 則得譽者宜退니 如此면 則毁譽不妄하고 善惡分矣리이다 凡無世不有言事요 無時不有下令이나 然升平不至하고 昏危相繼는 何哉오 設令之本이 非實故也니이다하다 書奏忤旨하여 自解去職하다

① 稱(걸맞다)은 尺證의 切이다.
稱, 尺證切.
② 强(억지로)은 其兩의 切이다. 여기의 "强仕"는 억지로 벼슬시키는 것을 말한다.
强, 其兩切. 此强仕, 謂强之使仕也.
③ 沈은 남을 죽이는 실제를 말한다.
沈, 言殺人之實也.

【目】侍中 謝莊이 상주하기를 "詔書에서 貴戚들이 이익을 다투는 것을 모두 금지한다고 하셨으니, 이는 실로 백성들의 귀를 흡족하게 할 것입니다. 그런데 〈귀척 중에〉 만약 법을 위배한 자가 있으면 마땅히 제도에 따라 규제해야 하지만, 만일 법을 폐기하고 그에게 은혜를 베푸신다면 곧바로 밝은 詔令이 땅에 떨어지고 명실이 어긋나게 될 것입니다. 신은 생각건대 녹봉을 받는 지위에 있는 大臣은 더욱 백성들과 이익을 다투어서는 안 된다고 생각합니다. 이 조서에서 그렇게 하셨는지를 알지 못하겠습니다."라고 하였다. 사장은 謝弘微의 아들이다.

당시에 대부분 太祖(劉義隆)의 제도를 바꾸어 군현을 〈다스리는 관원의 임기를〉 3년을 만기로 하였으니, 宋나라의 훌륭한 정치가 여기에서 쇠퇴하였다.

侍中謝莊이 上言호되 詔云 貴戚競利를 悉皆禁絶이라하니 此實允愜民聽이라 若有犯違면 則應依制裁糾어니와 若廢法申恩하면 便爲明詔旣下하고 而聲實乖爽也니이다 臣愚謂大臣在祿位者 尤不宜與民爭利니 不審可得在此詔不①아 莊은 弘微之子也라 時多變易太祖之制하여 郡縣以三周爲滿하니 宋之善政이 於是乎衰②하다

① 不(의문사)는 否(부)로 읽는다.
不, 讀曰否.

② 元嘉 연간의 제도에 守宰는 6년이 기한이었다. 그러나 이 이후로는 대부분 3년을 만기로 하였다. 그런데 또 자주 경질되고 바뀌어 3년을 채우지 못하는 자도 있었다.
元嘉之制, 守宰以六期爲斷. 然自時厥後, 率以三周爲備, 而又有數更(경)數易, 不及三周者.

【綱】 宋主(劉駿)가 자신의 아우 南平王 劉鑠을 죽였다.

宋主殺其弟南平王鑠[57]하다

【目】 劉鑠이 평소에 재능이 있다고 자부하여 항상 宋主를 가볍게 생각하였는데, 宋主가 몰래 사람을 시켜 독살하였다.

鑠素負才能하여 常輕宋主하니 宋主潛使人毒之하다

【綱】 宋나라 廣州에서 반란을 일으키자, 토벌하여 평정하였다.

宋廣州反이어늘 討平之하다

【目】 南海太守 蕭簡이 廣州를 점거하여 반란을 일으키니, 소간은 蕭斌의 동생이다. 새로

57) 宋主殺其弟南平王鑠 : "南平王의 죽음은 宋主가 몰래 사람을 시켜서 독살한 것인데, 비밀리에 한 것임에도 ≪資治通鑑綱目≫에서는 책에 크게 기록하였다. 그렇다면 어둠 속에서 악행을 저지른 것을 과연 숨길 수 있겠는가. 비록 그러나 아우보다 친한 이가 없는 법인데 걸핏하면 죽였으니 그 근원은 宋 文帝가 아우 劉義康을 죽인 데서 시작되었다. 어찌 여파가 미쳐 그 유폐가 점점 넓어져서 이후로 뒤따라 시행되어 마침내 常例가 될 줄을 알겠는가. ≪자치통감강목≫에서 이런 부류의 경우 반드시 그 임금을 전적으로 지목하여 '殺其弟'라고 기록한 것은 천륜을 끊고 형제를 죽인 악행을 심하게 여겨 미워한 것이다. 이를 이어 자행된 것이 분분하여 이루 다 기록할 수 없다. 帝王의 가정에 태어났으면서도 〈형제간에〉 도륙함이 이와 같았으니, 슬프다.〔南平之死 乃宋主潛使人毒之 蓋秘之也 而綱目大書于冊 然則爲惡於幽隱者 果可諱哉 雖然莫親於弟 而動輒殺之 其源蓋始於文帝之殺義康爾 豈知餘波所及 其流浸廣 自後踵而行之 遂爲故常 綱目凡此類 必專目其主 而以殺其弟書之者 蓋甚其絶滅天倫勦拉同氣之惡以惡之也 繼是紛紛 亦不可勝書矣 生於帝王之家 而屠戮若此 哀哉〕" ≪發明≫

운 南海太守 鄧琬과 始興太守 沈法系에게 조서를 내려 그를 토벌하도록 하니, 소간이 그 무리들을 속여서 말하기를 "조정의 군대는 역적 劉劭가 파견한 것이다."라고 하였다. 그러자 무리들이 그 말을 믿고 그를 위하여 굳게 지켰다.

등완이 먼저 도착하여 오로지 한쪽 길로만 공격하였는데, 심법계가 도착하여 말하기를 "마땅히 사면에서 함께 공격해야 하니, 만약 한쪽 길을 고수하면 언제 함락시킬 수가 있겠는가."라고 하니, 등완이 따르지 않았다. 그러자 심법계가 말하기를 "다시 50일을 지켜보겠다."라고 하였다. 날짜가 다 지나도 이기지 못하자, 마침내 그의 말을 따라 여덟 경로로 같이 공격하여 하루 만에 격파하고 소간을 참수하니, 廣州가 평정되었다. 심법계는 府庫를 봉하여 등완에게 넘겨주고 돌아왔다.

南海太守蕭簡이 據廣州反하니 簡은 斌弟也라 詔新南海太守鄧琬과 始興太守沈法系하여 討之①하니 簡誑其衆曰 臺軍은 是賊劭所遣이라한대 衆信之하여 爲之固守하다 琬先至하여 止爲一攻道한대 法系至曰 宜四面竝攻이니 若守一道면 何時可拔이리오하니 琬不從이어늘 法系曰 更相申五十日호리라한대 日盡又不克하니 乃從之②하여 八道俱攻하여 一日卽破之하고 斬簡하니 廣州平하다 法系封府庫付琬而還하다

① 沈法系는 沈慶之의 從弟이다.
法系, 慶之之從弟也.

② 申은 용납한다는 뜻이다. 또 기일을 늦추는 것을 申이라 한다.
申, 容也. 又緩爲之期(自)〔曰〕[58] 申.

甲午年(454)

宋나라 世祖 孝武帝 劉駿 孝建 원년이고, 北魏 高宗 文成帝 拓跋濬 興光 원년이다.

宋世祖孝武帝駿孝建元年①이요 魏興光元年이라

① 孝建은 큰 효성을 세워 화란을 평정하여 종묘를 평안하게 한 공을 말한 것이다.
孝建者, 言以大孝建平禍亂安宗廟之功.

【綱】 봄 정월에 宋나라가 孝建四銖錢을 주조하였다.

春正月에 宋鑄孝建四銖錢하다

58) (自)〔曰〕: 저본에는 '自'로 되어 있으나, ≪資治通鑑≫ 註에 의거하여 '曰'로 바로잡았다.

【目】元嘉 연간에 관청에서 四銖錢을 주조하니 그 윤곽의 형태가 五銖錢과 동일하였다. 동전을 주조하는 비용에 비해 이익이 없었기 때문에 백성들이 몰래 주조하지 않았는데, 이때에 이르러 孝建四銖錢을 주조하니, 동전의 형식이 얇고 작았으며 윤곽도 제대로 되지 않았다. 이에 몰래 주조하는 자들이 많아져서 납과 주석을 혼합하고 옛날 동전을 깎아내서 〈구리를 얻어 다시 주조하니〉 동전이 점점 얇고 작아졌는데, 守宰가 금지하지 않아 그 일에 연루되어 죽거나 파면된 사람이 계속 나왔다. 동전을 몰래 주조하는 일이 더욱 심해져 물가가 폭등하게 되자 얼마 후에 조서를 내려 동전이 얇고 작으며 윤곽이 없는 것을 모두 유통하지 못하게 하니, 민간이 시끄러워졌다.

孝建四銖錢

이에 沈慶之가 건의하기를 "마땅히 백성들이 동전을 주조할 수 있게 허락해주면서 군과 현에는 관청을 설치하고 주조하기를 원하는 집을 모두 관청 안에 살도록 하며, 동전의 표준과 형식을 통일하고 동전 중 순도가 낮고 위조한 것을 제거하며, 유통을 금지했던 새로운 화폐(當兩大錢)를 같이 유통하도록 하고, 지금 주조하는 것은 모두 이 규격에 맞게 하여 1만 전을 주조하면 3천 전을 징수하고, 몰래 주조하는 일을 엄히 단속하십시오."라고 하였다.

丹楊尹 顔竣이 논박하기를 "五銖錢의 무게는 漢나라 때에 정해져서[59] 魏·晉 이후로는 바꾼 자가 없었으니, 이는 참으로 물건과 화폐의 가치가 이미 균등해져 있는데 이를 바꾸면 위조가 생겨나기 때문입니다. 지금 만약 〈심경지의 말대로〉 크고 작은 동전을 모두 유통시키고 국가에서 주조하지 않으면, 동전을 주조하는 자들의 이익이 이미 크게 되고, 동전을 위조하려는 마음이 끝이 없어 개인이 몰래 주조하거나 동전을 깎아내는 것을 모두 금지시킬 수 없을 것입니다. 그리하여 국가의 재화가 넉넉해지기 전에 大錢(옛 동전인 五銖錢이나 半兩錢)은 이미 고갈될 것이니 〈동전을 위조하느라〉 몇 년 사이에 옛 동전이 모두 먼지처럼 사라질 것입니다.

細錢(효건사수전)을 유통하였으나 官府(국가)에는 賦稅를 증대할 길이 없고, 백성들이 가진 동전은 풍부하지만 官府의 재화가 부족한 것을 해결할 길이 없습니다. 오직 비용

59) 漢나라……정해져서 : 五銖錢은 漢 武帝 때 사용되었다. 무게가 5銖이며, 몸체는 둥글고 안에는 네모난 구멍이 있다. 구멍 양 옆으로 五銖라는 두 文字를 小篆으로 표시하였다.

을 줄이고 사치를 없애서 절약하는 데 전념해야 하니, 재화가 넉넉해지기를 구하는 방법은 이보다 귀한 것이 없습니다."라고 하였다.

의논하는 자들이 또 구리를 운송해오기 어렵다고 하여 二銖錢을 주조하자고 하니, 안준이 논의하기를 "마음대로 새로이 細錢을 시행하여 관부의 재화가 부족한 것을 해결하지 못하고 민간에서는 간교한 행위가 크게 일어나 천하의 화폐가 거의 부서져 없어질 지경입니다. 공연히 엄하게 금지시키더라도 이익이 많기 때문에 근절시키기가 어려우니, 1, 2년이 지나지 않아 그 폐단을 다시 해결할 수가 없을 것입니다. 시정에서는 반드시 소란이 일어나 부유한 상인은 뜻을 얻게 되고, 가난한 백성들은 더욱 곤궁해질 것이니, 이는 모두 절대로 해서는 안 되는 일입니다."라고 하니, 이윽고 그만두었다.

元嘉中에 官鑄四銖錢하니 輪郭形制與五銖同이라 用費無利라 故民不盜鑄①러니 及是하여 鑄孝建四銖하니 形式薄小하고 輪郭不成이라 於是에 盜鑄者衆하여 雜以鉛錫하고 翦鑿古錢하니 錢轉薄小호되 守宰不能禁하여 坐死免者相繼라 盜鑄益甚하여 物價踊貴하니 尋詔錢薄小無輪郭者를 悉不得行하니 民間喧擾라 於是에 沈慶之建議호되 宜聽民鑄錢하여 郡縣置署하고 樂鑄之家를 皆居署內②하여 平其準式하고 去其雜僞하며 所禁新品을 一時施用하고 今鑄悉依此格하여 萬稅三千하고 嚴檢盜鑄③라하니 丹楊尹顏竣駁之하여 以爲五銖輕重이 定於漢世하여 魏晉以降으로 莫之能改④하니 誠以物貨既均에 改之僞生故也라 今若巨細總行而不從公鑄하면 利己既深이요 情僞無極하여 私鑄翦鑿을 盡不可禁이라 財貨未贍하고 大錢已竭하니 數歲之間에 悉爲塵土矣라 縱行細錢이나 官無益賦之理요 百姓雖贍이나 無解官乏이요 唯簡費去華하여 專在節儉이니 求贍之道 莫此爲貴라하니 議者又以銅轉難得이라하여 欲鑄二銖錢이어늘 竣議以爲恣行新細 無解官乏하고 而民間姦巧大興하여 天下之貨將糜碎至盡하리니 空嚴立禁이나 而利深難絶이니 不一二年에 其弊不可復救라 市井之間에 必生紛擾하여 富商得志하고 貧民困窘하리니 此皆甚不可者也라하니 乃止하다

① 錢의 바깥쪽 원이 輪이고, 안쪽 네모가 郭이다. "用費無利"는 一錢을 주조하는 비용이 一錢의 쓰임에 적당하여 남는 이익이 없음을 말한다.
錢外圓爲輪, 內方爲郭. 用費無利, 言鑄一錢之費適當一錢之用, 無贏利也.

② 樂(즐기다)은 음이 洛이다.
樂, 音洛.

③ 檢은 단속하고 살핀다는 뜻이다.
檢, 束也, 勘察也.

④ 漢 武帝 元狩 5년(B.C. 118)에 五銖錢을 시행하였다.
漢武帝元狩五年行五銖錢.

【綱】 宋나라가 아들 劉子業을 세워 태자로 삼았다.

宋立子子業하여 **爲太子**하다

劉子業

【目】 東宮을 둘 적에 太子率更令[60]을 없애고, 나머지 屬官은 각각 옛날 정원수의 절반으로 줄였다.

將置東宮할새 **省率更令**하고 **餘各減舊員之半**①하다

① 반역의 원흉인 劉劭의 재앙을 징계한 것이다. 晉制에 의하면 東宮의 관원은 中庶子 4인, 中舍人 4인, 庶子 4인, 舍人 16인, 洗馬 8인이었다.
懲元凶劭之禍也. 晉制東宮中庶子四人, 中舍人四人, 庶子四人, 舍人十六人, 洗馬八人.

【綱】 2월에 宋나라 江州刺史 臧質이 南郡王 劉義宣과 거병하여 반란을 일으키자, 여름에 宋主가 군대를 파견하여 장질을 토벌하여 주벌하였다.

二月에 **宋江州刺史臧質**이 **以南郡王義宣**으로 **擧兵反**이어늘 **夏宋主遣兵討質誅之**[61]하다

【目】 예전에 江州刺史 臧質이 스스로 생각하기를 자신의 재주가 한 시대의 영웅이 되기에 충분하다고 하여, 太子 劉劭의 난리 때 몰래 배반할 마음을 품었다. 그리하여 荊州刺史 南郡王 劉義宣이 어리석어 제어하기 쉽다고 여겨 겉으로는 받들어 모시면서 기회를 틈타 그를 뒤엎으려고 하였다. 유소가 이미 주살된 뒤에 유의선과 장질의 공로가 모두 일등이었다. 이 때문에 교만하고 방자하게 굴면서 전횡하는 일이 많았다.

---

60) 太子率更令 : 본서 200쪽 訓義③ 참조.

61) 宋江州刺史臧質……夏宋主遣兵討質誅之 : "반란에 '某以(아무개가 누구와)'라고 기록한 경우는 있지 않았는데 여기서 '臧質以(臧質이 누구와)'라고 기록한 것은 어째서인가. 장질이 악행의 괴수이기 때문이다. 장질이 배반할 뜻을 지녔으므로 ≪資治通鑑綱目≫에서 劉義宣의 반란에 '質以'라고 기록하였고, 군대를 파견함에 '討質'이라 기록하였으니 장질에게 가장 극심한 죄를 돌린 말이다. 그렇다면 유의선은 죄가 없는가. 유의선은 비록 孝武帝가 격동시켰으나 이미 장질을 따라 반란을 일으켰으므로 아래에 伏誅된 것을 기록하고 그 관작을 삭제하였으며 지척하여 姓을 기록하였다.〔反未有書某以者 此書臧質以 何 質首惡也 質有異志 綱目於義宣之反也 書質以 其遣兵也 書討質 首罪質之辭也 然則義宣無罪乎 義宣雖帝激之 然既從質反矣 故下書伏誅 而削其爵 斥書姓〕" ≪書法≫
"반란에 '以'라고 기록하지 않았는데 〈여기에서〉 '以'라고 한 것은 劉義宣이 우매하여 臧質에게 부림을 받은 것을 밝힌 것이다.〔反不書以 以者 明義宣愚闇 爲質所使者也〕" ≪發明≫

유의선이 형주에 10년간 있었는데, 재물이 풍부하고 병사도 강성하여 조정에서 내린 제도 중에 자신의 생각과 다른 것이 있으면 하나도 받들어 따르지 않았다. 장질이 江州로 가는데 전함이 1천 척이나 되었고, 부대의 대열은 전후로 100여 리에 이르렀다. 황제가 막 스스로 권위를 획득하였으나 장질이 나이가 어린 주군으로 대하여 政事·刑罰·賞賜의 일을 하나도 여쭈지 않았다. 湓口의 쌀을 마음대로 사용하였는데 조정에서 詔書를 내려 조사하고 캐묻자, 장질이 점차 의심하고 두려워하였다.

初에 江州刺史臧質이 自謂人才足爲一世英雄이라하여 太子劭之亂에 潛有異圖하여 以荊州刺史南郡王義宣이 庸闇易(이)制라하여 欲外相推奉하고 因而覆之러니 劭旣誅에 義宣與質이 功皆第一이라 由是驕恣하여 事多專行하다 義宣在荊州十年에 財富兵彊하여 朝廷所下制度 意有不同이면 一不遵承하고 質之江州에 舫千餘乘이요 部伍前後百餘里라 帝方自攬威權이나 而質以少主遇之하여 政刑慶賞을 一不咨稟이고 擅用湓口米하니 臺符檢詰하여 漸致猜懼①러라

① 湓口의 쌀은 荊州·湘州·郢州 3州에서 운송해온 것을 비축해둔 것이다. "檢詰"은 쌀의 양을 조사하여 마음대로 사용한 이유를 캐묻는 것을 말한다.
湓口米, 荊·湘·郢三州之運所積也. 檢詰, 謂檢校米斛, 而詰問擅用之由也.

【目】황제가 劉義宣의 여러 딸을 간음하니, 유의선이 이 때문에 원한을 품고 노여워하였는데, 臧質이 이에 밀사를 파견하여 유의선을 설득하였다. 유의선의 심복인 蔡超와 竺超民 등이 모두 부귀에 대한 욕망을 가지고 있어서 유의선에게 그 계책을 따르라고 권하였다. 유의선이 豫州刺史 魯爽이 용력이 있다고 여겨 평소 그와 더불어 좋은 관계를 맺었는데, 이에 이르러 몰래 사람을 보내 그와 兗州刺史 徐遺寶에게 알리고서 그 해 가을에 병사를 일으키기로 약속하였다.

사자가 壽陽에 이르렀을 때에는 노상이 막 술에 취하여 유의선의 지시를 잊고 그날로 병사를 일으키고서 몰래 法服을 만들어 壇 위에 올라 스스로 建平 원년이라 하였다. 서유보 역시 병사를 일으켜 彭城으로 향하였다.

유의선은 노상이 이미 반란을 일으켰다는 소식을 듣고는 황급히 병사를 일으키고, 장질과 함께 표문을 올려 군주 옆에 있는 사악한 무리를 주살하고자 한다고 하였다. 노상이 만들어놓은 제왕의 수레와 의복을 江陵으로 보내고 征北將軍府의 戶曹로 하여금 유의선 등에게 板授[62]하도록 하였는데, 그 글에 이르기를 "丞相 劉가 지금 천자를 보필하

62) 板授 : 諸王이나 大臣이 임시로 下屬에게 관직을 임명하는 일이다. 帝王의 詔勅으로 임명하는 것과 구별된다.

는데 이름이 義宣이고, 車騎將軍 臧이 지금 승상을 보필하는데 이름이 質이니, 모두 판수가 도착하면 받들어 봉행하라."라고 하니, 유의선이 크게 놀라 司州刺史 魯秀를 불러 후속부대가 되어 나아가게 하고자 하였다.[63] 노수가 유의선을 알현하고 나와서 가슴을 치며 말하기를 "우리 형이 나를 그르쳤구나. 마침내 어리석은 사람과 역적이 되었으니, 올해에 패할 것이다."라고 하였다.

帝淫義宣諸女하니 義宣恨怒어늘 質乃遣蜜信說義宣①하니 義宣腹心蔡超竺超民等이 咸有富貴之望하여 勸從其計②러라 義宣以豫州刺史魯爽이 有勇力이라하여 素與相結이러니 至是하여 蜜使人報之及兗州刺史徐遺寶하여 期以今秋擧兵③하다 使者至壽陽하여는 爽方飮醉라 失義宣指하고 卽日擧兵하여 竊造法服하여 登壇하여 自號建平元年④하고 遺寶亦勒兵하여 向彭城하다 義宣聞爽已反하여 狼狽擧兵하고 與質俱表하여 欲誅君側之惡이러라 爽送所造輿服詣江陵하여 使征北府戶曹板義宣等⑤하니 文曰 丞相劉今補天子하니 名義宣이요 車騎臧今補丞相하니 名質이니 皆板到奉行하라하니 義宣駭愕하여 召司州刺史魯秀하여 欲使爲後繼하니 秀見義宣하고 出하여 拊膺曰 吾兄誤我로다 乃與癡人作賊하니 今年에 敗矣로다

① "密信"은 密使이다.
密信, 密使也.
② 竺超民은 竺夔의 아들이다.
超民, 夔之子也.
③ 魯爽이 평소에 劉義宣을 섬겼고, 徐遺寶가 유의선의 관부의 參軍으로 있다가 기용되었기 때문에 그들에게 명하여 함께 반역을 일으키려 한 것이다.
爽素奉義宣, 遺寶由義宣府參軍起, 故欲命之同逆.
④ 魯爽은 南豫州刺史가 되어 壽陽을 鎭守하고 있었다.
爽爲南豫州刺史, 鎭壽陽.
⑤ 晉나라와 宋나라의 제도에 의하면 藩方에 있으면서 임시로 관직을 제수 받는 것을 板授라 한다.
晉宋之制, 藩方權宜授官者謂之板授.

【目】 劉義宣이 荊州·江州·兗州·豫州 4州의 병력을 아울러서 그 위세가 원근에 진동

63) 유의선이……하였다 : ≪資治通鑑≫에는 劉義宣이 板文을 보고 놀라서 魯爽이 보낸 제왕의 복식과 수레 등을 竟陵에 머물게 하고 올리는 것을 허락하지 않았다고 하고, 이 뒷부분에 臧質이 魯弘을 太雷로 가서 지키게 하자 유의선이 劉諶之에게 군사를 주어 노홍에게 보냈고 魯秀를 불러 노홍의 후군으로 삼고자 하였다고 하였다. ≪宋書≫ 〈魯爽傳〉에는 이 뒤에 노수가 太雷로 가고자 했지만 마침 江陵 북쪽에서 雍州刺史 朱脩之가 조정의 명을 받고 거병하여 주수지를 상대하게 되었다고 하였다. ≪資治通鑑綱目≫에서는 글을 요약하고 유의선이 변변치 못한 인물로 서술하고자 유의선이 놀라 노수를 부른 것처럼 서술하였으나 실제 내용은 이와 다르다.

하였다. 宋主가 수레와 法物(제왕의 의장과 기물)을 받들어 그를 맞이하려 하자, 竟陵王 劉誕이 안 된다고 고집을 피우며 말하기를 "어찌하여 이 자리를 가져다 남에게 주려는 것입니까."라고 하였다.

이에 柳元景과 王玄謨에게 여러 장수를 거느리고 유의선을 토벌하도록 하였다. 나아가 梁山洲를 점거하고서 양쪽의 연안에 偃月壘[64]를 쌓고 강과 육지에서 그들을 기다렸다.

3월에 유의선이 州郡에 격문을 돌리니, 雍州刺史 朱脩之가 거짓으로 허락하고는 사신을 파견하여 황제에게 眞情을 아뢰었고, 益州刺史 劉秀之는 사신의 목을 베고 군대를 파견하여 江陵을 기습하도록 하였다.

유의선이 10만의 병력을 이끌고 江津을 출발하였는데, 배의 앞뒤가 이어진 것이 수백 리나 되었다. 아들 劉慆에게 竺超民과 함께 江陵에 남아서 지키도록 하였다. 유의선은 주수지가 자기에게 두 마음을 품은 것을 알고 노수를 雍州刺史로 삼아 1만여 명을 이끌고 그를 공격하도록 하니, 왕현모는 노수가 오지 않는다는 소식을 듣고 기뻐하여 말하기를 "장질은 상대하기 쉽다."라고 하였다.

義宣兼荊江兗豫四州之力하여 威震遠近이라 宋主欲奉乘輿法物迎之호되 竟陵王誕이 固執不可하며 曰 奈何持此座與人①이리오 乃以柳元景王玄謨로 統諸將討之할새 進據梁山洲하여 於兩岸에 築偃月壘하여 水陸待之②러니 三月에 義宣移檄州郡하니 雍州刺史朱脩之는 僞許之하여 而遣使陳誠於帝하고 益州刺史劉秀之는 斬其使하고 遣軍襲江陵하다 義宣帥衆十萬하여 發江津하니 舳艫數百里라 以子慆로 與竺超民留鎭江陵하다 義宣知脩之貳於己하고 乃以魯秀로 爲雍州刺史하여 使將萬餘人擊之하니 王玄謨聞秀不來하고 喜曰 臧質은 易與耳③라하다

① 지난해(453)에 隨王 劉誕을 옮겨 竟陵王으로 삼았다.
上年, 徙王誕爲竟陵王.

② 梁山의 강 가운데 섬〔洲〕이 있다.
梁山江中有(州)〔洲〕.[65]

③ 魯秀가 전투를 잘하였기 때문에 王玄謨가 꺼려한 것이다.
秀善戰, 故玄謨憚之.

【目】 冀州刺史 垣護之의 처는 徐遺寶의 누이이니, 서유보는 원호지에게 같이 반란을 일

64) 偃月壘 : 반달 모양으로 된 보루를 말한다.

65) (州)〔洲〕: 저본에는 '州'로 되어 있으나, ≪資治通鑑≫ 註에 의거하여 '洲'로 바로잡았다.

으킬 것을 요청하였으나 원호지가 따르지 않고 병사를 일으켜 그를 공격하니, 서유보가 壽陽으로 달아났다.

劉義宣이 尋陽에 이르러 臧質을 선봉으로 삼으니, 魯爽도 병사를 이끌고 곧바로 歷陽으로 향하여 장질과 水陸으로 함께 내려갔다. 장군 沈靈賜가 100척의 군함을 이끌고 장질의 선봉부대를 깨뜨리니, 장질이 梁山에 이르러서 양쪽 연안을 끼고 진을 치고 관군과 서로 대치하였다.

4월에 朱脩之를 荊州刺史로 삼고 장군 薛安都 등을 파견하여 歷陽을 지키도록 하고 沈慶之가 강을 건너 노상을 토벌하니, 노상이 병력을 이끌고 물러났는데, 심경지가 설안도로 하여금 경무장한 기병을 인솔하여 그를 추격하게 하여 목을 베고 나아가 壽陽을 함락하니, 서유보가 도망치다가 죽었다.

유의선이 鵲頭에 이르렀는데, 심경지가 노상의 수급을 보내어 그들에게 보였다. 노상은 여러 대에 걸친 장군 집안 출신으로, 날래고 용맹하며 전투를 잘하여 만 명을 대적할 수 있다고 일컬어졌다. 유의선과 장질이 이로 말미암아 놀라고 두려워하였다.

冀州刺史垣護之妻는 徐遺寶之姊也라 遺寶邀護之同反하니 護之不從하고 發兵擊之하니 遺寶奔壽陽하다 義宣至尋陽하여 以質爲前鋒하니 爽亦引兵趣歷陽하여 與質水陸俱下어늘 將軍沈靈賜將百舸하여 破質前軍하니 質至梁山하여 夾陳兩岸하여 與官軍相拒러라 四月에 以朱脩之爲荊州刺史하고 遣將軍薛安都等하여 戍歷陽하고 沈慶之濟江討爽하니 爽引兵退어늘 慶之使安都로 帥輕騎追及斬之하고 進克壽陽하니 徐遺寶走死하다 義宣至鵲頭어늘 慶之送爽首示之하니 爽累世將家요 驍猛善戰하여 號萬人敵이라 義宣與質이 由是駭懼①러라

① 魯爽의 아버지는 魯軌이고, 魯軌의 아버지는 魯宗之이니, 2代가 장수 집안이다.
爽父軌, 軌父宗之, 二世將家.

【目】 宋主가 柳元景에게 나아가 姑孰에 주둔하도록 하였다. 太傅 劉義恭이 劉義宣에게 편지를 보내어 말하기를 "臧質이 젊었을 때 좋은 행실이 없었던 것은 아우도 알고 있는 사실이다. 지금 西楚[66]의 강력한 힘에 의지하여 사적인 욕심을 이루려 하고 있으니, 흉악한 음모가 만약 이루어지면 아마 다시는 못 속의 물건[67]이 아닐 것이다."라고 하니,

66) 西楚 : 荊州를 가리키는 말로, 형주 지역이 춘추전국시대 楚나라의 옛 영토였기 때문에 이처럼 말한 것이다.

67) 못……물건 : 하늘로 날지 못하고 못 속에 잠긴 용이라는 말로, 하는 일 없이 칩거하는 사람, 혹은 남의 밑에 예속된 범용한 인간을 뜻하는 말로 쓰인다. 三國時代 吳나라 周瑜가 劉備를 경계해야 한다면서 "교룡이 雲雨를 얻으면, 끝내 못 속의 물건이 아니게 될까 두렵다.〔恐蛟龍得雲雨 終非池中物

유의선이 이로부터 그를 의심하였다.

5월에 〈유의선이〉 蕪湖에 이르니, 장질이 말하기를 "지금 1만 명으로 南州를 빼앗으면 梁山으로 통하는 길이 단절되고, 1만 명으로 양산을 속박하면 王玄謨가 반드시 감히 움직이지 못할 것이니, 제가 중류에서 노를 저어 곧장 石頭를 탈취하는 것이 상책입니다."라고 하였다.

유의선이 그 말을 따르려고 하였는데, 劉諶之가 비밀리에 말하기를 "장질이 선봉에 서기를 요구하니, 그 의중을 헤아리기 어렵습니다. 모든 정예병을 다 동원하여 梁山을 공격하여 승리를 거둔 다음에 멀리 달려가는 것만 못하니, 이것이 가장 안전한 계책입니다."라고 하니, 유의선이 마침내 중지하였다.

때마침 서남풍이 빠르게 불자, 장질이 장수를 파견하여 양산의 서쪽 보루를 공격하여 함락시키고 또 병력을 보내어 南浦로 달려가게 하니, 垣護之가 그들과 전투를 하여 격파하였고, 朱脩之가 馬鞍山의 길을 자르니, 魯秀가 공격하였으나 이기지 못하였다.

왕현모가 원호지로 하여금 유원경에게 급박함을 알리도록 하고서 후퇴하여 姑孰으로 돌아가 다시 진격할 것을 논의하고자 하였는데, 유원경이 말하기를 "적들의 세력이 한창 강성하니, 먼저 물러나서는 안 된다. 내가 병력을 이끌고 그곳으로 가겠다."라고 하였다. 원호지가 말하기를 "적들이 말하기를 우리 군사가 南州에 3만 명이 있다고 하는데 장군의 휘하에는 겨우 10분의 1이 있으니, 만약 나아가서 적의 진영에 이르게 되면 허실이 탄로 날 것이며, 王豫州(왕현모)가 또 올 수가 없으니, 병력을 나누어 그를 돕는 것만 못합니다."라고 하니, 유원경이 좋다고 하고는 이에 쇠약한 병사를 남겨 스스로 지키고 정예병을 모두 파견하여 왕현모를 돕도록 하면서 깃발을 많이 늘어세우니, 梁山에서 바라보면 수만 명이 있는 듯하여 모두 建康의 병력이 모두 도착한 것으로 생각하였다. 이에 군사들의 마음이 안정되었다.

宋主使元景進屯姑孰①하다 太傅義恭與義宣書曰 臧質少無美行은 弟所具悉이라 今藉西楚之彊力하여 圖濟其私하니 凶謀若果면 恐非復池中物也일까하노라하니 義宣由此疑之②라 五月에 至蕪湖하니 質曰今以萬人取南州면 則梁山中絶하고 萬人綴梁山하면 則玄謨必不敢動③이니 下官中流鼓棹하여 直取石頭 此上策也④라 義宣將從之러니 劉諶之密言호되 質求前驅하니 此志難測이라 不如盡銳攻梁山하여 事克然後長驅니 此萬安之計也라하니 義宣乃止러라 會西南風急이라 質遣將攻陷梁山西壘⑤하고 又遣兵趣南浦하니 垣護之與戰破之⑥하고 朱脩之斷馬鞍山道하니 魯秀攻之不

也]"라고 말한 고사에서 유래한 것이다.(≪三國志≫ 〈吳書 周瑜傳〉)

克⑦하다 王玄謨使護之告急於柳元景하여 欲退還姑孰하여 更議進取한대 元景曰 賊勢方盛하니 不可先退라 吾當卷甲赴之호리라하니 護之曰 賊謂南州有三萬人이라하나 而將軍麾下裁十分之一이니 若往造賊壘하면 則虛實露矣요 王豫州又不可來니 不如分兵援之⑧라하니 元景曰 善이라하고 乃留羸弱自守하고 悉遣精兵助玄謨하여 多張旗幟하니 梁山[68]望之如數萬人이라 皆以爲建康兵悉至라하여 衆心乃安이러라

① 姑孰은 ≪宋書≫ 〈垣護之傳〉에 南州라고 되어 있으니, 南州가 바로 姑孰이다.
姑孰, 垣護之傳作南州, 蓋南州卽姑孰也.

② 果는 승리하고, 이기고, 결정짓는다는 뜻이다.
果, 勝也, 克也, 決也.

③ 柳元景이 南州에 주둔하여 梁山의 後鎭이 되니, 만일 南州를 탈취하면 梁山으로 통하는 길이 끊어지게 된다.
元景屯南州爲梁山後鎭, 若取之, 則梁山之路中絶.

④ 鼓의 의미는 치고, 부추기고, 격동시킨다는 뜻이다. 〈"鼓棹"는〉 노를 저어 배를 이동하는 것이다.
鼓之爲義, 擊也, 扇也, 動盪之也, 擊棹以行舟.

⑤ 급히 부는 서남풍을 이용하여 西壘를 공격하니, 東壘의 병력이 바람을 맞고 나아가 구원하기가 어려운 것이다.
因西南風急而攻西壘, 東壘之兵難以逆風赴救.

⑥ 당시에 王玄謨가 장수 鄭琨과 武念을 보내어 南浦를 지키게 하였다.
時玄謨使其將鄭琨・武念戍南浦.

⑦ ≪水經註≫에 "檀溪水가 襄陽의 서쪽 柳子山 아래에서 나와 동쪽으로 흘러 鴨湖가 되는데, 호수는 馬鞍山 동북쪽에 있다."라고 하였다.
水經註 "檀溪水出襄陽西柳子山下, 東爲鴨湖, 湖在馬鞍山東北."

⑧ 2월에 宋主가 王玄謨를 豫州刺史로 삼았다.
二月, 宋主以王玄謨爲豫州刺史.

【目】臧質이 직접 동쪽 성을 공격할 것을 청하였는데, 顔樂之가 말하기를 "장질이 다시 동쪽 성에서 승리를 거둔다면 큰 공로가 모두 그에게 돌아갈 것이니, 마땅히 휘하의 장수를 파견하여 직접 공격을 행하셔야 합니다."라 하니, 유의선이 劉諶之를 파견하여 장질과 함께 나아가게 하였다.

---

68) 多張旗幟 梁山 : 저본이나 그 외 현토본에는 "多張旗幟梁山하니"로 되어 있다. 그러나 柳元景은 姑孰에 주둔하고 있으면서 정예병을 보내 梁山의 王玄謨를 구원하는 것이다. 그러므로 ≪資治通鑑≫ 표점본에 따라 "多張旗幟하니 梁山"으로 번역하였다.

서쪽 연안에 병력을 주둔시키고서 동쪽 성으로 진격하니, 王玄謨가 여러 군대를 감독하여 크게 전투를 치렀는데, 薛安都 등이 돌격기병을 이끌고 적의 진영에 충돌하여 무너뜨려서 유심지의 목을 베니 장질 등이 크게 패배하였다.

원호지가 강 가운데 있는 배에 불을 지르니, 불이 서쪽 해안까지 번져서 營壘가 거의 불에 타버렸다. 여러 군대가 기세를 타고 그들을 공격하니 유의선의 병력이 무너져서 한 척의 배로 달아나면서 창문을 닫은 채 눈물을 흘렸고, 장질은 어찌할 줄을 몰라 역시 달아나니 그의 병력이 모두 항복하거나 흩어졌다.

장질이 南湖로 도주하자 추격하여 그의 목을 베어 建康으로 보내고 자손들은 모두 棄市에 처하였다. 유의선이 도망쳐서 江陵으로 향하니 병력이 흩어지고 없어졌는데, 竺超民이 의장대를 갖추어 그를 맞이하니 이때에 荊州에는 아직까지 만여 명 정도의 병력이 있었다. 魯秀와 竺超民 등이 여전히 나머지 병사를 거두어 다시 한 번 결전을 벌이고자 하였으나, 유의선이 정신이 혼미하고 저상되어 다시 정신을 차릴 수 없었다. 다음 날 아침에 축초민이 〈유의선을〉 잡아서 刺姦掾[69]에게 보냈고, 노수는 북쪽으로 달아나려고 하다가 갈 수가 없어 강물에 빠져 죽었다.

質請自攻東城한대 顔樂之曰 質若復克東城이면 則大功盡歸之矣리니 宜遣麾下自行이니라 義宣乃遣劉諶之하여 與質俱進이라 頓兵西岸하여 進攻東城하니 玄謨督諸軍大戰한대 薛安都帥突騎衝陳陷之하여 斬諶之하니 質等大敗라 垣護之燒江中舟艦하니 延及西岸하여 營壘殆盡이라 諸軍乘勢攻之하니 義宣兵潰하여 單舸迸走하여 閉戶而泣①하고 質不知所爲하여 亦走하니 其衆皆降散이라 質逃于南湖어늘 追斬其首하여 送建康하고 子孫皆棄市②하다 義宣走向江陵하니 衆散且盡이라 竺超民具羽儀迎之하니 時에 州兵尙餘萬人이라 秀超民等이 猶欲收餘兵更圖一決이나 而義宣惛沮하여 無復神守라 旦日에 超民收送刺(자)姦③하고 秀欲北走라가 不能去하여 赴水死하다

① 戶는 전함의 창문이다.
戶, 艦戶也.

② 胡三省이 말하기를 "南湖는 지금 壽昌軍 武昌縣 동쪽 8리에 있다."라고 하였다.
胡三省曰 "南湖, 今在壽昌軍武昌縣東八里."

③ 惛은 어지럽다는 뜻이고, 沮는 잃는다는 뜻이다. 漢나라 이래로 公府에는 刺姦掾이 있었다.
惛, 亂也. 沮, 喪也. 自漢以來, 公府有刺姦掾.

【綱】 宋나라가 東揚州와 郢州를 설치하였다.

---

69) 刺姦掾 : 간사함을 살피는 관원을 말한다.

宋置東揚州郢州하다

【目】 예전에 晉나라가 남쪽으로 옮겨왔을 때에, 揚州가 京畿이므로 곡식과 비단 등의 물자가 그곳에서 나온다 하고, 荊州와 江州가 중요한 진지이므로 병력들이 그곳에 모인다 하여 늘 大將으로 하여금 그곳에 머물러 있게 하니, 3州[70)]의 호구수가 江南의 절반을 차지하였다.

宋主가 그곳의 강대함을 싫어하여 揚州의 浙東에 있는 5郡을 나누어 東揚州를 설치하여 會稽를 治所로 하였고, 荊州·湘州·江州·豫州의 8郡을 나누어 郢州를 설치하여 江夏를 치소로 하였으며, 南蠻校尉를 없애고 그 군영을 建康으로 옮겼다.

太傅 劉義恭이 논의하여 郢州로 하여금 巴陵을 치소로 삼으려고 하자, 尙書令 何尙之가 말하기를 "夏口는 荊州와 江州의 중간에 있어 바로 沔口와 마주하고 雍州·梁州와 통하여 이어져 있으니, 실제 중요한 나루터입니다. 현재 이룩된 城이 있고, 포구가 커서 배를 수용할 수 있으니, 일에 편리합니다."라고 하니, 그의 말을 따랐다. 이윽고 荊州와 揚州의 財力이 이로 인해 헛되이 소모되자, 하상지가 다시 2州를 합치자고 청하였으나 宋主가 허락하지 않았다.

初에 晉氏南遷에 以揚州爲京畿하니 穀帛所資出焉이요 以荊江爲重鎭하니 甲兵所聚在焉이라하여 常使大將居之하니 三州戶口 居江南之半이라 宋主惡(오)其彊大하여 乃分揚州浙東五郡하여 置東揚州하여 治會稽①하고 分荊湘江豫州之八郡하여 置郢州하여 治江夏②하고 罷南蠻校尉하고 遷其營於建康③하니 太傅義恭이 議使郢州治巴陵한대 尙書令何尙之曰 夏口在荊江之中하여 正對沔口하고 通接雍梁하니 寔爲津要라 旣有見(현)城하고 浦大容舫하니 於事爲便이라한대 從之④러라 旣而荊揚因此虛耗어늘 尙之請復合二州호되 不許하다

① "五郡"은 會稽, 東陽, 永嘉, 臨海, 新安이다.
五郡, 會稽·東陽·永嘉·臨海·新安.

② 荊州의 江夏, 竟陵, 隨, 武陵, 天門, 湘州의 巴陵, 江州의 武昌, 豫州의 西陽 등 모두 8郡을 나눈 것이다. ≪永初郡國志≫와 何承天의 ≪地志≫[71)]에는 江夏太守가 본래 安陸에 治所를 두었는데, 이 이후로 夏口로 治所를 옮겼다고 하였다.
分荊州之江夏·竟陵·隨·武陵·天門·湘州巴陵·江州武昌·豫州西陽凡八郡. 永初郡國

---

70) 3州 : 揚州, 荊州, 江州를 말한다.

71) 何承天의 地志 : 何承天(370~447)은 南朝 宋나라 사람으로 ≪宋書≫를 저술하다가 마치지 못하고 죽었다. 하승천이 짓던 ≪地志≫를 '何承天志' 또는 '何志'라고 한다.

志及何承天志, 江夏太守本治安陸, 自此之後徙治夏口.

③ 晉 武帝가 襄陽에 護南蠻校尉를 두었는데, 江左(東晉) 초기에 없앴다가 이윽고 다시 江陵에 두었다.
晉武帝置護南蠻校尉於襄陽, 江左初省, 尋又置於江陵.

④ 夏口에서 沔水로 들어가 거슬러 올라가 襄陽에 이르고, 또 거슬러 올라가 漢中에 이르기 때문에 雍州·梁州와 접하여 통한다고 한 것이다. 見(현재)은 賢遍의 切이다. 강을 수비하는 데에는 전함이 중요하기 때문에 포구가 커서 배를 수용하는 것을 편리하게 여긴 것이다.
自夏口入沔, 泝流而上至襄陽, 又泝流而上至漢中, 故云通接雍·梁. 見, 賢遍切. 守江之備, 船艦爲急, 故以浦大容舫爲便.

【綱】 宋나라가 錄尙書事[72)]의 관직을 없앴다.

宋省錄尙書事官하다

【目】 宋主가 宗室이 강성해지는 것을 싫어하여 권력이 신하에게 존재하는 것을 원하지 않았는데, 太傅 劉義恭이 그 뜻을 알았기 때문에 없애기를 청한 것이다.

宋主惡(오)宗室彊盛하여 不欲權在臣下하니 太傅義恭知其指라 故請省之하다

【綱】 宋나라가 朱修之를 荊州刺史로 삼았으며, 劉義宣이 죽임을 당하였다.

宋以朱修之爲荊州刺史하고 **劉義宣伏誅**[73)]하다

72) 錄尙書事 : 尙書는 문서의 출납을 관장한 직책으로 정책을 立案할 수 있는 권한을 가졌다. 특히 漢 武帝가 황제권을 강화하고 자신의 측근을 통한 정치를 펼치면서 三公九卿(外朝)에 상대되는 內朝가 형성되는데, 상서는 내조 정치의 핵심이었다. 霍光과 같은 황제의 측근이 將軍의 직책을 받고 동시에 상서의 직책을 겸하여 군권과 정책 입안의 권한을 장악하였다. 前漢 때까지 상서는 겸직으로 領尙書事의 형태로 임명하였다. 後漢 때에는 상서가 정식 관직이 되어 尙書令을 두고 속관을 두면서 尙書臺가 형성이 되는데, 이들이 정책의 입안을 장악하였다. 또한 太傅나 三公에게 尙書의 직을 겸임시켜 주요 정책 결정에 참여하게 하였는데, 錄尙書事의 형태로 임명하였다. 三國時代에는 재상과 대신들의 권한이 확대되면서 이 직책을 겸하였다. 晉나라 때에는 종실의 제후왕이 이를 겸하였다. 宋나라 孝武帝 때 종친 제후왕의 권력을 줄이고자 폐지하였다가 大明 연간에 다시 설치하였다. 이후로 폐치가 반복되었다. 齊나라 때에 비로소 단독으로 임명하였고 隋나라 때 폐기되었다.

73) 宋以朱修之爲荊州刺史 劉義宣伏誅 : "宋主는 인륜을 어지럽힌 악행이 있었으므로, 劉義宣이 분노하여 반란을 일으켰으나 ≪資治通鑑綱目≫에서는 명분을 바로잡고 죄를 정하는 데에 조금도 용서하지 않았다. 그렇다면 임금이 비록 임금 노릇 하지 못하더라도 신하는 신하 노릇 하지 않으면 안 되는 것이다.〔宋主有亂倫之惡 故義宣忿怒而反 然綱目正名定罪 略不少恕者 然君雖不君 臣不可以不臣也〕" ≪發明≫

【目】荊州刺史 朱修之가 江陵으로 들어가 劉義宣을 죽이고, 아울러 그의 아들 16명과 同黨인 竺超民 등을 주살하였다. 축초민의 형제도 따라서 주살을 당할 지경에 이르자, 하상지가 말하기를 "적(유의선)이 이미 달아났으니, 한 명의 사내로도 〈유의선을〉 잡을 수 있었습니다. 만약 축초민이 이익에 눈이 멀어 반복무상하게 행동하였다면 곧바로 〈유의선을〉 잡아들였을 것이니, 〈그렇게 했다면〉 죄를 면할 수 있을 뿐만 아니라 또한 의롭지 못한 상을 바랄 수도 있었을 것이지만 축조민은 이런 생각이 없었습니다. 그의 허물을 보면 그의 仁을 알기에 충분할 뿐만 아니라,[74] 또한 조정을 위하여 城府를 보전하고 창고를 삼가 지켜 단정히 앉아 체포되기를 기다렸습니다. 지금 그의 형제들을 주살한다면 남은 역적들과 다름이 없을 것이니, 일에 있어 중대한 부분입니다."라고 하니, 마침내 그들을 용서하였다.

荊州刺史朱修之入江陵하여 殺義宣하고 幷誅其子十六人及同黨竺超民等하다 超民兄弟應從誅러니 何尙之言호되 賊旣遁去하니 一夫可擒이라 若超民反覆昧利면 卽當取之니 非唯免愆이요 亦可要不義之賞이나 而超民曾無此意하니 微足觀過知仁이요 且爲官保全城府하고 謹守庫藏하여 端坐待縛①하니 今戮其兄弟면 則與其餘逆黨無異니 於事爲重이라한대 乃原之하다

① 爲(위하다)는 去聲이다.
爲, 去聲.

【綱】가을 7월 초하루에 일식이 있었다.

秋七月朔에 日食하다

乙未年(455)

宋나라 世祖 孝武帝 劉駿 孝建 2년이고, 北魏 高宗 文成帝 拓跋濬 太安 원년이다.

宋孝建二年이요 魏太安元年이라

---

74) 그의……아니라 : 사람이라면 누구라도 과실을 저지르지만, 정리상 부득이하게 저지르는 경우도 있으므로 그 과실에 대해 일률적인 잣대를 들이댈 것이 아니라 그 이면의 사정을 들여다보아야 한다는 뜻이다. 《論語》〈里仁〉에 "사람의 과실은 각기 그 부류대로 하는 것이니, 그 사람의 과실을 보면 仁을 알 수 있다.〔人之過也 各於其黨 觀過斯知仁矣〕"라고 하였다.

【綱】 봄에 宋나라 鎭北大將軍 沈慶之가 관직을 그만두고 집으로 갔다.

春에 宋鎭北大將軍沈慶之罷就第하다

【目】 宋나라 鎭北大將軍 南兗州刺史인 沈慶之가 연로하여 관직에서 물러나고자 수십 차례 표문을 올리자, 조서를 내려 始興公으로서 집으로 돌아가게 하였다. 얼마 지나지 않아 宋主가 다시 심경지를 등용하고 싶어서 何尙之로 하여금 가서 그를 관직에 나올 것을 권하게 하니, 심경지가 웃으며 말하기를 "나 沈公은 何公이 벼슬에서 물러났다가 다시 돌아온 일을 본받지 않겠다."라고 하니, 하상지가 부끄러워 〈이야기를〉 그만두었다.

宋鎭北大將軍南兗州刺史沈慶之請老하여 表數十上하니 詔聽以公就第①러니 頃之요 宋主復欲用慶之하여 使何尙之往起之하니 慶之笑曰 沈公不效何公으로 往而復返이라하니 尙之慙而止②하다

① 〈沈慶之가〉 始興公의 신분으로 집으로 돌아간 것이다.
以始興公就第.

② "往而復返"은 일이 文帝 元嘉 29년(452)에 보인다.
往而復返, 事見文帝元嘉二十九年.

【綱】 가을 8월에 宋主가 그의 동생 武昌王 劉渾을 죽였다.

秋八月에 宋主殺其弟武昌王渾[75]하다

【目】 劉渾이 좌우의 무리들과 檄文을 지어 스스로 楚王이라고 칭하고 연호를 永光으로 고쳐 웃음거리를 삼았다. 長史가 〈劉渾의 격문을〉 봉함하여 올렸는데, 유혼을 폐위하여 庶人으로 삼고 핍박하여 자살하게 하니, 당시 나이가 열일곱이었다.

渾與左右作檄文하여 自號楚王하고 改元永光하여 以爲戱笑하니 長史封上之한대 廢爲庶人하고 逼令自殺하니 時年十七이러라

75) 宋主殺其弟武昌王渾 : "劉渾이 檄文을 지어 楚王의 호칭을 만들고 연호를 永光으로 고쳐서 웃음거리로 삼은 것은 죄인데, 無罪로 기록한 것은 어째서인가. 宋主를 심하게 여긴 것이다. 유혼은 진실로 죄가 있지만, 나이가 성년이 되지 않았으니 八議로 처리해야 한다. 어떤 자들은 죽을죄에 해당하지 않았는데, 지금 죽였으니 심하다고 한 것이다.〔渾作檄文 建號改元 以爲戱笑則罪也 其以無罪書之 何 甚宋主也 渾則信有罪矣 年未成人 處以八議 或者罪不至死 今而殺之 甚矣〕" 《書法》 '八議'는 종친이나 귀척을 함부로 죄줄 수 없어 논의에 부치는 일이다. 《周禮》 〈秋官 司寇〉에 "죄를 따질 때는 왕의 친척인가, 친구인가, 어진 이인가, 유능한 사람인가, 공이 있는가, 신분이 귀한 이인가, 일에 부지런한 사람인가, 賓客인가 등을 따져서 이러한 이들의 죄는 감한다."라고 하였다.

【綱】 宋나라 郊廟에 처음으로 완비된 음악을 두었다.

宋郊廟에 **初設備樂**①[76]하다

① 晉氏가 남쪽으로 내려온 초창기에 二郊에는 음악이 없었으며, 宗廟에 비록 登歌가 있었지만, 역시 二舞(文舞와 武舞)가 없었다. 苻堅을 격파할 적에 樂工을 얻어 비로소 金石으로 연주하는 음악을 두었다. 文帝 元嘉 22년(445)에 南郊에 비로소 登歌를 설치하였으니, 여기에서 이른바 '음악을 갖추었다〔備樂〕'라고 한 것은, 雅樂을 갖춘 것이 아니라 魏晉 이래 세속의 음악일 뿐이다.

晉氏南渡草創, 二郊無樂, 宗廟雖有登歌, 亦無二舞. 及破苻堅, 得樂工, 始有金石之樂. 文帝元嘉二十二年, 南郊始設登歌, 此所謂備樂, 非能備雅樂, 魏晉以來世俗之樂耳.

【綱】 겨울 10월에 宋나라가 王侯의 제도를 삭감하였다.

◑ **冬十月**에 **宋裁損王侯制度**[77]하다

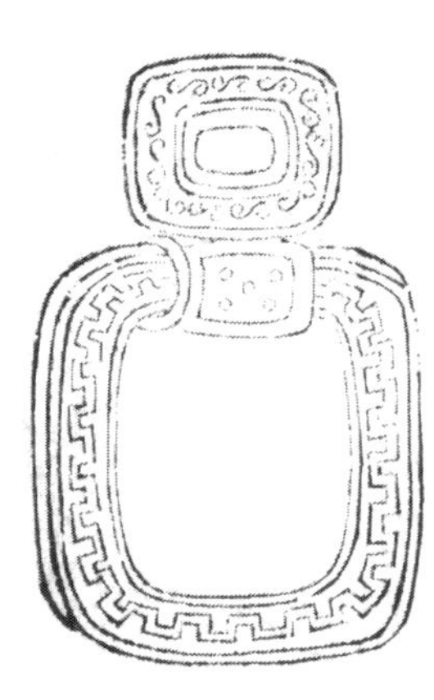
鹿盧

【目】 宋主가 王侯의 세력을 약화시키고자 하니, 江夏王 劉義恭 등이 王侯의 수레와 의복, 기물과 용구, 음악과 춤 등의 제도 모두 9가지 사항을 삭각할 것을 상주하였는데, 宋主가 이로 인해 有司에게 넌지시 일러 24조목으로 늘려서 상주하게 하여 政事를 다스릴 적에는 남쪽을 향하여 앉지 못하게 하고, 검을 찰 때에는 鹿盧 모양으로 된 것을 가질

76) 宋郊廟 初設備樂 : "'처음〔初〕'이라고 기록한 것은 어째서인가. 늦었다는 말이다. 앞에서 宋나라가 처음으로 郊廟의 음악을 갖추었다고 기록하였는데(445) 여기에서 〈다시〉 '처음으로 두었다.〔初設〕'라고 기록하였으니, 그렇다면 이전에 비록 음악을 갖추었으나 아직도 〈완비된 음악을〉 설치하지 않은 것이다. 宋나라 사람들이 郊廟에 게으른 것이 또한 심하였으므로 거듭 '初'라고 기록한 것이다. 〔書初 何 緩辭也 前書宋始備郊廟之樂矣 於是而書初設 然則前者雖備 猶未設也 宋人慢於郊廟 亦甚矣 故再書初〕" ≪書法≫

77) 宋裁損王侯制度 : "역적 劉劭의 변란에 宋나라 孝武帝가 藩王으로서 역적을 토벌하여 나라를 얻었으니, 劉氏가 멸망하지 않은 것은 이 일에 의지한 것이다. 公族은 국가의 枝葉이니, 만약 그 지엽을 제거하면 本根이 장차 무엇에 비호를 받겠는가. 지금 王侯를 깎아 약화시킨 것은 어째서인가. 그러므로 ≪資治通鑑綱目≫이 여기에서 특별히 '王侯의 제도를 삭감하였다.〔裁損王侯制度〕'라고 기록하여 그 본래 뜻이 종족의 번성을 두려워하여 그 지엽을 약화시키려 한 것임을 보인 것이다. 그러나 효무제가 여러 아우들을 사냥하듯 죽이는 것에 어려워하지 않으니, 또 어찌 문제가 제도에 있겠는가. 세상의 변화가 날마다 달라져 天理가 멸망하였으니 서글플 뿐이다. 슬프다.〔逆劭之變 宋孝武以藩王討賊得國 劉氏之不滅 賴有是爾 夫公族 國之枝葉也 若去其枝葉 則本根將何所庇 今乃削弱王侯 何哉 故綱目於此特以裁損王侯制度書之 以見其本志惟恐宗族之蕃衍 而欲削其枝葉也 雖然彼不難於獮其諸弟而殺之 又何有於制度哉 世變日下 天理滅亡 可哀也已 吁〕" ≪發明≫

수 없도록 하고, 內史와 相 및 封國 지역 내 관원의 우두머리는 단지 스스로를 下官이라고만 칭하고 臣이라고는 칭할 수 없도록 하며, 관직에서 파면되면 다시 추후에 경칭을 쓰지 못하도록 하니, 조서를 내려 그대로 시행하라고 하였다.

宋主欲削弱王侯하니 江夏王義恭等이 奏裁損王侯車服器用樂舞制度凡九事한대 宋主因諷有司奏增廣爲二十四條하여 聽事에 不得南向坐하고 施帳劍에 不得爲鹿盧形①하고 內史相及封內官長이 止稱下官不得稱臣하고 罷官則不復追敬이라하니 詔可라하다

① 聽(다스리다)은 平聲이다. 鹿盧(도르래 고리)는 우물 위에 끈을 매어 물을 긷는 도구인데, 옛날에 長劍의 머리 부분에다 옥으로 우물의 鹿盧 모양을 만들고, 위에는 나무를 깎아 山의 모양을 만들었으니, 연꽃이 처음 나와 아직 펴지지 않았을 때의 모습과 같다.
聽, 平聲. 鹿盧, 井上絞繩而汲水之具, 古長劍首以玉作井鹿盧形, 上刻木作山, 如蓮花初生未敷時.

【綱】宋나라가 楊元和와 楊頭를 장군으로 삼았다.

宋以楊元和楊頭爲將軍하다

【目】楊元和는 故 氐王 楊保宗의 아들이다. 宋나라 조정에서는 그가 유약하다고 여겨 位號를 올바르게 하지 않으니, 部落에는 정해진 主軍이 없게 되었다. 그의 族父인 楊頭가 이전에 葭蘆를 지킬 적에 어머니와 아내 및 자제들이 모두 北魏에 잡혀갔지만 宋나라를 위해 굳게 지키고 두 마음을 품지 않았다.

雍州刺史 王玄謨가 청하기를 "양두를 西秦刺史로 삼아 그 무리를 편안하게 하여 楊元和가 장성하기를 기다려 옛날의 기업을 잇게 하고, 만약 걸맞지 않을 경우에는 즉시 양두에게 주시면 반드시 漢川(漢中) 지역을 지켜서 오랑캐의 환란을 근심하는 일이 없을 것입니다. 葭蘆를 지키지 못하면 漢川 역시 설 수 없을 것입니다."라고 하였는데, 宋主가 따르지 않았다.

元和는 故氐王楊保宗子也라 宋朝以其幼弱이라하여 未正位號하니 部落無定主러라 其族父頭 先戍葭蘆하여 母妻子弟竝爲魏所執이나 而爲宋堅守하여 無貳心이라 雍州刺史王玄謨 請以頭爲西秦刺史하여 安輯其衆하여 俟元和稍長하여 使嗣故業하고 若其不稱이어든 卽以授頭면 必能藩扞漢川하여 使無虜患이요 若葭蘆不守면 漢川亦不可立矣라하니 不從하다

1. 思政殿訓義 資治通鑑綱目17 年表

年度	在位年	역문쪽수	주요 사건
420 庚申年	晉 恭帝(司馬德文) 元熙 2 宋 武帝(劉裕) 永初 1 北魏 明元帝(拓跋嗣) 泰常 5 西秦 文昭王(乞伏熾磐) 建弘 1 夏 武烈帝(赫連勃勃) 眞興 2 北燕 文成帝(馮跋) 太平 11 北涼 武宣王(沮渠蒙遜) 玄始 9 西涼 李恂 永建 1	13 17 18 19 21	• 宋王 劉裕가 晉 恭帝를 폐위하여 零陵王으로 삼고 스스로 皇帝를 칭함. • 宋 武帝 劉裕가 王太后 蕭氏를 皇太后로 높임. • 宋나라가 東晉의 봉작을 고치고, 차등에 따라 공신과 자제들에게 봉작을 내림. • 宋나라 交州刺史 杜慧度가 林邑을 격파함. • 北涼 武宣王 沮渠蒙遜이 西涼公 李歆을 공격하여 죽이자 이흠의 동생 李恂 등이 도망감. • 宋나라가 劉義符를 皇太子로 삼음. • 西涼의 李恂이 敦煌으로 가서 刺史를 칭함.
421 辛酉年	宋 武帝 永初 2 北魏 明元帝 泰常 6	23 24 26	• 宋나라가 廬陵王 劉義眞을 司徒로, 徐羨之를 尙書令으로, 揚州刺史 傅亮을 僕射로 삼음. • 北魏 明元帝(拓跋嗣)가 後苑을 조성함. • 北涼이 敦煌을 도륙하고 西涼의 李恂을 죽여 西涼을 멸망시킴. • 宋나라가 淫祠를 폐지함. • 宋 武帝(劉裕)가 秣陵에서 零陵王(晉 恭帝)을 시해함. • 晉 恭帝를 沖平陵에서 장사 지냄. • 北涼의 晉昌太守 唐契가 반란을 일으킴. • 宋나라 豫章太守 謝瞻이 사망함.
422 壬戌年	宋 武帝 永初 3 北魏 明元帝 泰常 7	28 29 31 33 36	• 宋나라가 徐羨之를 司空 錄尙書事로 삼음. • 宋나라가 廬陵王 劉義眞을 都督豫州雍州等州軍事로 삼음. • 宋나라가 仇池公 楊盛을 武都王으로 삼음. • 宋 武帝가 죽고, 太子 劉義符가 즉위함. • 北魏가 拓跋燾를 太子로 세워 監國하게 함. • 宋나라가 傅亮을 中書監 尙書令으로, 謝晦를 中書令으로, 謝方明을 丹陽尹으로 삼음.

年度	在位年	역문쪽수	주요 사건
422 壬戌年	宋 武帝 永初 3 北魏 明元帝 泰常 7	36	• 北魏가 司空 奚斤을 보내 宋나라를 쳐서 靑州·兗州의 여러 郡을 점령하자, 宋나라가 司州刺史 毛德祖와 南兗州刺史 檀道濟를 보내어 구원함.
423 癸亥年	宋 少帝(劉義符) 景平 1 北魏 明元帝 泰常 8	41	• 北魏가 宋나라 河南의 金墉을 점령하고, 于栗磾(우율제)를 洛陽에 鎭守하게 함. • 宋나라가 蔡廓을 吏部尙書로 삼았으나 채확이 받지 않음.
		43	• 北魏가 刁雍을 靑州刺史로 삼음.
		44	• 柔然이 北魏의 변경을 침략하자 北魏가 長城을 쌓아 대비함. • 北涼과 吐谷渾이 宋나라에 조공을 바침. • 北魏가 宋나라 虎牢를 공격하였으나 함락하지 못함. 北魏의 公孫表가 宋나라 毛德祖와의 내통 혐의를 받고 죽음.
		45	• 北魏가 宋나라 東陽城을 공격하자 宋나라 檀道濟가 군사를 거느리고 와서 구원함.
		46	• 北魏가 虎牢와 東陽城을 공격하였으나 승리하지 못함. 刁雍을 남겨 尹卯에 鎭守하게 함.
		48	• 여러 蠻族들이 北魏에 조공을 바침.
		49	• 北涼이 晉昌을 공격하여 승리함. • 西秦이 北魏에 조공을 바침.
		50	• 北魏가 虎牢를 함락하여 司州·豫州의 여러 郡을 차지하고, 宋나라 司州刺史 毛德祖를 사로잡음.
		51	• 柔然이 北涼을 공격하여 북량의 世子 沮渠政德을 죽임. • 北魏가 平城의 西宮을 넓힘.
		52	• 北魏가 宋나라의 許昌·汝陽을 점령함. • 北魏 明元帝(拓跋嗣)가 죽고, 太子 拓跋燾가 즉위함.
		57	• 道士 寇謙之가 天師道場을 세울 것을 北魏 太武帝 拓跋燾에게 아뢰자 崔浩가 상소하여 시행할 것을 권하니, 平城 동남쪽에 천사도장을 세움.

年度	在位年	역문쪽수	주요 사건
424 甲子年	宋 少帝 景平 2 宋 文帝(劉義隆) 元嘉 1 北魏 太武帝(拓跋燾) 始光 1	60 62 70 72 73 74 75	• 宋나라의 執政인 徐羨之가, 謝靈運 · 顔延之 등이 廬陵王 劉義眞과 가깝게 지내면서 조정을 비판한다고 하여 모두 지방으로 내보냄. 劉義眞을 폐위하여 庶人으로 삼음. • 宋나라의 집정인 徐羨之 · 傅亮 · 謝晦가 檀道濟를 끌어들여 少帝 劉義符를 폐위하여 營陽王으로 삼았다가, 한 달 뒤에 시해함. 宜都王 劉義隆을 江陵에서 맞이하고, 前 廬陵王 劉義眞을 죽임. 사회를 都督荊湘等州軍事로 삼음. • 西秦이 北涼을 공격함. • 宜都王 劉義隆이 建康에 이르러 황제에 즉위하고, 廬陵王 劉義眞의 봉호를 회복시킴. • 柔然이 北魏를 침략함. • 吐谷渾王 慕容阿柴가 죽고, 아우 慕容慕璝가 즉위함. • 北魏가 柔然을 정벌하여 크게 노획함. • 羌族의 別種인 宕昌이 北魏에 조공을 바침. • 夏나라 世祖 武烈帝(赫連勃勃)가 世子 赫連璝를 폐하고 아우 赫連倫을 세우려 하자, 혁련괴가 혁련륜을 죽임. 혁련륜의 형 赫連昌이 혁련괴를 토벌하여 죽이자, 그를 太子로 삼음.
425 乙丑年	宋 文帝 元嘉 2 北魏 太武帝 始光 2 夏 德武帝(赫連昌) 承光 1	76 77 78 79	• 徐羨之 등이 상소를 올려 親政을 권하자 宋文帝가 親政함. • 北魏 太武帝가 保母 竇氏를 保太后로 높임. • 北魏가 長孫嵩을 太尉로, 長孫翰을 司徒로, 奚斤을 司空으로 삼음. • 西秦 文昭王 乞伏熾磐이 臨松에서 北涼의 군대를 습격하여 패배시킴. • 北魏가 사신을 파견하여 宋나라와 通交함. • 武都王 楊盛이 죽고, 아들 楊玄이 즉위함. • 西秦이 黑水羌을 공격하여 격파함. • 夏나라 武烈帝 赫連勃勃이 죽고, 世子 赫連昌(德武帝)이 즉위함. • 北魏가 고비 사막을 넘어 柔然을 토벌함.

年度	在位年	역문쪽수	주요 사건
426 丙寅年	宋 文帝 元嘉 3 北魏 太武帝 始光 3	80	• 宋 文帝(劉義隆)가 王弘·王曇首·檀道濟와 결탁하여 徐羨之·傅亮을 죽이니, 謝晦가 江陵에서 반란을 일으킴. • 王弘을 司徒 揚州刺史 錄尙書事로, 彭城王(劉義康)을 都督荊州湘州等州軍事로 삼음.
		84	• 宋 文帝가 親征하여 謝晦를 토벌하여 죽임.
		87	• 宋나라가 謝靈運을 秘書監으로, 顔延之를 中書侍郎으로 삼음.
		88	• 宋나라가 檀道濟를 江州刺史로, 到彦之를 南豫州刺史로 삼음. • 宋 文帝가 散騎常侍 袁渝 등 16명을 파견하여 여러 州의 郡縣을 순행하게 함. • 宋 文帝가 延賢堂에서 직접 訟事를 다스림.
		90	• 宋나라가 王華·王曇首·殷景仁·劉湛을 侍中으로 삼고, 謝弘微를 黃門侍郎으로 삼음.
		93	• 西秦이 北涼을 공격하였다가, 夏나라가 西秦의 苑川을 습격하므로 회군함. • 北魏 太武帝가 친히 군대를 거느리고 夏나라를 공격함. 이때 崔浩와 李順의 갈등이 발생함.
		95	• 夏나라가 西秦을 공격하여 枹罕에 들어감. • 北魏 太武帝가 夏나라 統萬에 침입하여 약탈하고 주민 1만여 家를 옮겨 돌아옴. 北魏의 장수 奚斤이 蒲阪과 長安을 점령함.
		96	• 北魏가 漏戶의 비단 징수를 금하고, 漏戶를 군현의 호구에 편입시킴. • 北魏가 城의 동쪽에 太學을 설립함.
427 丁卯年	宋 文帝 元嘉 4 北魏 太武帝 始光 4	98	• 宋 文帝가 京陵(劉翹의 능)을 배알함. • 北魏가 宋나라에 사신을 파견함. • 宋나라 前 交州刺史 杜弘文이 사망함.
		99	• 長安에서 北魏의 奚斤과 夏나라 赫連定이 대치하자, 北魏 太武帝가 직접 夏나라의 수도 統萬을 공격함.
		100	• 宋나라 中護軍 王華가 사망함. • 夏나라 德武帝 赫連昌이 統萬에서 北魏에게 패하여 上邽로 달아남. 北魏가 통만을 점령함.
		104	• 西秦이 北魏에게 조공을 바침.

年度	在位年	역문쪽수	주요 사건
427 丁卯年	宋 文帝 元嘉 4 北魏 太武帝 始光 4	104 106 	• 北魏 太武帝가 平城으로 돌아옴. • 夏나라 安定城이 北魏에 항복함. • 北魏가 仇池의 楊玄을 南秦王으로 삼음. • 東晉의 徵士 陶潛이 사망함.
428 戊辰年	宋 文帝 元嘉 5 北魏 太武帝 神䴥 1 西秦 厲武王(乞伏暮末) 永弘 1 北涼 武宣王(沮渠蒙遜) 承玄 1 夏 平武帝(赫連定) 勝光 1	110 113 114 115	• 北魏가 夏나라와 싸워 安頡이 德武帝 赫連昌을 사로잡아 돌아가자, 赫連定(平武帝)이 平涼에서 稱帝함. 奚斤이 혁련정을 공격하였으나 혁련정이 해근을 격파하고 長安을 수복함. • 西秦 文昭王 乞伏熾磐이 죽고, 世子 乞伏暮末이 즉위함. • 宋나라가 王弘을 衛將軍 開府儀同三司로 삼음. • 北涼이 西秦의 喪中을 틈타 침략하였다가, 沮渠成都를 돌려받고 화친을 맺음. • 北涼이 약속을 배반하고 西秦을 공격함.
429 己巳年	宋 文帝 元嘉 6 北魏 太武帝 神䴥 2	115 118 119 123 124	• 宋나라가 彭城王 劉義康을 司徒 錄尙書事로 삼고, 江夏王 劉義恭을 都督荊湘等州軍事로 삼음. • 丁零이 北魏에 항복함. • 宋나라가 劉劭를 太子로 삼음. • 宋나라가 殷景仁을 中領軍으로 삼음. • 西秦王 乞伏暮末이 예전 자신의 어머니를 다치게 한 실수를 들어 尙書 辛進을 죽임. • 北魏 太武帝가 柔然을 정벌하려고 하자 신하들이 災異를 들어 반대함. 태무제가 崔浩에게 이들과 논쟁하게 하고 친정을 함. • 宋나라가 王敬弘을 光祿大夫로 삼음. • 北涼과 吐谷渾이 西秦을 침략하자 西秦이 그들을 물리치고 北涼의 世子 沮渠興國을 사로잡음. • 柔然의 紇升蓋可汗(郁久閭大檀)이 도주하므로 北魏 太武帝가 涿邪山까지 추격하였으나 붙잡지 못함. 욱구려대단이 죽고, 그 아들 敕連可汗 郁久閭吳提가 즉위함.

年度	在位年	역문쪽수	주요 사건
429 己巳年	宋 文帝 元嘉 6 北魏 太武帝 神䴥 2	126 127	• 仇池의 武都王 楊玄이 죽으니, 그의 아우 楊難當이 조카 楊保宗을 폐위하고 스스로 즉위함. • 高車가 北魏에 항복하자 그들을 漠南으로 옮겨서 방목하게 함. • 北魏가 崔浩를 撫軍大將軍으로 삼음.
430 庚午年	宋 文帝 元嘉 7 北魏 太武帝 神䴥 3	129 130 131 135 136 138 139 140 142 143	• 宋나라가 到彦之 등을 보내어 北魏의 河南 지역을 공격하게 함. • 北魏의 勅勒이 반란을 일으킴. • 宋나라가 仇池의 楊難當을 武都王으로 삼음. • 北魏가 河南에서 후퇴하여 河北에 주둔하니, 宋나라 到彦之 등이 河南을 빼앗음. • 北魏가 安頡을 파견하여 到彦之를 공격하게 하니 안힐이 宋나라 군대를 격파함. • 林邑이 宋나라에 貢物을 보냄. • 北燕 文成帝 馮跋이 죽자, 그의 아우 馮弘(昭成帝)이 太子 馮翼을 죽이고 즉위함. • 北魏 太武帝가 夏나라의 平涼을 습격하고자 統萬으로 감. • 宋나라가 四銖錢을 주조함. • 北魏의 安頡이 宋나라의 金墉·洛陽·虎牢를 탈취함. • 西秦王 乞伏暮末이 北涼에 핍박을 받아 北魏에 항복을 요청함. 걸복모말이 백성을 거느리고 上邽로 갔는데 夏나라가 이를 막으니, 걸복모말은 南安에 머물고 西秦의 영토는 모두 吐谷渾으로 편입됨. • 北魏 太武帝가 平涼을 습격하여 夏나라를 대패시킴. • 宋나라가 檀道濟를 보내어 北魏를 토벌함. 宋나라 到彦之가 河南을 버리고 彭城으로 도주함. • 夏나라 平武帝 赫連定이 北魏에게 패하여 上邽로 달아남. 北魏가 安定과 隴西를 차지함. • 北魏가 宋나라의 滑臺를 공격함. • 北涼이 北魏에게 공물을 바침. • 宋나라가 長沙王 劉義欣을 豫州刺史로 삼음.

年度	在位年	역문쪽수	주요 사건
430 庚午年	宋 文帝 元嘉 7 北魏 太武帝 神䴥 3	144	• 北魏가 夏나라의 平涼을 공격하여 승리하고 長安을 수복함.
		145	• 宋나라가 北魏에게 패한 到彦之와 王仲德을 파면하고 垣護之를 北高平太守로 삼음.
431 辛未年	宋 文帝 元嘉 8 北魏 太武帝 神䴥 4 北燕 昭成帝(馮弘) 太興 1 北涼 武宣王 義和 1	146	• 宋나라 檀道濟가 滑臺를 구원하여 北魏의 군사를 壽張에서 패퇴시킴. • 夏나라 赫連定이 西秦을 멸망시키고 西秦王 乞伏暮末을 죽임.
		147	• 北魏가 滑臺에서 승리함.
		148	• 北魏 太武帝가 平城으로 돌아가 境內의 백성들에게 1년간 조세를 면제해줌.
		149	• 宋나라 檀道濟가 北魏의 추격을 물리치고 歷城에서 회군함. 宋나라 青州刺史 蕭思話가 성을 버리고 도주하여 노역형을 받음.
		150	• 北魏가 王慧龍을 榮陽太守로 삼음. 宋나라가 呂玄伯을 보내 암살하게 하였으나 오히려 감화됨.
		152	• 夏나라가 北涼을 공격함. 吐谷渾이 夏나라 군대를 습격하여 격파하고 平武帝 赫連定을 생포해 돌아감. • 柔然이 사신을 보내 北魏에 화평을 청함. • 北魏가 宋나라에 求婚하였으나 宋 文帝가 모호하게 답변함.
		153	• 宋나라가 劉湛을 太子詹事 給事中으로 삼음.
		154	• 北涼의 武宣王 沮渠蒙遜이 아들을 보내 北魏에 入侍하게 함. • 吐谷渾이 北魏에 표문을 올림. • 北魏가 崔浩를 司徒로, 長孫道生을 司空으로 임명함.
		155	• 北魏가 北涼의 沮渠蒙遜에게 官爵을 수여하고 涼王으로 삼음. • 北魏가 漢族 世家 중 隱士(范陽 盧玄, 博陵 崔綽, 趙郡 李靈, 河間 邢穎, 渤海 高允, 廣平 游雅, 太原 張偉 등)를 徵召함.
		157	• 北魏가 崔浩에게 律令을 정하게 함.
432 壬申年	宋 文帝 元嘉 9 北魏 太武帝 延和 1	159	• 北魏가 保太后를 皇太后로 높이고, 拓拔晃을 太子로 세움.

年度	在位年	역문쪽수	주요 사건
432 壬申年	宋 文帝 元嘉 9 北魏 太武帝 延和 1	159	• 宋나라가 王弘을 太保로, 檀道濟를 司空으로 삼아 尋陽을 鎭守하게 함. • 吐谷渾이 생포한 赫連定을 北魏로 보내자, 北魏가 혁련정을 죽임.
		160	• 北魏가 代郡을 萬年으로 改稱하였다가 복구함.
		161	• 宋나라 太保 王弘 사망. • 宋나라가 北魏로 사신을 파견함. • 宋나라가 司徒 劉義康에게 揚州刺史를 겸직시킴. • 宋나라가 殷景仁을 尙書僕射로 삼고, 劉湛을 領軍將軍으로 삼음. • 吐谷渾이 夏나라 赫連定을 잡은 것을 宋나라에 고함. • 宋나라 趙廣이 반란을 일으켜 蜀 땅을 장악하고 成都를 포위함.
		164	• 北魏 太武帝가 北燕을 공격하여 和龍을 포위함. 이때 北魏에 잡혀 있다가 장수가 된 宋나라 출신의 朱脩之가 북연으로 탈출하여 바다를 통해 송나라로 돌아옴.
		165	• 北燕 長樂公 馮崇이 遼西(肥如)를 거점으로 반란을 일으켜 北魏에 항복하자, 북연이 군대를 보내 요서를 포위함.
		166	• 宋나라 益州參軍 裴方明이 趙廣을 격파하자 조광이 涪城으로 돌아감.
		168	• 北魏가 太常 李順을 北涼에 사신으로 보냄. 이순이 돌아와 북량의 실정을 말하면서 북량에 대한 정벌을 늦출 것을 고함.
433 癸酉年	宋 文帝 元嘉 10 北魏 太武帝 延和 2 北涼 哀王(沮渠牧犍) 永和 1	170	• 北魏가 樂安王 拓跋範을 長安鎭都大將으로, 馮崇을 遼西王으로, 陸俟를 散騎常侍로 삼음.
		172	• 宋나라가 荊州刺史 劉義慶을 보내어 成都를 구원함. 성도의 裴方命과 연합하여 趙廣의 군대를 격파하니 조광이 涪城으로 도망감.
		173	• 北涼 武宣王 沮渠蒙遜이 죽고, 沮渠牧犍이 즉위함.
		174	• 林邑이 宋나라에 공물을 바침. • 宋나라 裴方明이 趙廣 등을 격파하여 평정함.

年度	在位年	역문쪽수	주요 사건
433 癸酉年	宋 文帝 元嘉 10 北魏 太武帝 延和 2 北涼 哀王(沮渠牧犍) 永和 1	174 175	• 北魏가 北燕을 공격함. • 宋나라가 甄法崇을 益州刺史로 삼음. • 仇池 楊難當이 宋나라 漢中을 습격하여 점거함. • 宋나라 謝靈運이 반란할 의도가 있다는 혐의를 받아 廣州로 유배되었다가 죽임을 당함.
434 甲戌年	宋 文帝 元嘉 11 北魏 太武帝 延和 3	178 179 180 181 182	• 宋나라 梁州秦州刺史 蕭思話가 楊難當을 공격하여 격파함. • 北魏가 柔然과 화친함. • 宋나라가 漢中을 收復함. • 北燕 昭成帝 馮弘이 北魏의 藩國을 칭함. • 北涼이 사신을 보내 宋나라에 表文을 올림. • 北燕이 北魏에 太子를 인질로 보내지 않자, 北魏가 北燕을 정벌함. • 北魏 太武帝가 山胡인 白龍을 공격하여 승리함.
435 乙亥年	宋 文帝 元嘉 12 北魏 太武帝 太延 1	183 184 185 186 187 188	• 北燕이 宋나라에 藩國을 칭하자, 宋나라가 燕王에 봉함. • 宋나라가 殷景仁을 中書令 中護軍으로 삼음. 劉湛이 은경인을 질투하여 司徒 劉義康과 결부하여 파당을 이룸. 文帝가 은경인을 신뢰하여 後將軍 司馬 庾炳之를 통해 은밀히 왕래함. • 北魏가 공신인 穆壽를 宜都王으로 삼음. • 西域의 龜玆·疏勒·烏孫 등 아홉 나라가 北魏에 貢物을 바침. 北魏가 서역에 사신을 보냈으나 모두 柔然에게 사로잡힘. • 高句麗 長壽王(高璉)이 北魏에 貢物을 바침. • 北魏가 北燕을 정벌하여 和龍에 도착하자, 北燕이 高句麗에 원군을 청함. • 宋나라가 佛像을 주조하거나 寺刹을 건립하는 것을 금지함.
436 丙子年	宋 文帝 元嘉 13 北魏 太武帝 太延 2	189	• 宋 文帝의 병환으로 인해 劉義康이 정사를 다스렸는데, 劉湛이 유의강을 설득하여 檀道濟를 제거하게 하자 단도제를 구속하여 죽임.

年度	在位年	역문쪽수	주요 사건
436 丙子年	宋 文帝 元嘉 13 北魏 太武帝 太延 2	191 192 193 194	• 楊難當이 大秦王이라 자칭함. • 北魏가 北燕을 정벌하자 北燕 昭成帝 馮弘이 和龍城을 불태우고 高句麗로 달아남. • 北魏가 楊難當을 上邽에서 토벌하여 항복시킴. • 北魏가 野馬苑을 설치함. • 宋나라가 渾天儀를 주조함. • 柔然이 北魏와 화친을 끊고 邊境을 침입함.
437 丁丑年	宋 文帝 元嘉 14 北魏 太武帝 太延 3	194 195 196	• 北魏가 南平王 拓跋渾을 鎭東大將軍으로 삼아 和龍에 鎭守하게 함. • 北魏가 郡守와 縣令의 탐욕을 방지하기 위해 관리와 백성들에게 그들의 罪를 고발하도록 함. • 北魏가 侍郎 董琬·高明 등을 西域에 파견하자 서역 16국이 北魏에 朝貢을 바침. • 北涼 哀王 沮渠牧犍이 北魏의 武威公主를 맞이하고 世子 沮渠封壇을 보내 北魏 太武帝를 모시게 함. 동시에 宋나라에 사신을 보내 서책 등을 요청함. 北涼에 사신으로 간 李順이 돌아와서 北魏 太武帝에게 北涼의 정벌을 늦추도록 설득함.
438 戊寅年	宋 文帝 元嘉 15 北魏 太武帝 太延 4	197 198 199	• 宋 文帝가 吐谷渾可汗 慕容慕利延을 隴西王으로 삼음. • 北魏가 50세 이하의 沙門을 환속시켜 征役에 종사하게 함. • 高句麗가 北燕 昭成帝 馮弘을 죽임. • 北魏가 柔然을 정벌하였으나 柔然의 군대를 발견하지 못하고 돌아옴. • 宋나라가 玄學·史學·文學·儒學의 四學을 설립함.
439 己卯年	宋 文帝 元嘉 16 北魏 太武帝 太延 5	201 202	• 宋나라가 衡陽王 劉義季를 都督荊湘等州諸軍事로 삼음. • 邸人 楊保宗이 北魏로 달아남. 北魏에서 양보종을 武都王으로 삼아 上邽를 지키게 함.

年度	在位年	역문쪽수	주요 사건
439 己卯年	宋 文帝 元嘉 16 北魏 太武帝 太延 5	202 208 209 210 211 212	• 北涼王 沮渠牧犍의 형수 李氏가 武威公主를 독살하려다 실패함. 北魏가 이씨를 보내라 하였는데, 北涼이 보내지 않자 太武帝가 정벌하고자 함. 李順 등이 정벌을 반대하자, 崔浩가 이순이 北涼의 뇌물을 받았다고 아뢰고 정벌할 것을 아룀. 태무제가 친정하여 姑臧을 함락시키고 저거목건의 항복을 받음. • 北魏가 北涼을 멸망시키고 華北을 통일하여, 宋나라와 함께 南北朝 대립의 형세가 갖추어짐. • 柔然이 北魏를 침략하여 勅連可汗이 일부의 군대를 이끌고 平城에 이르렀으나, 嵇敬이 北鎭에서 柔然을 격파함. • 北魏가 樂平王 拓跋丕에게 涼州를 鎭守하게 함. • 北魏 張掖王 禿髮保周가 張掖郡을 점거하여 반란을 일으킴. • 宋나라 太子 劉劭가 冠禮를 거행함. • 北魏 太武帝가 平城으로 돌아와서 沮渠牧犍을 우대하고, 北涼의 闞駰(감인)・張湛・劉昞・索敞(삭창) 등의 신하를 등용함. 이들 漢人 관료들의 영향으로 北魏의 儒學이 발전함. • 北魏가 崔浩와 高允에게 명하여 國史를 편찬하게 함.
440 庚辰年	宋 文帝 元嘉 17 北魏 太武帝 太平眞君 1	215 216	• 敦煌으로 달아났던 北涼王의 아우 沮渠無諱가 北魏의 酒泉을 탈취함. • 北魏가 年號를 太平眞君으로 바꿈. • 北魏가 禿髮保周를 토벌하여 죽임. 沮渠無諱가 北魏에 항복함. • 宋나라 조정의 권력이 宋 文帝와 劉義康으로 나누어짐. 宋 文帝가 유의강의 파당인 劉湛을 주살하고 유의강을 江州刺史로 좌천시켰으며, 江夏王 劉義恭을 司徒 錄尙書事로, 始興王 劉濬을 揚州刺史로 삼음.

年度	在位年	역문쪽수	주요 사건
441 辛巳年	宋 文帝 元嘉 18 北魏 太武帝 太平眞君 2	227 228 229	• 宋 文帝가 彭城王(劉義康)을 都督江州交州廣州軍事로 삼음. 扶令育이 유의강을 지방으로 좌천한 것에 대해 표문을 올리자 문제가 부영육을 賜死함. • 北魏의 新興王 拓跋俊이 반란을 陰謀하다 주살됨. • 北魏가 酒泉을 토벌하여 北涼의 잔존 세력을 격파함. • 楊難當이 宋나라 漢川(漢中)을 침범하자, 宋나라가 龍驤將軍 裴方明 등을 파견하여 토벌함. • 宋나라 晉寧郡이 반란을 일으킴.
442 壬午年	宋 文帝 元嘉 19 北魏 太武帝 太平眞君 3	229 231 232 233 234 235	• 北魏 太武帝가 道敎 祭壇에 나아가 符籙을 받음. 寇謙之가 靜輪宮을 짓도록 주청하여 공사를 일으킴. • 沮渠無諱가 敦煌을 버리고 서쪽으로 鄯善을 점거하니, 李寶가 敦煌을 점거하고 北魏에 표문을 올림. 唐和가 車師前部의 두 성을 함락시키고 北魏에 항복을 청함. • 宋나라가 楊難當을 토벌하여 평정하고 그의 아들 楊保熾를 세워 仇池를 지키게 함. 北魏가 양난당을 맞이하여 平城으로 옮김. • 沮渠無諱가 高昌을 습격하여 점거함. 宋나라가 그를 河西王으로 삼음. • 柔然이 宋나라에 사신을 보냄. • 宋나라가 孔子廟를 수리함. • 北魏가 李寶를 敦煌公으로 삼음. • 宋나라 雍州의 蠻族들이 반란을 일으킴. • 北魏 尙書 李順이 北涼에 뇌물을 받고 황제를 속인 죄로 주살됨.
443 癸未年	宋 文帝 元嘉 20 北魏 太武帝 太平眞君 4	236	• 北魏가 宋나라의 仇池를 공격하여 빼앗음. • 烏洛侯國이 北魏에 사신을 파견함. 사신이 北魏 선조들이 제사 지내던 석실이 아직 보존되어 있다고 고하자, 太武帝가 사신을 보내 제사를 지내고 祝文을 새기게 함.

年度	在位年	역문쪽수	주요 사건
443 癸未年	宋 文帝 元嘉 20 北魏 太武帝 太平眞君 4	237 238 239 240	• 武都王 楊保宗이 배반하여 北魏가 양보종을 죽이니. 宋나라가 양보종의 아우 楊文德을 무도왕으로 삼음. • 北魏 太武帝가 柔然을 습격하였으나 의심하여 급하게 공격하지 않으니, 유연이 기회를 엿보고 달아남. • 宋나라가 北魏의 濁水戍를 공격하였으나 패배함. • 北魏 太武帝가 平城으로 돌아오면서 太子 拓跋晃에게 조서를 내려 정무를 총괄하게 함.
444 甲申年	宋 文帝 元嘉 21 北魏 太武帝 太平眞君 5	240 242 243 245 246 248 250	• 宋 文帝가 籍田을 경작하고 크게 사면함. 北魏 太武帝가 太子 拓跋晃에게 모든 정무를 총괄하게 하고, 中書監 穆壽, 司徒 崔浩, 侍中 張黎·古弼 등으로 보좌하게 함. • 北魏 太子 拓跋晃이 농사를 독려하여 소를 서로 빌려주고 보상 받는 제도를 시행함. • 北魏가 사사로이 沙門과 무당을 공양하는 것을 금지함. • 北魏가 公卿의 子弟를 모두 太學에 들어가게 함. • 北魏 尙書令 劉絜이 柔然과 전쟁에서 조서를 속인 죄로 주살됨. 또 유혈이 樂平王 拓跋丕를 황제로 삼으려 하였는데, 유혈이 죽게 되자 탁발비가 근심으로 죽음. • 宋나라가 江夏王 劉義恭을 太尉로 삼음. • 河西王 沮渠無諱가 죽자, 그의 아우 沮渠安周가 즉위함. • 北魏가 胡神에게 제사 지내는 예를 철폐함. • 宋나라가 衡陽王 劉義季를 兗州刺史로, 南譙王 劉義宣을 荊州刺史로 삼음. • 柔然의 勅連可汗이 죽자, 그의 아들 處羅可汗 郁久閭吐賀眞이 즉위함. • 敦煌公 李寶가 北魏에 입조하니, 北魏가 그를 억류함.

年度	在位年	역문쪽수	주요 사건
445 乙酉年	宋 文帝 元嘉 22 北魏 太武帝 太平眞君 6	251 257 258 259 260 265 266	• 宋나라가 何承天이 올린 元嘉曆을 시행함. • 北魏가 中書省에게 疑獄의 경우 經傳의 뜻에 의거하여 처결하도록 함. • 北魏가 鄯善을 정벌함. • 宋나라가 沔水의 여러 蠻族을 토벌함. • 鄯善이 北魏에 항복하여 西域으로 통하는 길이 열림. • 北魏가 雜民(여러 종족으로 구성된 백성)을 북쪽 변경으로 이주시킴. • 北魏가 吐谷渾을 정벌하니, 吐谷渾王 慕容慕利延이 달아나 于闐을 점거함. • 北魏의 盧水胡 蓋吳(합오)가 반란을 일으켜 스스로를 天台王이라 칭함. • 北魏가 宋나라의 淮水와 泗水를 노략질하고 백성을 河北으로 이주시킴. • 宋나라 孔熙先과 太子詹事 范曄이 彭城王 劉義康을 황제로 세울 것을 모의하다 죽임을 당함. • 宋나라가 彭城王 劉義康을 폐하여 庶人으로 삼고 安成郡으로 귀양 보냄. • 宋나라가 登歌를 세워 郊廟의 음악을 갖춤.
446 丙戌年	宋 文帝 元嘉 23 北魏 太武帝 太平眞君 7	267 268 269 272 276	• 北魏가 盧水胡 蓋吳를 토벌하자 합오가 北山으로 달아남. 宋나라가 그를 北地公으로 삼고 구원함. • 宋나라가 林邑을 정벌함. • 北魏 太武帝가 崔浩의 건의를 수용하여 寇謙之의 道敎를 중시하고 佛敎를 탄압함. 長安의 승려들을 죽이고 佛經과 佛像을 훼손함.(魏武의 法難으로 일컬으며, 三武一宗의 法難 중 하나) • 北魏가 宋나라의 北邊을 침략하자 何承天이 변경을 안정시키고 굳게 수비할 것을 上言함. • 北魏 金城의 邊固와 天水의 梁會가 秦州·益州의 雜民 만여 戶와 함께 上邽의 東城을 점거하여 반란을 일으켰으나 北魏가 평정함.

年度	在位年	역문쪽수	주요 사건
446 丙戌年	宋 文帝 元嘉 23 北魏 太武帝 太平眞君 7	277 278 279 281	• 宋나라 檀和之 등이 林邑을 평정함. • 北魏가 司州・幽州・定州・冀州에서 사람을 징발하여 京畿 주위에 요새를 둘러쌓음. • 宋나라가 북쪽에 제방을 쌓아 玄武湖를 만들고, 華林園에 景陽山을 쌓아올림. • 宋나라가 杜坦을 青州刺史로 삼음. • 北魏의 長安鎭將 陸俟가 蓋吳를 토벌함. 安定의 盧水胡 劉超가 반란을 일으키자 육사가 토벌함. • 吐谷渾이 다시 옛 영토로 돌아옴.
447 丁亥年	宋 文帝 元嘉 24 北魏 太武帝 太平眞君 8	282 283 284	• 北魏가 沮渠昭儀(興平公主)를 죽이고, 前 北凉王 沮渠牧犍을 반역의 혐의로 賜死함. • 宋나라가 大錢을 주조함. • 宋나라 衡陽王 劉義季가 사망함. • 宋나라 胡誕世가 豫章을 점거하여 반란을 일으키자 토벌하여 평정함. • 楊文德이 葭蘆를 점거하자 5郡의 氐族이 호응함.
448 戊子年	宋 文帝 元嘉 25 北魏 太武帝 太平眞君 9	285 286 287	• 北魏가 楊文德을 공격하자, 양문덕이 패배하여 漢中으로 달아남. 宋나라가 그를 면직하고 작위를 삭탈함. • 北魏 山東에 기근이 들어 京畿 주위에 요새를 둘러쌓는 일을 중지함. • 宋나라 吏部尙書 庾炳之가 뇌물죄로 면직됨. • 宋나라가 武陵王 劉駿을 徐州刺史로 삼음. • 宋나라가 大錢을 폐지함. • 西域의 般悅國이 北魏에 사신을 파견함. • 北魏가 焉耆와 龜玆를 격파하여 西域을 평정함. • 北魏 太武帝가 柔然을 정벌하였으나, 柔然의 군대를 발견하지 못함.
449 己丑年	宋 文帝 元嘉 26 北魏 太武帝 太平眞君 10	287	• 北魏 太武帝가 다시 柔然을 정벌하니, 處羅可汗(郁久閭吐賀眞)이 달아남. • 宋나라가 隨王 劉誕을 雍州刺史로 삼음.

年度	在位年	역문쪽수	주요 사건
449 己丑年	宋 文帝 元嘉 26 北魏 太武帝 太平眞君 10	288 289	• 北魏 太武帝가 柔然을 정벌함. 이로부터 柔然의 세력이 쇠약해져 자취를 감춤. • 宋나라 雍洲의 蠻族이 반란을 일으킴.
450 庚寅年	宋 文帝 元嘉 27 北魏 太武帝 太平眞君 11	290 291 292 295 296 301 310 311 313 315 318	• 宋나라 將軍 沈慶之가 雍洲의 蠻族을 토벌하고, 항복한 이들을 建康으로 옮겨서 營戶로 삼음. • 北魏 太武帝가 宋나라의 懸瓠를 포위함. • 宋나라가 병사를 동원하는 일로 인해 內外百官의 녹봉 1/3을 경감함. • 宋나라 陳憲이 懸瓠에서 北魏의 공격을 막아내고 크게 승리하자 北魏가 포위를 풀고 돌아감. • 宋나라가 江湛을 吏部尙書로 삼음. • 北魏 太子 拓跋晃과 司徒 崔浩가 인재등용 문제로 다툼. 최호가 저술한 ≪國史≫를 돌에 새겨 사람들이 北魏 先祖의 일을 알게 되자, 太武帝가 최호와 그의 종족을 멸족시킴(國史事件). 太武帝가 ≪국사≫를 공동으로 저술한 高允을 심문하였으나, 그의 정직함을 인정하고 사면함. • 宋나라가 北魏를 침략하여 碻磝를 함락하고 滑臺를 포위함. 北魏 太武帝가 직접 구원에 나서자, 宋나라 將軍 王玄謨가 달아남. • 北魏 太武帝가 進軍하다가 魯郡에 이르러 太牢로 孔子에게 제사를 지냄. • 雍州參軍 柳元景이 陝城에서 北魏의 군대를 크게 격파하고 潼關를 점거하였다가 돌아옴. • 北魏 永昌王 拓跋仁이 懸瓠를 함락하고 尉武에서 宋나라 군대를 패퇴시키고 壽陽으로 진격함. • 北魏 太武帝가 彭城을 공격하였으나 승리하지 못함. • 宋나라가 楊文德에게 漢中에서 北魏를 공격하여 陰平·平武郡을 탈취하게 함.

年度	在位年	역문쪽수	주요 사건
450 庚寅年	宋 文帝 元嘉 27 北魏 太武帝 太平眞君 11	318 322	• 北魏 太武帝가 남하하여 盱眙를 공격하였으나 太守 沈璞이 방어하여 승리하지 못함. 진격하여 瓜步에 주둔하니 宋나라 사람들이 長江을 지킴. • 北魏가 宋나라와 화친을 맺음.
451 辛卯年	宋 文帝 元嘉 28 北魏 太武帝 太平眞君 12	324 325 326 332 334 335 337 340	• 北魏의 군대가 회군함. • 宋 文帝가 北魏의 군대와 瓜步에서 대치하면서, 아우 劉義康을 중심으로 반란이 일어날까 염려하여 유의강을 죽임. • 北魏가 다시 碻磝를 탈취함. • 北魏 太武帝가 盱眙를 공격하였으나, 宋나라 將軍 臧質에게 패함. • 宋나라가 北魏의 침략으로 피해를 입은 郡縣의 백성들에게 조세를 면제함. • 北魏 太武帝가 平城으로 돌아옴. • 北魏가 崔浩의 國史事件에 연루되었던 盧度世를 사면하고 中書侍郎으로 삼음. • 北魏의 荊州刺史 魯爽과 동생 魯秀가 죄를 짓고 宋나라로 달아남. • 宋나라가 何尙之를 尙書令으로, 徐湛之를 僕射로 삼음. • 北魏가 律令을 개정함. • 北魏 中常侍 宗愛가 太子 拓跋晃과 화합하지 못하였는데, 給事中 仇尼道盛이 탁발황에게 총애를 받자 종애가 太武帝에게 구니도성을 참소함. 이에 태자의 속관들이 연좌되어 죽자, 탁발황도 근심하다 사망함. • 靑州冀州刺史 蕭斌, 將軍 王玄謨가 전쟁에서 후퇴한 죄로 면직됨. • 宋나라와 北魏가 다시 우호를 맺음. • 宋나라가 王僧綽을 侍中으로 삼음.
452 壬辰年	宋 文帝 元嘉 29 北魏 文成帝(拓跋濬) 興安 1	341 343	• 北魏 中常侍 宗愛가 太武帝를 죽이고 南安王 拓跋余를 황제로 세움. • 宋나라가 北魏를 공격하여 蕭思話가 碻磝로, 魯爽 등이 許昌·洛陽으로 출동하고, 臧質이 潼關으로 향함.

年度	在位年	역문쪽수	주요 사건
452 壬辰年	宋 文帝 元嘉 29 北魏 文成帝(拓跋濬) 興安 1	345 346 348 349 351 352 353 354	• 宋나라 尙書令 何尙之가 致仕하였다가 다시 관직에 나감. • 宋나라 太子 劉劭가 始興王 劉濬·무당 嚴道育·東陽公主 등과 함께 巫蠱 사건을 벌이다 발각되었으나 용서하고 벌하지 않음. • 宋나라가 碻磝를 공격하였으나 승리하지 못함. 雍州의 군사가 虎牢로 진격하였으나 승리하지 못함. • 吐谷渾王 慕容慕利延이 죽고, 慕容拾寅이 뒤를 이어 즉위함. • 北魏의 宗愛가 그의 임금 南安王 拓跋余를 시해함. 皇孫인 拓跋濬이 즉위하여 종애를 토벌하여 죽임. • 宋나라 西陽의 蠻族이 반란을 일으키므로 沈慶之를 보내 토벌함. • 北魏가 外都大官 古弼과 張黎를 죽임. • 北魏 隴西의 屠各 부락이 반란을 일으키므로 토벌하여 평정함. • 北魏가 佛寺를 다시 세우게 하고, 백성들의 出家를 허락함. • 北魏가 拓跋周忸를 太尉로 삼고, 陸麗를 司徒로 삼고, 杜元寶를 司空으로 삼았으나 얼마 후 탁발주뉴는 연좌되어 죽임을 당함. • 北魏가 景初曆을 폐기하고 玄始曆을 시행함.
453 癸巳年	宋 文帝 元嘉 30 北魏 文成帝 興安 2	355 365 366	• 宋나라가 始興王 劉濬을 荊州刺史로 삼음. • 宋나라 武陵王 劉駿이 西陽의 蠻族을 토벌함. • 宋나라 太子 劉劭가 무당 嚴道育 도망 사건과 연관되어 文帝가 태자를 폐위하고자 하였는데, 태자가 문제와 그의 측근들을 모두 시해하고, 스스로 즉위함. 何尙之를 司空으로 삼고, 王僧綽을 吏部尙書로 삼음. • 北魏가 保太后를 皇太后로 높임. • 宋나라 劉劭가 吏部尙書 王僧綽을 죽임. • 宋나라 江州刺史 武陵王 劉駿이 거병하여 劉劭를 토벌함. 宋人들이 劉駿을 즉위시키고, 劉劭·劉濬을 죽임.

年度	在位年	역문쪽수	주요 사건
453 癸巳年	宋 文帝 元嘉 30 北魏 文成帝 興安 2	379 386	• 宋나라가 何尙之를 尙書令으로, 柳元景을 護軍將軍으로, 南郡王 劉義宣을 荊州湘州刺史로 삼음. • 宋 孝武帝 劉駿이 아우 南平王 劉鑠을 죽임. • 宋나라 南海太守 蕭簡이 廣州를 점거하여 반란을 일으키므로 鄧琬 등을 보내 토벌함.
454 甲午年	宋 孝武帝(劉駿) 孝建 1 北魏 文成帝 興光 1	387 390 397 399	• 宋나라가 孝建四銖錢을 주조함. • 宋나라가 아들 劉子業을 태자로 삼음. • 宋나라 江州刺史 臧質이 南郡王 劉義宣과 반란을 일으키므로 宋나라 군대가 토벌함. • 宋나라가 揚州·荊州·江州의 戶口를 나누어 東揚州와 郢州를 설치함. • 宋 孝武帝가 宗室의 권력을 약화시키기 위해 錄尙書事의 관직을 축소함. • 宋나라가 朱修之를 荊州刺史로 삼음. 劉義宣이 죽임을 당함.
455 乙未年	宋 孝武帝 孝建 2 北魏 文成帝 太安 1	401 402 403	• 宋나라 鎭北大將軍 沈慶之가 致仕함. • 宋 孝武帝가 그의 아우 武昌王 劉渾을 죽임. • 宋나라가 처음으로 郊廟에 완비된 음악을 갖춤. • 宋나라가 王侯의 禮制를 줄임. • 宋나라가 楊元和와 楊頭를 장군으로 삼음.

2. 思政殿訓義 資治通鑑綱目17 地圖

1) 宋 武帝 永初 2년(421) 각국 領域圖

2) 宋 武帝 永初 3년(422) 제1차 宋·北魏 大戰圖

3) 宋 文帝 元嘉 3년(426) 謝晦 反亂圖

4) 北魏 太武帝 始光 4년(427) 統萬城 陷落圖

5) 宋 文帝 元嘉 7년(430) 제2차 宋·北魏 大戰圖

6) 宋 文帝 元嘉 19년(442) 楊難當 討伐圖

7) 北魏 太平眞君 11년(450) 太武帝의 南進圖

8) 宋나라 元嘉 30년(453) 劉駿의 劉劭 討伐圖

※ 이 지도는 ≪柏楊白話版 資治通鑑≫(北岳文藝出版社, 2006)을 참조하여 本書를 이해하는 데 도움이 되도록 수정 편집하였다.

1) 宋 武帝 永初 2년(421) 각국 領域圖(22쪽)

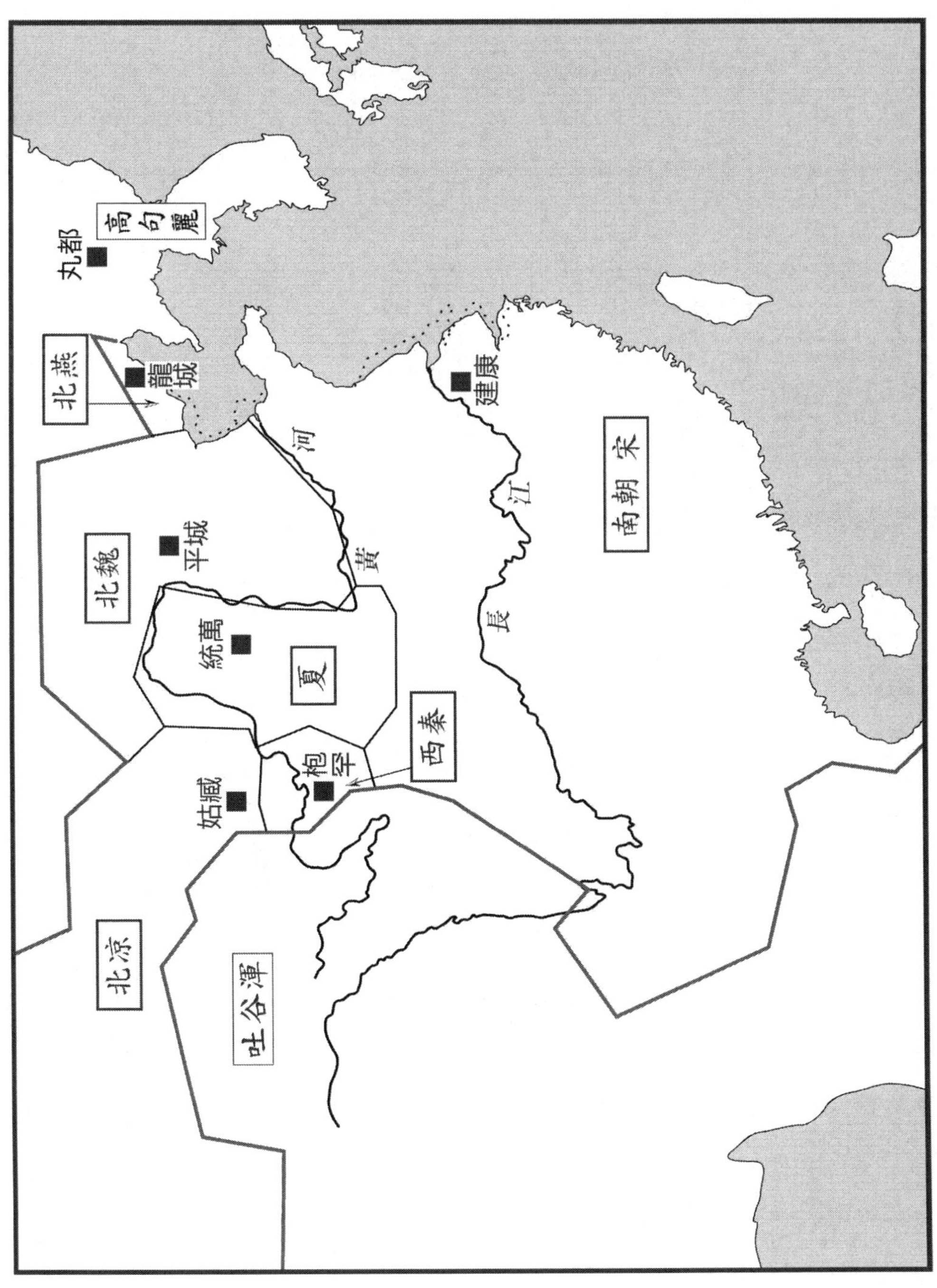

2) 宋 武帝 永初 3년(422) 제1차 宋·北魏 大戰圖(36쪽)

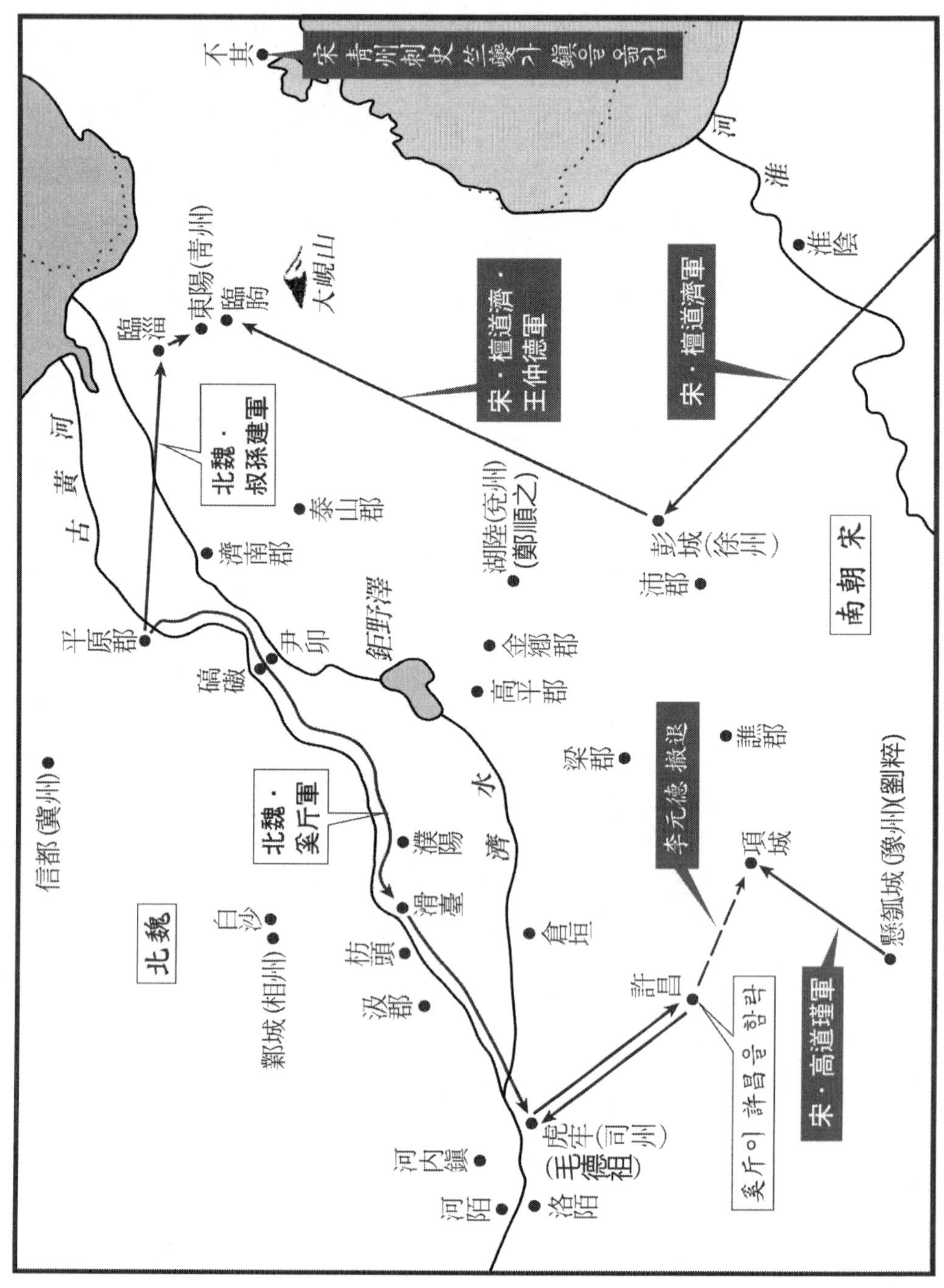

3) 宋 文帝 元嘉 3년(426) 謝晦 反亂圖(80쪽)

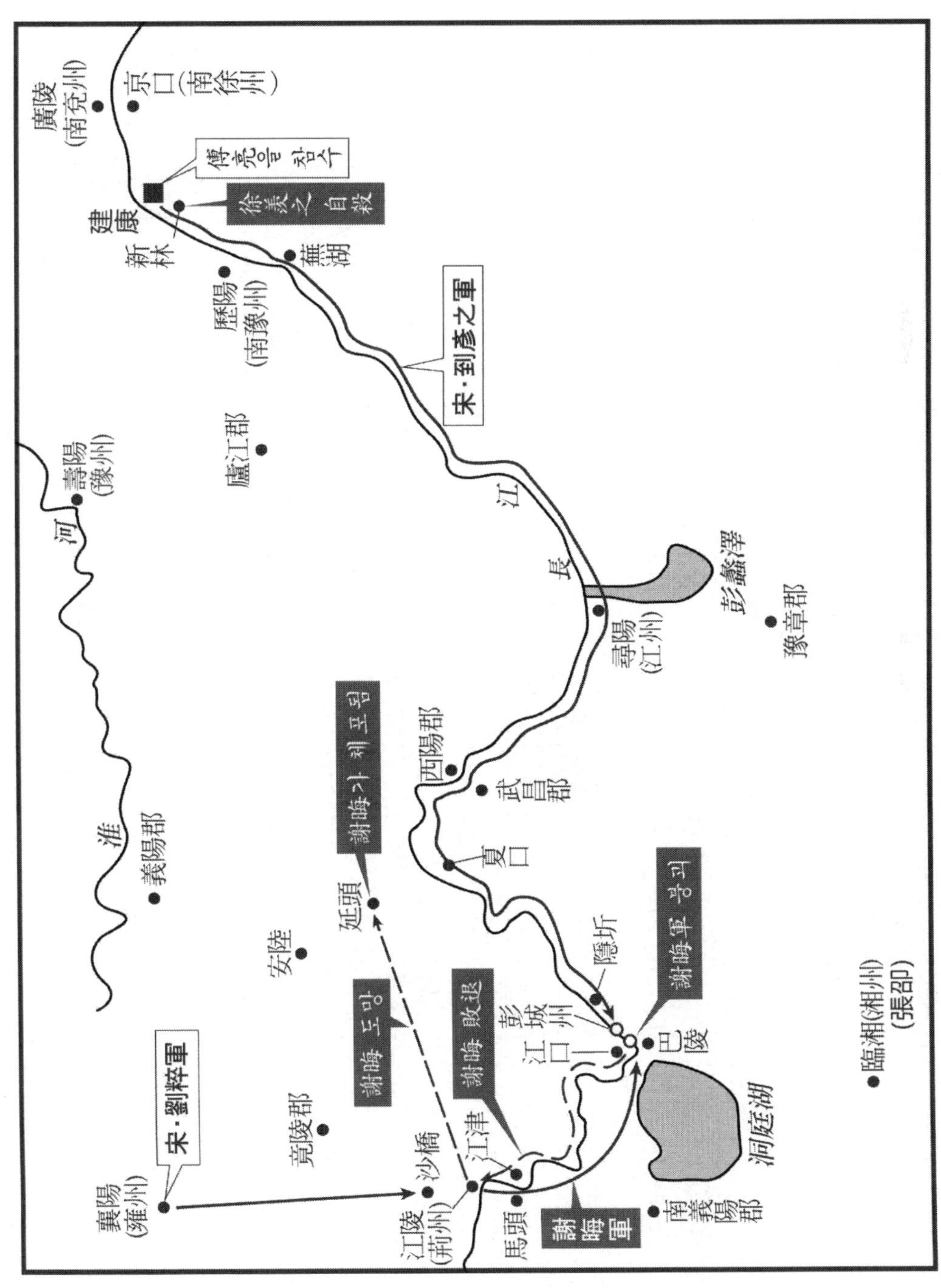

4) 北魏 太武帝 始光 4년(427) 統萬城 陷落圖(100쪽)

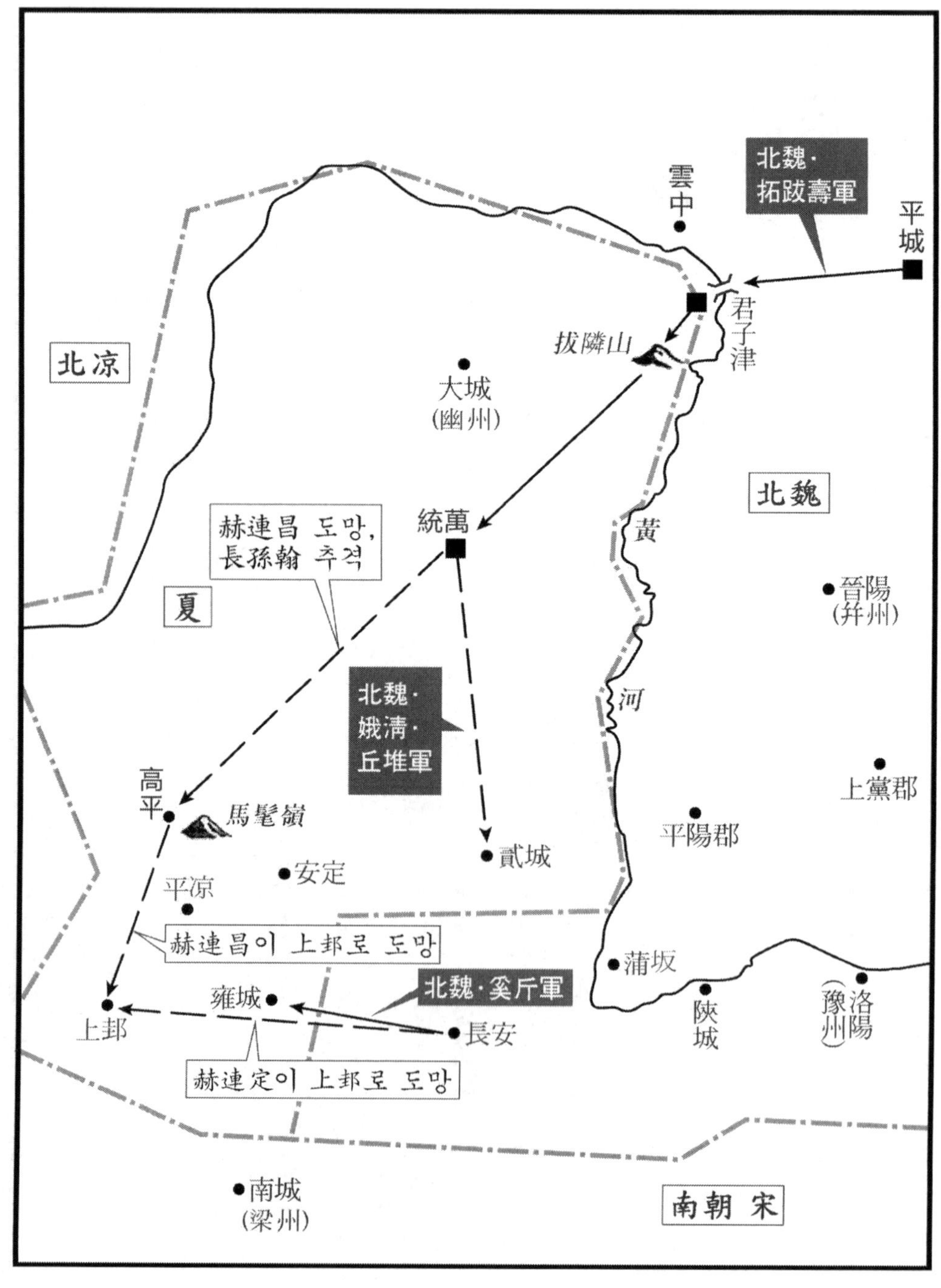

5) 宋 文帝 元嘉 7년(430) 제2차 宋・北魏 大戰圖(131쪽)

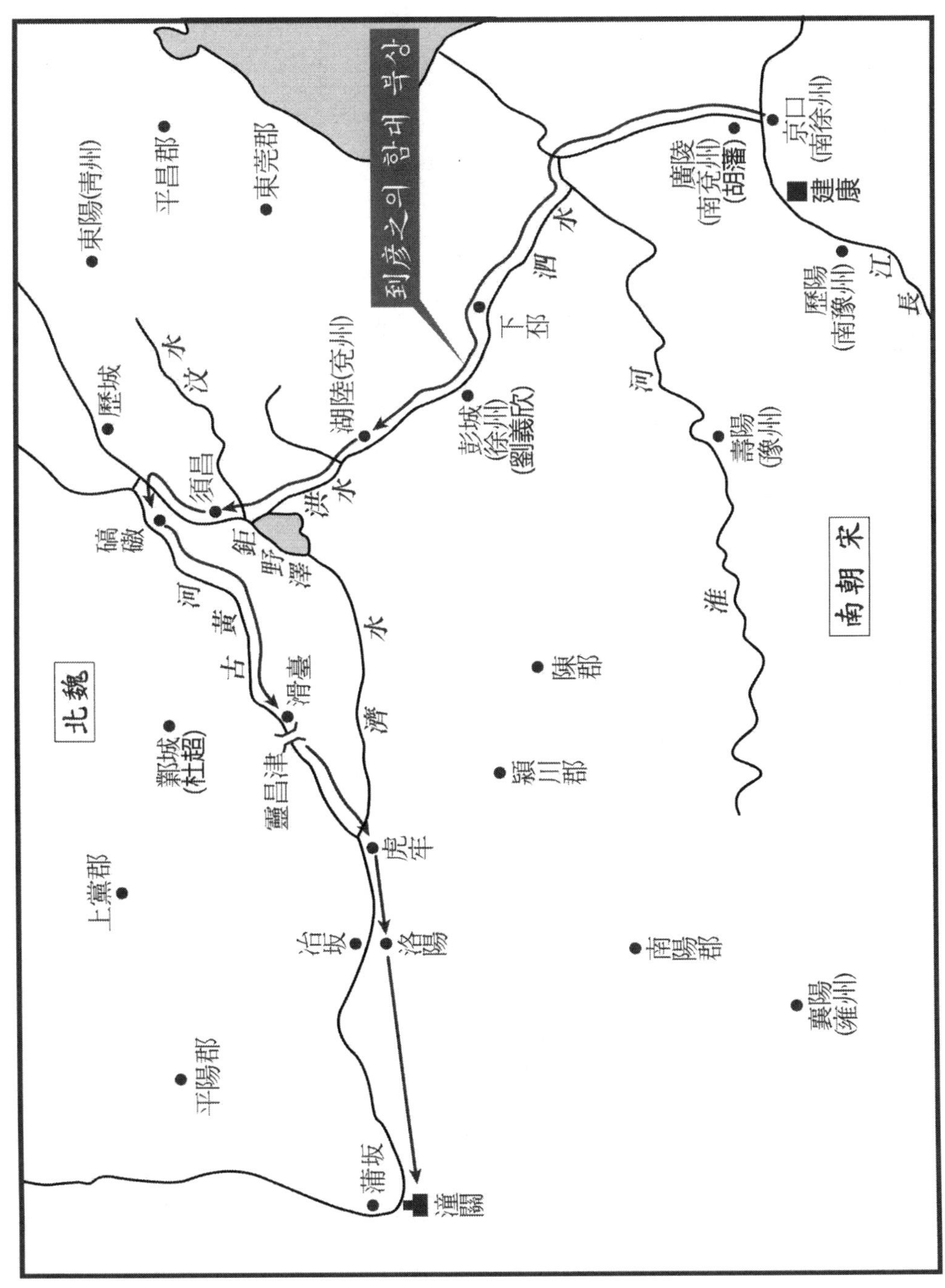

6) 宋 文帝 元嘉 19년(442) 楊難當 討伐圖(232쪽)

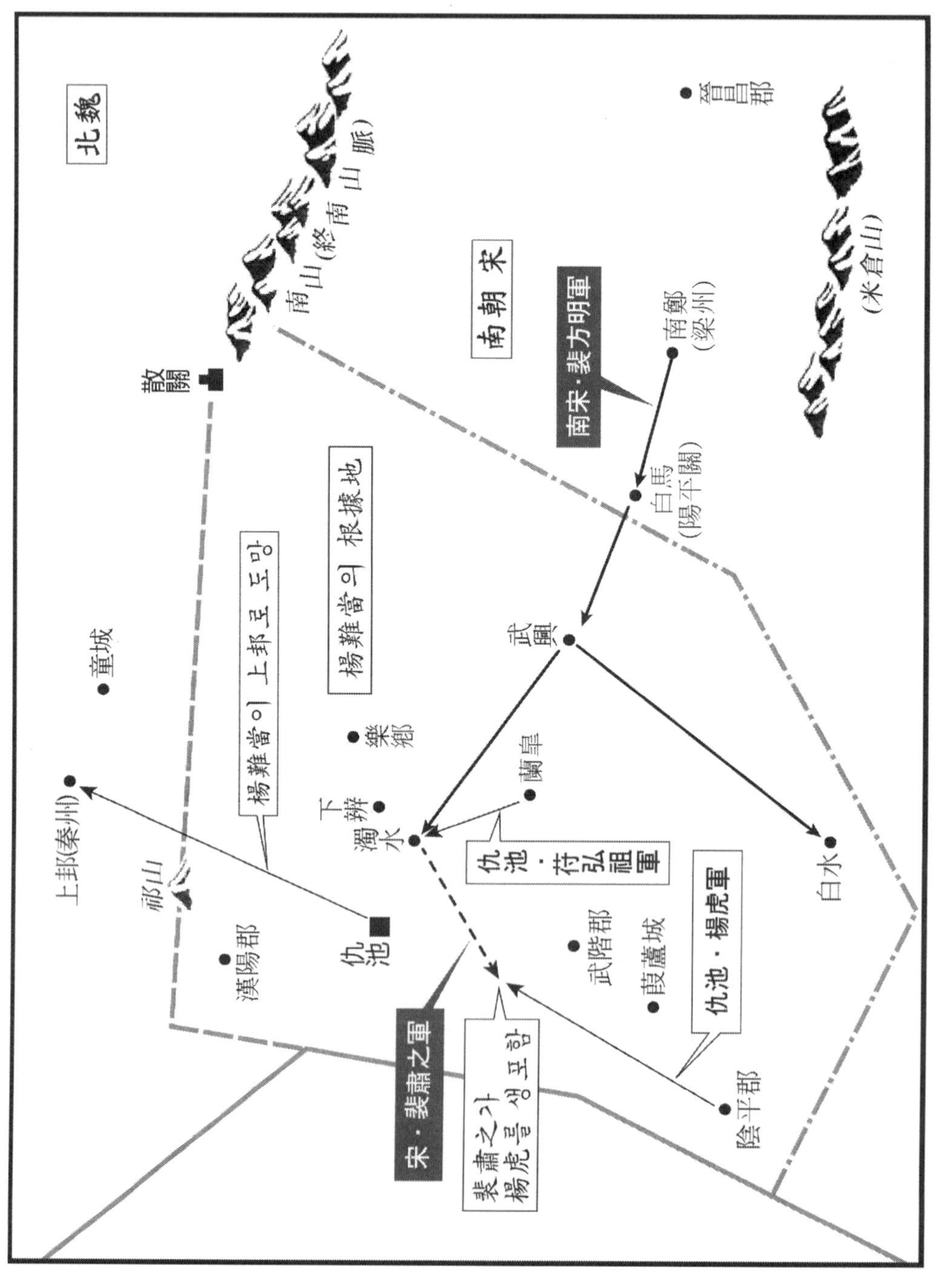

7) 北魏 太平眞君 11년(450) 太武帝의 南進圖(318쪽)

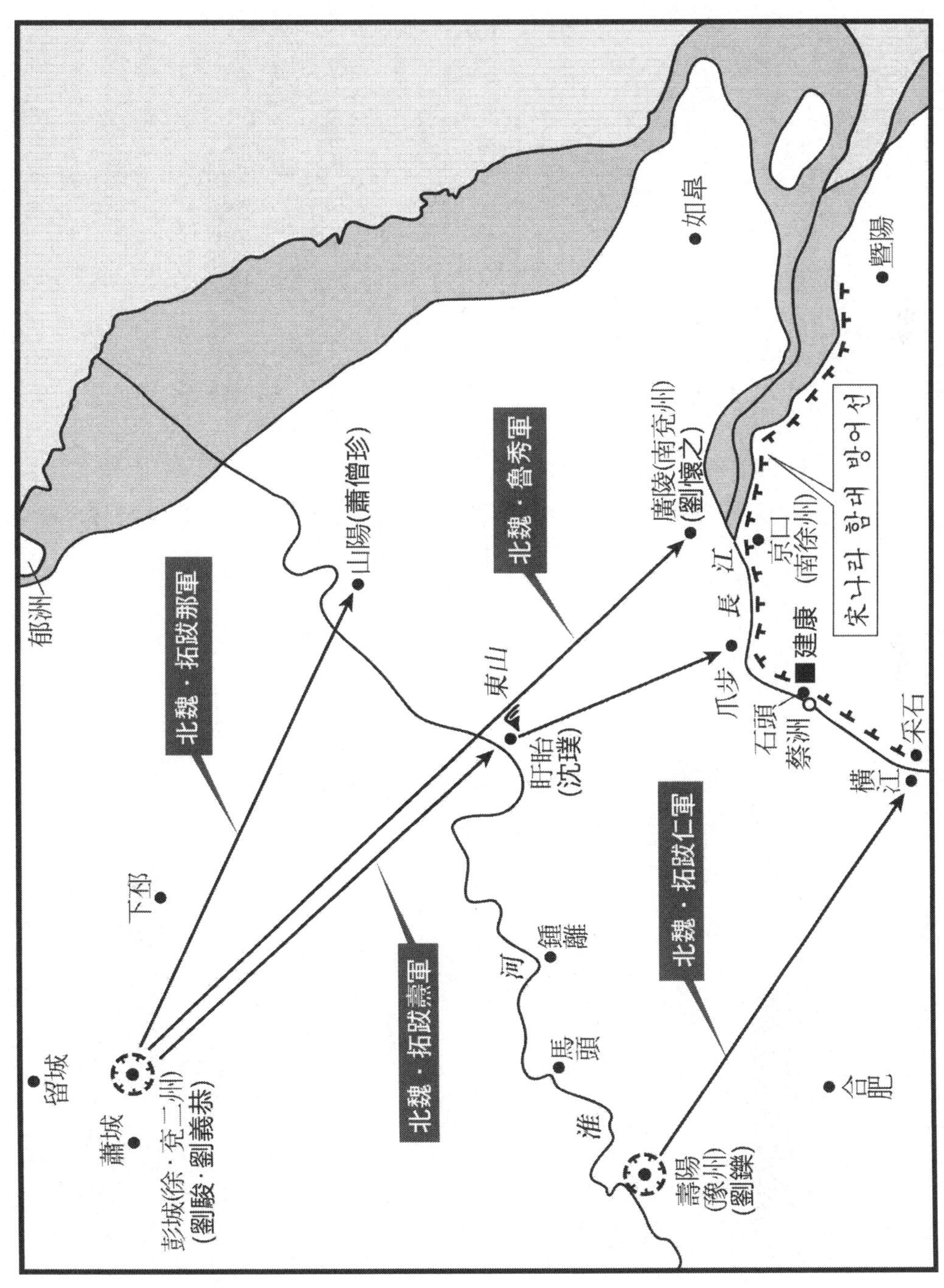

8) 宋나라 元嘉 30년(453) 劉駿의 劉劭 討伐圖(366쪽)

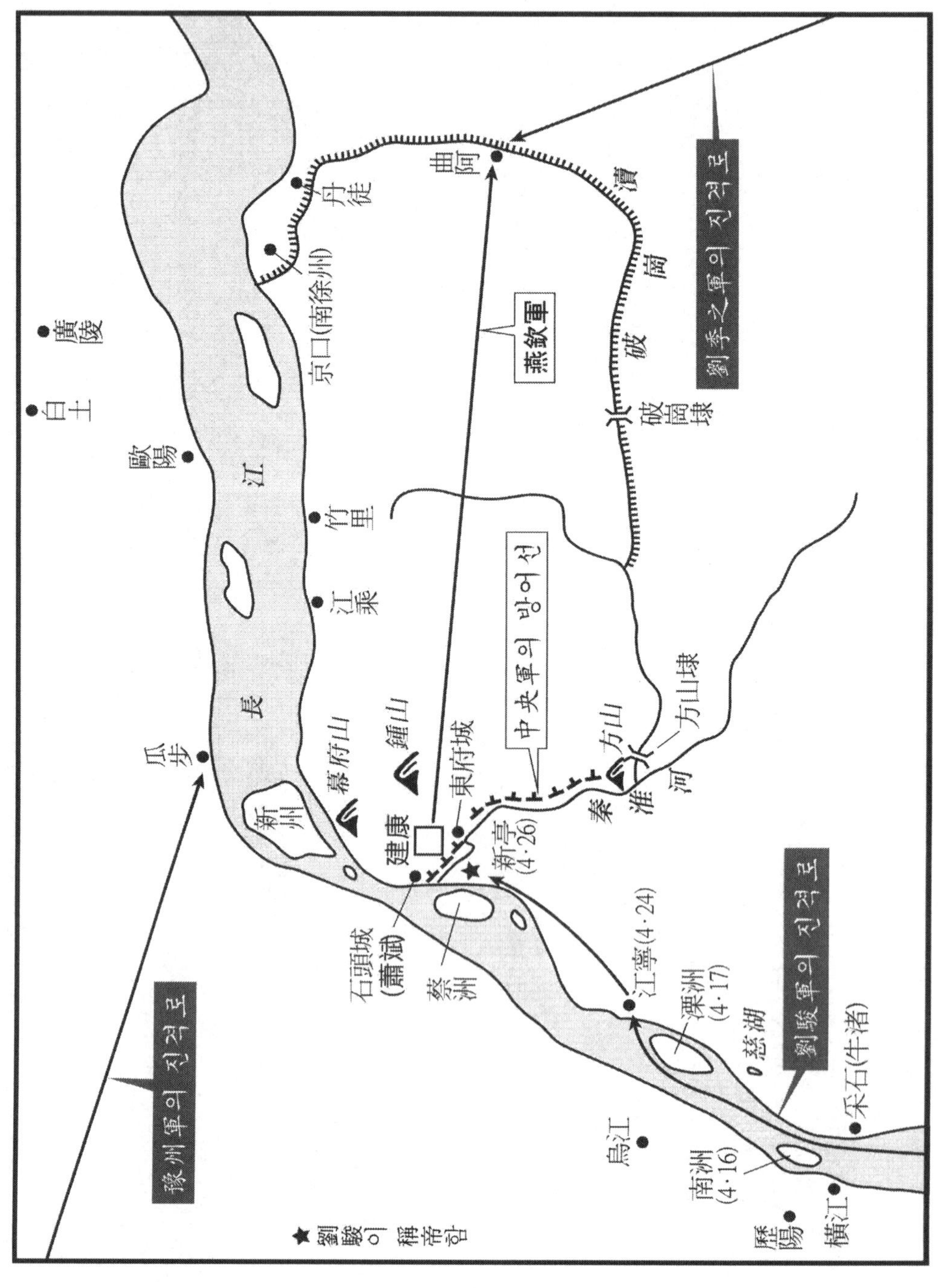

3. 南朝 宋나라 世系表

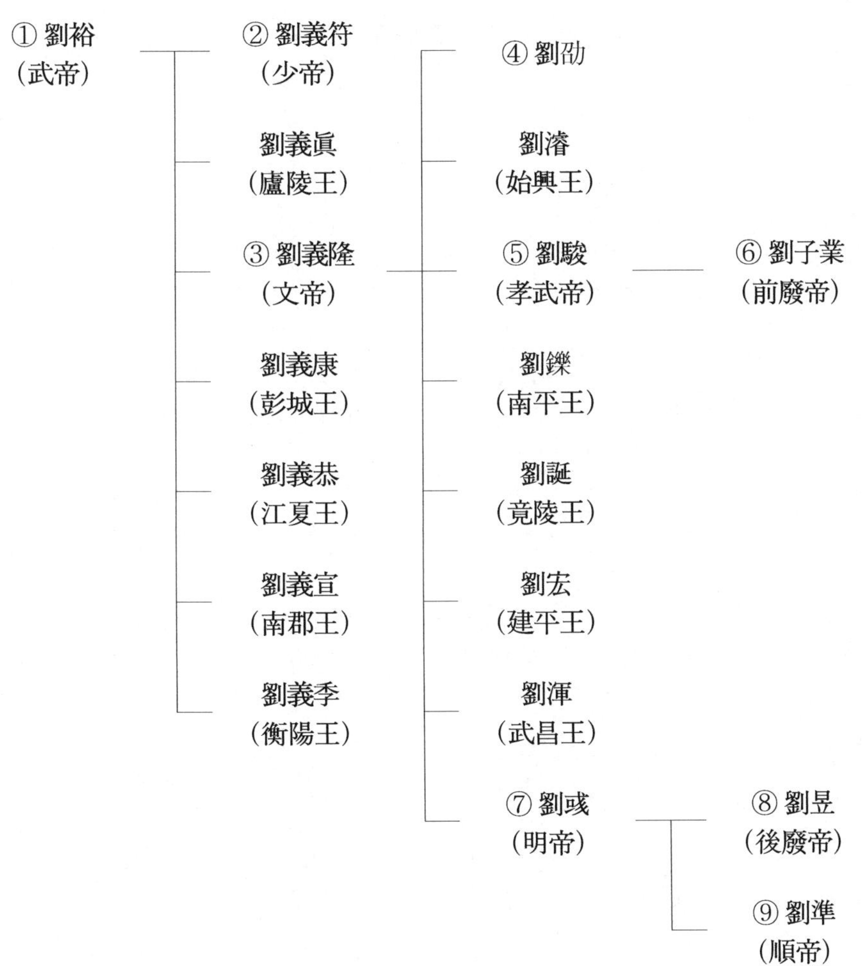

○ 帝位 順序 — 親屬 關係

4. 北魏 世系表

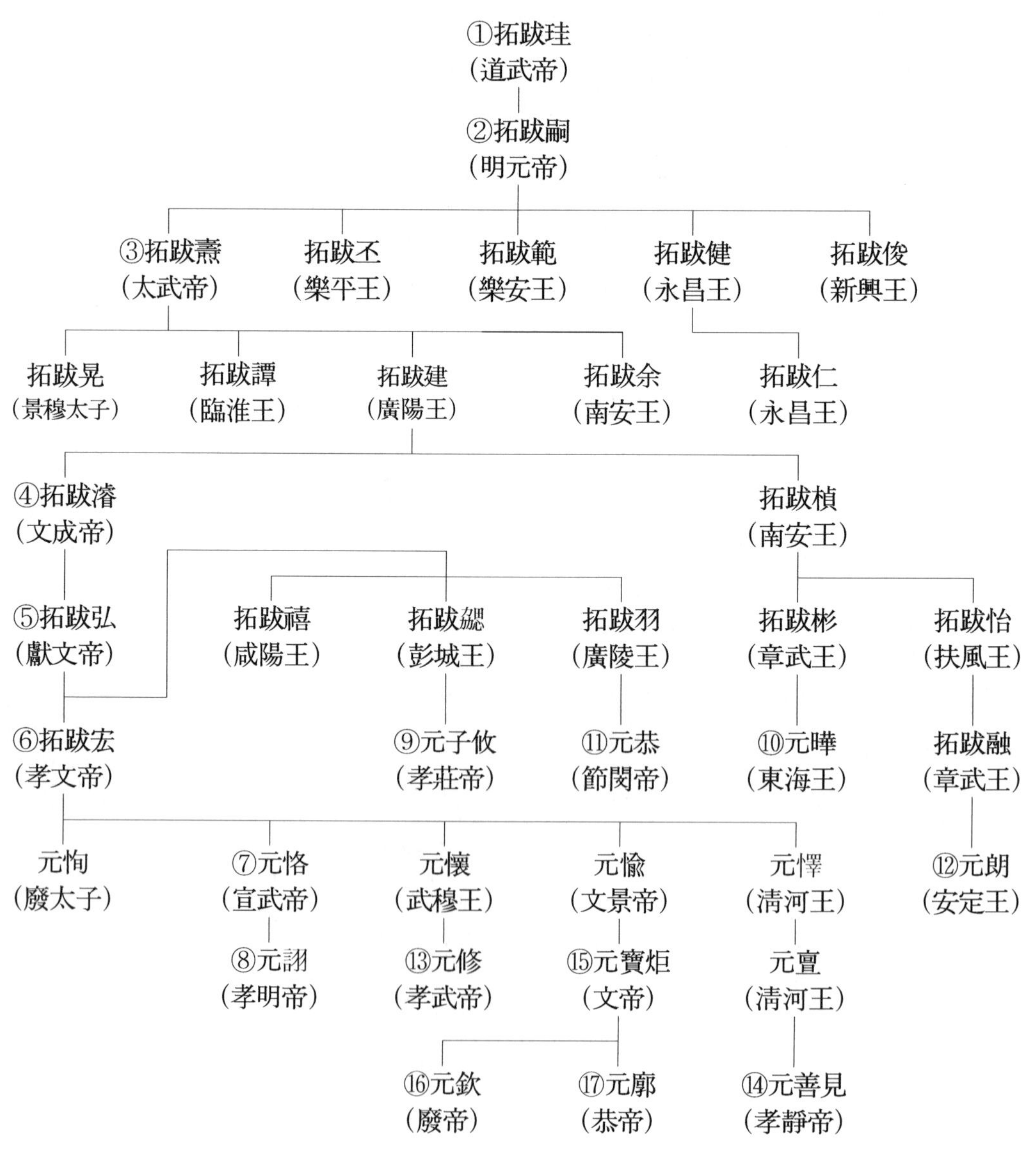

○ 帝位 順序 — 親屬 關係

5. 北凉 世系表

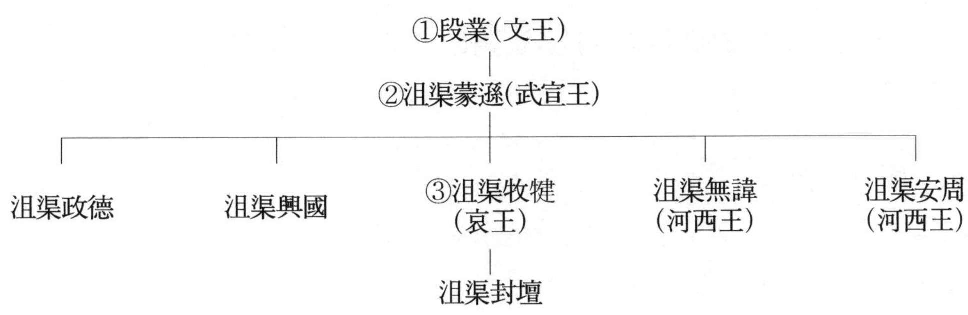

6. 夏나라 世系表

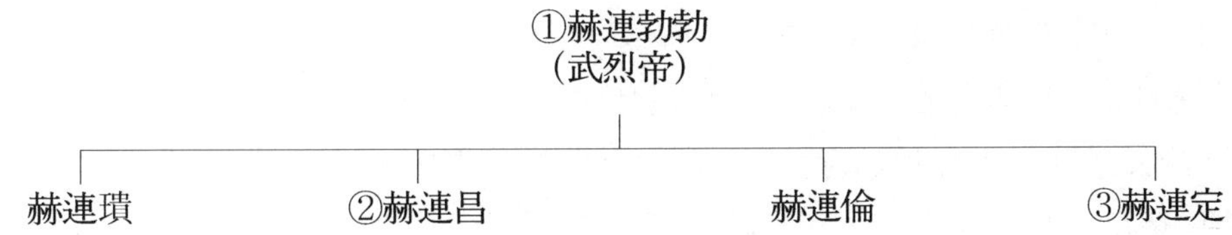

7. 北燕 世系表

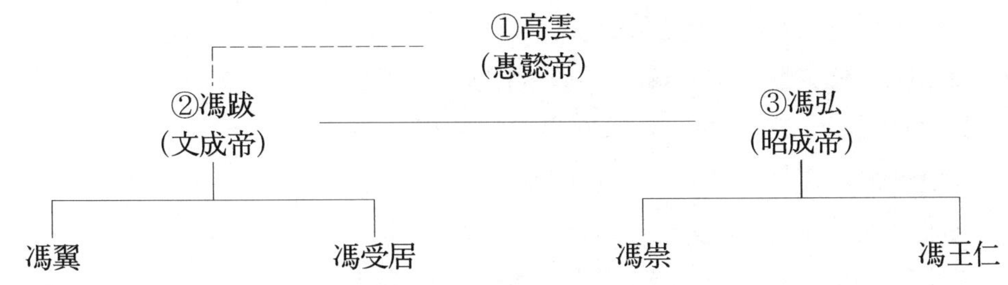

○ 帝位 順序 — 親屬 關係 --- 高雲이 弑害된 후 계승

8. 思政殿訓義 資治通鑑綱目 17 圖版目錄

9. 思政殿訓義 資治通鑑綱目 總目次

※ 總目次는 QR코드를 통해 스마트 기기로만 이용 가능

總目次

10. 思政殿訓義 資治通鑑綱目 解題

解 題

※ 解題는 QR코드를 통해 스마트 기기로만 이용 가능

責任飜譯者 略歷

李忠九

京畿 果川 出生
龍田 金喆熙, 秀松 梁大淵 先生 師事
中央大學校 教育學科 國語國文學 副專攻
成均館大學校 大學院 國語國文學 碩士, 博士
民族文化推進會 國譯硏修院
檀國大學校 韓中關係硏究所 硏究員(現)
傳統文化硏究會 講師(現)

論文 및 譯書

〈經書諺解 硏究〉〈說文解字에 나타난 漢字字源 硏究〉등
譯書 ≪東山先生奏議≫ ≪선비 安潚 日誌≫ ≪小學集註≫ ≪註解千字文≫ 등
共譯 ≪國譯 治平要覽≫ ≪增補四禮便覽 譯註本≫ ≪譯註 國語≫ ≪譯註 貞觀政要集論≫ ≪爾雅注疏≫ 등

共同飜譯者 略歷

金奎璇

兼山 安秉杓, 松潭 李栢淳, 龍田 金喆熙 先生 師事
韓國外國語大學校 中國語科 學士, 碩士, 博士
鮮文大學校 教養學部 教授(現)

論文 및 譯書

〈王士禎의 文學批評 연구〉등
譯書 ≪歷代詩話≫ ≪秋史派의 글씨≫ 등
共譯 ≪譯註 貞觀政要集論≫ ≪日省錄≫ ≪毅庵集≫ ≪秋史 金正喜 硏究≫ 등

金裕鳳

忠北 堤川 出生
清州大學校 師範大學 漢文教育學科 學士
中國山東大學 大學院 歷史學科 碩士, 博士
永同大學校 中國語科 專任教授
忠州商業高等學校 漢文教師(現)

論文 및 譯書
〈三國鼎立的形成與魏吳蜀三國之間外交政策運用策略〉〈曺參과 劉邦〉등

黃鳳德

全州大學校 漢文教育科 卒業
成均館大學校 大學院 漢文學科 碩士, 博士

論文 및 譯書
〈李德懋 《士小節》 研究〉
共譯 《譯註 貞觀政要集論》《國譯 通鑑節要增損校註 I》《文苑叢寶》《千字文字解說》등

李承容

嶺南大學校 漢文教育科 卒業
成均館大學校 大學院 漢文學科 碩士, 博士
韓國古典飜譯院 專門課程 修了
檀國大學校 東洋學研究院 古典飜譯研究室 先任研究員(現)

論文 및 譯書
〈조선후기 江華學派 漢詩研究－全州李氏 德泉君派 八匡을 중심으로〉
共譯 《譯註 貞觀政要集論》《國譯 通鑑節要增損校註 I》《自著實紀》《樂全堂集》《寒溪日記》《晝永編》등

譯註 思政殿訓義 資治通鑑綱目 17 정가 36,000원

2018년 12월 30일 초판 발행
2019년 05월 15일 초판 2쇄

編　著 朱 熹
責任飜譯 李忠九
共同飜譯 金奎璇 金裕鳳 黃鳳德 李承容
諮問委員 吳圭根
潤文校訂 李孝宰 田炳秀 郭成龍 兪在衡
編　輯 東洋古典飜譯編輯委員會
發 行 人 李啓晃
發 行 處 社團法人 傳統文化硏究會

서울시 종로구 삼일대로 428 낙원빌딩 411호
전화 : (02)762-8401 전송 : (02)747-0083
전자우편 : juntong@juntong.or.kr
홈페이지 : juntong.or.kr
사이버書堂 : cyberseodang.or.kr
온라인서점 : book.cyberseodang.or.kr
등록 : 1989. 7. 3. 제1-936호

인쇄처 : 한국법령정보주식회사(02-462-3860)
총　판 : 한국출판협동조합(070-7119-1750)

ISBN 979-11-5794-187-2 94910
979-11-5794-061-5(세트)

※ 이 책은 2018년도 교육부 고전문헌 국역지원사업 지원비에 의해 초판(비매품) 간행.